28
13171

SV

Hört ihr die Kinder weinen
Eine psychogenetische
Geschichte der Kindheit

Herausgegeben von Lloyd deMause

Suhrkamp Verlag

Titel der Originalausgabe: *The History of Childhood*
© 1974 The Psychohistory Press, New York

Übersetzer
Ute Auhagen: Kapitel IX
Christel Beier: Kapitel VII, VIII
Helga Herborth: Kapitel VI
Reinhard Kaiser: Kapitel II, III, IV
R. u. R. Wiggershaus: Kapitel I
Renate Wiggershaus: Kapitel V
Rolf Wiggershaus: Kapitel X

Sechstes und siebentes Tausend 1979
© Suhrkamp Verlag Frankfurt am Main 1977
Alle Rechte vorbehalten. Druck: Wagner, Nördlingen
Printed in Germany

CIP-Kurztitelaufnahme der Deutschen Bibliothek

Hört ihr die Kinder weinen:
e. psychogenet. Geschichte d. Kindheit / hrsg. von Lloyd deMause. –
1. Aufl. – Frankfurt am Main : Suhrkamp, 1977.
 Einheitssacht.: The history of childhood (dt.)
 ISBN 3-518-07458-X
NE: DeMause, Lloyd [Hrsg.]; EST

Inhalt

Vorwort (von William L. Langer) 7

Vorbemerkung (von Lloyd deMause) 10

I Lloyd deMause
Evolution der Kindheit 12

II Richard B. Lyman, Jr.
Barbarei und Religion: Kindheit in spätrömischer und frühmittelalterlicher Zeit 112

III Mary Martin McLaughlin
Überlebende und Stellvertreter: Kinder und Eltern zwischen dem neunten und dem dreizehnten Jahrhundert 147

IV James Bruce Ross
Das Bürgerkind in den italienischen Stadtkulturen zwischen dem vierzehnten und dem frühen sechzehnten Jahrhundert 263

V M. J. Tucker
Das Kind als Anfang und Ende: Kindheit in England im fünfzehnten und sechzehnten Jahrhundert 326

VI Elizabeth Wirth Marvick
Natur und Kultur: Trends und Normen der Kindererziehung in Frankreich im siebzehnten Jahrhundert 364

VII Joseph E. Illick
Kindererziehung in England und Amerika im siebzehnten Jahrhundert 422

VIII John F. Walzer
Ein Zeitalter der Ambivalenz: Kindheit in Amerika im achtzehnten Jahrhundert 490

IX Patrick P. Dunn
»Der Feind ist das Kind«: Kindheit im zaristischen Rußland 535

X Priscilla Robertson
Das Heim als Nest: Mittelschichten – Kindheit in Europa im neunzehnten Jahrhundert 565

Register 603

Vorwort
(von William L. Langer)

Die Leitung und Lenkung der menschlichen Verhältnisse ist bisher niemals Kindern anvertraut gewesen, und die Historiker, die sich hauptsächlich mit politischen und militärischen Ereignissen – und insbesondere mit den Intrigen und Rivalitäten an Königshöfen – beschäftigten, haben den Qualen der Kindheit bisher so gut wie keine Aufmerksamkeit geschenkt. Selbst die Pädagogen widmen sich im wesentlichen der Organisation von Schulen und Lehrplänen sowie Theorien über die Erziehung und fragen sich nur gelegentlich, was mit den Schülern zu Hause und in der übrigen außerschulischen Welt geschieht.

Es dürfte inzwischen kein Zweifel mehr daran bestehen, daß die Geschichte der Kindheit für das Studium der menschlichen Gesellschaft von höchster Bedeutung sein muß, denn wenn, wie es heißt, das Kind der Vater des erwachsenen Menschen ist, müßte es möglich sein, durch das Verstehen der Vergangenheit eines Individuums oder einer Gruppe zu einem klügeren Urteil über die Erwachsenenphase des Individuums wie der Gruppe zu gelangen. Aus diesem Grunde kann man den hier vorgelegten Versuch, die Einstellungen und Verhaltensweisen von Eltern gegenüber ihren Kindern systematisch zusammenzutragen, nur sehr begrüßen. Wie immer die Befunde der Forscher, die zu der in diesem Band dokumentierten Pionierarbeit beigetragen haben, im einzelnen aussehen – sie werden unser Wissen über die Vergangenheit der Menschheit wesentlich erweitern und dadurch unser Verständnis des Prozesses, in dem Einstellungen und Verhaltensweisen sich verändern, vertiefen.

Die hier vorgelegten Forschungsergebnisse sind leider höchst deprimierend. Sie berichten von der langen und traurigen Geschichte der Mißhandlung von Kindern, die in frühester Zeit begann und heute noch nicht zu Ende ist. Wir müssen nicht annehmen, daß die hier formulierten allgemeinen Schlußfolgerungen für die ganze Menschheit und für alle Zeiten gelten. Zweifellos hat es zu allen Zeiten auch Eltern gegeben, die ihre Kinder liebten und ihnen zärtlich zugetan waren, und ebenso zweifellos sind viele Fehler, die sie beim Großziehen ihrer Kinder gemacht haben, eher ihrer Unkenntnis als ihrer Böswilligkeit zuzuschreiben. Noch immer gibt es eine erschreckend hohe Zahl von Kindesmißhandlungen, aber es ist auch eine Tatsache, daß sich seit dem achtzehnten Jahrhundert allmählich eine menschlichere Einstellung zu Kindern herausbildet.

Vielleicht ist die herzlose Behandlung von Kindern – Kindesmord, Weggabe, Vernachlässigung, barbarische Wickelpraktiken, absichtliches Verhungernlassen, Prügel, Isolierung usw. – nur ein Aspekt der Grausamkeit der menschlichen Natur, der tief verwurzelten Mißachtung der Rechte und Gefühle anderer. Kinder können sich gegen Angriffe der körperlich stärkeren Erwachsenen nicht wehren; sie sind Opfer von Kräften, über die sie selbst nicht verfügen, und sie wurden und werden auf alle erdenklichen – und oft auch unerdenklichen – Weisen gequält, in denen sich bewußte und – viel häufiger – unbewußte Motive ihrer Eltern ausdrücken.

Das Problem könnte freilich sehr wohl noch einen anderen Aspekt haben, den man zwar nicht »beweisen« kann, für den es aber zahlreiche Anzeichen gibt. Wie die Tiere und Pflanzen können sich auch die Menschen nahezu unendlich vermehren. Zu allen Zeiten sind mehr Kinder geboren worden, als Wohn- und Arbeitsplätze vorhanden waren oder von der Gesellschaft geschaffen werden konnten. Wahrscheinlich liegt darin ein Hauptgrund für die weitverbreitete Praxis des Kindesmords, der stets hauptsächlich Mädchen zum Opfer gefallen sind, die ja eines Tages weitere Kinder gebären könnten. Und die zumindest in der christlichen Welt herrschende Vorstellung, sexuelle Beziehungen seien sündig und Kinder von Geburt an böse, hat wahrscheinlich dieselbe Ursache. Wie anders ließen sich die grausamen Praktiken erklären, die das Böse bannen und die Kinder weniger lästig machen sollten? Zahllose Frauen glaubten, sie hätten zu viele Kinder. Sicherlich waren die reichen oberen Klassen an Nachkommen interessiert, um Erben für ihr Vermögen zu haben, und in manchen Teilen der Welt wollen Bauern auch heute noch große Familien haben, um sich für das Alter versorgt zu wissen; doch solange die durchschnittliche Lebenserwartung in der westlichen Welt dreißig Jahre oder weniger betrug, konnten diese Momente keine regulierende Wirkung haben. Bauersfrauen, die den ganzen Tag auf dem Feld arbeiten mußten, konnten ihre kleinen Kinder kaum anders denn als Plage erleben und scheuten

vor keinem Mittel zurück, sie ruhig zu halten. Kinder wurden – das ist keine neue Erkenntnis – in sehr frühem Alter zur Arbeit gezwungen und auch dabei eher als Sklaven denn als Menschen behandelt. Kurz, daß man Kinder als eine wirkliche Last empfand, die man haßte, war keineswegs die Ausnahme.
Dieser Band enthält eine Fülle von verschiedenartigen Materialen aus allen Zeiten und Völkern. Die Geschichte, die sie erzählen, ist von monotoner Schmerzlichkeit; aber es ist höchste Zeit, daß die Geschichte erzählt wird und nicht nur die Psychologen und Soziologen, sondern auch die Historiker aus ihr lernen. Ein so großer und entscheidender Teil der menschlichen Existenz darf nicht länger im verborgenen bleiben und von denen übersehen werden, deren Aufgabe es ist, die Vergangenheit des Menschen zu erhellen.

Dezember 1973

Vorbemerkung
(von Lloyd deMause)

Was hat es bedeutet ein Kind zu sein – im kolonialen Amerika oder in Italien zur Zeit der Renaissance? Haben sich Eltern im wesentlichen immer so verhalten, wie sie es heute tun? Haben sie im Grunde immer auf die gleiche Weise für ihre Kinder gesorgt oder hat sich die Sorge für die Kinder im Laufe der Jahrhunderte völlig verändert? Welche Gefühle haben Eltern ihren Kindern entgegengebracht, was haben sie ihnen gesagt, welche heimlichen Phantasien haben sie in bezug auf sie gehabt, und welche Bedeutung haben diese Phantasien für das Aufwachsen der Kinder in der Vergangenheit gehabt?
Solche Fragen haben wir zehn Autoren dieses Bandes uns gestellt, als wir vor fünf Jahren mit der von der *Association for Applied Psychoanalysis* unterstützten Arbeit an dem großen Forschungsprojekt über die Geschichte der Kindheit in der westlichen Welt begannen. Die über die Beziehungen zwischen Eltern und Kindern Auskunft gebenden Zeugnisse, die wir gefunden haben, bieten den Stoff für eine als solche schon höchst faszinierende Geschichte; aber nicht nur das – sie werden uns zweifellos auch zu einem besseren Verständnis unserer Geschichte verhelfen, uns klarer sehen lassen, wie wir so geworden sind, wie wir heute sind. Und Einsicht in unsere Geschichte ist von überragender Bedeutung für die schwierige Aufgabe, die nächste Generation zu erziehen, die mit der Welt fertig werden muß, die wir ihr überlassen.
Trotz des psychoanalytischen Ansatzes unserer Arbeit sind wir alle in erster Linie Historiker und sehen unsere Hauptaufgabe darin, die Quellen objektiv daraufhin zu prüfen, ob sie etwas über die Beziehungen zwischen Eltern und Kindern in verschiedenen Zeiten und Ländern aussagen. Historiker haben bisher nur selten zusammengearbeitet. Unsere bisherige Zusammenarbeit ist besonders eng und fruchtbar gewesen; wenn jemand eine neue Quelle entdeckt hatte, berichtete er sofort allen anderen darüber. Wir sind in diesen fünf Jahren mehrere Male zusammengetroffen und standen durch eine Reihe von Projektbulletins in Verbindung. Gleichwohl ist schließlich jeder einzelne Beitrag unabhän-

gig von den anderen niedergeschrieben worden. Unterschiedliche Interpretationen haben wir nicht zu verbergen versucht; gerade sie werden sich wahrscheinlich als die besten Ausgangspunkte für die weitere Forschungsarbeit erweisen.

Daß dieses Buch erst ein Anfang ist, geben wir gerne zu. Die Geschichte der Kindheit ist nicht gerade das am einfachsten zu bearbeitende Spezialgebiet historischer Forschung. Wenn wir auf der Suche nach einer einzigen Aussage über die Kindheit Dutzende schwer zu entziffernder Manuskripte sorgfältig durchgesehen hatten, schien es uns oft, daß die Regel der Historiker, nämlich: »die Dinge, auf die es ankommt, sind kaum jemals zu Papier gebracht worden«, insbesondere auf unserem Gebiet gelte. Doch die Rekonstruktion der Geschichte der Kindheit ist ein aufregendes Unternehmen und der größten Anstrengungen wert. Wir glauben, daß Sie nach der Lektüre dieses Bandes der gleichen Ansicht sein werden.

I Lloyd deMause
Evolution der Kindheit

> Do ye hear the children weeping,
> Oh my brothers...
>
> *The Cry of the Children*
> Elizabeth Barrett-Browning

Die Geschichte der Kindheit ist ein Alptraum, aus dem wir gerade erst erwachen. Je weiter wir in der Geschichte zurückgehen, desto unzureichender wird die Pflege der Kinder, die Fürsorge für sie, und desto größer die Wahrscheinlichkeit, daß Kinder getötet, ausgesetzt, geschlagen, gequält und sexuell mißbraucht wurden. Wir wollen zusehen, wieviel von dieser Geschichte der Kindheit wir aufgrund der uns verbliebenen Zeugnisse rekonstruieren können.

Daß die Historiker die erwähnte Gesetzmäßigkeit nicht schon früher bemerkt haben, liegt daran, daß man lange Zeit geglaubt hat, seriöse Geschichtsschreibung befasse sich mit der Darstellung öffentlicher – und nicht privater – Ereignisse. Die Historiker haben sich so sehr auf den lärmenden Sandkasten der Geschichte mit seinen phantastischen Burgen und großartigen Schlachten konzentriert, daß sie meist gar nicht zur Kenntnis genommen haben, was in den Familien und Häusern rund um diesen Spielplatz vor sich ging. Während die Historiker im allgemeinen die Sandkastenschlachten von gestern untersuchen, um die Gründe für die von heute herauszufinden, fragen wir, wie jede Generation von Eltern und Kindern jene Sachverhalte schafft, die später in der Arena des öffentlichen Lebens zur Darstellung gelangen.

Auf den ersten Blick erscheint das mangelnde Interesse am Leben der Kinder merkwürdig. Die Historiker sind traditionellerweise damit beschäftigt, Kontinuität und Wandel in der Geschichte zu erklären, und seit Platon ist bekannt, daß die Kindheit ein Schlüssel zu deren Verständnis ist. Die Bedeutung der Eltern-Kind-Beziehungen für den sozialen Wandel ist nicht erst von Freud entdeckt worden; Augustinus' Ausruf: »Gebt mir andere Mütter, und ich gebe euch eine andere Welt« ist fünfzehn Jahrhunderte lang von großen Denkern immer wieder aufgenommen worden, ohne daß sich dadurch die Geschichtsschreibung verän-

dert hätte. Seit Freud hat unsere Sicht der Kindheit natürlich neue Dimensionen angenommen, und in den letzten fünfzig Jahren ist die Untersuchung der Kindheit für Psychologen, Soziologen und Anthropologen zu einer Selbstverständlichkeit geworden. Der Historiker steht hier erst ganz am Anfang. Ein so entschlossenes Ausweichen verlangt nach Erklärung.
Gewöhnlich führen die Historiker als Grund für das Fehlen seriöser historischer Untersuchungen zur Kindheit die Lückenhaftigkeit der Quellen an. Peter Laslett wundert sich, warum »die unzähligen kleinen Kinder in schriftlichen Berichten unerwähnt bleiben... Es hat etwas Rätselhaftes, daß die vielen Babys, Krabbelkinder und Heranwachsenden in den Äußerungen der Menschen jener Zeit über ihre eigenen Erfahrungen überhaupt nicht erwähnt werden... Wir wissen nicht, ob die Väter sich an der Pflege der Kinder beteiligten... Wir können bis heute noch nichts über das sagen, was die Psychologen Reinlichkeitstraining nennen... Es fällt in der Tat schwer, sich ständig vor Augen zu halten, daß es in der Vergangenheit stets eine so große Zahl von Kindern gab – fast die Hälfte der Gemeinschaft – eine Hälfte, die in einem Zustand zwischen Leben und Tod dahinvegetierte«.[1] Der Familiensoziologe James Bossard meint: »Leider ist die Geschichte der Kindheit nie geschrieben worden, und es ist zweifelhaft, ob sie je geschrieben werden kann, da die historischen Daten dazu fehlen.«[2]
Diese Überzeugung ist bei den Historikern so stark verwurzelt, daß es nicht verwunderlich ist, daß dieses Buch nicht auf dem Feld der Geschichtswissenschaft, sondern auf dem der angewandten Psychoanalyse entstanden ist. Vor fünf Jahren war ich damit beschäftigt, ein Buch über eine psychoanalytische Theorie des historischen Wandels zu schreiben, und angesichts der Ergebnisse eines halben Jahrhunderts angewandter Psychoanalyse gewann ich den Eindruck, daß sie vor allem deshalb nicht zu einer Wissenschaft geworden war, weil sie sich den Gedanken der Evolution nicht zu eigen gemacht hatte. Da der Wiederholungszwang per definitionem den historischen Wandel nicht erklären kann, mußte jeder Versuch von Freud, Róheim, Kardiner und anderen, eine Theorie des historischen Wandels zu entwickeln, letztlich in einem fruchtlosen Disput um die Priorität von Henne oder Ei enden, das heißt hier: in einem Disput über die Frage, ob die Kindererziehung von der Art der Kultur abhängt oder ob es

sich umgekehrt verhält. Es ist häufig genug gezeigt worden, daß die Praktiken der Kindererziehung die Grundlage für die Persönlichkeit des Erwachsenen bilden. Die Frage nach dem Ursprung jener Praktiken aber versetzte jeden Psychoanalytiker, der sie stellte, in Verlegenheit.[3]

In einem 1968 vor der *Association for Applied Psychoanalysis* gehaltenen Vortrag, habe ich eine von den Wandlungen in den Beziehungen zwischen Eltern und Kindern ausgehende evolutionäre Theorie des historischen Wandels entworfen. Ich habe damals vorgeschlagen, daß, da die Historiker noch nicht einmal damit angefangen hätten, eine Geschichte der Kindheit zu schreiben, die *Association for Applied Psychoanalysis* ein Team von Historikern damit beauftragen sollte, die entsprechenden Quellen zu studieren, um die wichtigsten Stadien der Kindererziehung der westlichen Welt seit der Antike herauszuarbeiten. Das vorliegende Buch ist das Ergebnis jenes Projektes.

Die in meinem Projektvorschlag skizzierte »psychogenetische Theorie der Geschichte« ging von einer umfassenden Theorie des historischen Wandels aus und machte die Voraussetzung, daß die zentrale Antriebskraft historischen Wandels weder in der Technologie noch in der Ökonomie zu finden ist, sondern in den »psychogenen« Veränderungen der Persönlichkeits- oder Charakterstruktur, die sich aufgrund der Generationenfolge der Interaktionen zwischen Eltern und Kindern ergeben. Diese Theorie schloß mehrere Hypothesen ein, von denen jede durch empirische historische Zeugnisse beweisbar oder widerlegbar ist:

1. Die Evolution der Eltern-Kind-Beziehungen bildet eine unabhängige Quelle historischen Wandels. Der Ursprung dieser Evolution liegt in der Fähigkeit der jeweils nachfolgenden Elterngeneration, sich in das psychische Alter ihrer Kinder zurückzuversetzen und die Ängste dieses Alters, wenn sie ihnen zum zweiten Mal begegnen, besser zu bewältigen, als es ihnen in der eigenen Kindheit gelungen ist. Dieser Prozeß gleicht dem der Psychoanalyse, zu dessen charakteristischen Merkmalen ebenfalls die Regression und eine zweite Gelegenheit, sich mit den Ängsten der Kindheit auseinanderzusetzen, gehören.

2. Diese von der Generationsfolge abhängende Tendenz zu psychischem Wandel ist nicht nur spontan – aus dem Bedürfnis

des Erwachsenen nach Regression und dem Streben des Kindes nach Beziehungen zu anderen Menschen entspringend –, sondern tritt auch unabhängig von sozialem und technologischem Wandel auf. Daher findet sie sich auch in Zeiten sozialer und technologischer Stagnation.

3. Die Geschichte der Kindheit ist eine Kette von immer engeren Beziehungen zwischen dem Erwachsenen und dem Kind, wobei jede Verringerung der psychischen Distanz neue Angst hervorruft. Die Verminderung dieser Angst der Erwachsenen ist der entscheidende Bereich, der die Praktiken der Kindererziehung eines jeden Zeitalters neu bestimmt.

4. Die Kehrseite der Hypothese, die Geschichte sei durch eine allgemeine Verbesserung der Kinderfürsorge gekennzeichnet, besteht darin, daß, je weiter man in der Geschichte zurückgeht, die Eltern immer weniger in der Lage sind, den sich entwickelnden Bedürfnissen der Kinder zu entsprechen. Das würde zum Beispiel bedeuten, daß, wenn die Zahl der in Amerika mißhandelten Kinder unter einer Million liegt,[4] es irgendwann in der Geschichte eine Zeit gegeben hat, in der die meisten Kinder – nach unseren heutigen Vorstellungen – mißhandelt worden sind.

5. Weil die psychische Struktur von Generation zu Generation durch den Engpaß der Kindheit weitergegeben werden muß, sind die Praktiken der Kindererziehung in einer Gesellschaft mehr als ein beliebiges kulturelles Merkmal neben anderen. Sie stellen vielmehr die entscheidende Bedingung für die Überlieferung und Entwicklung aller anderen Merkmale der Kultur dar und legen definitive Grenzen für das in den verschiedenen Bereichen der Geschichte Erreichbare fest. Es bedarf spezifischer Kindheitserfahrungen, um spezifische Merkmale einer Kultur aufrechtzuerhalten; sobald die betreffenden Erfahrungen fehlen, verschwindet auch das entsprechende kulturelle Merkmal.

Es ist klar, daß eine evolutionistische psychologische Theorie, die so anspruchsvoll ist wie die hier skizzierte, nicht in einem einzigen Buch getestet werden kann. Unser Ziel in diesem Buch ist denn auch ein viel bescheideneres, nämlich aus den uns vorliegenden Zeugnissen zu rekonstruieren, was es in der Vergangenheit bedeutet hat, Kind oder Eltern zu sein. Das Beweismaterial für die Evolution der Kindheit in der Vergangenheit wird nur dann zum Vorschein kommen, wenn wir die in unserer bisherigen Arbeit entdeckte fragmentarische und oft verwirrende Geschichte des Lebens der Kinder in den letzten zweitausend Jahren wiedergeben.

Frühere historische Werke über Kinder

Obgleich ich der Meinung bin, daß dieses Buch das erste ist, das sich ernsthaft mit der Geschichte der Kindheit im Westen auseinandersetzt, kann man nicht leugnen, daß Historiker seit einiger Zeit auch über Kinder in vergangenen Zeiten geschrieben haben.[5] Dennoch glaube ich, daß die Untersuchung der Geschichte der Kindheit gerade erst beginnt, denn in den meisten jener Arbeiten werden die die Kindheit betreffenden Tatsachen stark verzerrt. Offizielle Biographen verfahren am schlimmsten. Die Kindheit wird bei ihnen im allgemeinen idealisiert, und nur wenige Biographen geben irgendeine brauchbare Information über die ersten Lebensjahre der von ihnen behandelten Person. Die Geschichtssoziologen entwickeln Theorien zur Erklärung von Wandlungen in der Kindheit, ohne sich mit der Untersuchung auch nur einer einzigen Familie – sei es in der Vergangenheit oder in der Gegenwart – zu befassen.[6] Die Literaturhistoriker verwechseln Bücher mit dem Leben und konstruieren ein fiktives Bild von der Kindheit, als ob man, was sich in der amerikanischen Familie des neunzehnten Jahrhunderts wirklich abspielte, dadurch erfahren könnte, daß man *Tom Sawyer* liest.[7]
Der Sozialhistoriker schließlich, dessen Aufgabe darin besteht, die realen sozialen Bedingungen vergangener Zeiten darzustellen, sperrt sich am energischsten gegen die Tatsachen, auf die er stößt.[8] Wenn zum Beispiel ein Sozialhistoriker entdeckt, daß es eine Zeit gab, in der der Kindesmord weit verbreitet war, so erklärt er ihn für »bewundernswert und menschlich«.[9] Wenn eine Sozialhistorikerin Mütter beschreibt, die ihre Kinder, die noch in der Wiege liegen, regelmäßig mit Stöcken schlagen, gibt sie dazu, ohne auch nur die Spur eines Beweises zu liefern, folgenden Kommentar: »Wenn ihre Bestrafung streng war, so war sie doch auch gerecht und angemessen und wurde mit Freundlichkeit durchgeführt.«[10] Wenn eine andere Sozialhistorikerin auf Mütter stößt, die ihre Kinder jeden Morgen in Eiswasser tauchen, um sie

›abzuhärten‹, wobei die Kinder aber sterben, meint sie: »Sie waren nicht absichtlich grausam«, sondern hätten nur »Rousseau und Locke gelesen«.[11] Es gibt keine Praktiken in der Vergangenheit, die den Sozialhistorikern nicht in einem günstigen Licht erschienen. Wenn Laslett feststellt, daß Eltern ihre Kinder, sobald sie sieben Jahre alt waren, als Diener in andere Häuser schickten, während sie selber Kinder anderer Familien aufnahmen, damit sie ihnen dienten, meint er, das geschähe aus Freundlichkeit, denn es zeige, »daß die Eltern wahrscheinlich nicht gewillt waren, die eigenen Kinder der Arbeitsdisziplin zu Hause zu unterwerfen.«[12] Nachdem William Sloan zugegeben hat, daß das Auspeitschen kleiner Kinder mit den verschiedensten Instrumenten »in der Schule und zu Hause im siebzehnten Jahrhundert genauso üblich gewesen zu sein scheint wie in späterer Zeit«, fühlt er sich genötigt hinzuzufügen, daß »Kinder damals wie später manchmal die Peitsche verdienten«.[13] Philippe Ariès, der angesichts zahlreicher Zeugnisse für die offene sexuelle Belästigung von Kindern zugibt, daß die »Sitte, mit dem Geschlechtsteil des Kindes zu spielen, zu einer weitverbreiteten Tradition (gehörte)«[14], beschreibt anschließend eine »traditionelle Szene«, bei der ein Fremder während einer Eisenbahnfahrt aus Spaß auf einen kleinen Jungen zuspringt »und sich in brutaler Weise an dessen kleinem Hosenlatz zu schaffen machte«, während der Vater lächelt, und beschließt dann die Darstellung dieser Szene mit den Worten: »Es handelte sich um ein Spiel, dessen schlüpfrigen Charakter wir nicht überbewerten dürfen...«[15] Unmassen von Dokumenten sind uns entzogen, sind entstellt oder verschwommen dargestellt oder gar nicht zur Kenntnis genommen worden. Die frühen Jahre der Kindheit werden bagatellisiert, die Inhalte der formalen Bildung dagegen endlos untersucht, wobei eine Diskussion ihres emotionalen Gehalts peinlich vermieden wird; man redet viel von der Kinder betreffenden Gesetzgebung, aber gar nicht vom Zuhause der Kinder. Und wenn nicht geleugnet werden kann, daß es in einem Buch nichts als unerfreuliche Fakten gibt, dann wird die Theorie entwickelt, »gute Eltern hätten keine Spuren in den schriftlichen Aufzeichnungen hinterlassen«. Alan Valentine beispielsweise, der Briefe von Vätern an ihre Söhne aus sechs Jahrhunderten untersuchte und unter 126 Vätern keinen einzigen zu finden vermochte, der nicht gefühllos, moralistisch und völlig egozentrisch gewesen wäre, kommt zu dem Schluß: »Zweifellos haben unzählige Väter an ihre Söhne Briefe geschrieben, die unsere Herzen erwärmen und erheben würden, wenn wir sie nur auffinden könnten. Die besten Väter hinterlassen keine Briefe; nur jene Männer, die kein gutes Verhältnis zu ihren Kindern haben, schreiben wahrscheinlich die herzzerreißenden Briefe, die uns erhalten sind.«[16] Ähnlich verhält es sich bei Anna Burr, die in ihrem Bericht über 250 Autobiographien feststellt, daß es keine glücklichen Erinnerungen an die Kindheit gibt, es aber sorgfältig vermeidet, irgendwelche Schlüsse daraus zu ziehen.[17]

Von allen Büchern über die Kindheit vergangener Zeiten ist Philippe Ariès' Buch *Geschichte der Kindheit* wahrscheinlich das bekannteste; ein Historiker weist darauf hin, wie häufig es »als Heilige Schrift zitiert wird«.[18] Ariès' zentrale These ist der meinen genau entgegengesetzt. Er meint: während das Kind der traditionalen Gesellschaft glücklich war, weil es die Freiheit hatte, mit vielen Klassen und Altersstufen zu verkehren, wurde zu Beginn der Neuzeit ein besonderer Zustand »erfunden«, nämlich der der Kindheit; das führte zu einer tyrannischen Vorstellung von der Familie, die die Zerstörung von Freundschaft und Geselligkeit zur Folge hatte und den Kindern nicht nur ihre Freiheit nahm, sondern sie zum ersten Mal mit Rute und Karzer bekannt machte.

Zum Beweis für diese These führt Ariès zwei Hauptargumente an. Zum einen sagt er, daß es im Mittelalter keine eigene Vorstellung von der Kindheit gab. »Bis zum 12. Jahrhundert kannte die mittelalterliche Kunst die Kindheit entweder nicht oder unternahm doch jedenfalls keinen Versuch, sie darzustellen«; Kinder waren einfach »hinsichtlich der Größe reduzierte Erwachsene«.[19] Ariès vergißt nicht nur ganz die Kunst der Antike, sondern ignoriert auch zahlreiche Beispiele dafür, daß die Künstler des Mittelalters Kinder durchaus auch realistisch malen konnten.[20] Sein etymologisches Argument, es habe keinen gesonderten Begriff der Kindheit gegeben, ist ebenfalls unhaltbar.[21] Auf jeden Fall ist die Vorstellung von der »Erfindung der Kindheit« so verschwommen, daß es überrascht, daß so viele Historiker sie sich zu eigen gemacht haben.[22] Sein zweites Argument, die moderne Familie schränke die Freiheit des Kindes ein und verschärfe die Härte der Bestrafung, widerspricht allen Erfahrungen und Zeugnissen.

Viel verläßlicher als Ariès' Buch sind vier Bücher, von denen nur eines von einem professionellen Historiker geschrieben wurde: George Paynes *The Child in Human Progress*, G. Rattray Taylors *The Angel Makers*, David Hunts *Parents and Children in History* und J. Louise Desperts *The Emotionally Disturbed Child – Then and Now*. Payne, der sein Buch 1916 schrieb, war der erste, der die weite Verbreitung des Kindesmords und der Brutalität gegenüber Kindern in der Vergangenheit, besonders in der Antike, untersuchte. Taylors Buch, das sehr viel dokumentarisches Material enthält, ist eine anspruchsvolle psychoanalytische Deutung von Kindheit und Persönlichkeit im England des späten achtzehnten Jahrhunderts. Hunt konzentriert sich, wie Ariès, vor allem auf das einzigartige Dokument des 17. Jahrhunderts, Héroards Tagebuch über die Kindheit Ludwigs XIII., und zwar mit großem psychologischem Einfühlungsvermögen hinsichtlich der psychohistorischen Implikationen seiner Entdeckungen. Und Desperts psychiatrischer Vergleich von Kindesmißhandlungen in der Vergangenheit und in der Gegenwart gibt einen Überblick über die Reichweite der emotionalen Einstellungen gegenüber den Kindern seit der Antike, wobei das wachsende Entsetzen der Autorin angesichts einer Geschichte unaufhörlicher »Herzlosigkeit und Grausamkeit« zum Ausdruck kommt.[23]

Ungeachtet dieser vier Bücher sind die Hauptfragen einer vergleichenden Geschichte der Kindheit noch nicht gestellt, geschweige denn beantwortet. In den beiden nächsten Abschnitten möchte ich einige psychologische Prinzipien darstellen, die für die Beziehungen zwischen Eltern und Kindern in der Vergangenheit gelten. Die von mir benutzten Beispiele sind – obgleich sie für das Leben des Kindes in der Vergangenheit nicht untypisch sind – nicht gleichmäßig allen Zeitepochen entnommen, sondern ausgewählt worden, weil sie die von mir beschriebenen psychologischen Prinzipien am klarsten veranschaulichen. Erst in den drei darauffolgenden Abschnitten, in denen ich einen Überblick gebe über die Geschichte des Kindesmordes, der Kinderaussetzung, des Säugens, des Wickelns, des Schlagens und des sexuellen Mißbrauchs, werde ich untersuchen, wie weit verbreitet diese Praktiken in den verschiedenen Epochen waren.

Psychologische Prinzipien der Geschichte der Kindheit:
Projektive und Umkehr-Reaktionen

Bei der Untersuchung der Kindheit über viele Generationen hinweg ist es vor allem wichtig, sich auf jene Momente zu konzentrieren, die die Psyche der nächsten Generation am meisten beeinflussen. Das heißt: man muß zuerst einmal untersuchen, was geschieht, wenn ein Erwachsener einem Kind gegenübersteht, das bestimmte Bedürfnisse hat. Dem Erwachsenen stehen dabei meiner Ansicht nach drei Reaktionen zur Verfügung: (1) Er kann das Kind als ein Vehikel für die Projektion von Inhalten seines eigenen Unbewußten benutzen (projektive Reaktion/projective reaction); (2) er kann das Kind als Substitut für eine Erwachsenenfigur benutzen, die in seiner eigenen Kindheit wichtig war (Umkehr-Reaktion/reversal reaction); oder (3) er kann sich in die Bedürfnisse des Kindes einfühlen und sie zu befriedigen suchen (empathische Reaktion/empathic reaction).

Die projektive Reaktion ist Psychoanalytikern natürlich bekannt unter Begriffen, die von »Projektion« bis zu »projektiver Identifikation« reichen, einer konkreteren, eindringlicheren Form der Übertragung eigener Gefühle auf andere. Für den Psychoanalytiker ist es zum Beispiel eine vertraute Erfahrung, daß der Patient ihn als »toilet-lap«[24] für seine massiven Projektionen benutzt. Genau dies, nämlich als Vehikel für Projektionen benutzt zu werden, war das, was Kindern in der Vergangenheit in der Regel geschah.

Auch die Umkehr-Reaktion ist Psychologen vertraut, die sich mit der Untersuchung von Eltern befassen, die ihre Kinder schlagen.[25] Das Kind ist in solchen Fällen nur dazu da, die Bedürfnisse der Eltern zu befriedigen, und jedesmal, wenn das als Eltern-Substitut fungierende Kind die von ihm erwartete Liebe nicht gibt, wird es geschlagen. Eine ihr Kind schlagende Mutter drückte das einmal so aus: »Ich habe mich in meinem ganzen Leben nicht geliebt gefühlt. Als das Baby kam, dachte ich, es würde mich lieben. Als es schrie, bedeutete das, es liebte mich nicht. Deshalb habe ich es geschlagen.«

Der dritte Begriff – empathische Reaktion – wird hier in einem engeren Sinne benutzt als dem, den die Definition im Lexikon angibt. Er bezeichnet die Fähigkeit des Erwachsenen, auf die Stufe der kindlichen Bedürfnisse zurückzugehen und sie richtig einzuschätzen, ohne ihnen eigene Projektionen beizumischen. Der Erwachsene muß aber gleichzeitig in der Lage sein, genügend Distanz zu dem kindlichen Bedürfnis zu bewahren, um es befriedigen zu können. Diese Fähigkeit ist identisch mit dem Gebrauch, den der Psychoanalytiker von seinem Unbewußten macht und der als »gleichschwebende Aufmerksamkeit« oder – wie Theodor Reik es ausdrückt – als »Hören mit dem dritten Ohr«[26] bezeichnet wird.

Projektive und Umkehr-Reaktionen sind bei Eltern in der Vergangenheit oft gleichzeitig aufgetreten und haben zu einer »Doppelvorstellung« geführt. Dabei erscheint das Kind einerseits als eine aus den in es hineinprojizierten Wünschen, Feindseligkeiten und sexuellen Gedanken des Erwachsenen bestehende Figur, andererseits als eine Mutter- oder Vaterfigur. Das heißt, es ist *sowohl* schlecht *als auch* liebevoll. Hinzu kommt: je weiter man in die Geschichte zurückgeht, desto stärker ist die »Konkretisierung« oder Vergegenständlichung dieser projektiven und Umkehr-Reaktionen, zu desto bizarreren Einstellungen gegenüber den Kindern haben sie geführt. Vergleichbare Einstellungen findet man heute bei Eltern geschlagener und schizophrener Kinder.

Bei dem ersten Beispiel, an dem wir diese eng ineinandergreifenden Konzepte untersuchen wollen, handelt es sich um eine Szene zwischen einem Erwachsenen und einem Kind aus dem Jahre 1739. Nicholas, ein damals vierjähriger Junge, erinnert sich später an das folgende Ereignis, das seine Mutter bestätigt: Sein Großvater, der ihn einige Tage lang aufmerksam beobachtet hatte, gelangt zu der Überzeugung, er müsse ihn nun »prüfen« und sagt: »Nicholas, mein Sohn, du hast viele Fehler, und die machen deiner Mutter Kummer. Sie ist meine Tochter und hat immer auf mich gehört; höre auch du auf mich und bessere dich, sonst peitsche ich dich aus wie einen Hund, der abgerichtet wird.« Nicholas, zornig über den Verrat von jemandem, »der so freundlich zu mir war«, wirft sein Spielzeug ins Feuer. Der Großvater scheint zufrieden zu sein.

»Nicholas..., ich habe dir das gesagt, um dich zu prüfen. Hast du denn wirklich geglaubt, daß ein Großvater, der gestern und vorgestern noch so freundlich zu dir gewesen ist, dich heute wie einen Hund behandeln könnte? Ich dachte, du wärest klug...« »Ich bin kein Tier wie ein Hund.« »Nein, aber du bist auch nicht so klug, wie ich glaubte, sonst hättest du begriffen, daß ich dich nur geneckt habe. Es war nur ein Scherz ... Komm zu mir.« Ich warf mich in seine Arme. »Das ist noch nicht alles«, fuhr er fort, »ich möchte dich in Freundschaft mit deiner Mutter sehen; du hast ihr Kummer gemacht, großen Kummer ... Nicholas, dein Vater liebt dich; liebst du ihn?« »Ja, Großvater!« »Nimm einmal an, er sei in Gefahr, und um ihn zu retten, wäre es notwendig, deine Hand ins Feuer zu halten; würdest du das tun? Würdest du sie ... hinein halten, wenn es notwendig wäre?« »Ja, Großvater.« »Und für mich?« »Für dich? ... Ja, ja.« »Und für deine Mutter?« »Für Mama? Beide, beide!« »Wir werden sehen, ob du die Wahrheit sagst, denn deine Mutter bedarf deiner kleinen Hilfe sehr. Wenn du sie liebst, so mußt du es beweisen.« Ich gab keine Antwort, aber indem ich mir all das, was ich gesagt hatte, vergegenwärtigte, ging ich zum Kamin und hielt – während sie sich gegenseitig Zeichen gaben – meine rechte Hand ins Feuer. Der Schmerz ließ mich tief seufzen.[27]

Was diese Szene so typisch für die Eltern-Kind-Beziehungen in der Vergangenheit macht, ist das Vorhandensein so vieler widersprüchlicher Einstellungen auf seiten des Erwachsenen, ohne daß sich auch nur der mindeste Versuch zu einer Lösung dieser Widersprüche zeigt. Das Kind wird geliebt und gehaßt, belohnt und bestraft, ist böse und lieb – alles zu gleicher Zeit. Daß das zu einer »double bind«-Situation mit sich widersprechenden Signalen führt (die nach Bateson[28] und anderen der Schizophrenie zugrundeliegt), liegt auf der Hand. Aber die gegensätzlichen Signale kommen von Erwachsenen, deren Streben dahin geht, zu zeigen, daß das Kind sowohl sehr schlecht (projektive Reaktion) als auch sehr liebenswert (Umkehr-Reaktion) ist. Die Funktion des Kindes besteht darin, die den Erwachsenen bedrückenden Ängste zu reduzieren. Das Kind dient dem Erwachsenen als Mittel der Abwehr.

Es sind eben diese projektiven und Umkehr-Reaktionen, die es unmöglich machen, bei den schweren Züchtigungen, denen wir in der Vergangenheit so oft begegnen, von Schuld zu sprechen. Denn es ist ja nicht das wirkliche Kind, das geschlagen wird; geschlagen werden entweder die Projektionen des Erwachsenen (»Sehen Sie, wie sie Sie anblickt! Damit fängt sie die Männer – sie ist eine richtige Verführerin!«, sagte eine Mutter von ihrer mißhandelten zweijährigen Tochter) oder die Personen, als deren Substitut die Kinder dienen (»Er glaubt, er wäre der Boß – ständig versucht er, alles zu bestimmen – aber ich habe ihm gezeigt, wer hier zu sagen hat!« sagt ein Vater von seinem neun Monate alten Jungen, dessen Schädel er zerschlagen hat).[29] Man trifft in den historischen Quellen oft auf Beispiele, in denen der Schlagende mit dem Geschlagenen verschmilzt und so etwas wie Schuld daher nicht vorkommt. Ein amerikanischer Vater (1830) erzählt davon, daß er seinen vierjährigen Jungen ausgepeitscht hat, weil er nicht lesen konnte. Das Kind wurde nackt im Keller angebunden:

Das Kind war festgebunden, ich selbst, die Frau meines Herzens und die Hausherrin waren voller Kummer und niedergeschlagen. Ich begann, die Rute zu gebrauchen... Während dieser höchst unerfreulichen, mir sehr widerstrebenden und unangenehmen Arbeit machte ich häufig Pausen, gab Befehle und versuchte es mit Überredung, brachte Entschuldigungen zum Schweigen, antwortete auf Einwände... Ich spürte die ganze Kraft göttlicher Autorität und einen ausdrücklichen Befehl, wie niemals sonst in meinem Leben... Aber angesichts des alles beherrschenden Einflusses einer derart zornigen Leidenschaft und Hartnäckigkeit, wie sie mein Sohn gezeigt hatte, war es kein Wunder, daß er glaubte, er ›müsse mich ausprügeln‹ – schwach und ängstlich wie ich war, und wo er doch wußte, daß es mich fast krank machte, ihn zu peitschen. Zu jener Zeit konnte er weder mit mir noch mit sich selbst Mitleid haben.[30]

Genau auf dieses Bild der Verschmelzung von Vater und Sohn – der Vater klagt, er selbst sei der Geschlagene und des Mitleids bedürftig – stoßen wir, wenn wir die Frage stellen, wieso das Schlagen von Kindern in der Vergangenheit so weitverbreitet sein konnte. So meint ein Pädagoge aus der Renaissance-Zeit, man solle dem Kind, wenn man es schlägt, sagen, daß man »die Bestrafung gegen seinen Willen, aber durch sein Gewissen gezwungen« vornehme. »Dann forderst du es auf, dir nicht noch einmal solche Mühe und Pein zu bereiten; denn wenn du das tust (so sagst du), dann mußt du einen Teil der Pein mit mir ertragen, und deshalb sollst du jetzt erleben, welche Pein es für uns beide bedeutet.« – Wir können hier schwerlich die Verschmelzung übersehen und den Vorgang als Heuchelei mißverstehen.[31]

Eltern können das Kind so sehr als Teil ihrer selbst ansehen, daß wirkliche Unfälle, die dem Kind passieren, als Verletzungen oder Bestrafungen der Eltern erlebt werden. Als seine Tochter Nanny ins Feuer fiel und sich schlimm verbrannte, rief Cotton Mather: »Oh weh, für meine Sünden wirft der gerechte Gott mein Kind ins Feuer!«[32] Er überlegte, was er in der vorangegangenen Zeit falsch gemacht hatte, aber obgleich er überzeugt war, daß er der Bestrafte war, konnte er keine Schuld gegenüber seinem Kind feststellen (zum Beispiel, daß er es allein gelassen hätte), so daß auch keine Bestrafung erfolgen konnte. Bald darauf erlitten zwei andere Töchter schwere Verbrennungen. Seine Reaktion darauf bestand in einer Predigt über das Thema »Wie Eltern auf Unglücksfälle, die ihre Kinder treffen, reagieren sollten«.

Diese Kindern widerfahrenden »Unfälle« sollten nicht leichtgenommen werden, denn in ihnen liegt der Schlüssel zur Beantwortung der Frage verborgen, warum Erwachsene in der Vergangenheit so schlechte Eltern waren. Läßt man einmal Todeswünsche beiseite, über die wir später sprechen wollen, so kam es in der Vergangenheit deshalb so häufig zu Unfällen, weil kleine Kinder so oft allein gelassen wurden. Mathers Tochter Nibby wäre verbrannt, wenn nicht »zufällig in dem Augenblick eine Person am Fenster vorbeigekommen wäre«[33]; denn sonst war niemand da, der ihre Schreie hätte hören können. Ein Vorfall im kolonialen Boston ist ebenfalls typisch:

Nachdem sie zu Abend gegessen hatten, brachte die Mutter die beiden Kinder ins Bett, das in demselben Raum stand, in dem auch die Eltern schliefen, und dann gingen sie fort, um einen Nachbarn zu besuchen. Als sie zurückkamen ... ging die Mutter zum Bett, wo sie aber ihr jüngstes Kind nicht fand (eine Tochter von ungefähr fünf Jahren), und nachdem sie lange gesucht hatten, fanden sie es ertrunken in einem Brunnen in ihrem Keller ...[34]

Der Vater schreibt diesen Unfall der Tatsache zu, daß er an einem Feiertag gearbeitet hat. Der entscheidende Punkt besteht nicht einfach darin, daß es bis ins zwanzigste Jahrhundert hinein üblich war, kleine Kinder allein zu lassen. Wichtiger ist, daß die Eltern gar kein Interesse an der Verhütung von Unfällen haben, solange bei ihnen keinerlei Schuldgefühl vorhanden ist – sind es doch ihre eigenen Projektionen, die bestraft werden. Menschen, die sehr starke Projektionen entwickeln, erfinden keine unfallsicheren Öfen; ebensowenig kümmern sie sich darum, daß ihren Kindern auch nur die einfachste Pflege zuteil wird. Und ihre Projektionen sorgen dafür, daß sich an der Situation nichts ändert.

Der Benutzung des Kindes als einer »Toilette« für die Projektionen von Erwachsenen liegt die Vorstellung von der Erbsünde zugrunde; achtzehnhundert Jahre lang stimmten die Erwachsenen darin überein, daß – wie Richard Allestree (1676) es ausdrückte – »das neugeborene Kind voll (ist) von den Makeln und Befleckungen der Sünde, die es durch unsere Lenden von unseren ersten Eltern erbt...«³⁵ Die Taufe, die u. a. der Teufelsaustreibung dienen sollte, und der Glaube, das bei der Taufe schreiende Kind lasse den Teufel heraus, überlebten die formale Abschaffung des Exorzismus in der Reformationszeit.³⁶ Selbst da, wo die formale Religion kein Gewicht auf den Teufel legte, herrschte derselbe Glaube; hier eine Schilderung, wie ein polnischer Jude im neunzehnten Jahrhundert Unterricht erteilte:

Er zog eine große Freude aus den Qualen des kleinen Opfers, das auf der Bank zitterte und bebte. Er verabreichte die Hiebe kalt, langsam, wohlüberlegt ... er forderte den Jungen auf, seine Kleider auszuziehen und sich auf die Bank zu legen ... und schlug mit den Lederriemen zu ... ›In jedem Menschen gibt es einen guten Geist und einen bösen Geist. Der gute Geist hat seinen eigenen Sitz – das ist der Kopf. Ebenso der böse Geist, und das ist die Stelle, an der du ausgepeitscht wirst‹.³⁷

Dem Kind wurden in der Vergangenheit soviele Projektionen aufgebürdet, daß es, wenn es zu sehr schrie oder sonstwie zuviel Aufwand verlangte, Gefahr lief, als Wechselbalg betrachtet zu werden. Es gibt eine umfangreiche Literatur über Wechselbälge³⁸, aber es ist noch nicht allgemein erkannt worden, daß nicht nur mißgebildete Kinder als Wechselbälge getötet wurden, sondern auch solche, die, wie der hl. Augustinus sagt, »unter einem Dämon leiden ... sie stehen unter der Macht des Teufels ... einige Kinder sterben in diesem Zustand ...«³⁹ Einige Kirchenväter erklärten, das bloße Schreien eines Babys bedeute schon, daß es eine Sünde begehe.⁴⁰ In ihrer Bibel der Hexenjagd, *Malleus Maleficarum* (1487), behaupten Sprenger und Krämer, man könne Wechselbälge daran erkennen, daß sie »ständig erbärmlich heulen und daß sie niemals wachsen, selbst wenn vier oder fünf Mütter zur Verfügung stehen, um sie zu stillen.« Luther ist der gleichen Ansicht und meint, sie nähmen oft die Kinder von Frauen, die im Wochenbett lägen, und legten sich selbst an deren Platz und seien im Trinken, Essen und Schreien schlimmer als zehn Kinder.⁴¹ Guibert von Nogent hielt im 12. Jahrhundert seine Mutter für heilig, weil sie das Schreien eines von ihr adoptierten Kindes geduldig hinnahm:

... das Baby belästigte meine Mutter und deren Diener durch sein nächtliches Wimmern und Schreien so sehr – obgleich es bei Tage sehr lieb war und abwechselnd spielte und schlief –, daß alle, die in dem kleinen Raum waren, kaum Schlaf finden konnten. Ich hörte die Ammen, die meine Mutter sich genommen hatte, sagen, daß sie nachts niemals aufhören könnten, die Kinderrassel zu schütteln, so schlimm sei das Kind, und zwar nicht durch eigene Schuld, sondern weil es vom Teufel besessen sei, den auszutreiben die Kraft einer Frau bei weitem nicht ausreiche. Die gute Frau wurde unsäglich gepeinigt; kein Kunstgriff half gegen das grelle Geschrei . . . Aber sie schaffte das Kind niemals aus dem Haus . . .[42]

Der Glaube, daß Kinder nahe daran wären, sich in gänzlich gottlose Geschöpfe zu verwandeln, ist einer der Gründe, warum sie so lange und so fest angebunden oder gewickelt wurden. Man spürt diese Tendenz bei Bartholomäus Anglicus (ca. 1230): »Wegen ihrer Weichheit können die Gliedmaßen der Kinder leicht verbogen oder gekrümmt werden und verschiedene Formen annehmen. Deshalb sollten die Gliedmaßen von Kindern mit Bandagen und anderen geeigneten Mitteln umwickelt werden, damit sie nicht verwachsen oder mißbildet werden können . . .«[43] Gewickelt wird das mit den gefährlichen, bösen Projektionen der Eltern angefüllte Kind. Die in der Vergangenheit für das Wickeln angeführten Gründe sind dieselben wie die, die man heute in Osteuropa angibt: das Baby muß gewickelt und angebunden werden, weil es sich sonst die Ohren abreißt, die Augen auskratzt, die Beine bricht oder seine Genitalien berührt.[44] Wie wir in dem Abschnitt über Wickeln und andere Einschränkungen der kindlichen Freiheit sehen werden, gehört dazu oft, daß die Kinder in alle möglichen Arten von Korsetts gesteckt werden, an Geradehaltern, Rückenbrettern und Gängelbändern und sogar an Stühlen festgebunden werden, um zu verhindern, daß sie »wie Tiere« auf dem Boden herumkriechen.

Wenn Erwachsene all ihre unannehmbaren Gefühle in das Kind projizieren, liegt es auf der Hand, daß ernsthafte Maßnahmen ergriffen werden müssen, um diese gefährlichen »Toiletten«-Kinder, wenn sie den Windeln entwachsen sind, weiterhin unter Kontrolle zu halten. Ich werde später auf eine Reihe von Methoden eingehen, die von den Eltern jahrhundertelang benutzt wurden; hier möchte ich nur auf eine dieser Methoden eingehen – das Erschrecken der Kinder mit Gespenstern –, um ihren projektiven Charakter zu erörtern.

Um Kinder zu erschrecken, haben sich Erwachsene im Verlauf der Geschichte bis in die jüngste Zeit einer Unzahl von gespensterähnlichen Figuren bedient. Das Altertum hatte seine Lamia und Striga, die, wie ihr hebräisches Vorbild Lilith, die Kinder mit Haut und Haaren fraßen und die wie Mormo, Canida, Poine,

Sybaris, Acco, Empusa, Gorgo und Ephialtes »zum Wohle der
Kinder erfunden worden waren, um sie weniger wild und unregierbar zu machen« – wie es bei Dion Chrysostomos heißt.[45] Die
meisten Alten stimmten in der Auffassung überein, daß es gut sei,
den Kindern ständig die Vorstellung solcher Gespenster vor
Augen zu halten, damit sie den Schrecken spürten, der darin lag,
nachts mit Geistern rechnen zu müssen, die kommen, um sie
mitzunehmen, sie zu fressen, sie in Stücke zu reißen und ihnen
das Blut oder das Knochenmark auszusaugen. Im Mittelalter
standen natürlich Hexen und Teufel im Vordergrund, wobei
gelegentlich noch ein Jude hinzukam, der Kindern die Kehle
durchschnitt, sowie Scharen von anderen Ungeheuern und Gespenstern, »mit denen die Ammen sie gerne zu erschrecken
pflegten«.[46] Nach der Reformation wurde Gott selbst, »der dich
über den Abgrund der Hölle hält, wie man eine Spinne oder
irgendein anderes widerliches Insekt über das Feuer hält«[47], zum
schwarzen Mann, mit dem man die Kinder erschreckte. Es wurden Abhandlungen in Kindersprache verfaßt, in denen die Torturen geschildert wurden, die Gott in der Hölle für Kinder bereithielt: »Das kleine Kind steckt in diesem rotglühenden Ofen. Hör,
wie es schreit und hinaus will . . . Es stampft mit seinen kleinen
Füßen auf den Boden . . .«[48]

Als die Religion ihre zentrale Rolle für den Schreckensfeldzug
gegen die Kinder verlor, wurden vertrautere Gestalten benutzt:
der Werwolf wird dich verschlingen; Blaubart wird dich in
Stücke hacken; Boney (Bonaparte) wird dich auffressen; der
schwarze Mann oder der Schornsteinfeger wird dich nachts holen.[49] Gegen diese Praktiken wurde erst im neunzehnten Jahrhundert Kritik laut. Ein englischer Vater sagte 1810, daß der
»einst weit verbreitete Brauch, Kinder mit Geistergeschichten zu
erschrecken, dank eines wachsenden Maßes an nationaler Vernunft nun allgemein verurteilt wird. Doch viele unter uns können
sich noch an die Ängste vor übernatürlichen Mächten und vor der
Dunkelheit als wirklichen Nöten der Kindheit erinnern . . .«[50] In
vielen europäischen Dörfern drohen Eltern jedoch heute noch
ihren Kindern mit dem Werwolf, dem Mann mit dem langen Bart
oder dem Schornsteinfeger, oder sie drohen ihnen, sie in den
Keller zu sperren, damit die Ratten an ihnen nagen.[51]

Das Bedürfnis nach der Personifizierung strafender Figuren war
so übermächtig, daß, dem Prinzip der »Konkretisierung« fol-

gend, Erwachsene tatsächlich Puppen ähnlich den Katchinas der Pueblo-Indianer herstellten, um Kinder damit zu erschrecken. Ein englischer Schriftsteller beschrieb 1748, wie Kindermädchen bei ihren Schützlingen Furcht und Schrecken erzeugten, indem sie ihnen Geschichten von Schreckgespenstern und Knochenmännern erzählten:

> Das Kindermädchen nimmt sich vor, das zänkische Kind zur Ruhe zu bringen. Zu diesem Zweck stellt es eine ziemlich ungeschlachte Puppe her, läßt sie hereinkommen und schreit und brüllt in den barbarischsten, unangenehmsten Tönen auf das Kind ein, daß es in den Ohren weh tut; gleichzeitig läßt es die Puppe auf das Kind zugehen und so gestikulieren, als ob sie das Kind verschlingen wollte.[52]

Diese furchterregenden Puppen waren auch bei Kindermädchen beliebt, die die Kinder im Bett halten wollten, während sie selbst abends ausgingen. Susan Sibbald erinnert sich, daß Geister einen realen Bestandteil ihrer ins achtzehnte Jahrhundert fallenden Kindheit bildeten:

> Das Auftauchen von Geistern war eine sehr verbreitete Erscheinung ... Ich erinnere mich noch genau daran, wie die beiden Kindermädchen, die wir in Fowey hatten, eines Abends das Kinderzimmer verlassen und ausgehen wollten ... Wir wurden dadurch zum Schweigen gebracht, daß wir ein entsetzlich schauriges Stöhnen und Kratzen hinter der Zwischenwand an der Treppe hörten. Plötzlich flog die Tür auf und – oh Schrecken! – es kam eine große, weiß gekleidete Gestalt herein, aus deren Augen, Nase und Mund Feuer zu kommen schien. Wir verfielen fast in Krämpfe und fühlten uns tagelang schlecht, wagten aber nicht, davon zu erzählen.[53]

Die eingeschüchterten Kinder waren aber nicht immer so alt wie Susan und Betsey. Eine amerikanische Mutter berichtete 1882 von dem Kindermädchen der zweijährigen Tochter eines Freundes, das sich am Abend, während die Eltern ausgegangen waren, mit dem übrigen Dienstpersonal vergnügen wollte, und, um nicht gestört zu werden, dem kleinen Mädchen erzählte, daß

> ein schrecklicher schwarzer Mann ... in dem Zimmer versteckt sei und sie sofort ergreifen werde, wenn sie ihr Bett verlassen oder auch nur das leiseste Geräusch machen würde ... um sicherzustellen, daß sie während ihres abendlichen Vergnügens nicht gestört würde. Sie machte eine riesige Puppe, die einen schwarzen Mann mit schrecklich starrenden Augen und einem riesigen Mund darstellte und plazierte sie an das Fußende des Bettes, in dem das kleine unschuldige Kind lag und fast eingeschlafen war. Als der Abend in der Gesindestube zu Ende war, ging das Kindermädchen zu seinem Schütz-

ling zurück. Als es leise die Tür öffnete, sah es das kleine Mädchen aufrecht im Bett sitzen und zu Tode erschrocken auf das furchtbare Ungeheuer vor sich starren, beide Hände in sein blondes Haar gekrampft. *Es war tot!*[54]

Es gibt Hinweise darauf, daß dieser Brauch, Kinder durch maskierte Figuren zu erschrecken, bis in die Antike zurückgeht.[55] Das Erschrecken von Kindern durch Masken ist ein beliebtes Thema bei Künstlern von der römischen Freskenmalerei bis hin zu den Stichen von Jacques Stella (1657). Da aber diese frühen traumatischen Erlebnisse sehr energisch verdrängt wurden, war es mir nicht möglich, ihre antiken Formen genau festzustellen. Bei Dion Chrysostomos heißt es, daß »furchterregende Bilder Kinder daran hindern, ihr Verlangen nach Nahrung, nach Spiel oder irgend etwas anderem Unpassenden zu befriedigen«, und es wurden Theorien über ihre wirkungsvollste Verwendung diskutiert: »Ich glaube, jeder Junge hat Angst vor irgendeinem Kobold, der ihm sonderbar erscheint, und wird durch diesen auch gewöhnlich in Schrecken versetzt – Burschen, die von Natur aus furchtsam sind, schreien natürlich sofort los, ganz gleichgültig, wodurch man ihnen einen Schrecken einjagt...«[56]
Wenn nun aber Kinder nur deshalb, weil sie weinen, essen oder spielen wollen, durch maskierte Figuren in Angst und Schrecken versetzt werden, dann haben das Ausmaß der Projektion und das Bedürfnis der Erwachsenen, es zu kontrollieren, enorme Dimensionen angenommen, wie man sie heute nur bei offen psychotischen Erwachsenen findet. Wie häufig der Gebrauch solcher konkreten Figuren in der Vergangenheit war, läßt sich bis jetzt noch nicht exakt bestimmen, obgleich er oft als etwas Übliches erwähnt wird. Von vielen Formen kann man jedoch zeigen, daß sie sehr verbreitet waren. In Deutschland zum Beispiel gab es bis vor kurzem in der Vorweihnachtszeit stapelweise Reisigbesen zu kaufen, die in der Mitte so gebunden waren, daß sie zu beiden Seiten hin eine harte Bürste bildeten. Sie wurden dazu benutzt, Kinder zu schlagen; in der ersten Dezemberwoche zogen die Erwachsenen schreckenerregende Kostüme an und gaben sich als Boten Jesu Christi aus, die man Pelznickel nannte. Sie bestraften die Kinder und sagten ihnen, ob sie zu Weihnachten Geschenke bekämen oder nicht.[57]*

---

* Gemeint ist Knecht Ruprecht, im 19. Jahrhundert auch Pelzmärtel oder Nickel genannt, der heute als Begleiter des hl. Nikolaus mit Rute und einem Sack voller Geschenke auftritt (5./6. Dez.). A. d. Ü.

Erst wenn man sieht, welche Kämpfe die Eltern durchzustehen haben, um die Verwendung konkreter schreckenerregender Figuren aufzugeben, wird klar, wie stark ihr Bedürfnis nach solchen Verhaltensweisen war. Einer der ersten, der sich im Deutschland des 19. Jahrhunderts für die Kinder einsetzte, war Jean Paul Richter. In seinem populären Buch »Levana oder Erziehlehre« verurteilt er Eltern, die ihre Kinder durch Schreckbilder erziehen, und verweist auf die mittelalterliche Einsicht, daß Kinder dadurch »leicht dem Wahnsinn anheimfallen«. Sein eigener Zwang, die Traumata seiner Kindheit zu wiederholen, war jedoch so groß, daß er nicht anders konnte, als für seinen eigenen Sohn abgeschwächte Versionen zu erfinden:

Wenn man über jede Sache eigentlich nur einmal erschrickt, nicht zweimal: so glaub' ich, könnte man ja durch scherzhafte Vorspiele den Kindern den Ernst ersparen. Zum Beispiel: ich gehe mit meinem neunjährigen Paul in einem dicken Wald spazieren. Plötzlich fallen drei geschwärzte und gewaffnete Kerle hervor und uns an, weil ich mit ihnen Tages vorher gegen eine kleine Diebs-Prämie den Überfall abgekartet habe. Wir beide sind nur mit Stöcken gerüstet, die Räuberhorde aber mit Stechgewehr und einer blindgeladenen Pistole. Hier gilt nun nichts als Gegenwart des Geistes und Entschlossenheit. Einer ficht gegen drei – (Paul ist für nichts zu rechnen, ob ich ihm gleich zurufe, einzuhauen) aber dadurch, daß ich dem einen Schnapphahn die abgedrückte Pistole seitwärts schlage, damit sie mich verfehlt, dem andern mit dem Stocke den Degen aus der Hand legiere, den ich dann selber aufhebe, um damit auf den dritten loszudringen, dadurch, hoff' ich, soll das Gauner-Gesindel geworfen und in die Flucht gejagt werden von einem einzigen rechten Mann und dessen Föderativ-Sohn. Wir setzen dem zerstreuten Heere noch ein wenig nach, kehren aber, da es ein lebendiges *Lauf*-Feuer ist, bald um; und ich lasse unter fortwährendem Gespötte über die feindliche Marschsäule – die wie ein wohlgeordneter Büchersaal nichts zeigt als den *Rücken* – nun meinen Verbündeten selber schließen, wie viel bloße Tapferkeit gegen Überzahl ausrichte, besonders gegen Spitzbuben, welche nach allen Erfahrungen selten Mut besitzen. Allerdings (setz' ich hier in der zweiten Auflage dazu) sind solche Spiele schon ihrer Unwahrheit wegen bedenklich; auch könnten sie nur durch Wiederholung den Nachteil verwischen, welchen immer ein auch nachher in nichts aufgelöstes Erschrecken eindrückt. Recht viele Erzählungen von siegendem Mut sind vielleicht bessere Stärkmittel.

Andere Degen- und Mantelstücke – wie die Spanier (nach Bouterwek) ihre Intrigenstücke nennen – wären mit Vorteil in der Nacht aufzuführen, um die Phantasien des Gespensterglaubens zu platter Alltäglichkeit zu entkleiden . . .[58]

Ein anderer Bereich, in dem sich das Bedürfnis, Kinder einzuschüchtern, konkretisiert, ist die Verwendung von Leichen. Viele kennen wahrscheinlich die Szenen aus Mary Sherwoods Roman *History of the Fairchild Family*[59], in denen Kinder mit zum Galgen genommen werden, damit sie sich die dort hängenden verwesenden Leichen ansehen, wobei man ihnen moralische Geschichten erzählt. Was man sich oft gar nicht klarmacht, ist, daß diese Szenen dem wirklichen Leben entnommen sind und einen wichtigen Bestandteil der Kindheit in der Vergangenheit ausmachten. Wenn jemand aufgehängt wurde, mußten dabei oft ganze Schulklassen zusehen. Eltern nahmen ihre Kinder oft mit, wenn jemand durch Erhängen hingerichtet wurde, und zu Hause peitschten sie ihre Kinder, damit sie nicht vergäßen, was sie gesehen hatten.[60] Sogar ein so humanistischer Erzieher wie Mafio Vegio, der Bücher schrieb, in denen er gegen das Schlagen von Kindern protestierte, meinte, daß »es überhaupt nichts Schlechtes sei, Kinder zu Zeugen einer öffentlichen Exekution zu machen.«[61]

Die Wirkung, die dieses wiederholte Anschauen von Leichen auf die Kinder hatte, war natürlich außerordentlich groß. Nachdem eine Mutter ihrer kleinen Tochter die frische Leiche ihres neunjährigen Freundes als Beispiel gezeigt hatte, ging das Mädchen herum und sagte: »Sie werden die Tochter in das tiefe Loch legen, und was wird die Mutter tun?«[62] Ein anderes Kind, ein Junge, wachte nachts schreiend auf, nachdem er bei Hinrichtungen durch den Strang zugegen gewesen war, und »erhängte seine Katze«.[63] Die elfjährige Harriet Spencer berichtet in ihrem Tagebuch, daß sie überall Leichen sehe, an Galgen hängend oder aufs Rad geflochten. Ihr Vater hatte sie mitgenommen, um Hunderte von Leichen zu besichtigen, die ausgegraben worden waren, um Platz für neue zu machen.

> ... Papa sagte, es sei dumm und abergläubisch, sich vor dem Anblick von Leichen zu fürchten; deshalb folgte ich ihm auf einer dunklen, schmalen, steilen Wendeltreppe, die sich in die Tiefe wand, bis wir an eine Tür kamen, hinter der eine große Höhle war. Sie war durch eine Lampe erhellt, die in der Mitte herabhing, und der Mönch trug eine Fackel in der Hand. Zuerst konnte ich nichts erkennen, als sich meine Augen aber an das flackernde Licht gewöhnt hatten, wagte ich kaum hinzusehen, denn zu beiden Seiten lagen schreckliche, schwarze, grausige Gestalten, von denen einige grinsten, andere auf uns zeigten, wieder andere Schmerzen zu leiden schienen, und das in allen

möglichen Stellungen und so gespenstisch anzusehen, daß ich kaum ein Schreien unterdrücken konnte und glaubte, sie bewegten sich alle. Als Papa sah, wie unbehaglich mir war, war er nicht ärgerlich, sondern sehr freundlich, und sagte, ich müsse mich überwinden und zu einer der Leichen hingehen und sie berühren, was schrecklich war. Ihre Haut war schwarzbraun und auf den Knochen festgetrocknet; sie war ganz hart und fühlte sich wie Marmor an.[64]

Das Bild des freundlichen Vaters, der seiner Tochter hilft, ihre Angst vor Leichen zu überwinden, ist ein Beispiel für das, was ich »projektive Fürsorge« nenne, im Unterschied zur wahren empathischen Fürsorge, die das Ergebnis einer empathischen Reaktion ist. Bei der projektiven Fürsorge besteht der erste Schritt immer in der Projektion des Unbewußten des Erwachsenen auf das Kind; sie kann von der empathischen Fürsorge dadurch unterschieden werden, daß sie in bezug auf die eigentlichen Bedürfnisse des Kindes entweder unangemessen oder unzureichend ist. Die Mutter, die auf jegliches Unbehagen ihres Kindes mit Hätscheleien reagiert; die Mutter, die sorgfältig auf die Kleidung ihres Babys achtet, wenn sie es zur Säugamme bringen läßt; die Mutter, die eine volle Stunde braucht, um das Baby in Windeln zu wickeln – dies alles sind Beispiele für eine projektive Fürsorge.

Die projektive Fürsorge reicht allerdings aus, um Kinder großzuziehen, bis sie erwachsen sind. Sie ist von Anthropologen, die die Kindheit primitiver Völker untersuchten, häufig als »gute Fürsorge« bezeichnet worden; erst wenn psychoanalytisch ausgebildete Anthropologen dieselben Stämme untersuchen, wird deutlich, daß ihr Verhältnis zu Kindern durch Projektionen und nicht durch wirkliche Empathie bestimmt ist. Untersuchungen über die Apachen[65] zum Beispiel gestehen diesen immer die höchsten Werte auf der Skala der für die Entwicklung des Gefühls von Sicherheit so wichtigen »oralen Befriedigung« zu. Wie bei vielen anderen primitiven Stämmen stillen auch bei den Apachen die Mütter ihre Kinder auf Verlangen zwei Jahre lang, und darauf beruht ihre Einstufung. Aber erst als der psychoanalytisch ausgebildete Anthropologe L. Bryce Boyer diesen Stamm aufsuchte, wurde die projektive Basis dieser Fürsorge aufgedeckt:

Die Fürsorge, die die heutigen Apachenmütter ihren Säuglingen zukommen lassen, ist erschreckend inkonsequent. Sie sind gewöhnlich sehr zärtlich und aufmerksam in den körperlichen Beziehungen zu ihren Babys. Es gibt ein großes Maß an körperlichem Kontakt. Die Stillzeiten richten sich gewöhnlich nach dem Schreien der Babys, und jeder Kummer wird zuerst einmal mit der Brustwarze oder einem Flaschenschnuller gelindert. Gleichzeitig haben die Mütter aber ein sehr begrenztes Verantwortungsgefühl, was die Fürsorge für die Kinder betrifft, und man gewinnt den Eindruck, daß die Zärtlichkeit der Mutter für ihr Baby darauf beruht, daß sie ihrem Kind eine Fürsorge angedeihen läßt, die sie selbst sich als erwachsene Person wünscht. Viele Mütter verlassen ihre Kinder oder geben sie weg – Babys, die sie noch eine Woche zuvor liebevoll gestillt haben. Die Apachen bezeichnen diese Praxis sehr treffend als ›das Kind wegwerfen‹. Sie verspüren nicht nur kaum Gewissensbisse wegen dieses Verhaltens, sondern sind manchmal offen erfreut darüber, daß sie fähig waren, sich von dieser Bürde zu befreien. In manchen Fällen ›vergessen‹ Mütter, die ihre Kinder weggegeben haben, ganz, daß sie ihnen einmal gehörten. Die durchschnittliche Apachenmutter glaubt, daß die physische Fürsorge für das Kind alles sei, was es braucht. Sie hat wenige oder gar keine Bedenken, ihr Baby mir irgend jemandem allein zu lassen, während sie plötzlich fortgeht, um zu plaudern, einzukaufen, zu spielen oder zu trinken und ›sich herumzutreiben‹. Im günstigsten Fall vertraut die Mutter ihr Baby einer Schwester oder einer älteren Verwandten an. In früheren Zeiten, als die Apachen auf ihrem Boden noch heimisch waren, war eine solche Vereinbarung fast immer möglich.[66]

Selbst ein so simpler Akt wie der, sich in Kinder, die geschlagen werden, einzufühlen, war für Erwachsene in der Vergangenheit schwierig. Die wenigen Erzieher, die vor unserer modernen Zeit dazu rieten, Kinder sollten im allgemeinen nicht geschlagen werden, begründeten das damit, daß das Schlagen böse Folgen habe, und nicht etwa damit, daß es dem Kind Schmerzen zufüge oder es verletze. Ohne das Element der Empathie hatte dieser Rat überhaupt keine Wirkung, und Kinder wurden weiter wie zuvor geschlagen. Die Mütter, die ihre kleinen Kinder drei Jahre lang zu Säugammen schickten, waren zutiefst bekümmert, daß ihre Kinder nach dieser Zeit nicht zu ihnen zurückkehren wollten, waren aber nicht in der Lage, den Grund dafür zu erkennen. Wohl hundert Generationen von Müttern schnürten ihre kleinen Kinder in Wickelbänder und sahen ihrem Protestgeschrei teilnahmslos zu, weil ihnen der für die Einfühlung in ihre Kinder nötige psychische Mechanismus fehlte. Erst als der langsame historische Prozeß der Evolution der Eltern-Kind-Beziehungen schließlich durch die aufeinanderfolgenden Generationen von Eltern-Kind-Interaktionen dieses Vermögen hervorbrachte, wurde offenbar, daß das Wickeln völlig überflüssig war. 1706 beschrieb Richard

Steele in *The Tatler,* wie sich seiner Ansicht nach ein Kind nach der Geburt fühlen mußte:

Ich lag ganz still da, aber die Hexe nahm mich ohne jeden Grund und Anlaß und wickelte meinen Kopf, so fest sie nur konnte, ein; dann umwickelte sie meine Beine und ließ mich eine schreckliche Mixtur herunterschlucken. Das schien mir ein grausamer Eintritt ins Leben, bei dem man sofort mit der Einnahme von Arzneimitteln anfing. Nachdem ich auf diese Weise angezogen worden war, wurde ich zu einem Krankenbett gebracht, wo eine vornehme junge Frau (von der ich wußte, daß sie meine Mutter war) mich fast zu Tode gedrückt hätte ... bevor sie mich in die Arme eines Mädchens warf, das herbeigeholt worden war, damit es sich um mich kümmerte. Das Mädchen war sehr stolz darauf, sich als Amme betätigen zu können, und begann, weil ich einen Laut von mir gegeben hatte, mich von neuem auszuziehen und wieder anzuziehen, um zu sehen, was mir fehlte; am Ende steckte sie alles gewissenhaft mit Nadeln zusammen. Ich weinte noch immer, woraufhin sie mich mit dem Gesicht nach unten in ihren Schoß legte, und um mich zu beruhigen, klopfte sie mir auf den Rücken, so daß die Nadeln mir wie Nägel ins Fleisch drangen, und schrie ein Wiegenlied ...[67]

Eine Beschreibung mit einem solchen Maß an Empathie hat es meines Wissens vor dem achtzehnten Jahrhundert nicht gegeben. Nicht lange danach hörte die zweitausendjährige Gewohnheit des Wickelns auf.

Man könnte meinen, das fehlende Einfühlungsvermögen in der Vergangenheit ließe sich an allen möglichen Stellen finden. Als erstes schaut man natürlich in die Bibel; man sollte annehmen, hier fände man gewiß Empathie in bezug auf die Bedürfnisse der Kinder, denn wird Jesus nicht immer als jemand dargestellt, der kleine Kinder um sich hat? Liest man aber tatsächlich einmal jede der über zweitausend Stellen über Kinder, auf die die Bibelkonkordanz hinweist, so sieht man, daß es solche erfreulichen Vorstellungen dort gar nicht gibt. Man findet sehr viel über Kinderopfer, über das Steinigen von Kindern, über das Schlagen von Kindern, über ihren strikten Gehorsam, über ihre Liebe zu den Eltern und über ihre Rolle als Träger des Familiennamens; man findet aber nicht den geringsten Hinweis auf irgendeine Form der Einfühlung in kindliche Bedürfnisse. Selbst der bekannte Spruch Jesu: »Lasset die Kindlein zu mir kommen« und wehret ihnen nicht, denn solchen gehört das Himmelreich«, erweist sich als die in Vorderasien übliche Praxis des Exorzismus durch Handauflegen, eine Praxis, die viele Heilige ausübten, um das den Kindern innewohnende Böse auszutreiben: »Da wurden Kindlein zu ihm gebracht, daß er die

Hände auf sie legte und betete... Und er legte die Hände auf sie und zog von dannen.« (Matthäus 19,13-15)

All das besagt indes nicht, daß in der Vergangenheit Eltern ihre Kinder nicht geliebt haben; sie haben ihre Kinder durchaus geliebt. Sogar diejenigen, die heutzutage ihre Kinder schlagen, sind keine Sadisten. Sie lieben ihre Kinder sogar zuzeiten, und zwar auf ihre eigene Weise, und sind manchmal fähig, zärtliche Gefühle zu äußern, besonders dann, wenn die Kinder nichts fordern. Dasselbe gilt für die Eltern in der Vergangenheit: Äußerungen von Zärtlichkeit gegenüber Kindern zeigen sich meist dann, wenn das Kind nichts fordert, insbesondere, wenn das Kind schläft oder tot ist. Homers Beobachtung, »wie eine Mutter eine Fliege von ihrem Kind verscheucht, wenn es in tiefem Schlaf liegt«, entspricht Martials Epitaph:

Decke die zarten Gebeine kein starrer Rasen, und, Erde,
sei ihr nicht schwer! Denn auch sie war es ja niemals für dich.[68]

Erst wenn das Kind tot ist, klagen die Eltern, die zuvor unfähig zur Empathie waren, sich an. So heißt es bei Morelli (1400): »Du liebtest ihn, benutztest deine Liebe jedoch nie dazu, ihn glücklich zu machen; du behandeltest ihn mehr wie einen Fremden denn wie einen Sohn; du schenktest ihm niemals eine Stunde der Ruhe... Du gabst ihm niemals einen Kuß, wenn er es wünschte; du ließest ihn die Schule erleiden und viele harte Schläge.«[69]

Was den Eltern in der Vergangenheit fehlte, war nicht Liebe, sondern eher die emotionale Reife, die nötig ist, um das Kind als eine eigenständige Person anzuerkennen. Es ist schwer einzuschätzen, wie groß heute der Anteil jener Eltern ist, die mit einer gewissen Konsistenz die Stufe der Empathie erreicht haben. Als ich einmal eine informelle Umfrage bei einem Dutzend Psychotherapeuten gemacht und gefragt habe, wieviele ihrer Patienten bei Beginn der Analyse fähig waren, ihre Kinder unabhängig von ihren eigenen projizierten Bedürfnissen als eigenständige Individuen anzuerkennen, antworteten sie alle, daß nur sehr wenige diese Fähigkeit hätten. Einer von ihnen, Amos Gunsberg, meinte: »Dazu kommt es erst nach einer gewissen Zeit der Analyse, und zwar stets zu einem ganz bestimmten Zeitpunkt – nämlich dann, wenn der Patient zu einer Vorstellung von sich selbst als einen von der eigenen allumfassenden Mutter getrennten Individuum gelangt.«

Parallel zu der projektiven Reaktion verläuft die Umkehr-Reaktion, bei der Eltern und Kind die Rollen umkehren, was oft zu höchst absonderlichen Resultaten führt. Die Umkehrung beginnt lange vor der Geburt des Kindes – sie ist die Quelle des in der Vergangenheit zu beobachtenden äußerst starken Wunsches nach Kindern, bei dem im Vordergrund immer die Frage steht, was die Kinder den Eltern geben können, und niemals die, was die Eltern den Kindern geben können. Medeas Klage vor dem Kindesmord bezieht sich darauf, daß sie, wenn sie ihre Kinder tötet, niemanden mehr haben wird, der sich um sie kümmert:

> Vergebens also zog ich euch, ihr Kinder auf!
> Vergebens duldet' ich und schwand in Sorgen hin
> Und trug umsonst die grausen Schmerzen der Geburt!
> Traun! ehemals nährt ich Arme schöne Hoffnungen.
> Der Greisin, wähnt ich, solltet einst *ihr* pflegen, *ihr*
> Die Augen einst zudrücken der Entschlummerten:
> Das schönste Glück der Sterblichen. Nun ist dahin
> Die süße Sorgfalt.[70]

Sobald es geboren ist, wird das Kind unter positiven und negativen Aspekten zum Vater oder zur Mutter seiner eigenen Eltern, ohne daß auf sein wirkliches Alter Rücksicht genommen würde. Ungeachtet seines Geschlechts wird es oft in Kleider gesteckt, die denen gleichen, die die Mütter seiner Eltern getragen haben, das heißt, das Gewand ist nicht bloß lang, sondern auch seit mindestens einer Generation aus der Mode gekommen.[71] Die Mutter ist im wahrsten Sinne des Wortes im Kind noch einmal geboren; die Kinder werden nicht nur wie »kleine Erwachsene« gekleidet, sondern deutlich wie kleine *Frauen*, häufig mit einem Dekolleté.

Die Vorstellung, daß in dem Baby der Großvater oder die Großmutter wiedergeboren ist, war im Altertum sehr verbreitet[72], und die Verwandtschaft zwischen dem Ausdruck »Baby« und den verschiedenen Ausdrücken für Großmütter (Baba, Babe) verweist auf ähnliche Vorstellungen.[73] Es gibt jedoch auch Hinweise auf noch konkretere Umkehrungen in der Vergangenheit, die schon halluzinatorisch sind. Häufig haben Erwachsene die Brust von kleinen Kindern geküßt oder daran gesaugt. Zum Beispiel wurden Penis und Brustwarzen des kleinen Ludwigs XIII. häufig von den Leuten, die um ihn herum waren, geküßt. Obgleich Héroard, der Tagebuch über ihn führte, ihn stets als den aktiven Teil erscheinen läßt (mit dreizehn Monaten »läßt er M. de Souvré, M. de Termes, M. de Liaucourt und M. Zamet seinen Piephahn küssen«[74]), wird später deutlich, daß er der passive Teil war: »Er will um keinen Preis zulassen, daß die Marquise seine Hoden berührt; seine Amme hatte ihm das eingeschärft: ›Monsieur, lassen Sie nur niemanden Ihre Hoden anrühren, auch Ihren Piephahn nicht, sonst wird er Ihnen abgeschnitten.‹«[75] Aber die Erwachsenen konnten Hände und Lippen nicht von seinem Penis und seinen Brustwarzen lassen. Beide waren die mütterliche Brust.

Ein anderes Beispiel für das »Kind als Mutter« ist die verbreitete Überzeugung, Kinder hätten Milch in der Brust, die herausgeholt werden müßte. Im vierzehnten Jahrhundert wurde in Italien die *balia* (Säugamme) angewiesen, »immer wieder die Brust des Kindes zu drücken, um die etwa darin befindliche Milch, die das Kind quäle, herauszuholen«.[76] Es gibt einen Anflug von rationaler Erklärung für diesen Glauben, denn auf der Brust eines neugeborenen Kindes ist gelegentlich ein Tropfen einer milchigen Flüssigkeit zu beobachten, die ein Überbleibsel eines von der Mutter stammenden weiblichen Hormons ist. Es bestand jedoch eine deutliche Diskrepanz zwischen diesem Phänomen und »der unnatürlichen, aber allgemein verbreiteten Praxis, daß die grobe Hand der Amme gewaltsam die zarte Brust des neugeborenen Kindes preßte, was die häufigste Ursache für Entzündungen in diesem Bereich war« – wie der amerikanische Kinderarzt Hamilton noch 1793 schrieb.[77]

Küssen, Saugen und Pressen der Brust sind indes nur einige der Praktiken, bei denen das »Kind als Brust« verwendet wurde; es gibt noch eine Vielzahl weiterer, wie zum Beispiel die folgende, vor der ein Kinderarzt zu Anfang des 19. Jahrhunderts warnte:

»Eine der schädlichsten und widerlichsten Praktiken, die sich bei Kindermädchen, Tanten und Großmüttern findet, besteht darin, das Kind an den Lippen der Erwachsenen saugen zu lassen. Ich hatte Gelegenheit, den Verfall eines blühenden Kindes zu beobachten, das mehr als ein halbes Jahr an den Lippen seiner kranken Großmutter gesaugt hatte.«[78]

Ich habe sogar mehrere Hinweise darauf gefunden, daß Eltern ihre »Kinder belecken«. So sagt George du Maurier in bezug auf seine neugeborene Tochter: »Das Kindermädchen bringt sie mir jeden Morgen ans Bett, damit ich sie mit der Zunge ablecken kann; an dieser Handlung habe ich soviel Gefallen, daß ich sie beibehalten werde, bis das Kind strafmündig ist.«[79]

Man gewinnt den Eindruck, wirklich vollkommen sei ein Kind, das seine Eltern buchstäblich stillt, und die Alten würden dem zustimmen. Wo es um Kinder ging, wurde stets die Geschichte des Valerius Maximus erzählt, der ein »vollkommenes« Kind war. Plinius berichtet:

In der ganzen Welt findet man zwar unzählige Beispiele liebender Hingebung, zu Rom aber eines, mit dem alle übrigen keinen Vergleich aushalten. Eine dem gemeinen Volke angehörende und deßhalb unbekannte Wöchnerin, welche die Erlaubniß, ihre Mutter, welche zum Hungertode verurtheilt in einen Kerker eingesperrt war, zu besuchen erhalten hatte, jedesmal aber, damit sie keine Lebensmittel einschwärze, von dem Pförtner durchsucht wurde, ertappte man endlich, wie sie ihre Mutter mit den Brüsten nährte. Dieses unerhörten Falles wegen wurde die kindliche Liebe der Tochter durch die Begnadigung der Mutter belohnt, und Beide erhielten lebenslänglich ihren Unterhalt; der Ort selbst wurde der Göttin der kindlichen Liebe [Pietas] geweiht, und dieser unter dem Consulate des C. Quintius und M. Acilius [130 vor Chr.] an der Stelle jenes Kerkers, wo jetzt das Theater des Marcellus steht, ein Tempel erbaut.[80]

Diese Geschichte wurde im Laufe der Jahrhunderte immer wieder als ein Schulbeispiel angeführt. Peter Charron (1593) nannte es »den Strom wieder zurück zur Urquelle leiten«[81]; das Thema wurde Gegenstand zahlreicher Gemälde von Rubens, Vermeer und anderen.

Oft gewinnt das Bedürfnis, die Vorstellung des »Kindes als Mutter« auszuagieren, überwältigende Stärke; im folgenden ein – durchaus typischer – »Scherz«, den sich der Kardinal Mazarin und andere Erwachsene 1656 mit einem sechsjährigen Mädchen erlaubten:

Eines Tages machte er sich über sie wegen eines Galans lustig, der ihr, wie sie sagte, den Hof machte; schließlich tadelte er sie, weil sie schwanger sei . . . Sie strichen ihre Kleider von Zeit zu Zeit glatt und versuchten, ihr zu suggerieren, daß sie immer dicker würde. Das machten sie solange, wie es ihrer Ansicht nach notwendig war, um sie davon zu überzeugen, daß sie wahrscheinlich schwanger sei . . . Dann kam die Zeit der Entbindung, und als sie am Morgen aufwachte, fand sie zwischen den Bettlaken ein neugeborenes Kind. Man kann sich kaum das Erstaunen und den Kummer vorstellen, in die sie beim Anblick des Kindes geriet. ›So etwas‹, sagte sie, ›passierte bisher niemandem außer der Jungfrau Maria und mir, denn ich habe niemals irgendwelche Schmerzen gespürt.‹ Die Königin kam, um sie zu trösten, und bot ihr an, Patin zu werden; viele kamen, um mit ihr, der soeben Entbundenen, zu schwatzen.[82]

Kinder haben stets in sehr konkreter Form für Erwachsene gesorgt. Seit den Zeiten der Römer warteten Jungen und Mädchen ihren Eltern bei Tisch auf, und im Mittelalter fungierten alle Kinder außer den königlichen entweder zu Hause oder bei anderen als Diener. Oft rannten sie mittags von der Schule nach Hause, um ihre Eltern zu bedienen.[83] Ich will hier nicht auf den ganzen Bereich der Kinderarbeit eingehen, aber man sollte festhalten, daß die Kinder – im allgemeinen vom vierten oder fünften Lebensjahr an – einen großen Teil der zu erledigenden Arbeiten taten, lange bevor die Kinderarbeit im neunzehnten Jahrhundert zu einem umstrittenen Problem wurde.

Die Umkehr-Reaktion zeigt sich indes am deutlichsten in der emotionalen Interaktion zwischen Kind und Erwachsenem. Sozialarbeiter, die heutzutage »schlagende« Mütter aufsuchen, sind oft erstaunt, wie rasch kleine Kinder die Bedürfnisse ihrer Eltern erfassen:

Ich erinnere mich an ein 18 Monate altes Kind, das seine äußerst verängstigte und weinende Mutter beruhigte. Erst stellte die Kleine die Flasche, an der sie saugte, hin. Dann bewegte sie sich auf die Mutter zu, berührte sie und beruhigte sie schließlich (wozu ich noch nicht einmal ansatzweise in der Lage gewesen war). Als sie merkte, daß ihre Mutter sich wieder wohl fühlte, ging sie zurück, legte sich hin, nahm ihre Flasche und begann wieder zu saugen.[84]

Diese Rolle wurde in der Vergangenheit von Kindern häufig übernommen. Von einem Kind heißt es, man habe es »niemals schreiend oder unruhig erlebt ... Als Baby in den Armen der Mutter hob es bei solchen Gelegenheiten die kleine Hand und wischte der Mutter die Tränen von der Backe ...«[85] Ärzte versuchten Mütter dadurch zu veranlassen, ihre Säuglinge selber zu stillen, statt sie zu Säugammen zu schicken, daß sie ihnen versicherten, »als Entschädigung für das Stillen wird das Kind sich bemühen, der Mutter tausend Freuden zu erweisen ... es küßt sie, streichelt ihr Haar, ihre Nase und ihre Ohren, es schmeichelt ihr ...«[86] Unter dem Gesichtspunkt dieses Themas habe ich über 500 Gemälde von Müttern und Kindern aus allen möglichen Ländern katalogisiert und festgestellt, daß auf ihnen die Kinder die Mütter zu einem viel früheren Zeitpunkt anblicken, anlächeln und liebkosen als umgekehrt die Mütter die Kinder, was auf den Bildern überhaupt nur ganz selten vorkommt.

Die Fähigkeit von Kindern, Erwachsene zu bemuttern, war oft ihre Rettung. Mme. de Sévigné beschloß 1670, ihre 18 Monate alte Enkelin nicht mit auf eine Fahrt zu nehmen, die für das Kind hätte gefährlich werden können.

> Mme. du Puy-du-Fou will nicht, daß ich meine Enkelin mitbringe. Sie meint, dadurch würde sie einer Gefahr ausgesetzt, und ich habe schließlich nachgegeben. Ich will die kleine Dame nicht gefährden – ich liebe sie sehr . . . Sie tut hundert kleine Dinge: sie liebkost, sie verteilt Klapse, sie macht das Kreuzzeichen, sie bittet um Verzeihung, sie knickst, sie küßt die Hand, sie zuckt die Achseln, sie tanzt, sie schmeichelt, sie faßt einen beim Kinn: kurz, sie ist in jeder Beziehung reizend. Ich vergnüge mich ganze Stunden mit ihr. Ich möchte nicht, daß sie stirbt.[87]

Das Bedürfnis der Eltern nach Bemutterung bedeutete für das heranwachsende Kind eine große Belastung und war zuweilen die Ursache für seinen Tod. Ein häufig angegebener Grund für den Tod von Kindern lautete, sie seien im Bett erdrückt oder erstickt worden. Obgleich das häufig bloß eine Bemäntelung von Kindesmord war, stellten die Kinderärzte in den Fällen, in denen solche Angaben zutrafen, doch fest, die Schuld daran liege bei der Mutter, die ihr Kind nicht in ein eigenes Bett gelegt habe, als sie schlafen ging. »Weil sie nicht von dem Kind lassen wollte, hielt sie es beim Schlafen noch enger an sich gepreßt. Ihre Brust verschloß die Nase des Kindes.«[88] Diese Umkehr-Vorstellung vom Kind als einer Schutzdecke verbirgt sich hinter der mittelalterlichen Warnung, die Eltern sollten darauf achten, daß sie ihre Kinder nicht verhätschelten »wie der Efeu, der den von ihm umschlungenen Baum mit Sicherheit tötet, oder die Äffin, die ihre Jungen aus lauter Zärtlichkeit zu Tode drückt«.[89]

Das psychologische Prinzip der Doppelvorstellung

Der ständige Wechsel zwischen projektiver und Umkehr-Reaktion, zwischen dem Kind als Bösewicht und dem Kind als Erwachsenem, bringt eine Doppelvorstellung (double image) hervor, die für einen großen Teil des bizarren Charakters der Kindheit in vergangenen Zeiten verantwortlich ist. Wir haben bereits gesehen, daß der Übergang von der Erwachsenen-Vorstellung zur Projektions-Vorstellung eine der Voraussetzungen für das Schlagen ist. Ein genaueres Bild von der Doppelvorstellung können wir gewinnen, wenn wir uns einen bestimmten Fall aus der Vergangenheit näher ansehen. Den vollständigsten vormodernen Bericht über eine Kindheit bietet das Tagebuch von Héroard, dem Arzt Ludwigs XIII., das fast tägliche Eintragungen darüber enthält, was das Kind und die Personen in seiner Umgebung taten und sagten. Dieses Tagebuch läßt an vielen Stellen erkennen, wie sich die Verschiebung in Héroards eigener Doppelvorstellung vollzieht, wie sein Bild des Kindes zwischen projektiver und Umkehr-Vorstellung wechselt.

Das Tagebuch beginnt mit der Geburt des Dauphins im Jahre 1601. Sofort treten seine Erwachsenen-Eigenschaften zutage. Als er aus dem Mutterleib hervorkam, hielt er seine Nabelschnur »mit solcher Kraft (fest), daß es schwierig war, sie ihm zu entwinden«. Er wurde als »sehr muskulös« geschildert; er schrie so laut, daß »er sich gar nicht wie ein Kind anhörte«. Sein Penis wurde sorgfältig geprüft und für »gut beschaffen« befunden.[90] Da er ein Dauphin war, könnte man diese ersten Projektionen von Erwachsenen-Eigenschaften als Stolz auf einen ungeborenen neuen König abtun, aber bald beginnen solche Vorstellungen sich zu häufen, und die Doppelvorstellung, die einerseits einen Erwachsenen, andererseits ein unersättliches Kind in ihm sieht, verstärkt sich.

Am Tage nach seiner Geburt ... hören sich seine Schreie im allgemeinen überhaupt nicht so an wie die Schreie eines Kindes, und auch später klangen sie nie so, und wenn er an der Brust saugt, nimmt er den Mund so voll und öffnet ihn so weit, daß er bei einem Mal soviel nimmt, wie andere bei dreien. Deswegen ist seine Säugamme fast immer trocken ... Er war nie zufrieden.[91]

Daß der eine Woche alte Dauphin abwechselnd wie ein kindlicher Herkules, der Schlangen erwürgt, und wie ein Gargantua erscheint, der 17 913 Kühe braucht, um satt zu werden, steht in krassem Widerspruch zu dem in Wirklichkeit kranken, schwachen, gewickelten Kind, von dem Héroard berichtet. Obwohl Dutzende von Personen zu seiner Pflege bestimmt waren, war niemand in der Lage, seine einfachsten Nahrungs- und Ruhebedürfnisse zu befriedigen. Ständig wurden unnötigerweise die Säugammen ausgetauscht und laufend Ausflüge und lange Fahrten unternommen.[92] Im Alter von zwei Monaten war der Dauphin dem Tode nahe. Héroards Besorgnis nahm zu, und zur Abwehr seiner Ängste trat nun seine Umkehr-Reaktion stärker in den Vordergrund:

Auf die Frage der Säugamme: »Wer ist jener Mann?« antwortete er in seiner Sprechweise und mit Vergnügen: »Erouad!« (Héroard). Man kann sehen, daß sein Körper sich nicht mehr entwickelt und auch nicht gepflegt wird. Die Muskeln auf seiner Brust sind ganz aufgezehrt, und die große Falte, die er früher an seinem Hals hatte, war nun nur noch Haut.[93]

Als der Dauphin fast zehn Monate alt war, wurden Gängelbänder an seinen Kleidern befestigt. Das Gängelband, das angeblich dazu diente, dem Kind das Gehen beizubringen, diente in Wirklichkeit weitaus häufiger dazu, das Kind wie eine Puppe zu manipulieren und zu kontrollieren. Dies – zusammen mit Héroards projektiven Reaktionen – macht es schwierig zu begreifen, was wirklich vorging und was von den Personen in der Umgebung des kleinen Ludwig manipuliert wurde. So heißt es z. B., mit elf Monaten habe er solche Freude daran gehabt, mit Héroard zu fechten, »daß er mich lachend durch das ganze Zimmer verfolgt«. Einen Monat später berichtet Héroard jedoch, daß er »sich kraftvoll zu bewegen beginnt, wobei er unter den Armen festgehalten wird«.[94] Es ist offensichtlich, daß er zuvor am Gängelband getragen oder geschaukelt wurde, wenn es hieß, er habe Héroard »verfolgt«. Da er erst viel später Sätze sprechen kann, ist es eine Halluzination Héroards, wenn er berichtet, daß jemand gekommen sei, den vierzehn Monate alten Dauphin zu besuchen, und dieser »sich umdreht und sich alle Personen ansieht, die an der Balustrade stehen, dann auf den Besucher zugeht und ihm seine Hand hinstreckt, die dieser küßt. M. d'Haucourt tritt ein und sagt, er sei gekommen, um das Kleid des Königs zu küssen; er dreht sich um und sagt zu ihm, das sei nicht nötig.«[95]

Der junge Dauphin wird als sexuell äußerst aktiv dargestellt. In Héroards Schilderungen tritt die projektive Basis für die Zuschreibung von erwachsenen sexuellen Verhaltensweisen an das Kind deutlich zutage: »Der (zwölf Monate alte) Dauphin ruft den Pagen zurück und mit einem ›Heh!‹ hebt er seinen Rock hoch und zeigt ihm seinen Piephahn ... Er läßt jeden seinen Piephahn küssen ... Vor einem kleinen Fräulein hat er seinen Rock hochgehoben und ihr mit einem solchen Eifer seinen Piephahn gezeigt, daß er darüber außer sich geriet.«[96] Nur wenn man sich vor Augen hält, daß es sich im folgenden um ein erst fünfzehn

Monate altes Kind handelt, das wahrscheinlich noch am Gängelband gehalten wird, ist es möglich, sich die beschriebene Szene frei von Héroards massiven Projektionen vorzustellen:

Der Dauphin geht hinter Mlle. Mercier her, die aufschreit, weil M. de Montglat sie mit der Hand auf den Hintern geschlagen hat; der Dauphin schreit ebenfalls. Sie flüchtet zum Bett. M. de Montglat folgt ihr und will ihr einen Schlag auf das Hinterteil geben; sie schreit sehr laut. Der Dauphin hört es und beginnt ebenfalls laut zu schreien; er hat seinen Spaß daran und schüttelt vergnügt seine Füße und seinen ganzen Körper ... Sie lassen seine Frauen kommen; er läßt sie tanzen, spielt mit der kleinen Marguerite, küßt sie und umarmt sie; er wirft sie nieder, wirft sich mit zitterndem Körper und knirschenden Zähnen auf sie ... neun Uhr ... Er müht sich ab, ihr mit einer Rute auf das Hinterteil zu schlagen. Mlle. Bélier fragt ihn: »Monsieur, was hat M. de Montglat mit der Mercier gemacht?« Er beginnt plötzlich die Hände mit einem süßen Lächeln zusammenzuschlagen und gerät dabei so sehr in Fahrt, daß er außer sich vor Freude ist, eine gute Viertelstunde lacht und in die Hände klatscht und sich ungestüm auf sie stürzt wie jemand, der den Witz verstanden hat.[97]

Nur selten schildert Héroard einmal, daß der Dauphin der passive Teil bei diesen sexuellen Manipulationen war: »Die Marquise steckt oft die Hand unter sein Kleid; er läßt sich auf das Bett seiner Amme legen, wo sie mit ihm schäkert, wobei sie häufig ihre Hand unter sein Kleid steckt.«[98] Häufiger wird einfach geschildert, wie er ausgezogen vom König oder von der Königin oder von beiden oder von verschiedenen Dienern mit ins Bett genommen wurde und bei sexuellen Spielen mitmachte – vom Säuglingsalter bis mindestens zum Alter von sieben Jahren.

Ein anderes Beispiel für die Doppelvorstellung ist die Beschneidung. Wie wir wissen, wurde bei Juden, Ägyptern, Arabern und anderen die Vorhaut der Knaben beschnitten, wofür man zahlreiche Gründe angeführt hat, die indes alle unter die Doppelvorstellung von Projektion und Umkehrung subsumiert werden können. Zunächst spielen bei solchen Verstümmelungen von Kindern durch Erwachsene immer Projektion und Bestrafung eine Rolle, wobei die Bestrafung der Kontrolle der projizierten Leidenschaften gilt. Gemäß einer Feststellung Philons im ersten Jahrhundert nach Christi Geburt diente die Beschneidung »der Ausrottung von Leidenschaften, die den Geist fesseln. Denn weil unter allen Leidenschaften, die des Geschlechtsverkehrs zwischen Mann und Frau die größte ist, haben die Gesetzgeber empfohlen, jenes Instrument, mit dem der Geschlechtsverkehr vollzogen wird, zu verstümmeln, wobei sie darauf hinwiesen, daß diese mächtigen Leidenschaften gezügelt werden müssen, und glauben, daß auf diese Weise nicht nur die genannten, sondern auch alle anderen Leidenschaften kontrolliert würden.«[99] Moses Maimonides ist der gleichen Ansicht:

> Ich glaube, einer der Gründe für die Beschneidung bestand in der Einschränkung des Geschlechtsverkehrs und der Schwächung der Geschlechtsorgane; sie hatte den Zweck, die Aktivitäten dieses Organs zu beschränken und es soweit wie möglich in Ruhe zu halten. Der wahre Zweck der Beschneidung bestand darin, mit dem Geschlechtsorgan ein solches Maß an physischem Schmerz zu verbinden, daß die natürliche Funktion oder die Potenz des Individuums nicht beeinträchtigt, die Macht der Leidenschaft und eines allzu großen Verlangens aber möglichst weit verringert war.[100]

Das Element der Umkehrung in der Beschneidung zeigt sich in dem bei einer bestimmten Version des Rituals zutage tretenden Aspekt der Eichel-als-Brustwarze. Der Penis des Kindes wird gerieben, damit er erigiert, dann spaltet der die Beschneidung ausführende Mohel die Vorhaut mit dem Fingernagel oder einem Messer und reißt sie anschließend um die Eichel herum ab. Danach saugt der Mohel das Blut von der Eichel ab.[101] Der Grund dafür ist der gleiche, aus dem jedermann den Penis des kleinen Ludwig küßte: der Penis und besonders die Eichel verkörpert die mütterliche Brustwarze und das Blut entspricht der Muttermilch.[102] Die Vorstellung, daß das Blut des Kindes eine Milch mit magischen Eigenschaften darstellt, ist alt und die Grundlage zahlreicher Opferhandlungen. Statt auf dieses komplexe Problem einzugehen, möchte ich mich hier auf die entscheidende Vorstellung der Beschneidung als des Zutagetretens der Eichel-als-Brustwarze konzentrieren. Es ist längst nicht allgemein bekannt, daß das Entblößen der Eichel nicht nur bei den Nationen, bei denen die Beschneidung Brauch war, eine wichtige Rolle spielte. Bei den Griechen und Römern galt die Eichel als heilig; ihr Anblick »rief Schrecken und Verwunderung im Herzen des Mannes hervor«,[103] weshalb die Vorhaut entweder mit einer Schnur zusammengebunden wurde, wobei man von *kynodesme* sprach, oder mit einer *fibula*, einer Spange, zusammengedrückt wurde, was als Infibulation bezeichnet wurde.[104] Hinweise auf die Infibulation, sowohl zum Zweck der »Sittsamkeit« als auch zum Zweck der »Einschränkung der Begierde«, finden sich auch in der Renaissance und in der Neuzeit.[105]

Wenn die Vorhaut nicht lang genug war, um die Eichel zu bedecken, wurde manchmal eine Operation vorgenommen, bei der die Haut um die Basis des Penis herum losgeschnitten und nach vorne gezogen wurde.[106] In der antiken Kunst wird die Eichel gewöhnlich bedeckt gezeigt, wobei der Penis entweder klein ist oder die Vorhaut selbst bei erigiertem Penis deutlich erkennbar zugebunden ist. Ich habe nur zwei Fälle entdeckt, bei denen die Eichel sichtbar ist: im einen Fall sollte dadurch Ehrfurcht hervorgerufen werden – so bei den Phallusdarstellungen, die man in Toreingängen hängen hatte –, im andern Fall ging es um den Gebrauch des Penis bei der Fellatio.[107] Sowohl bei den Juden als auch bei den Römern war also die Umkehr-Vorstellung in ihrem Bild von der Eichel-als-Brustwarze enthalten.

Kindesmord und Todeswünsche gegenüber Kindern

In zwei Büchern, die sich durch einen Reichtum an klinischer Dokumentation auszeichnen, hat der Psychoanalytiker Joseph Rheingold die Todeswünsche von Müttern[108] gegenüber ihren Kindern untersucht und festgestellt, daß solche Todeswünsche nicht nur viel stärker verbreitet sind, als allgemein angenommen wird, sondern auch in einem starken Bestreben begründet sind, die Mutterschaft »ungeschehen« zu machen, um der Bestrafung von seiten der eigenen Mutter zu entgehen. Rheingold schildert Mütter, die bei der Geburt ihre eigenen Mütter bitten, sie nicht zu töten. Die Quelle sowohl der Todeswünsche gegenüber den Kindern als auch der Wochenbettdepression sieht er nicht in einer Feindseligkeit gegenüber dem Kind selbst, sondern in dem Bedürfnis, das Kind zu opfern, um die eigene Mutter zu versöhnen. Dem Krankenhauspersonal sind diese weitverbreiteten Todeswünsche gegenüber Kindern durchaus vertraut, weshalb der Kontakt zwischen Mutter und Kind häufig für einen gewissen Zeitraum verboten wird. Rheingolds Erkenntnisse, die von Block, Zilboorg und anderen bestätigt werden,[109] sind komplex und haben weitreichende Implikationen. Wir wollen hier nur festhalten, daß kindesmörderische Impulse bei den heutigen Müttern sehr verbreitet sind und Phantasien, die sich auf das Erstechen, die Verstümmelung, den Mißbrauch, die Enthauptung und die Strangulierung von Kindern beziehen, bei in psychoanalytischer Behandlung befindlichen Müttern nichts Ungewöhnliches sind. Ich glaube, je weiter man in der Geschichte zurückgeht, desto mehr werden gegen Kinder gerichtete Todeswünsche von den Eltern ausagiert.

Die Geschichte des Kindesmordes im Westen muß erst noch geschrieben werden; das will ich hier nicht versuchen. Was bereits bekannt ist, genügt aber, um – im Gegensatz zu der allgemein verbreiteten Auffassung, daß es sich hierbei eher um ein Problem des Ostens als des Westens handele – festzustellen, daß die Ermordung sowohl legitimer als auch illegitimer Kinder im Altertum eine verbreitete Praxis war, daß die Tötung legitimer Kinder im Mittelalter nur langsam zurückging und daß die Tötung illegitimer Kinder bis ins neunzehnte Jahrhundert hinein für normal gehalten wurde.[110]

Der Kindesmord in der Antike wird gewöhnlich heruntergespielt, obgleich es bei antiken Autoren Hunderte von eindeutigen Hinweisen darauf gibt, daß das Umbringen von Kindern eine allgemein akzeptierte alltägliche Erscheinung war. Kinder wurden in Flüsse geworfen, in Misthaufen und Jauchegräben geschleudert, in Gefäßen »eingemacht«, um sie darin verhungern zu lassen, auf Bergen und an Wegrändern ausgesetzt als »Beute für Vögel, Futter für wilde Tiere, die sie zerreißen würden« (Euripides, *Ion*). Im allgemeinen wurde ein in Gestalt und Größe nicht vollkommenes Kind oder ein Kind, das zu leise oder zu laut schrie oder irgendwie von dem abwich, was in gynäkologischen Schriften über die Frage »Wie man erkennt, welches neugeborene Kind würdig ist, erzogen zu werden«[111] als normal beschrieben wurde. Das Erstgeborene durfte allerdings in der Regel am Leben bleiben,[112] insbesondere, wenn es sich um einen Jungen handelte. Mädchen zählten natürlich wenig, und die Anweisungen, die Hilarion seiner Frau Alis (1. Jh. v. Chr.) gab, sind typisch dafür, wie offen diese Dinge diskutiert wurden: »Wenn du, was ja gut möglich ist, ein Kind gebären solltest, und es ist ein Junge, so laß es am Leben; wenn es aber ein Mädchen ist, so setze es aus.«[113] Das Resultat war ein großes zahlenmäßiges Ungleichgewicht zwischen Männern und Frauen, das für den Westen bis ins Mittelalter hinein typisch war. Danach ging das Töten legitimer Kinder offenbar stark zurück. (Das Töten illegitimer Kinder hat keinen Einfluß auf das zahlenmäßige Verhältnis der Geschlechter zueinander, da im allgemeinen Jungen und Mädchen umgebracht wurden.) Die verfügbaren Statistiken für das Altertum zeigen einen großen Überschuß an Jungen gegenüber Mädchen; zum Beispiel gab es in 79 Familien, die um 228 bis 220 v. Chr. die Miletische Staatsbürgerschaft erlangten, 118 Söhne und 28 Töchter; 32 Familien hatten ein Kind, 31 hatten zwei. Bei Jack Lindsay heißt es:

Zwei Söhne waren nichts Ungewöhnliches, hin und wieder gab es auch drei Söhne, aber daß mehr als eine Tochter großgezogen wurde, kam praktisch nie vor. Poseidippos meinte, »selbst ein reicher Mann setzt seine Tochter immer aus« . . . Von 600 Familien, die im zweiten Jahrhundert in Delphi registriert wurden, hatte nur 1 Prozent zwei Töchter.[114]

Das Töten legitimer Kinder auch durch reiche Eltern war so verbreitet, daß Polybius darin die Ursache für die Entvölkerung Griechenlands sah:

Heute ist Griechenland gekennzeichnet durch eine niedrige Geburtenrate und eine allgemeine Abnahme der Bevölkerung, die dazu geführt haben, daß Städte verlassen liegen und das Land aufgehört hat, Frucht zu tragen, obgleich es weder fortgesetzte Kriege noch Epidemien gab. Die Menschen sind in einen solchen Zustand von Anmaßung, Habsucht und Trägheit verfallen, daß sie keine Lust mehr zum Heiraten haben, oder, wenn sie geheiratet haben, keine Lust zum Großziehen der von ihnen geborenen Kinder haben, und wenn doch, dann höchstens bei ein oder zwei Kindern . . .[115]

Bis zum 4. Jahrhundert n. Chr. galt in Griechenland wie Rom der Kindesmord weder vor dem Gesetz noch in der öffentlichen Meinung als etwas Unrechtes. Die großen Philosophen waren der gleichen Meinung. Die wenigen Passagen, die von Kennern der Antike als Verurteilung des Kindesmords angesehen wurden, scheinen mir das Gegenteil zu beweisen – so Aristoteles' Äußerung: »Was das Aussetzen oder Großziehen von Kindern betrifft, so sollte gelten, daß kein deformiertes Kind großgezogen werden sollte; wo aber die herrschenden Sitten das Aussetzen Neugeborener verbieten, sollte eine Grenze für die Erzeugung von Nachkommen gesetzt werden.« Ähnlich verhält es sich bei dem mitunter als »römischer Sokrates« bezeichneten Musonius Rufus, der häufig als ein Autor angeführt wird, der sich gegen den Kindesmord ausgesprochen habe. Der von ihm stammende Text »Sollte jedes neugeborene Kind großgezogen werden?« sagt jedoch eindeutig nichts weiter, als daß Brüder, da sie sehr nützlich seien, nicht getötet werden sollten.[116] Ältere Autoren bejahen offen den Kindesmord und meinen, wie zum Beispiel Aristippus, daß ein

Mann mit seinen Kindern tun könne, was er wolle, denn »werfen wir nicht auch unsere Spucke, unsere Läuse und dergleichen unnütze Dinge von uns, obgleich sie von uns selbst erzeugt worden sind«.[117] Andere, wie zum Beispiel Seneca, behaupten, es würden nur kranke Kinder umgebracht:

> Tolle Hunde bringen wir um; einen wilden und unbändigen Ochsen hauen wir nieder, und an krankhaftes Vieh, damit es die Herde nicht anstecke, legen wir das Messer, ungestalte Geburten schaffen wir aus der Welt, auch Kinder, wenn sie gebrechlich und mißgestaltet zur Welt kommen, ersäufen wir. Es ist nicht Zorn, sondern Vernunft, das Unbrauchbare von dem Gesunden abzusondern.[118]

In Mythos, Tragödie und der Neuen Komödie, deren Hauptgegenstand häufig darin besteht, wie lustig ein Kindesmord ist, spielt das Thema der Aussetzung eine große Rolle. So ist in Menanders »Mädchen von Samos« mit viel Komik von einem Mann die Rede, der ein Baby kleinzuhacken und zu rösten versucht. In seiner Komödie »Die Schiedsrichter« findet ein Schäfer ein ausgesetztes Kind, erwägt, es aufzuziehen, ändert dann aber seinen Sinn und sagt: »Was habe ich mit dem Aufziehen von Kindern und all dem Ärger zu tun.« Er gibt es einem anderen Mann, mit dem er jedoch in Streit darüber gerät, wer die Halskette des Kindes bekommt.[119]

Man muß jedoch festhalten, daß der Kindesmord wahrscheinlich seit vorgeschichtlichen Zeiten verbreitet war. Henri Vallois, der alle ausgegrabenen prähistorischen Fossilien vom Pithekanthropus bis zu den mesolithischen Stämmen tabellarisch erfaßt hat, fand hinsichtlich der Verteilung der Geschlechter ein Verhältnis von 148 zu 100 zugunsten der Männer.[120] Griechenland und Rom waren in Wirklichkeit noch eine Insel der Aufklärung in einem Meer von Völkern, die sich noch auf einer früheren Stufe befanden, auf der Kinder den Göttern geopfert wurden – eine Praxis, der die Römer vergeblich ein Ende zu machen versuchten. Am besten dokumentiert ist das Kindesopfer in Karthago, worüber es bei Plutarch heißt:

> ... in völliger Kenntnis der Umstände opferten sie ihre eigenen Kinder, und diejenigen, die keine Kinder hatten, pflegten solche von armen Leuten zu kaufen und schnitten ihnen die Kehlen durch, als ob es Lämmer oder junge Vögel wären, während die Mutter – ohne eine Träne oder einen Seufzer – dabeistand. Falls sie aber auch nur einen einzigen Seufzer hören oder eine einzige Träne fallen ließ, mußte sie das Geld zurückzahlen, und ihr Kind

wurde trotzdem geopfert. Der ganze Bezirk vor der Statue war von dem lauten Geräusch von Flöten und Trommeln erfüllt, so daß die Klagerufe die Ohren der Leute nicht erreichen konnten.[121]

Rheingolds oben erwähnte These, der Kindesmord bedeute ein Opfer für die Mütter der Eltern, findet ihre konkreteste Bestätigung natürlich im Kindesopfer. Es wurde von den irischen Kelten, den Galliern, den Skandinaviern, den Ägyptern, den Phöniziern, den Moabitern, den Ammonitern und in manchen Perioden auch von den Israeliten praktiziert.[122] Archäologen haben Tausende von Gebeinen geopferter Kinder ausgegraben, die oft Inschriften tragen, die die Opfer als die erstgeborenen Söhne angesehener Familien ausweisen und zeitlich bis ins Jericho des Jahres 7000 v. Chr. zurückreichen.[123] Häufig wurden Kinder auch in Mauern, Gebäudefundamente oder Brücken eingemauert, um diesen Bauwerken einen größeren Halt zu verleihen; die Beispiele dafür reichen von der Errichtung der Mauer von Jericho bis zum Jahre 1843 in Deutschland.[124] Noch heute agieren Kinder, wenn sie »London Bridge is Falling Down« spielen und am Ende des Spiels das Kind fangen, ein Opfer für eine Flußgottheit.[125]

Selbst in Rom führte das Opfern von Kindern ein Untergrunddasein. Bei Dio heißt es, daß Julian »im Rahmen eines magischen Ritus viele Knaben tötete«; Sueton berichtet, daß der Senat angesichts eines bösen Vorzeichens »beschloß, daß in jenem Jahr keine männlichen Neugeborenen aufgezogen werden sollten«; und Plinius der Ältere berichtet von Personen, die »sich das Beinknochenmark und das Gehirn von Kindern zu beschaffen suchten«.[126] Verbreiteter war die Praxis, die Kinder persönlicher Feinde zu töten, und zwar oft in großer Zahl,[127] so daß die Nachkommen angesehener Leute nicht nur den Kindesmord auf den Straßen miterleben mußten, sondern auch selber je nach dem politischen Schicksal ihrer Väter ständig vom Tod bedroht waren.

Philo war meines Wissens der erste, der sich deutlich gegen den Kindesmord aussprach:

Als Totschläger und Kindermörder aber geben sich durch die klarsten Beweise die zu erkennen, die selbst Hand an sie anlegen und schon den ersten Lebenshauch der Kinder in Roheit und gräßlicher Gefühllosigkeit ersticken und unterdrücken, sowie die, welche sie in einen Fluß oder in die Meerestiefe werfen, nachdem sie sie mit einem schweren Gegenstande belastet, damit sie durch dessen Gewicht schneller untersinken. Andere aber bringen sie in die Wildnis, um sie auszusetzen, – wie sie selbst sagen, in der Hoffnung auf deren Erhaltung, in Wirklichkeit aber zum gräßlichsten Verderben; denn alle menschenfressenden Tiere kommen ungehindert an sie heran und tuen sich gütlich an den Kindern, an dem herrlichen Mahle, das die einzigen Pfleger, die vor allen zur Erhaltung (der Kinder) Verpflichteten, Vater und Mutter, ihnen vorgesetzt haben; und die Überreste benagen die Raubvögel, die dann herabfliegen.[128]

Obgleich in den beiden Jahrhunderten nach Augustus einige Versuche unternommen wurden, Eltern dafür zu bezahlen, daß sie ihre Kinder am Leben ließen, damit die abnehmende römische Bevölkerung wieder zunähme,[129] kam es erst im vierten Jahrhundert zu einem wirklichen Wandel. Erst im Jahre 374 n. Chr. wurde die Tötung eines Kindes vom Gesetz als Mord betrachtet.[130] Doch selbst die von den Kirchenvätern geübte Kritik am Kindesmord schien oftmals mehr ihrem Interesse an der Seele der Eltern zu entspringen als dem am Leben des Kindes. Diese Einstellung zeigt sich zum Beispiel bei dem Märtyrer und Heiligen Justinus, der sagte, ein Christ solle keine Kinder aussetzen, damit er sie später nicht im Bordell wiederfindet. »Damit wir niemandem zur Last fallen oder nicht selber eine Sünde begehen, ist uns beigebracht worden, daß es sündhaft ist, Kinder, auch neugeborene, auszusetzen, und zwar vorwiegend, weil wir erleben, daß fast alle, die ausgesetzt wurden (nicht nur Mädchen, sondern auch Jungen), zur Prostitution erzogen wurden.«[131] Als aber die Christen selber angeklagt wurden, bei geheimen rituellen Handlungen kleine Kinder getötet zu haben, antworteten sie prompt: »Wieviele, glaubt ihr, von jenen, die hier anwesend sind und nach dem Blut der Christen verlangen – wieviele selbst von euch Richtern, die ihr euch uns gegenüber so rechtschaffen gebt –, wünschen, daß ich an ihr Gewissen rühre, weil sie ihre eigenen Abkömmlinge getötet haben?«[132]

Nach dem Konzil von Vaison (442 n. Chr.) verlangte man, das Auffinden ausgesetzter Kinder öffentlich in der Kirche zu verkünden, und 787 n. Chr. gründete Dateo von Mailand das erste Asyl, das ausschließlich für ausgesetzte Kinder da war.[133] In anderen Ländern fand die gleiche Entwicklung statt.[134] In der Literatur gibt es zahlreiche Beweise dafür, daß der Kindesmord auch im Mittelalter weit verbreitet war; dennoch leugnen viele Historiker diese Tatsache unter Hinweis darauf, daß in Kirchenberichten und anderen Quellen keine Rede davon sei. Geht man aber davon aus, daß das Zahlenverhältnis zwischen den Geschlechtern von 156 zu 100 (etwa im Jahre 801 n. Chr.) und 172 zu 100 (1391 n. Chr.) ein Indikator für das Ausmaß der Tötung legitimer Töchter ist[135] und daß illegitime Kinder gewöhnlich ohne Rücksicht auf ihr Geschlecht getötet wurden, dann muß der tatsächliche Umfang des Kindesmordes im Mittelalter sehr hoch gewesen sein. Als Innozenz III. Ende des 12. Jahrhunderts das Heilig-Geist-Hospital in Rom eröffnete, wußte er sehr genau, daß viele Frauen ihre Babys in den Tiber warfen. Noch 1527 gab ein Priester zu, daß »die Latrinen von den Schreien der Kinder widerhallten, die man hineinwarf.«[136] Mit detaillierten Studien ist zwar eben erst begonnen worden, aber es ist wahrscheinlich, daß der Kindesmord vor dem 16. Jahrhundert nur sporadisch bestraft worden ist.[137] Wenn Vincent von Beauvais im 13. Jahrhundert schreibt, ein Vater gräme sich stets, wenn seine Tochter »ihre Nachkommenschaft ersticken ließ«; wenn Ärzte über all die Kinder jammern, die, »von verruchten Müttern weggeworfen, in der Kälte oder auf der Straße gefunden werden«; und wenn wir erfahren, daß im angelsächsischen England vom Gericht unterstellt wurde, daß gestorbene Kinder ermordet worden waren, sofern nicht etwas anderes nachgewiesen werden konnte, dann sollte das Anlaß genug für eine gründliche Erforschung des mittelalterlichen Kindesmords sein.[138] Gerade weil in offiziellen Dokumenten nur eine geringe Zahl von illegitimen Geburten verzeichnet ist, sollten wir uns nicht mit der Annahme zufriedengeben, daß »die Menschen in der traditionalen Gesellschaft bis zur Heirat keusch blieben«, denn viele Mädchen verstanden es, eine Schwangerschaft vor der eigenen Mutter, die neben ihnen schlief, zu verbergen,[139] und sicherlich gelang es ihnen auch, sie vor der Kirche zu verheimlichen.

Im Hinblick auf das achtzehnte Jahrhundert, für das ein reicheres Material zur Verfügung steht,[140] kann kein Zweifel daran bestehen, daß der Kindesmord in allen Ländern Europas häufig vorkam. In dem Maße, in dem mehr Findelheime eröffnet wurden, wurden auch von allen Seiten mehr Kinder eingeliefert, so daß die Heime schnell zu eng wurden. Obgleich Thomas Coram 1741 sein Findelhaus eröffnete, weil er es nicht ertragen konnte, die in den Gossen und auf den Misthaufen Londons liegenden Babys sterben zu sehen, waren tote Babys in den neunziger Jahren des vorigen Jahrhunderts auf den Straßen in London noch immer kein ungewöhnlicher Anblick.[141] Ende des 19. Jahrhunderts wurde Louis Adamic, wie er selbst schreibt, in einem osteuropäischen Dorf von »tötenden Ammen« großgezogen, zu denen Mütter ihre Kinder schickten, die sie loswerden wollten; die Kinder wurden dadurch umgebracht, »daß man sie nach einem heißen Bad der kalten Luft aussetzte; daß man ihnen zu essen gab, was Magen- und Darmkrämpfe verursachte; daß man Gips in ihre Milch mischte oder sie plötzlich mit Nahrung vollstopfte, nachdem sie zwei Tage lang überhaupt nichts bekommen hatten...« Auch Adamic sollte getötet werden, wurde aber aus irgendeinem Grunde von seiner Amme verschont. Sein Bericht darüber, wie sie unter seinen Augen die anderen zu ihr geschickten Babys beseitigte, vermittelt einen Eindruck von der emotionalen Realität hinter der so viele Jahrhunderte lang geübten Praxis des Kindesmords.

In der ihr eigentümlichen seltsamen, hilflosen Art liebte sie sie alle... aber wenn die Eltern der unglücklichen Kinder oder deren Verwandte die übliche geringe Summe für den Unterhalt der Kinder nicht zahlen konnten oder einfach nicht zahlten... schaffte sie sie beiseite... Eines Tages kam sie mit einem länglichen kleinen Bündel aus der Stadt zurück... ein schrecklicher Verdacht stieg in mir hoch. Das Baby in der Wiege sollte sterben!... Als das Baby schrie, hörte ich, wie sie es hochnahm und im Dunkeln stillte, wobei sie murmelte: »Armes, armes Kleines!« Ich habe seitdem oft versucht, mir vorzustellen, was sie empfunden haben mag, wenn sie ein Kind an ihre Brust hielt, von dem sie wußte, daß es dazu verurteilt war, durch ihre Hand zu sterben... »Du armes, armes Kleines!« Sie sprach absichtlich deutlich, so daß ich es mit Sicherheit hören konnte. »Frucht der Sünde, du selbst hast keinen Fehltritt begangen, sondern bist unschuldig... bald wirst du fortgehen, bald, bald, mein Armes... und wenn du jetzt fortgehst, wirst du nicht in die Hölle kommen, was geschähe, wenn du leben und erwachsen und zu einem Sünder werden würdest.«... Am nächsten Morgen war das Kind tot...[142]

Normalerweise war ein Kind in der Vergangenheit schon unmittelbar nach seiner Geburt von einer Aura des Todes und von Gegenmaßnahmen gegen den Tod umgeben. Von altersher wurden Exorzismus, Reinigungen und magische Amulette für notwendig gehalten, um all die todbringenden Mächte auszutreiben, die vermeintlich in dem Kind hausten; das Baby und seine Umgebung wurden mit kaltem Wasser, Feuer, Blut, Wein, Salz und Urin behandelt.[143] In einsamen griechischen Dörfern findet man solche Abwehrmaßnahmen gegen den Tod noch heute:

Das neugeborene Kind schläft fest eingewickelt in einer hölzernen Wiege, die von dem einen Ende bis zum anderen von einer Decke umhüllt ist, so daß es in einer Art dunklem und luftlosem Zelt liegt. Die Mütter haben Angst vor den Auswirkungen kalter Luft und böser Geister... Die Hütte oder das Haus gleichen nach Einbruch der Dunkelheit einer Stadt im Belagerungszustand: die Fenster sind mit Brettern abgesichert, die Tür ist verriegelt und an strategischen Punkten wie der Schwelle sind Salz und Weihrauch ausgestreut, um jedes Eindringen des Teufels zu verhindern.[144]

Von alten Frauen – nach Rheingolds Auffassung Symbole der Großmütter, deren Todeswünsche abgewehrt werden – glaubte man, sie hätten einen »bösen Blick«, unter dem das Kind sterben würde. Dem Kind wurden deshalb Amulette gegeben – im allgemeinen in Form eines Penis oder einer phallusförmigen Koralle –, die jene Todeswünsche abwehren sollten.[145] Wenn das Kind größer wurde, brachen die Todeswünsche ihm gegenüber durch. Bei Epiktet heißt es: »Welch ein Schmerz ist das, wenn du in dem Augenblick, in dem du dein Kind küßt, vor dich hin flüsterst ›und morgen wirst du sterben?‹«[146] Ein Italiener zur Zeit der Renaissance pflegte, wenn ein Kind etwas Kluges tat, zu sagen: »Das Kind ist nicht dazu bestimmt zu leben«.[147] Die Väter aller Zeiten sagen ihren Söhnen in Übereinstimmung mit Luther, ein toter Sohn sei ihnen lieber als ein ungehorsamer.[148] Fenelon rät, man solle einem Kind Fragen stellen wie diese: »Würdest du dir den Kopf abschlagen lassen, um in den Himmel zu kommen?«[149] Walter Scott berichtet, seine Mutter habe bekannt, sie sei »stark vom Teufel versucht worden, mir mit ihrer Schere die Kehle durchzuschneiden und mich im Moor zu versenken«.[150] Leopardi erzählt von seiner Mutter: »Als sie den Tod eines ihrer Kinder nahen sah, verspürte sie ein tiefes Glücksgefühl, das sie nur vor denen zu verbergen suchte, die ihr deswegen wahrscheinlich Vorwürfe gemacht hätten.«[151] In der Literatur findet sich eine Vielzahl ähnlicher Beispiele.

Der Drang, den Säugling zu verstümmeln, zu verbrennen, erfrieren zu lassen, zu ertränken, zu schütteln und heftig herumzuschleudern, wurde in der Vergangenheit fortwährend ausagiert. Die Hunnen hatten den Brauch, neugeborenen Knaben Schnitte in die Wangen zu machen. Robert Pemell berichtet, wie in Italien und anderen Ländern während der Renaissance Eltern ihre neugeborenen Babys »mit einem heißen Eisen in den Nacken brannten oder das Wachs einer brennenden Kerze auf sie tropfen ließen«, um zu verhüten, daß sie von »Krankheit befallen« würden.[152] Zu Beginn der Neuzeit wurde oft die Sehne unter der Zunge des Neugeborenen zerschnitten, häufig mit dem Fingernagel der Hebamme – eine Art Beschneidung im kleinen.[153] Die über die Jahrhunderte hinweg an Kindern vorgenommenen Verstümmelungen riefen bei Erwachsenen Mitleid und Gelächter hervor und waren die Basis für die zu allen Zeiten weitverbreitete Praxis, Kinder zum Zwecke des Bettelns zu verstümmeln.[154] Schon in Senecas »Kontroverse« wird der Schluß gezogen, die Verstümmelung ausgesetzter Kinder sei kein Unrecht:

Seht die Blinden, wie sie über die Straße gehen und sich auf ihre Stöcke stützen, und jene mit den zerquetschten Füßen, und immer wieder jene, deren Glieder gebrochen sind. Dieser hat keine Arme, jenem hängen die Schultern formlos herunter, um durch sein groteskes Aussehen Gelächter hervorrufen zu können... Laßt uns den Ursprung all dieser Krankheiten ergründen – ein Laboratorium für die Erzeugung menschlicher Ruinen – eine Höhle, angefüllt mit Gliedern, die man lebendigen Kindern abgerissen hat... Welchen Schaden hat man der Republik damit zugefügt? Aber andererseits: ist diesen Kindern nicht ein Dienst erwiesen worden, da ihre Eltern sie ja vertrieben haben?[155]

Manchmal wurde der in Windeln gewickelte Säugling als Wurfball benutzt. So wurde ein Bruder Heinrichs IV., als man ihn zum Vergnügen zwischen zwei Fenstern hin- und herwarf, fallen gelassen und dadurch getötet.[156] Dasselbe widerfuhr dem kleinen Comte von Marle: »Einer der Kämmerer und das Kindermädchen, in deren Obhut er war, vergnügten sich damit, daß sie ihn über die Fensterbank eines offenen Fensters hinweg einander zuwarfen... Manchmal taten sie so, als wollten sie ihn nicht auffangen... der kleine Comte de Marle fiel hin und schlug auf einer Steinstufe auf.«[157] Ärzte klagten über Eltern, die ihren Kindern durch das gebräuchliche Hochwerfen die Knochen brachen.[158] Und Ammen sagten oft, die Korsetts, in die die Kinder gesteckt wurden, seien notwendig, denn sonst könnte man »sie nicht herumwerfen. Ich erinnere mich an einen ausgezeichneten Chirurgen, der erzählte, daß ihm ein Kind gebracht worden sei, dem mehrere Rippen durch die Hand einer Person gebrochen worden seien, die es ohne Korsett herumgeworfen hatte.«[159] Eine andere von Ärzten angeprangerte Sitte war das heftige Schaukeln

von Kindern, »durch das das Baby in einen Zustand der Benommenheit versetzt wird, damit es diejenigen, in deren Obhut es ist, nicht stört«.[160] Hier liegt der Grund für die im achtzehnten Jahrhundert beginnende Kritik an den Wiegen; Buchan meinte, er sei gegen Wiegen wegen der im allgemeinen »mürrischen Amme, die, statt das gelegentliche Unbehagen und die gelegentliche Unruhe, die das Baby nicht einschlafen lassen, zu besänftigen, sich oft in die äußerste Wut hineinsteigert und in ihrer Torheit und Brutalität versucht, durch laute und schroffe Drohungen und das heftige Klappern der Rassel die Schreie des Babys zu ersticken und es in den Schlaf zu zwingen.«[161]
Es gab ferner eine ganze Reihe von Bräuchen, bei denen Kinder zuweilen fast erfroren. Dazu gehört die Taufe, die durch langes Eintauchen in Eiswasser und Rollen im Schnee vollzogen wurde, ebenso wie die Praxis des Tauchbads, bei dem das Kind immer wieder bis über den Kopf in eiskaltes Wasser getaucht wurde – »mit offenem Mund und nach Luft schnappend«.[162] Elizabeth Grant erinnert sich Anfang des 19. Jahrhunderts daran, daß »im Küchenhof eine große, lange Wanne stand; vor dem schrecklichen Eintauchen in das kalte Wasser mußte oft erst das Eis obenauf zerbrochen werden ... Wie schrie, bat, bebte und flehte ich um Rettung. Fast besinnungslos wurde ich dann in den Raum der Haushälterin gebracht...«[163] Ursprünglich von den Germanen, Skythen, Kelten und Spartanern verwendet (nicht von den Athenern, die sich anderer Abhärtungsmethoden bedienten),[164] wurde das Eintauchen in kalte Flüsse zu einer allgemein verbreiteten Sitte, die seit den Zeiten der Römer als heilsam für Kinder galt.[165] Zuweilen wurden die Kinder sogar beim Zubettgehen in kalte, nasse Handtücher gewickelt, was der Abhärtung und manchmal auch als Heilmittel dienen sollte.[166] Kein Wunder, daß der große Kinderarzt des 18. Jahrhunderts, William Buchan, meinte, »fast die Hälfte der menschlichen Gattung kommt in der Kindheit durch falsche Behandlung oder Nachlässigkeit um«.[167]

Weggeben, Säugen und Wickeln

Ungeachtet zahlreicher Ausnahmen war es bis ungefähr zum achtzehnten Jahrhundert allgemein üblich, daß die Kinder wohlhabender Eltern ihre ersten Jahre im Haus einer Säugamme verbrachten, dann nach Hause in die Obhut anderer Bediensteter zurückkehrten, um schließlich im Alter von etwa sieben Jahren als Diener in andere Häuser, in die Lehre oder in die Schule geschickt zu werden, so daß die von den Eltern für die Erziehung ihrer Kinder aufgewendete Zeit minimal war. Die Wirkungen, die diese und andere institutionalisierte Formen des Weggebens der Kinder durch die Eltern auf die Kinder selbst hatten, sind kaum je erörtert worden.

Die extremste und älteste Form des Weggebens ist der regelrechte Verkauf von Kindern. Der Kinderverkauf war in Babylon legal und während des Altertums wahrscheinlich in vielen Nationen eine allgemein verbreitete Sitte.[168] Solon versuchte zwar, das Recht der Eltern zum Kinderverkauf einzuschränken; es ist jedoch unklar, wie wirksam das Gesetz war.[169] Bei Herodas gibt es eine bezeichnende Szene, in der einem Jungen gesagt wird: »Du bist ein unbrauchbarer Junge, Kattalos, so unbrauchbar, daß niemand etwas Gutes über dich sagen könnte, selbst wenn er dich verkaufen wollte.«[170] Die Kirche versuchte jahrhundertelang, den Verkauf von Kindern abzuschaffen. Theodor, der im siebten Jahrhundert Erzbischof von Canterbury war, ordnete an, daß ein Mann seinen Sohn nach dessen siebtem Lebensjahr nicht mehr in die Sklaverei verkaufen dürfe. Will man Giraldus Cambrensis Glauben schenken, so verkauften die Engländer im zwölften Jahrhundert ihre Kinder als Sklaven an die Iren; und die normannische Invasion war eine Strafe Gottes für diesen Sklavenhandel.[171] In vielen Gebieten wurde der Verkauf von Kindern bis in die Neuzeit fortgesetzt. In Rußland wurde er zum Beispiel erst im neunzehnten Jahrhundert verboten.[172]

Eine andere Form des Weggebens besteht darin, Kinder als politische Geiseln oder als Sicherheit bei Schulden zu gebrauchen – eine Praxis, die ebenfalls bis in babylonische Zeiten zurückreicht.[173] Sidney Painter beschreibt die mittelalterliche Version davon, bei der es »durchaus üblich war, kleine Kinder als Geiseln zur Garantie für ein Abkommen wegzugeben, wobei sie dann oft für die Arglist ihrer Eltern zu leiden hatten. Als Eustace de Breteuil, der Gatte einer natürlichen Tochter Heinrichs I., dem Sohn eines seiner Vasallen die Augen ausstach, erlaubte der König dem erzürnten Vater, die gleiche Verstümmelung Eustaces Tochter zuzufügen, die Heinrich als Geisel bei sich hatte.«[174] Ähnlich übergab John Marshall seinen Sohn William dem König

Stephan mit den Worten, es »kümmere ihn wenig, wenn William gehängt würde, denn er habe Ambosse und Hämmer, mit denen er noch bessere Söhne schmieden könne«. Als Franz I. in Gefangenschaft Karls V. geriet, tauschte er seine kleinen Söhne gegen seine Freiheit ein, um dann das Abkommen sogleich zu brechen, woraufhin sie ins Gefängnis geworfen wurden.[175] Es war oft schwer festzustellen, ob ein Kind als Diener oder Page oder als Geisel in einen anderen adligen Haushalt geschickt wurde.
Ähnliche Motive lagen auch der Sitte zugrunde, die Kinder Pflegemüttern zu überlassen. Dieser Brauch war bei den Walisern, Angelsachsen und Skandinaviern in allen Schichten verbreitet. Das Kind wurde zu einer anderen Familie geschickt, damit es dort bis zum Alter von siebzehn Jahren aufgezogen würde. Danach kehrte es wieder zu den Eltern zurück. In Irland herrschte diese Sitte bis zum siebzehnten Jahrhundert; im Mittelalter schickten viele Engländer ihre Kinder nach Irland und ließen sie dort aufziehen. Dabei handelte es sich nur um eine besonders extreme Form der mittelalterlichen Praxis, adelige Kinder im Alter von sieben Jahren – manchmal auch noch früher – als Diener, Hofdamen, Laienbrüder oder -schwestern in andere Häuser oder in Klöster zu schicken – Praktiken, die noch in der frühen Neuzeit verbreitet waren.[177] Bei den unteren Schichten entsprach dieser Praxis das Lehrverhältnis,[178] doch ist das ganze Thema der Arbeit von Kindern in fremden Haushalten so weitläufig und wenig erforscht, daß es trotz seiner großen Bedeutung für das Leben der Kinder in der Vergangenheit hier leider nicht eingehender untersucht werden kann.
Neben den institutionalisierten Formen der Weggabe von kleinen Kindern an andere Leute gab es auch informelle Formen, die bis ins neunzehnte Jahrhundert praktiziert wurden. Die Eltern führten alle möglichen Rechtfertigungen für die Weggabe ihrer Kinder an: »sie sollen sprechen lernen« (Disraeli); »sie sollen ihre Schüchternheit verlieren« (Clara Barton); der »Gesundheit« wegen (Edmund Burke, Mrs. Sherwoods Tochter) oder als Bezahlung für ärztliche Dienstleistungen (Patienten von Jerome Cardan und William Douglas). Manchmal gaben sie auch zu, man gebe die Kinder einfach deshalb weg, weil sie unerwünscht seien (Richard Baxter, Johannes Butzbach, Richard Savage, Swift, Yeats, August Hare u. a.). Mrs. Hares Mutter brachte die allgemeine Gleichgültigkeit, die hinter dem Weggeben der Kinder

steckt, zum Ausdruck, als sie sagte: »Ja sicher, das Baby wird weggeschickt, sobald es entwöhnt ist; und wenn noch jemand eins haben möchte, erinnere ihn bitte daran, daß wir noch mehr haben.«[179] Natürlich wurden Jungen bevorzugt; im achtzehnten Jahrhundert schrieb eine Frau an ihren Bruder, der nach dem nächsten Kind gefragt hatte: »Wenn es ein Junge ist, behalte ich es, wenn ein Mädchen, warte ich auf das nächste.«[180]

Die häufigste Form der institutionalisierten Weggabe in der Vergangenheit bestand jedoch darin, daß man die Kinder einer Säugamme übergab. Die Säugamme ist eine uns aus der Bibel, dem Codex Hammurabi, den ägyptischen Papyrustexten, der griechischen und römischen Literatur vertraute Gestalt. Seit der Zeit, da sich die römischen Säugammen in der Colonna Lactaria versammelten, um ihre Dienste zu verkaufen, waren sie gut organisiert.[181] Ärzte und Moralisten haben seit Galenus und Plutarch Müttern vorgeworfen, daß sie ihre Kinder zum Säugen weggaben, statt sie selbst zu stillen. Ihr Rat wurde kaum gehört; denn bis zum achtzehnten Jahrhundert schickten die meisten Eltern, die es sich leisten konnten, und viele, die es nicht konnten, ihre Kinder sofort nach der Geburt zum Stillen außer Haus. Selbst arme Mütter, die sich das nicht leisten konnten, weigerten sich oft, selbst zu stillen, und gaben den Säuglingen statt dessen Brei. Im Gegensatz zu den Annahmen der meisten Historiker geht der Brauch, die Kinder überhaupt nicht mit Muttermilch zu nähren, in vielen Gebieten Europas zumindest bis ins fünfzehnte Jahrhundert zurück. Eine Mutter, die aus Norddeutschland, wo das Stillen der Kinder eher üblich war, nach Bayern gezogen war, wurde, weil sie ihr Kind selber säugte, von bayrischen Frauen für »schweinisch und schmutzig« gehalten, und ihr Mann drohte ihr, er würde nicht essen, wenn sie diesen »abscheulichen Brauch« nicht aufgäbe.[182]

In der Praxis der Reichen, ihre Kinder für eine Reihe von Jahren wegzugeben, sahen selbst jene Autoren, die diese Praxis für schlecht hielten, kein Problem mangelnder Empathie. Vielmehr hielten sie das Ammenwesen darum für schlecht, »weil die Würde eines neugeborenen Menschenlebens durch die fremde und degenerierte Ernährung mit der Milch einer anderen Frau zugrunde gerichtet wird.«[183] Das heißt, das Blut der Säugamme aus der unteren Klasse geriet in den Körper des Babys aus der oberen Klasse, wobei man sich die Milch als weißschäumendes Blut vorstellte.[184] Gelegentlich trat bei den Moralisten – natürlich alles Männer – ihr unterdrücktes Ressentiment gegenüber ihren Müttern zutage, weil diese sie zu Säugammen fortgegeben hatten. Aulus Gellius klagte: »Wenn das Kind jemand anderem gegeben wird und aus den Augen der Mutter verschwindet, wird die Kraft mütterlicher Begeisterung nach und nach erlöschen ... und es wird fast genauso vollständig vergessen sein, wie wenn es gestorben wäre.«[185] Gewöhnlich aber siegte die Verdrängung, und die Mutter wurde gepriesen. Und was noch wichtiger war: es wurde gewährleistet, daß sich das Verhalten wiederholte. Es war sehr wohl bekannt, daß sehr viel mehr Kinder bei der Säugamme starben als zu Hause; die Eltern beklagten zwar den Tod der Kinder, übergaben aber ihr nächstes Kind wieder der Säugamme, so als sei diese eine moderne Rachegöttin, die noch ein weiteres Opfer forderte.[186] Obwohl z. B. Sir Simonds D'Ewes bereits mehrere Söhne bei einer Säugamme verloren hatte, schickte er sein nächstes Baby wieder für zwei Jahre zu »einer armen Frau, deren schlimmer Ehemann sie arg mißhandelte und fast verhungern ließ und die selbst ebenfalls hochmütig, mürrisch und launisch war; dies alles führte in der Folge zur endgültigen Ruinierung und Zerstörung unseres süßesten und zartesten Kindes ...«[187]

Ausgenommen die Fälle, in denen die Säugamme ins Haus geholt wurde und dort lebte, blieben die Kinder, die man einer Säugamme übergab, im allgemeinen zwei bis fünf Jahre dort. Die Bedingungen waren in den verschiedenen Ländern ähnlich. Jacques Guillimeau schilderte, wie leicht ein Kind bei einer Amme »erstickt, erdrückt oder fallen gelassen wird und auf diese Weise früh zu Tode kommt; oder es wird von einem wilden Tier, einem Wolf oder einem Hund, gefressen, verstümmelt oder verunstaltet, so daß die Amme aus Furcht, ihrer Nachlässigkeit wegen bestraft zu werden, das Kind gegen ein anderes austauscht.«[188] Robert Pemell berichtete, der Pfarrer seines Bezirks habe ihm erzählt, bei Antritt seines Dienstes sei der Bezirk »voll gewesen von Säuglingen aus London; im Verlauf eines Jahres habe er jedoch alle bis auf zwei begraben«.[189] Diese Praxis wurde unerbittlich fortgesetzt – in England und Amerika bis ins 18., in Frankreich bis ins 19. und in Deutschland bis ins 20. Jahrhundert.[190] England war dem Kontinent in der Frage des Säugens so weit voraus, daß sehr reiche Mütter ihre Kinder bereits im

17. Jahrhundert oft schon selbst stillten.[191] Das Verhalten in dieser Frage ist auch nicht einfach eine Sache der Amoralität der Reichen gewesen. So beklagte Robert Pemell 1653 die Praxis »von reichen wie von armen Frauen, ihre Babys zu verantwortungslosen Frauen auf dem Land in Pflege zu geben«, und noch 1780 schätzte der Polizeichef von Paris, daß von 21 000 Babys, die jedes Jahr in dieser Stadt geboren wurden, 17 000 zur Säugamme auf das Land geschickt würden, 2000 oder 3000 in Kinderheime kämen, 700 zu Hause von Säugammen versorgt würden und nur 700 von ihren eigenen Müttern gestillt und großgezogen würden.[192]

Die tatsächliche Stillzeit hat je nach Epoche und Gegend stark variiert. Tabelle 1 faßt die Angaben zusammen, die ich bisher ermitteln konnte.

Falls diese Tabelle als ein Indikator für allgemeine Tendenzen gelten kann, so kann man aus ihr vielleicht schließen, daß seit dem Beginn der Neuzeit, möglicherweise als Resultat eines Rückgangs projektiver Fürsorge, das sehr lange Stillen unüblicher wurde. Ferner wurden die Angaben über den Zeitpunkt der Entwöhnung in dem Maße genauer, in dem die Kinder weniger häufig zu Säugammen geschickt wurden. So finden wir bei Roesslin den Satz: »Avicenna rät, das Kind zwei Jahre lang zu stillen, wie bei uns; jedoch wird es meist nur ein Jahr lang gestillt . . .«[194] Alice Ryersons Bemerkung, »in der Periode kurz vor 1750 ist das Entwöhnungsalter in der Praxis drastisch herabgesetzt worden«, ist sicherlich übertrieben.[195] Obgleich von den Säugammen erwartet wurde, daß sie sich während der Stillzeit des Geschlechtsverkehrs enthielten, entsprachen sie selten dieser Erwartung; gewöhnlich wurde ein Kind kurz vor der Geburt des nächsten entwöhnt. Deshalb dürfte eine Stillzeit von zwei Jahren in Westeuropa die Ausnahme gewesen sein.

Seit 2000 v. Chr. gibt es Gefäße der verschiedensten Art zum Füttern von Babys; wo sie vorhanden waren, wurden Kuh- oder Ziegenmilch als Babynahrung benutzt, und oft wurden dem Kind einfach die Zitzen des Tieres zum Säugen in den Mund geschoben.[196] Brei, der im allgemeinen aus Brot oder Mehl, vermischt mit Wasser oder Milch, gemacht wurde, ergänzte oder ersetzte das Säugen von den ersten Wochen an; manchmal wurde dem Kind der Mund so vollgestopft, daß es alles wieder erbrach.[197] Andere Speisen wurden von der Säugamme erst vorgekaut und

Tabelle 1
Alter des Kindes bei der vollständigen Entwöhnung

Quelle[193]	Alter bei der Entwöhnung (in Monaten)	ungefähres Datum	Nationalität
Säugammen-Kontrakt	24	367 v. Chr.	griechisch
Soranus	12-24	100 n. Chr.	römisch
Macrobius	35	400	römisch
Barberino	24	1314	italienisch
Metlinger	10-24	1497	deutsch
Jane Grey	18	1538	englisch
John Greene	9	1540	englisch
E. Roesslin	12	1540	deutsch
Sabine Johnson	34	1540	englisch
John Dee	8-14	1550	englisch
H. Mercurialis	15-30	1552	italienisch
John Jones	7-36	1579	englisch
Ludwig XIII.	25	1603	französisch
John Evelyn	14	1620	englisch
Ralph Joesslin	12-19	1643-79	englisch
John Pechey	10-12	1697	englisch
James Nelson	3-4	1753	englisch
Nicholas Culpepper	12-48	1762	englisch
William Cadogan	4	1770	englisch
H. W. Tytler	6	1797	englisch
S. T. Coleridge	15	1807	englisch
Eliza Warren	12	1810	englisch
Caleb Tickner	10-12	1839	englisch
Mary Mallard	15	1859	amerikanisch
Deutsche statistische Untersuchung	1-6	1878-82	deutsch

dann dem Kind zum Essen gegeben.[198] Zu allen Zeiten gab man Kindern Opium und Likör, um sie ruhig zu halten. Der Papyrus Ebers berichtet von der Wirksamkeit einer Mixtur aus Mohnsamen und Fliegenkot: »Sie wirkt sofort!« Dr. Hume beklagte 1799, Tausende von Kleinkindern würden jährlich von ihren Ammen dadurch getötet, daß diese »ihnen ständig Godfreys Herztropfen in die kleinen Kehlen schütten, ein Mittel, das ein sehr starkes Opiat ist und die gleiche tödliche Wirkung hat wie

Arsen. Sie geben an, mit diesem Mittel wollten sie das Kind nur beruhigen; in der Tat sind viele Kinder dann für immer ruhig ...« Oft wurden einem Kleinkind täglich Alkoholportionen »in den Hals geschüttet, ohne daß es in der Lage wäre, sich dagegen zu wehren; aber es zeigt seinen Abscheu durch Zappeln und ein verzerrtes Gesicht ...«[199]

Das Quellenmaterial enthält zahlreiche Hinweise darauf, daß Kinder im allgemeinen unzureichend ernährt wurden. Die Kinder der Armen waren natürlich oft hungrig, aber auch die Kinder der Reichen, besonders die Mädchen, wurden beim Essen sehr kurz gehalten und bekamen nur wenig oder gar kein Fleisch. Plutarchs Beschreibung der »Hunger-Diät« der spartanischen Jugendlichen ist allgemein bekannt, aber aufgrund der zahlreichen Hinweise auf die karge Nahrung, auf das nur zwei- bis dreimal pro Tag stattfindende Stillen, auf Fastenzeiten für Kinder und auf Nahrungsentzug als Bestrafung muß man vermuten, daß genauso, wie es heute Eltern gibt, die ihre Kinder mißhandeln, es in der Vergangenheit Eltern gab, die es für zu anstrengend hielten, ihre Kinder mit ausreichender Nahrung zu versorgen.[200] In zahlreichen Autobiographien von Augustinus bis Baxter gestehen die Autoren die Sünde der Völlerei, weil sie als Kind Obst gestohlen hatten; niemand ist je auf die Idee gekommen, zu fragen, ob sie das vielleicht taten, weil sie hungrig waren.[201]

Das Einschnüren des Kindes mit den verschiedensten Mitteln war eine allgemein verbreitete Praxis. Das Gewickeltwerden bildete den zentralen Bestandteil der ersten Jahre eines Kindes. Wie bereits erwähnt, wurden solche Freiheitsbeschränkungen für notwendig gehalten, weil die Erwachsenen so viele gefährliche Verhaltensweisen auf das Kind projiziert hatten, daß sie glaubten, es würde sich, sobald es sich frei bewegen dürfe, die Augen auskratzen, die Ohren abreißen, die Beine brechen, die Knochen verrenken, vor dem Anblick seiner eigenen Gliedmaßen erschrecken oder gar wie ein Tier auf allen Vieren auf dem Boden herumkrabbeln.[202] Das traditionelle Wickeln wurde in den verschiedenen Ländern und Zeiten im wesentlichen auf die gleiche Weise gehandhabt; es »besteht darin, das Kind durch Umwickeln mit einem endlos langen Band am Gebrauch seiner Gliedmaßen vollständig zu hindern, so daß es am Ende einem Holzblock gleicht; dadurch wird manchmal die Haut wund gerieben, das Fleisch fast bis zum Brand zusammengepreßt, der Blutkreislauf nahezu gestoppt und dem Kind auch die geringste Fähigkeit zur Bewegung genommen. Seine kleine Taille ist von einem Korsett umgeben . . . Sein Kopf ist in die Form gepreßt, die der Phantasie der Hebamme vielleicht gerade in den Sinn kam; und seine Gestalt wird durch entsprechendes Zusammenpressen erhalten . . .«[203]

Das Wickeln war oft so kompliziert, daß es zwei Stunden dauerte, bis ein Kind angezogen war.[204] Der Vorteil dabei war für die Erwachsenen enorm: waren die Kinder erst einmal eingeschnürt, brauchten die Erwachsenen ihnen kaum noch Aufmerksamkeit zu widmen. Wie eine neuere medizinische Untersuchung über das Wickeln gezeigt hat, sind gewickelte Kinder extrem passiv; ihre Herzen schlagen langsamer, sie schreien weniger, sie schlafen weitaus mehr und sind im allgemeinen so in sich gekehrt und träge, daß die Ärzte, die die Untersuchung durchführten, sich fragten, ob man es nicht wieder mit dem Wickeln versuchen sollte.[205] Die historischen Quellen bestätigen dieses Bild. Seit dem Altertum haben Ärzte die Ansicht vertreten, daß »das Wachsein bei Kindern weder natürlich noch durch Gewohnheit herbeigeführt ist, denn sie schlafen immer«; und es wird beschrieben, wie die Kinder für ganze Stunden hinter den heißen Ofen gelegt, an Haken an die Wand gehängt, in Fässer plaziert und allgemein »wie ein Paket in jedem geeigneten Winkel abgelegt« wurden.[206] Bei fast allen Völkern war das Wickeln üblich. Selbst im alten Ägypten dürfte das Wickeln üblich gewesen sein – obwohl manche behaupten, daß die Kinder dort nicht gewickelt worden seien, da sie auf Bildern nackt dargestellt wurden –; jedenfalls spricht Hippokrates davon, daß die Ägypter wickeln, und an einigen Figurinen sind Windeln erkennbar.[207] Die wenigen Gebiete, in denen das Wickeln nicht üblich war, wie zum Beispiel das antike Sparta und das schottische Hochland, waren gleichzeitig die Gebiete mit den strengsten Abhärtungspraktiken – als ob es nur die Wahl gegeben hätte zwischen strammem Wickeln und der Sitte, die Kleinkinder nackt herumzutragen und nackt im Schnee herumlaufen zu lassen.[208] Das Wickeln wurde für etwas so Selbstverständliches gehalten, daß das Quellenmaterial im Hinblick auf die Dauer des Wickelns vor der frühen Neuzeit uneinheitlich ist. Soranus spricht davon, daß die Römer das Kind nach 40 bis 60 Tagen aus den Windeln nahmen; das ist wohl zutreffender als die von Platon angegebenen »zwei Jahre«.[209] Das stramme

Wickeln, zu dem oft auch das Festbinden an ein Tragebrett gehörte, ist durch das ganze Mittelalter hindurch fortgesetzt worden; allerdings habe ich nicht herausfinden können, wie lange ein Kind im Mittelalter gewickelt wurde.[210] Die wenigen Hinweise in den Quellen aus dem sechzehnten und siebzehnten Jahrhundert sowie das Studium der Kunstwerke aus dieser Zeit lassen vermuten, daß in jenen Jahrhunderten die Kinder in der Regel ein bis vier Monate lang vollständig gewickelt wurden; danach wurden die Arme frei gelassen, Körper und Beine blieben jedoch noch weitere sechs bis neun Monate gewickelt.[211] Die Engländer hörten als erste mit dem Wickeln auf, wie sie auch als erste mit dem Weggeben der Kinder an Säugammen aufgehört hatten. In England und Amerika hörte man mit dem Wickeln gegen Ende des 18. Jahrhunderts auf, in Frankreich und Deutschland im 19. Jahrhundert.[212]

Nach der Befreiung der Kinder aus den Wickelbändern wurden jedoch körperliche Fesselungen der verschiedensten Art – nach Land und Zeit variierend – fortgesetzt. Kinder wurden zuweilen an Stühle gebunden, um sie am Herumkrabbeln zu hindern. Bis ins neunzehnte Jahrhundert wurden Gängelbänder an der Kleidung des Kindes befestigt, um es kontrollieren und herumschwenken zu können. Jungen wie Mädchen wurden häufig in Korsette aus Knochen, Holz oder Eisen gezwängt. Manchmal wurden die Kinder an Rückenbretter gebunden und ihre Füße in Fußblöcke gesteckt, wenn sie lernten. Eisenkragen und andere Vorrichtungen sollten ihre »Haltung verbessern« – so zum Beispiel jenes Gerät, das Francis Kemble beschrieb: »Eine schreckliche Martermaschine von der Art der Rückenbretter, ein mit rotem Ziegenleder überzogenes flaches Stück Eisen, das auf meinem Rücken angebracht und unten mit einem Gürtel an der Taille, oben durch zwei Achselstücke an den Schultern befestigt war. In der Mitte ragte eine Stahlstange oder ein Stahlstachel mit einem Stahlkragen heraus, der meine Kehle umspannte.«[213]

Solche Mittel scheinen in der Zeit vom sechzehnten bis zum neunzehnten Jahrhundert verbreiteter gewesen zu sein als im Mittelalter; dieser Eindruck könnte freilich in der geringen Zahl früherer Quellen begründet sein. Zwei Praktiken waren allerdings seit dem Altertum wahrscheinlich in jedem Land üblich. Die erste ist die allgemeine Unzulänglichkeit der Kleidung; die Kinder sollten »abgehärtet« werden. Die zweite ist die Verwendung stuhlähnlicher Geräte, die angeblich beim Gehen helfen sollten, in Wirklichkeit aber dazu dienten, das Herumkrabbeln zu verhindern, das für tierisch gehalten wurde. Felix Würtz (1563) beschreibt eine der üblichen Varianten:

> Es gibt Stühle für Kinder, in denen sie stehen und sich beliebig herumdrehen können. Sie erlauben es den Müttern oder Ammen, sich nicht länger um das Kind zu kümmern, es allein zu lassen, ihren eigenen Angelegenheiten nachzugehen, wobei sie unterstellen, das Kind sei gut versorgt, und kaum an die Pein und Not des Kindes denken... Das arme Kind... muß vielleicht viele Stunden stehen, während bereits eine halbe Stunde Stehen zu lange ist... Ich wünschte, alle diese Steh-Stühle würden verbrannt...[214]

Reinlichkeitserziehung, Disziplin und Sexualität

Obgleich es seit der Antike Stühle gibt, unter denen ein Nachttopf angebracht ist, gibt es keine Hinweise darauf, daß es vor dem achtzehnten Jahrhundert in den ersten Lebensmonaten eines Säuglings bereits eine Erziehung zur Reinlichkeit gegeben hätte. Obgleich sich die Eltern, wie u. a. auch Luther, häufig beklagten, ihre Kinder »beschmutzten die Ecken«, und obgleich Ärzte Mittel verordneten (darunter Auspeitschen), die verhindern sollten, daß ein Kind »ins Bett macht« (die Kinder schliefen im allgemeinen mit ihren Eltern zusammen in einem Bett), ist der Kampf zwischen Eltern und Kindern um die Kontrolle über die Ausscheidung der Exkremente im Säuglingsalter eine Erfindung des 18. Jahrhunderts und das Ergebnis eines späten psychogenetischen Stadiums.[215]

Man hat Kinder immer mit ihren Exkrementen identifiziert; so hat man neugeborene Kinder *ecrème* genannt, und das lateinische *merda*, Exkrement, ist der Ursprung des französischen *merdeux*, Dreckspatz.[216] Vor dem achtzehnten Jahrhundert ist die Beziehung zum Inneren des kindlichen Körpers jedoch hauptsächlich durch Klistier und Abführmittel und nicht durch das Nachttöpfchen hergestellt worden. Den Kindern wurden – gleichgültig, ob sie krank oder gesund waren – Suppositorien, Einläufe und orale Abführmittel verabreicht. Ein Autor aus dem siebzehnten Jahrhundert war der Überzeugung, daß die Kinder vor dem Säugen erst Stuhlgang haben müßten, damit sich die Milch nicht mit den Exkrementen vermische.[217] In Héroards Tagebuch wimmelt es von minutiösen Beschreibungen dessen, was in den Körper des kleinen Ludwig hinein- und was aus ihm herauskommt; ihm wurden während seiner Kindheit tausenderlei Abführmittel, Suppositorien und Klistierspritzen verabreicht. Häufig hat man Urin und Kot untersucht, um den inneren Zustand eines Kindes zu bestimmen. David Hunts Beschreibung dieses Verfahrens zeigt deutlich den projektiven Ursprung dessen, was ich als »Toiletten-Kind« bezeichnet habe.

Man glaubte, die Gedärme von Kinder enthielten Substanzen, die der Erwachsenenwelt unverschämt, drohend, boshaft und aufsässig gegenüberträten. Wenn die Exkremente eines Kindes unangenehm aussahen und rochen, so bedeutete das, daß das Kind tief in seinem Inneren schlecht gesonnen war. Gleichgültig, wie sanftmütig und hilfsbereit das Kind erscheinen mochte, die Exkremente, die dem Kind regelmäßig ausgewaschen wurden, wurden als die beleidigende Botschaft eines inneren Dämons betrachtet, die auf die im Kind lauernden ›bösen Neigungen‹ hinwies.[218]

Erst im 18. Jahrhundert wurde das Klistier weitgehend durch das Töpfchen abgelöst. Die Reinlichkeitserziehung begann nicht nur zu einem früheren Zeitpunkt – teilweise infolge des Rückgangs der Praxis des Wickelns – sondern der gesamte Prozeß der Erziehung des Kindes zur Kontrolle seiner Körperprodukte erhielt eine vorher ganz unbekannte emotionale Bedeutung. Der Kampf mit dem Willen des kleinen Kindes während seiner ersten Lebensmonate stellte ein Maß für die Stärke des Engagements der Eltern für ihre Kinder dar und bedeutete einen psychologischen Fortschritt gegenüber der Herrschaft des Klistiers.[219] Im neunzehnten Jahrhundert begannen die Eltern bereits in den ersten Lebensmonaten mit der Reinlichkeitserziehung, und ihre Forderungen nach Sauberkeit wurden Ende des Jahrhunderts so streng, daß das Idealkind als eines beschrieben wurde, »das keinen Augenblick lang auch nur den geringsten Schmutz an seinem Körper oder Kleid oder in seiner Umgebung zu ertragen vermag.«[220] Auch heute beginnen die meisten Eltern in England und Deutschland bereits vor dem sechsten Lebensmonat des Kindes mit der Reinlichkeitserziehung; in den USA liegt der entsprechende Zeitpunkt meist im neunten Monat.[221]

Das Material, das ich über die Methoden zur Disziplinierung von Kindern gesammelt habe, veranlaßt mich zu der Überzeugung, daß ein sehr großer Prozentsatz der vor dem achtzehnten Jahrhundert geborenen Kinder – in heutiger Terminologie – »geschla-

gene Kinder« waren. Von über zweihundert Ratschlägen zur Kindererziehung aus der Zeit vor dem achtzehnten Jahrhundert, die ich untersucht habe, billigten die meisten das schwere Schlagen von Kindern und alle das Schlagen von Kindern unter verschiedenen Umständen – ausgenommen drei: Plutarch, Palmieri und Sadoleto –; diese Ratschläge richteten sich an Väter und Lehrer, Mütter wurden nicht erwähnt.[222] Von den siebzig vor dem achtzehnten Jahrhundert lebenden Kindern, über deren Leben ich Aufzeichnungen gefunden habe, sind alle geschlagen worden – mit einer Ausnahme: Montaignes Tochter. Leider sind Montaignes Essays über Kinder so voller Widersprüche, daß man nicht weiß, ob man dieser einzelnen Aussage Glauben schenken soll. Er ist berühmt für seine Behauptung, daß sein Vater so freundlich zu ihm war, daß er einen Musiker anstellte, der ihn jeden Morgen mit Musik weckte, damit dabei sein zartes Gehirn nicht aufgeschreckt würde. Sollte das zutreffen, so könnte dieses ungewöhnliche Hausleben jedoch nur zwei oder drei Jahre gedauert haben, denn sofort nach der Geburt war er zu einer Säugamme in ein anderes Dorf geschickt worden, wo er mehrere Jahre blieb, und vom sechsten bis zum dreizehnten Lebensjahr wurde er in eine andere Stadt in die Schule geschickt, weil sein Vater ihn »schwerfällig, langsam und vergeßlich« fand. Als er behauptete, seine Tochter sei »nun über sechs Jahre alt und wegen ihrer kindlichen Fehler niemals belehrt oder bestraft worden ... außer durch Worte«, war sie in Wirklichkeit elf Jahre alt. An einer anderen Stelle sagt er in bezug auf seine Kinder: »Es war mir nicht lieb, sie in meiner Nähe aufziehen zu lassen.«[223] Bei unserem Urteil über das einzige von uns entdeckte nicht-geschlagene Kind sollten wir also vorsichtig sein. (Peiper kommt in seinem umfassenden Überblick über die Literatur über das Schlagen von Kindern zu ähnlichen Schlußfolgerungen wie ich.)[224]
Zu den Instrumenten, mit denen geschlagen wurde, gehörten Peitschen der verschiedensten Art, darunter Klopfpeitschen, Schaufeln, Rohrstöcke, Eisen- und Holzstangen, Rutenbündel, die »discipline« (eine Peitsche aus kleinen Ketten) und spezielle Instrumente für die Schule wie die »flapper«, die ein birnenförmiges Ende mit einem runden Loch hatte und brennende Schmerzen hervorrief. Eine Vorstellung von der Häufigkeit des Schlagens gewinnt man, wenn man hört, daß ein deutscher Schullehrer ausrechnete, daß er 911 527 Stockschläge, 124 000 Peitschenhie-

be, 136 715 Schläge mit der Hand und 1 115 800 Ohrfeigen verteilt hatte.[225] Die in den Quellen geschilderten Schläge waren im allgemeinen schwer, führten zu Blutergüssen und Blutungen, begannen früh und bildeten einen regelmäßigen Bestandteil des Lebens von Kindern.

Jahrhundert um Jahrhundert wuchsen geschlagene Kinder heran, die wiederum ihre eigenen Kinder schlugen. Öffentlicher Protest war selten. Selbst Humanisten und Lehrer mit dem Ruf großer Güte – wie Petrarca, Ascham, Comenius und Pestalozzi – billigten das Schlagen von Kindern.[226] Von Miltons Frau wissen wir, wie sie es haßte, die Schreie seiner Neffen hören zu müssen, wenn er sie schlug; Beethoven schlug und stach seine Schüler mit einer Stricknadel.[227] Auch Kinder königlicher Abkunft entgingen nicht dem Geschlagenwerden, wie die Kindheit Ludwigs XIII. zeigt. Bei Tisch hatte sein Vater stets eine Peitsche neben sich, und bereits im Alter von siebzehn Monaten wußte der Dauphin sehr gut, daß es besser war, nicht zu schreien, wenn mit der Peitsche gedroht wurde. Nach dem fünfundzwanzigsten Monat wurde er regelmäßig jeden Morgen ausgepeitscht, oft auf die nackte Haut. Häufig hatte er deswegen Alpträume, und noch als König wachte er später nachts in Schrecken und Angst vor der morgendlichen Auspeitschung auf. Am Tag seiner Krönung, als er acht Jahre alt war, wurde er gepeitscht, und er meinte: »Ich würde auf soviel Huldigung und Ehre gern verzichten, wenn man mich statt dessen weniger peitschen würde.«[228]

Da Kinder, die nicht gewickelt wurden, in ganz besonderem Maße Abhärtungspraktiken unterworfen wurden, bestand eine der Funktionen des Wickelns vielleicht darin, den Hang der Eltern, ihr Kind zu mißhandeln, zu vermindern. Mir ist kein Fall bekannt, daß ein Erwachsener ein gewickeltes Kind geschlagen hätte, während das Schlagen auch noch so kleiner Kinder, wenn sie nicht in Windeln liegen, sehr häufig vorkommt – ein deutliches Anzeichen des »Schlag«-Syndroms. Susannah Wesley sagte von ihren Babys: »Wenn sie ein Jahr alt wurden (bei einigen war es schon vorher), wurde ihnen beigebracht, die Zuchtrute zu fürchten und leise zu weinen.« Giovanni Dominici empfahl, Babys »häufig, aber nicht zu hart zu peitschen...«. Rousseau berichtete, daß Babys in ihren ersten Tagen oft geschlagen wurden, damit sie ruhig blieben. Eine Mutter schrieb über ihren ersten Kampf mit ihrem vier Monate alten Säugling: »Ich

peitschte ihn, bis er schwarz und blau war und bis ich ihn einfach *nicht* mehr schlagen *konnte,* und er gab niemals auch nur im geringsten nach.« Die Beispiele ließen sich leicht vermehren.[229]
Eine merkwürdige Bestrafungsmethode, die im frühen Mittelalter bei Alkuin angewandt wurde, als er noch Säugling war, bestand darin, mit einem messerähnlichen Instrument, wie es Schuster benutzen, in die Fußsohlen zu stechen oder zu schneiden. Eine ähnliche Gewohnheit hatte der Bischof von Ely, der seine jungen Diener mit einem Stachelstock zu stechen pflegte, den er immer in der Hand hielt. Wenn Jane Grey ihren Eltern vorwirft, sie hätten ihr »Stiche und Stöße« versetzt und Thomas Tusser über »zerzauste Ohren, die gehetzten Bären glichen, gesprungene Lippen, Stöße und Stiche« klagt, so sind das vielleicht Erinnerungen an den Stachelstock. Sollten weitere Forschungen zeigen, daß der Stachelstock auch im Altertum zur Züchtigung von Kindern angewandt wurde, so fiele damit ein neues Licht auf Ödipus' Tötung des Laios auf einem einsamen Weg, denn er wurde im wahrsten Sinne des Wortes dazu »angestachelt« – Laios fuhr »von dem Wagen mitten übers Haupt . . . herab mir mit dem Doppelstachel«.[230]
Obgleich die frühesten Quellen nur spärliche Informationen über das genaue Ausmaß der Härte der Züchtigung enthalten, scheint doch einiges darauf hinzuweisen, daß in jeder Periode im Westen eine sichtbare Verbesserung stattfand. Das Altertum kennt eine Fülle von Mitteln und Praktiken, die späteren Zeiten unbekannt waren – so Bein- und Handschellen, Knebel, drei Monate »im Block« und die blutigen spartanischen Geißelungswettkämpfe, bei denen oft Jugendliche zu Tode gepeitscht wurden.[231] Eine angelsächsische Sitte zeigt, auf welcher Ebene sich die Vorstellungen über Kinder in den frühesten Zeiten bewegten. Thrupp berichtet: »Es war üblich, daß, wenn ein rechtlich wirksames Zeugnis von irgendeiner Zeremonie gewünscht wurde, als Zeugen Kinder hinzugezogen wurden, die hin und wieder mit ungewöhnlicher Heftigkeit gepeitscht wurden. Man glaubte, dadurch würde jede Aussage über die Vorgänge zusätzliches Gewicht erhalten . . .«[232]
Noch schwieriger ist es, detaillierte Hinweise auf Züchtigungsmethoden im Mittelalter zu finden. In einem Gesetz aus dem dreizehnten Jahrhundert wird das Schlagen von Kindern zu einem Gegenstand des öffentlichen Bereichs: »Wenn man ein

Kind schlägt, bis es blutet, so wird es das beherzigen; wenn man es aber totschlägt, so tritt das Gesetz in Anwendung.«[233] Die meisten mittelalterlichen Beschreibungen des Schlagens von Kindern zeigen, daß sehr hart geschlagen wurde – wenn auch der hl. Anselm, wie in so vielen Dingen, auch in dieser Frage seiner Zeit weit voraus war, als er einem Abt befahl, Kinder nur leicht zu schlagen, denn: »Sind sie nicht Menschen? Sind sie nicht aus Fleisch und Blut wie du?«[234] Aber erst in der Renaissance wurde ernstlich geraten, beim Schlagen von Kindern milde zu sein, womit allerdings im allgemeinen gleichzeitig die Aufforderung verbunden war, gerechtfertigte Züchtigungen auch weiterhin vorzunehmen. Nach der Formulierung von Bartholomeus Batty sollten Eltern »die goldene Mitte wahren«, das heißt, sie sollten »ihre Kinder nicht ins Gesicht und auf den Kopf schlagen und nicht mit Knütteln, Stöcken, Forken oder Schaufeln auf sie einschlagen, als ob sie Malzsäcke wären«, denn von solchen Schlägen könnten sie sterben. Die richtige Art bestünde darin, das Kind »mit der Rute auf die Seiten zu schlagen; davon wird es nicht sterben.«[235]

Im siebzehnten Jahrhundert gab es einige Versuche, das Schlagen von Kindern einzuschränken; und im achtzehnten Jahrhundert kam es dann zu einem stärkeren Rückgang des Schlagens. Die frühesten von mir entdeckten Lebensläufe von Kindern, die überhaupt nicht geschlagen wurden, datieren aus den Jahren 1690 bis 1750.[236] Erst im neunzehnten Jahrhundert kam das altmodische Peitschen in den meisten Teilen Europas und Amerikas allmählich aus der Mode. Am längsten hielt es sich in Deutschland, wo 80% der deutschen Eltern noch immer das Schlagen ihrer Kinder billigen, volle 35% das Schlagen mit Rohrstöcken.[237]

Als das Schlagen zurückzugehen begann, mußte ein Ersatz dafür gefunden werden. Im achtzehnten und neunzehnten Jahrhundert wurde zum Beispiel das Einsperren von Kindern im Dunkeln sehr beliebt. Die Kinder wurden in »dunkle Klosetts« eingesperrt, »wo sie manchmal stundenlang bleiben mußten«. Eine Mutter schloß ihren drei Jahre alten Jungen in eine Schublade ein. In einem anderen Fall war ein Haus zu »einer Art kleiner Festung hergerichtet worden, bei der sich auf jedem Klosett ein Missetäter befand – einige weinten und wiederholten Wörter, andere nahmen Brot und Wasser zu sich...« Manchmal blieben Kinder

tagelang in Räume eingesperrt. Ein fünf Jahre alter Junge, der mit seiner Mutter auf der Suche nach einer neuen Wohnung war, sagte zu ihr: »Oh, nein, Mama ... das ist unmöglich; es gibt gar kein dunkles Klosett, auf dem du mich einsperren könntest, wenn ich ungezogen bin.«[238]
Hinsichtlich der Geschichte der Sexualität in der Kindheit bestehen noch größere Schwierigkeiten als gewöhnlich, an die Fakten heranzukommen, denn zu der Zurückhaltung und Unterdrückung in den Quellen selbst kommt noch hinzu, daß die meisten Bücher, Manuskripte und Artefakte, die die Grundlage für unsere Forschung bilden, gar nicht zugänglich sind. Bei den meisten Bibliothekaren ist noch immer die viktorianische Einstellung gegenüber der Sexualität vorherrschend und der Großteil der Werke, die sich auf die Sexualität in der Geschichte beziehen, bleibt überall in Europa in den Bibliothekslagerräumen und Museumskellern hinter Schloß und Riegel und ist sogar dem Historiker unzugänglich. Trotzdem gibt es in den uns zugänglichen Quellen genügend Hinweise darauf, daß sexueller Mißbrauch von Kindern früher viel verbreiteter war als heute und daß die strenge Bestrafung von Kindern wegen ihrer sexuellen Wünsche in den letzten zweihundert Jahren das Produkt eines späten psychogenetischen Stadiums war, in dem der Erwachsene das Kind dazu benutzte, seine eigenen sexuellen Phantasien zu zügeln, statt sie auszuagieren. Das Kind war beim sexuellen Mißbrauch genauso wie bei der körperlichen Mißhandlung nur ein zufälliges Opfer, ein Teil der Rolle, die es im Abwehrsystem der Erwachsenen spielte.
In der Antike lebte das Kind in den ersten Jahren in einer Atmosphäre sexuellen Mißbrauchs. In Griechenland oder Rom aufzuwachsen bedeutete oft, von älteren Männern sexuell mißbraucht zu werden. Form und Häufigkeit des Mißbrauchs waren ja nach Ort und Zeit verschieden. In Kreta und Böotien waren päderastische Heiraten und Flitterwochen üblich. Bei aristokratischen Jungen in Rom waren Mißhandlungen nicht so häufig, aber die Heranziehung von Kindern zu sexuellem Gebrauch zeigt sich in der einen oder anderen Form überall.[239] In jeder Stadt gab es Knabenbordelle, und in Athen konnte man sich sogar per Vertrag einen Jungen mieten. Wo homosexueller Verkehr mit freien Knaben gesetzlich verboten war, hielten sich die Männer Sklavenjungen, so daß auch freigeborene Kinder ihre Väter mit

Knaben schlafen sahen. Manchmal wurden Kinder in ein Konkubinat verkauft. Musonius Rufus stellte die Frage, ob solch ein Knabe berechtigt sei, sich dem sexuellen Mißbrauch zu widersetzen: »Ich kannte einen Vater, der so verdorben war, daß er seinen Sohn, der durch seine jugendliche Schönheit auffiel, in ein Leben der Schmach verkaufte. Wenn nun dieser Junge, der von seinem Vater gegen Geld zu einem solchen Leben verdammt wurde, sich geweigert hätte zu gehen, dürften wir dann sagen, daß er ungehorsam gewesen sei? . . .«[240] Gegen Platons Ansicht, daß Kinder gemeinsam aufwachsen sollten, wandte Aristoteles ein, daß dann Männer, wenn sie mit Knaben schliefen, nicht wüßten, ob sie vielleicht mit ihren eigenen Söhnen verkehrten, was er für »höchst unziemlich« hielt.[241] Plutarch berichtete, der Grund dafür, daß freigeborene römische Knaben, solange sie noch sehr jung waren, eine goldene Kugel um den Hals trugen, habe darin bestanden, daß Männer, wenn sie auf eine nackte Gruppe stießen, daran erkennen konnten, welche Knaben nicht zum sexuellen Gebrauch geeignet waren.[242]

Plutarchs Bemerkung ist nur eine unter vielen, die zeigen, daß der sexuelle Mißbrauch von Knaben sich nicht auf die über elf- oder zwölfjährigen beschränkte, wie die meisten Geisteswissenschaftler annehmen. Der sexuelle Mißbrauch kleinerer Kinder durch Pädagogen und Lehrer ist wahrscheinlich in der ganzen Antike verbreitet gewesen. Obgleich alle möglichen Gesetze verabschiedet wurden, um den sexuellen Mißbrauch von Schulkindern durch Erwachsene einzuschränken, wurden die langen und schweren Stöcke der Pädagogen und Lehrer häufig dazu benutzt, ihnen zu drohen. Quintilian warnte nach vielen Jahren der Lehrtätigkeit in Rom die Eltern vor dem häufigen sexuellen Mißbrauch durch Lehrer und gründete darauf seine Verurteilung des Schlagens in den Schulen:

Hinzu kommt, daß aus Schmerz oder Angst den Geprügelten oft häßliche Dinge passieren, die man nicht aussprechen mag und über die sie sich dann schämen; diese Scham bricht und lähmt den Mut und treibt sogar dazu, aus Verdruß das Licht des Tages zu scheuen. Wenn gar bei der Auswahl der Aufseher und Lehrer auf deren Moral zu wenig geachtet wurde, schäme ich mich fast zu sagen, zu welchen Schandtaten solche Verbrecher ihr Prügelrecht mißbrauchen und wozu manchmal auch andern die Angst unserer armen Kinder Gelegenheit bietet. Ich will mich hierbei nicht aufhalten: was ich andeute, ist schon zuviel.[243]

Aischines zitiert einige der athenischen Gesetze, die den sexuellen Mißbrauch von Schulkindern einschränken sollten:

Nimm einmal die Lehrer... Es ist klar, daß der Gesetzgeber ihnen mißtraut... Er verbietet dem Lehrer, die Schule, dem Turnlehrer, die Sportschule vor Sonnenaufgang zu öffnen, und er befiehlt ihnen, die Türen vor Sonnenuntergang zu verschließen; er hegt zuviel Mißtrauen, um sie mit einem Jungen allein zu lassen, erst recht, sie im Dunkeln damit allein zu lassen.[244]

Aischines, der Timarchus anklagte, sich als jugendlicher Prostituierter vermietet zu haben, brachte mehrere Zeugen an, die zugaben, Timarchus für unzüchtige Handlungen bezahlt zu haben. Aischines gab zu, daß viele, auch er selbst, als Kinder sexuell mißbraucht worden seien, aber nicht gegen Geld, wodurch die Angelegenheit illegal geworden wäre.[245]

Die in Literatur und Kunst enthaltenen Hinweise bestätigen dieses Bild vom sexuellen Mißbrauch kleiner Kinder. Petronius liebte es, Erwachsene zu malen, die das »unreife kleine Werkzeug« von Jungen befühlen, und seine Darstellung der Vergewaltigung eines sieben Jahre alten Mädchens, bei der Frauen in einer langen Reihe um das Bett herum Beifall klatschen, zeigt, daß auch Frauen bei solchen Dingen eine Rolle spielten.[246] Aristoteles meinte, Homosexualität werde oft bei denen zu einer ständigen Eigenschaft, »die von Kindheit an mißbraucht wurden«. Man hat immer angenommen, daß die kleinen nackten Kinder, die man auf Vasen Erwachsenen in erotischen Szenen aufwarten sieht, Diener seien, aber angesichts der weitverbreiteten Sitte, daß die Kinder angesehener Familien als Diener fungierten, ist es durchaus denkbar, daß es sich dabei um Kinder des Hauses handelt. Über die adeligen römischen Kinder sagte nämlich Quintilian bereits: »Wir freuen uns, wenn sie etwas Loses sagen: Worte, die wir nicht einmal aus dem Munde alexandrinischer Zierbengel dulden dürfen, nehmen wir mit Lachen und einem Küßchen hin... von uns hören sie es, unsere Freundinnen und unsere Schlafzimmerfreunde sehen sie, jede Abendgesellschaft dröhnt von unanständigen Liedern, was man auch nur zu nennen sich scheut, ist da zu sehen.«[247]

Selbst die Juden, die die Homosexualität von Erwachsenen mit schweren Strafen auszumerzen versuchten, waren gegenüber jugendlichen Knaben nachsichtiger. Trotz Moses' ausdrücklichem Befehl, Kinder nicht zu verderben, und trotz der Hinrichtung durch Steinigen als Strafe für Sodomie mit Kindern, die über

neun Jahre alt waren, wurde der Beischlaf mit Kindern unter neun Jahren nicht als Sexualakt betrachtet und nur mit Auspeitschen bestraft – »als eine Sache der öffentlichen Bestrafung«.[248]
Man darf nicht vergessen, daß die weitverbreiteten sexuellen Mißhandlungen an Kindern, nur da vorkommen können, wo die Eltern des Kindes zumindest unbewußte Komplizen sind. In der Vergangenheit unterstanden die Kinder der vollständigen Kontrolle ihrer Eltern, die der Übergabe der Kinder an die Personen, die sie mißbrauchten, zustimmen mußten. Plutarch stellt Überlegungen darüber an, wie wichtig diese Entscheidung für Väter war:

... wegen des Folgenden habe ich Zweifel und bin geteilter Meinung und neige bald zu der einen, bald zu der anderen Ansicht, ohne wie bei einer Waage nach einer der beiden Seiten ausschlagen zu können, und so zögere ich denn sehr, ob ich bei der in Frage stehenden Sache zu- oder abraten soll. Und doch: Wagen wir es und sprechen wir davon. Worum handelt es sich also? Soll man die Liebhaber der Knaben mit diesen zusammenleben und mit ihnen verkehren lassen oder soll man sie umgekehrt von ihnen absperren und fortjagen und den Umgang mit ihnen verbieten? Denke ich an solche Väter, die eigensinnig auf sich pochen und in ihrer Gesinnung wie unreifer Wein und Sauertöpfe sind und also wegen der etwaigen Schande ihrer Kinder den Verkehr mit ihren Liebhabern untragbar finden, so hüte ich mich wohl, solches zu empfehlen und anzuraten. Wenn ich dann aber wieder an so bekannte Gestalten wie Sokrates, Platon, Xenophon, Aischines, Kebes und den ganzen Chor jener Männer denke, die die Knabenliebe billigten und selbst junge Männer zu Geistesbildung, Staatskunst und zum Gipfel der Sittlichkeit führten, so werde ich wieder anderer Meinung und neige dem Tun jener Männer zu.[249]

Wie die Erwachsenen in der Umgebung des kleinen Ludwig XIII., konnten auch die Griechen und Römer ihre Hände nicht von den Kindern lassen. Ich habe nur ein Beweisstück dafür zutage gefördert, daß diese Praxis – wie bei dem Mißbrauch Ludwigs XIII. – bis ins Säuglingsalter zurückreichte. Sueton verurteilte Tiberius, denn er »habe Knaben vom zartesten Alter, die er seine ›Fischchen‹ nannte, angeleitet, ihm beim Baden an den Hüften herumzuschwimmen und zu -spielen, ihn zu lecken und zu beißen; ja sogar, daß er sich von halbwüchsigen, aber noch nicht der Brust entwöhnten Kindern am Schamglied oder an der Brustwarze habe saugen lassen.« Gleichgültig, ob Sueton diese Geschichte erfunden hat oder nicht, er hatte offensichtlich Grund zu der Annahme, daß die Leser ihm glauben würden. Das gleiche gilt für Tacitus, der dieselbe Geschichte erzählte.[250]

Die beliebteste sexuelle Verwendung von Kindern war aber nicht die Fellatio, sondern der Analverkehr. Martial schrieb in bezug auf den Knaben: »Laß dann unten von seinem Leib fort deine lüsterne Hand ... Die Natur hat, was männlich, geteilt. Ein Teil ist für Mädchen, einer für Männer bestimmt. Nimm also, was dir gehört!«[251] Das Masturbieren, sagte er, sei bei Jungen zu verwerfen, »machen die Finger ihn doch zeitig zum Mann und zu schnell« – eine Beobachtung, die einige Zeit vor ihm auch schon Aristoteles gemacht hatte. In allen Fällen, in denen auf Vasen mit erotischen Motiven ein vorpubertärer Junge beim sexuellen Gebrauch gezeigt wird, ist der Penis niemals erigiert.[251] Die Männer der Antike waren nämlich keine Homosexuellen im heutigen Verständnis. Sie standen auf einer niedrigeren Stufe der psychischen Entwicklung, die man vielleicht als »ambisexuell« bezeichnen sollte (sie selber gebrauchten den Ausdruck »beidhändig«). Während der Homosexuelle zu Männern geht, weil er vor Frauen flieht und weil er den Ödipuskonflikt abwehren will, hat der Ambisexuelle das Ödipusniveau noch gar nicht erreicht. Er gebraucht Jungen und Frauen fast unterschiedslos.[252] Der Hauptzweck dieser Art von Perversion besteht nach den Beobachtungen der Psychoanalytikerin Joan McDougall darin zu zeigen, daß »es keinen Unterschied zwischen den Geschlechtern gibt«. Sie meint, dieses Verhalten sei ein Versuch, die sexuellen Traumata der Kindheit durch Umkehrung zu bewältigen, wobei der Erwachsene nun ein anderes Kind in eine Situation der Hilflosigkeit versetzt, und gleichzeitig ein Versuch, mit der Kastrationsangst fertigzuwerden durch den Nachweis, daß »die Kastration keine Schädigung darstellt, sondern vielmehr die Voraussetzung für die sexuelle Erweckung ist.«[253] Das ist eine treffende Beschreibung des für das Altertum typischen Mannes. Der Geschlechtsverkehr mit kastrierten Kindern wurde oft als besonders anregend bezeichnet; kastrierte Knaben waren die beliebtesten »voluptates« im Rom der Kaiserzeit, und Kinder wurden »in der Wiege« kastriert, um in Bordellen von Männern gebraucht zu werden, die die Päderastie mit jungen kastrierten Knaben liebten. Als Domitian ein Gesetz erließ, das die Kastration von Kindern für Bordelle verbot, pries Martial ihn: »Immer schon liebten dich Knaben ... nun lieben auch Kinder dich, Caesar.«[254] Paulus Aegineta beschrieb die Methode, die im allgemeinen bei der Kastration kleiner Knaben angewandt wurde:

> Wir werden manchmal von hochgestellten Personen gezwungen, diese Operation gegen unseren Willen durchzuführen ... Sie wird durch Zusammendrücken folgendermaßen vollzogen: die Kinder, die noch in einem Alter sind, wo sie zart sind, werden in einen Topf mit heißem Wasser gesetzt, und wenn die Teile im Bad weich geworden sind, werden die Hoden mit den Fingern zusammengedrückt, bis sie verschwinden.

Die Alternative bestand, wie er schreibt, darin, die Kinder auf eine Bank zu legen und die Hoden herauszuschneiden. Bei vielen Ärzten des Altertums wird diese Operation erwähnt, und Juvenal sagte, sie seien oft dazu aufgefordert worden.[255]
Das Kind des Altertums war umgeben von Hinweisen auf die Kastration. Auf jedem Feld und in jedem Garten sah es einen Priapus, mit einem großen erigierten Penis und einer Sichel, die die Kastration symbolisierte. Wahrscheinlich waren sein Pädagoge und sein Lehrer kastriert, überall waren kastrierte Gefangene und häufig waren auch die Bediensteten seiner Eltern kastriert. Der heilige Hieronymus schrieb, manche fragten sich, ob es klug sei, junge Mädchen mit Eunuchen zusammen baden zu lassen. Obgleich Konstantin ein Gesetz gegen Kastratoren erließ, nahm die Praxis des Kastrierens unter seinen Nachfolgern so rapide zu, daß bald selbst adlige Eltern ihre Söhne verstümmelten, um dadurch deren politisches Fortkommen zu fördern. Das Kastrieren von Knaben wurde auch als »Heilmittel« gegen verschiedene Krankheiten angesehen, und Amboise Paré berichtete empört darüber, wieviele skrupellose Kastratoren, begierig, an die Hoden von Kindern zu kommen, um sie dann für magische Zwecke zu verwenden, Eltern dazu überredeten, ihre Kinder kastrieren zu lassen.[256]
Mit dem Christentum kam eine neue Vorstellung auf, nämlich die von der kindlichen Unschuld. Wenn Christus, so sagte Clemens von Alexandrien, den Menschen riet, wie die kleinen Kinder zu werden, um ins Himmelreich zu kommen, so dürfte man das »nicht falsch verstehen. Wir sind keine kleinen Kinder in dem Sinne, daß wir uns auf dem Boden rollen oder wie Schlangen auf der Erde kriechen.« Christus habe gemeint, daß die Menschen so unbefleckt werden sollten wie die Kinder – rein, ohne sexuelles Wissen.[257] Während des Mittelalters begannen die Christen immer mehr die Vorstellung zu betonen, daß Kinder im Hinblick auf jegliche Vorstellung von Lust und Schmerz völlig unschuldig seien. Ein Kind »hat noch keine sinnlichen Freuden kennenge-

lernt und hat keine Vorstellung von männlichen Begierden; ...
man wird wie ein Kind, wenn man zornig wird; und wenn man
Kummer hat, ist man wie ein Kind, das manchmal gerade zu der
Zeit, da sein Vater, seine Mutter oder sein Bruder gestorben ist,
lacht und spielt ...«[258] Unglücklicherweise dient die Vorstellung,
daß Kinder unschuldig seien und nicht verdorben werden könnten, denen, die die Kinder belästigen, häufig als Argument dafür,
daß ihr Mißbrauch den Kinder nicht schaden könne. Die mittelalterliche Vorstellung von der Unschuld der Kinder macht deshalb
die Quellen weniger aufschlußreich und sagt nichts darüber aus,
was wirklich vorging. Der Abt Guibert von Nogent sagte, die
Kinder würden gepriesen, weil sie frei von sexuellen Gedanken
und Fähigkeiten wären. Man fragt sich, wovon er denn spricht,
wenn er bekennt, was für »Gottlosigkeiten er in seiner Kindheit
beging ...«[259] Am häufigsten werden die Bediensteten des Mißbrauchs von Kindern beschuldigt; selbst eine Wäscherin konnte
»Schlimmes anrichten«. Die Diener »zeigten oft in Gegenwart
der Kinder unzüchtige Dinge und verdarben sie dadurch in
entscheidender Weise«. Die Säugammen sollten keine jungen
Mädchen sein, »denn davon hätten viele verfrüht das Feuer der
Leidenschaft geweckt, wie wahre Berichte zeigen und – ich wage
es, das zu sagen – wie die Erfahrung beweist«.[260]
Giovanni Dominici versuchte in einer Schrift aus dem Jahre 1405
der so zweckdienlichen »Unschuld« der Kindheit eine Grenze zu
setzen; er meinte, von einem Alter von drei Jahren an sollte es
den Kindern nicht mehr erlaubt werden, nackte Erwachsene zu
sehen. Denn selbst »wenn man annimmt, daß es bei einem Kind
vor dem fünften Lebensjahr keine sexuellen Gedanken und keine
natürliche Regung gibt, wird es sich doch, wenn man keine
Vorsorge trifft und es im Angesicht von solchen Handlungen
aufwächst, so daran gewöhnen, daß es später keine Scham dabei
empfindet ...« Daß es oft die Eltern selbst sind, die das Kind
belästigen, geht aus der folgenden Passage hervor:

Das Kind sollte beim Schlafen ein bis unter die Knie reichendes Nachthemd
tragen und dafür sorgen, daß es nicht unbedeckt bleibt. Weder Mutter noch
Vater und noch weniger eine andere Person sollen es berühren. Um bei der
Erörterung dieses Problems nicht zu langweilig zu werden, will ich einfach
auf die Geschichte der Alten verweisen, die diese Lehre konsequent anwandten, um gute Kinder und nicht Sklaven des Fleisches großzuziehen.[261]

Daß in der Renaissance ein Wandel im sexuellen Gebrauch des

Kindes eintrat, zeigt sich nicht nur an der wachsenden Zahl von Moralisten, die davor warnten (Jean Gerson, wahrscheinlich die Amme von Ludwig XIII., meinte, es sei die Pflicht des *Kindes,* andere davon abzuhalten, es zu belästigen), sondern auch in der Kunst der damaligen Zeit. Bilder aus der Renaissance sind nicht nur voll von nackten Putten und Cupidos, die vor nackten Frauen Augenbinden abnehmen, vielmehr werden außerdem auch immer häufiger wirkliche Kinder gezeigt, die ihrer Mutter zärtlich ans Kinn greifen oder ein Bein über ihre Beine gelegt haben – beides ikonographische Symbole für die geschlechtliche Liebe –, wobei die Mutter ihre Hand oft in der Nähe der Genitalien des Kindes hat.[262]

Die Kampagne gegen den sexuellen Gebrauch von Kindern wurde während des ganzen siebzehnten Jahrhunderts fortgesetzt; im achtzehnten Jahrhundert erhielt sie indes eine völlig neue Zielrichtung, nämlich die Bestrafung des kleinen Knaben oder Mädchens wegen der Berührung der eigenen Genitalien. Daß das, wie die Reinlichkeitserziehung, Ausdruck einer späten psychogenetischen Stufe ist, geht aus der Tatsache hervor, daß Verbote gegen die kindliche Masturbation in allen von Whiting und Child untersuchten primitiven Gesellschaften unbekannt sind.[263] Welche Einstellung gegenüber der kindlichen Masturbation vor dem achtzehnten Jahrhundert üblich war, geht aus Fallopius' Rat an die Eltern hervor, »während der Kindheit darauf (zu) achten, daß der Penis des Knaben größer wird«.[264] Obgleich die Masturbation bei Erwachsenen als geringfügige Sünde galt, dehnten die mittelalterlichen Bußbücher das Verbot kaum je auf die Kindheit aus. Hauptgegenstand der vorneuzeitlichen sexuellen Regulierung war die Erwachsenen-Homosexualität, nicht die Masturbation. Noch im fünfzehnten Jahrhundert klagt Gerson darüber, daß Erwachsene ihm erzählten, sie hätten nie davon gehört, daß Masturbation eine Sünde sei, und er weist die Beichtväter an, Erwachsene direkt zu fragen: »Mein Freund, berührst oder reibst du deine Rute, wie es Kinder zu tun pflegen?«[265]

Aber erst zu Beginn des achtzehnten Jahrhunderts – einem Höhepunkt in dem Bemühen, den Mißbrauch von Kindern unter Kontrolle zu bringen – begannen Eltern ihre Kinder ernsthaft wegen ihres Masturbierens zu strafen und begannen Ärzte den Mythos zu verbreiten, daß Masturbation Wahnsinn, Epilepsie, Blindheit und Tod hervorrufe. Im neunzehnten Jahrhundert

wurde diese Kampagne mit einer unglaublichen Besessenheit betrieben. Manchmal traten mit Messern und Scheren bewaffnete Ärzte und Eltern vor die Kinder und drohten, ihnen die Genitalien abzuschneiden; Beschneidung, Klitoridektomie und Infibulation wurden manchmal als Mittel der Bestrafung verwendet; ferner wurden, um das Masturbieren zu verhindern, die verschiedenartigsten Vorrichtungen, unter anderem Gipsverbände und mit Eisenspitzen versehene Käfige, von den Ärzten verschrieben. Besonders beliebt wurde die Beschneidung. Wie ein amerikanischer Kinderpsychologe gesagt hat: wenn ein zweijähriges Kind sich die Nase reibt und keinen Augenblick ruhig sein kann, hilft nur die Beschneidung. Ein anderer Arzt, dessen Buch im neunzehnten Jahrhundert die Bibel vieler amerikanischer Haushalte war, empfahl, kleine Knaben scharf auf Anzeichen für Masturbation hin zu beobachten und gegebenenfalls zu ihm zu bringen; er beschnitt die Knaben ohne Betäubung, was, wie er behauptete, sie mit Sicherheit heile. Spitz' auf der Untersuchung von 559 Werken basierende Schaubilder zu den verschiedenen Ratschlägen hinsichtlich der Masturbation zeigen für die Jahre 1850 bis 1879 einen Höhepunkt für chirurgische Eingriffe und für 1880 bis 1904 einen Höhepunkt im Hinblick auf einschränkende Maßnahmen. 1925 haben diese Methoden fast vollständig aufgehört – nach einer zwei Jahrhunderte dauernden brutalen und völlig überflüssigen Attacke auf die kindlichen Genitalien.[266]
Unterdessen war der sexuelle Gebrauch von Kindern nach dem achtzehnten Jahrhundert unter Dienern und anderen Erwachsenen und Heranwachsenden weitaus stärker verbreitet als unter Eltern, obgleich, wenn man liest, wieviele Eltern ihre Kinder weiterhin mit Bediensteten schlafen ließen, nachdem sie bei früheren Bediensteten sexuellen Mißbrauch der Kinder festgestellt hatten, es offensichtlich so ist, daß die Voraussetzungen für den Kindesmißbrauch weiterhin in den Händen der Eltern lagen. Kardinal Bernis, der sich daran erinnert, wie er als Kind belästigt wurde, warnte die Eltern, daß »nichts für die Moral und vielleicht die Gesundheit so gefährlich ist, wie die Kinder zu lange in der Obhut von Zimmermädchen oder selbst von in Schlössern aufgezogenen jungen Damen zu lassen. Ich möchte hinzufügen, daß die besten unter ihnen nicht immer die ungefährlichsten sind. Sie wagen mit einem Kind, was bei einem jungen Mann zu tun sie sich schämen würden.«[267] Ein deutscher Arzt sagte, Kindermäd-

chen und Bedienstete vollzögen »zu ihrem Vergnügen« an Kindern »alle möglichen Arten von sexuellen Handlungen«. Auch Freud berichtet, er sei als Zweijähriger von seiner Amme verführt worden, und Ferenczi und andere Analytiker nach ihm hielten Freuds Entscheidung aus dem Jahre 1897, die meisten Berichte von Patienten über frühe sexuelle Verführungen seien als bloße Phantasie anzusehen, für falsch. Noch nie ist jemand, wie es der Psychoanalytiker Robert Fleiss ausdrückte, allein durch seine Phantasien krank geworden, und viele Patienten, die sich der Psychoanalyse unterziehen, berichten auch heute noch, daß sie Kinder als Sexualpartner gebrauchen, obgleich allein Fleiss diese Tatsache in seiner psychoanalytischen Theorie berücksichtigt hat. Wenn man hört, daß noch im Jahre 1900 manche glaubten, Geschlechtskrankheiten könnten »durch Geschlechtsverkehr mit Kindern« geheilt werden, beginnt man die wirklichen Dimensionen des Problems deutlicher zu erkennen.[268]

Natürlich waren die Wirkungen so schwerer körperlicher und sexueller Mißhandlungen, wie ich sie beschrieben habe, auf das Kind der Vergangenheit ganz gewaltig. Ich möchte hier nur auf zwei Wirkungen auf das heranwachsende Kind hinweisen, wobei die eine psychologischer, die andere körperlicher Art ist. Die erste besteht in den zahllosen Alpträumen und Halluzinationen von Kindern, von denen in dem Quellenmaterial die Rede ist. Obgleich von Erwachsenen verfaßte Berichte, die überhaupt etwas über das Gefühlsleben des Kindes aussagen, außerordentlich selten sind, so geben sie doch, soweit sie entdeckt wurden, Kunde von immer wiederkehrenden Alpträumen und regelrechten Halluzinationen. Seit der Antike gibt es in der pädiatrischen Literatur immer auch Abschnitte darüber, wie die Kinder von ihren »schrecklichen Träumen« zu heilen seien. Manchmal wurden Kinder geschlagen, weil sie Alpträume hatten. Kinder lagen oft nächtelang wach, weil sie von eingebildeten Geistern und Dämonen erschreckt wurden – von »einer Hexe auf dem Kopfkissen«, »einem großen schwarzen Hund unter dem Bett« oder »einem gekrümmten Finger, der durch das Zimmer kriecht«.[269] In der Geschichte der Hexerei in der westlichen Welt wimmelt es von Berichten über bei Kindern auftretende konvulsivische Anfälle, Verlust des Gehörs oder der Sprache, Verlust des Gedächtnisses, Halluzinationen, in denen Teufel auftauchen, Geständnisse, Verkehr mit Teufeln gehabt zu haben, und Anklagen, die

Erwachsenen, einschließlich den eigenen Eltern, Hexerei vorwerfen. Und schließlich stoßen wir in noch weiter zurückliegenden Perioden des Mittelalters auf von einer Tanzmanie besessene Kinder, auf Kinderkreuzzüge und Kinderwallfahrten – Themen, die hier zu diskutieren nicht ausreichend Platz ist.[270]
Einen letzten Punkt möchte ich nur kurz erwähnen: Kinder sind in der Vergangenheit möglicherweise darum körperlich zurückgeblieben, weil unzureichend für sie gesorgt wurde. Obgleich das Wickeln von Säuglingen als solches im allgemeinen nicht die körperliche Entwicklung beeinflußt, scheint die Kombination von festem Wickeln, Vernachlässigung und allgemeiner Mißhandlung von Kindern in der Vergangenheit oft genau das hervorgebracht zu haben, was wir heute als zurückgebliebene Kinder bezeichnen. Ein Indiz für diese Retardation ist der Zeitpunkt, zu dem die Kinder selbständig zu laufen beginnen. Heute liegt dieser Zeitpunkt bei den meisten Kindern zwischen dem zehnten und zwölften Monat; in der Vergangenheit hat er im allgemeinen später gelegen. Tabelle 2 enthält alle Angaben über das Alter, in

Tabelle 2
Alter beim Beginn des Laufens

Quelle[271]	Alter beim Beginn des Laufens in Monaten	Ungefähres Datum	Nationalität
Macrobius	28	400 v. Chr.	römisch
Federico d'Este	14	1501	italienisch
James VI.	60	1571	schottisch
Anne von Dänemark	108	1575	dänisch
Anne Cliffords Kind	34	1617	englisch
John Hamilton	14	1793	amerikanisch
Augustus Hare	17	1834	englisch
Marianne Gaskell	22	1836	englisch
H. Taines Sohn	16	1860	französisch
Tricksy du Maurier	12	1865	englisch
W. Preyers Sohn	15	1880	deutsch
Franklin Roosevelt	15	1884	amerikanisch
G. Dearborns Tochter	15	1900	amerikanisch
Amer. Inst. Child Life	12-17	1913	amerikanisch
Univ. v. Minn. – 23 Babys	15	1931	amerikanisch

dem Kinder zu laufen beginnen, die ich bisher in den Quellen gefunden habe.

Periodisierung der Formen der Eltern-Kind-Beziehungen

Da auch heute Kinder getötet, geschlagen und sexuell mißbraucht werden, muß jeder Versuch einer Periodisierung der Formen der Kinderaufzucht berücksichtigen, daß die psychogenetische Evolution in verschiedenen Familienbahnen mit unterschiedlicher Geschwindigkeit voranschreitet und daß viele Eltern anscheinend in früheren historischen Formen »steckengeblieben« sind. Außerdem gibt es wesentliche Klassen- und Gebietsunterschiede, besonders seit der Neuzeit, als die oberen Klassen ihre Säuglinge nicht mehr zu Säugammen schickten, sondern ihre Kinder selbst aufzuziehen begannen. Die folgende Periodisierung ist als eine Charakterisierung jener Formen der Eltern-Kind-Beziehungen aufzufassen, die sich bei dem psychogenetisch jeweils fortgeschrittensten Teil der Bevölkerung in den fortgeschrittensten Ländern finden; die dabei angegebenen Daten beziehen sich auf den frühesten Zeitpunkt, für den ich in den Quellen Beispiele der betreffenden Beziehungsform fand. Die Reihe von sechs Formen stellt eine kontinuierliche Abfolge zunehmend engerer Beziehungen zwischen Eltern und Kindern dar, die dadurch zustande kommt, daß jede neue Elterngeneration ihre Ängste allmählich überwindet und die Fähigkeit entwickelt, die Bedürfnisse ihrer Kinder zu erkennen und zu befriedigen. Außerdem stellt diese Reihe der Formen der Eltern-Kind-Beziehungen, wie mir scheint, eine interessante Klassifikation zeitgenössischer Formen der Kindererziehung dar.

1. Form: Kindesmord (Antike bis viertes Jahrhundert n. Chr.): In der Antike schwebt das Bild der Medea über der Kindheit, denn der Mythos spiegelt hier nur die Realität. Einige Tatsachen sind bedeutsamer als andere, und wenn Eltern sich von ihren Ängsten hinsichtlich der Fürsorge für die Kinder regelmäßig dadurch befreiten, daß sie sie töteten, so hatte das entscheidenden Einfluß auf die überlebenden Kinder. Für die, die heranwachsen durften, war die projektive Reaktion von überwältigender Bedeutung, und die Konkretheit der Umkehr-Reaktion zeigte sich in dem weitverbreiteten sexuellen Gebrauch von Kindern.

2. Form: Weggabe (viertes bis dreizehntes Jahrhundert n. Chr.):
Sobald die Eltern anerkannt hatten, daß Kinder eine Seele haben, bestand für sie die einzige Möglichkeit, den Gefahren ihrer eigenen Projektionen zu entrinnen, darin, die Kinder wegzugeben zu einer Säugamme, ins Kloster, zu Pflegeeltern, als Diener oder Geisel zu anderen hochgestellten Familien, oder auch darin, sie einfach zu Hause der völligen emotionalen Vereinsamung zu überlassen. Als die symbolische Verkörperung dieser Form könnte man vielleicht Griselda ansehen, die so bereitwillig ihre Kinder weggab, um ihre Liebe zu ihrem Gatten unter Beweis zu stellen, oder auch eines jener bis zum dreizehnten Jahrhundert so populären Bilder, auf denen eine strenge Maria zu sehen ist, die steif das Jesuskind hält. Die Projektion war nach wie vor sehr stark, denn das Kind war noch immer voll des Bösen und mußte noch immer geschlagen werden; der Rückgang des sexuellen Gebrauchs von Kindern zeigt jedoch, daß die Umkehr-Reaktionen sich beträchtlich vermindert hatten.

3. Form: Ambivalenz (vierzehntes bis siebzehntes Jahrhundert):
Weil das Kind, als es in das emotionale Leben der Eltern eintreten durfte, immer noch ein Abladeplatz für gefährliche Projektionen war, bestand die Aufgabe der Eltern jetzt darin, es in die rechte Form zu bringen. Von Dominici bis Locke war die Vorstellung von der körperlichen Formung des Kindes sehr weit verbreitet; man stellte sich vor, das Kind sei wie aus Wachs, Gips oder Lehm und müsse erst in eine Form gebracht werden. Dieser Modus der Eltern-Kind-Beziehung ist durch eine außerordentlich starke Ambivalenz gekennzeichnet. Die Periode, in der er vorherrscht, beginnt etwa im vierzehnten Jahrhundert, in dem ein Anwachsen der Zahl der Anleitungen für die Kindererziehung, die Expansion des Marien- und Jesuskind-Kults und die Ausbreitung des Bildes von der »innigen Mutter« in der Kunst zu beobachten sind.

4. Form: Intrusion (Eindringen) (achtzehntes Jahrhundert): Ein enormer Rückgang der Projektion und das Aufhören der Umkehr-Reaktion kennzeichnen den großen Wandel in den Eltern-Kind-Beziehungen, der im achtzehnten Jahrhundert eintrat. Das Kind wurde nicht mehr als voll von gefährlichen Projektionen angesehen, und statt bloß sein Inneres mit einem Klistier zu prüfen, rückten die Eltern ihm jetzt noch näher zuleibe und versuchten, in seinen Geist einzudringen, um sein Inneres, seinen Zorn, seine Bedürfnisse, seine Masturbation, ja selbst seinen

Willen unter Kontrolle zu bekommen. Das von intrusiven Eltern großgezogene Kind wurde von der Mutter gestillt, wurde nicht gewickelt, erhielt keine regelmäßigen Einläufe, wurde früh zur Reinlichkeit erzogen, betete mit den anderen statt mit ihnen zu spielen, wurde geschlagen, aber nicht mehr regelmäßig gepeitscht, wurde wegen Masturbation bestraft und wurde mit Drohungen und der Erzeugung von Schuldgefühlen ebenso wie mit anderen Methoden der Bestrafung zu promptem Gehorsam erzogen. Das Kind wurde jetzt sehr viel weniger als Bedrohung empfunden, so daß echte Empathie möglich wurde, und es entstand die Kinderheilkunde, die zusammen mit der allgemeinen Verbesserung der elterlichen Fürsorge zu einem Rückgang der Kindersterblichkeit führte und die Grundlage für den demographischen Wandel im achtzehnten Jahrhundert schuf.

5. *Form: Sozialisation (neunzehntes Jahrhundert bis Mitte des zwanzigsten Jahrhunderts):* In dem Maße, in dem die Projektionen der Eltern sich weiter verminderten, bestand die Erziehung eines Kindes immer weniger in der Unterwerfung seines Willens, sondern vielmehr darin, es auszubilden, es auf den rechten Weg zu bringen, es anzupassen, es zu sozialisieren. Die meisten halten die Beziehungsform Sozialisation noch immer für das einzige Modell, in dessen Rahmen die Diskussion über die Fürsorge für Kinder weitergeführt werden kann. Es ist der Ursprung aller psychologischen Modelle des zwanzigsten Jahrhunderts, von Freuds »Triebeinschränkung« bis zu Skinners Behaviorismus. Insbesondere stellt es das Modell des soziologischen Funktionalismus dar. Im neunzehnten Jahrhundert beginnt der Vater zudem zum ersten Mal, mehr als nur ein gelegentliches Interesse an seinem Kind zu zeigen, es zu erziehen und manchmal sogar der Mutter bei der das Kind betreffenden Hausarbeit zu helfen.

6. *Form: Unterstützung (ab Mitte des zwanzigsten Jahrhunderts):* Die Beziehungsform Unterstützung beruht auf der Auffassung, daß das Kind besser als seine Eltern weiß, was es in jedem Stadium seines Lebens braucht. Sie bezieht beide Eltern in das Leben des Kindes ein; die Eltern versuchen, sich in die sich erweiternden und besonderen Bedürfnisse des Kindes einzufühlen und sie zu erfüllen. Bei dieser Beziehungsform fehlt jeglicher Versuch der Disziplinierung oder der Formung von »Gewohnheiten«. Die Kinder werden weder geschlagen noch gescholten, und man entschuldigt sich bei ihnen, wenn sie einmal unter

großem Streß angeschrien werden. Diese Form verlangt von beiden Eltern außerordentlich viel Zeit, Energie und Diskussionsbereitschaft, insbesondere während der ersten sechs Jahre, denn einem kleinen Kind dabei zu helfen, seine täglichen Ziele zu erreichen, bedeutet, ständig auf es einzugehen, mit ihm zu spielen, seine Regressionen zu tolerieren, ihm zu dienen, statt sich von ihm bedienen zu lassen, seine emotionalen Konflikte zu interpretieren und ihm die für seine sich entwickelnden Interessen erforderlichen Gegenstände zur Verfügung zu stellen. Bisher haben nur wenige Eltern konsequent versucht, in dieser Form für ihre Kinder zu sorgen. Doch aus den vier Büchern, die Kinder beschreiben, die im Rahmen der Beziehungsform Unterstützung aufgewachsen sind,[272] geht klar hervor, daß sich in diesem Rahmen Kinder entwickeln, die freundlich und aufrichtig und nicht depressiv sind, die nicht dauernd andere nachahmen oder ausschließlich gruppenorientiert sind, die einen starken Willen haben und sich durch keine Autorität einschüchtern lassen.

Tabelle 3
Die Evolution der Formen der Eltern-Kind-Beziehungen

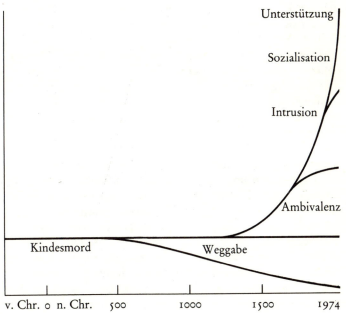

Die psychogenetische Theorie: ein neues Paradigma für die Geschichtswissenschaft

Die psychogenetische Theorie könnte, so glaube ich, ein wirklich neues Paradigma für das Studium der Geschichte liefern.[273] Sie kehrt das übliche »Geist als tabula rasa« um und betrachtet statt dessen die »Welt als tabula rasa«. Jede Generation wird in eine Welt bedeutungsloser Objekte hineingeboren; diesen Objekten wird nur dann Bedeutung verliehen, wenn das Kind eine bestimmte Art der Fürsorge erhält.[274] Sobald die Form der Fürsorge sich für eine genügend große Zahl von Kindern geändert hat, werden alle Bücher und Artefakte in der Welt als für die Ziele der neuen Generation irrelevant beiseite geschoben und die Gesellschaft beginnt, sich in unvorhersehbare Richtungen zu bewegen. Wie der historische Wandel mit dem Wandel in den Formen der Kindererziehung im einzelnen zusammenhängt, muß noch herausgearbeitet werden. In diesem Buch haben wir auf eine Diskussion dieses Problems verzichtet; doch in Zukunft werden wir nicht mehr so enthaltsam sein. Die meisten von uns haben bereits mit der Arbeit an Aufsätzen begonnen, die unsere Funde bezüglich der Kindheit auf den weiteren Bereich der Psychohistorie ausdehnen. Außerdem haben wir eine neue wissenschaftliche Zeitschrift ins Leben gerufen: *History of Childhood Quarterly: The Journal of Psychohistory*, in der unsere künftigen Untersuchungen veröffentlicht werden sollen.

Wenn der Maßstab für die Lebensfähigkeit einer Theorie in ihrer Fähigkeit besteht, interessante Probleme zu erzeugen, dann müßten die Geschichte der Kindheit und die psychogenetische Theorie eine großartige Zukunft haben. Es ist noch viel darüber zu lernen, was das Erwachsenwerden in der Vergangenheit wirklich bedeutet hat. Eine unserer wichtigsten Aufgaben wird sein zu untersuchen, warum die Evolution der Kindheit in den verschiedenen Ländern, Klassen und Familien in unterschiedlicher Geschwindigkeit vonstatten geht. Wir wissen jedoch bereits genug, um zum erstenmal einige wichtige Fragen über den Wandel von Wertvorstellungen und Verhaltensweisen in der Geschichte der westlichen Welt beantworten zu können. Von der psychogenetischen Theorie werden vor allem die Geschichte der Hexerei, der Magie, der religiösen Bewegungen und anderer irrationaler Massenphänomene profitieren. Darüber hinaus könnte die psychogenetische Theorie zu unserem Verständnis der Frage beitragen, warum die soziale Organisation, die politischen Formen und die Technologie sich in bestimmten Zeiten und Richtungen ändern und in anderen nicht. Vielleicht könnte die Einführung des Kindheit-Parameters in die Geschichtswissenschaft sogar die seit Durkheim währende Flucht der Historiker vor der Psychologie beenden und uns ermutigen, wieder an die Ausarbeitung einer wissenschaftlichen Geschichte der menschlichen Natur heranzugehen, eine Aufgabe, die John Stuart Mill einst als eine »Theorie der Ursachen, die den zu einem Volk oder einem Zeitalter gehörenden Charaktertyp bestimmen«,[275] umrissen hat.

Anmerkungen

Für Kommentare zu diesem Aufsatz möchte ich aufrichtig danken meiner Frau Gladys, John Benton, Edward Shorter, Henry Ebel, Rudolph Binion, William Dresden und natürlich allen Mitarbeitern dieses Bandes.

1 Peter Laslett, *The World We Have Lost*, New York 1965, S. 104.
2 James H. S. Bossard, *The Sociology of Child Development*, New York 1948, S. 598.
3 Geza Róheim, »The Study of Character Development and The Ontogenetic Theory of Culture«, in: *Essays Presented to C. G. Seligman*, hrsg. von E. E. Evans-Pritchard et al., London 1934, S. 292; Abram Kardiner, (Hrsg.), *The Individual and His Society*, New York 1939, S. 471; in Totem und Tabu streifte Freud das Problem, indem er eine »Vererbung psychischer Dispositionen« postulierte; Sigmund Freud, *Totem und Tabu*, Frankfurt 1962, S. 176.
4 Enid Nemy, »Child Abuse: Does it Stem From the Nation's Ills and Its Culture?«, *New York Times*, 16. Aug. 1971, S. 16; einige Schätzungen kommen auf 2,5 Millionen mißbrauchter Kinder, siehe Vincent J. Fontana, *Somewhere a Child is Crying*, New York 1973, S. 38.
5 Eine Beurteilung einiger der neuesten Arbeiten findet man bei John C. Sommerville, »Towards a History of Childhood and Youth«, *Journal of Interdisciplinary History*, 3 (1972), S. 438-47; und Edward Saveth, »The Problem of American Family History«, *American Quarterly*, 21 (1969), S. 311-29.
6 Siehe besonders Neil J. Smelser, *Social Change in the Industrial Revolution: An Application of Theory of the British Cotton Industry*, Chikago 1959; Fred Weinstein und Gerald Platt, *The Wish to Be Free: Society*,

Psyche, and Value Change, Berkeley und Los Angeles 1969; Talcott Parsons und Robert F. Bales, *Family, Socialization, and Interaction Process,* New York 1955.

7 Siehe Peter Coveney, *The Image of Childhood: The Individual and Society: A Study of the Theme in English Literature,* Baltimore 1967; Gillian Avery, *Nineteenth Century Children: Heroes and Heroines in English Children's Stories 1780-1900,* London 1965; F. J. Harvey Darton, *Children's Books in England: Five Centuries of Social Life,* Cambridge 1966; und Paul Hazard, *Books, Children & Men,* Boston 1944.

8 Zu den besten historischen Arbeiten über die Kindheit gehören: Grace Abbott, *The Child and the State,* 2 Bde., Chikago 1938; Abt-Garrison, *History of Pediatrics,* Philadelphia 1965; Philippe Ariès, *Geschichte der Kindheit,* übers. von C. Neubaur und K. Kersten, München/Wien 1975; Sven Armens, *Archetypes of the Family in Literature,* Seattle 1966; David Bakan, *Slaughter of the Innocents,* San Francisco 1971; Howard Clive Barnard, *The French Tradition in Education,* Cambridge 1922; Rosamond Bayne-Powell, *The English Child in the Eighteenth Century,* London 1939; Frederick A. G. Beck, *Greek Education: 450-350 B.C.,* London 1964; Jessie Bedford (pseud., Elizabeth Godfrey), *English Children in the Olden Time,* London 1907; H. Blumner, *The Home Life of the Ancient Greeks,* übers. von Alice Zimmern, New York 1966; Bossard, *Sociology;* Robert H. Bremner et al. (Hrsg.), *Children and Youth in America: A Documentary History,* 3 Bde., Cambridge, Massachusetts 1970; Elizabeth Burton, *The Early Victorians at Home 1837-1861,* London 1972; M. St. Clare Byrne, *Elizabethan Life in Town and Country,* London 1961; Ernest Caulfield, *The Infant Welfare Movement in the Eighteenth Century,* New York 1931; Oscar Chrisman, *The Historical Child,* Boston 1920; Phillis Cunnington und Anne Boch, *Children's Costume in England: From the Fourteenth to the End of the Nineteenth Century,* New York 1965; John Demos, *A Little Commonwealth: Family Life in Plymouth Colony,* New York 1970; J. Louise Despert, *The Emotionally Disturbed Child – Then and Now,* New York 1967; George Duby, *La Société aux XIe et XIIe Siècles dans la Région Maconnaise,* Paris 1953; Alice Morse Earle, *Child Life in Colonial Days,* New York 1899; Jonathan Gathorne-Hardy, *The Rise and Fall of the British Nanny,* London 1972; Willystine Goodsell, *A History of Marriage and the Family,* New York 1934; Sister Mary Rosaria Gorman, *The Nurse in Greek Life: A Dissertation,* Boston 1917; E. H. Hare, »Masturbatory Insanity: The History of an Idea«, *Journal of Mental Science,* 108 (1962); S. 2-25; Edith Hoffman, *Children in the Past,* London, o. J.; Christina Hole, *English Home-Life, 1450 to 1800,* London 1947; David Hunt, *Parents and Children in History,* New York 1970; Anne L. Kuhn, *The Mother's Role in Childhood Education: New England Concepts 1830-1860,* New Haven 1947; W. K. Lacey, *The*

Family in Classical Greece, Ithaca, New York 1968; Marion Lochhead, *Their First Ten Years: Victorian Childhood,* London 1956; Alan Macfarlane, *The Family Life of Ralph Josselin: A Seventeenth-Century Clergyman,* Cambridge 1970; Morris Marples, *Princes in the Making: A Study of Royal Education,* London 1965; H. I. Marrou, *A History of Education in Antiquity,* New York 1956; Roger Mercer, *L'enfant dans la société du XVIIIe siècle,* Dakar 1951; Edmund S. Morgan, *The Puritan Family: Religion & Domestic Relations in Seventeenth-Century New England,* New York 1966; George Henry Payne, *The Child in Human Progress,* New York 1916; Lu Emily Pearson, *Elizabethans at Home,* Stanford, California 1957; Albrecht Peiper, *Chronik der Kinderheilkunde,* Leipzig 1966; Henricus Pecters, *Kind en juegdige in het begin van de modern tijd,* Antwerpen 1966; Ivy Pinchbeck und Margaret Hewitt, *Children in English Society,* Bd. 1: *From Tudor Times to the Eighteenth Century,* London 1969; Chilton Latham Powell, *English Domestic Relations, 1487-1653,* New York 1917; F. Gordon Roe, *The Georgian Child,* London 1961; F. Gordon Roe, *The Victorian Child,* London 1959; John Ruhrah (Hrsg.), *Pediatrics of the Past: An Anthology,* New York 1925; Alice Ryerson, »Medical Advice on Child Rearing«, Ed. D. thesis, Harvard University Graduate School of Education, 1960; Paul Sangster, *Pity My Simplicity: The Evangelical Revival and the Religious Education of Children 1738-1800,* London 1963; Levin L. Schücking, *The Puritan Family,* London 1969; Rene A. Spitz, »Authority and Masturbation: Some Remarks on a Bibliographical Investigation«, *The Psychoanalytic Quarterly,* 21 (1952), S. 490-527; George Frederic Still, *The History of Paediatrics,* London 1931; Karl Sudhoff, *Erstlinge der Pädiatrischen Literatur: Drei Wiegendrucke über Heilung und Pflege des Kindes,* München 1925; Gordon Rattray Taylor, *The Angel-Makers: A Study in the Psychological Origins of Historical Change 1750-1850,* London 1958; Bernard Wishy, *The Child and the Republic: The Dawn of Modern American Child Nurture,* Philadelphia 1968.

9 Charles Seltman, *Women in Antiquity,* London 1956, S. 72.
10 Daniel R. Miller und Guy E. Swanson, *The Changing American Parent: A Study in the Detroit Area,* New York 1958, S. 10.
11 Bayne-Powell, *English Child,* S. 6.
12 Laslett, *World,* S. 12; E. S. Morgan meint ebenfalls, daß puritanische Eltern ihre Kinder nur deshalb wegschickten, weil sie »fürchteten, sie durch zu große Beeinflussung zu verziehen«, *Puritan Family,* S. 77.
13 William Sloane, *Children's Books in England and America in the Seventeenth Century,* New York 1955, S. 19.
14 Ariès, *Geschichte der Kindheit,* S. 179.
15 *Ibid.,* S. 180.
16 Alan Valentine (Hrsg.), *Fathers to Sons: Advice Without Consent,* Norman, Oklahoma 1963, S. XXX.

17 Anna Robeson Burr, *The Autobiography: A Critical and Comparative Study*, Boston 1909; siehe auch Emma N. Plank, »Memories of Early Childhood in Autobiographies«, *The Psychoanalytic Study of the Child*, Bd. 8, New York 1953.

18 Frank E. Manuel, »The Use and Abuse of Psychology in History«, *Daedalus*, 100 (1971), S. 203.

19 Ariès, *Geschichte der Kindheit*, S. 92.

20 Eine umfangreiche Bibliographie und zahlreiche Beispiele für Kinderbilder in der frühen mittelalterlichen Kunst findet man bei Victor Lasareff, »Studies in the Iconography of the Virgin«, *Art Bulletin*, 20 (1938), S. 26-65.

21 Natalie Z. Davis, »The Reasons of Misrule«, *Past and Present*, 50 (1971), S. 61-62. Frank Boll, *Die Lebensalter: Ein Beitrag zur antiken Ethologie und zur Geschichte der Zahlen*, Leipzig und Berlin 1913, enthält die beste Bibliographie über »Lebensalter«; bezüglich der Variationen im Altenglischen zu dem Wort »child« siehe Hilding Back, *The Synonyms for »Child«, »Boy«, »Girl« in Old English*, London 1934.

22 Richard Sennett, *Families Against the City*, Cambridge, Massachusetts 1970; Joseph F. Kett, »Adolescence and Youth in Nineteenth-Century America«, *The Journal of Interdisciplinary History*, 2 (1971), S. 283-99; John und Virginia Demos, »Adolescence in Historical Perspective«, *Journal of Marriage and the Family*, 31 (1969), S. 632-38.

23 Despert, *Emotionally Disturbed Child*, S. 40.

24 Donald Meltzer, *The Psycho-Analytical Process*, London 1967; Herbert A. Rosenfield, *Psychotic States: A Psychoanalytical Approach*, New York 1965.

25 Brandt F. Steele, »Parental Abuse of Infants and Small Children«, in: E. James Anthony und Therese Benedek (Hrsg.), *Parenthood: Its Psychology and Psychopathology*, Boston 1970; David G. Gil, *Violence Against Children: Physical Child Abuse in the United States*, Cambridge, Massachusetts 1970; Brandt F. Steele und Carl B. Pollock, »A Psychiatric Study of Parents Who Abuse Infants and Small Children«, in: Ray E. Helfer und C. Henry Kempe (Hrsg.), *The Battered Child*, Chikago 1968, S. 103-45; Richard Galdston, »Dysfunctions of Parenting: The Battered Child, the Neglected Child, the Exploited Child«, in: John G. Howells (Hrsg.), *Modern Perspectives in International Child Psychiatry*, New York 1971, S. 571-84.

26 Theodor Reik, *Listening With the Third Ear*, New York 1950 (dt.: *Hören mit dem dritten Ohr. Die innere Erfahrung eines Psychoanalytikers*, übers. von Gisela Schaad, Hamburg 1976); siehe auch Stanley L. Olinick, »On Empathy, and Regression in Service of the Other«, *British Journal of Medical Psychology*, 42 (1969), S. 40-47.

27 Nicholas Restif de la Bretonne, *Monsieur Nicolas; or, The Human Heart Unveiled*, Bd. 1, übers. von R. Crowder Mathers, London 1930, S. 95.

28 Gregory Bateson, *Steps to an Ecology of Mind*, New York 1972.
29 Barry Cunningham, »Beaten Kids, Sick Parents«, *New York Post*, 23. Februar 1972, S. 14.
30 Samuel Arnold, *An Astonishing Affair*, Concord 1830, S. 73-81.
31 Powell, *Domestic Relations*, S. 110.
32 Cotton Mather, *Diary of Cotton Mather*, Bd. 1, New York o. J., S. 283.
33 *Ibid.*, S. 369.
34 Carl Holliday, *Woman's Life in Colonial Boston*, Boston 1922, S. 25.
35 Richard Allestree, *The Whole Duty of Man*, London 1766, S. 20.
36 Keith Thomas, *Religion and the Decline of Magic*, New York 1971, S. 479; Beatrice Saunders, *The Age of Candlelight: The English Social Scene in the 17th Century*, London 1959, S. 88; Traugott K. Oesterreich, *Possession, Demoniacal and Other Among Primitve Races, in Antiquity, the Middle Ages, and Modern Times*, New York 1930; auf Grünewalds »Der heilige Cyriacus« ist ein Mädchen zu sehen, dem der Teufel ausgetrieben wird: der Mund wird ihr gewaltsam aufgehalten, damit der Böse heraus kann.
37 Shmarya Levin, *Childhood in Exile*, New York 1929, S. 58-59.
38 Carl Haffter, »The Changeling: History and Psychodynamics of Attitudes to Handicapped Children in European Folklore«, *Journal of the History of the Behavioral Sciences*, 4 (1968), S. 55-61 enthält die beste Bibliographie; siehe auch Bayne-Powell, *English Child*, S. 247; und Pearson, *Elizabethans*, S. 80.
39 St. Augustine, *Against Julian*, New York 1957, S. 117.
40 William E. H. Lecky, *History of the Rise and Influence of the Spirit of Rationalism in Europe*, New York 1867, S. 362.
41 Haffter, *Changeling*, S. 58.
42 Abbot Guibert of Nogent, *Self and Society in Medieval France: The Memoirs of Abbot Guibert of Nogent*, John F. Benton (Hrsg.), New York 1970, S. 96.
43 G. G. Coulton, *Social Life in Britain: From the Conquest to the Reformation*, Cambridge 1918, S. 46.
44 Ruth Benedict, »Child Rearing in Certain European Countries«, *American Journal of Orthopsychiatry*, 19 (1949), S. 345-46.
45 Dio Chrysostom, *Discourses*, übers. von J. W. Cohoon, London 1932, S. 36.
46 Maffio Vegio, »De Educatione Liberorum«, in: Maria W. Fanning (Hrsg.), *Maphei Vegii Laudensis De Educatione Liberorum Et Eorum Claris Moribus Libri Sex*, Washington, D.C. 1933, S. 642.
47 Carl Holliday, *Woman's Life in Colonial Boston*, New York 1960, S. 18.
48 Brigid Brophy, *Black Ship to Hell*, New York 1962, S. 361.
49 Marc Soriano, »From Tales of Warning to Formulettes: the Oral Tradition in French Children' Literature«, *Yale French Studies*, Bd. 43 (1969), S. 31; Melesina French, *Thoughts on Education by a Parent*, Southamp-

ton, unveröffentlicht, 181–(?), S. 42; Roe, *Georgian Child*, S. 11; Jacob Abbott, *Gentle Measures in the Management and Training of the Young*, New York 1871, S. 18; James Mott, *Observations on the Education of Children*, New York 1816, S. 5; W. Preyer, *The Mind of the Child*, New York 1896, S. 164; William Byrd, *Another Secret Diary*, Richmond 1942, S. 449; Francis Joachim de Pierre de Bernis, *Memoirs and Letters*, Boston 1901, S. 90.

50 French, *Thoughts*, S. 43; siehe auch Enos Hitchcock, *Memoirs of the Bloomsgrove Family*, Bd. 1, Boston 1790, S. 109; Iris Origo, *Leopardi: A Study in Solitude*, London 1953, S. 24; Hippolyte Adolphe Taine, *The Ancient Regime*, Gloucester, Massachusetts 1962, S. 130; Vincent J. Horkan, *Educational Theories and Principles of Maffeo Veggio*, Washington, D.C. 1953, S. 152; Ellen Weeton, *Miss Weeton: Journal of a Governess*, Edward Hall (Hrsg.), London 1936, S. 58.

51 Laurence Wylie, *Village in the Vaucluse*, New York 1957, S. 52 (dt.: *Dort in der Vaucluse*, übers. von Eva Krafft-Bassermann, Frankfurt 1969).

52 *Dialogues on the Passions, Habits and Affections Peculiar to Children*, London 1748, S. 31; Georg Friedrich Most, *Der Mensch in den ersten sieben Lebensjahren*, Leipzig 1839, S. 116.

53 Francis P. Hett (Hrsg.), *The Memoirs of Susan Sibbald 1783 1812*, S. 176.

54 Rhoda E. White, *From Infancy to Womanhood: A Book of Instruction for Young Mothers*, London 1882, S. 31.

55 Strabo, *The Geography*, Bd. 1, übers. von Horace L. Jones, Cambridge, Massachusetts 1960, S. 69; Epictetus, *The Discourses as Reported by Arrian*, Bd. 1, übers. von W. A. Oldfather, Cambridge, Massachusetts 1967, S. 217, 243 und Bd. 2, S. 169.

56 Dio Chrysostom, *Discourses*, Bd. 1, S. 243; und Bd. 5, S. 107.

57 Anna C. Johnson, *Peasant Life in Germany*, New York 1858, S. 353.

58 Jean Paul, *Werke*, München 1963, Bd. V, S. 778.

59 Mrs. Mary Sherwood, *The History of the Fairchild Family*, London o. J.

60 Taylor, *Angel-Makers*, S. 312; Most, *Mensch*, S. 118; Frances Ann Kemble, *Records of a Girlhood*, New York 1879, S. 27; Horkan, *Educational Theories*, S. 117; Dr. Courtenay Dunn, *The Natural History of the Child*, New York 1920, S. 300; E. Mastone Graham, *Children of France*, New York o. J., S. 40; Hett, *Memoirs*, S. 10; Ivan Bloch, *Sexual Life in England*, London 1958, S. 361; Harriet Bessborough, *Lady Bessborough and Her Family Circle*, London 1940, S. 22-24; Sangster, *Pity*, S. 33-34.

61 Maffio Vegio, »De Educatione Liberorum«, S. 644.

62 *Memoir of Elizabeth Jones*, New York 1841, S. 13.

63 C. S. Peel, *The Stream of Time: Social and Domestic Life in England 1805-1861*, London 1931, S. 40.

64 Bessborough, *Bessborough Family*, S. 23-24.

65 John W. M. Whiting und Irvin L. Child, *Child Training and Personality: A Cross-Cultural Study*, New Haven 1953, S. 343.
66 L. Bryce Boyer, »Psychological Problems of a Group of Apaches: Alcoholic Hallucinosis and Latent Homosexuality Among Typical Men«, in: *The Psychoanalytic Study of Society*, Bd. 3 (1964), S. 225.
67 Asa Briggs (Hrsg.), *How They Lived*, Bd. 3, New York 1969, S. 27.
68 Horace E. Scudder, *Childhood in Literature and Art*, Boston 1894, S. 34.
69 Giovanni di Pagalo Morelli, *Ricordi*, V. Branca (Hrsg.), Florenz 1956, S. 501.
70 Euripides, *The Medea*, 1029-36 (dt.: *Euripides' Werke*, verdeutscht von F. H. Bothe, I. Band, Berlin 1800, 1007-1014); auch Jason bemitleidet nur sich selbst, 1325-27 (dt.: 1328-1331).
71 Ariès, *Gedichte der Kindheit*, S. 112; Christian Augustus Struve, *A Familiar Treatise on the Physical Education of Children*, London 1801, S. 299.
72 Agnes C. Vaughan, *The Genesis of Human Offspring: A Study in Early Greek Culture*, Menasha, Wisconsin 1945, S. 107; James Hastings (Hrsg.), *A Dictionary of Christ and the Gospels*, New York 1911, S. 533.
73 Kett, *Adolescence*, S. 35, 230.
74 E. Soulié und E. de Barthélemy (Hrsg.), *Journal de Jean Héroard sur l'Enfance et la Jeunesse de Louis XIII*, Bd. 1, Paris 1868, S. 35.
75 *Ibid.*, S. 76.
76 Francesco da Barberino, *Reggimento e costume di donne*, Torino 1957, S. 189.
77 Alexander Hamilton, *The Family Female Physician: Or, A Treatise on the Management of Female Complaints, and of Children in Early Infancy*, Worcester 1793, S. 287.
78 Struve, *Treatise*, S. 273.
79 Albrecht Peiper, *Chronik*, S. 120; Daphne du Maurier (Hrsg.), *The Young George du Maurier: A Selection of His Letters 1860-67*, London 1951, S. 223.
80 Pliny, *Natural History*, übers. von H. Rockham, Cambridge, Massachusetts 1942, S. 587 (dt.: Cajus Plinus Secundus, *Naturgeschichte*, übers. v. Ph. H. Külb, 7. Bändchen, Stuttgart 1843, S. 832).
81 Sieur Peter Charron, *Of Wisdom*, 3. Aufl., übers. von George Stanhope, London 1729, S. 1384.
82 St. Evremond, *The Works of Monsieur de St. Evremond*, Bd. 3, London 1714, S. 6.
83 W. Warde Fowler, *Social Life at Rome in the Age of Cicero*, New York 1926, S. 177; Edith Rickert (Hrsg.), *The Babee's Book: Medieval Manners for the Young*, London 1908, S. XVIII; Mrs. E. M. Field, *The Child and His Book*, London 1892, Neudruck: Detroit 1968, S. 91; Frederick J. Furnivall (Hrsg.), *Early English Meals and Manners* (1868), Neudruck: Detroit 1969, S. 229; Pearson, *Elizabethans*, S. 172.

84 Elizabeth L. Davoren, »The Role of the Social Worker«, in: Ray E. Helfer und C. Henry Kempe (Hrsg.), *The Battered Child*, Chikago, 1968, S. 155.

85 Ruby Ann Ingersoll, *Memoir of Elizabeth Charlotte Ingersoll Who Died September 18, 1857 Aged 12 Years*, Rochester, New York 1858, S. 6.

86 Jacques Guillimeau, *The Nursing of Children*, London 1612, S. 3.

87 H. T. Barnwell (Hrsg.), *Selected Letters of Madame de Sévigné*, London 1959, S. 73.

88 Most, *Mensch*, S. 74.

89 Charron, *Wisdom*, S. 1338; Robert Cleaver, *A godlie forme of household government...*, London 1598, S. 296.

90 Soulié, *Héroard*, S. 2-5.

91 *Ibid.*, S. 7-9.

92 *Ibid.*, S. 11.

93 *Ibid.*, S. 14-15.

94 *Ibid.*, S. 32, 34.

95 *Ibid.*, S. 36.

96 *Ibid.*, S. 34, 35.

97 *Ibid.*, S. 42-43.

98 *Ibid.*, S. 45. Dieser sexuelle Gebrauch des Dauphins läßt sich nicht allein auf das Bedürfnis zurückführen, an seinem königlichen Charisma zu partizipieren, denn der König und die Königin beteiligten sich auch daran.

99 Felix Bryk, *Circumcision in Man and Woman: Its History, Psychology and Ethnology*, New York 1934, S. 94.

100 *Ibid.*, S. 100.

101 *Ibid.*, S. 57, 115.

102 Selbst heutige Selbstbeschneider erleben das fließende Blut als Milch; siehe John S. Kafka, »The Body as Transitional Object: A Psychoanalytic Study of a Self-Mutilating Patient«, *British Journal of Medical Psychology*, 42 (1969), S. 209.

103 Eric J. Dingwall, *Male Infibulation*, London 1925, S. 60; und Thorkil Vanggaard, *Phallos: A Symbol and its History in the Male World*, New York 1969, S. 89.

104 Dingwall, *Infibulation*, S. 61; Celsus, *De Medicina*, Bd. 3, übers. von W. B. Spencer, Cambridge 1938, S. 25; Augustin Cabanes, *The Erotikon*, New York 1966, S. 171; Bryk, *Circumcision*, S. 225-27; Soranus, *Gynecology*, Baltimore 1956, S. 107; Peter Ucko, »Penis Sheaths: A Comparative Study«, *Proceedings of the Royal Anthropological Institute of Great Britain and Ireland for 1969*, London 1970, S. 43.

105 *Ibid.*, S. 27, 56-58; Count de Buffon, *A Natural History*, Bd. 1, übers. von William Smellie, London 1781, S. 217.

106 Paulus Aegineta, *The Seven Books of Paulus Aegineta*, 3 Bde., übers. von Francis Adams, London 1844-47, Bd. 1, S. 346; Celsus, *Medicina*, S. 421.

107 Otto J. Brendel, »The Scope and Temperament of Erotic Art in the Greco-Roman World«, *Studies in Erotic Art*, Theodore Bowie und Cornelia V. Christenson (Hrsg.), New York 1970, Tafeln 1, 17, 18, 20.

108 Joseph C. Rheingold, *The Fear of Being a Woman: A Theory of Maternal Destructiveness*, New York 1964; und Rheingold, *The Mother, Anxiety, and Death: The Catastrophic Death Complex*, Boston 1967.

109 Dorothy Bloch, »Feelings That Kill: The Effect of the Wish for Infanticide in Neurotic Depression«, *The Psychoanalytic Review*, 52 (1965); Bakan, *Slaughter:* Stuart S. Asch, »Depression: Three Clinical Variations«, in: *Psychoanalytic Study of the Child*, Bd. 21 (1966), S. 150-71; Morris Brozovsky und Harvey Falit, »Neonaticide: Clinical and Psychodynamic Considerations«, *Journal of Child Psychiatry*, 10 (1971); Wolfgang Lederer, *The Fear of Women*, New York 1968; Galdston, *»Dysfunctions«*, und die Bibliographie bei Rheingold.

110 Bezüglich Bibliographien siehe Abt-Garrison, *History of Pediatrics;* Bakan, *Slaughter;* William Barclay, *Educational Ideas in the Ancient World*, London 1959, Appendix A; H. Bennett, »Exposure of Infants in Ancient Rome«, *Classical Journal*, 18 (1923), S. 341-45; A. Cameron, »The Exposure of Children and Greek Ethics«, *Classical Review*, 46 (1932), S. 105-14; Jehanne Charpentier, *Le Droit de l'enfance Abandoneé*, Paris 1967; A. R. W. Harrison, *The Law of Athens: The Family and Porperty*, Oxford 1968; William L. Langer, »Checks on Population Growth: 1750-1850«, *Scientific American* (1972), S. 93-99; Francois Lebrun, »Naissances illégitimes et abandons d'enfants en Anjou au XVIIIe siècle«, *Annales: Economies, Societiés, Civilisations*, 27 (1972); A. J. Levin, »Oedipus and Sampson, the Rejected Hero-Child«, *International Journal of Psycho-Analysis*, 38 (1957), S. 103-10; John T. Noonan, Jr., *Contraception: A History of Its Treatment by the Catholic Theologians and Canonists*, Cambridge, Massachusetts, 1965; Payne, *Child;* Juha Pentikainen, *The Nordic Dead-Child Traditions*, Helsinki 1968; Max Raden, »Exposure of Infants in Roman Law and Practice«, *Classical Journal*, 20 (1925), S. 342-43; Edward Shorter, »Illegitimacy, Sexual Revolution, and Social Change in Modern Europe«, *The Journal of Interdisciplinary History* 2 (1971), S. 237-72; Edward Shorter, »Infanticide in the Past«, *History of Childhood Quarterly: The Journal of Psychohistory* 1 (1973), S. 178-80; Edward Shorter, »Sexual Change and Illegitimacy: The European Experience«, in: *Modern European Social History* (Hrsg.), Robert Bezucha, Lexington, Massachusetts 1972, S. 231-69; John Thrupp, *The Anglo-Saxon Home: A History of the Domestic Institutions and Customs of England. From the Fifth to the Eleventh Century*, London 1862; Richard Trexler, »Infanticide in Florence«, *History of Childhood Quarterly: The Journal of Psychohistory*, 1 (1973), S. 98-117; La Rue Van Hook, »The Exposure of Infants at Athens«, *American Philogical Association Transactions and Proceedings*, 51 (1920),

S. 36-44; Oscar H. Werner, *The Unmarried Mother in German Literature*, New York 1966; G. Glotz, *L'Exposition des Enfants, Études Sociales et Juridiques sur l'antiquité grecque*, Paris 1906; U.-B. Brissaud, »L'infanticide à la fin du moyen age, ses motivations psychologiques et sa répression«, *Revue historique de droit français et étranger*, 50 (1972), S. 229-256; M. de Gouroff (Antoine J. Duguer), *Essai sur l'histoire des enfants trouvés*, Paris 1885; William L. Langer, »Infanticide: A Historical Survey«, *History of Childhood Quarterly: The Journal of Psychohistory* 1 (1973), S. 353-67.

111 Soranus, *Gynecology*, S. 79.
112 Lacey, *Family*, S. 164.
113 John Garrett Winter, *Life and Letters in the Papyri*, Ann Arbor, Michigan, 1933, S. 56; Naphtali Lewis und Meyer Reinhold, *Roman Civilization: Source Book* 2, New York 1955, S. 403; *Gunnlaugs saga ormstungu*, in: M. H. Scargill übers., *Three Icelandic Sagas*, Princeton 1950, S. 11-12.
114 Jack Lindsay, *The Ancient World*, London 1968, S. 168.
115 Polybius, *The Histories*, Bd. 6, London 1927, S. 30.
116 Cora E. Lutz, »Musonius Rufus ›The Roman Socrates‹«, in: Alfred R. Bellinger (Hrsg.), *Yale Classical Studies*, Bd. 10, New Haven 1947, S. 101; obgleich sein Schüler, scheint Epictetus stärker gegen den Kindesmord eingestellt gewesen zu sein, siehe Epictetus, *Discourses*, Kap. 23; siehe auch die gesetzliche Billigung des Kindesmordes in: *The Gortyna Law Tables*, IV: 21, 23, R. Dareste (Hrsg.), *Recueil des Inscriptions Juridiques Grecques*, Paris 1894, S. 365.
117 Bartholomew Batty, *The Christian Mans Closet*, übers. von William Lowth (1581), S. 28.
118 Seneca, *Moral Essays*, übers. von John W. Basore, Cambridge, Massachusetts, 1963, S. 145 (dt.: *Werke*, übers. v. J. M. Moser, Stuttgart 1828, 1. Bändchen, S. 16 f.).
119 Menander, *The Principal Fragments*, übers. von Frances G. Allinson, London 1921, S. 33; Philip E. Slater, *The Glory of Hera: Greek Mythology and the Greek Family*, Boston 1968.
120 Henri V. Vallois, »The Social Life of Early Man: The Evidence of Skeletons«, in: *Social Life of Early Man*, hrsg. von Sherwood L. Washburn, Chikago 1961, S. 225.
121 Plutarch, *Moralia*, übers. von Frank C. Babbitt, London 1928, S. 493.
122 E. Wellisch, *Isaac and Oedipus*, London 1954, S. 11-14; Payne, *Child*, S. 8, 160; Robert Seidenberg, »Sacrificing The First You See«, *The Psychoanalytic Review*, 53 (1966), S. 52-60; Samuel J. Beck, »Abraham's Ordeal: Creation of a New Reality«, *The Psychoanalytic Review*, 50 (1963), S. 175-85; Theodore Thass-Thienemann, *The Subconscious Language*, New York 1967, S. 302-6; Thomas Platter, *Journal of a Younger Brother*, übers. von Jean Jennett, London 1963, S. 85 (dt. Originalfas-

sung: *Thomas Platter, Ein Lebensbild aus dem Jahrhundert der Reformation,* hrsg. von Horst Kohl, Leipzig 1912); Tertullian, »Apology«, *The Anti-Nicence Fathers,* Bd. 3, New York 1918, S. 25; P. W. Joyce, *A Social History of Ancient Ireland,* Bd. 1, 3. Aufl., London 1920, S. 285; William Burke Ryan, M. D., *Infanticide: Its Law, Prevalence, Prevention, and History,* London 1862, S. 200-20; Eusebius Pamphili, *Eclesiastical History,* New York 1955, S. 103; J. M. Robertson, *Pagan Christs,* New York 1967, S. 31; Charles Picard, *Daily Life in Carthage,* übers. von A. E. Foster, New York 1961, S. 671; Howard H. Schlossman, »God the Father and His Sons«, *American Imago,* 29 (1972), S. 35-50.

123 William Ellwood Craig, »Vincent of Beauvais, On the Education of Noble Children«, University of California at Los Angeles, Ph. D. thesis, 1949, S. 21; Payne, *Child,* S. 150; Arthur Stanley Riggs, *The Romance of Human Progress,* New York 1938, S. 284; E. O. James, *Prehistoric Religion,* New York 1957, S. 59; Nathaniel Weyl, »Some Possible Genetic Implications of Carthaginian Child Sacrifice«, *Perspectives in Biology and Medicine,* 12 (1968), S. 69-78; James Hastings (Hrsg.), *Encyclopedia of Religion and Ethics,* Bd. 3, New York 1951, S. 187; Picard, *Carthage,* S. 100.

124 H. S. Darlington, »Ceremonial Behaviorism: Sacrifices For the Foundation of Houses«, *The Psychoanalytic Review,* 18 (1931); Henry Bett, *The Games of Children: Their Origin and History,* London 1929, S. 104-5; Joyce, *Social History,* S. 285; Payne, *Child,* S. 154; Anon., »Foundations Laid in Human Sacrifice«, *The Open Court,* t. 23 (1909), S. 494-501.

125 Henry Bett, *Nursery Rhymes and Tales; Their Origin and History,* New York 1924, S. 35.

126 *Dio's Roman History,* Bd. 9, übers. von Earnest Cary, London 1937, S. 157; Suetonius, *The Lives of the Twelve Caesars,* Joseph Gavorse, (Hrsg.), New York 1931, S. 108; Pliny, *Natural History,* Bd. 8, übers. von H. Rockham, Cambridge, Massachusetts, 1942, S. 5.

127 Suetonius, *Caesars,* S. 265 (dt.: *Kaiserbiographien,* übers. v. A. Stahr, München 1961); Livy, *Works,* Bd. 12, übers. von Evan T. Sage, Cambridge, Massachusetts, 1938, S. 9 (dt.: Livius, *Römische Geschichte,* Berlin 1822); Tacitus, *The Annals of Tacitus,* übers. von Donald R. Dudley, New York 1966, S. 186, 259 (dt.: *Annalen,* München 1954).

128 Philo, *Works,* Bd. 7, übers. von F. H. Colson, Cambridge, Massachusetts, 1929, S. 549 (dt.: *Werke,* Bd. II, Berlin 1962, S. 218 f.); siehe auch Favorinus in: J. Foote, »An Infant Hygiene Campaign of the Second Century«, *Archives of Pediatrics,* 37 (1920), S. 181.

129 Lewis und Reinhold, *Roman Civilization,* S. 344, 483.

130 Noonan, *Contraception,* S. 86.

131 St. Justin Martyr, *Writings,* New York 1949, S. 63; auch Dio Chrysostom, *Discourses,* S. 151; Tertullian, *Apology,* S. 205; Lactantius, *The Divine Institutes,* Buch 1-8, Washington, D.C. 1964, S. 452.

132 Tertullian, *Apologitical Works,* New York 1950, S. 31.
133 Hefele-Leclercq, *Histoire des conciles,* Bd. II, Teil 1, Paris 1908, S. 459-60; St. Magnebode (606-654) hat Leclercq zufolge schon früher ein Findelhaus gegründet.
134 *Dictionnaire d'archéologie chrétienne et de liturgie,* Paris 1907-1951, Band I, Aufsatz über »Alumni« von H. Leclercq, S. 1288-1306; Thrupp, *Anglo Saxon Home,* S. 81.
135 Emily R. Coleman, »Medieval Marriage Characteristics: A Neglected Factor in the History of Medieval Serfdom«, *The Journal of Interdisciplinary History,* 2 (1971); S. 205-20; Josiah Cox Russell, *British Medieval Population,* Albuquerque, New Mexico 1948, S. 168.
136 Trexler, »Infanticide«, S. 99; Brissaud, »L'infanticide«, S. 232.
137 *Ibid.,* S. 100; F. G. Emmison, *Elizabethan Life and Disorder,* Chelmsford, England, 1970, S. 7-8, 155-7; Pentikainen, *Dead-Child;* Werner, *Mother,* S. 26-29; Ryan, *Infanticide,* S. 1-6; Barbara Kellum, »Infanticide in England in the Later Middle Ages«, *History of Childhood Quarterly: The Journal of Psychohistory,* 1 (1974), S. 367-88; Brissaud, »L'infanticide«, S. 243-56.
138 Craig, »Vincent of Beauvais«, S. 368; Thomas Phayer, *The Regiment of Life, including the Boke of Children* (1545); Thrupp, *Anglo-Saxon Home,* S. 85; William Douglass, *A Summary, Historical and Political, of the First Planting, Progressive Improvements, and Present State of the British Settlements in North America,* Bd. 2, London 1760, S. 202.
139 John Brownlow, *Memoranda: Or Chronicles of the Foundling Hospital,* London 1847, S. 217.
140 Shorter, »Sexual Change«; Bakan, *Slaughter;* Shorter, »Illegitimacy«; Shorter, »Infanticide«; Charpentier, *Droit;* Robert J. Parr, *The Baby Farmer,* London 1909; Lebrun, *Naissances;* Werner, *Mother;* Brownlow, *Memoranda;* Ryan, *Infanticide;* Langer, »Checks«; diesem Artikel hat Langer eine umfangreiche Bibliographie hinzugefügt, die aber nur in mimeographierter Form vorliegt; sie ist jedoch teilweise wieder abgedruckt in seinem Artikel »Infanticide: A Historical Survey«, *History of Childhood Quarterly: The Journal of Psychohistory,* 1 (1974), S. 353-65.
141 C. H. Rolph, »A Backward Glance at the Age of ›Obscenity‹«, *Encounter,* 32 (Juni 1969), S. 23.
142 Louis Adamic, *Cradle of Life: The Story of One Man's Beginnings,* New York 1936, S. 11, 45, 48.
143 Royden Keith Yerkes, *Sacrifice in Greek and Roman Religions and Early Judaism,* New York 1952, S. 34; Ernest Jones, *Essays in Applied Psycho-Analysis,* Bd. 2, New York 1964, S. 22-109; Gorman, *Nurse,* S. 17.
144 J. K. Campbell, *Honour, Family and Patronage,* Oxford 1964, S. 154.
145 Walton B. McDaniel, *Conception, Birth and Infancy in Ancient Rome and Modern Italy,* Coconut Grove, Florida, 1948, S. 32; J. Stuart Hay, *The Amazing Emperor Heliogabalus,* London 1911, S. 230; Peiper,

Chronik, S. 95; *Juvenal and Persius*, übers. von G. G. Ramsay, Cambridge, Massachusetts, 1965, S. 249, 337; Barberino, *Reggimento*, S. 188; Raphael Patai, *The Hebrew Goddess*, New York 1967, S. 210; Alan Macfarlane, *Witchcraft in Tudor and Stuart England*, New York 1970, S. 163; Hole, *English Home-Life*, S. 41; Kinder sind seit der Antike im Zusammenhang mit der Ikonographie des Todes aufgetreten.

146 Epictetus, *Discourses*, Bd. 2, S. 213.
147 Iris Origo, *The Merchant of Prato*, London 1957, S. 163.
148 Ewald M. Plass, comp., *What Luther Says, An Anthology*, 2 Bde., St. Louis 1959, S. 145.
149 H. C. Barnard (Hrsg.), *Fenelon On Education*, Cambridge 1966, S. 63.
150 Edward Wagenknecht, *When I Was a Child*, New York 1946, S. 5.
151 Origo, *Leopardi*, S. 16.
152 Margaret Deanesly, *A History of Early Medieval Europe*, London 1956, S. 23; Robert Pemell, *De Morbis Puerorum, or, A Treatise of the Diseases of Children . . .*, London 1653, S. 8; zu der Praxis, die einen an die Praxis der Japaner erinnert, die Haut von Kindern mit Moxe zu verbrennen, was noch heute zu gesundheitlichen und disziplinarischen Zwecken getan wird; siehe Edward Norbeck und Margaret Norbeck, »Child Training in a Japanese Fishing Community«, in: Douglas C. Haring (Hrsg.), *Personal Character and Cultural Milieu*, Syracuse 1956, S. 651-73.
153 Hunt, *Parents and Children*, S. 114; Robert Cleaver, *A godlie Form of householde government . . .* New York 1598, S. 253; Hamilton, *Female Physician*, S. 280.
154 See bibliography in Abt-Garrison, *History of Pediatrics*, S. 69.
155 Payne, *Child*, S. 242-3.
156 Graham, *Children*, S. 110.
157 Nancy Lyman Roelker, *Queen of Navarre: Jeanne d'Albret*, Cambridge, Massachusetts, 1969, S. 101.
158 Ruhrah, *Pediatrics*, S. 216; Bayne-Powell, *English Child*, S. 165; William Buchan, *Advice to Mothers*, Philadelphia 1804, S. 186; *The Mother's Magazine*, 1 (1833), S. 41; Paxton Hibben, *Henry Ward Beecher: An American Portrait*, New York 1927, S. 28.
159 James Nelson, *An Essay on the Government of Children*, Dublin 1763, S. 100; Still, *History of Paediatrics*, S. 391.
160 W. Preyer, *Mental Development in the Child*, New York 1907, S. 41; Thomas Phaire, *The Boke of Chyldren*, Edinburgh 1965, S. 28; Pemell, *De Morbis*, S. 23; Most, *Mensch*, S. 76; Dr. Heinrich Rauscher, »Volkskunde des Waldviertels«, *Das Waldviertel*, 3 Band (Volkskunde), Verlag Zeitschrift »Deutsches Vaterland«, Wien, o. J., S. 1-116.
161 Buchan, *Advice*, S. 192; Hamilton, *Female Physician*, S. 271.
162 Scevole de St. Marthe, *Paedotrophia; or The Art of Nursing and Rearing Children*, übers. von H. W. Tytler, London 1797, S. 63; John Floyer,

The History of Cold-Bathing, 6. Aufl., London 1732; William Buchan, *Domestic Medicine*, revidiert von Samuel Griffitts, Philadelphia 1809, S. 31; Ruhrah, *Pediatrics*, S. 97; John Jones, M.D., *The arts and science of preserving bodie and soule in healthe* (1579), Univ. Microfilms, 14724, S. 32; Alice Morse Earle, *Customs and Fashions in Old New England*, Detroit 1968 (ursprünglich veröffentlicht 1893), S. 2; *The Common Errors in the Education of Children and Their Consequences*, London 1744, S. 10; William Thomson, *Memoirs of the Life and Gallant Exploits of the Old Highlander Serjeant Donald Macleod*, London 1933, S. 9; Morton Schatzman, *Soul Murder: Persecution in the Family*, New York 1973, S. 41; Hitchcock, *Memoirs*, S. 271.

163 Elizabeth Grant Smith, *Memoirs of a Highland Lady*, London 1898, S. 49.

164 Aristotle, *Politics*, übers. von H. Rackham, Cambridge, Massachusetts, 1967, S. 627 (dt.: *Politik*); Robert M. Green, *A Translation of Galen's ›Hygiene‹ (De Sanitate Tuenda)*, Springfield, Illinois, 1951, S. 33; Peiper, *Chronik*, S. 81.

165 Horace, *Satires, Epistles, Ars Poetica*, übers. von H. Rushton Fairclough, Cambridge, Massachusetts, 1961, S. 177; Floyer, *Cold-Bathing*; Jean Jacques Rousseau, *Emile*; Earle, *Child Life*, S. 25; Richter, *Levana*, S. 140; Dorothy Canfield, Fisher, *Mothers and Children*, New York 1914, S. 113; Marian Harland, *Common Sense in the Nursery*, New York 1885, S. 13; Earle, *Customs*, S. 24; Mary W. Montagu, *The Letters and Works of Lady Mary Wortley Montagu*, Bd. 1, London 1861, S. 209; Nelson, *Essay*, S. 93.

166 Isaac Deutscher, *Lenin's Childhood*, London 1970, S. 10 (dt.: *Lenins Kindheit*, übers. v. Ch. Trabant-Rommel, Frankfurt 1973); Yvonne Kapp, *Eleanor Marx, Bd. 1 – Family Life*, London 1972, S. 41; John Ashton, *Social Life in the Reign of Queen Anne*, Detroit 1968, S. 3.

167 Buchan, *Domestic*, S. 8.

168 Robert Frances Harper (übers.), *The Code of Hammurabi King of Babylon about 2250 B.C.*, Chikago 1904, S. 41; Payne, *Child*, S. 217, 279-91; Bossard, *Sociology*, S. 607-8; Aubrey Gwynn, *Roman. Education: From Cicero to Quintillian*, Oxford 1926, S. 13; Fustel de Coulanges, *The Ancient City*, Garden City, New York, o. J., S. 92, 315.

169 Harrison, *Law*, S. 73.

170 Herodas, *The Mimes and Fragments*, Cambridge 1966, S. 117.

171 Thrupp, *Anglo-Saxon Home*, S. 11; Joyce, *History*, S. 164-5; William Andrews, *Bygone England: Social Studies in Its Historic Byways and Highways*, London 1892, S. 70.

172 John T. McNeill und Helena M. Gamer, *Medieval Handbooks of Penance*, New York 1938, S. 211; eine späte amerikanische Kinderauktion wird beschrieben in Grace Abbott, *The Child and the State*, Bd. 2, Chikago 1938, S. 4.

173 Georges Contenau, *Everyday Life in Babylon and Assyria*, New York 1966, S. 18.
174 Sindey Painter, *William Marshall: Knight-Errant, Baron, and Regent of England*, Baltimore 1933, S. 16.
175 *Ibid.*, S. 14; Grham, *Children*, S. 32.
176 Joyce, *History*, Bd. 1, S. 164-5; Bd. 2, S. 14-19.
177 Marjorie Rowling, *Everyday Life in Medieval Times*, New York 1968, S. 138; Furnivall, *Meals and Manners*, S. XIV; Kenneth Charlton, *Education in Renaissance England*, London 1965, S. 17; Macfarlane, *Family Life*, S. 207; John Gage, *Life in Italy at the Time of the Medici*, London 1968, S. 70.
178 O. Jocelyn Dunlop, *English Apprenticeship and Child Labour*, London 1912; M. Dorothy George, *London Life in the Eighteenth Century*, New York 1964.
179 Augustus J. C. Hare, *The Story of My Life*, Bd. 1, London 1896, S. 51.
180 Betsy Rodgers, *Georgian Chronicle*, London 1958, S. 67.
181 Harper, *Code of Hammurabi;* Winter, *Life and Letters;* I. G. Wickes, »A History of Infant Feeding«, *Archives of Disease in Childhood*, 28 (1953), S. 340; Gorman, *Nurse;* A Hymanson, »A Short Review of the History of Infant Feeding«, *Archives of Pediatrics*, 51 (1934), S. 2.
182 Green, *Galen's Hygiene*, S. 24; Foote, »Infant Hygiene«, S. 180; Soranus, *Gynecology*, S. 89; Jacopo Sadoleto, *Sadoleto On Education*, London 1916, S. 23; Horkan, *Educational Theories*, S. 31; John Jones, *The art and science of preserving bodie and soule in healthe*, London 1579, S. 8; Juan de Mariana, *The Kind and the Education of the King*, Washington, D.C., 1948, S. 189; Craig R. Thompson (übers.), *The Colloquies of Erasmus*, Chikago 1965, S. 282; St. Marthe, *Paedotrophia*, S. 10; Most, *Mensch*, S. 89; John Knodel and Etienne Van de Walle, »Breast Feeding, Fertility and Infant Mortality: An Analysis of Some Early German Data«, *Population Studies* 21 (1967), S. 116-20.
183 Foote, »Infant Hygiene«, S. 182.
184 Clement of Alexandria, *The Instructor*, Ante-Nicene Christian Library, Bd. 4, Edinburgh 1867, S. 141; Aulus Gellius, *The Attic Nights of Aulus Gellius*, Bd. 2, Cambridge, Massachusetts, 1968, S. 357; Clement of Alexandria, *Christ the Educator*, New York 1954, S. 38.
185 Aulus Gellius, *Attic*, S. 361.
186 Morelli, *Riccordi*, S. 144, 452.
187 James O. Halliwell (Hrsg.), *The Autobiography and Correspondence of Sir Simonds D'Ewes*, London 1845, S. 108; siehe auch William Bray (Hrsg.), *The Diary of John Evelyn*, Bd. 1, London 1952, S. 330, 386; Henry Morley, *Jerome Cardan: The Life of Girolamo Cardano of Milan, Physician*, 2 Bde., London 1854, S. 203.
188 Guillimeau, *Nursing*, S. 3.
189 Wickes, »Infant Feeding«, S. 235.

190 Hitchcock, *Memoirs*, S. 19, 81; Cickes, »Infant Feeding«, S. 239; Bayne-Powell, *English Child*, S. 168; Barbara Winchester, *Tudor Family Portrait*, London 1955, S. 106; Taylor, *Angel-Makers*, S. 328; Clifford Stetson Parker, *The Defense of the Child by French Novelists*, Menasha, Wisconsin, 1925, S. 4-7; William Hickey, *Memoirs of William Hickey*, London 1913, S. 4; Jacques Levron, *Daily Life at Versailles in the Seventeenth and Eighteenth Centuries*, übers. von Elxiane Engel, London 1968, S. 131; T. G. H. Drake, »The Wet Nurse in the Eighteenth Century«, *Bulletin of the History of Medicine*, 8 (1940), S. 934-48; Luigi Tansillo, *The Nurse, A Poem*, übers. von William Roscoe, Liverpool 1804, S. 4; Marmontel, *Autobiography*, Bd. 4, London 1829, S. 123; Th. Bentzon, »About French Children«, *Century Magazine*, 52 (1896), S. 809; Most, *Mensch*, S. 89-112; John M. S. Allison (Hrsg.), *Concerning the Education of a Prince: Correspondence of the Princess of Nassau-Saarbruck 13 June-15 November, 1758*, New Haven 1941, S. 26; Mrs. Alfred Sidgwick, *Home Life in Germany*, Chatauqua, New York 1912, S. 8.

191 Lucy Hutchinson, *Memoirs of Colonel Hutchinson*, London 1968, S. 13-15; Macfarlane, *Family Life*, S. 87; Lawrence Stone, *The Crisis of the Aristocracy: 1558-1641*, Oxford 1965, S. 593; Kenneth B. Murdock, *The Sun at Noon*, New York 1939, S. 14; Marjorie H. Nicolson (Hrsg.), *Conway Letters*, New Haven 1930, S. 10; Countess Elizabeth Clinton, *The Countesse of Lincolness Nurserie*, Oxford 1622.

192 Wickes, »Infant Feeding«, S. 235; Drake, »Wet Nurse«, S. 940.

193 Hymanson, »Review«, S. 4; Soranus, *Gynecology*, S. 118; William H. Stahl, *Macrobius: Commentary on the Dream of Scipio*, New York 1952, S. 114; Barberino, *Reggimento*, S. 192; Ruhrah, *Pediatrics*, S. 84; Pearson, *Elizabethans*, S. 87; Macfarlane, *Family Life*, S. 87; Euch Roesslin, *The byrth of mankynde*, London 1540, S. 30; Winchester, *Tudor*, S. 106; Macfarlane, *Family Life*, S. 87; Still, *History of Paediatrics*, S. 163; Jones, *Arts*, S. 33; Soulié, *Héroard*, S. 55; John Evelyn, *The Diary and Correspondence of John Evelyn*, (hrsg. von) William Bray, o. J., S. 3; Macfarlane, *Family Life*, S. 87; John Peckey, *A General Treatise of the Diseases of Infants and Children*, London 1697, S. 11; Nelson, *Essay*, S. 20; Nicholas Culpepper, *A Directory for Midwives: or, a guide for women in their conception, bearing, and suckling their children*, London 1762, S. 131; Still, *History of Paediatrics*, S. 390; St. Marthe, *Paedotrophia*, S. 98; Valentine, *Fathers*, S. 93; Eliza Warren, *How I Managed My Children From Infancy to Marriage*, S. 20; Caleb Tickner, *A Guide for Mothers and Nurses in the Mangement of Young Children*, New York 1839, S. 37; Robert M. Myers (Hrsg.), *The Children of Pride*, New Haven 1972, S. 508; Knodel, »Breast Feeding«, S. 118.

194 Roesslin, *Byrth*, S. 30.

195 Ryerson, »Medical Advice«, S. 75.

196 Wickes, »Infant Feeding«, S. 155-8; Hymanson, »Review, S. 4-6; Still, *History of Paediatrics*, S. 335-6; 459; Mary Hopkirk, *Queen Over the Water*, London 1953, S. 1305; Thompson, *Colloquies*, S. 282.

197 *The Female Instructor; or Young Woman's Companion*, Liverpool 1811, S. 220.

198 W. O. Hassal, *How They Lived: An Anthology of Original Accounts Written Before 1485*, Oxford 1962, S. 105.

199 Cyril P. Bryan, *The Papyrus Ebers*, New York 1931, S. 162; Still, *History of Paediatrics*, London 1931, S. 466; Douglass, *Summary*, S. 346; Rauscher, »Volkskunde«, S. 44; John W. Dodds, *The Age of Paradox: A Biography of England 1841-1851*, New York 1952, S. 157; Abt-Garrison, *History of Pediatrics*, S. 11; John B. Beck, »The effects of opium of the infant subject«, *Journal of Medicine*, New York 1844; Tickner, *Guide*, S. 115; *Friendly Letter to Parents and Heads of Families Particularly Those Residing in the Country Towns and Villages in America*, Boston 1828, S. 10; Buchan, *Domestic*, S. 17; Pinchbeck, *Children*, S. 301.

200 John Spargo, *The Bitter Cry of the Children*, Chikago 1968, Xenophon, *Minor Writings*, übers. von E. C. Marchant, London 1925, S. 37; Hopkirk, *Queen*, S. 130-5; Plutarch, *Moralia*, S. 433; St. Basil, *Ascetical Works*, New York 1950, S. 266; Gage, *Life in Italy*, S. 109; St. Jerome, *The Select Letters of St. Jerome*, übers. von F. A. Wright, Cambridge, Massachusetts, 1933, S. 357-61; Thomas Platter, *The Autobiography of Thomas Platter: A Schoolmaster of the Sixteenth Century*, übers. von Elizabeth A. McCoul Finn, London 1847, S. 8; Craig, »Vincent of Beauvais«, S. 379; Roesslin, *Byrth*, S. 17; Jones, *Arte*, S. 40; Taine, *Ancient Regime*, S. 130; D. B. Horn und Mary Ranson (Hrsg.), *English Historical Documents*, Bd. 10, *1714-1783*, New York 1957, S. 561; Lochhead, *First Ten Years*, S. 34; Eli Forbes, *A Family Book*, Salem 1801, S. 240-1; Leontine Young, *Wednesday's Children; A Study of Child Neglect and Abuse*, New York 1964, S. 9.

201 St. Augustine, *Confessions*, New York 1963 (dt.: Augustinus, *Confessiones – Bekenntnisse*, Darmstadt 1966); Richard Baxter, *The Autobiography of Richard Baxter*, London 1931, S. 5; Augustinus erwähnt zuvor, er habe Essen vom Tisch gestohlen, S. 18.

202 Hassall, *How They Lived*, S. 184; Benedict, »Child Rearing«, S. 345; Geoffrey Gorer und John Rickman, *The People of Great Russia: A Psychological Study*, S. 98; Peckey, *Treatise*, S. 6; Ruhrah, *Pediatrics*, S. 219; Green, *Galen's Hygiene*, S. 22; François Mauriceau, *The Diseases of Women With Child, and in Child-Bed*, übers. von Hugh Chamberlin, London 1736, S. 309.

203 William P. Dewees, *A Treatise on the Physical and Medical Treatment of Children*, Philadelphia 1826, S. 4; weitere bibliographische Angaben über Wickeln bei: Wayne Dennis, »Infant Reactions to Restraint: an

Evaluation of Watson's Theory«, *Transactions New York Academy of Science*, Serie 2, Bd. 2 (1940); Erik H. Erikson, *Childhood and Society*, New York 1950 (dt.: *Kindheit und Gesellschaft*, übers. v. M. v. Eckardt-Jaffé, Stuttgart 1965); Lotte Danziger und Liselotte Frankl, »Zum Problem der Funktionsreifung«, *Archiv für Kinderforschung*, 43 (1943); Boyer, »Problems«, S. 225; Margaret Mead, »The Swaddling Hypothesis: Its Reception«, *American Anthropologist*, 56 (1954); Phyllis Greenacre, »Infant Reactions to Restraint«, in: Clyde Kluckholm und Henry A. Murray (Hrsg.), *Personality in Nature, Society and Culture*, 2. Aufl., New York 1953, S. 513-14; Charles Hudson, »Isometric Advantages of the Cradle Board: A Hypothesis«, *American Anthropologist*, 68 (1966), S. 470-4.

204 Hester Chapone, *Chapone on the Improvement of the Mind*, Philadelphia 1830, S. 200.

205 Earle L. Lipton, Alfred Steinschneider und Julius B. Richmond, »Swaddling, A Child Care Practice: Historical Cultural and Experimental Observations«, *Pediatrics*, Supplement, 35, Teil 2, März 1965, S. 521-67.

206 Turner Wilcox, *Five Centuries of the American Costume*, New York 1963, S. 17; Rousseau, *Emile*, S. 11; Christian A. Struve, *A Familiar View of the Domestic Education of Children*, London 1802, S. 296.

207 *Hippocrates*, übers. von W. H. S. Jones, London 1923, S. 125; Steffen Wenig, *The Woman in Egyptian Art*, New York 1969, S. 47; Erich Neumann, *The Great Mother: An Analysis of the Archetype*, New York 1963, S. 32.

208 James Logan, *The Scotish Gael; or, Celtic Manners, As Preserved Among the Highlanders*, Hartford 1851, S. 81; Thompson, *Memoirs*, S. 8; Marjorie Plant, *The Domestic Life of Scotland in the Eighteenth Century*, London 1952, S. 6.

209 Soranus, *Gynecology*, S. 114; Plato, *The Laws*, Cambridge, Massachusetts, 1926, S. 7 (dt.: *Nomoi*, Reinbek 1959).

210 Dorothy Hartley, *Mediaeval Costume and Life*, London 1931, S. 117-19.

211 Cunnington, *Children's Costume*, S. 35, 53-69; Macfarlane, *Family Life*, S. 90; Guillimeau, *Nursing*, S. 23; Lipton, »Swaddling«, S. 527; Hunt, *Parents and Children*, S. 127; Peckey, *Treatise*, S. 6; M. St. Clare Byrne (Hrsg.), *The Elizabethan Home Discovered in Two Dialogues by Claudius Hollyband and Peter Erondell*, London 1925, S. 77. Interessanterweise hatten bereits mehr als ein Jahrhundert vor Cadogans Kampagne gegen das Wickeln Mütter damit begonnen, den Zeitpunkt der Befreiung von den Windeln vorzuverlegen. Daß frühe Ärzte wie Glisson dagegen opponierten, spricht für die Auffassung, daß der psychogenetische Ursprung dieses Wandels in der Familie selbst lag.

212 Cunnington, *Children's Costume*, S. 68-69; Magdelen King-Hall, *The*

Story of the Nursery, London 1958, S. 83, 129; Chapone, *Improvement*, S. 199; St. Marthe, *Paedotrophia*, S. 67; Robert Sunley, »Early Nineteenth-Century Literature on Child Rearing«, in: *Childhood in Contemporary Cultures*, hrsg. von Margaret Mead und Martha Wolfenstein, Chikago 1955, S. 155; Kuhn, *Mother's Role*, S. 141; Wilcox, *Five Centuries;* Alice M. Earle, *Two Centuries of Costume in America*, Bd. 1, New York 1903, S. 311; Nelson, *Essay*, S. 99; Lipton, »Swaddling«, S. 529-32; Culpepper, *Directory*, S. 305; Hamilton, *Female Physician*, S. 262; Morwenna Rendle-Short und John Rendle-Short, *The Father of Child Care: Life of William Cadogan (1711-1797)*, Bristol 1966, S. 20; Caulfield, *Infant Welfare*, S. 108; Ryerson, »Medical Advice«, S. 107; Bentzon, »French Children«, S. 805; Most, *Mensch*, S. 76; Struve, *View*, S. 293; Sidgwick, *Home Life*, S. 8; Peiper, *Chronik*, S. 666.

213 Cunnington, *Children's Costume*, S. 70-128; Tom Hastie, *Home Life*, S. 33; Preyer, *Mind*, S. 273; Earle, *Costume*, S. 316-17; Mary Somerville, *Personal Recollections, From Early Life to Old Age, of Mary Somerville*, London 1873, S. 21; Aristotle, *Politics*, S. 627 (dt.: *Politik*, Reinbek 1965); Schatzman, *Soul Murder;* Earle, *Child Life*, S. 58; Burton, *Early Victorians*, S. 192; Joanna Richardson, *Princess Mathilde*, New York 1969, S. 10; Bentzon, »French Children«, S. 805; Stephanie de Genlis, *Memoirs of the Countess de Genlis*, 2 Bde., New York 1825, S. 10; Kemble, *Records*, S. 85.

214 Xenophon, *Writings*, S. 7; Horkan, *Educational Theories*, S. 36; Earle, *Child Life*, S. 26; Nelson, *Essay*, S. 83; Ruhrah, *Pediatrics*, S. 220; Soranus, *Gynecology*, S. 116. Eine ähnliche Auffassung findet man bei Gregory Bateson und Margaret Mead, *Balinese Character: A Photographic Analysis*, Bd. 2, Special Publications of the New York Academy of Sciences (1942).

215 T. B. L. Webster, *Everyday Life in Classical Athens*, London 1969, S. 46; J. T. Muckle (übers.), *The Story of Abelard's Adversities: Historia Calamitatum*, Toronto 1954, S. 30; Roland H. Bainston, *Women of the Reformation in Germany and Italy*, Minneapolis 1971, S. 36; Pierre Belon, *Les Observations, de plusieurs singularitez et choses memorables trouvées en Grèce, Judée, Egypte, Arabie, et autres pays estranges*, Antwerpen 1555, S. 317-18; Phaire, *Boke*, S. 53; Pemell, *De Morbis*, S. 55; Peckey, *Treatise*, S. 146; Elizabeth Wirth Marvick, »Héroard and Louis XIII«, *Journal of Interdisciplinary History* (1975); Guillimeau, *Nursing*, S. 80; Ruhrah, *Pediatrics*, S. 61; James Benignus Bossuet, *An Account of the Education of the Dauphine, In a Letter to Pope Innocent XI*, Glasgow 1743, S. 34.

216 Thass-Thienemann, *Subconscious*, S. 59.

217 Hunt, *Parents and Children*, S. 144. Der Abschnitt bei Hunt über die Darmreinigung ist der scharfsichtigste.

218 *Ibid.*, S. 144-5.

219 Nelson, *Essay*, S. 107; Chapone, *Improvement*, S. 200; Ryerson, »Medical Advice«, S. 99.

220 Stephen Kern, »Did Freud Discover Childhood Sexuality?« *History of Childhood Quarterly: The Journal of Psychohistory*, 1 (Sommer 1973), S. 130; Preyer, *Mental Development*, S. 64; Sunley, »Literature«, S. 157.

221 Josephine Klein, *Samples From English Cultures*, Bd. 2, *Child-rearing Practices*, London 1965, S. 449-52; David Rodnick, *Post War Germany: An Anthropologist's Account*, New Haven 1948, S. 18; Robert R. Sears, et al., *Patterns of Child Rearing*, New York 1957, S. 109; Miller, *Changing American Parent*, S. 219-20.

222 Plutarch, »The Education of Children«, in: Moses Hadas (übers.), *Plutarch: Selected Essays on Love, the Family, and the Good Life*, New York 1957, S. 113 (dt.: *Kinderzucht*, München 1947); F. J. Furnivall (Hrsg.), *Queen Elizabethes Achademy*, Early English Text Society Extra Series no. 8, London 1869, S. 1; William Harrison Woodward, *Studies in Education During the Age of the Renaissance 1400-1600*, Cambridge, Massachusetts, 1924, S. 171.

223 Michel de Montaigne, *The Essays of Michel de Montaigne*, übers. von George B. Ives, New York 1946, S. 234, 516 (dt.: *Gesammelte Schriften*, München, Leipzig 1908 ff.); Donald M. Frame, *Montaigne: A Biography*, New York 1965, S. 38-40, 95.

224 Peiper, *Chronik*, S. 302-345.

225 Preserved Smith, *A History of Modern Culture*, Bd. 2, New York 1934, S. 423.

226 Morris Bishop (übers.), *Letters From Petrarch*, Bloomington, Ind., 1966, S. 149; Charles Norris Cochrane, *Christianity and Classical Culture*, London 1940, S. 35; James Turner, »The Visual Realism of Comenius«, *History of Education*, 1 (Juni 1972), S. 132; John Amos Comenius, *The School of Infancy*, Chapel Hill, N.C., 1956, S. 102; Roger DeGuimps, *Pestalozzi: His Life and Work*, New York 1897, S. 161; Christian Bec, *Les marchands écrivains: affaires et humanisme à Florence 1375-1434*, Paris 1967, S. 288-97; Renée Neu Watkins (übers.), *The Family in Renaissance Florence*, Columbia, S.C., 1969, S. 66.

227 Christina Hole, *The English Housewife in the Seventeenth Century*, London 1953, S. 149; Editha und Richard Sterba, *Beethoven and His Nephew*, New York 1971, S. 89.

228 Soulié, *Héroard*, S. 44, 203, 284, 436; Hunt, *Parents and Children*, S. 133 ff.

229 Giovanni Dominici, *On The Education of Children*, Arthur B. Cote (übers.), Washington, D.C., 1927, S. 48; Rousseau, *Emile*, S. 15.

230 Thrupp, *Anglo-Saxon Home*, S. 98; Furnivall, *Meals and Manners*, S. VI; Roger Ascham, *The Scolemaster*, New York 1967, S. 34; H. D. Traill und J. S. Mann, *Social England*, New York 1909, S. 239; Sophocles, *Oedipus The King:* 808 (dt.: König Ödipus, 809 ff.).

231 Herodas, *Mimes*, S. 117; Adolf Erman, *The Literature of the Ancient Egyptians*, London 1927, S. 189-91; Peiper, *Chronik*, S. 17; Plutarch, *Moralia*, S. 145; Plutarch, *The Lives of the Noble Grecians and Romans*, übers. von John Dryden, New York o. J., S. 64 (dt.: *Lebensbeschreibungen*, München 1964); Galen, *On the Passions and Errors of the Soul*, übers. von Paul. W. Harkins, Ohio State University Press, S. 56.

232 Thrupp, *Anglo-Saxon Home*, S. 100.

233 Peiper, *Chronik*, S. 309.

234 Eadmer, R. W. Southern, übers., *The Life of St. Anselm – Archbishop of Canterbury*, Oxford 1962, S. 38.

235 Batty, *Christian*, S. 14-26; Charron, *Wisdom*, S. 1334-9; Powell, *Domestic Relations*, passim; John F. Benton (Hrsg.), *Self and Society in Medieval France: The Memoirs of Abbot Guibert of Nogent*, New York 1970, S. 212-41; Luella Cole, *A History of Education: Socrates to Montessori*, New York 1950, S. 209; Comenius, *School*, S. 102; Watkins, *Family*, S. 66.

236 Bossuet, *Account*, S. 56-7; Henry H. Meyer, *Child Nature and Nurture According to Nicolaus Ludwig von Zinzendorf*, New York 1928, S. 105; Bedford, *English Children*, S. 238; King-Hall, *The Story of the Nursery*, S. 83-111; John Witherspoon, *The Works of John Witherspoon, D.D.*, Bd. 8, Edinburgh 1805, S. 178; Rev. Bishop Fleetwood, *Six Useful Discourses on the Relative Duties of Parents and Children*, London 1749.

237 Bibliographische Angaben für England und Frankreich finden sich im letzten Kapitel dieses Buches; vgl. auch: Lyman Cobb, *The Evil Tendencies of Corporal Punishment as a Means of Moral Discipline in Families and Schools*, New York 1847, und Miller, *Changing American Parent*, S. 13-14, für die amerikanischen, Walter Havernick, *Schläge als Strafe*, Hamburg 1964, für die gegenwärtigen deutschen Verhältnisse.

238 Smith, *Memoirs*, S. 49; Richard Heath, *Edgar Quinet: His Early Life and Writings*, London 1881, S. 3; Lord Lindsay, *Lives of the Lindsays: or, a Memoir of the Houses of Crawford and Barcarros*, Bd 2, London 1849, S. 307; L. H. Butterfield (Hrsg.), *Letters of Benjamin Rush, Bd. 1: 1761-1792*, Princeton 1951, S. 511; Bentzon, »French Children«, S. 811; Margaret Blundell, *Cavalier: Letters of William Blundell to his Friends, 1620-1698*, London 1933, S. 46.

239 Weitere bibliographische Angaben bei: Hans Licht, *Sexual Life in Ancient Greece*, New York 1963; Robert Flaceliere, *Love in Ancient Greece*, übers. von James Cleugh, London 1960; Pierre Grimal, *Love in Ancient Rome*, übers. von Arthur Train, Jr., New York 1967; J. Z. Eglinton, *Greek Love*, New York 1964; Otto Kiefer, *Sexual Life in Ancient Rome*, New York 1962; Arno Karlen, *Sexuality and Homosexuality: A New View*, New York 1971; Vanggaard, *Phallos;* Wainwright Churchill, *Homosexual Behavior Among Males: A Cross-Cultural and Cross-Species Investigation*, New York 1967.

240 Lutz, »Rufus«, S. 103.
241 Aristotle, *Politics*, S. 81.
242 Grimal, *Love*, S. 106; Karlen, *Sexuality*, S. 33; Xenophon, *Writings*, S. 149.
243 Quintilian, *Institutio Oratoria*, übers. von H. E. Butler, London 1921, S. 61 (dt.: *Ausbildung des Redners*, übers. v. H. Rahn, Darmstadt 1972, I. Teil); Karlen, *Sexuality*, S. 34-5; Lacey, *Family*, S. 157.
244 Aeschines, *The Speeches of Aeschines*, übers. von Charles Darwin Adams, London 1919, S. 9-10.
245 *Ibid.*, S. 136.
246 Petronius, *The Satyricon and The Fragments*, Baltimore 1965, S. 43.
247 Aristotle, *The Nicomachean Ethics*, Cambridge 1947, S. 403 (dt.: *Nikomachische Ethik*, übers. v. F. Dirlmeier, Darmstadt 1974); Quintilian, *Institutio*, S. 43 (dt.: S. 33); Ove Brusendorf und Paul Henningsen, *A History of Eroticism*, New York 1963, Tafel 4.
248 Louis M. Epstein, *Sex Laws and Customs in Judaism*, New York 1948, S. 136.
249 Plutarch, »Education«, S. 118 (dt.: S. 55 f.).
250 Suetonius, *Caesars*, S. 148 (dt.: *Kaiserbiographien*, übers. v. A. Stahr, München 1961, S. 165); Tacitus, *The Annals of Tacitus*, New York 1966, S. 188 (dt.: *Annalen*, München 1954).
251 Martial, *Epigrams*, Bd. 2, übers. von Walter C. A. Kerr, Cambridge, Massachusetts, 1968, S. 255 (dt.: S. 418); Aristotle, *Historia Animalium*, übers. von R. Cresswell, London 1862, S. 180 (dt.: *Zoologische Schriften I: Tiergeschichte*, Darmstadt 1975).
252 Vanggaard, *Phallos*, S. 25, 27, 43; Karlen, *Sexuality*, S. 33-34; Eglinton, *Greek Love*, S. 287.
253 Joyce McDougall, »Primal Scene and Sexual Perversion«, *International Journal of Psycho-Analysis*, 53 (1972), S. 378.
254 Hans Licht, *Sexual Life in Ancient Greece*, New York 1963, S. 497; Peter Tomkins, *The Eunuch and the Virgin*, New York 1962, S. 17-30; Vanggaard, *Phallos*, S. 59; Martial, *Epigrams*, S. 75, 144.
255 Paulus Aegineta, *Aegeneta*, S. 379-81.
256 Martial, *Epigrams*, S. 367; St. Jerome, *Letters*, S. 363; Tomkins, *Eunuch*, S. 28-30; Geoffrey Keynes (Hrsg.), *The Apologie and Treatise of Ambroise Paré*, London 1951, S. 102.
257 Clement of Alexandria, *Christ*, S. 17.
258 Origen, »Commentary on Mathew«, *The Ante-Nicene Fathers*, Bd. 9, hrsg. von Allan Menzies, New York 1925, S. 484.
259 Benton, *Self*, S. 14, 35.
260 Craig, »Vincent of Beauvais«, S. 303; Cleaver, *Godlie*, S. 326-7; Dominici, *Education*, S. 41.
261 *Ibid.*
262 Ariès, *Centuries of Childhood*, S. 107-8; Johannes Butzbach, *The Auto-*

biography of Johannes Butzbach: A Wandering Scholar of the Fifteenth Century, Ann Arbor 1933, S. 2; Horkan, Educational Theories, S. 118; Jones, Arts, S. 59; James Cleland, The Instruction of a Young Nobleman, Oxford 1612, S. 20; Sir Thomas Elyot, The Book Named the Governor, London 1962, S. 16; Erwin Panofsky, Studies in Iconology: Humanistic Themes in the Art of the Renaissance, New York 1972, S. 95-166; Leo Steinberg, »The Metaphors of Love and Birth in Michelangelo's Pietàs«, Studies in Erotic Art, hrsg. von Theodore Bowie und Cornelia V. Christenson, New York 1970, S. 231-339; Josef Kunstmann, The Transformation of Eros, London 1964, S. 21-23.

263 Whiting, Child-Training, S. 79.

264 Gabriel Falloppius, »De decoraturie trachtaties«, Kap. 9, Opera Omnia, 2 Bde., Frankfurt 1600, S. 336-37; Soranus, Gynecology, S. 107.

265 Michael Edward Goodich, »The Dimensions of Thirteenth Century Sainthood«, Ph.D. dissertation, Columbia University, 1972, S. 211-12; Jean-Louis Flandrin, »Mariage tardif et vie sexuelle: Discussions et hypothèses de recherche«, Annales: Economies Sociétés Civilisations, 27 (1972), S. 351-78.

266 Hare, »Masturbatory Insanity«, S. 2-25; Spitz, »Authority and Masturbation«, S. 490-527; Onania, or the Heinous Sin of Self-Pollution, 4. Aufl., London o. J., S. 1-19; Simon Tissot, »L'Onanisme: Dissertation sur les maladies produites par la masturbation«, Lausanne 1764, G. Rattray Taylor, Sex in History, New York 1954, S. 223; Taylor, Angel-Makers, S. 327; Alex Comfort, The Anxiety Makers: Some Curious Preoccupations of the Medical Profession, London 1967; Ryerson, »Medical Advice«, S. 305 ff.; Kern, »Freud«, S. 117-141; L. Deslander, M.D., A Treatise on the Diseases Produced by Onanism, masturbation, self-pollution, and other excesses, Boston 1838; Mrs. S. M. I. Henry, Studies in Home and Child Life, Battle Creek, Michigan, 1897, S. 74; George B. Leonard, The Transformation, New York 1972, S. 106; John Duffy, »Masturbation and Clitoridectomy: A Nineteenth Century View«, Journal of the American Medical Association, 186 (1963), S. 246; Dr. Yellowlees, »Masturbation«, Journal of Mental Science, 22 (1876), S. 337; J. H. Kellogg, Plain Facts for Old and Young, Burlington 1881, S. 186-497; P. C. Remondino, M.D., History of Circumcision from the Earliest Times to the Present, Philadelphia 1891, S. 272.

267 Restif de la Bretonne, Monsieur Nicolas, S. 86, 88, 106; Common Errors, S. 22; Deslander, Treatise, S. 82; Andre Parreaux, Daily Life in England in the Reign of George III, übers. von Carola Congreve, London 1969, S. 125-26; Bernard Perez, The First Three Years of Childhood, London 1885, S. 58; My Secret Life, New York, 1966, S. 13-15, 61; Gathorne-Hardy, Rise and Fall, S. 163; Henri E. Ellenberger, The Discovery of the Unconscious, New York 1970, S. 299; Joseph W. Howe, Excessive Venery, Masturbation and Continence, New York 1893, S. 63; C. Gas-

quoine Hartley, *Motherhood and the Relationships of the Sexes*, New York 1917, S. 312; Bernis, *Memoirs*, S. 90.

268 Dr. Albert Moll, *The Sexual Life of Children*, New York 1913, S. 219 (dt.: *Das Sexualleben des Kindes*, Berlin 1909); Max Schur, *Freud: Living and Dying*, New York 1972, S. 120-32 (dt.: *Sigmund Freud. Leben und Sterben*, übers. v. Gert Müller, Frankfurt 1972); Robert Fleiss, *Symbol, Dream and Psychosis*, New York 1973, S. 205-29.

269 Mrs. Vernon D. Broughton (Hrsg.), *Court and Private Life in the Time of Queen Charlotte: Being the Journals of Mrs. Papendiek, Assistant Keeper of the Wardrobe and Reader to Her Majesty*, London 1887, S. 40; Morley, *Cardan*, S. 35; Origo, *Leopardi*, S. 24; Kemble, *Records*, S. 28; John Greenleaf Whittier (Hrsg.), *Child Life in Prose*, Boston 1873, S. 277; Walter E. Houghton, *The Victorian Frame of Mind, 1830-1870*, New Haven 1957, S. 63; Harriet Martineau, *Autobiography*, Bd. 1, Boston 1877, S. 11; John Geninges, *The Life and Death of Mr. Edmund Geninges, Priest* (1614), S. 18; Thompson, *Religion*, S. 471.

270 Chadwick Hansen, *Witchcraft at Salem*, New York 1970; Ronald Seth, *Children Against Witches*, London 1969; H. C. Erik Midelfort, *Witch Hunting in Southwestern Germany*, Stanford 1972, S. 109; Carl Holliday, *Woman's Life in Colonial Days*, Boston 1922, S. 60; Jeffrey Burton Russell, *Witchcraft in the Middle Ages*, Ithaca, New York, 1972, S. 136; George A. Gray, *The Children's Crusade*, New York 1972.

271 Stahl, *Macrobius*, S. 114; Julia Cartwright Ady, *Isabella D'Este: Marchioness of Mantua, 1474-1539 A Study of the Renaissance*, London 1903, S. 186; Mary Ann Gibbs, *The Years of the Nannies*, London 1960, S. 23; Agnes Strickland, *Lives of the Queens of England*, 6 Bde., London 1864, S. 2; Lady Anne Clifford, *The Diary of Lady Anne Clifford*, London 1923, S. 66; Allan McLane Hamilton, *The Intimate Life of Alexander Hamilton*, London 1910, S. 224; Hare, *Story*, S. 54; Elizabeth Cleghorn Gaskell, *»My Diary«: the early years of my daughter Marianne*, London 1923, S. 33; Mrs. Emily Talbot (Hrsg.), *Papers on Infant Development*, Boston 1882, S. 30; Du Maurier, *Young du Maurier*, S. 250; Preyer, *Mind*, S. 275; James David Barber, *The Presidential Character: Predicting Performance in the White House*, Englewood Cliffs, New Jersey, 1972, S. 212; George V. N. Dearborn, *Motor-Sensory Development: Observations on the First Three Years of a Child*, Baltimore 1910, S. 160; William B. Forbush, *The First Year in a Baby's Life*, Philadelphia 1913, S. 11; Mary M. Shirley, *The First Two Years: A Study of Twenty-Five Babies*, Minneapolis 1931, S. 40. Siehe auch: Sylvia Brody, *Patterns of Mothering: Maternal Influence During Infancy*, New York 1956, S. 105; und Sidney Axelrad, »Infant Care and Personality Reconsidered«, *The Psychoanalytic Study of Society*, 2 (1962), S. 99-102, zu ähnlichen Retardationserscheinungen bei albanischen Kindern.

272 A. S. Neill, *The Free Child*, London 1952; Paul Ritter und John Ritter, *The Free Family: A Creative Experiment in Self-Regulation for Children*, London 1959 (dt.: *Freie Kindererziehung in der Familie*, übers. v. M. Dvorák u. G. Stöhr, Reinbek 1972); Michael Deakin, *The Children on the Hill*, London 1972; und mein eigenes Buch über meinen Sohn, das noch nicht im Druck ist.

273 Trotz der einlinigen Richtung der hier beschriebenen Evolution ist die psychogenetische Theorie nicht unilinear, sondern multilinear, denn auch außerhalb der Familie liegende Bedingungen beeinflussen in einem gewissen Ausmaß die Evolution der Beziehungen zwischen Eltern und Kindern in einer Gesellschaft. Es wird hier keineswegs der Standpunkt vertreten, alle anderen Quellen des historischen Wandels ließen sich auf die psychogenetische reduzieren. Die psychogenetische Theorie ist nicht eine Spielart des psychologischen Reduktionismus, sondern eine bewußte Anwendung des »methodologischen Individualismus«; siehe dazu: F. A. Hayek, *The Counter-Revolution of Science*, Glencoe, Illinois, 1952; Karl R. Popper, *The Open Society and Its Enemies*, Princeton 1950; J. W. N. Watkins, »Methodological Individualism and Non-Hempelian Ideal Types«, in: Leonard I. Krimerman (Hrsg.), *The Nature and Scope of Social Science*, New York 1969, S. 457-72. Siehe auch J. O. Wisdom, »Situational Individualism and the Emergent Group Properties«, *Explanation in the Behavioral Sciences*, hrsg. von Robert Borger und Frank Cioffi, Cambridge, Massachusetts, 1970, S. 271-96.

274 Die Zitate aus Calvin S. Hall, »Out of a Dream Came the Faucet«, *Psychoanalysis and the Psychoanalytic Review*, 49 (1962).

275 Siehe Maurice Mandelbaum, *History, Man and Reason: A Study in Nineteenth Century Thought*, Baltimore 1971, Kapitel 11, über Mills frühen Versuch, eine historische Wissenschaft von der menschlichen Natur zu begründen.

II Richard B. Lyman, Jr.
Barbarei und Religion: Kindheit in spätrömischer und frühmittelalterlicher Zeit

> In solchen Zeiten ist unsere Pactula zur Welt gekommen. Das ist das Spielzeug, mit dem sie ihre erste Kindheit verlebt. Sie lernt eher das Weinen kennen als das Lachen, eher die Tränen als die Freude. Kaum ist sie in die Welt eingetreten, da wird sie Zeuge ihres Untergangs. Mag sie glauben, die Welt sei immer so gewesen! Sie möge sich nicht um die Vergangenheit kümmern, die Gegenwart fliehen und sich nur nach dem Zukünftigen sehnen.
>
> Hieronymus, 413 n. Chr.

Dieser Essay, der sich auf die patristische Zeit und die Jahrhunderte des frühen Mittelalters bezieht (etwa von 200 n. Chr. bis 800 n. Chr.), möchte die überraschende These aufstellen, daß zahlreiche Informationen über die Kindheit auch aus einer an Zeugnissen scheinbar armen Periode vorhanden sind. Zwar wird es wohl niemals möglich sein, eine Geschichte der Eltern-Kind-Beziehungen im strengen Sinne für dieses halbe Jahrtausend zu erarbeiten, eine vorläufige Durchsicht des Materials zeigt aber, daß sich wichtige Fakten aus verhältnismäßig konventionellen Quellen gewinnen lassen. Mit diesem Kapitel betreten wir Neuland. Im wesentlichen liegt ihm eine historiographische und exemplarische Absicht zugrunde. Es soll zeigen, daß Material vorhanden ist und daß der Historiker, der sich auf die Suche begibt, mit den ihm vertrauten Methoden der Lokalisierung und Analyse hier zu Aufschlüssen gelangen kann.

»Man darf Ursachen nicht postulieren« –
Ein Wort zur Methode

Das bislang untersuchte Material läßt gewisse Verschiebungen in den Kernelementen der Eltern-Kind-Beziehungen in dieser Epoche vermuten. Erstens scheint sich der von unseren Quellen erfaßte Bereich sozialer Klassen gegen Ende dieser Periode geringfügig erweitert zu haben. Bis auf einige bemerkenswerte Ausnahmen gehören jene Eltern und Kinder, von denen wir aus römischer Zeit vor Konstantin wissen, der Aristokratie an und sind wohlhabend. Für das Frühmittelalter aber besitzen wir einige Hinweise auf Individuen, die etwas unterhalb dieser Gruppe stehen, obwohl auch hier, wie stets in frühen Dokumenten, das niedere Volk weitgehend ungreifbar bleibt. Zweitens machten die auf die Kindheit bezogenen Ideale einen tiefgreifenden Wandel durch. Nach dem vierten Jahrhundert scheinen die bis dahin verbindlichen Vorstellungen über die Behandlung der Kinder merklich freundlicher zu werden. In der Literatur und in Heiligenviten wird Elternliebe immer wichtiger, insbesondere seit der Generation des Augustinus. Drittens hat es den Anschein, als ob diese Wandlungen der Idealvorstellungen auch für das tatsächliche Verhalten geringfügige, aber praktisch spürbare Auswirkungen gehabt hätten. Das Aufkommen des Christentums bezeichnete gewiß nicht das Ende der »dunklen Zeiten« für die Kinder, aber mit ihm eröffnete sich doch wohl immerhin die Aussicht auf weniger grausame Zustände.

Wie auch sonst in der Geschichte geht der Einfluß von Ideen auf das Alltagsleben nur langsam und unmerklich vor sich. Jedenfalls gibt es neben dem Christentum auch noch andere wichtige Variablen. Eine von ihnen ist der langsame Zerfall im Westen. Obwohl ihm die meisten Heiden und nicht wenige Christen in Resignation und Untergangsstimmung entgegensahen, waren »Abstieg und Fall des römischen Reiches« für viele Individuen und für die langfristigen Hoffnungen der Menschheit doch nicht eigentlich ein Unglück.[1] Beispielsweise mag es in Zeiten mit unsicheren Lebensaussichten, in denen Mangel an Arbeitskräften herrschte, weniger notwendig und der Produktivität geradezu abträglich gewesen sein, Kinder (als überzählige, nicht-produktive Verbraucher von Nahrungsmitteln) auszusetzen oder zu beseitigen. Vor dem gleichen Hintergrund gewinnt aber auch das gegenteilige Argument eine gewisse Plausibilität. Zeiten schwerer Erschütterung und großer Schwierigkeiten können die inneren Spannungen und Ängste einzelner Eltern erhöht und sie dazu veranlaßt haben, psychische Entlastung zu suchen, indem sie ihre Sorgen auf die am wenigsten geschützten Menschen in ihrer Mitte projizierten. Auf allgemeinen gesellschaftlichen Voraussetzungen fußende Behauptungen darüber, wie die Eltern-Kind-Beziehungen wahrscheinlich aussahen oder ausgesehen haben müssen, stehen also auf schwankendem Boden. Ein zweiter wesentlicher Faktor der Veränderung, der zur Erklärung dieser mutmaßlichen Verschiebungen beitragen kann, ist die Einverleibung einer großen Zahl von »Barbaren« in die mediterrane Welt. Obwohl es äußerst schwierig, wenn nicht vollends unmöglich ist, ein genaues Bild dieser Stämme zu gewinnen, bevor sie mit der römischen Zivilisation in Berührung gekommen sind, gibt es doch einige fragmentarische Hinweise auf eine weniger brutale und destruktive Haltung dieser Stämme gegenüber Kindern, als sie in Rom üblich war. So können wir für die Eltern-Kind-Beziehungen vielleicht bald schon die These aufstellen, wir hätten »den Triumph von Barbarei und Religion« über die schlimmsten Kindesmißhandlungen in der Antike beschrieben.[2] Im Hinblick auf diese Variablen – das Christentum, die schweren Zeiten, die Barbaren – sollten wir uns davor hüten, die verschiedenen gut belegten Wandlungsprozesse mit Hilfe eines magisch einfachen Schemas von Ursachen zu erklären. »Kurz gesagt: in der Geschichte, wie auch sonst, dürfen Ursachen nicht postuliert werden, man muß sie suchen ...«[3]

Dem Versuch, umfassende Muster und Kontinuitäten im gesellschaftlichen Leben aufzuzeigen, stellen die Quellen dieser Periode beträchtliche Hindernisse in den Weg. Art und Zustand des Quellenmaterials bringen es mit sich, daß auch der unternehmungslustigste und erfindungsreichste Forscher häufig in Sackgassen gerät. Entdeckungen fußen gewöhnlich weitgehend auf isolierten Quellen und bleiben daher einigermaßen zufällig und unsystematisch.[4] Die Wahl, vor der man hier steht, ist einfach. Entweder man akzeptiert diese Beschränkungen oder man schweigt. Der Beitrag dieses Kapitels zur Geschichte der Kindheit kann deshalb nur darin bestehen, Kontrast- und Vergleichsmöglichkeiten mit besser belegten Perioden zu bieten und mit Hilfe isolierter Belege Vermutungen über Zusammenhänge zwischen den sehr viel reichhaltigeren Perioden vorher und nachher, der Antike und dem Hochmittelalter, anzustellen.

Auch eine Reihe spezifischer methodologischer Probleme sollte erwähnt werden. Zunächst einmal kann die Kindheit in diesen Jahrhunderten aus sich heraus im allgemeinen kein Interesse beanspruchen. Bemerkungen über Kinder, Eltern und insbesondere über das Säuglingsalter kommen gewöhnlich nur beiläufig, im Zusammenhang mit anderen Themen vor. Zweitens sind die Altersangaben nur selten genau; der Terminus »Kind« kann sich anscheinend, je nach Kontext und literarischer Konvention, auf jeden vom Säuglings- bis zum Erwachsenenalter beziehen. Drittens: zweifellos handelt es sich hier um Jahrhunderte, die zeitweise und an bestimmten Orten sehr gewalttätig waren, und man sollte sich davor hüten, ungewöhnliche und bestialische Verhaltensweisen Eltern zur Last zu legen, die selbst Opfer von Schreckensszenen und brutalisierenden Geschehnissen waren. Gewiß kann man zeigen, daß die »gesellschaftlichen Verhältnisse« für einen Säugling, der ausgesetzt wurde, nicht eben günstig waren; ein kritischer Historiker wird aber dennoch wissen wollen, welche materiellen und psychischen Umstände dazu beigetragen haben mögen, einen Vater oder eine Mutter zu einer solchen Handlung zu veranlassen. Es gibt ein andauerndes und sehr komplexes Wechselspiel zwischen öffentlich-gesellschaftlichem Druck und persönlichen Motiven, das im Hinblick auf das uns vorliegende ungewisse Rohmaterial besonders schwer einzuschätzen ist.

Mit wenigen Ausnahmen erweisen sich die meisten traditionellen historischen Quellen als recht arm an Hinweisen auf unser Thema. Die Untersuchung Dutzender Historien und Chroniken von Tacitus bis Bede verlief enttäuschend. Wie es Kennern der Antike und Mediävisten nicht selten ergeht, sah ich mich zu einer sehr offenen Haltung gegenüber allen Arten von Quellen veranlaßt. Mit diesem Ansatz sind jedoch einige besondere Probleme verbunden. So hat man es etwa mit über lange Zeiträume hinweg bestehenden und immer wieder aufgegriffenen literarischen Konventionen und Überlieferungen zu tun. Wenn z. B. Ausonius im vierten Jahrhundert eine Cupidogeschichte nacherzählt, bis zu welchem Grad darf man dann eine solche Standarderzählung mit psychologischen Deutungen befrachten?[5] Wie weit sollen die in dem Gedicht zur Sprache kommenden Einstellungen neuen psychischen Bedingungen und wie weit sollen sie der überlieferten Fabel zugeschrieben werden? Daher habe ich versucht, mich auf solche Stellen zu beschränken, die mir durch häufige Wiederholung eines einzelnen Motivs, durch eine ungewöhnlich lebendige und ausgedehnte Beschreibung oder durch ungewöhnlich häufige Rückgriffe auf eine bestimmte literarische Konvention auffielen.

Auf eine ähnliche Schwierigkeit stößt man bei der Untersuchung der Bildhauerkunst und der Malerei. Offensichtlich darf man nicht in allen kleinen Figuren Kinder sehen. Nicht selten sollen sie Diener, Sklaven, Frauen, Seelen, Dämonen oder Engel darstellen.[6] Ein wichtiger Ansatzpunkt auf dem Gebiet der bildenden Künste ist die Untersuchung von Szenen, in deren Mittelpunkt die Heilige Familie steht.[7] Die Kontinuität und Konventionalität der Themen kann man ermessen, wenn man einen Fries mit der den Horus stillenden Isis (3. Jh., koptisch) mit einem Grabstein aus Fajûm (Ägypten, 5. oder 6. Jh.) vergleicht, auf dem Maria Jesus stillt.[8] Bei beiden Darstellungen schaut die Mutter mit starrem Blick nach vorne, sie hält den Säugling mit der linken Hand und reicht ihm mit der rechten eine Brust. Das Kind wird von der Mutter weder liebkost, noch zeigt es großes Interesse an der Brust. Horus scheint um einiges fröhlicher als Jesus zu sein. Welche Schlüsse lassen sich nun aus diesem Vergleich ziehen? Vielleicht nur wenige, ausgenommen daß künstlerische Stile zwischen verschiedenen Religionen austauschbar zu sein scheinen, insbesondere in derselben geographischen Region. Die technischen Schwierigkeiten, die sich im Rahmen solcher Untersuchungen ergeben, treten auch deutlich hervor, wenn man eine Darstellung von Jungfrau und Kind aus dem *Book of Kells* (8. Jh.) betrachtet.[9] Immer noch sieht die Jungfrau geradeaus, über die rechte Schulter des Betrachters, Ihre Arme umfangen das Kind nun deutlicher, das seine Hand vielleicht gerade nach einer wohlbedeckten Brust ausstreckt. Das Gesicht der Mutter ist ausgesprochen orientalisch und in hohem Maße stilisiert. Der Säugling hingegen hat eine lange spitze Nase, vielleicht ein gespaltenes Kinn und lange, wellige, rote Haare. Den Schlußfolgerungen, die man aus solchen Betrachtungen ziehen kann, sind offensichtlich Grenzen gesetzt, und in ihrer relativen Isoliertheit gleichen sie einer Handvoll Tonscherben oder einzelnen Münzen. Vielversprechender ist dagegen eine Illustration zu Psalm 50 aus dem Utrechtpsalter (Reims, ca. 820).[10] Diese Illustration zeigt ziemlich deutlich ein nacktes Kind, das von einem Erwachsenen mit dem Gesäß nach oben gehalten wird, während ein anderer ihm Schläge verabreichen will. Die beiden Erwachsenen haben sich umgewendet und lauschen einem Hirten, der Vers 17 (». . . da du doch Zucht hassest . . .«) oder Vers 21 (». . . ich will dich zurechtweisen . . .«) spricht. Eine andere Illustration aus demselben Psalter, die zu Psalm 88, zeigt deutlich nackte Kinder, die von Engeln geschlagen werden.[11]

Ein weiteres Beispiel für die Fallstricke, in die der übereilige Historiker der frühmittelalterlichen Kindheit geraten kann, bietet das Feld der Hagiographie. Dieses vielfach untersuchte Gebiet hat die Historiker in die Lage versetzt, mit leidlicher Genauigkeit Leben und Werdegang zahlreicher individueller Heiliger zu rekonstruieren und von den Darstellungen die Zutaten konventioneller Heiligkeit abzustreifen. Der Historiker der Kindheit, der hier eine reichhaltige Ader biographischen Materials zu finden hofft, stößt statt dessen nur auf immer wiederkehrende idealisierte Motive von Geburt, Kindheit und Jugend. Diese sind an sich nicht uninteressant, bleiben jedoch weniger aufschlußreich als normale Biographien aus neuerer Zeit. Hier folgen drei Beispiele für Kindheitsdarstellungen, in denen einige der wiederkehrenden Motive und Themen angedeutet werden.

> Martinus stammte aus Sabaria, einer Stadt in Pannonien. Er wuchs in Italien zu Ticinum [Pavia] auf. Seine Eltern waren nach ihrer Stellung in der Welt von nicht geringem Rang, aber Heiden. Sein Vater war zuerst gewöhnlicher Soldat, dann Militärtribun.[12]

Herkunft und soziale Stellung sind wichtig, wie man es auch in jeder wesentlich aristokratischen Literatur erwarten würde. Ein weiteres Thema, magische Vorzeichen und Kräfte, zeigt sich in der folgenden Passage:

> Ambrosius wurde geboren, als sein Vater Ambrosius das Amt des Präfekten von Gallien innehatte. Als kleines Kind schlief er mit offenem Mund in seiner Wiege, die im Hof des Statthalterpalastes stand, als plötzlich ein Bienenschwarm herbeikam, der ihm Gesicht und Mund so bedeckte, daß die Tiere bei seinem Munde aus- und eingingen, in ununterbrochener Folge. Sein Vater wandelte mit seiner Mutter und der Tochter in der Nähe und sagte dem Mädchen, das angestellt war, den Säugling zu stillen, es solle die Bienen nicht vertreiben, denn er hatte Angst, sie könnten das Kind verletzen. Und mit väterlicher Sorge wartete er, wie der Wunderfall sich enden würde. Und alsbald flogen die Bienen davon und schwirrten in die Luft zu solcher Höhe, daß es menschlichen Augen unmöglich war, sie zu sehen. Das erschreckte den Vater, und er sprach: »Wenn dieser Kleine am Leben bleibt, so wird etwas sehr Großes aus ihm.« (...) Jener Bienenschwarm erzeugte uns die Honigwaben seiner Schriften (...).[13]

Der Wille, ein möglicherweise natürliches Ereignis zu entstellen und großzügig zu allegorisieren, ist ein charakteristisches Merkmal der Heiligenleben. Aber man sollte auch die angestellte Amme und die Nähe der Eltern zum Kind beachten. Zwischen dem frühen fünften Jahrhundert, als dieses Leben geschrieben wurde, und dem frühen achten, als das Leben des heiligen Guthlac verfaßt wurde, gibt es nur geringfügige strukturelle Wandlungen. In dieser späteren Biographie sind Herkunft und materieller Wohlstand immer noch bedeutsam, ebenso wie die »jungfräuliche Bescheidenheit« der Mutter. Allerdings kommt nun ein größeres Interesse an den äußeren Details von Geburt und erster Kindheit hinzu. Beträchtliche Aufmerksamkeit ist dem Geburtsvorgang selbst gewidmet, wobei die »heftigen Wehenschmerzen« und das »Leiden« hervorgehoben werden. Den Augenblick der Geburt markiert die Erscheinung einer wunderbaren »goldroten« Hand, die aus den Wolken nach einem Kreuz vor dem Geburtshaus greift. Nach acht Tagen wird das Kind zur Taufe gebracht. Indem es heranwächst, entfaltet es eine Reihe von Eigenschaften, in denen man geradezu ein frühmittelalterliches Ideal erkennen kann.

Und als er dem Säuglingsalter entwuchs und versuchte, in seiner kindlichen Art zu sprechen, da fiel er seinen Eltern und den Ammen und der Schar der gleichaltrigen Kinder niemals zur Last. Die Frechheit der Kinder ahmte er nicht nach und nicht das unsinnige Geschwätz alter Frauen, noch die öden Geschichten des niederen Volkes, noch das alberne Geschrei der Landleute; weder die lügenhaften Tändeleien der Schmeichler, noch die vielfältigen Rufe der verschiedenen Vogelarten, wie Kinder seines Alters es doch zu tun pflegen. Er besaß aber eine bemerkenswerte Weisheit und zeigte ein heiteres Gesicht, reinen Sinn, edlen Geist und eine aufrichtige Haltung. Gegen seine Eltern war er ehrerbietig, gehorchte denen, die älter waren als er, war liebevoll zu seinen Pflegebrüdern und -schwestern, leitete niemanden in die Irre, tadelte niemanden, brachte keinen ins Straucheln, vergalt keinem Böses mit Bösem und war stets gleichmütig.[14]

Nachdem wir diese methodologischen Fragen erörtert haben, möchte ich nun einigermaßen chronologisch verfahren und einen Überblick über Probleme und Materialien aus römischer, patristischer und frühmittelalterlicher Zeit geben.

»... um die Hände der Eltern zurückzuhalten ...« –
Ein römisches Vorspiel

Auch wenn die Geschichte der Kindheit in römischer Zeit noch zu schreiben bleibt, ist es doch deutlich, daß dem interessierten Historiker ein umfangreiches Material zur Verfügung steht.[15] Über Biographien, Literatur, Gesetzestexte und Historien verstreut finden sich häufig Hinweise auf Kinder. Forscher sollten sich dabei vor jeder Voreingenommenheit, was die Brauchbarkeit der Quellen angeht, hüten. So stößt man in der Literatur häufig auf wahre Kabinettstücke, etwa eine Stelle am Schluß von Petronius' *Satyrikon:* »Als Scipio Numantia einnahm, fand man Mütter, die ihre halbaufgefressenen Babys im Schoße hielten.«[16] Römer, insbesondere aus den östlichen Teilen des Imperiums, leisteten wesentliche Beiträge zur Kinderheilkunde, und diese Werke sollten im Zentrum zukünftiger Studien über römische Kinder stehen. Celsus (gest. 50) kompilierte vor allem griechische Schriften zu diesem Thema und stützte sich stark auf Hippokrates. Soranos von Ephesos (gest. 138) verfaßte eine detaillierte, auf eigenen Beobachtungen fußende Untersuchung zur Gynäkologie, die viele Informationen über das Säuglingsalter enthält. Galen (gest. 201) schrieb ausführlich, manchmal unter Berufung auf Soranos, über das Säuglingsalter, die Ernährung und die Erziehung. Oribasius (gest. 403) folgte den verschollenen Beobachtungen des Aristoteles über das Achtmonatskind und lieferte Informationen etwa zu den Fragen der Auswahl einer Amme und der Qualität der Milch. Der Leibarzt Justinians, Aetius Amidenus (gest. 575) verfaßte ein umfangreiches *Tetrabiblion* in der Nachfolge von Galen, das ausführliche Informationen zur Kinderheilkunde und Kindererziehung enthält.

Außer in Biographien, Sammlungen vermischter Schriften, Erziehungsliteratur (etwa Cicero und Quintillian) und Schriften zur Kinderheilkunde steht dem Historiker der römischen Kindheit auch in der Dichtung ein reichhaltiges Material zur Verfügung. Lukrez und Juvenal, um zwei Beispiele zu nennen, verwendeten häufig Bilder des Säuglingsalters zu künstlerischen Zwecken. Eine eingehendere Untersuchung dieser Schriftsteller soll einige ihrer Grundthemen veranschaulichen. Lukrez hält ein langsam bis zur Reife voranschreitendes Wachstum für natürlich:

Auch zum Wachstum wäre die Zeit nicht nötig den Dingen
Nach dem geschwängerten Keim, wofern aus Nichts sie erwüchsen.
Plötzlich würde zum Jüngling das Kind, es schöss' aus der Erde,
Plötzlich entstanden, der Baum: dergleichen doch nimmer geschiehet,
Wie es am Tag liegt; denn alles erwächst allmählich,
Wie sich's gehört, aus eigenem Samen, erhält dann im Fortwuchs
Art und Geschlecht;...[17]

Später spricht er von der Trauer, mit der ein erwachsener Mann Betrachtungen über den eigenen Tod anstellt:

Aber dein freundliches Haus empfängt dich nicht mehr, noch die teure
Gattin; dir laufen nicht mehr entgegen die lieblichen Kinder,
Küsse zu rauben von dir, dich labend mit schweigender Wonne.[18]

Diese beiden Elemente – die verständnisvoll nachsichtige Haltung zum Wachstum der Kinder und die Freude an ihnen als wesentlicher Bestandteil des Familienlebens – zählen zu den positiven Beiträgen, die die Römer zur Wahrnehmung der Kindheit in den nachfolgenden Jahrhunderten geleistet haben. Bei den Kirchenvätern dienen diese Ideale dann der Rechtfertigung von Ermahnungen zur milderen Behandlung der Kinder. Eine andere Haltung aber, die eher an die damalige Praxis erinnert und darauf hinweist, daß Kinder eigentlich eine Plage sind, findet Eingang in Buch IV:

Knaben, vom Schlafen gedrückt, vermeinen, zu weilen an Pfützen,
Oder an Scherben zu stehen mit emporgehobenem Röckchen;
Lassen dann von sich gehen den ganzen gesammelten Vorrat
Und benetzen damit babylonische kostbare Decken.[19]

Jene für Lukrez und das antike Denken im allgemeinen charakteristischen Merkmale der Resignation und des Fatalismus tauchen auch im Zusammenhang mit Kindern auf:

Siehe das Knäblein, es liegt, bedürftig jeglicher Hilfe,
Einem Gescheiterten gleich, den die Wut der Wellen an Strand warf,
Nackt am Boden, das Kind; nachdem an die Küsten des Lichtes,
Durch die Wehen es erst aus dem Schoß die Mutter hervorgoß.
Traurig füllt es umher den Ort mit Wimmern, wie recht ist
Dem, dem im Leben annoch so manches Übel bevorsteht.
Aber wie anders wächset das Vieh, die Herden, das Wild auf:
Kinderklappern bedürfen sie nicht, noch schmeichelnder Ammen
lallendes Kosen...[20]

Lukrez' Ärger wird durch sein Mitleid für die Kinder abgemildert, die ebenfalls am sinnlosen Lauf von Leben und Tod und an den Schrecken der Nacht teilhaben.

Denn wie die Kinder im Finstern vor allem zittern und beben,
Also fürchten zuweilen auch wir beim Lichte des Tages
Dinge, die eben nicht mehr verdienten Furcht zu erwecken,
Als was die Kinder im Finstern erschreckt und womit sie die Angst täuscht.[21]

Es liegt auf der Hand, daß sich aus den Schriften eines jeden Dichters in den Einzelheiten geringfügige Unterschiede ergeben, ich glaube aber, daß ähnliche Widersprüche selbst bei einem für seine Kinderfreundlichkeit bekannten Dichter auftreten.[22] Insbesondere in der vierzehnten Satire spricht Juvenal ausdrücklich von den Beweggründen der Eltern: »Laß das Verwerfliche sein! Das empfiehlt schon ein einziger mächt'ger/ Grund: es solln unsern Freveln nicht unsere Nachkommen folgen/ Die wir gezeugt...« (14,38-40) Der Umstand, einen kleinen Sohn *(filius infans)* zu haben, sollte einen Erwachsenen zu größerer Rechtschaffenheit anhalten, denn wenn sich im späteren Leben erweist, daß der Sohn dem Beispiel der Eltern gefolgt ist: »Nach dir geschlagen, ein Sohn deines Geistes auch, der allerorten/ Schlimmer noch als du selbst sich in deinen Spuren versündigt,/ Schilst du ihn, glaub' ich, gewiß und schimpfst ihn mit heftiger Rede,/ Und dann schickst du dich an, dein Testament zu verändern...« (14,52-55). Das sind gewiß elternzentrierte Empfindungen, die offenbaren, daß der entscheidende Zweck des Kindes (des Sohnes) darin besteht, den Eltern (dem Vater) Freude und Ehre zu machen. In der sechsten Satire übt Juvenal direkte Kritik an der Abtreibung (6,591-597), an der Praxis der Aussetzung (»Schweig von den Untergeschobenen«, 6,602) und an der Ermordung von Stief- und Adoptivsöhnen (6,627-643). Eine andere Passage bestätigt, daß Juvenal diese in der damaligen Gesellschaft weit verbreiteten Erscheinungen tatsächlich verurteilt: »Achtung und Scheu, wie keinem, gebühret dem Knaben.« (14,47)[23]

Tatsächlich wird Juvenal von Gilbert Highet ausdrücklich eine freundliche Haltung gegenüber Kindern zugeschrieben, im Gegensatz »zu seiner früheren Verbitterung über die Kosten, die es macht, den Sklaven die Bäuche zu füllen.«[24] Mir scheint, die Passage, die Highet anführt (11,152-155), eher polemisch als wohlwollend zu sein und wenig über Juvenals Haltung zu Kindern auszusagen. In diesem Abschnitt wird einem »natürlichen, schlichten und bescheidenen« Jungen vom Lande der Vorzug gegenüber einem »exhibitionistischen Großmaul« aus der Stadt gegeben. Auf ähnliche Weise verglich Juvenals Zeitgenosse Tacitus in der *Germania* die degenerierten Römer mit den tugendhaften wilden Germanen. Im allgemeinen nimmt man an, die Vorliebe des Tacitus für die Germanen offenbare eher etwas über seine Haltung zu den Römern, als daß sie etwas über den moralischen Charakter der Germanen aussagen würde. Gebraucht Juvenal die Unschuld eines Landjungen hier nicht in der gleichen Weise?

Der Abschnitt bei Juvenal, der vielleicht am deutlichsten Zartgefühl für Kinder offenbart, findet sich in der 15. Satire (15,134-140), insbesondere die Stelle: »'s ist ein Gebot der Natur, daß wir seufzen beim Anblick der jungen / Frau, die verstarb, oder wenn in die Erde man bettet ein Kindlein,/ Das noch zu klein für das Feuer.« (15,137-140) Es gibt jedoch gewichtige Gründe für die Annahme, daß sich die Alten wenig darum kümmerten, mit einem toten (oder schlafenden) Kind zärtlich umzugehen, und das hier zum Ausdruck kommende feine Mitgefühl dürfte kaum mehr als eine Konvention sein, die wenig über Juvenals persönliche Haltung sagt.[25] Daher läßt sich die Meinung vertreten, daß Juvenal, wie auch Lukrez, in besonderen Situationen zu positiven Gefühlen Kindern gegenüber fähig ist, daß der eigentliche Nutzen der Kinder für den Dichter aber darin liegt, umfassendere Themen (Nichtigkeit des Lebens, Unberührtheit der Ländlichkeit u. ä.) in einer Weise zu veranschaulichen, die über die wirklichen Eltern-Kind-Beziehungen oder deren Ideal kaum etwas aussagt.

In historischen Untersuchungen zur römischen Kindheit gehen viele Erörterungen von der Bedeutung aus, die die Alten der Fruchtbarkeit, der Macht des Vaters und den Erziehungsmustern beimaßen.[26] Aufgrund der erwachsenen-zentrierten Interessen, die sich in sozialen und ökonomischen Reformen durchsetzten, wurden diese Fragen oft aufgeworfen. So erwuchsen die Augusteischen Ehebruchsgesetze eher aus der Sorge um die Geburtenrate in der Oberklasse als aus dem Mitleid mit dem Los unehelich geborener Kinder, und Columnellas aus dem 1. Jahrhundert stammende Erörterungen über die Nachkommenschaft der Sklaven spiegeln die lang anhaltenden Bemühungen wider, die Landwirtschaft in Italien wiederzubeleben und zur Blüte zu bringen.[27] Mit Quintillian (gest. ca. 100) kommt der Gedanke auf, man solle in den Kindern Wesen sehen, die von Geburt an eine volle Entwicklungsfähigkeit besitzen:

Denn es gibt überhaupt keinen Grund zu der Klage, nur wenige Menschen besäßen die Kraft, das Wissen aufzunehmen, das ihnen zuteil wird. Solche, die stumpfsinnig und ungelehrig sind, sind ebenso abnorm wie Mißgeburten, und ihre Zahl ist gering. Einen Beweis für das, was ich sage, kann man in dem Umstand erkennen, daß Jungen für gewöhnlich die Verheißung zahlreicher Fertigkeiten an den Tag legen, und wenn eine solche Verheißung, indem sie heranwachsen, dahinschwindet, so liegt dies offenkundig nicht an einem Mangel an natürlicher Begabung, sondern am Fehlen der erforderlichen Aufmerksamkeit.[28]

Von diesem Gedanken, jedes Kind habe einen Verstand, der es wert sei, entwickelt zu werden, ist es nur ein kleiner Schritt bis zu der Überzeugung, jeder habe eine Seele, die es zu retten gelte. Keine dieser Positionen jedoch schreibt mit Notwendigkeit eine bestimmte Praxis der Kindererziehung vor.

Daß ältere Gewohnheiten fortbestanden, zeigt sich an Regelungen und Gesetzen aus der ganzen Kaiserzeit. Ein Gesetz, das große Aufmerksamkeit erregt hat, findet sich auf einem zwischen 151 und 160 datierten Papyrus aus Ägypten.[29] Kinder mußten ihr Erbe mit einer verwitweten Mutter gleichmäßig teilen, aber nur, wenn sie bis zum Zeitpunkt des Vermächtnisses geboren waren. Sogar Kinder überführter Mörder können einen Zehnten erben. Jedoch:

Wenn ein Ägypter ein Kind, das auf einem Misthaufen ausgesetzt wurde, großzieht und es adoptiert, so wird ein Viertel seines Besitzes auf Lebenszeit eingezogen.

Ein Kind, das auf einem Misthaufen ausgesetzt wurde, darf nicht Priester werden.

Hier zeigt sich erneut das Grundmuster der Ambivalenz. Kinder sind nützlich, um das Erbrecht einer Witwe zu bestimmen, haben unter gewissen Umständen das Recht, eine Erbschaft mit der Mutter zu teilen, aber ausgesetzte Kinder bedeuten für die Pflegeeltern eine wirkliche Belastung.[30] Welcher sozialen Klasse gehörten sie vor ihrer Aussetzung an, und welcher nachher? In der mittleren Kaiserzeit befassen sich zahlreiche Gesetze mit Problemen, die mit dem Bürgerrecht, der Legitimität von Soldatenkindern und der Aufrechterhaltung des Kastensystems zusammenhängen. Man wird schwerlich nachweisen können, daß sich in diesen Gesetzen bewußt aufgeklärte Intentionen gegenüber Kindern niederschlugen, auch wenn sie in ihren Nebenwirkungen einige der Bedingungen abmilderten, unter denen Kinder geboren wurden und aufwuchsen. Daß kaiserliche Verordnungen geringe Auswirkungen für die Kinder hatten, läßt sich an zwei Gesetzen aus dem *Codex Theodosianus* zeigen. Das erste datiert von 322.

Wir haben erfahren, daß Bewohner der Provinzen, die an Lebensmittelknappheit leiden und des Unterhalts ermangeln, ihre Kinder verkaufen oder verpfänden. (. . .) Es steht im Widerspruch zu unseren Sitten zuzulassen, daß eine Person vom Hunger zerstört wird oder Zuflucht bei einer Schandtat sucht.[31]

Und aus dem gleichen Zeitraum (315/329):

Ein Gesetz soll auf Bronze oder auf Wachstafeln oder auf Leinwand geschrieben und in allen Städten Italiens aufgestellt werden, um die Hände der Eltern zurückzuhalten vom Kindermord und ihre Hoffnungen zum Besseren zu lenken. (. . .) Wenn Eltern angeben, sie hätten Nachkommen, die sie, ihrer Armut wegen, aufzuziehen unfähig seien, so soll ihnen ohne Verzug Nahrung und Kleidung ausgeteilt werden, denn die Pflege eines neugeborenen Kindes duldet keinen Aufschub.[32]

Es ist bezeichnend, daß diese Gesetze, die das Fortbestehen harter und grausamer Praktiken gegenüber Kindern anzeigen, erst im frühen vierten Jahrhundert entstanden. Damit dürfte es schwierig sein, an der ebenso naiven wie frommen Hoffnung festzuhalten, mit der Ausbreitung des Christentums hätte sich automatisch auch die Lage der Kinder gebessert. So wurde z. B. der Kindesmord erst im Jahre 374 zum Kapitalverbrechen erklärt, was natürlich dieser Praxis kein Ende setzte, obwohl das Christentum zur Staatsreligion geworden war.

Im nächsten Abschnitt möchte ich einige Auffassungen der Kirchenväter zur Kindheit skizzieren. Tief unter der Oberfläche einer absinkenden Zivilisation vollzogen sich grundlegende Wandlungen, die, in Augustinus gipfelnd, eine neue Ansicht von der Natur des Menschen hervorbrachten.[33] Diese Wandlungen beeinflußten notwendigerweise auch die Theorien über die Eltern-Kind-Beziehungen; die Bewahrung alter Gebräuche und Glaubenssysteme aber ist, wie stets so auch hier, eine mächtige, hartnäckige und vielfach abgesicherte Kraft.

»Himmlische Milch« – Kindheit im Zeitalter der Kirchenväter

Die Ambivalenz der nicht-christlichen römischen Welt gegenüber Kindern bleibt auch in der römisch-christlichen Ära in zahlreichen Widersprüchen und Inkongruenzen erhalten. Was den Leser frühchristlicher Schriften besonders erstaunt, ist die lebhafte Schilderung der mit Geburt und Säuglingsalter verbundenen körperlichen Funktionen. Ein unmittelbarer Grund dafür liegt in dem Bemühen der Kirchenmänner, das Wesen der jungfräulichen Geburt und das Dasein des Messias als Menschenkind theologisch zu erklären. Aber müssen wir nicht auch fragen, warum sich gerade in dieser Periode ein intensives Interesse an Müttern, Vätern, quellenden Brüsten, Samen und Geburtsschmerzen entwickelt? In dem Material, das als Neues Testament kanonisiert worden ist, finden diese Gegenstände im großen und ganzen nur relativ geringe Beachtung. Nun aber wächst die Aufmerksamkeit stark an, wie einige Beispiele zeigen können. Der Bischof Zeno von Verona (gest. ca. 372) schrieb eine »Einladung zum Taufbrunnen«, die den Täuflingen unmittelbar vor der eigentlichen Zeremonie vorgetragen wurde:

Schon ladet euch der ewige Quell in heilsamer Wärme. Schon verlangt unsere Mutter, euch zu gebären; aber nicht zu gebären nach dem Gesetz, nach dem euch dereinst eure Mütter geboren; denn sie seufzten selbst unter den Schmerzen des Gebärens und haben euch wimmernd, schmutzig, in schmutzige Windeln gewickelt, in diese Welt, ihr verknechtet, hereingebracht. Aber diese Mutter wird nicht in Windeln, die übel riechen, sondern an heiligen Altares Schranken, die voll sind angenehmen Duftes, euch nähren. (. . .) Eilet zur Quelle, dem süßen Schoß der Mutter, die immer Jungfrau ist. (. . .) Es ist eine wunderbare, wahrhaft göttliche, hochheilige Geburt. Eine Geburt, bei der diejenige, die gebiert, nicht seufzt, derjenige, der wiedergeboren wird, von Weinen nichts weiß.[34]

Schon früher hatte sich Tertullian (gest. ca. 222) direkt mit Fragen der Geburt befaßt.

Christus wenigstens hat sicher den Menschen geliebt, obwohl derselbe im Mutterleibe aus Unreinigkeiten zusammenrinnt, vermittels der Schamteile ans Licht kommt und unter Schäkereien groß gefüttert wird. (. . .) Demzufolge liebte er mit dem Menschen auch dessen Geburt und Leiblichkeit. (. . .) Nachdem er den Geburtsakt durch eine himmlische Geburt wiederhergestellt hatte, befreite er den Leib von jeder Art Plage.[35]

Tertullians Zeitgenosse, Clemens von Alexandrien (gest. ca. 211/215), scheint sich in seinem »Hymnus an den Erlöser« aus dem *Paedagogus* besonders mit der Muttermilch zu beschäftigen:

Christus Jesus! Himmlische Milch – deiner Weisheit Gnade –
aus süßester Brust einer jungen Braut. Zarte Kinder, trinken wir sie,
wie sie hervorquillt, mit unschuldigen Lippen,
gesättigt von der Arznei des Geistes aus einer mystischen Brust.[36]

An einer anderen Stelle des *Paedagogus* (I,42-43) führt Clemens aus:

Diese Mutter [die Kirche] hatte keine Milch, weil sie allein nicht Weib geworden ist, sondern Jungfrau zugleich und Mutter ist, unberührt wie eine Jungfrau und liebevoll wie eine Mutter; und sie ruft ihre Kinder zu sich und nährt sie mit heiliger Milch (. . .) »Esset mein Fleisch«, so steht geschrieben, »und trinkt mein Blut!« (. . .) und nichts fehlt den Kindern zum Wachstum. O unbegreifliches Geheimnis![37]

In einem anderen Traktat führt Clemens dieses »unbegreifliche Geheimnis« weiter aus:

Blicke auf die Geheimnisse der Liebe, und dann wirst du den Schoß des Vaters schauen (. . .) Und das Unaussprechliche seines Wesens wurde Vater, das gegen uns Mitleidige aber wurde Mutter. Und infolge seiner Liebe nahm der Vater eines Weibes Wesen an, und der deutliche Beweis dafür ist der Sohn, den er selbst aus sich erzeugte; und die aus Liebe geborene Frucht ist Liebe.[38]

Eine so lebhafte Bildlichkeit kann man nicht als bloße Rhetorik abtun. Welche Ängste um Elternliebe treten hier kaum verschleiert hervor? Wieviele Säuglinge wurden an den Brüsten ihrer eigenen Mütter nicht ausreichend ernährt? Spiegelt sich in der Obsession von den mit der Geburt verbundenen Schmerzen und Gefahren nicht eine weitverbreitete Sorge wider? Denkt man etwa an die verschiedenen Ansichten über Sexualität in der Bibel, so stellt sich die Frage, warum die engste und eingeschränkteste unter ihnen bei den frühchristlichen Apologeten so verbreitet ist.

Radikale Askese ist ein wichtiges Element des frühen Christentums. Auf den ersten Blick scheinen die »Wüstenväter« des vierten Jahrhunderts auf einer überstürzten Flucht u. a. auch vor Familienverantwortlichkeiten und den mit Eltern-Kind-Beziehungen verbundenen Mühen zu sein. Diese frühesten Anachoreten verausgabten ihre Energie vor allem im Widerstand gegen die Versuchungen des Erwachsenenalters, etwa Wollust und Völlerei. Zudem beginnen die meisten ihrer Biographien entweder in der Jugendzeit oder nachdem sie sich als Erwachsene dem asketischen Leben zugewandt haben, wobei Kindheit und Erziehung völlig außer acht bleiben.[39] Kaum jemals werden Kinder erwähnt, in welchem Zusammenhang auch immer; nicht einmal in Sprachfiguren (»mein Sohn«, »meine Tochter«) treten sie auf.[40] Mit Hieronymus (gest. 420) und der zweiten und dritten Generation dieser Bewegung jedoch hat sich der Asketismus so weit abgeschwächt, daß er die Beschäftigung mit Kindern zuläßt. Häufig kommen nun Kinder in Redewendungen vor (»Wie ein zarter Knabe hast Du Deine gegen mein Bitten ablehnende Haltung in solch schmeichelhafte Worte gekleidet...«[41]), auch wenn sich der Kontext nicht auf Kinder bezieht. Hieronymus ist es anscheinend besonders um die Ausbreitung des Glaubens zu tun; eine generelle Asexualität würde offensichtlich die Erzeugung neuer Menschenwesen, die gerettet werden könnten, einschränken. Sein langer Brief an Eustochium (384) ringt mit diesem Problem:

> Es bedeutet keine Herabwürdigung der Ehe, wenn ich ihr die Jungfräulichkeit vorziehe. (...) Auch die verheirateten Frauen haben ihren Ruhm, folgen sie doch gleich hinter den Jungfrauen. Der Herr sagt: »Wachset und mehret euch und erfüllet die Erde!« (...) Deshalb geht auch das jungfräuliche Fleisch aus der Ehe hervor. (...) Ich billige das Heiraten und achte den Ehestand, aber deshalb, weil aus ihm die jungfräulichen Seelen hervorgehen.[42]

Kinder sind also kein Übel; vielmehr spielen sie in der Christenwelt als Jungfrauen und als potentieller Nachschub eine ausgesprochen nützliche Rolle. Den Vorzug vor jeder natürlichen Geburt genießt jedoch unmißverständlich jene Erfahrung, wenn

> wir in Christus geboren werden. (...) So möge auch unser Nepotian gleichsam als wimmerndes Kind und als kleiner Knabe uns unvermittelt aus dem Jordan der Taufe geboren werden (...)[43]

Wenn man sich von Hieronymus anderen führenden Gestalten der Kirche zuwendet, so bleiben, trotz markanter Unterschiede im jeweiligen persönlichen und religiösen Stil, eine Reihe dieser Themen erhalten. Ambrosius, Bischof von Mailand (gest. 397), entwickelte genügend Interesse an Kindern, um 394 in Florenz eine wunderbare Heilung an einem kleinen Jungen zu bewirken.

> Er fand ihn auf seinem Bett, und aus Mitleid mit der Mutter und im Gedanken an ihren Glauben, legte er sich wie Elisa auf den Körper des Kindes und betete; und ihm ward gegeben, einen, den er tot gefunden, der

Mutter lebendig wiederherzustellen. Auch schrieb er ein kleines Buch für den Knaben, auf daß dieser lesend lerne, was er als Säugling nicht aufzunehmen vermochte.[44]

Denkt man an spätere Hinweise auf Kinder, die dadurch, daß sich jemand »auf sie legte«, erstickt wurden, so deutet diese Passage die Möglichkeit an, daß jene Form der »unbeabsichtigten« Kindestötung schon früh praktiziert worden ist. Der heilige Mann vermochte es, durch seine Magie und den Kontakt von Fleisch zu Fleisch den Tod eines Kindes vermittels einer geheiligten Form des »Erdrückens« ungeschehen zu machen.[45]

Um die gleiche Zeit, im Jahre 388, hielt Johannes Chrysostomos in Antiochia eine Ansprache »Über Hoffart und Kindererziehung«.[46] Zwar geht es in diesem Traktat vor allem darum, daß die Eltern für die moralische Erziehung ihrer Kinder verantwortlich sind, sie enthält jedoch auch einige bedeutende Informationen über die Einstellungen zu sehr kleinen Kindern. Ein kleiner Junge sollte nicht mit »edlen Gewändern und goldenem Schmuckwerk« ausstaffiert werden; er sollte vielmehr einen »gestrengen Hauslehrer« erhalten, der darauf sieht, daß ihm die Haare nicht in die Länge wachsen. Der Vater sollte den Jungen in Rechtschaffenheit erziehen, denn:

Wenn die rechten Gebote der Seele aufgeprägt werden, solange diese noch zart und weich ist, wird niemand sie zerstören können, nachdem sie sich einmal gefestigt haben, ganz wie bei einem wächsernen Siegel. Noch zittert das Kind und ist furchtsam; in Blick und Sprache und in allem anderen zeigt es Angst. Nutze sein zartes Lebensalter, wie du es doch tun solltest. Dir zuerst bringt es Gewinn, wenn du einen guten Sohn hast, sodann auch Gott. Um deiner selbst willen bemühst du dich.[47]

Bemerkenswerterweise haben hier die Eltern, noch vor Gott, den ersten Gewinn. Aber die Kinder werden mit der Fähigkeit geboren zu wachsen und die Verantwortung des Vaters besteht in der rechten Erziehung des Sohnes. Das Kind sollte nicht zuviel mit der Rute geschlagen oder geohrfeigt werden, damit es diese Mittel nicht mit der Zeit mißachtet und geringschätzt. Drohungen und Versprechungen sind wirksamer.

(. . .) strafe es hier mit strengem Blick, dort mit scharfen, nun wieder mit vorwurfsvollen Worten; gewinne es zu anderen Malen mit Freundlichkeit und Versprechungen. (. . .) Jederzeit soll es Angst vor Schlägen haben, nicht aber sie bekommen (. . .) unsere menschliche Natur bedarf mitunter der Nachsicht.[48]

An der Verantwortung des Vaters bleibt kein Zweifel, denn »zu jeder Zeit ist er Richter. (. . .) Genauso regiert Gott die Welt: mit der Angst vor der Hölle und der Verheißung Seines Reiches. So auch müssen wir unsere Kinder regieren«.[49]

Man kann also zeigen, daß aus der Generation, die zu Ende des vierten Jahrhunderts herangereift war, eine Reihe von Vorstellungen über die richtige Beziehung zwischen Eltern und Kindern hervorging. Die größte Zierde dieser Generation war Augustinus (gest. 430), eine zentrale Gestalt auch für unsere Fragestellung wie für viele andere. Offenbar kann man die Einstellung des Augustinus zur Kindheit von zwei Ansatzpunkten her untersuchen. Zunächst vermitteln seine *Confessiones* bedeutende Einsichten in das Verhältnis von Eltern und Kindern. Zwar kann man bezweifeln, daß Quantität und Qualität des vorhandenen Materials für eine umfassende psychoanalytische Einschätzung des Augustinus ausreichen. Das hat jedoch einige Autoren nicht daran gehindert, einen Versuch in dieser Richtung zu unternehmen,[50] und es sollte auch uns nicht davon abhalten, aus seinen Schriften möglichst viele Erkenntnisse über Kindheit und Erziehung zu gewinnen. Ein zweiter Ansatz, der reichen Gewinn verspricht, bestünde darin, andere Schriften aus dem umfangreichen Werk des Augustinus auf Äußerungen zu unserem Thema hin zu durchforschen. Obwohl sich schon einige vorzügliche Untersuchungen mit diesem Material beschäftigt haben, bleibt in dieser Richtung noch vieles zu tun. Ich möchte nur einige Hauptlinien seiner Überlegungen zu unserem Gegenstand nachzeichnen und überlasse zukünftigen Arbeiten eine detailliertere Darstellung.

Trotz der starken Bindungen an seine Mutter hob Augustinus hervor, daß die wahre Familie eines Menschen nicht die natürliche sei. Dieser wichtige Gedanke ist ein Schlüssel zum Verständnis der Eltern-Kind-Beziehungen im Christentum. Wenn sich die Treue eines Menschen in letzter Instanz auf jene Familie richtet, die ihm zur Wiedergeburt verhelfen wird, so verliert das Beziehungsgeflecht innerhalb der natürlichen Familie insgesamt an Bedeutung. »(. . .) und es gäbe solche Verwandtschaftsbeziehungen, die durch Geborenwerden und Sterben entstehen, überhaupt nicht, wenn unsere Menschennatur in den Schranken der Gebote geblieben wäre (. . .). Die Leiber aber sind nicht, was wir sind.«[51] Diese Bemerkung stimmt mit seiner Einstellung zur

Askese überein[52] und kann als eine Fortsetzung jener Linie im christlichen Denken betrachtet werden, die auf Markus 3,31-35 zurückgeht. Es gibt jedoch bei Augustinus auch andere Passagen, in denen sich ein starkes Interesse an Kindern zeigt. So fordert er zum Beispiel in seinem Traktat »Über die christliche Lehre«, den er in zwei Zeitabschnitten (396/427) verfaßte, daß man althergebrachte Gewohnheiten, die den Kindern Schmerzen zufügen, aufgeben solle.

Wenn irgendein Glied zuckt oder wenn mitten zwischen zwei nebeneinandergehende Freunde ein Stein, ein Hund oder ein Kind gerät, daß sie den Stein als Trenner der Freundschaft mit Füßen treten, das ist noch leichter zu ertragen, als wenn sie dem unschuldigen Kind Ohrfeigen geben, weil es zwischen spazierengehende Leute hineinläuft.[53]

Dem Urteil der Kinder kann man nicht trauen, denn Kinder messen dem Leben eines Haustiers größeren Wert bei als dem eines Menschen.[54] Nichtsdestoweniger sind Kinder erziehbar und verhältnismäßig schuldlos, so daß Augustinus durch den Tod von Säuglingen stark beunruhigt wird. Obwohl er nicht in der Lage ist, einen vernünftigen Grund für ihr Leiden und ihren frühen Tod anzugeben, ist er davon überzeugt, daß alle Geschöpfe, die kleinen Kinder eingeschlossen, eine Stelle in Gottes Plan einnehmen.

Im ganzen Umfang des Weltalls kann bei der zeitlich und räumlich aufs beste geordneten Verteilung aller Geschöpfe kein Mensch überflüssig erschaffen sein, wo doch nicht einmal ein Baumblatt überflüssig erschaffen ist.[55]

Die Taufe von Kindern, die zu klein sind, um zu wissen, was mit ihnen geschieht, ist zu rechtfertigen, weil sie den Glauben der Eltern stützt und weil deren Glauben wiederum den Kindern zu leben hilft, selbst wenn sie früh sterben sollten. Das Leiden der Kinder soll uns nicht Anlaß zu Zweifeln geben, denn Gott tut Gutes auch in dem, was wie ein Unglück aussieht. Das Leiden der Eltern, die ihre Kinder in Trübsal sehen, können wir mit größerer Gewißheit beurteilen. Es mag sie dazu anspornen, ein besseres Christenleben zu führen. Tun sie dies nicht, so wird ihnen nach einer solchen Warnung keine Entschuldigung für ihre Verstocktheit bleiben. In jedem Fall stehen der Glaube, das Leben und das Leiden der Eltern im Mittelpunkt. Von den Kindern dagegen heißt es: »wer weiß, was für Gutes er [Gott] ihnen im Geheimnis seiner Ratschlüsse zum Ausgleich vorbehalten hat (...).«[56] Darüber hinaus darf man nicht unterstellen, Kinder seien bei ihrer Geburt in Wahrheit unschuldig; sie sind egozentrisch und habgierig; bislang fehlte ihnen nur die Gelegenheit zur Sünde.⁵⁷ Daher sollte es uns nicht überraschen, daß es in der Welt Leiden gibt und daß es sich auch auf die Kinder erstreckt.

Andererseits zeigt Augustinus, daß er ein aufmerksamer Beobachter der Kindheit und ihrer Erfordernisse war. In seinen Psalmenkommentaren benutzt er manchmal das Bild des Säuglings zur Stützung seiner theologischen Argumentationen. In der Erläuterung zu Psalm 130 macht er ausführliche Bemerkungen über die Entwöhnung.

Wird das schwache Kind im frühesten Alter durch unglücklichen Zufall der Milch [seiner Mutter] beraubt, so geht es zugrunde. (...) Sorge, daß keines der Milch entwöhnt wird, bevor seine Zeit gekommen ist.⁵⁸

In einem Kommentar zu Psalm 57 stellt er ausdrücklich eine Analogie zwischen dem Mutterleib und der Kirche her:

Gut ist es, daß sie, nachdem sie geformt worden, hervorkommen, und daher nicht durch eine Fehlgeburt zugrundegehen. Sorge, daß die Mutter dich trägt und keine Fehlgeburt hat. (...) Hast du aus Ungeduld den Leib deiner Mutter erschüttert, so stößt sie dich unter Schmerzen wahrlich aus, aber dein Verlust dabei ist größer als der ihre.⁵⁹

Augustinus scheint unfähig, eine Mutter, sei sie nun natürlich oder spirituell, für irgend etwas zu tadeln. Kommt es zu einer Fehlgeburt, so liegt die Schuld beim ungeduldigen Fötus. Tatsächlich idealisiert Augustinus die Rolle der Mutter häufig.

Weil die Mutter gerne ihr Kleines ernährt, will sie nicht, daß es klein bleibt. Sie hält es auf ihrem Schoß, liebkost es mit ihren Händen, besänftigt es mit Zärtlichkeiten, stillt es mit ihrer Milch und tut alles für das Kleine. Aber sie will, daß es wächst, damit sie diese Dinge nicht immer tun muß.⁶⁰

Es mag sein, daß wir damit in den Bereich von Augustinus' idiosynkratischer Auffassung von Mütterlichkeit gelangen. Obwohl man also diesen offensichtlichen Gewinn an Zuneigung zwischen Mutter und Kind als verhältnismäßig wenig aussagekräftig hinstellen kann, bleibt es nichtsdestoweniger deutlich, daß Augustinus einer neuen, in einer langen Entwicklung entstandenen Einstellung Ausdruck verliehen hat, die den Säugling und das Kind unter den Schutz des Herrn stellt.

(...) die einen vom Alter erschöpft, die anderen in der Kraft ihrer Jugend, die Jungen, die erwachsenen Männer und die Frauen – ihnen allen ist Gott gleichermaßen gegenwärtig.⁶¹

Es bleibt zu untersuchen, welche Auswirkungen all diese theoretischen Modifikationen auf die alltägliche soziale Praxis hatten. Es ist zwar verlockend, aber doch sehr schwierig, eindeutige Einflüsse festzustellen, und vieles bleibt noch zu tun. Immerhin legt die kaiserliche Gesetzgebung seit dem 4. Jahrhundert die Vermutung nahe, daß die schlimmsten Kindesmißhandlungen zunehmend in das Blickfeld der Regierungsbeamten kamen. Der Rückgriff auf die Gesetzgebung zeigt an, wie tief verwurzelt die Praxis des Kindesmords und die des Verkaufs von Kindern waren und wie vergeblich es war, die Abschaffung dieser Gebräuche bloß zu dekretieren.

Eine lange Reihe von Erlässen gegen den Kindesmord und die Aussetzung von Kindern hatte schließlich die Ermahnung des Barnabas (ca. 130) aufgenommen: »Töte das Kind nicht durch Abtreibung, noch auch töte das Neugeborene.«[62] Daß diese Praktiken nach der Bekehrung Konstantins fortbestanden, wird sowohl durch die Notwendigkeit weiterer Zusatzgesetze als auch durch die wiederholte Verurteilung des Säuglingsmords seitens der Kirchenmänner und auf den Synoden bezeugt.[63] Lactantius (gest. ca. 340) hatte argumentiert, die Erdrosselung neugeborener Kinder sei von großem Übel, »denn Gott haucht ihnen Seelen ein um ihres Lebens, nicht um ihres Todes willen. (. . .) Die Aussetzung ist ebenso sündhaft wie die Tötung.«[64] Eine Reihe von Kirchenkonzilien verurteilte diese Praxis und verschaffte ausgesetzten Kindern Hilfe.[65] Es gibt auch einige direkte Beweise dafür, daß dieses Problem nach wie vor ein sehr ernstes war. Im Jahre 449 verkauften, wie berichtet wird, Eltern in Gallien und Italien ihre Kinder über Mittelsmänner an die Vandalen.[66] Die allgemein im sechsten und siebten Jahrhundert kodifizierten Gesetze der germanischen Stämme verboten den Kindermord.[67] Noch im Jahre 787 gründete Dateus, Erzbischof von Mailand, ein Heim, in dem Kinder, die »vor der Kirchentür ausgesetzt worden waren«, gepflegt und bis zum Alter von 8 Jahren aufgezogen wurden.[68]

Insgesamt machen die Kirchenväter, ausgehend von bestimmten Ideen der klassischen Gedankenwelt, Fortschritte in Richtung auf ein größeres Mitgefühl für Kinder, indem sie geltend machen, Kinder besäßen Seelen, sie seien für Gott von Bedeutung, man könne sie unterrichten, man solle sie nicht töten, verstümmeln oder aussetzen, und für das Selbstbild der Eltern seien sie sehr nützlich. Damit soll nicht behauptet werden, daß sich die Lebensbedingungen der Kinder nun automatisch verbesserten. Immerhin begann aber die Kirche im vierten Jahrhundert, ernsthaften Druck auf den Staat auszuüben, damit dieser den lebensgefährdenden Praktiken mit Hilfe von Gesetzen ein Ende bereite. Die barbarischen Stämme erließen sowohl aufgrund ihrer eigenen Sitten als auch unter dem Einfluß der christlichen Lehre Gesetze gegen die Kindestötung. Aber niemand könnte behaupten, um 500 n. Chr. sei das Leben eines neugeborenen Kindes sehr sicher gewesen, oder die Einfühlung habe schon zum psychologischen Rüstzeug der Eltern gehört. Indem ich diese Skizze bis ins frühe Mittelalter verlängere, möchte ich in geraffter Form zeigen, wie einige dieser theologischen und legislativen Positionen in volkstümlichere Idiome umgesetzt wurden.

»Schrecken in der Nacht« – das Frühmittelalter

Die späte Kaiserzeit ist reich an heidnischen und christlichen Dichtern, von denen viele bis in die jüngste Zeit weitgehend vernachlässigt worden sind. In vielen dieser Dichtungen kann man, was den Umgang mit Kindern angeht, auf sehr gemischte Gefühle stoßen. In dem Maße, in dem Mißhandlungen von Kindern trotz der Einsprüche seitens der Kirchenmänner fortbestanden, wurde das Problem, die Verantwortung der Eltern zu bestimmen bzw. sie von ihr loszusprechen, immer dringlicher. Die Wahl bestimmter literarischer Muster und die Art und Weise, in der sie verarbeitet werden, läßt Vermutungen darüber zu, wie es im Bewußtsein – und im Gewissen – dieser Epoche aussah.
Man betrachte das lange, vermutlich ca. 395-397 verfaßte Gedicht des Claudianus, das den Titel *Der Raub der Proserpina* trägt.[69] Eine Tochter (Proserpina) wird in die Fremde geschickt, um dort erzogen zu werden. In einer ausführlichen Rede erleichtert die Mutter (Ceres) ihr Gewissen mit der Hoffnung, daß es dem Kind dort besser gehen werde. Gewiß sei es dort vor den Freiern sicher, die sie um die »Unschuld und Bescheidenheit« ihrer Tochter bangen ließen. Die Dinge wenden sich jedoch zum Schlechten, und Ceres »sah ihre Tochter in einen finsteren Kerker gesperrt und mit Ketten gebunden. So hatte das Kind nicht ausgesehen, als es fortging.« Haben wir hier nicht die Klage einer

Mutter vor uns, die aus Gründen, die ihr hinreichend erschienen, ihre Tochter in eine gefahrvolle Welt hinausschickte, damit sie von Fremden aufgezogen werde? Zwischen die Gefühle der Reue mischen sich positive Bemerkungen über die Freuden der Mutterschaft, über den Wunsch nach Kindern, die Hingabe der Mutter und die Freude, sich auf Kinder stützen zu können. In Wirklichkeit hatte jedoch, als direkte Folge der »Sorge« der Mutter um ihr Kind, eine alte Amme (Electra) Proserpina aufgezogen. Die Amme behandelte das Mädchen, wie es einer Mutter anstünde.

Ceres traf Electra, Proserpinas Amme, die ihre Tochter wie eine Mutter liebte. Es war die Nymphe Electra, die das Kind zu seinem Vater, Jupiter, trug und es auf dem göttlichen Knie spielen ließ. Sie war dem Mädchen Gefährte, Beschützer und fast auch Mutter.

Das unvollendete Gedicht schließt mit einer ergebnislosen Suche nach der Tochter. Dabei macht sich die Mutter Vorwürfe:

Ich war es, die dich verließ; ich überließ dich der Gnade deiner Feinde; ich kümmerte mich zu sehr um den Lärm im Heiligtum der Kybele. (...) im Inneren pocht mein Schoß, und ich versuche zu vergessen, daß er in meinem Körper dich einst trug.

Wieviele Mütter des späten vierten Jahrhunderts, die dieses Gedicht lasen, fühlten wie Ceres? Darf man es nicht als einen eindringlichen Beweis für eine Wandlung hin zu einem stärkeren Sinn für mütterliche Verantwortung auffassen?
Prudentius (gest. ca. 405) vermittelt uns eine völlig andere Ansicht von Kindern. In der *Passion des hl. Cassian aus Forum Cornelii* aus seinem *Peristephanon* berichtet er von einem Schullehrer, der von seinen Schülern ermordet wird.[70] Die Jungen in seiner Obhut töteten ihn, »indem sie ihn mit den kleinen Griffeln, mit denen sie für gewöhnlich ihre Wachstäfelchen ritzten, stachen und seinen Körper durchbohrten.« Da »Kindheit die Ausbildung niemals bereitwillig aufnimmt«, ärgerten sich die Jungen über den Lehrer. Als dieser in Schwierigkeiten mit der Staatsgewalt geriet, weil »er es voller Verachtung ablehnte, an den Altären zu beten«, wurde er den Jungen zur Bestrafung überantwortet. Zunächst wurde er entkleidet und gefesselt, sodann mit Gegenständen aus dem Klassenzimmer geschlagen und schließlich mit vielen Griffeln zerkratzt und zerstochen. Langsame Martern wechselten mit durchdringenden Stößen ab. Daß sich die

Schüler mit diesem Anschlag gewalttätige Erleichterung verschaffen, wird sehr deutlich: bei ihnen führt sie zur Erschöpfung, beim Lehrer zum Tod. Diese Dichtung bietet einen deutlichen Einblick in die Verdrängungen und die Feindseligkeit, die das Seelenleben von Schuljungen, allen Theologen und Theoretikern zum Trotz, gezeichnet haben müssen.

In einem anderen Gedicht, *Die zwölfte Hymne zur Epiphanie*, beschreibt Prudentius eine bekannte Bibelszene, den Kindesmord zu Betlehem.[71] Vielleicht dürfen wir in dieser eindringlichen Dichtung ein Anzeichen dafür sehen, daß sich der Abscheu vor dem Kindesmord seinen Weg ins allgemeine Bewußtsein zu bahnen beginnt.

> Die Körper waren so winzig,
> daß kaum Platz war
> für die klaffenden Wunden; die Klinge
> war viel größer als die Kehle.
> Ein Ding, abscheulich anzusehen!
> Ein Kopf war auf Stein zerborsten,
> und das milchweiße Hirn spritzte heraus,
> und Augen traten aus ihren Höhlen.
> Eines Kindes bebender Körper
> ward in den wütenden Strom geworfen,
> wo ihm in der zusammengeschnürten Kehle
> Wasser und Luft zur Ursache von Krämpfen wurden.

Ein letztes Gedicht aus dieser Generation, *Cupido cruciatur* (Die Kreuzigung des Cupido) von Ausonius (gest. 394), schildert entsetzliche Brutalitäten von Eltern gegenüber ihren Kindern.[72] Alle Frauen sind böse auf den Götterjungen und fallen, jede mit ihrer eigens ausgewählten Waffe, über ihn her. »Eine kommt mit ihrer Schlinge, eine andere mit ihrem gespenstischen Schwert, wieder eine andere zeigt ihm unergründliche Flüsse, spitze Felsen, weiße Brandung und die stillen Tiefen des Meeres.« Man wendet viele Martern an. Dann tritt seine Mutter (Venus) auf. Sie ist wütend auf ihn, »all ihres Kummers und ihrer Schande wegen, da man sie zusammen mit Mars ertappte«. Als nun die Anklagen der zornigen Mutter anwachsen, heißt es:

Reden allein genügt nicht:
Nachdem sie ihn mit Worten gegeißelt hat, schlägt die goldene Venus ihn mit ihrem Kranz, bis er weint und härtere Qual befürchtet. Sein zerbrochener Körper färbt die Rosen mit Röte, die heller und heller wird.

Als die übrigen Frauen »bestürzt über den Haßausbruch einer Mutter« bemerken, daß sie zu weit gegangen ist, versuchen sie, sie zu beruhigen. Da wird Venus »wieder zur liebenden Mutter«. Aber der Götterjunge hat mehr als ein paar blaue Flecken abbekommen.

Diese Gesichte und Schreckensbilder treten noch jetzt aus der Dunkelheit hervor, seinen Schlaf zu stören. Wenn er voller Schrecken die Nacht durchleidet, entkommt er seiner Trübsal, indem er durch das elfenbeinerne Tor zu den Göttern entflieht.

Wenden wir uns von diesen »letzten Dichtern des kaiserlichen Rom« zu einigen Zeugnissen der frühmittelalterlichen Zeit, so wird deutlich, daß viele Grundmuster in den einmal eingefahrenen Bahnen erhalten bleiben. Einige Hinweise darauf haben wir bei der Erörterung methodologischer Fragen weiter oben bereits gegeben. Die Kirche versuchte weiterhin, die Abtreibungen zu regeln, allerdings mit Verständnis und Mitgefühl. Nach einem fränkischen Bußbuch (ca. 830)[73] soll eine Frau, »die jene, die geboren worden sind, erschlägt oder den Versuch der Abtreibung unternimmt«, exkommuniziert werden; aber die Priester »können dies in der Praxis etwas abmildern« und ihr statt dessen eine Buße für zehn Jahre auferlegen. Später heißt es im gleichen Dokument: »Wenn jemand vorsätzlich eine Abtreibung herbeiführt, so soll er drei Jahre lang Buße tun, ein Jahr bei Wasser und Brot.« Die Strafe für Abtreibung ist damit genauso hoch wie die für Wucher und und Selbstverstümmelung.

Eine weitere Vorstellung, die sich bis in mittelalterliche Zeit erhält, ist die, daß Kinder weniger tüchtig sind als ältere Menschen und »gestärkt« werden sollten, um zu lernen, wie man sich moralisch verhält. Gregor der Große (gest. 604) empfiehlt, jung und alt auf verschiedene Weisen zu ermahnen: »denn meistenteils führt Strenge des Verweises [junge Leute] zur Besserung, während freundliche Ermahnungen [die Alten] zu besserem Tun bewegt«.[74]

Ein drittes Muster, auf das wir im ersten Abschnitt dieses Kapitels schon hingewiesen haben und das in diesem halben Jahrtausend fortbesteht, ist die Tendenz zur Idealisierung der Kindheit zukünftiger Heiliger. Ein charakteristischer Bericht zeigt den Säugling Willibald (gestorben nach 730) als vorbildliches Kind:

Als er noch Säugling in der Wiege war, ein liebliches kleines Geschöpf, da wurde er von denen, die ihn aufzogen, zärtlich gepflegt, ganz besonders von seinen Eltern, die ihn mit Zuneigung überhäuften und mit großem Eifer erzogen, bis er das Alter von drei Jahren erreichte.[75]
Er wurde dann krank, bis man ihn der Kirche versprach. Mit fünf Jahren »zeigte er die ersten Anzeichen geistigen Verstehens«, woraufhin man das Gelübde erfüllte und ihn in ein örtliches Kloster brachte. Er war ein vorbildlicher Novize und wuchs zusehends in die Heiligkeit hinein. Mit Sicherheit haben wir hier ein Idealbild vor uns, aber es gibt im Grund keine Möglichkeit, mit Hilfe derartigen Materials die soziale Wirklichkeit tatsächlich zu bestimmen. Der Hauptunterschied zwischen dem Beginn und dem Ende der fünfhundertjährigen Periode, die wir in diesem Kapitel untersucht haben, besteht darin, daß man Elternliebe, wie sie der Säugling Willibald erfuhr, schließlich als normal ansah.[76]
Bevor man definitive Aussagen darüber machen kann, wie umfangreich das verfügbare Material zur Eltern-Kind-Beziehung in diesen »dunklen Zeiten« ist, müssen die mittelalterlichen Quellen sehr sorgfältig untersucht werden. Manches vertraute Material legt immerhin die Vermutung nahe, daß eine derartige Suche nicht völlig ergebnislos verlaufen wird. Die oben behandelten Heiligenleben enthalten Muster und Normen. Ein bekanntes Epos, *Beowulf*,[77] bietet zahlreiche Ansätze für eine psychoanalytische Untersuchung. Grendel, das finstere männliche Ungeheuer der Nacht, wird dadurch getötet, daß Beowulf, der jung-männliche Heldensohn, Arm und Achsel von Grendels Körper abtrennt und sie als gräßliche Trophäe auf den Giebel der Halle hängt. Diese Gewalttat ruft jedoch den Zorn von Grendels Mutter hervor, die in einem »düster kalten See« wohnt. Um dieses Mutterungeheuer zu besiegen, muß Beowulf tief ins dunkle Naß hinabsteigen, wo ihm sein Schwert versagt. Jedoch:

> Da sah er ein Siegschwert/ in seiner Not,
> schneidenscharfe/ Schlachtwehr der Riesen,
> kostbar für Krieger,/ der Klingen beste.
> Doch war es so schwer,/ daß es schwingen konnte
> keiner der Krieger/ im Kampfspiel,
> gut und glänzend,/ der Giganten Werk.
> Da faßte den Fesselgriff/ der Führer der Schildunge,
> hitzig und heergrimm,/ hob die Ringwaffe
> und schlug die Verzagende/ zorniges Mutes,

> daß ihr hart zum Hals/ hingriff das Schwert,
> die Wirbel durchtrennte./ Der Todgeweihten
> fuhr es durchs Fleisch:/ sie fiel auf die Diele.
> Der Stahl war blutig./ Er war stolz auf die Tat.

Für das 9. und 10. Jahrhundert kann man auf gewichtiges Material zurückgreifen,[78] aber auch die Zeit vorher liegt nicht vollkommen im Dunkel. Bei Fortunatus (gest. ca. 605) z. B. war das oben schon sichtbar gewordene starke anatomische Interesse an der jungfräulichen Geburt weiterhin wirksam.

> Als er Haut trug, ging er aus dem Schoß der unberührten Magd hervor.
> Er klagte sein Leid in einer Krippe, ein Säugling, über und über bedeckt mit
> seinem Schmutz.
> Die jungfräuliche Mutter hüllte ihn in ein Bündel von Windeln;
> Hände, Füße und Beine band sie ihm mit Bändern, die ihn festhielten.[79]

In der Karolingerzeit selbst eröffnet eine berühmte Biographie einen gewissen Einblick in die Beziehung zwischen Eltern und Kindern. Einhards *Leben Karls des Großen*[80] ist möglicherweise zu stark Suetons *Leben des Augustus* nachgebildet, um wirklich aussagekräftig zu sein, dennoch enthält es eine Reihe bedeutsamer Details. Einhard, Sohn einer »angesehenen Familie«, wurde als kleiner Junge in einem Kloster erzogen,[81] zu jener Zeit offenbar ein normales Verfahren. Leider ist über Karls frühe Jahre nichts bekannt: »Über seine Geburt und Kindheit wie auch seine Knabenjahre zu schreiben, halte ich für töricht, weil nirgends etwas darüber schriftlich aufgezeichnet ist und man niemand mehr am Leben findet, der Kenntnis davon zu besitzen behaupten könnte.«[82] Das Interesse, das Karl als Erwachsener an der Erziehung der Jüngeren nahm und das durch seine Unterstützung Alkuins und der Palastschule bekannt geworden ist, zeigt sich auch in der Beziehung zu seinen eigenen Kindern.[83] Söhne wurden, »sobald es nur das Alter erlaubte«, im Reiten, Fechten und Jagen unterrichtet. Weibliche Kinder lehrte man häusliche Fertigkeiten, »damit sie sich nicht an Müßiggang gewöhnten«. Weder aus dem Text noch aus dem Kontext geht hervor, mit welchem Alter die Kinder diese Stufe erreichen, im allgemeinen aber muß dies gegen Ende der Zeitspanne geschehen sein, die wir Kindheit nennen. Vielleicht markierte die Fähigkeit des Kindes, die erworbenen Fertigkeiten praktisch einzusetzen, die Schwelle zwischen der Kindheit und der nachfolgenden Entwicklungsstufe. Der für unsere Zwecke interessanteste Hinweis ist Einhards

Bemerkung, die »ungemein schönen« Töchter seien von ihrem Vater so sehr geliebt worden, daß er sie sein Leben lang unverheiratet bei sich im Hause behielt und »sagte, er könne ohne ihre Gesellschaft nicht leben«. Zu den Ergebnissen der Gefangenschaft dieser jungen Frauen gehörten auch einige uneheliche Kinder, die Einhard auf die »Tücke des Schicksals« zurückführt.

Schluß

Dieses Kapitel versucht zu zeigen, daß die Erforschung von Kindheitsmustern in spätrömischer und frühmittelalterlicher Zeit möglich ist und mehr als geringfügige und unbedeutende Ergebnisse hervorbringt. Es veranschaulicht, mit welchen Arten von Zeugnissen man arbeiten und welche Resultate man dabei erwarten kann; es weist damit den Weg zu neuen Forschungsbereichen.

Es zeigt sich, daß der Gewinn für die Kinder in diesem Zeitabschnitt hauptsächlich theoretischer Art war und von den Eltern nur undeutlich wahrgenommen wurde. Volksgebräuche sitzen sehr tief, und die wiederholten Verbote seitens staatlicher und religiöser Autoritäten richteten anscheinend nur wenig gegen so grausame Handlungen wie Kindesmord, Abtreibung, Aussetzung oder den Verkauf von Kindern aus. Der tiefgreifendste Wandel, der sich hier vollzog, betrifft die Pflegerolle der Mutter. Zwischen den in der Dichtung des Ausonius auftretenden Müttern und denen, die in Augustinus' Theologie erwähnt werden, besteht noch eine tiefe Kluft, aber um das siebte Jahrhundert scheinen zahlreiche heidnische Motive verblaßt zu sein, und Elternliebe wird oft als etwas Natürliches und in der Entwicklung Begriffenes geschildert. Das nach wie vor bestehende Bedürfnis nach legislativen Maßnahmen läßt jedoch ebenso wie andere verstreute Hinweise vermuten, daß sich der Abstand zwischen Ideal und Wirklichkeit in einem halben Jahrtausend nur wenig verringert hat. In einer bekannten Geschichte wird gegen Ende der in diesem Kapitel behandelten Periode Ölver der Wikinger als »weich« angesehen, weil er sich weigert, einen neugeborenen Jungen einer Prüfung auf Leben und Tod auszusetzen.[84]

Anmerkungen

- Das Zitat zu Beginn des Kapitels stammt aus: Eusebius Hieronymus, *Ausgewählte Briefe,* übers. L. Schade. Bibliothek der Kirchenväter, 2. Reihe, Bd. 16, München 1936. Brief an Pactula S. 411 f.
1 Vgl. eine eindrucksvolle Darstellung dieser Position bei William Carroll Bark, *Origins of the Medieval World,* Stanford 1958.
2 Edward Gibbon dachte in *The Decline and Fall of the Roman Empire,* New York o. J., Bd. 2, Kapitel 71, S. 1443, natürlich an etwas anderes.
3 Marc Bloch, *Apologie pour l'histoire ou Métier d'historien,* Paris 1959; dt.: *Apologie der Geschichte oder Der Beruf des Historikers,* Stuttgart 1974, S. 185.
4 Ein schönes Beispiel dafür, was man unter diesen Umständen leisten kann, ist die Arbeit von Emily Coleman, die sich mit dem Polyptychon Irminon beschäftigt: »Medieval Marriage Characteristics«, in: *The Journal of Interdisciplinary History* II, 1971, S. 205-219; und: »A Note on Medieval Peasant Demography«, in: *Historical Methods Newsletter* V (1972), S. 53-58. Ein weiterer Aufsatz: »Peasant Population Control«, soll demnächst in den *Annales E.S.C.* erscheinen.
5 Ausonius, *Cupido cruciatur* mit engl. Übers. von H. G. E. White. Cambridge 1951, Bd. 1, S. 206-215.
6 Eine sehr anregende Darstellung zu diesem Punkt gibt T. S. R. Boase, *Death in the Middle Ages: Morality, Judgement, and Remembrance,* New York 1972.
7 Zwei wichtige Studien, die die Möglichkeiten eines solchen Ansatzes illustrieren, sind: Adolf Katzenellenbogen, »The Image of Christ in the Early Middle Ages«, in: *Life and Thought in the Early Middle Ages,* hrsg. von R. S. Hoyt, Minneapolis 1967, und Victor Lasareff: »Studies in the Iconography of the Virgin«, in: *Art Bulletin* 20 (1938), S. 26-65.
8 Abgebildet in Peter Brown: *The World of late Antiquity. A. D. 150-750,* New York 1971, S. 142.
9 Abgebildet in James J. Sweeny, *Irish Illuminated Manuscripts of the Early Christian Period,* New York 1965, Abb. 9.
10 Abgebildet in John Beckwith, *Early Medieval Art,* New York 1964, S. 46.
11 Ebd., S. 44. Vgl. auch Vers 16: »Ich bin elend und dem Tode nahe von Jugend auf; ich erleide deine Schrecken, daß ich fast verzage.«
12 Sulpicius Severus: »Leben des Heiligen Bekennerbischofs Martinus«, in: S. S., *Schriften über den Hl. Martinus,* übers. v. P. Bihlmeyer, Bibliothek der Kirchenväter, Bd. 20, München 1914, S. 20.
13 Paulinus Diaconus, »Leben des Heiligen Ambrosius«, in: *The Western Fathers,* übers. F. R. Hoare, New York 1965, S. 150 f. (nach der engl. Übers.). Ambrosius starb 397.
14 Textauswahl in: Robert Brentano (Hrsg.), *The early Middle Ages*

500-1000. New York 1964, S. 216-218. Die ganze Vita wurde von Bertram Colgrave ins Englische übersetzt: *Felix's Life of Saint Cuthlac*, Cambridge 1956 (nach der engl. Übers.).
15 Albrecht Peiper, *Chronik der Kinderheilkunde*, Leipzig 1966, S. 28-57; H. Leclercq, »Alumni«, in: *Dictionnaire d'archéologie chrëtienne et de liturgie*, Paris 1907-1951, Bd. 1, Sp. 1288-1306. Herrn Professor John Benton bin ich zu Dank verpflichtet dafür, daß er mir den äußerst nützlichen Artikel von Leclercq zugänglich gemacht hat.
16 Petronius, *Satyricon*, übers. von H. C. Schnur, Stuttgart 1968, S. 193.
17 Lukrez, *Von der Natur der Dinge*, übers. K. L. v. Knebel (1881), Frankfurt/M. 1960. Buch I, 184-190; S. 14.
18 Ebd., S. 112; II, 894-896.
19 Ebd., S. 154; IV, 1025-1028.
20 Ebd., S. 173 f.; V, 222-230.
21 Ebd., S. 217; VI, 35-38.
22 Juvenal, *Satiren*, übers. U. Knoche, München 1951 (Das Wort der Antike, Bd. 2). Im allgemeinen brauchbare kritische Untersuchungen zu Juvenal finden sich in: Gilbert Highet, *Juvenal the Satyrist. A Study*, New York 1961.
23 Im Lateinischen heißt es *Maxima debetur puero reverentia*. Daß sich dies generell auf ein Kind bezieht, wird durch den Gebrauch des Wortes *filius infans* zwei Zeilen vorher bestätigt.
24 Gilbert Highet, *Juvenal*, a.a.O., S. 237, Anm. 20. Vgl. auch S. 145-148.
25 Ich bin auf drei Beispiele gestoßen, in denen sich die Trauer um ein totes Kind deutlich zeigt. Zunächst ein Gedicht, das Diodorus (ca. 100 v. Chr. – 100 n. Chr.) zugeschrieben wird.

Als in dem Haus Diodors ein Knäblein, ein kleines, von kleiner Treppe
stürzte, da brach tödlich ein Wirbel ihm aus,
Während kopfüber es fiel; denn es hatte, sobald es den hohen Hausherrn
bemerkte, nach ihm gleich seine Händchen gestreckt.
Sei drum nicht schwer dem Gebein des Sklavenkindes, o Erde, schone den
Korax, der zwei Jahre erst eben gezählt.
aus: *Anthologia Graeca* VII, 632, München 1957, S. 371.

Martial (gest. 98 n. Chr.) betrauerte den Tod eines kleinen Dienstmädchens (»es war Freude und Wonne für mich«), das kurz vor seinem sechsten Geburtstag gestorben war.

Möge sie fröhlich in Hut der alten Beschützer nun spielen,
meinen Namen dort oft plappernd mit stammelndem Mund!
Decke die zarten Gebeine kein starrer Rasen, und, Erde,
sei ihr nicht schwer! Denn auch sie war es ja niemals für dich.

Martial, *Epigramme*, übers. von Rudolf Helm, Zürich, Stuttgart 1957, V, 34. Eine auf das vierte oder fünfte Jahrhundert datierte Inschrift setzt dieses Motiv fort, nun allerdings im Bereich des Christentums.

Für Julia Florentina, das süßeste, unschuldigste Kind (...) Achtzehn

Monate und zweiundzwanzig Tage [alt], wurde sie, als sie starb, [getauft] in der achten Stunde der Nacht. Sie lebte noch vier Stunden, so daß sie noch einmal die Kommunion empfing (...) Als ihre beiden Eltern ohne Unterlaß um sie weinten, hörte man in der Nacht die Stimme der Göttlichen Majestät, die das Wehklagen um den Tod untersagte (...).
Zit. n.: J. N. Hillgarth (Hrsg.), *The Conversion of Western Europe 350–750*, Englewood Cliffs, N. J. 1969, S. 13. Aus: E. Diehl, *Inscriptiones latinae christianae veteres* I nr. 1549 (nach der engl. Übers.).

26 Vgl. z. B. Jerôme Carcopino, *La vie quotidienne à Rome à l'apogée de l'empire*, Paris 1939, dt.: *Das Alltagsleben im alten Rom*, Innsbruck, Wien 1949. Kapitel II, 2: Ehe, Frau, Familie. Carcopino führt zahlreiche Belege aus Gesetzestexten und -sammlungen an, um zu zeigen, daß die aufgeklärten Kaiser (Trajan, Hadrian) den Versuch unternahmen, die brutaleren Formen der Kindesmißhandlung zu mildern, wenn nicht abzuschaffen. (Vgl. auch: H. I. Marrou, *Histoire de l'éducation dans l'antiquité*, Paris 1950; dt.: *Geschichte der Erziehung im klassischen Altertum*, Freiburg, München 1957.)

27 Belege hierfür finden sich in brauchbarer Anordnung in: N. Lewis, M. Reinhold (Hrsg.), *Roman Civilization: Selected Readings*, New York 1955, Bd. 2, The Empire, S. 47-52, 166-173, 253 f.

28 Zit. in: N. Lewis, M. Reinhold (Hrsg.), a.a.O., S. 287 f. (nach der engl. Übers.).

29 Zit. ebd., S. 380-383. Berliner Papyrus No, 1,210.

30 Eine schöne Arbeit über Pflegekinder ist Leclercqs Aufsatz »Alumni« (vgl. Anm. 15). Lewis, Reinhold, a.a.O., Bd. 2, S. 403-405, enthält sehr anregende Exzerpte, unter denen sich auch die häufig zitierte Bemerkung aus dem Papyrus Oxyrhynchos Nr. 744 befindet: »Wenn es geschieht, daß du ein Kind gebierst und es ist ein Junge, erhalte ihn; ist es ein Mädchen, so setze es aus.«

31 Lewis, Reinhold, *Roman Civilization* Bd. 2, S. 483 f. Codex Nr. 11, XXVII, 2 (nach der engl. Übers.).

32 Ebd., S. 483, Codex Nr. 11, XXVII, 1.

33 Drei wichtige Untersuchungen, die sich mit diesem Punkt befassen, seien hier genannt: Chester G. Starr, *Civilization and the Caesars: The Intellectual Revolution in the Roman Empire*, New York 1965; E. R. Dodds: *Pagan and Christian in an Age of Anxiety: Some Aspects of Religious Experience from Marcus Aurelius to Constantine*, New York 1965; C. N. Cochrane: *Christianity and Classical Culture*, New York 1957. Vgl. auch die wichtigen Biographien von Peter Brown, *Augustine of Hippo: A Biography*, Berkeley 1969, und: Peter Brown, »Approaches to the religious crisis of the third century A.D.«, in: *English Historical Review* 83 (1968), S. 542-558.

34 *Des Heiligen Bischof Zeno von Verona Traktate* (Predigten und Ansprachen), übers. v. A. Biglmair, München 1934. Bibliothek der Kirchenvä-

ter, 2. Reihe, Bd. 10., Traktate 30 und 33, S. 286 f./289 f. Die mit der Taufe verbundenen Probleme in der frühen Kirche sind vielfach untersucht worden und besitzen für eine Kindheitsgeschichte große Bedeutung. Vgl.: J. Jeremias, *Infant Baptism in the First Four Centuries*, London 1960; Kurt Aland, *Did the Early Church Baptize Infants?*, London 1962; J. Jeremias, *The Origins of Infant Baptism*, Napervill, Ill., o. J.; J. D. C. Fisher, *Christian Initiation: Baptism in the Medieval West*, London 1965; Ernest Evans, *Tertullian's Homily on Baptism*, London, o. J.

35 Tertullian, »Über den Leib Christi«, 4. Kap, in: Tertullian, *Sämtliche Schriften*, übers. von K. A. H. Kellner, Köln 1882, Bd. 2, S. 384. Auch Leo I. widmet im Jahre 451 in Chalcedon diesem Problem große Aufmerksamkeit. Vgl. »The Tome of Leo«, in: J. B. Russel (Hrsg.), *Religious Dissent in the Middle Ages*, New York 1971, S. 27-30.

36 Zit. nach: A. Musurillo, *The Fathers of the Primitive Church*, New York 1966, S. 190 (nach der engl. Übers.).

37 Clemens von Alexandria, »Der Erzieher«, in: *Ausgewählte Schriften*, Bd. 1, S. 242, München 1934. Bibliothek der Kirchenväter, 2. Reihe, Bd. 7, übers. von O. Stählin.

38 Clemens von Alexandria, »Welcher Reiche wird gerettet werden?«, in: *Ausgewählte Schriften*, Bd. 2, S. 268 f., München 1934, Bibliothek der Kirchenväter, 2. Reihe, Bd. 8.

39 Eine Ausnahme bildet das *Leben des Heiligen Antonius* von Athanasius.

40 Vgl. Helen Waddell (Übers.), *The Desert Fathers*, London 1936.

41 Hieronymus, »Brief an Heliodorus«, 374 n. Chr., in: *Ausgewählte Briefe*, Bd. 1, S. 278. München 1936. Bibliothek der Kirchenväter, 2. Reihe, Bd. 16., übers. L. Schade.

42 Hieronymus, »Brief an Eustochium«, 384, in: *Ausgew. Briefe* I, S. 81-83, a.a.O. Wird Hieronymus von dem psychologischen Bedürfnis, über Jungfräulichkeit und Geburt zu sprechen, so sehr bedrängt, daß er darüber die theologischen Implikationen der Erbsünde vernachlässigt?

43 Hieronymus, »Brief an Heliodorus«, 396, in: *Ausgewählte Briefe* II, S. 39. München 1937. Bibliothek der Kirchenväter, 2. Reihe, Bd. 18.

44 Paulinus, »Leben des Heiligen Ambrosius«, XXVIII, in: *The Western Fathers*, a.a.O. (vgl. Anm. 13), S. 170 (nach der engl. Übers.).

45 Eliseus ist eine griechische Form von Elisa. Das biblische Vorbild für die Ambrosiusgeschichte ist 2 Könige 4, 31-37. Die eigentliche Todesursache war »ein böser Geist«, der von Ambrosius »durch wiederholte Gebete und Handauflegen« zeitweilig ausgetrieben worden war. »Einige Tage später aber wurde das Kind von einer plötzlichen Krankheit ergriffen und verschied.« Gewiß kann der Tod eine natürliche Ursache gehabt haben. Mir geht es darum, daß die von Ambrosius benutzte Form der Heilung nicht nur eine allgemeine Vertrautheit mit der Praxis des »Darauflegens«, sondern auch ein nachhaltiges Interesse vieler Eltern

vermuten läßt, den betrauerten Tod eines Kindes rückgängig zu machen. Vgl. Anm. 25.
46 Engl. Übers. in: M. L. W. Laistner, *Christianity and Pagan Culture in the Later Roman Empire*, Ithaca 1951, Anhang, S. 75-122.
47 Ebd., S. 95.
48 Ebd., S. 90 f.
49 Ebd., S. 113.
50 Joseph McCabe, *St. Augustine*, New York 1903; Charles Kligerman, »A Psychoanalytic Study of the Confessions of St. Augustine«, in: *Journal of the American Psychoanalytic Association* 6 (1957), S. 469-484; E. R. Dodds, »Augustine's Confessions: A Study of Spiritual Maladjustment«, in: *Hibbert Journal* 26 (1927/28), S. 459-473; B. Legewie, *Augustinus: Eine Psychographie*, 1925; Rebecca West, *St. Augustine*, 1933; vgl. auch: Robert J. O'Connell, *St. Augustine's Early Theory of Man 386-391*, Cambridge 1968.
51 Augustinus, »Von der wahren Religion«, in: Augustinus, *Theologische Frühschriften*, Zürich, Stuttgart 1962, S. 514 f., Abschnitte 88-89, übers. W. Thimme.
52 F. Van der Meer, *Augustine the Bishop: Church and Society at the Dawn of the Middle Ages*, New York 1961, Kapitel 8 und insbes. die Seiten 214 f.; Gerhart B. Ladner, *The Idea of Reform: Its Impact on Christian Thought and Action in the Age of the Fathers*, New York 1967. Überarbeitete Auflage, Teil 3: »Monasticism as a Vehicle of the Chrisitan Idea of Reform in the Age of the Fathers«, S. 319-426. Vgl. auch Augustinus' Briefe an Proba und Juliana, in: St. Augustine, *Selected Letters*, übers. von James Houston Baxter, Cambridge 1953, S. 269.
53 Augustinus, »Über die christliche Lehre«, II, 20, in: Augustinus: *Ausgewählte Schriften*, Bd. 8, Bibliothek der Kirchenväter, Bd. 49. München 1925, S. 77.
54 Augustinus, »Vom freien Willen«, III, 62, in: *Theologische Frühschriften*, a.a.O. (vgl. Anm. 51).
55 Augustinus: »Vom freien Willen«, III, 226.
56 Ebd., III, 231.
57 Herbert A. Deane, *The Political and Social Ideas of St. Augustine*, New York 1966, S. 56-59.
58 Zit. n. Erich Przywara (Hrsg.), *An Augustine Synthesis*, New York 1958, S. 277 (nach der engl. Übers.).
59 Ebd., S. 278.
60 Ebd., S. 292, Serm XXIII, iii, 3.
61 Ebd., S. 369, Serm. XLVII, xvi, 30.
62 »Barnabasbrief«, 19. in: *Die Apostolischen Väter*, übers. F. Zeller, Kempten, München 1918, Bibliothek der Kirchenväter, Bd. 32, S. 102.
63 Schon Tertullian bemerkte 200 n. Chr., daß man, obwohl Gesetze gegen die Aussetzung und den Kindesmord in den Gesetzbüchern verzeichnet

sind, »keinem Gesetz so ungestraft entgeht wie diesem (...)«, zit. n.: Abt-Garrison, *History of Pediatrics*, Philadelphia 1965, S. 65. Leclercq, »Alumni«, a.a.O., liefert weitere Einzelheiten.
64 Lactantius, *Divinarum Institutionum Libri VIII*, 1, VI, cxx. Zit. n. Abt-Garrison, a.a.O., S. 57. Vgl. auch Leclercq, »Alumni«.
65 Ebd.
66 George H. Payne, *The Child in Human Progress*, New York 1916, S. 291. Vgl. auch Meyer, Reinhold, *Roman Civilization*, a.a.O., S. 484, zum Codex Theodosianus XI, xxvii, 2; 322 n. Chr. und zum Verkauf von Kindern in afrikanischen Familien.
67 Leclercq, »Alumni«, a.a.O., Sp. 1304. Vgl. auch Titel 24.1 der Gesetze der salischen Franken »Über die Tötung von kleinen Kindern und Frauen«, in: Brian Tierney (Hrsg.): *The Middle Ages Vol. I. Sources of Medieval History*, New York 1970, S. 56 f. Kapitel 20 der Burgundischen Gesetzbücher, »Ein Erlaß über Findlingskinder«, findet sich bei Robert Brentano (Hrsg.), *The Early Middle Ages 500-1000*, New York 1964, S. 153.
68 Abt-Garrison, *History*, a.a.O., S. 57 f.
69 Claudianus, *Der Raub der Proserpina*; engl. Übersetzung in: Harold Isbell (Übers.), *The Last Poets of Imperial Rome*, Baltimore 1971, S. 75-106. Es handelt sich hierbei um eine ausgezeichnete Sammlung in guter Übersetzung. Viele der Schriften und einige mehr liegen auch in der Reihe der *Loeb Classical Library* vor. Ich habe den anmutig poetischen Übersetzungen Isbells den Vorzug gegeben (nach der engl. Übers.).
70 Prudentius, *Works*, übers. H. J. Thompson, Cambridge 1953, Bd. 2, S. 221-229 (nach der engl. Übers.).
71 In: Isbell (Übers.), *The Last Poets*, a.a.O., S. 208-214.
72 Ebd., S. 65-68.
73 Paragraph 21 in Halitgars *Römischem Bußbuch*, in: Marshall W. Baldwin (Hrsg.), *Christianity through the Thirteenth Century*, New York 1970, S. 139.
74 Gregor d. Große, *Regulae pastoralis*, Kapitel 1, Ermahnung 2, in: M. W. Baldwin: a.a.O., S. 105.
75 Hugeberc von Heidenheim, *Das Hodoeporicon des hl. Willibald*, in: C. H. Talbot (Übers.), *The Anglo-Saxon Missionairies in Germany*, New York 1954, S. 154 (nach der engl. Übers.).
76 Willibalds *Leben des heiligen Bonifatius*, übers. B. E. Simson, Berlin 1863. Dabei handelt es sich um einen Willibald, der nicht identisch mit dem berühmten Heiligen ist. Er schrieb um das Jahr 768: »Nachdem er also im ersten Kindesalter, wie es zu geschehen pflegt, unter vieler Sorge mütterlicher Zärtlichkeit entwöhnt und auferzogen war, wurde er von seinem Vater weit vor den übrigen Kindern geliebt und vorgezogen« (S. 14 f.). Man beachte die tiefe Liebe, die dem Vater hier zugeschrieben

wird. Man geht davon aus, daß beide Eltern, nicht nur die Mutter, das Kind lieben.

77 *Beowulf* (übers. Felix Genzner), Stuttgart 1953. Das lange Zitat findet sich auf S. 53.

78 Vgl. etwa die *Kolloquien* des Aelfric, Abt von Eynsham, um 1000; die Dichtungen Gottschalks (gest. 869) und das *Leben des Gerald von Aurillac* von Odo von Cluny, 930.

79 *Pange lingua*, 11, in: James J. Wilhelm (Übers.), *Medieval Song. An Anthology of Hymns and Lyrics*, New York 1971, S. 39.

80 Einhard: *Leben Karls des Großen*, in: *Quellen zur karolingischen Reichsgeschichte*, Bd. 1, Darmstadt 1966, Freiherr vom Stein-Gedächtnis-Ausgabe, Mittelalterliche Reihe, Bd. 5.

81 Diese Bemerkung stammt aus dem von Walahfried Strabo seiner Ausgabe von Einhards Schrift beigegebenen Prolog. Zit. nach: Einhard und Notker der Stammler, *Two lives of Charlemagne* (übers. Lewis Thorpe), Baltimore 1969, S. 49. Vgl. auch die in Anm. 4 genannten Untersuchungen von Emily Coleman.

82 Einhard, *Leben Karls des Großen*, a.a.O., S. 171.

83 Die folgenden Zitate finden sich ebd., S. 191.

84 O. H. Werner: *The Unmarried Mother in German Literature*, New York 1966, S. 21. Marc Bloch: *Feudal Society*. Chikago 1961, S. 19 (frz. Originalausg. u. d. T. *La société féodale*. Paris 1949, 2 Bde., bringt eine etwas andere Version.)

III Mary Martin McLaughlin
Überlebende und Stellvertreter: Kinder und Eltern zwischen dem neunten und dem dreizehnten Jahrhundert

> In ihrer Verzweifelung stieß seine Mutter das Kind ganz von sich, entwöhnte es, kaum daß es die Brust zum ersten Mal bekommen hatte, und weigerte sich, es mit den eigenen Händen zu halten oder zu berühren.
> Johannes von Lodi: *Leben des heiligen Petrus Damiani* (spätes 11. Jahrhundert)

> Du, Allmächtiger, weißt, mit welcher Lauterkeit und Frömmigkeit sie ganz Dir ergeben war, als sie mich aufzog; wie reichlich sie mir im Säuglingsalter die Pflege der Ammen, im Knabenalter die Sorgfalt der Lehrer zuteil werden ließ und wie es auch an eleganten Gewändern für meinen kleinen Leib nicht fehlte, so daß ich in der mir bezeigten Gunst Königs- und Grafensöhnen gleichzukommen schien.
> Guibert de Nogent: *Histoire de sa vie* (1115)

Einführende Überlegungen zu zwei Kindheiten im elften Jahrhundert

Für den Zeitraum, aus dem diese Stimmen zu uns dringen, wie überhaupt für den größten Teil der Vergangenheit mit Ausnahme der allerjüngsten, bleiben die realen Lebensumstände der Kinder eine weitgehend verborgene Welt, die uns nur partiell und indirekt über die Erinnerungen, Schilderungen und Phantasien derer, die selbst keine Kinder mehr waren, zugänglich ist. Unter solchen brüchigen und gleichwohl unentbehrlichen Zeugnissen sind die oben zitierten Werke für unseren Zweck und die uns hier beschäftigende Periode von außerordentlicher Wichtigkeit. Für den Zeitraum, auf den sich unsere Untersuchung erstreckt, bieten sie

die reichhaltigsten, intimsten und aussagekräftigsten Berichte über Säuglingsalter und Kindheit in der abendländischen Gesellschaft und führen uns auf dem direktesten Weg in das entlegene und eigentlich auf keiner Landkarte verzeichnete Gebiet der Kindheit dieser Jahrhunderte.[1] Mit der Behauptung, daß große Teile dieses Gebietes noch unerforscht sind, soll der Wert der Beiträge, die die moderne Geisteswissenschaft in vielen benachbarten Bereichen geleistet hat, keineswegs geleugnet werden. Untersuchungen, die sich mit der Familie und dem Wandel ihrer Struktur, mit der Demographie, dem Recht und der Erziehung im Mittelalter, mit der Geschichte der Medizin und speziell der Kinderheilkunde, mit religiösen Bewegungen und kulturellen Transformationen beschäftigen, ebenso wie Versuche über die »Idee« der Kindheit oder den »Kindheitskult« – sie alle und andere mehr helfen uns bis zu einem gewissen Grad dabei, den je individuellen und den allgemeinen sozialen Hintergrund kindlichen Daseins aus der weit zurückliegenden Vergangenheit wieder erstehen zu lassen.[2] Aber das Bemühen, der psychischen Realität dieses Daseins näherzukommen, und ein, wenn auch tastendes und unvollständiges Verständnis der Erfahrung der Kindheit, der Erziehungsstile und der Beziehungen zwischen Eltern und Kindern mit all ihren weitreichenden Implikationen für die Entwicklung der Individuen und der Gesellschaften zu gewinnen, steckt selbst noch in den Kinderschuhen.[3] Wie immer man schließlich über die verschiedenen in diesem Band vorgetragenen Hypothesen urteilen mag, die Entdeckung der Kindheit in diesen und anderen Jahrhunderten zieht, wie alle Vorstöße auf bislang unerforschtes Terrain, neue und unerhörte Fragen nach sich, die kaum einen Bereich der Geschichte unberührt lassen werden.
Die erschöpfende Behandlung vieler dieser Probleme würde beim gegenwärtigen Stand der Forschung den Rahmen dieser Studie sprengen. Immerhin hoffe ich, daß sie dazu verhilft, die sich auftuenden Probleme präziser zu formulieren. Wir haben es hier zunächst einmal und vor allem mit dem Zwischenbericht von einer noch nicht abgeschlossenen Entdeckungsreise durch die ungeheueren Materialmassen zu tun, aus denen sich schließlich möglicherweise eine Geschichte der Kindheit für diesen Zeitraum rekonstruieren läßt. Abgesehen von gelegentlichen Rückgriffen auf das neunte und häufigeren Vorgriffen auf das dreizehnte Jahrhundert hält sich dieser Bericht weitgehend an die dazwi-

schenliegende Zeit. Geographisch gesehen richtet er sein Hauptaugenmerk auf jene Regionen Europas, die die Herzländer der westlichen Christenheit bildeten und unternimmt nur gelegentlich Streifzüge in Gebiete, die damals die Grenzen der abendländischen Expansionsbewegung markierten. Auch innerhalb dieser grob umrissenen Grenzen kann er kaum den Anspruch auf Umfassendheit erheben. Denn wenn etwas Wahres an der Feststellung ist, »daß in jener [mittelalterlichen] Welt kein Platz für die Kindheit war«,[4] so muß man doch berücksichtigen, daß man in jener Zeit Kinder nicht in irgendwelchen genau definierten und abgezäunten Bereichen wie Kindergärten, Heimen und Schulen finden kann, daß man sie vielmehr überall in dieser Gesellschaft und in den Quellen, auf die sich unser Wissen stützt, antrifft. Wir begegnen ihnen und den Hinweisen auf ihr Schicksal in nahezu jeder Art von Überlieferung, angefangen bei Werken der Kunst und der Literatur bis hin zu den Lehnbüchern und der kirchlichen Gesetzgebung. Tatsächlich ist ein großer Teil dieser Zeugnisse fragmentarisch und weithin zerstreut. Einiges ist, sei es bewußt oder unbewußt, verfälscht oder verzerrt worden, wodurch sich die Verstehens- und Interpretationsschwierigkeiten noch weiter vergrößern.

Aber wenn auch die Art der Quellen unserer Untersuchung gewisse Grenzen setzt, so eröffnen sie doch andererseits für unser spezielles Thema vielversprechende und geradezu unerwartete Möglichkeiten. Diese Möglichkeiten und Beschränkungen zeigen sich sehr deutlich in den beiden Werken, die unseren Erkundungen als Ausgangspunkt dienen sollen, in dem *Leben des Petrus Damiani* von Johannes von Lodi und den persönlichen Erinnerungen des Guibert de Nogent. In dem, was diese Quellen mitteilen, und in dem, was sie verschweigen, treten die zentralen Themen und Probleme sehr deutlich hervor. Die beiden Schriften stehen in der Mitte des uns interessierenden Zeitraums und führen uns in das Leben und die frühkindliche Entwicklung zweier Persönlichkeiten ein, die für diese Zeit außerordentlich gut belegt und, wenn auch in unterschiedlicher Weise, ungemein aussagekräftig sind. So bieten sie einen Ausgangspunkt, von dem aus wir nicht nur die umfassenden Zusammenhänge dieser Kindheiten, sondern auch die Kontinuitäten und Wandlungen im Umgang mit Kindern und der Einstellung zu ihnen im Verlauf dieser Jahrhunderte als Ganzes untersuchen können.

Der Mann, dessen Kindheit Johannes von Lodi schildert, war in der Tat keine gewöhnliche Gestalt. Denn Petrus Damiani, der anfang des elften Jahrhunderts, vielleicht im Jahre 1007, in der italienischen Stadt Ravenna geboren wurde und dessen Eltern zwar angesehen, aber offenbar keineswegs wohlhabend waren, sollte einer der großen geistigen Reformer seiner Zeit und einer ihrer hervorragendsten Heiligen werden. Als beredter Prediger und eifriger Asket war er der Kopf einer Einsiedlergemeinde, die sich dem kontemplativen Leben widmete, und spielte als tatkräftiger Kritiker kirchlicher Mißstände, in seinem späteren Leben dann als Kardinalbischof der römischen Kirche eine bedeutende Rolle in den wichtigsten kirchlichen Bewegungen seines Jahrhunderts.[5] Er verfaßte umfangreiche, mitunter glänzende Schriften über zahlreiche Gegenstände, die zwar verschiedentlich etwas über ihn selbst offenbaren, aber kaum direkt autobiographisches Material enthalten.[6] Die zuverlässigste und geschlossenste Kenntnis seines Lebens, sowohl der frühen als auch der späteren Jahre, vermittelt uns Johannes von Lodi,[7] ein treuer Schüler aus Petrus' letzten Lebensjahren, der auf die Bitte der übrigen Mönche des Klosters Fonte Avellana eine Biographie schrieb, die wie andere Werke dieser Art vor allem die Heiligkeit ihrer Hauptperson demonstrieren sollte.

Zweifellos spiegeln sich in Johannes' Geschichte der Kindheit des Petrus Damiani auch seine eigenen Ideen und Phantasien über die Kindheit wider, und vielleicht bieten diese Betroffenheit, die unmittelbare Bekanntschaft mit der Person des Petrus und die tiefe Hingabe an ihn eine Erklärung für die Farbigkeit, das Einfühlungsvermögen und die offensichtliche Wahrhaftigkeit, durch die sich diese Biographie deutlich von den Konventionen anderer mittelalterlicher Heiligenviten absetzt.[8] Erstaunlicherweise fehlen Visionen, Träume und Vorzeichen, die für gewöhnlich die Geburt heiliger Kinder begleiten, genauso wie die ebenfalls zur Tradition dieser Gattung gehörige Glorifizierung ihrer Abstammung. In Übereinstimmung mit den Prinzipien der Heiligenleben jedoch wollte Johannes gerade die Erfahrungen hervorheben, die die heroischen Tugenden seines Helden formten und auf die Probe stellten. Vielleicht liegt darin der Grund, warum er nicht zögerte, eine Kindheit festzuhalten, die nichts als Elend und Entbehrung gekannt hat. Tatsächlich begann das Unglück des Petrus im Augenblick seiner Geburt. Seine Mutter war »von der

Niederkunft erschöpft«, und die Familie, in die er geriet, war bereits so vielköpfig und verarmt, daß, als dieser Sohn geboren wurde, ein älterer Bruder der Mutter heftige Vorwürfe machte, ein weiteres Kind dem überfüllten Hauswesen und dem »Schwarm der Erben«, die um eine dürftige Hinterlassenschaft wetteiferten, hinzugefügt zu haben.[9]

In ihrem Unmut über diesen Angriff erlebte die Mutter, wie Johannes von Lodi es nennt, »einen heftigen Ausbruch weiblicher Boshaftigkeit« (worin man vielleicht die Symptome einer Wochenbettdepression erkennen kann). Händeringend erklärte sie, sie sei ganz unglücklich und verdiene es nicht, weiterzuleben. In ihrer Verzweiflung stieß sie ihr Kind ganz von sich, weigerte sich, es zu stillen oder es »mit den eigenen Händen zu halten oder zu berühren«. Verstoßen, »noch bevor es zu leben gelernt hatte«, und der Mutterbrust, seines einzigen Besitzes, beraubt, wuchs dieses winzige Geschöpf hungrig und verfroren, in Freudlosigkeit heran und konnte vor lauter Schwäche kaum schreien: »nur das schwächlichste Flüstern drang aus der kaum sich regenden kleinen Brust«. Als der Säugling nahe daran war, an der Vernachlässigung durch seine Mutter zugrundezugehen, rettete ihn die Frau oder Konkubine eines Priesters, die in der Familie des Vaters als Bedienstete gearbeitet und der Geburt des Kindes möglicherweise beigewohnt hatte. Für das Feingefühl und die Symmetrie innerhalb der Erzählung des Johannes spielt diese Frau offensichtlich eine wichtige Rolle, denn sie stellt das Element des »Guten« gegenüber der »bösen« Mutter dar, eine Konstellation, der im weiteren Verlauf der Erzählung der Gegensatz zwischen Petrus' »guten« und »bösen« Brüdern entspricht. Die mitfühlende Frau ist über die unmenschliche Härte der Mutter entsetzt und macht ihr heftige Vorwürfe: wie eine christliche Mutter ein Verhalten an den Tag legen könne, das keine Löwin und Tigerin jemals zeigen würde. Wenn jene Mütter ihre Jungen gewissenhaft säugen, so rief sie aus, wie können dann Menschenmütter ihre Kinder verstoßen, die nach dem Bilde Gottes gestaltet und in ihrem eigenen Schoß geformt worden sind? Als sie dem noch die eindringliche Warnung hinzufügte, falls sie, die Mutter, sich weiterhin so verhalte, liefe sie Gefahr, wegen Kindesmords verurteilt zu werden, gelang es der Frau des Priesters, das Herz der Mutter zu erweichen und das Leben des Kindes zu retten.

Um ein Exempel wirklicher Mutterliebe zu geben, an dessen Einzelheiten Johannes von Lodi offenbar großes Gefallen fand, befreite diese Frau die welken Glieder des Säuglings von den Wickelbändern, wärmte den nackten kleinen Körper am Feuer und behandelte den Ausschlag oder die Krätze, von denen er befallen war, indem sie ihn überreichlich mit Öl einrieb. »Nun«, so schreibt Johannes, »hättet ihr sehen können, wie die zarten kleinen Glieder, umhüllt mit in zerlassenem Fett getränkten Umschlägen, rosig wurden, sobald die Lebenswärme zurückkehrte, und wie die kindliche Schönheit von neuem erblühte.« Auf diese Weise errettete eine »sündige kleine Frau« das hoffnungslose Kind aus den Klauen des Todes und bewahrte seine Mutter vor der »schrecklichen Sünde des Kindesmords«. Und von der Zeit an, da ihre »von widriger Barbarei vertriebenen« Muttergefühle wiederhergestellt waren, legte Petrus' Mutter großen Eifer und Liebe beim Stillen ihres Kindes an den Tag, das unter solcher Pflege wohl gedieh, bis es entwöhnt wurde.

Kurze Zeit später jedoch wurde Petrus noch als sehr kleines Kind durch den Tod beider Eltern zum Waisen. Der Obhut seiner Familie überlassen, wurde er unglücklicherweise eben von dem Bruder, wahrscheinlich dem ältesten, aufgenommen, der so erzürnt über seine Geburt gewesen war, und der nun, gemeinsam mit einer ebenso harten und grausamen Frau, den kleinen Jungen, seinem Biographen zufolge, auf eine wüste und »stiefmütterliche« Art und Weise behandelte. Nur widerwillig gab man ihm eine Brühe zu essen, die als Schweinefutter hätte dienen können, und zwang ihn, barfuß zu gehen. Er war in Lumpen gekleidet, ein »Prügelknabe«, der häufig getreten und geschlagen wurde. Nachdem er einige Jahre hindurch diesen Brutalitäten unterworfen war und ein Leben »wie ein Sklave« führen mußte, sollte er schließlich Schweinehirt werden. Aus dieser Periode von Petrus' Knabenzeit wird uns nur eine Episode ausführlich berichtet, die Johannes für äußerst bedeutsam hielt. Eines Tages fand der unglückliche Junge zufällig eine Goldmünze, und hocherfreut über den unerwarteten Reichtum überlegte er lange Zeit, was er sich dafür kaufen solle. Nach langem innerem Ringen wurde ihm zuletzt eine göttliche Erleuchtung zuteil; er entsagte seinen Träumen von vergänglichem Glück und gab die vielgeliebte Münze einem Priester, auf daß dieser eine Messe für die Seele seines Vaters lese. Seinem Biographen erschien dieser Verzicht auf das

Vergängliche zugunsten des Ewigen als Vorzeichen späterer Heiligkeit, für uns ist es nicht ohne Bedeutung, daß nur der Vater, nicht aber die abweisende Mutter, in die großzügige Spende eingeschlossen war.[10]
Johannes läßt seine Erzählung vom Elend des Kindes freundlich ausklingen und berichtet, daß Petrus im Alter von vielleicht zwölf Jahren von seinen Peinigern befreit und unter die Obhut eines anderen Bruders gestellt wurde, der so freundlich wie der erste grausam war und der ihn mit solcher Zuneigung überhäufte, daß sie »beinahe die Liebe eines Vaters übertraf«. Diesem Bruder mit Namen Damian, der später Erzpriester von Ravenna wurde, verdankte Petrus die Erziehung, die seinen weiteren Werdegang, zunächst als weltlicher Lehrer, dann als hervorragender Kirchenmann, überhaupt erst ermöglichte. Für diesen Bruder, dessen Namen er selbst annahm, empfand er auch in späteren Jahren tiefe Anhänglichkeit ebenso wie für einen Neffen, der ebenfalls den Namen Damian trug und für dessen Erziehung er seinerseits sorgte, und eine Schwester, die sein Biograph nicht erwähnt. Diese letztere Bindung wird von Petrus selbst in einer Weise bezeugt, die unsere Kenntnis seiner Kindheit und der bleibenden Wirkung seiner frühen Leiden in eindrucksvoller Weise erweitert. In einem vielleicht im Alter von sechzig Jahren verfaßten Brief beschreibt er einen früheren Besuch am Sterbebett einer geliebten Schwester, die zu ihm »wie eine Mutter« gewesen war. Als er zum ersten Mal seit seiner Jugend über die Schwelle des Hauses seiner Familie trat, so erklärt er, trübte eine solche »Wolke aus Furchtsamkeit« seinen Blick, daß er während der Zeit seines Aufenthalts im Hause kaum etwas sehen konnte.[11]
Obwohl Johannes von Lodi es versäumt, diese liebevolle Schwester und ihre Rolle zu erwähnen – vielleicht, weil ihr Auftritt die Symmetrie seiner Geschichte gestört hätte – wird die grundsätzliche Wahrheit seines Berichtes von Petrus selbst nur bestätigt, wenn er uns die Ängste offenbart, die in ihm durch den Besuch im Haus seiner Kindheit und die daran geknüpften schmerzlichen Erinnerungen geweckt wurden.
Anders als Petrus Damiani war Guibert de Nogent weder sonderlich einflußreich noch, wenn wir von dem ausgehen, was er über sich selbst berichtet, besonders fromm. Er wurde ungefähr fünfzig Jahre nach Petrus zu Clermont-en-Beauvaisis im nördlichen Frankreich in einer Adelsfamilie von nur lokaler Bedeutung

geboren. Von Beginn an war er zum Klosterleben bestimmt, in das er im Alter von elf oder dreizehn Jahren eintrat.[12] Lange Zeit später wurde er Abt eines kleinen Klosters, Nogent-sous-Coucy, und entwickelte sich, obwohl er in der großen Welt nie eine wichtige Rolle spielte, zu einem scharfsichtigen Beobachter, Berichterstatter und Kritiker der stürmisch bewegten Gesellschaft seiner Zeit. Von sich selbst nicht weniger fasziniert als von der Welt, in der er sich bewegte, unterschied er sich auffällig von der übergroßen Mehrzahl seiner Zeitgenossen dadurch, daß er in seinen *Monodiae* oder »Einzelgesängen« seine eigene Geschichte erzählte. Diese etwas uneinheitliche Sammlung von Erinnerungen wurde mit einiger Übertreibung als »erste umfassende Autobiographie, die uns aus der mittelalterlichen Literatur überkommen ist«, bezeichnet.[13] Zwar sind diese Erinnerungen keineswegs so umfassend autobiographisch, wie es uns wünschenswert erschiene, sie bieten aber mehr als andere Werke dieser Zeit einen unmittelbaren Eindruck davon, wie zumindest eine kindliche Existenz im Mittelalter ausgesehen hat. Tatsächlich zeigt uns das starke und vielleicht sogar zwanghafte Interesse an der eigenen Kindheit nicht nur den jungen Guibert und sein seltsam isoliertes und rigoros diszipliniertes Leben, es enthüllt auch das Kind, das noch im Fünfzigjährigen lebendig ist. So bemerkenswert Guiberts Memoiren als Portrait einer dramatischen Welt und durch den Reichtum an detaillierten Einsichten in das damalige Leben sind, wirklich einzigartig wird dieses Werk durch sein Hauptthema und seine eigentliche Inspirationsquelle: jene leidenschaftliche Bindung an die Mutter, die die zentrale und, wie es scheint, einzige emotionell bedeutsame Beziehung in Guiberts Leben gewesen ist.

Diese alles Persönliche in seiner Geschichte beherrschende, besitzgierige und mitunter ambivalente Zuneigung zeigt sich schon sehr deutlich darin, mit welcher ungewöhnlichen Genauigkeit Guibert die Gefahren, in die er und die Mutter bei seiner Geburt gerieten, und seine schließliche Rettung darstellt. Denn wie Petrus Damiani konnte auch Guibert zunächst nur mühsam im Leben Fuß fassen. Er kam unter noch dramatischeren, für Mutter und Kind gefährlichen Umständen zur Welt. Rückblickend bereitet ihm der Bericht hiervon großes Vergnügen, und er verweilt lange bei den ausgedehnten, schmerzhaften Wehen seiner Mutter und bei den Gefahren, die seinen Vater dazu veranlaßten, ihn in

der Hoffnung auf eine glückliche Entbindung, noch bevor er geboren war, dem Klosterleben zu versprechen.[14] Als er schließlich das Licht der Welt erblickt hatte, »ein schlaffes Etwas, beinahe eine Fehlgeburt«, und noch am selben Tage, dem Karsamstag, zum Taufbrunnen getragen wurde, wog ihn, wie man ihm später oft zum Spaß erzählte, eine »gewisse Frau«, wahrscheinlich die Hebamme, von einer Hand in die andere und rief: »Glaubt ihr von dem da, es werde am Leben bleiben?«[15] Nach der anschaulichen Schilderung dieses wichtigen Ereignisses vermerkt Guibert leider sehr wenig über seine früheste Kindheit. Er war das jüngste Kind in einer Familie, in der es zumindest noch zwei weitere Brüder gab, die er in seinen Erinnerungen kaum erwähnt und für die er offensichtlich wenig Zuneigung empfand. Mit etwa acht Monaten verlor er seinen Vater, in einem Alter, in dem er, wie er sagt, kaum begonnen hatte, mit seiner Kinderrassel zu spielen.[16] Nach dem Tod des Vaters, den Guibert später als eine glückliche Fügung des Schicksals betrachtete, blieb seine Mutter Witwe und widmete sich der Erziehung ihres, zumindest aus seiner Sicht, bevorzugten Sohnes, und erwies ihm, wie er betont, »die größte Treue unter allen, die sie gebar.«
Was war dies für eine Frau, die ihr Sohn sein Leben lang als den »einzigen menschlichen Besitz unter all den Gütern, die mir in der Welt gehörten«, angesehen hat?[17] In dem Portrait, das er von der »schönen, aber züchtigen, der bescheidenen und in Ehrfurcht vor dem Herrn versunkenen« Frau entwirft, stoßen wir auf Züge, die, wenn auch verschwommen, die Einflüsse einer anderen für die Entwicklung von Mutter und Sohn möglicherweise folgenreichen Kindheit erkennen lassen. Und deutlicher noch sehen wir die Auswirkungen der Ehe, der Guibert selbst entstammte. Man hatte die Mutter, die seit ihrer frühen Kindheit von Ängsten vor Sünde und frühem Tod geplagt wurde, Guiberts Vater, der selbst noch sehr jung war, zur Frau gegeben, als sie noch ein Kind war und »kaum ein heiratsfähiges Alter« erreicht hatte.[18] Wahrscheinlich aufgrund ihrer jugendlichen Unwissenheit und Gehemmtheit, und nicht bedingt durch den »Zauberbann«, dem Guibert ihr Mißgeschick anlastet, wurde die Ehe seiner Eltern einige Jahre lang nicht vollzogen. In dieser Zeit waren der impotente junge Ehemann und seine noch unberührte Frau schweren und erniedrigenden Pressionen seitens ihrer Familien und Nachbarn ausgesetzt, bis schließlich der »Zauberbann« gebrochen wurde, wahr-

scheinlich, wie der Sohn vermutet, durch ein Verhältnis des Vaters mit einer anderen Frau. Von nun an unterwarf sich seine Mutter, wenn auch offenbar ohne großen Eifer, ihren weiblichen Pflichten, an denen sie, Guibert zufolge, wenig Gefallen fand. Als ihr Gatte starb, war sie noch eine junge und stattliche Frau, widersetzte sich aber mit äußerster Entschiedenheit den eigennützigen Anstrengungen ihrer Verwandten, sie zu einer neuen Heirat zu überreden, die diesen die Herrschaft über ihre Kinder und ihren Besitz eingetragen hätte.[19] Bis zu ihrem Tod führte sie das für sie und viele andere Frauen ihrer Zeit äußerst begehrenswerte Leben einer Witwe[20] und erwies sich als die den an sie gestellten Erwartungen genügende, pflichtgetreue, tüchtige, außerordentlich fromme und in bestimmter Weise auch großzügige, aber, wie es scheint, emotionell gehemmte Frau, deren Bild uns aus Guiberts Erinnerungen entgegentritt. Ohne Bildung, aber praktisch begabt und mit der ganzen Verantwortung für die Leitung eines adeligen Haushalts belastet, war sie sichtlich auf das körperliche und geistige Wohl ihres Sohnes bedacht, ließ ihm, wie er sagt, als Säugling die Pflege von Ammen zuteil werden, kleidete ihn in elegante Gewänder und lehrte ihn, wenn sie Muße von häuslichen Geschäften hatte, zu beten.[21] Von Kindesbeinen an scheint Guibert von der Frömmigkeit seiner Mutter und ihrem Gefühl für Sünde beeinflußt worden zu sein, insbesondere auch von ihren ungewöhnlich strengen Grundsätzen, was sexuelle Reinheit und Beherrschung angeht.[22] Auch ihre Sorge um seine Erziehung formte ihn sehr stark. Denn sobald das Kind, das für das Klosterleben ausersehen war, begonnen hatte, Lesen und Schreiben zu lernen, mit vier oder fünf Jahren, stellte sie einen Kleriker an, der für mindestens sechs Jahre der Privatlehrer des Jungen wurde und im Hause lebte. Dieser widmete alle Aufmerksamkeit seinem Schüler, ließ ihn hart arbeiten und überwachte ihn, solange er nicht schlief, in jedem Augenblick.[23]

Zwischen seiner Mutter und dem Hauslehrer, der »ihn wie ein Vater, nicht wie ein Lehrer behütete«, wurde Guibert offenbar mit übermäßiger und durchaus repressiver Sorgfalt groß gezogen. Man hielt ihn, wie er sagt, vom gewöhnlichen Kinderspiel fern, gestattete ihm niemals, von der Seite seines Lehrers zu weichen oder außer Haus zu essen. Auch durfte er ohne Erlaubnis des Lehrers von niemandem Geschenke annehmen. »Meine Altersgenossen streunten überall nach Belieben herum, für ihre altersbedingten Neigungen wurden ihnen die Zügel freigelassen; währenddessen wurde ich an derlei Dingen durch wachsame Befehle gehindert, saß im geistlichen Ornat da und betrachtete die Scharen spielender Kinder wie ein gelehrtes Lebewesen.«[24] Selten wurde ihm ein freier Tag gegönnt. Ein emsiger, aber wenig gebildeter Lehrer trieb ihn andauernd zur Arbeit an und versuchte, sein eigenes Unwissen durch Schelten und häufige Schläge zu kompensieren. Während Guibert sich, zumindest im nachhinein, einredet, dieser groben Behandlung habe ein echtes Interesse, eine »unerbittliche Liebe« zugrundegelegen, und während er diese Liebe, in die sich bei ihm eine gewisse Verachtung mischt, auch selbst erwidert, bemerkt er mit Vergnügen, wie es zwischen dem Hauslehrer und der Mutter, die über die Spuren der Schläge an ihrem Sohn bekümmert ist, zu einer Rivalität um seine Zuneigung kommt. Einmal, so berichtet er, »streifte sie mir (...) das Unterkleid, das man Hemd nennt, zurück und sah meine blauen Ärmchen und die Haut am Rücken überall geschwollen von den Rutenschlägen.« Sie war »von innerstem Schmerz ergriffen« und erhob »außer sich, unter strömenden Tränen« heftigen Einspruch dagegen, daß er jemals Kleriker werden solle. Er solle sich »nicht länger strafen lassen müssen, um Latein zu lernen«.[25] Als sie ihm jedoch im entsprechenden Alter die Waffen und die Ausrüstung eines Ritters anbot, lehnte er stolz ab und entgegnete: »Und wenn ich auf der Stelle sterben sollte, ich werde doch nicht davon ablassen, Latein zu lernen und ein Kleriker zu werden.«

So verschieden ihre Kindheit auch in vieler Hinsicht verlief, gemeinsam ist Guibert und Petrus Damiani offenbar nicht nur die schwere körperliche Züchtigung, sondern auch die Erfahrung oder das Gefühl mütterlicher Zurückweisung. Allerdings erlebte Guibert sie erst viel später, nämlich nach seinem zwölften Lebensjahr, als seine Mutter in wachsender Besorgnis um ihr eigenes geistliches Wohl beschloß, sich aus der Welt zurückzuziehen und das Leben einer Einsiedlerin zu führen.[26] Guibert fühlte sich mit dieser Entscheidung im Stich gelassen und sah in der Frau, der ihr Seelenheil wichtiger war als sein Wohlergehen, trotz all ihrer Hingabe an ihn, eine »grausame und unnatürliche Mutter«.

Sie wußte, daß ich so ganz zum Waisen werden würde, ohne jemanden, auf den ich mich verlassen könnte. Denn so zahlreich meine Verwandtschaft und meine Beziehungen auch waren, es gab niemanden, der mir die liebreiche Sorgfalt gewidmet hätte, die ein Kind in diesem Alter benötigt. Obwohl es mir an Lebensnotwendigem, an Nahrung und Kleidung nicht mangelte, litt ich oft unter dem Verlust jener umsichtigen Vorkehrungen gegen die Hilflosigkeit dieses zarten Alters, wie sie nur Frauen zu treffen wissen. (...) Wiewohl sie wußte, daß ich solcher Vernachlässigung ausgesetzt sein würde, verhärtete ihre Liebe und Ehrfurcht zu Dir, o Gott, ihr Herz (...), das zartfühlendste auf der ganzen Erde, so daß es dem Schmerz ihrer eigenen Seele nicht zärtlich war.[27]

Wie diese Passage zeigt, ist das Außergewöhnliche an Guiberts Kindheitserinnerungen seine Fähigkeit, nicht nur bedeutsame Einzelheiten, sondern auch die intensiven, obgleich ambivalenten Gefühle zur Sprache zu bringen, die in ihm immer wieder durch seine tiefe Mutterbindung hervorgerufen wurden. Unter ihrem prüfenden und fordernden Blick – denn auch aus ihrer Zurückgezogenheit überwachte sie sein Leben und zeigte sich um ihn besorgt – verlor er nie das Schuldgefühl, das sie ihm anscheinend eingeflößt hatte, und hörte nicht auf, Liebe und Anerkennung zu erstreben, die ihm vielleicht nie wirklich gewährt worden sind. Im Grunde zeigt er sich in all seinen Erinnerungen als das eifersüchtige, besitzgierige und unselbständige Kind, dessen Selbstinteresse wir die gewiß reichhaltigste und intimste mittelalterliche Darstellung der Beziehung zwischen einer Mutter und ihrem Sohn verdanken.[28]

So ungewöhnlich und in mancher Hinsicht einzigartig unsere beiden Kindheitsberichte sind und so stark sie sich voneinander unterscheiden, sie lassen doch auch gewisse allgemeine Charakteristika der Art von Dokumenten erkennen, der sie entnommen sind und auf die sich diese Studie weitgehend stützt. Es handelt sich dabei um persönliche, biographische, autobiographische oder der Selbstoffenbarung dienende Werke, deren Zahl in diesen Jahrhunderten zusehends wächst und in denen sich das entstehende Selbstbewußtsein manifestiert, das Marc Bloch und viele andere in der Kultur dieser Epoche wahrgenommen haben.[29] Innerhalb des von uns betrachteten Zeitraums wurden derartige Werke noch sehr lange in lateinischer Sprache geschrieben, von den Mitgliedern einer kleinen gebildeten, fast ausschließlich im Bereich der Kirche und der Klöster angesiedelten Minderheit, die sich an ein Publikum aus den eigenen Reihen wandte und meist auch über ihresgleichen schrieb. Im großen und ganzen geht es dabei um außerordentliche Kindheiten und außerordentliche Kinder, die im späteren Leben durch besondere geistliche oder

intellektuelle Begabung oder, im Fall der Autobiographie, durch eine ungewöhnliche Fähigkeit zur Selbsterkenntnis herausragten, und die, bis auf verhältnismäßig wenige Ausnahmen, aus Familien der Oberklasse hervorgingen, also adeliger, ritterlicher oder seltener auch bürgerlicher Herkunft waren. Wie Johannes' Vita des Petrus Damiani sind viele dieser Aufzeichnungen, insbesondere die aus den Anfängen unseres Untersuchungszeitraumes, in Charakter und Intention hagiographisch und werden durch die spezifischen Konventionen dieser Gattung in ihrer Aussagekraft beeinträchtigt. Mit Ausnahme weniger Fälle waren kleinere Kinder in ihren Familien Gegenstand der Darstellung, und zwar normalerweise solche, die für eine kirchliche Laufbahn oder das Klosterleben ausersehen waren. Dabei ging es häufiger um Jungen als um Mädchen, obwohl es auch hier bezeichnende Ausnahmen gibt. In den verschiedenen Arten von Quellen, die hier benutzten mit eingeschlossen, finden sich auch flüchtige Hinweise auf gewöhnlichere Kinder aus verschiedenen sozialen Klassen. Guibert z. B. hat einen besonders guten Blick für andere Kinder. Aber das ungewöhnliche Kind und sein Dasein herrschen vor, und in dem Bemühen um allgemeine Aussagen muß man diese dem Quellenmaterial inhärente Verzerrung berücksichtigen.
Eine weitere wichtige Beschränkung, die sich aus den soeben angestellten Überlegungen ergibt, beruht darauf, daß wir in den detaillierteren Kindheitsdarstellungen ebenso wie in kürzeren Anspielungen auf dieses Thema die Kinder und ihr Leben aus der Sicht von Menschen sehen, die zwar Kinder, aber nur selten selbst Eltern gewesen sind. Auch hier gibt es eine wachsende Zahl von Ausnahmen, wenn man in eine Zeit vorausgreift, in der der gebildete Laie häufiger wird oder wenn man in den Werken jüdischer Schriftsteller wie Moses Maimonides auf die väterliche Weise der Wahrnehmung von Säuglingen und Kindern trifft. Wir würden viel darum geben, von der Mutter Guiberts oder Petrus Damianis, um nur diese zu nennen, ihre Version der Geschichten zu hören, aber in diesen Jahrhunderten sprechen nur ganz wenige Mütter direkt als Mütter zu uns. Zu diesen gehört die deutsche Dichterin Frau Ava aus dem frühen zwölften Jahrhundert, die sich selbst einfach als Mutter zweier Kinder bezeichnet, von denen eines lebt und das andere gestorben ist. Beide sind ihr lieb, und sie bittet die Leser, für sie zu beten.[30] Im allgemeinen sprechen Eltern kaum aus ihrer Elternrolle heraus; ihre Gefühle

und Einstellungen gegenüber ihren Kindern, ihre Wunschbilder und Erwartungen zeigen sich in ihren Handlungen oder werden von anderen Gewährsleuten, nicht selten, wie im Falle Guiberts, von den eigenen Kindern enthüllt. Auch zu der Frage, was die Quellen dieser Zeit über die einzelnen Phasen oder Stufen der Kindheit aussagen, liefern unsere beiden Texte einige Hinweise. Am stärksten werden das Säuglingsalter – die Unsicherheit der ersten Lebenszeit, das Drama von Geburt und Überleben – und die Stufen der Kindheit vom vierten oder fünften Lebensjahr an hervorgehoben, wenn die Kinder jener Art, über die wir am besten Bescheid wissen, so weit sind, daß sie Lesen und Schreiben lernen. Hier scheint ein bedeutender Wendepunkt erreicht zu sein, auf den man das größte Gewicht legt. Oft werden dagegen die Jahre vernachlässigt und übergangen, in denen Kleinkinder der Beobachtung durch jene Schriftsteller, denen wir einen großen Teil unserer Zeugnisse verdanken, weniger zugänglich sind.

In Übereinstimmung mit den Betonungen und den blinden Flecken innerhalb dieser Zeugnisse nimmt die vorliegende Arbeit, was die zeitlichen Grenzen der Kindheit angeht, eine ziemlich flexible Haltung ein. Sie erstreckt sich nicht nur auf die frühe Kindheit (infancy), die man gewöhnlich, dem Wortsinn entsprechend, als den Zeitraum von der Geburt bis zum fünften Lebensjahr begreift, »solange einige Kinder noch nicht oder noch nicht richtig sprechen«, sondern auch auf das, was man im Mittelalter als *pueritia* bezeichnet, das »Knabenalter« (boyhood), also die späteren Stufen der Kindheit, etwa bis zum elften oder zwölften Lebensjahr.[31] Gewiß dürfen wir annehmen, daß die mittelalterliche Kindheit nur von kurzer Dauer war. Die zeitgenössischen Schriftsteller allerdings, die häufig nicht einmal ihr eigenes Alter kannten, bleiben, wenn sie auf diesen Lebensabschnitt oder einen anderen zu sprechen kommen, oft sehr ungenau und verfahren mitunter recht großzügig. Guibert de Nogent gehörte ganz offensichtlich zu den Leuten, die sich stets für jünger halten, als sie in Wirklichkeit sind. Wenn er sich aber im Alter von zwölf Jahren noch als Kind bezeichnet, so entspricht das durchaus den Sprachgewohnheiten seiner Zeit.[32]

Einerseits helfen uns die Berichte Guiberts und Johannes' von Lodi bei der Bestimmung der Beschränktheiten und Entstellungen innerhalb unseres Quellenmaterials, die unseren Blick auf die

Probleme der Kindheit in dieser Zeit verfälschen könnten. Andererseits aber machen diese Aufzeichnungen, auch wenn man sie keineswegs als typisch bezeichnen darf, doch deutlich, welche Erkenntnisse man positiv aus den verschiedenartigen Quellen dieser Zeit gewinnen kann. Das betrifft die Sorgfalt und die Vernachlässigung, die den Kindern zuteil wird, ebenso wie die Erfahrungen, Emotionen und Phantasien, von denen die Kindheit gezeichnet war, die Einstellungen zur Kindheit und insbesondere auch die Beziehungen zwischen Kindern und Eltern bzw. deren Stellvertretern. Den Fragen und Einsichten, die sich aus diesem Material ergeben, wollen wir in den folgenden Abschnitten dieser Untersuchung im einzelnen nachgehen. Unsere beiden Werke eröffnen jedoch auch helle und dunkle Aussichten auf die umfassenderen gesellschaftlichen Aspekte der uns hier beschäftigenden Probleme, und diese machen zumindest eine kurze Bemerkung an dieser Stelle erforderlich.

Als Guibert de Nogent geboren wurde, deuteten zunächst nur wenige Anzeichen auf die tiefgreifenden Bewegungen hin, die die abendländische Gesellschaft des Mittelalters während der nächsten beiden Jahrhunderte so grundlegend umwandeln sollten. Das Wachstum der Bevölkerung, die sich in Westeuropa bis zum späten dreizehnten Jahrhundert verdoppeln sollte, die ökonomische Entwicklung, die erhöhte Produktivität und Kapitalakkumulation, die das Heranwachsen einer stärker urbanisierten, wenngleich immer noch agrarischen Gesellschaft förderten – solche und andere Veränderungen deuteten darauf hin, daß diese Gesellschaft einen Expansionskurs eingeschlagen hatte, der, mit einigen Rückschlägen, ihre Entwicklung in den kommenden Jahrhunderten kennzeichnen sollte.[33] Zu Lebzeiten Guiberts nahm die Geschwindigkeit dieser Wandlungsprozesse stark zu, und um die Zeit seines Todes gab es in bestimmten Bereichen schon sehr deutliche Anzeichen für sie, die am sichtbarsten vielleicht in den neueren religiösen und kirchlichen Bewegungen zutage traten. Diese Bewegungen prägten nun stärker als jemals zuvor beinahe jeden Lebensabschnitt innerhalb der christlichen Gesellschaft, mit der alle Kinder in der Taufe eine gewissermaßen vertragliche Bindung eingingen.[34] Man darf vermuten, daß diese Veränderungen die allgemeinen Lebensbedingungen im Verlauf dieser Jahrhunderte verbesserten. Auf lange Sicht galt das wahrscheinlich für viele, wenn nicht für die meisten Mitglieder dieser

Gesellschaft, und insbesondere für jene, die die Haupturheber und Nutznießer des ökonomischen und sozialen Wandels waren.[35] In einer wachsenden Bevölkerung, so müssen wir annehmen, wuchs die Zahl derer, die die fundamentalen, das Leben in dieser Gesellschaft nach wie vor beherrschenden Unsicherheiten: Krankheit, Hungersnöte, Unterernährung, Gewalt und Armut überlebten.[36] Für die Stufen menschlicher Erfahrung, mit denen sich diese Untersuchung befaßt, müssen wir unserem Bild jedoch noch einige wesentlich dunklere Züge hinzufügen.

Denn weiterhin war jedes Leben, und ganz besonders das Leben eines Kindes, ständig vom Tod bedroht. In einer Zeit, für die die durchschnittliche Lebenserwartung auf dreißig Jahre geschätzt worden ist, liegt die Sterblichkeitsrate der Mütter bei der Geburt extrem hoch, die der Säuglinge noch höher, vielleicht im Verhältnis von eins oder gar zwei zu drei.[37] Tatsächlich veranschaulichen unsere Hauptquellen diese Zustände sehr eindrucksvoll, indem sie die Vermutung nahelegen, daß bei der allgemein kurzen Lebenserwartung die Kinder, die überlebten, mit großer Wahrscheinlichkeit schon in jungen Jahren zu Waisen oder Halbwaisen wurden. Darüber hinaus wirft die Geschichte der Kindheit von Petrus Damiani, die uns ganz unverhüllt mit dem Bild des »ungewollten Kindes« und der verzweifelnden, überlasteten Mutter konfrontiert, die Frage auf, was aus den Kindern wurde, die unerwünscht waren oder aus welchem Grund auch immer ausgesetzt oder im Stich gelassen wurden. Vor diesem düsteren Hintergrund hoher Sterblichkeit müssen wir das Leben und die Erfahrungen von Kindern und Eltern in diesen Jahrhunderten sehen. Im Zusammenhang damit ist auch der Titel dieser Arbeit »Überlebende und Stellvertreter« zu verstehen, der, obwohl er auch über anderen Kapiteln dieses Bandes stehen könnte, ganz besonders auf eine Zeit zu passen scheint, in deren Aufzeichnungen die psychologischen und emotionellen ebenso wie die physischen Auswirkungen dieser unerbittlichen Zustände zum ersten Mal so vielgestaltig und bewußt geschildert werden.[38]

Das Drama von Geburt und Überleben

> Sie wurde von langdauernden Martern gequält, und da ihre Stunde kam, steigerten sich die Wehen. Als man nach dem natürlichen Verlauf meinen konnte, ich käme heraus, wurde ich nur höher hinauf in ihren Leib gepreßt. Vater, Freunde und Verwandte waren über uns beide ganz tief betrübt, denn das Kind brachte die Mutter dem Tode nahe, und ebenso gab der drohende Tod des Kindes, dem der Ausgang versperrt war, für alle Anlaß zu Mitleid.
>
> Guibert de Nogent: *Histoire de sa vie*

So dramatisch uns Guiberts Bericht von seiner Geburt erscheint, schwerlich konnte er die Ängste, Mühen und Gefahren übertreiben, die Schwangerschaft und Niederkunft in einer Zeit umgaben, in der diese und andere physiologische Prozesse größtenteils und gerade für die direkt Betroffenen in Unwissenheit und Rätselhaftigkeit gehüllt und von uralten Gebräuchen und Aberglauben umgeben waren.[39] Die Momente, die uns heute als hagiographische Gemeinplätze erscheinen, Träume, Visionen und magische Vorzeichen, wie sie gewöhnlich vor und nach der Empfängnis des zukünftigen Heiligen auftraten, waren oft auch der lebhafte Ausdruck der urwüchsigen Ängste und des Wunderglaubens, die sich mit diesen geheimnisvollen, wenn auch natürlichen Vorgängen verbanden.[40] Obwohl sich diese Weissagungen in der Mehrzahl der Fälle an die Mütter richteten, gelangten mitunter auch Väter in den Genuß derartiger übernatürlicher Heimsuchungen, etwa der Vater des hl. Gerald von Aurillac, der, nachdem ihm in einer Vision bedeutet worden war, er würde einen Sohn zeugen, kurz vor dessen Geburt gemeinsam mit seiner Frau wunderbarerweise hörte, wie das Kind im Mutterleib dreimal schrie. »Mit seiner kleinen Stimme«, so meint der Biograph, »wies es schon auf den trefflichen Ruhm hin, mit dem es später die Welt erfüllen sollte.«[41] Von dem, was sich während der Entwicklung des Kindes im Mutterleib tatsächlich abspielte, konnten gewöhnliche Leute nur die verschwommensten Vorstellungen haben. Den gelehrten Schriftstellern jedoch waren in wachsendem Maß die antiken Erkenntnisse über Geburtshilfe und Gynäkologie zugänglich, vor allem die, die sich aus der Hauptquelle, den Lehren des großen Arztes Soranos aus dem zweiten Jahrhundert, herleiteten. Dessen Schriften waren auf verschiedenen Wegen in den Westen gelangt und seit dem frühen Mittelalter verfügbar.[42] Verschiedene medizinische Traktate, insbesondere seit dem zwölften Jahrhundert, enthielten oft vernünftige, zumindest unanfechtbare Ratschläge zur Pflege von schwangeren Frauen. Darüber hinaus wurden die Stufen der Schwangerschaft und ihre Symptome auch in der volkstümlichen Literatur dieser und späterer Zeiten geschildert.[43] Sowohl in den gelehrten als auch in den populären Werken legte man besonderes Gewicht auf die Wirkung pränataler Einflüsse, die bis auf den Augenblick der Zeugung zurückgehen konnten. Demzufolge waren einige strenge Prediger der Ansicht, Kinder, die während der verbotenen Zeiten im Kirchenjahr empfangen worden waren, seien von Anfang an durch diese Sünde ihrer Eltern gezeichnet.[44] Werdende Mütter ermahnte man, nachdem sie einmal empfangen hatten, solche Gedanken zu denken, solche Gefühle zu empfinden und solche Tugenden an den Tag zu legen, wie sie den Charakter des ungeborenen Kindes in der glücklichsten Weise prägen sollten.[45]

Guibert gibt uns nicht nur einen Eindruck von der Gefühlsatmosphäre, die die Geburt umgab, er bietet auch eine realistische Beschreibung dieses Ereignisses, wie wir sie in dieser Zeit wahrscheinlich nur noch in medizinischen Schriften finden. Es gibt einen einfachen Grund für diesen Mangel an direkten Beschreibungen. Als Männer waren die Autoren dieser Bücher, wenn überhaupt, nur selten beim eigentlichen Geburtsvorgang anwesend, dem für gewöhnlich nur Frauen beiwohnen durften.[46] Vor dem relativ späten Erscheinen populärer, volkssprachlicher Abhandlungen kann das in dieser Zeit in medizinischen Büchern verfügbare Wissen über Geburtshilfe und Pädiatrie nur für eine sehr kleine Minderheit von Müttern und Kindern wirksam geworden sein.[47] Diese Kenntnisse scheinen jedenfalls eine Mischung gewesen zu sein aus theoretischer Gelehrsamkeit und den althergebrachten unwissenschaftlichen Praktiken, die das Grundkapital der Hebammen oder *sages-femmes* bildeten, über deren Ausbildung wir so gut wie keine vertrauenswürdigen Zeugnisse besitzen.[48] Es war, wie Bartholomäus Anglicus im frühen dreizehnten Jahrhundert schreibt, die Hebamme, die es verstand, die Gebärmutter mit Salben und Bähmitteln zu erweichen, so daß das Kind mit größerer Leichtigkeit und geringerem Schmerz geboren werden konnte.[49] Sie nahm das Kind aus dem Mutterleib in

Empfang, trennte die Nabelschnur in einer Länge von vier Fingern ab und unterband sie, wusch oder badete das Neugeborene, rieb es mit Salz und manchmal mit zerstoßenen Rosenblättern oder Honig ein, »um seinen Gliedern wohlzutun und sie von Schleim zu befreien.« Sie strich ihm auch mit dem Finger Honig auf Gaumen und Zahnfleisch, um die Innenseite des Mundes zu reinigen und den Appetit des Säuglings anzuregen.[50] Bartholomäus empfahl dringend, die Neugeborenen häufig zu baden, sie mit Myrten- oder Rosenöl zu salben und alle ihre Glieder zu massieren, ganz besonders die der Jungen, die man mit größerem Eifer trainieren sollte. Er gab auch einen Grund für die in weiten Teilen Europas offenbar weitverbreitete Praxis an, die Gliedmaßen der Neugeborenen und Kleinkinder zu umwickeln. Damit soll, so meint er, nicht nur vermieden werden, daß sich, wie es leicht geschehen könne, die Glieder der Kinder ihrer »Flüssigkeit« und »Biegsamkeit« wegen verformen, es geschieht auch, »um die natürliche Wärme im Körperinneren wiederherzustellen«, auf daß sie der Verdauung zuträglich werde, die darüber hinaus, wie er glaubt, durch leichtes Schaukeln der Kinder in ihren Wiegen befördert wird.[51]

Es gibt eine bezeichnende, von Gerald von Wales (Geraldus Cambrensis) im späten zwölften Jahrhundert sehr genau beschriebene Ausnahme von der hier skizzierten Behandlungsart Neugeborener, die die der Schönheitspflege dienenden Praktiken der traditionellen Hebammenkunst in ein deutliches Licht setzt. Gerald zufolge, dessen Bericht von anderen Quellen gestützt wird, wurden die Säuglinge in Irland mit Gewißheit und wahrscheinlich auch die Kleinkinder anderer keltischer Stämme nicht »so sorgfältig aufgezogen, wie es üblich ist.«

Denn außer, daß ihre Eltern sie durch Nahrung vor dem direkten Tod bewahren, werden sie der unbarmherzigen Natur überlassen. Man legt sie nicht in Wiegen und wickelt sie nicht, noch hilft man ihren zarten Gliedern mit häufigen Bädern oder formt sie durch sonst nutzbringende Kunstfertigkeit. Die Hebammen verwenden kein heißes Wasser, um die Nase anzuheben, das Antlitz hinabzudrücken oder die Beine zu verlängern. Ohne menschliches Zutun formt die Natur gemäß ihrem eigenen Urteil die Glieder, die sie hervorbrachte, und verfügt, von keiner Kunst unterstützt, über sie. Als wollte sie beweisen, was sie aus sich heraus vollbringen kann, prägt und modelliert sie ohne Unterlaß, formt und vollendet die Glieder schließlich in ihrer ganzen Stärke an schönen, aufrechten Körpern mit wohlgestalteten Gesichtern von angenehmer Hautfarbe.[52]

Trotz dieser natürlichen Vorzüge aber hatten sich, wie Gerald behauptet, die Iren, die aus seiner Sicht ein gänzlich barbarisches Volk waren, dem Inzest und Ehebruch ergeben, und Gerald schreibt das außergewöhnlich häufige Vorkommen von Geburtsfehlern, das er an ihnen zu bemerken glaubte, diesem Umstand zu. Nie, so erklärt er, habe er bei einem anderen Volk »so viele blind Geborene, so viele Lahme, Krüppel oder Menschen mit anderen Gebrechen« gesehen.[53]
Es ist zwar höchst zweifelhaft, ob dieses Volk tatsächlich anfälliger für derartige Schädigungen war als andere, generell aber scheint die Häufigkeit solcher Mißbildungen in der mittelalterlichen Gesellschaft extrem hoch gewesen zu sein.[54] Zu den Aufgaben der Hebammen gehörte es auch, das Neugeborene, wenn es zum ersten Mal gebadet wurde, auf Muttermale und andere Schäden hin zu untersuchen, die wohl in einer Vielzahl von Fällen das Ergebnis ihrer eigenen Verrichtungen waren. Denn wenn diese Frauen auch den Anforderungen einer normalen Geburt einigermaßen gewachsen waren, so verfügten sie doch kaum über die Mittel, um mit den Schwierigkeiten und Gefahren einer abnormen Geburt zurechtzukommen. Bei abnormer Lage des Kindes im Mutterleib etwa bestand ihr Hauptmittel darin, das Kind zurück in den Mutterleib zu drücken oder seine Position mit der Hand zu verändern.[55] Wenn dies alles mißlang und die Mutter starb, während das Kind noch lebte, so konnte man es aus ihrem Körper herausschneiden wie in dem bekannten Fall Purchards des »Ungeborenen«, der von Eckehard IV. von Sankt Gallen berichtet wird.[56] Die Mutter war zwei Wochen vor dem voraussichtlichen Zeitpunkt der Geburt gestorben. Man schnitt das vorzeitige Kind aus ihrem Leichnam heraus und hüllte es in das Fett eines neugeborenen Schweins, »bis seine Haut herangewachsen war«. Eine solche Exzision bei der Geburt scheint nicht ungewöhnlich gewesen zu sein und wurde tatsächlich von einigen kirchlichen Autoritäten empfohlen, denn die Technik des Kaiserschnitts war seit der Antike bekannt. Ich habe jedoch kein eindeutiges Zeugnis dafür gefunden, daß eine Mutter diese Operation überlebt hätte.[57]
Hatte das Kind den gefahrvollen Weg aus dem Mutterleib einmal hinter sich gebracht, so hing sein Überleben ganz besonders von einem Umstand ab, nämlich davon, daß ihm Brustmilch von guter Qualität zugänglich war. Ausgenommen die Minderheit der

Adeligen und Wohlhabenden, die sich Säugammen leisten konnten, ging es also um die Milch der Mutter. In der Mutter, die ihr eigenes Kind säugt, spiegelte sich für alle Klassen das ideale Mutterbild. In zeitgenössischen Darstellungen der *Virgo lactans,* der stillenden Muttergottes, und darüber hinaus in der Gestalt der ihr Kind säugenden Eva auf den Bronzetüren von Hildesheim und später von Verona wurde diese wesentliche Funktion der Mutter verherrlicht. In literarischen und didaktischen Werken verschiedener Art wurde sie hervorgehoben und gepriesen.[58] Bartholomäus Anglicus rühmt sie sowohl in wissenschaftlicher als auch in emotioneller Hinsicht und erklärt, »der Fötus werde, solange er sich im Mutterleib befindet, vom Blut ernährt. Bei der Geburt aber sendet die Natur das Blut in die Brüste, damit es sich in Milch verwandele«.[59] Daher sei die Milch der eigenen Mutter besser für das Neugeborene als die einer anderen Frau. Bartholomäus nimmt moderne Einsichten vorweg, wenn er hervorhebt, daß hierdurch die emotionellen Bindungen gestärkt werden: »denn die Mutter liebt ihr eigenes Kind mit der größten Zärtlichkeit, schließt es in die Arme und küßt es, säugt es und sorgt für es mit höchstem Eifer.« Ein anderer Autor aus dem dreizehnten Jahrhundert wiederholt diese Punkte und meint dann, da jede Pflanze ihre Kraft aus ihren Wurzeln ziehe und die Muttermilch die Natur des Kindes am besten forme, handle jene Mutter falsch, die ihrem Kind die förderlichen Quellen vorenthält.[60]

Daß die Mutter ihr eigenes Kind säugt, war nicht nur ein Ideal, sondern in weitem Umfang auch die Wirklichkeit dieser Jahrhunderte. Denn die große Mehrzahl der Kinder muß, ausgenommen in Fällen höchster Not, von der Milch der eigenen Mutter abhängig gewesen sein. Es wird jedoch auch deutlich, daß die Frauen der Adelsklasse, die, wie gesagt, eine kleine, aber weithin sichtbare Minderheit darstellten, immer stärker auf Säugammen zurückgriffen. Was man vielleicht etwas übertrieben für diesen Zeitraum die »Revolution des Stillens« (nursing-revolution) genannt hat, könnte auf diese Weise zum Wachstum der Bevölkerung beigetragen haben, denn man nimmt an, daß die Verwendung von Säugammen die Intervalle zwischen den Schwangerschaften verkürzt und die Erzeugung einer größeren Zahl von Kindern unterstützt hat.[61] Tatsächlich war der Rückgriff auf Säugammen in dieser Zeit recht verbreitet. Im zwölften Jahrhundert z. B. stellt Guiberts Mutter sowohl für ihren eigenen Sohn als auch für das Kind, das sie zur Sühne für die Sünden ihres Ehegatten adoptiert hatte, Ammen an.[62] Soweit ich feststellen konnte, wurde das Kind im allgemeinen, wie ja auch in diesem und vielen anderen Fällen, zum Säugen nicht außer Haus geschickt, was in späteren Jahrhunderten Mode wurde. Vielmehr wurde die Amme in den Haushalt zum Kind geholt.[63] Daß man die Verwendung von Säugammen auch in gewissen Adelskreisen allgemein ablehnte, ist in der ihrer Intention nach exemplarischen Geschichte der heiligen Ida von Boulogne angedeutet. In der am stärksten ausgeweiteten Version dieser Erzählung wird beschrieben, wie heftig die fromme, hingebungsvolle Mutter dreier Söhne, die nie zugelassen hatte, daß irgend jemand außer ihr selbst die Kinder stillte, reagierte, als man ihre diesbezüglichen Wünsche verspottete.[64]

Aber ob nun eine Mutter oder die Amme die Milch lieferte, nichts war nach den damaligen Anschauungen wichtiger als ihre Qualität, und dies um so mehr, als man allgemein davon überzeugt war, daß die formenden Einflüsse der Milch sich sowohl auf den Charakter als auch auf die körperliche Konstitution des Säuglings auswirkten.[65] Zu dieser zweiten Wirkung erklärte ein Autor, vor schlechter Milch müsse man sich ganz besonders hüten, weil die, die mit ihr ernährt werden, gemeinhin den schlimmsten Kinderkrankheiten zum Opfer fielen. In den einflußreichsten mittelalterlichen Handbüchern zu diesen Fragen werden solche Krankheiten und die jeweiligen Gegenmittel beschrieben.[66] Da gute Milch für die Entwicklung des Kindes lebenswichtig war, mußte jede erdenkliche Anstrengung unternommen werden, um sie zu sichern und ihre Qualität zu erhalten, insbesondere durch die Wahl einer gesunden Amme und die Kontrolle ihrer Ernährungsweise. Die Amme sollte sich etwa starken Weins und roher Speisen enthalten, und wenn ihr Pflegekind eine Medizin benötigte, sollte man diese ihr verabreichen, so daß das Kind sie mit der Milch aufnehmen könnte.[67]

Über solche allgemeinen Grundsätze und Vorschriften hinaus jedoch sind die praktischen Einzelheiten der Säuglingsernährung sehr schwer faßbar. Ein Gedicht aus dem zwölften Jahrhundert faßt den Tagesablauf eines Kleinkindes in den einfachen Worten zusammen: »Es schläft, es schreit, es saugt.«[68] Aber die Frage, wie häufig und wie lange die Kinder gestillt wurden, ist kaum zu beantworten.[69] Marie de France versichert uns, der Säugling

Milun, der in feines Linnen gehüllt und in seine zierliche Wiege mit einem Federkissen und einer pelzüberzogenen Decke gelegt worden sei, sei siebenmal am Tage von den Ammen gestillt und gebadet worden, die ihn auf der langen Reise zu seiner Pflegemutter begleiteten.[70] Wir dürfen aber bezweifeln, daß es den meisten Kindern in dieser Zeit so gut ergangen ist. Obwohl ein Prediger im dreizehnten Jahrhundert gegen das Überfüttern reicher Kinder zu Felde zog und ihnen einen frühen Tod in Aussicht stellte, dürfte es nicht der geringste unter den vielen Vorteilen gewesen sein, die die Reichen vor den Armen genossen, daß ihre Kinder häufiger und über einen längeren Zeitraum hinweg gesäugt wurden.[71] Das Wenige, das sich über den Zeitpunkt der Entwöhnung in diesen Jahrhunderten herausfinden läßt, deutet auf einen Spielraum zwischen einem und drei Jahren hin, wobei die Stillzeit für Mädchen und für die Kinder der Bauern vielleicht noch kürzer war. Wir wissen z. B. von einigen Bauernfamilien aus Südfrankreich im neunten Jahrhundert, daß Jungen etwa mit zwei, Mädchen mit einem Jahr entwöhnt wurden.[72] Es hat auch den Anschein, daß das Stillen in allen Gesellschaftsklassen oft und recht früh durch einen aus Brot und Tiermilch oder Wasser zubereiteten Brei ergänzt wurde.[73] Außerdem gibt es Anzeichen dafür, daß man in der Not nicht selten gezwungen war, trotz einer im allgemeinen durchaus berechtigten Furcht vor Tiermilch, auf diese zurückzugreifen.[74] Der Gebrauch von »Saughörnern«, die kaum etwas anderes als Tiermilch enthalten haben können, ist seit dem frühen Mittelalter gut belegt. In einem Gedicht aus dem zwölften Jahrhundert wurden sie neben Wickelbändern und Lätzchen zur Grundausrüstung einer Amme gerechnet.[75]

Mehr als über das Stillen erfahren wir über die Säuglingspflege, aber auch hier weisen unsere Zeugnisse zumeist auf die Gewohnheiten und Praktiken der Adelsklasse und auf die hervorstechende Rolle der Amme hin. In einem »populärwissenschaftlichen« Werk aus dem dreizehnten Jahrhundert werden ihr Funktionen zugewiesen, die in Häusern, die auf der sozialen Stufenleiter weiter unten standen, zweifellos die Mutter innehatte.[76] Die Amme übernahm die Mutterrolle beim Stillen und freute sich mit dem Kind, wenn es glücklich war, oder empfand Mitleid mit seinem Kummer. Sie badete und säuberte es und zog es um, wenn es sich schmutzig gemacht hatte. Fleisch kaute sie in ihrem Mund

für das Kind vor und fütterte es mit dem Finger. Mit ihrer Hand schaukelte sie seine Wiege, und ihre Stimme besänftigte es mit Schlafliedern. Sie war diejenige, die das Kind sprechen lehrte, indem sie »immer wieder dieselben Worte stammelt und wiederholt«. Anscheinend war sie eher ein Kindermädchen als eine bloße Säugamme, und in dieser Zeit begleiteten solche Ammen ihre Schützlinge durch die ganze Kindheit.[77]
Ob das Kind nun in der Obhut einer Mutter oder einer Amme war, ein Gegenstand des kindlichen Lebens gewann in diesen Jahrhunderten zunehmend an Bedeutung: die Wiege. Zwar stammen unsere frühesten bildlichen Darstellungen einer Wiege aus dem dreizehnten Jahrhundert, in einfacheren Formen muß sie aber schon sehr viel länger in Gebrauch gewesen sein. Es gab z. B. eine leicht tragbare, tiefe, korbähnliche Wiege, in der das Kleinkind durch Bänder an seinem Platz gehalten wurde. Auch in der Literatur finden sich zahlreiche Hinweise auf Wiegen der einen oder anderen Art, darunter die silberne Wiege, die im Leben der heiligen Elisabeth von Ungarn vorkommt.[78] Wohl konnte man in einem solchen Gegenstand auch ein Status-Symbol erblicken, oft genug jedoch hing vom Gebrauch der Wiege Leben oder Tod des Säuglings ab. Das ergibt sich aus zahlreichen Verfügungen seitens kirchlicher Autoritäten, die darauf gerichtet sind, die Kinder aus dem Bett der Eltern fernzuhalten und sie auf diese Weise vor der Gefahr des Erdrückt- oder Ersticktwerdens zu bewahren.[79] In einer Reihe solcher Ermahnungen, die sich über das ganze dreizehnte Jahrhundert erstrecken, drängten die englischen Bischöfe darauf, daß die Kinder wenigstens bis zum Alter von drei Jahren in Wiegen gelegt würden.[80] Unabhängig von anderen Schlußfolgerungen, die sich hieraus ergeben und die an anderer Stelle genauer betrachtet werden sollen, deuten diese gesetzlichen Regelungen an, wie die Schlafgewohnheiten der Eltern und Kinder in dieser Zeit aussahen.[81]
Kleinkinder, die ihren Tag mit Spielen und Schlafen zubrachten und in der Nacht die Aufmerksamkeit ihrer Mütter oder Ammen forderten, waren in dieser Zeit ohne Zweifel nicht weniger anstrengend, ihr Verhalten war jedoch weniger verständlich als in späteren Zeiten, und die Schwierigkeit, sie zu beruhigen, mag auch dem Gedanken Vorschub geleistet haben, sie seien vom Teufel besessen.[82] Besonders seit dem zwölften Jahrhundert gibt es aber auch deutliche Anzeichen für Zärtlichkeit gegenüber

Säuglingen und Kleinkindern, für ein Interesse an den Stufen ihrer Entwicklung, ein Wissen um ihre Bedürfnisse nach Liebe und eine aktive Empfänglichkeit für die »Anmut der Kindheit«, die Johannes von Lodi schon früher geschildert hatte. Hildegard von Bingen z. B. hebt die Würde der Menschengattung hervor und erklärt ausführlich, warum die Menschenkinder, verglichen mit den Tieren, so lange brauchen, um gehen zu lernen, warum sie auf Händen und Füßen daherkriechen müssen, bevor sie laufen können.[83] Einige Dichter stellen uns, allerdings ohne zu erwähnen, wie alt es ist, wenn es solche gewichtigen Fortschritte macht, vor Augen, wie das Kind die ersten Schritte tut, wie es sich an Bänken und Stühlen festhält oder an einem Tisch steht, verlockt von Brotstücken, die gerade außerhalb seiner Reichweite liegen. Ein anderer Autor schildert ein Kind beim »Guck-Guck-Spiel«, wie es seine Augen bedeckt und glaubt, niemand sehe es.[84] Es gibt die Geschichte des Caesarius von Heisterbach, die von einer gütigen Nonne handelt. Jesus erscheint ihr als Kind von drei Jahren, das »vor Jugend noch nicht reden« konnte.[85] Was das Sprechen angeht, so besitzen wir Salimbenes bekannten Bericht über die Kinder aus dem Experiment Friedrichs II., die alle starben, als man sie von menschlicher Sprache abtrennte, »weil sie nicht leben konnten ohne die Zärtlichkeit, die freudigen Gesichter und liebevollen Worte ihrer Pflegemutter« oder ohne jene Lieder, mit denen die Frauen Kinder in den Schlaf wiegen und ohne die diese »schlecht schlafen und nicht zur Ruhe kommen«.[86] Auch Adelard von Bath hebt in einer reizenden Skizze die Empfänglichkeit der Kinder für Musik und Gesang hervor, denn »in ihren kleinen Körpern ist der Geist noch so jung und neu«. Er schildert, wie ein winziges Kind, das noch nicht sprechen kann, beim Feuer steht und einem Musiklehrer und seinen Schülern beim Harfespielen zuhört. Die Musik erregte es so sehr, daß es Hände und Finger nach ihrem Rhythmus zu bewegen anfing.[87] Eine echte tiefe Einfühlung ist auch beim heiligen Hugo von Lincoln unverkennbar, der »in seiner Lauterkeit und Unschuld zu Kindern ausnehmend freundlich und für sie sehr anziehend war«. Er seinerseits liebte sie besonders »wegen ihrer völligen Natürlichkeit«.[88] Wo er sie fand, so berichtet uns sein Biograph, »umarmte er sie liebevoll und mit engelsgleicher Freundlichkeit, während sie, auch wenn sie kaum sprechen konnten, Laute der Zuneigung von sich gaben.«

Ich sah ein Kind von etwa sechs Monaten, das, als er ihm das Kreuzzeichen mit geweihtem Öl auf die Stirn machte, durch die Bewegung seiner Glieder solches Entzücken zum Ausdruck brachte, daß es einen daran erinnerte, wie Johannes der Täufer im Leib seiner Mutter vor Freude gehüpft war. Über den winzigen Mund und das Gesicht ging ein fortwährendes Lachen, und fast war es unglaublich, daß dieses Kind in einem Alter, da Kinder für gewöhnlich schreien, so zu lachen vermochte. Darauf krümmte es seine Ärmchen und streckte sie aus, als versuche es zu fliegen, und bewegte seinen Kopf hin und her, wie um zu zeigen, daß seine große Freude kaum zu ertragen sei. Nun ergriff es mit beiden Händchen die Hand des Mannes und hob sie unter Aufwendung aller Kraft an sein Gesicht. Da begann es, an ihr zu lecken, statt sie zu küssen ... Die Anwesenden waren erstaunt über den ungewöhnlichen Anblick, den der Bischof und das kleine Kind boten, wie sie da in trauter Gemeinschaft vollends glücklich waren.[89]

So sehr uns dieses Schauspiel, das in diesem an Einsichten ungewöhnlich reichen Werk durchaus nicht isoliert dasteht, auch zusagen mag, ebenso wie die übrigen Beispiele steht es nicht für die Haltung eines Vaters oder einer Mutter, sondern zeigt die Einstellung eines Menschen, der einmal Kind gewesen ist und bei dem sich ein sehr deutliches Gefühl für dieses Lebensalter erhalten hat. Unter den vielen bildlichen Darstellungen in der Kunst findet sich jedoch eine, bei der die Zärtlichkeit noch deutlicher hervortritt. Die Bindung zwischen Eltern und Kind ist nirgendwo treffender dargestellt als auf einem Rundfenster der Kirche St. Madelaine in Vezelay, auf dem eine barfüßige Bauernmutter das Haar ihres kleinen Kindes sorgfältig kämmt oder entlaust, wobei dessen Kopf und Hände vertrauensvoll auf ihren Knien ruhen.[90]

Aber diese bescheidene Mutter hat, auch in Vezelay, ihr düsteres Gegenstück, das an das Schicksal gemahnt, von dem jedes Kind in dieser Zeit bedroht war. Ich denke an das Kapitell, das einen kummervollen Bauernvater darstellt, der sein totes Kind in Armen hält und vom hl. Benedikt eine wunderbare Wiedererweckung erfleht.[91] Nur durch solche göttlichen Eingriffe, von denen die Heiligenleben und Wundererzählungen dieser Zeit voll sind, konnten die meisten Eltern die Rettung ihrer Kinder aus den zahllosen Gefahren von Krankheit und Unglück, Gewalt und Brutalität erhoffen, die eine ständige Bedrohung für ihr Überleben darstellten.[92] Wenn alles versagte, blieben ihnen nur Tröstungen, wie sie Petrus Damiani bereithielt, der ein seines kleinen Sohnes beraubtes Ehepaar aufforderte, die Tränen zu trocknen und zu frohlocken im Gedanken an die ewige Glückseligkeit, deren ihr Kind so rasch teilhaftig geworden sei.[93] Da allein die Taufe den Weg zur Erlösung bahnte, verwundert es nicht, daß die Kirche, veranlaßt durch die hohe Kindersterblichkeit, im Laufe dieser Jahrhunderte ältere Gebräuche aufgab und forderte, alle Säuglinge, gleichgültig, ob ihr Überleben wahrscheinlich war oder nicht, sollten innerhalb weniger Tage nach der Geburt getauft werden.[94] Da der Taufzeremonie auch die Bedeutung einer Aufnahme des Kindes in die Christengemeinde zukam, steht hinter dieser Forderung und dem Bestehen auf einer öffentlichen Taufe in der Kirche möglicherweise auch die Absicht, davon abzuschrecken, dem Leben des Säuglings ein schnelles Ende zu bereiten.

Nach Geburt und Taufe dürften, wie wir gesehen haben, gute Milch und sorgfältiges Stillen, und nach der Entwöhnung ausreichende Nahrung die Überlebenschancen eines Kindes merklich verbessert haben. Auf diese Weise wird verständlich, daß, wie David Herlihy sagt, »die, die mit den Gütern dieser Erde gesegnet waren, auch mit Kindern gesegnet (oder belastet) waren; dagegen hinterließen die Unbemittelten, die Notleidenden und Armen nur vergleichsweise wenige Nachkommen.«[95] Wenn das zutrifft, dann wahrscheinlich nicht, weil die Armen weniger Kinder hatten, sondern weil sie sie nicht versorgen konnten. Denn sie waren am unmittelbarsten und andauernd dem Kreislauf von Hungersnot, Unterernährung, Krankheit und Tod ausgesetzt, und ihre Kinder fielen bei weitem am häufigsten der Nachlässigkeit und Verzweiflung der Eltern, der Aussetzung und dem Kindesmord zum Opfer – alles Gefahren, von denen junges Leben in diesem Zeitraum stark bedroht war.[96]

Diese Praktiken, die mit dem materiellen und psychologischen Druck innerhalb einer oft am Rande des Existenzminimums lebenden Gesellschaft zusammenhängen, stehen in enger Beziehung zum Problem der Bevölkerungs- oder Familienkontrolle zu einer Zeit, in der die Mittel zur Geburtenregelung völlig unzulänglich bzw. praktisch so gut wie nicht vorhanden waren. Daß es Versuche einer solchen Kontrolle durch Verhütungsmittel und Abtreibung gab, erhellt sowohl aus den Dokumenten, die diese Praxis verurteilen, als auch aus den Werken, in denen die entsprechenden Mittel empfohlen werden.[97] Daß sie weitgehend unwirksam waren, zeigt sich am Vorkommen anderer Verfahrensweisen, die in den Quellen dieses Zeitraums ebenfalls vielfach bezeugt sind. Das Problem des Kindesmords in der abendländischen Gesellschaft dieser Zeit ist erst jüngst zum Thema ernsthafter Untersuchungen gemacht worden. Diese werden zweifellos unser Wissen auf einem Gebiet erweitern, das sich, insofern es dabei um Sünden und Verbrechen geht, die im Verborgenen geschahen, auch den genauesten Nachforschungen in weitem Umfang entzieht.[98] Wie der Fall der Mutter des Petrus Damiani zeigt, bestand die am weitesten verbreitete Form des Kindesmords wohl darin, das Stillen des Säuglings einfach zu unterlassen oder zu verweigern. Wie dem auch sei, es gibt, insbesondere aus dem frühen Mittelalter, zahlreiche Hinweise darauf, daß sich die Faktoren der Selektion, der Bevorzugung oder Vernachlässigung, wo immer sie wirksam wurden, stets zum Nachteil der Mädchen auswirkten,[99] denen in einer vorwiegend militärisch und landwirtschaftlich ausgerichteten Gesellschaft kein großer Wert beigemessen wurde. Noch drastischer waren allerdings die Nachteile, die den unehelichen, den körperlich mißgebildeten und geistig zurückgebliebenen Kindern erwuchsen, die man als »Wechselbälge«, als Geschöpfe eines anderen mächtigen Kinderfeinds, nämlich des Teufels, ansah.[100]

Die meisten Belege für solche destruktiven Praktiken erhalten wir in diesen Jahrhunderten hauptsächlich aus kirchlichen Quellen, deren Zweck darin bestand, von diesen Gebräuchen abzuhalten, ihnen vorzubeugen oder sie zu unterdrücken, oder auch darin, die Leiden ihrer Opfer zu mildern. Solche Dokumente zeigen die Dimensionen der Probleme, denen die Autoritäten gegenüberstanden; sie zeigen aber auch, wie wirksam bzw. unwirksam die Versuche waren, solche Schwierigkeiten zu bewältigen.[101] Seit dem frühen Mittelalter gibt es Gesetz- und Bußbücher, die bestrebt sind zu verhindern, daß Kleinkinder ausgesetzt und, sei es absichtlich oder unabsichtlich, »erdrückt« werden. Im neunten Jahrhundert taucht zum erstenmal ein spezielles Gesetz auf, das es verbietet, Kleinkinder ins elterliche Bett zu nehmen.[102] Die Kampagne gegen diese Gebräuche nahm anscheinend im elften und zwölften Jahrhundert an Intensität zu, und die Unachtsamkeit ebenso wie die böse Absicht auf seiten der Eltern wurden als Ursache verhängnisvoller »Unfälle« erkannt. Das wird sehr deutlich in einer exemplarischen Erzählung Peter Abaelards, der diese Sünde in einen Zusammenhang mit Armut und Ausbeutung

bringt und ihre »harte Bestrafung« als heilsame Warnung für andere Frauen betrachtet.[103]
Unsere wichtigste und aussagekräftigste gedruckte Quelle für die offizielle Politik besitzen wir jedoch in der bereits erwähnten Sammlung der englischen Synodalgesetze aus dem dreizehnten Jahrhundert. Bezeichnenderweise tritt in ihr immer wieder das Bemühen zutage, nicht nur straffällig gewordene Eltern zu bestrafen, sondern auch unwissende Eltern und solche mit bösen Absichten zu ermahnen und zu unterweisen.[104] In diesen Gesetzen wurde sowohl die absichtliche Tötung von Kleinkindern als auch ihre unbeabsichtigte »Erdrückung« in die Gruppe schwerer Sünden aufgenommen, deren Beurteilung dem Bischof vorbehalten war.[105]
Darüber hinaus wurden die Priester auf allen Synoden, in allen englischen Diözesen dazu angehalten, die Frauen ihrer Pfarreien an jedem Sonntag davor zu warnen, kleine Kinder zu sich ins Bett zu nehmen, und ihnen dringend anzuraten, die Kinder in ihren Wiegen so sicher zu bewahren, daß sie sich nicht auf ihr Gesicht umwenden konnten.[106] Kirchliche Ermahnungen heben auch die Sünde der Trunkenheit als häufige Ursache für elterliche Unachtsamkeit und Gefährdung der Kinder hervor.[107] Während der Kindesmord in seinen verschiedenen Formen, wenn die Eltern selbst beteiligt waren, für gewöhnlich als Sünde und nicht als Verbrechen betrachtet und daher von den kirchlichen Autoritäten abgeurteilt wurde, entstanden im frühen dreizehnten Jahrhundert in England erste weltliche Gesetze, denen zufolge die Tötung oder ungewollte Erstickung eines fremden Kindes durch eine Amme oder einen Lehrer so bestraft werden sollte wie die Ermordung eines Erwachsenen.[108]
Schon in dem seelsorgerischen Interesse der englischen Bischöfe, zu denen auch der bedeutende Robert Grosseteste gehörte, erkennt man das Bemühen, über Verbot und Bestrafung hinaus bis an die erkennbaren Ursachen dieser Übel selbst vorzudringen. Eine ähnliche Tendenz wird in den noch früher gelegenen, mehr konstruktiven Versuchen deutlich, das Problem der Aussetzung von Kindern zu bewältigen. Man erkannte offenbar, daß die Hauptopfer hier aus ungesetzlichen, unregelmäßigen und nicht dauerhaften Verbindungen hervorgegangen waren und daß es sich um die Kinder von »unverheirateten Müttern« und Prostituierten handelte. Auf diese Frauen richteten sich die frühesten

Bemühungen, für verwaiste und ausgesetzte Kinder zu sorgen, denn in der Stiftungsurkunde des ersten mittelalterlichen Findelhauses im späten achten Jahrhundert stellte der Bischof Dateus von Mailand unverheiratete Mütter unter die besondere Obhut seines Hospizes, und ganz ähnlich ordneten die fränkischen Bischöfe im neunten Jahrhundert an, uneheliche Mütter seien aufzufordern, ihre Kinder zu den Kirchen zu bringen, damit sie von wohltätigen Gläubigen aufgenommen werden könnten.[109]
Geht man von der Unbeständigkeit der Ehe in der frühmittelalterlichen Gesellschaft und der ungezügelten Sexualität vieler ihrer Mitglieder aus, dann muß die Zahl unehelicher Kinder zweifellos sehr hoch gewesen sein. Bei den Angehörigen der Adelsklasse, in deren Häusern es »von Bastarden gewimmelt« haben soll, mag das Stigma der Unehelichkeit nicht besonders schwer gewogen haben. Gleichwohl stellte es für den Antritt einer Erbschaft in einer Gesellschaft, für die dieser Aspekt allergrößtes Gewicht besaß, und ebenso für den Eintritt in einen kirchlichen Orden ein ernsthaftes Hindernis dar.[110] Aber auch hierbei hatten die Armen die schwerste Last zu tragen. Die Schande und die Sorge für den Unterhalt lastete ganz besonders auf den ausgebeuteten Frauen, die oft gar nicht in der Lage waren, für ihre Kinder zu sorgen.[111]
Die Verbindung zwischen Kindesmord und ungesetzlicher Sexualität zeigt sich, aus religiöser Sicht, sehr deutlich in der bildlichen Darstellung einer Mutter, die ihr Kind getötet hat und nun mit den Wollüstigen in der Hölle brennt.[112] Seit dieser Zeit, etwa vom späten elften Jahrhundert an, erregen beide Gruppen von Opfern, Mütter und Kinder, immer stärker die Aufmerksamkeit jener tatkräftigen Gestalten, die in den reformerischen und »evangelischen« Bewegungen der Epoche wirkten.
Unter den Massen der Besitzlosen und Unterdrückten, die in dieser Zeit von faszinierenden Reformern wie Robert von Arbrissel[113] angezogen wurden, stachen zahlreiche »gefallene Frauen« und ihre Kinder hervor, und die wachsende Anteilnahme an einem gesellschaftlichen Übel, das in einer zunehmend städtischen Umgebung immer stärker sichtbar wurde, kulminierte im späten zwölften Jahrhundert in einer Kampagne, die Foulques de Neuilly (Fulko) initiierte, um diesen unglücklichen Frauen eine Mitgift und eine achtbare Heirat zu verschaffen.[114] Noch bedeutender waren, so bescheiden sie auch erscheinen mögen, Versuche, die darauf abzielten, jene anderen, zahlreicheren Opfer von

Armut und Ausbeutung zu retten: die verlassenen und ausgesetzten oder auf normalen Wegen zu Waisen gewordenen Kinder.[115] Auch Findelhäuser entstanden offensichtlich zunächst in den blühenden italienischen Städten. In Florenz etwa gab es bereits vor der Gründung des *Ospizio degli Innocenti* mehrere derartiger Einrichtungen.[116] Die größte Wirkung zeitigte jedoch die Arbeit des Guy de Montpellier (Guido), der um 1160 den Hospitalorden vom Heiligen Geist gründete, zu dessen Zielsetzungen die Betreuung von Findelkindern und Waisen gehörte.[117] Der Orden breitete sich in Frankreich und anderen Ländern rasch aus und gewann die Schirmherrschaft von Papst Innozenz III. Entsetzt über den Anblick »zahlloser« im Tiber dahintreibender Kinderleichen rief der Papst Guy nach Rom, wo dieser die Findlingshospitäler von Santo Spirito und Santa Maria in Sassia einrichtete. Dieses letztere wurde schließlich auch das Mutterhaus des Ordens.[118] Durch dessen Arbeit, in der Schwestern die Verantwortung für Frauen und Kinder übernahmen, wurden auch die Bruderschaften stark angeregt, deren Mitglieder sich in verschiedenen Städten an den wohltätigen Bemühungen des Ordens beteiligten.[119]

Über die Pflege, die den Kindern damals in solchen Institutionen zuteil wurde, wissen wir sehr wenig. Anscheinend gab man die, die überlebten, mit acht oder zehn Jahren in eine Lehre oder vermietete sie als Diener.[120] Oft aber schenken unsere Quellen den in dieser Periode sicherlich auch wirksam werdenden barmherzigen Regungen Einzelner größere Aufmerksamkeit und deuten darauf hin, daß die Adoption von verwaisten oder ausgesetzten Kindern keineswegs ungewöhnlich war. Oft, wie etwa im Fall des Petrus Damiani, ging die Verantwortung für solche Kinder, sei es nun zu deren Wohl oder Schaden, auf andere Familienangehörige über. So stoßen wir im späten zwölften und im dreizehnten Jahrhundert auf Väter, die genaue testamentarische Verfügungen über die weitere Betreuung ihrer minderjährigen Kinder treffen.[121] Aber auch die Kinder fremder Leute wurden Gegenstand solcher Bemühungen. Guibert z. B. führt in dieser Hinsicht nicht nur die Großzügigkeit seiner Mutter an, er verweist auch auf eine andere adelige Dame, die ein jüdisches Kind adoptierte, aus dem später ein tüchtiger Mönch wurde.[122] Die Rettung von Kindern, die durch die wachsende Intoleranz im Gefolge der Kreuzzugsbewegung gefährdet waren, mag deshalb besonderen

Anklang gefunden haben, weil in diesen Fällen zum Lohn für die
Mildtätigkeit noch der Lohn für die Bekehrung hinzukam.[123] So
wie jüdische Eltern angesichts der zeitweilig sehr grausamen
Verfolgungen mitunter den Tod ihrer Kinder einer Bekehrung
vorzogen, so sahen sich christliche Eltern in anders gelagerten
Krisensituationen gezwungen, ihre Kinder zu verkaufen oder sie
der Leibeigenschaft anheimzugeben.[124] Daß ein solcher Verkauf
in manchen Fällen eine Art von Rettung war, geht aus der
Geschichte des hl. Hugo von Lincoln und der Jungen, die er in
seinem Haus aufzog, hervor.[125] Aber wie eine andere interessante
Episode in seiner Biographie zeigt, wurden entliehene, käuflich
erworbene oder sogar gemietete Kinder manchmal auch zur
Erbschleicherei verwendet. Zumindest in einem Fall bereute eine
Mutter diesen ihren Handel und unterwarf sich der Eisenprobe,
um ihr Kind zurückzuerlangen.[126]

Auch die nützlichsten und wirksamsten der hier genannten
Wohltätigkeitsbestrebungen dürften nur bis ins Vorfeld, kaum
jemals bis an die Ursachen der Vernachlässigung, Mißhandlung
und Aussetzung von Kindern in diesen Jahrhunderten vorge-
drungen sein. Dennoch muß man sie zu den frühen Früchten
eines soeben erwachten Bewußtseins von den Leiden der Armen
und Schwachen rechnen und darf in ihnen ein Anzeichen jener
großen *mouvements de profondeur,* jener langwierigen Evangeli-
sierungs- und Erziehungsprozesse sehen, in deren Verlauf humanere Ideale und Wertvorstellungen schrittweise nicht nur bei den
herrschenden Minderheiten in dieser Gesellschaft, sondern auch
in einem gewissen Maße bei den schweigenden Massen Eingang
fanden.[127] Darüber, wie sich diese »heimliche Revolution« von
Bewußtsein und Empfindungsvermögen auf den Umgang mit
Kindern und deren Erfahrungen ausgewirkt hat, gibt es jedoch
noch viele andere Zeugnisse. Zu den anschaulichsten unter ihnen
gehören Werke, die, wie unsere beiden Kindheitsberichte, zumindest einen gewissen Einblick in die Welt der intimen Gefühle
und Beziehungen dieser Zeit erlauben.

Die Verbannten – Kindheitserfahrungen im elften und zwölften Jahrhundert

> Du weißt, wie viele Schmerzen sie in den Wehen auf sich nahm, auf daß der gute Anfang einer glücklichen und achtbaren Kindheit nicht durch ein Mißgeschick zerstört würde.
> Guibert de Nogent: *Histoire de sa vie.*

> Weinend gab mein Vater mich, ein weinendes Kind, in die Obhut des Mönchs Reginald und schickte mich aus Liebe zu Dir fort in die Verbannung, und nie sah er mich wieder.
> Orderic Vitalis: *Ecclesiastical History (um 1138).*

> Sehet, Brüder, und laßt uns die Zuneigung dieser guten Mutter zu verstehen suchen ... Mit welcher Zärtlichkeit sie den Knaben in Armen hält, sieht, wie er sich an ihre Brust klammert, hört, wie er nach Kinderart der kleinen Schmerzen seines kleinen Körpers wegen schreit, und wie sie sich beeilt, allen Übeln vorzubeugen, die ihm zustoßen könnten ...
> Eadmer von Canterbury: *Liber de Excellentia B. Mariae (um 1115).*

Wie sollen wir uns die »glückliche und achtbare« Kindheit jener Kinder vorstellen, deren frühes Leben in dieser Zeit der Aufzeichnung oder Erinnerung für wert erachtet wurde?[128] So kostbar uns der Bericht des Guibert de Nogent auch ist – er könnte so sehr von seiner besonderen Person geprägt sein, daß es kaum gerechtfertigt wäre, daraus Rückschlüsse auf die allgemeinen Verhältnisse zu ziehen. Wenn wir jedoch die Schilderung seiner Kindheit mit anderen Werken derselben Gattung vergleichen, treten erstaunliche Ähnlichkeiten, aber auch bezeichnende Unterschiede in Erscheinung, die es nahelegen, tiefer in diese Materie einzudringen und eine umfassendere Skizze der Vorstellungen und Beziehungen zu entwerfen, von denen die Kindheiten, über die wir etwas wissen, anscheinend beherrscht waren.[129] Diesen Versuch zu unternehmen, bedeutet gleichzeitig, sich den schon erwähnten Beschränkungen zu unterwerfen; es bedeutet aber auch, wenigstens einige der Möglichkeiten zu nutzen, die sich mit den für unsere Zwecke maßgeblichsten und aufschlußreichsten Quellenschriften eröffnen. In unserer Darstellung wird die Erfahrung einiger weniger außergewöhnlicher Kinder stark vergrößert erscheinen, während die ihrer Brüder und Schwestern im Dunkeln bleibt oder nur ganz verschwommen in Erscheinung tritt. Unser Entwurf vermag jedoch nicht nur die Idealbilder des Vaters, der Mutter oder der Kinder, wie sie uns aus vielen Quellen entgegentreten, in ein deutlicheres Licht zu setzen, sondern auch Teile der Realität, die die mächtigen und sich wandelnden Phantasien dieses Zeitraums geformt hat.

Wenn auch die Beziehung Guiberts de Nogent zu seiner Mutter in ihrer Intensität und in der Breite, mit der sie geschildert wird, ein Sonderfall gewesen sein mag, treten ihre qualitativen Merkmale doch häufig auch bei anderen Darstellungen der Mutter in unseren Quellen zutage. Ähnlich wie sie werden die adeligen Mütter dieser Jahrhunderte gewöhnlich als tüchtige Verwalterinnen ihrer oftmals ausgedehnten Hauswesen gezeichnet. Besonnen, aber großzügig und mildtätig gegenüber den Armen, zeichnen sie sich durch ihre Frömmigkeit und Hingabe an das körperliche und geistige Wohlergehen ihrer Kinder aus.[130] Alle diese Tugenden und andere mehr zeigte, seinem Biographen zufolge, die Mutter des hl. Bernhard von Clairvaux. Sie verband »Güte und Entschlossenheit« bei der Erziehung ihrer Kinder – sechs Jungen und ein Mädchen –, die schließlich alle ins Klosterleben eintraten.[131] »Sobald ihr ein Kind geboren wurde«, so wird uns berichtet, »bot Aleth es eigenhändig dem Herrn dar«, und aus diesem Grund gestattete sie, anders als viele andere Mütter ihrer Klasse, nicht, daß ihre Kinder von einer fremden Frau gestillt würden. »Denn es hatte fast den Anschein, als ob die kleinen Kinder mit der Milch aus der Brust ihrer Mutter auch deren Güte in sich aufnahmen.« Im Gegensatz zu Guiberts Mutter reichte sie ihren Kindern, als sie älter wurden, nur schlichte und einfache Kost und »gestattete nie, daß sie ihren Geschmack an kunstvolle, feine Speisen gewöhnten«.[132] In ihrem und in anderen Fällen gehört ein aktives Interesse an der Ausbildung der Kinder als weiterer hervorstechender Zug zum Bild der Mutter in unseren Quellen. Die heilige Königin Margaret von Schottland war berühmt dafür, daß sie ihre Kinder selbst unterrichtet hatte, ebenso wie die Gräfin Ida von Boulogne, die einige literarische Bildung besaß.[133]

Wenn wir nun die Wirklichkeit hinter diesem zweifellos idealisierten Bild betrachten, so enthalten Guiberts eindringliche Beobachtungen über die Vorgeschichte und die Erfahrungen seiner

Mutter einige Hinweise darauf, wie solche Frauen vorbereitet waren, wenn sie die großen, mit Ehe und Mutterschaft verbundenen Verantwortungen auf sich nahmen. Wie er berichtet, konnte sie nicht lesen und schreiben und hatte als Kind offensichtlich keine oder nur eine geringe Bildung erhalten. Dieser Mangel an Interesse für die Ausbildung der Töchter, soweit sie nicht für das Klosterleben bestimmt waren, war bei den Adelsfamilien im elften Jahrhundert und früher wahrscheinlich weiter verbreitet als in der Folgezeit.[134] Aber auch in dieser frühen Periode besaß eine Anzahl königlicher und adeliger Damen ausreichende Lateinkenntnisse, um wenigstens die Psalmen lesen zu können, und einige wenige waren in ihrer Gelehrsamkeit noch sehr viel weiter fortgeschritten.[135] Im zwölften Jahrhundert war die Zahl der lese- und schreibkundigen adeligen Frauen wahrscheinlich größer als die ihrer Ehemänner und Brüder, sofern es sich dabei nicht um Mönche und Kleriker handelte.[136] Illuminierte Evangelienbücher und Psalter waren oft ein hochgeschätzter Besitz dieser Damen, und die darin enthaltenen Texte und Illustrationen waren, wie es scheint, ein wichtiges Medium, über das die neueren religiösen Strömungen weitere Verbreitung fanden.[137] Wir dürfen deshalb vermuten, daß die religiöse Hingabe dieser Mütter und die frühzeitige Unterweisung, die sie ihren Kindern gaben, zunehmend eine Basis in der Realität fanden. Vielleicht haben tatsächlich schon einige Mütter Gebrauch von den Alphabetkarten und ähnlichen Lehrspielen gemacht, die von Petrus Damiani und anderen erwähnt werden.[138]

Gleichgültig, wieviel Bildung ihnen zuteil wurde – die frühe Heirat war das Schicksal jener Mädchen, die nicht in das religiöse Leben eintraten; und in beiden Fällen waren es in der Regel nicht die Mädchen selbst, die sich für das eine oder das andere entschieden. Die Entscheidung lag vielmehr zumeist bei den Eltern, für die praktische Überlegungen vor den Wünschen und Gefühlen ihrer Kinder im allgemeinen den Ausschlag gaben.[139] Einen ungewöhnlichen, sehr aufschlußreichen Fall von Widerstand gegen die elterliche Autorität bietet die Geschichte der Christina von Markyate, einer berühmten englischen Einsiedlerin im zwölften Jahrhundert, deren Biograph ein sehr viel ungünstigeres und vielleicht realistischeres Bild eines damaligen Ehepaares zeichnet, als es sich aus vielen anderen Quellen ergibt.[140] Obwohl das Mädchen schon früh deutliche Anzeichen ihrer geistlichen Berufung an den Tag legte, schon als kleines Kind in ihrem Bett mit Gott Gespräche geführt und sich später der Jungfräulichkeit geweiht hatte, führte die Entschlossenheit, mit der ihre reichen und weltzugewandten Eltern sie zu der erwünschten Hochzeit zwingen wollten, zu einem langen und oft gewaltsamen Kampf, aus dem Christina schließlich siegreich hervorging.[141] Daß die Eltern vor nichts, nicht vor Bestechung und Drohungen, nicht vor Schlägen und Einsperrung haltmachten, um an ihr Ziel zu gelangen, erklärt der Biograph damit, daß sie in ihrer Tochter, obwohl sie ihnen »sehr lieb« war, im Grunde einen wertvollen Besitz sahen, daß sie »befürchteten, sie zu verlieren und mit ihr alles, was sie durch sie noch zu gewinnen hofften«.[142]

Bei den Anstalten, die sie für die Zukunft ihrer Kinder trafen, waren die meisten Eltern offenbar erfolgreicher als die Christinas. Zumeist wurden die Mädchen, wie Guiberts Mutter, von ihren Vätern mit Ehemännern verheiratet, die sie nicht selbst erwählt hatten, und dies geschah oft zu einer Zeit, da sie kaum in heiratsfähigem Alter oder gar noch Kinder waren. Nach kanonischem Recht betrug das Mindestalter bei der Heirat für Mädchen zwölf und für Jungen vierzehn Jahre. Dabei wurden aber, wie es scheint, viele Paare auch vor diesem Alter getraut oder zumindest verlobt, obwohl ein wachsender Widerstand gegen die Kinderehe von kirchlicher Seite eine gewisse abschreckende Wirkung gehabt haben kann.[143] Ähnlich wirkten anscheinend der Nachdruck, den die Kirchenrechtler auf beiderseitige Einwilligung und »eheliche Liebe« als wichtige, wenn nicht notwendige Bestandteile einer gültigen Ehe legten und, langfristig vielleicht noch stärker, das zunehmende Bemühen, die Heiligkeit und den sakramentalen Charakter der christlichen Ehe hervorzuheben.[144] Wir brauchen gar nicht vorauszusetzen, alle damaligen Ehen seien so unglücklich verlaufen wie die von Guiberts Eltern, um zu vermuten, daß eheliche Liebe im Rahmen der Feudalgesellschaft eher ein glücklicher Zufall als eine natürliche Voraussetzung war und daß an den sexuellen und emotionellen Hemmungen der Mutter Guiberts auch viele andere Frauen gelitten haben, die als verschüchterte Kinder in Ehen gerieten, in denen physische Brutalität und Ablehnung offensichtlich nichts Ungewöhnliches waren.[145] Gleichgültig, wie die Wirklichkeit jeweils aussah, in Theorie und Recht hatte der Ehemann die höchste Gewalt inne.[146] Sogar in der Ehe des hl. Bernhard, die sein Biograph als »vorbildlich« betrachtete, wird nicht etwa »gegenseitige Liebe«, sondern die Ergebenheit der Mutter betont: »Soweit es eine Frau, die der Autorität ihres Mannes ergeben ist, überhaupt vermag, erkannte sie jeden Wunsch ihres Gemahls im voraus.«[147] Daß die Frauen dieser Zeit in der Ehe weitgehend einen Zustand sahen, der wenig Anlaß zur Freude bot, den es vielmehr zu ertragen galt, zeigt sich deutlich daran, mit welcher Bereitschaft und oft auch Entschlossenheit viele von ihnen, nachdem sie einmal verwitwet waren, an dem wunderbaren neuen Leben festhielten, und mit welchem Eifer sie sich, wie Guiberts Mutter, den Tröstungen und Sicherheiten des religiösen Lebens zuwandten.[148]

Ob sie nun Witwen waren oder nicht, die »guten Mütter« unserer Quellen zeichnen sich fast ausnahmslos durch Tugenden aus – Frömmigkeit, gehorsame Übernahme von Belastungen und Verantwortungen, Hingabe an die geistliche Entwicklung ihrer Kinder –, die bei zeitgenössischen Kirchenmännern in hohem Ansehen standen. Diese hatten durch die Förderung jener Ideale großen Anteil an der Umgestaltung der Realität.[149] Was in unseren Quellen und den meisten anderen Werken dieses Zeitraums weitgehend fehlt, ist die wirkliche Beschreibung des Familienlebens, für das bei dem Mangel an Intimität in den überfüllten feudalen Hauswesen tatsächlich wenig Raum blieb.[150] Der hl. Bernhard, so heißt es, liebte es als Kind, »sich in der stillen Einfachheit seines Elternhauses aufzuhalten, und wenig konnte ihn von dort fortlocken.«[151] Aber selbst Guibert, der sonst so sehr ins einzelne geht, zeigt wenig Sinn für häusliche Intimität.[152] Daß persönliche und zärtliche Beziehungen zwischen Müttern und Kindern in herkömmlichen Werken kaum je hervorgehoben werden, heißt natürlich nicht, daß es sie nicht gab.[153] Zudem ermutigten die Konventionen unserer Quellen die Darstellung dieser Aspekte frühkindlichen Lebens nicht, und das heilige Kind wird im allgemeinen als zu ernsthaft gezeichnet, als daß es am Spiel und der Ungezogenheit seiner gewöhnlicheren Altersgenossen teilgenommen hätte. Ailred von Rievaulx erinnert sich allerdings daran, daß als Junge für ihn »die Freundschaft derer, die um mich waren, meine größte Freude war ... in jenen Jahren gab ich mich ganz der Liebe zu meinen Freunden hin, so daß Lieben und Geliebtwerden mir die wunderbarste Sache auf der ganzen Welt zu sein schien.«[154] Die Lücken im Quellenmaterial könnten auch darauf hinweisen, daß es im Leben dieser Mütter oft wenig

Raum oder Anreiz zur spontanen Äußerung von Zärtlichkeit und Liebe gab und daß viele Kinder unter einer Deprivation litten, für die Guiberts Kindheitsgeschichte ein bewegendes Zeugnis darstellt.[155]

Vielleicht waren nur wenige Mütter des elften Jahrhunderts fähig, das einsichtsvolle Verständnis für die Ängste eines Kindes aufzubringen, das der hl. Anselm im späteren Leben immer wieder und nachdrücklich seiner eigenen Mutter zugeschrieben hat. Als er seine Eltern darum bat, ihn auf die Schule zu schicken, vertraute man ihn als kleinen Jungen einem Verwandten an, der seine Lehrerpflichten so ernst nahm, daß er, wie der Lehrer Guiberts, das Kind beständig zur Arbeit anhielt und es nie zum Spielen hinausgehen ließ.[156] »Halb wahnsinnig« durch diese Einsperrung, wurde der kleine Anselm schließlich seiner Mutter in einem Zustand solcher Angst zurückgegeben, daß er sich von ihr abkehrte und sich weigerte zu sprechen. Voller Tränen, in dem Glauben, sie hätte ihren Sohn verloren, entschloß sich die Mutter zu einer völlig permissiven Haltung und wies ihre Diener an, das Kind alles tun zu lassen, was ihm in den Sinn komme, und sich ihm in keiner Weise zu widersetzen. Durch diese Behandlung wurde Anselms früherer Frohsinn wiederhergestellt. Er selbst zog die Lehre aus dieser klugen und nachsichtigen Behandlung, und später pries man ihn für sein Empfindungsvermögen und Mitgefühl gegenüber Kindern.[157] Denn er hatte, so erklärte er, stets versucht, anderen so freundlich und verständnisvoll zu begegnen, wie seine Mutter ihm als Kind entgegengetreten war. Kein Wunder, daß er nach ihrem Tod, da er selbst noch in jugendlichem Alter war, das Gefühl hatte, »das Schiff seines Herzens habe seinen Anker verloren und treibe steuerlos auf den Wellen der Welt«.[158]

Wie immer es um die Tugenden und Fehler der einzelnen Mütter bestellt gewesen sein mag, es besteht kein Zweifel daran, daß das Beispiel der Mutter und ihre Wertvorstellungen das Leben und die Ideale jener Kinder beherrschte, von deren Erfahrungen wir einige Kenntnis besitzen.[159] Als z. B. Bernhard v. Clairvaux noch das Leben eines sorglosen und weltzugewandten Jünglings führte, stand »ihm die Erinnerung an seine fromme Mutter stets vor Augen, denn es hat den Anschein, daß sie ihm erschienen ist und ihm vorgehalten hat, sie habe ihn nicht mit solcher Liebe und Sorgfalt großgezogen, damit er sich einer so nichtigen Lebens-

weise zuwende.«[160] Nach den Maßstäben ihrer Zeit wurde der Erfolg dieser Mütter am geistlichen Ruhm ihrer Kinder gemessen. Im Hinblick auf heutige Vorstellungen scheint uns aber auch die Zahl der Söhne und Töchter, die sie nacheinander bis zur Reife großzogen, als bemerkenswert.[161] Noch beeindruckender aber ist die bleibende Zuneigung, die einige von ihnen bei ihren Kindern anscheinend geweckt haben. Hierfür findet sich in der Literatur dieser Zeit kein beredteres Zeugnis als das Porträt, das Petrus Venerabilis in einem Brief von seiner toten Mutter entwirft. In der liebevollen Beschreibung ihres Lebens und Charakters – sie war nicht nur fromm, einfühlsam und unablässig um ihre Kinder besorgt, sondern auch »stets glücklich und froh« – spiegeln sich alle Züge des damaligen Mutterideals wider.[162]
Im Gegensatz zu dieser Betonung der Gestalt der Mutter und ihres Einflusses nehmen die Väter und die Beziehungen, die sie zu ihren Kindern unterhielten, einen bescheideneren und manchmal zweideutigen Platz in unseren Quellen ein.[163] Wo der Vater während der frühen Lebensjahre des Kindes nicht faktisch abwesend ist, wie das in einer militärisch ausgerichteten, expansionistischen Gesellschaft häufig vorkam, wird er oft als die weltzugewandtere, weniger bewunderswerte Gestalt beschrieben, die das Kind von seiner geistlichen Berufung ablenkt oder, im selteneren Fall, ihm gegenüber eine echte Feindseligkeit an den Tag legt, die etwa den hl. Anselm dazu brachte, seinem väterlichen Erbteil und seinem Vaterland zu entsagen, um erst nach langer Zeit im Kloster von Bec einen befriedigenderen Vater in der Person des Lanfranc zu finden.[164] Unter den hier untersuchten Dokumenten findet sich in Abaelards *Historia calamitatum* eine kurze und in der Vita des hl. Hugo von Lincoln eine ausführlichere Darstellung einer wohlwollenden frühen Beziehung zwischen Vater und Sohn. Aber auch in der zuletzt genannten gibt es deutliche Anzeichen schwerwiegender Entbehrungen. Denn Hugo war kaum acht Jahre alt, als er, »durch den Tod der Mutter ihrer Pflege beraubt«, mit seinem Vater in eine Klostergemeinschaft von Regularkanonikern eintrat.[165] Später berichtete er selbst »im vertrauten Gespräch« mit seinen Gefährten: »Wahrhaftig, ich habe die Freuden dieser Welt nie gekostet, und nie wußte oder lernte ich, wie man spielt.« In der Zeit, als Hugo »lesen lernte«, teilte der Vater durch Loswurf sein Vermögen unter seine Kinder auf und gab den Anteil, der an seinen jüngsten Sohn fiel, der

Gemeinschaft, in die dieser dann aufgrund der Wahl seines Vaters eintrat.[166] In ihrem dortigen Leben blieben sie offenbar eng miteinander verbunden, und als sein Vater alt wurde, widmete sich Hugo ganz seiner Pflege. Seinem Biographen zufolge, »berichtete er oft, mit welcher Freude er seinen Vater bis an dessen Lebensende herumführte und herumtrug, ihn an- und auskleidete, wusch und trocknete, sein Bett machte, und als er immer schwächer und hinfälliger wurde, ihm seine Nahrung bereitete und ihn sogar fütterte.«[167] Zwar fanden schließlich fast alle Kinder, mit denen wir es hier zu tun haben, wie Hugo den Weg zu einer Form des religiösen Lebens, aber nicht alle gelangten auf die gleiche Weise und so früh und unfreiwillig wie er dorthin. Der hl. Anselm z. B. war ungefähr 27 Jahre alt, als er Mönch in Bec wurde, und auch Petrus Damiani war zum Zeitpunkt seines Klostereintritts über 20 Jahre alt. Das gleiche gilt auch für Bernhard von Clairvaux, der schließlich den Freuden des Ritterlebens entsagte und alle seine Brüder bewog, das gleiche zu tun.[168] Ailred von Rievaulx, Sohn eines Priesters, war wie viele andere Jungen, über deren Kindheit wir nichts wissen, für eine weltliche Laufbahn bestimmt und hatte als Knabe an einem schottischen Hof gedient, bevor er sich dem Klosterleben zuwandte.[169] Andere aber waren, wie Guibert, noch sehr jung. Von Anfang an waren sie für das Leben im Kloster ausersehen und traten gewöhnlich in jungen Jahren als »Oblaten« ein, d. h. als Kinder, die den Klöstern von ihren Eltern dargebracht wurden.[170] Solche Kinder wurden am härtesten von der Trennung und Verbannung getroffen, an die sich Orderic Vitalis so deutlich erinnerte, als er im hohen Alter die oben zitierten Worte schrieb und hinzufügte:

> Und ich, bloß ein Knabe, wagte es nicht, mich den Wünschen meines Vaters zu widersetzen, gehorchte ihm vielmehr in allen Dingen, denn er versprach mir seinerseits, daß ich, wenn ich ein Mönch werden würde, nach meinem Tod mit den unschuldigen Kindern die Freuden des Himmels kosten würde ... Und so überquerte ich als Zehnjähriger den Kanal und kam wie ein Verbannter in die Normandie, wo ich allen unbekannt war und selbst niemanden kannte.[171]

Als Orderic im späten elften Jahrhundert in sein normannisches Kloster eintrat, flaute die Praxis der Oblation bereits ab, und ihr starker Rückgang in den nächsten fünfzig Jahren ist ein weiteres Symptom für die Wandlungen in dieser Zeit.[172] Aber zumindest zwei Jahrhunderte lang und vielleicht noch länger war die Darbringung adeliger Kinder durch ihre Eltern ein wichtiges und vielleicht sogar das entscheidende Mittel zur personellen Auffrischung der Klöster, und die Geschichte dieser Praxis sowie die ihr zugrundeliegenden Motive sind für die Einstellungen der Eltern und die Erfahrungen der Kinder in dieser Zeit äußerst aufschlußreich.[173] Wenige Aspekte dieser Erfahrungen sind, wie Dom Knowles bemerkt, für das moderne Empfinden abstoßender als die Tatsache, daß Kinder »von früh auf im Kloster erzogen werden, ohne das Leben zu Hause, ohne die freie Gemeinschaft mit anderen Jungen und Mädchen und ohne Zugang zu der weiten Welt unschuldigen Kinderlebens«.[174] Tatsächlich erscheint uns diese Sitte vielleicht als die bedrückendste unter den vielen Formen damaliger Kindererziehung, die, obwohl sie auch innerhalb dieses Zeitraums Wandlungen durchmachten, häufig, zumindest in den Adelsklassen, die frühe Trennung der Kinder von ihren Eltern und Geschwistern zur Folge hatten.[175] Dies waren offenbar jedoch nicht die Gesichtspunkte, nach denen sich ihre adeligen Eltern richteten, Mitglieder einer Klasse, für die die Rücksichten auf die Ansprüche der Familie oder der Abstammung und die Erhaltung ihres Vermögens die Wünsche und Interessen ihrer jüngsten Mitglieder bei weitem überwogen und die außerdem durch gesellschaftliche Sitte ebenso wie durch die Unbeständigkeit des Lebens und des Familienbesitzes dazu ermutigt wurden, schon früh über den weiteren Werdegang ihrer Kinder zu befinden.[176] Diesen Eltern boten die Klöster, zumal in der Zeit, bevor der soziale Wandel und die militärische Expansion weitere Möglichkeiten eröffnete, eine höchst befriedigende Lösung für das Problem, jenen Kindern einen Unterhalt zu verschaffen, für die es keine geeigneten Alternativen gab: im allgemeinen also jüngere, für das militärische Leben körperlich untaugliche Söhne sowie Töchter, die aus irgendeinem Grund nicht heiratsfähig waren.[177] Möglich, daß die Eltern, wie Orderics Vater, geweint haben, wenn der Augenblick der Trennung heranrückte, aber der Abschied dürfte nur in einer verhältnismäßig kleinen Zahl von Fällen wirklich endgültig gewesen sein.[178] Sicher aber haben die Eltern kaum daran gezweifelt, durchaus rühmliche Maßregeln für das geistige und soziale Wohl ihrer Kinder zu treffen, wenn sie sie zu adeligen Gefährten in eine Umgebung brachten, die mehr als jede andere versprach, ihr Seelenheil zu garantieren.[179]

Die Geschichte der Erfahrungen, die diese Kinder in ihrem dortigen Leben machten, ist noch nicht geschrieben worden. Unsere Vermutungen hierüber beruhen weitgehend auf Klosterverfassungen und Sammlungen des Gewohnheitsrechts, die in ihren sorgfältigen Bestimmungen über diese jüngsten Mitglieder der mönchischen Ordensgemeinschaften auf ein Leben von fast unerträglicher Strenge und Einengung hindeuten.[180] Es begann damit, daß der Oblate, oft im Alter zwischen fünf und sieben Jahren, in einer feierlichen Zeremonie dem Kloster dargebracht wurde. Dabei wurde er, nachdem ihn seine Eltern auf Dauer seiner mönchischen Berufung versprochen hatten, »seines Umhangs oder Pelzkragens oder sonst eines Mantels« entkleidet, tonsuriert und mit einer Mönchskutte angetan.[181] Von nun an wurde von ihm und seinen Kameraden erwartet, daß er so ausgiebig wie möglich an den langen Stunden des Chordienstes teilnahm, der den Klosteralltag beherrschte. Hierbei und in allen anderen Bereichen ihres Lebens waren die Kinder gemäß den gewohnheitsrechtlichen Bestimmungen im Wachen und Schlafen unter beständiger Aufsicht zu halten, was die hochtönende Meinung stützen sollte, kein Königssohn würde mit größerer Sorgfalt erzogen als der geringste Knabe in einem wohlgeordneten Kloster.[182]

Sie wurden der Obhut von Lehrern anvertraut, und bei allen Gängen mußte jeweils ein Lehrer zwischen je zwei Jungen bleiben. Immer mußten sie getrennt voneinander sitzen, »so daß jede körperliche Berührung vermieden wurde; sie durften einander keine Zeichen geben, durften nicht miteinander sprechen oder ohne Erlaubnis des Lehrers von ihren Plätzen aufstehen.« Nie durften sie ihren Altersgenossen oder einem älteren Mönch etwas geben, von niemandem durften sie etwas annehmen, ausgenommen vom Abt, vom Prior oder von anderen Lehrern, und niemand außer diesen durfte »ihnen je ein Zeichen geben oder ihnen zulächeln«.[183] Kein anderer Mönch durfte ohne Erlaubnis des Abtes oder des Priors ihre Schule betreten oder sonst mit ihnen sprechen. In den Schlafsälen waren ihre Betten durch die Betten der Lehrer voneinander getrennt, und oft hielt einer von diesen die ganze Nacht über beim Licht einer Kerze oder einer Laterne Wache. Kein Kind durfte den Waschraum oder die Latrine ohne Begleitung eines Lehrers aufsuchen.[184] Da Kinder, wie es in zumindest einer Sammlung des Gewohnheitsrechts heißt, »über-

all Bewachung und Züchtigung benötigen«, wurden sie nicht nur in ihrer Schule und anderswo, sondern, wie die älteren Mönche, auch in ihrem eigenen Kapitel geschlagen.[185]
Diese rigorose Wachsamkeit, die unter anderem offenbar auch sexuelle Aktivitäten unter den Kindern und das Entstehen einer gefährlichen Vertrautheit mit den Älteren verhindern sollte, spiegelte und verstärkte gleichzeitig gewisse offenbar wohl begründete Befürchtungen.[186] Denn Zeugnisse für alle möglichen tatsächlichen sexuellen Versuchungen und entsprechende Phantasien sind in den mönchischen Quellen dieser Zeit im Überfluß vorhanden. Daher erscheint es angebracht, einige Überlegungen zu der Wirkung, die eine solche Umgebung auf die jungen, von anderen Erfahrungen unberührten Gemüter gehabt hat, anzustellen.[187] Die Allgegenwart des Teufels und seiner Helfer, die gespenstischen Visionen und Alpträume, die durch die überspannten Phantasien dieser Kinder spukten, werden sehr lebhaft von Guibert de Nogent,[188] der hier keineswegs allein steht, und mit vielleicht noch größerer Eindringlichkeit von seinem älteren Zeitgenossen Otloh von Sankt Emmeram beschrieben. Dieser außergewöhnliche Mönch, der in der Aufzeichnung seiner Versuchungen, Träume und Halluzinationen um eine Selbstverständigung bemüht ist, enthüllt mit besonderer Klarheit, wie tief die Wirkung seiner Kindheits- und Jugenderfahrungen auf ihn war, insbesondere seiner Angst vor Schlägen, die ihn später in seinem Glauben an den Nutzen einer mäßigeren Bestrafung der Jungen mit Worten, und nicht mit Schlägen, bestärkte.[189]
Aber keine Kritik an der Mißhandlung von Kindern in den Klöstern ist aufschlußreicher und bezeichnender als die Ermahnung, die der hl. Anselm an einen Abt richtet, der sich bei ihm über seine Schwierigkeiten bei der Kontrolle der widerspenstigen Jungen in seiner Obhut beklagt und erklärt hatte: »Wir hören nicht auf, sie Tag und Nacht zu schlagen, und sie werden nur schlimmer und schlimmer.«[190] Auch eine knappe Zusammenfassung von Anselms bemerkenswerter Antwort zeigt die Bedeutung einer Argumentation, die nicht nur die Schwäche dieses Erziehungssystems hervorhebt, sondern darüber hinaus eindrucksvolle positive Aussagen über eine neue und einfühlsamere Art im Umgang mit Kindern macht.[191] Anselm weist darauf hin, welche zerstörerischen Wirkungen die Anwendung von Gewalt und »unüberlegter Härte« für die Persönlichkeiten der jungen

Opfer nach sich zieht, und erklärt: »Da sie keine Liebe und kein Mitleid, kein Wohlwollen und keine Zärtlichkeit in Deiner Einstellung zu ihnen spüren, verlieren sie in Zukunft ihren Glauben an Deine Güte und nehmen an, alle Deine Handlungen gingen aus Haß und Böswilligkeit ihnen gegenüber hervor. Sie sind ohne die Erfahrung wahrer Nächstenliebe aufgewachsen, und daher betrachten sie jeden mit Mißtrauen und Argwohn.« Er fordert seinen unaufgeklärten Amtsbruder zu größerer Einfühlsamkeit auf und fragt: »Sind sie keine Menschen? Sind sie nicht von Fleisch und Blut wie Du? Wärest Du gerne so behandelt worden, wie Du sie behandelst, und zu dem geworden, was sie jetzt sind?« Schließlich betont er, wie Petrus Damiani und andere, die Wichtigkeit einer festen, aber freundlichen Formung und Gestaltung in der Erziehung und stellt fest, daß »Kinder Ermutigung und Hilfe durch« väterliche Sympathie und Freundlichkeit« benötigen und daß Unterricht und Bestrafung den Temperamenten und Fähigkeiten der Einzelnen angemessen sein sollten.[192]

Wie die Ausführungen Anselms zeigen, wurden die mit der Oblation verbundenen Übel seinen Zeitgenossen immer klarer, und einige von ihnen, wie etwa Ulrich von Cluny, wandten sich mit Entschiedenheit gegen einen Brauch, der die Klöster zum Vorteil der Adelsfamilien mit einer »Armee von Zwangsrekruten« überfüllte, von denen viele für das Klosterleben völlig ungeeignet waren.[193] Das allmähliche Verschwinden der Oblaten, zumindest eine deutliche Abnahme ihrer Zahl, wurde durch den Widerstand der Reformer gefördert, aber auch dadurch, daß sich den Söhnen adeliger Familien nun weitere Möglichkeiten eröffneten und sie vielleicht auch eine größere Freiheit gewinnen konnten.[194] Aber gerade die Probleme, die sich aus der Anwesenheit von Kindern in diesen Gemeinschaften ergaben, zogen auch positive Wirkungen nach sich. Bei vielen weckten sie nämlich ein Gefühl für die Besonderheit der Kindheit als einer Lebensstufe, die ihre eigenen Bedürfnisse und Fähigkeiten besitzt. Das zeigt sich besonders deutlich etwa in den Einsichten Anselms, aber z. B. auch darin, daß man den Klosterkindern in ihrer Ernährung besondere Zugeständnisse machte, ihnen gestattete, Fleisch zu essen, und ihnen auch in anderer Hinsicht eine besondere Behandlung zukommen ließ.[195]

Zwar tendieren unsere Quellen dazu, die unerfreulichsten Seiten des Lebens dieser Kinder hervorzukehren, sie weisen aber auch darauf hin, daß zwischen den strengen Regeln der Klostergemeinschaften einerseits und den wirklichen Erfahrungen dieser »verbannten« Kinder sowie dem Gewinn, den sie als Entschädigung aus ihrem dortigen Leben ziehen konnten, auf der anderen Seite mitunter eine erhebliche Diskrepanz bestand. Oft fanden sie im Kloster eine neue »Familie«, der sie sich mit großer Hingabe anschlossen. In den Lehrern, Magistern und Äbten erkannten sie Stellvertreter ihrer abwesenden Eltern, und besonders in den frühen Jahrhunderten dieses Zeitraums sahen sie in den Möglichkeiten, die sich ihrer Erziehung boten, einen Weg zu Freude und Vollendung.[196] Die einfühlende Freundlichkeit und das Verständnis eines Anselm sind zwar bemerkenswert, stehen aber in dieser Zeit keineswegs einzig da, und die Bilder aus der Familienwelt, die immer wieder in Schilderungen bedeutender Gestalten des Klosterlebens auftauchen, weisen darauf hin, in welchem Maße diese Männer die Rolle von Eltern übernommen hatten und mit Eigenschaften nicht nur des Vaters, sondern auch der Mutter ausgestattet waren.[197] Der Biograph des hl. Hugo von Lincoln spricht von dessen »beinahe mütterlicher Liebe«, und als Ailred von Rievaulx auf dem Sterbebett lag, besuchten ihn, so wird uns berichtet, seine Mönche des öfteren und »sprachen über sein Bett gebeugt mit ihm, wie ein kleines Kind mit seiner Mutter plappert«. Es heißt auch, daß seine letzten Worte lauteten: »Ich liebe euch so inbrünstig, wie eine Mutter ihre Söhne liebt.«[198]

Wenn wir frühe und deutliche Anzeichen für eine neue Freundlichkeit und Sympathie Kindern gegenüber zunächst in der Umgebung des Klosters und in den Worten und Handlungen von Männern wie Anselm, Ailred und Hugo entdecken, dann dürfen wir erwarten, hier auch auf die Ausbildung neuer Formen von Frömmigkeit und Andacht zu stoßen, in denen die Sehnsüchte, Entbehrungen und Verluste von Generationen von Kindern erstmals wirklich zum Ausdruck kommen.[199] Wiederum ist Anselm, »der wunderbare Mann«, wie ihn Guibert nennt, eine Schlüsselfigur. Denn in den Gebeten an die Jungfrau Maria und den Andachtsübungen, die er verfaßte und gelegentlich an bedeutende Frauen seiner Zeit schickte, tat er, wie Southern zeigt, mehr als irgend jemand sonst, um dem höchsten Bild mütterlichen Mitgefühls, wie es sein Schüler Eadmer in den zu Beginn dieses Abschnitts zitierten Worten entwirft, neue Form und neue Kraft zu verleihen.[200] Auch der hl. Bernhard und seine Mitbrüder aus dem Zisterzienserorden waren leidenschaftliche Verfechter der Verehrung Marias und ihres Sohnes, und niemand verlieh der neuen Hingabe an das Jesuskind eine beredtere Sprache als Bernhard, dem es in seiner Knabenzeit in einer Weihnachtsvision von der Geburt des Christkindes selbst erschienen war. In seinen Predigten und anderen Werken vermittelte er seinen Zeitgenossen ein neues Bild des Gotteskindes in seiner menschlichen Schwachheit, in seinen »Tränen und seinem Schreien«, und drängte sie, sich auf dieses »Kindlein« zu besinnen, damit sie selbst lernten, »wie ein Kind zu sein«.[201] Aus der Klosterumgebung drang die neue, mit einem Sinn für Zartgefühl begabte Frömmigkeit, in der die Menschlichkeit des Jesuskindes und die liebevolle Güte seiner Mutter besonders hervortraten, allmählich in weitere Bereiche der westeuropäischen Gesellschaft vor.[202] Wollte man ihren Weg verfolgen, so müßte man bis in die Tiefen jener großen Wandlungen des Empfindungs- und Gefühlsvermögens vordringen, für die wir bereits einige Anzeichen beobachtet haben. Aber schon der Hinweis auf die sich wandelnden Themen und die Gewichtsverlagerungen, die in Malerei und Plastik, in der Liturgie und dem aus ihr hervorgegangenen Drama, in der volkssprachlichen Predigt und Literatur erkennbar werden, macht deutlich, auf welchen subtilen und kaum gefestigten oder auch stärker ins Auge fallenden Wegen die neuen der Andacht des Volkes dargebotenen Bilder sich auf die Einstellungen und Gefühle gegenüber den Kindern und der Kindheit auswirkten.[203] Die dramatische Darstellung der Evangeliengeschichte in Kunst und Liturgie gehörte tatsächlich zu den neuartigen Erfahrungen des elften und zwölften Jahrhunderts. Der größere Nachdruck, den man nun auf die Kindheit Jesu und insbesondere auf Themen wie Christi Geburt oder die Anbetung der Weisen aus dem Morgenland legte, rückte die Bilder von Mutter und Kind stärker in den Vordergrund und gab ihnen oft eine rührende Menschlichkeit.[204] Im zwölften Jahrhundert wird die Darstellung der Muttergottes mit dem Jesuskind in Haltungen, die gegenseitige Zuneigung ausdrücken, häufiger und erreicht in so zartfühlenden Portraits wie der »Madonna des Dom Ruppert« und dem etwas späteren Lettner in Chartres einen Höhepunkt. Nun kommen, wie Southern bemerkt, zu der vertrauten Darstellung des Kindes, das auf dem Knie seiner Mutter wie auf einem Thron sitzt und oft die Symbole seiner Macht in Händen hält, viele andere Formen hinzu: »das lachende Kind, das mit einem Apfel oder einem Ball spielende Kind, das Kind, das seine Mutter liebkost oder (...) an ihrer Brust gestillt wird.«[205] Auf einer Darstellung der »Flucht nach Ägypten« zeigt uns Giselbertus von Autun im frühen zwölften Jahrhundert die Mutter, die ihr Kind sicher umfängt. Während es mit der einen Hand eine (Erd-)Kugel berührt, hält es sich mit der anderen an der Mutter fest, denn noch ist es hilflos.[206]

Ein weiteres populäres, höchst aufschlußreiches Thema, das wichtiger ist, als man oft angenommen hat, und eine eingehendere Untersuchung verdient, ist in dieser Zeit der Kindesmord zu Betlehem, der häufig in dramatischen und mitunter entsetzlichen Einzelheiten dargestellt wurde. Aber kaum jemals wurde bei diesem Motiv mütterliche Liebe und Fürsorge so wirkungsvoll hervorgehoben wie auf einem Deckengemälde aus dem zwölften Jahrhundert in der Kirche von Zillis in der Schweiz.[207] Denn die Mahnung, die dieser Episode innewohnt, wird hier vermittelt durch die Gegenüberstellung einer Szene aus dem Massaker selbst und einer anderen, die zwei hingebungsvolle Mütter zeigt; die eine bietet ihre Brust gerade einem Wickelkind, und die andere umarmt liebevoll ein etwa zweijähriges Kind.[208] Die neuen Bilder mütterlicher Zärtlichkeit und kindlicher Abhängigkeit gewinnen ihre größte Einprägsamkeit zweifellos in visuellen Formen, auch etwa in den schon erwähnten Psaltern, in denen adelige oder zumindest wohlhabende Mütter und ihre Kinder die Szenen aus dem Evangelium betrachten konnten, mit denen sie illustriert waren.[209] Schon bevor die Predigten und Schriften der Mönche ihnen eine noch größere Verbreitung verschafften, wurden die neuartigen Frömmigkeitsformen in Werken wie diesen popularisiert, daneben auch in den Marienlegenden, die sich seit dem frühen zwölften Jahrhundert in ganz Europa ausbreiteten, und in volkstümlichen Predigten, die wohl manchmal in diese Legendensammlungen eingegangen sind.[210] Seit dieser Zeit wurde die Geschichte des Evangeliums auch vor einem Laienpublikum in den Volkssprachen vorgetragen und dargestellt, etwa in dem *Leben Jesu* der deutschen Frau Ava, die selbst Mutter war und mit besonderem Mitgefühl auf die Kindheit Christi einging.[211]

Die Gestalt der »guten Mutter« tritt nicht nur in der religiösen Kunst und Literatur dieser Zeit und vor allem in dem Bild einer transzendenten und universalen Stellvertreterin der Mutter immer stärker in den Vordergrund. Auch in der weltlichen Literatur des zwölften und dreizehnten Jahrhunderts gewinnt sie eine größere Bedeutung. Schon in der Mitte des elften Jahrhunderts, noch vor der Geburt Guiberts, schildert der erste weltliche Roman des deutschen Mittelalters, *Ruodlieb,* die Zuneigung zwischen einem jungen Ritter, der verpflichtet ist, sein Glück in einem fremden Land zu suchen, und seiner verwitweten Mutter, die das Idealbild der tüchtigen, während seiner Abwesenheit für den Familienbesitz sorgenden Adelsfrau verkörpert und die ihn schließlich bittet:

Mein lieber Sohn, denk doch an mich   die Mutter, die sich grämt um dich!
Du weißt es ja, als du hinaus   gezogen, ließt du sie im Haus,
So daß sie jeden Trost vermißt   und zwiefach nun verwitwet ist,
Durch deinen Vater einmal schon,   zum zweiten Mal durch dich, mein Sohn.[212]

Gewiß, nicht alle Mütter werden mit solcher Verehrung geschildert und so vorbehaltlos gepriesen, und die Hinweise auf Fehler der Mutter und Feindseligkeiten zwischen Mutter und Kindern unterstreichen die grundlegende Ambivalenz, die die uns hier beschäftigenden primären Beziehungen charakterisiert.[213] Ist es, so können wir fragen, diese Ambivalenz und eine anders geartete Widerspiegelung dieses Mutterbildes, die wir in bestimmten ergreifenden Motiven der neueren volkssprachlichen Literatur erkennen? Ist es die Mutter, die von den höfischen Dichtern als »edel, freundlich, treu« gefeiert wird und deren »seelenvoller Blick aus jedem Tag ein Weihnachten macht«?[214] Ist sie die »entrückte Dame«, das unablässig ersehnte und unerreichbare Liebesobjekt dieser Dichter, die oft jünger waren als jene Frauen und die mit anderen Kindern dieser Zeit, die sich später darüber geäußert haben, das Schicksal des »verbannten« Sohnes teilen mußten?[215]

Diese Ansicht vertritt Herbert Moller, der in der angebeteten Dame alle Züge einer Muttergestalt und in der Beziehung des Liebhabers zu ihr eine Projektion verschleierter kindlicher Phantasien erkennt, vor allem der tiefen Angst vor dem Alleingelassenwerden, der Zurückweisung und dem Verlust.[216] Wie immer wir ihre Bedeutung interpretieren, die mächtigen auf die Familie bezogenen Bilder, Motive und Phantasien fordern dazu heraus, ihr Verhältnis zu den typischen Kindheitserfahrungen in den adeligen und der Sprache mächtigen Klassen eingehender zu untersuchen. Spiegelt sich in ihnen, wie unsere Zeugnisse es nahelegen, die weithin verspürte Zuneigung auf der einen und die Deprivation auf der anderen Seite, wie sie die adelige Kindheit in einer Zeit charakterisierten, in der die ersten Lebensjahre von Muttergestalten beherrscht waren, während die Rolle des Vaters häufig gar nicht ins Gewicht fiel oder negativ war; in der das Familienleben oft instabil war und Liebe nicht immer Gattenliebe bedeutete; in der die frühe Trennung von der Mutter nichts ungewöhnliches war und jenes andauernde Gefühl von Verlust und Sehnsucht, jene Suche nach sei es irdischen, sei es himmlischen Stellvertretern nach sich zog, die von den zeitgenössischen Quellen in zahllosen Fällen bezeugt wird?[217] Die hier entworfene Struktur war gewiß nicht universell verbreitet, sie war auch nicht auf das elfte und zwölfte Jahrhundert beschränkt. Anscheinend bestimmte sie auch das darauffolgende Jahrhundert.[218] Besonders deutlich aber trat sie in einer Zeit zutage, in der die Erfordernisse des Militärlebens ebenso wie die weiten Pilgerfahrten und Kreuzzüge zur Entstehung einer, wie Herlihy sagt, »heimischen Frauenwelt« beitrugen, einer Welt, in der Frauen eine besonders aktive Rolle bei der Verwaltung der feudalen Hausstände und bei der frühen Erziehung und Ausbildung der Kinder spielten.[219]

Die hier aufgeworfenen Fragen, an die unser Verständnis der psychischen Strukturen und der kulturellen Schöpfungen dieses Zeitraums aufs engste gebunden ist, können nur aufgrund einer sehr viel ausführlicheren Untersuchung der sich wandelnden sozialen, familialen und psychologischen Wirklichkeit dieser Jahrhunderte beantwortet werden. Aber es kann kaum ein Zweifel daran bestehen, daß viele Momente der mittelalterlichen Kindheit, die wir bisher verfolgt haben, Gefühle, Erfahrungen und zwischenmenschliche Beziehungen, mit wachsender Deutlichkeit auch in der volkssprachlichen Literatur des 12. und 13. Jahrhunderts auftauchen.[220] Besonders ausführlich und eindrucksvoll spiegeln sie sich in den frühen Teilen einer bedeutenden Dichtung aus dieser Zeit, im *Tristan* Gottfrieds von Straßburg, der die ideale Beziehung zwischen Mutter und Kind außerordentlich prägnant darstellt. Er schildert die Beziehung zwischen dem zum Waisenkind gewordenen Tristan und seiner Pflegemutter, einer Stellvertreterin der wirklichen Mutter, die sogar Schwangerschaft und Geburt vortäuscht, um den adoptierten Säugling vor seinen Feinden zu schützen.[221]

si lac des sunes inne dô,	Sie lag dort mit einem Sohn, der ihr
der ir sunlîcher triuwe pflac	die Zuneigung eines Sohnes bis an
unz an ir beider endetac.	ihr beider Lebensende entgegen-
daz selbe süeze kint truoc ir	brachte. Dieses liebliche Kind hatte
als süezelîche kindes gir,	ebensolches Verlangen nach ihr,
als ein kint sîner muoter sol,	wie ein Kind nach seiner Mutter
und was daz billîch unde wol.	haben soll. Und so sollte es auch
si leite auch allen ir sin	sein. Mit mütterlicher Liebe wende-
mit muoterlîcher liebe an in	te sie ihr ganzes Denken auf ihn
und was des alsô staete,	und war in ihrer Aufmerksamkeit
als ob sî in selbe haete	so standhaft, als hätte sie ihn selbst
under ir brüsten getragen.	unter dem Herzen getragen.

(Tristan, hrsg. v. Marold, S. 30 f. V. 1932-1943.)

Während seiner frühen Kindheit sorgte diese Mutter mit zärtlichem Eifer für ihren Pflegesohn: »si wolde wizzen alle wege/ und sehen, ob ime sîn sache/ stüende ze gemache.« (V. 2046 ff.) Wenn es nach ihr gegangen wäre, hätte sie dafür gesorgt, »daz er ze keiner stunde/ unsanfte nider getraete«. (V. 2052 f.) Aber mit sieben Jahren kam der Augenblick der Trennung und damit, wie es Gottfried offensichtlich sieht, das Ende der sorglosen und glücklichen Kinderzeit.[222]

in den ûfblüenden jâren,	In den blühenden Jahren seiner Ju-
dô al sîn wunne solte enstân,	gend, als sich sein Glück heranbil-
dô er mit fröuden solte gân,	den sollte, als er frohgemut ins Le-
in sînes lebenes begin	ben eintreten sollte, da nahm sein
dô was sîn beste leben hin	glücklichstes Leben schon ein
(. . .). (V. 2073 ff.)	Ende.

Tristans Pflegevater war für diese Trennung verantwortlich. Er gab ihn in die Obhut eines Lehrers, eines »wîsen man«, und schickte ihn zusammen mit diesem in die Fremde, um dort »fremede sprâche« und später dann, neben anderen ritterlichen Fertigkeiten, »mit dem schilte und mit dem sper/ behendeclîche rîten« zu lernen (V. 2102 f.). Aber die Motive des Pflegevaters waren nicht allein praktischer Art. Er wird nämlich von Beginn an als ein Muster aufopferungsvoller Vaterliebe gezeichnet. Nachdem er unter vielen Mühen seinen einer Entführung zum Opfer gefallenen Sohn wiedergefunden hat, findet er sich bereit, ihn einem anderen Stellvertreter des Vaters, dem Onkel mütterlicherseits, zu überlassen.²²³ In der großen Aufmerksamkeit, die Gottfried im *Tristan* der Rolle des Vaters und den Einzelheiten der frühen Ausbildung widmet, zeigt sich eine Haltung, die in zeitgenössischen Werken über die Pflege und Unterrichtung von Kindern, die für eine weltliche und besonders eine adelige Karriere bestimmt waren, nun stärker in den Vordergrund tritt. Das beste Beispiel für dieses zunächst in den »Sittenbüchern« des zwölften Jahrhunderts auftauchende Interesse ist vielleicht der anglo-normannische *Urbain le courtois*. In diesem Werk unterrichtet ein Vater seinen Sohn darin, wie man »klug, mild, liebenswürdig und höfisch« wird. Dabei legt er besonderes Gewicht auf gute Kenntnis der französischen Sprache, auf artiges Verhalten in der Gesellschaft – man dürfe nicht müßig gehen und sich kratzen – und auf die praktischen Einzelheiten des Pagendienstes.²²⁴

In einer wachsenden Zahl didaktischer Werke des dreizehnten Jahrhunderts tritt das Interesse an der Gesundheitspflege und der körperlichen Ausbildung kleiner Kinder deutlicher hervor. Diese Abhandlungen, in denen sich jetzt häufig ein Gefühl für die Bedürfnisse der Kinder auf den verschiedenen Stufen ihrer Entwicklung manifestiert, lassen oft erkennen, auf welchen Wegen kinderfreundlichere Werte und Einstellungen sowie pädiatrische Kenntnisse bei wachsender Bildung, auch unter den Laien, zumindest in den wohlhabenden Klassen immer größere Verbreitung fanden. Obwohl die Aussagekraft dieser Schriften in bezug auf die wirklichen Lebensumstände der Kinder begrenzt ist, verweist ihre Popularität doch auf ein spürbares Bedürfnis nach Werken, die den Eltern Anleitungen zur Kindererziehung bieten. Während sich in einigen von ihnen die klerikalen Perspektiven, die in unserer Untersuchung dominierend waren, spiegeln, sind andere, neuere Werke unmittelbar aus der Sicht der Eltern geschrieben. Aus der Sicht des Kirchenmannes liefert Bartholomäus Anglicus in einer der frühesten, einflußreichsten populären Enzyklopädien eine genaue Beschreibung der körperlichen Anlagen, der emotionellen Eigenschaften und der Gewohnheiten von Kindern und läßt außerdem ein deutliches Verständnis für die Kindheit als eines sorglosen und dem Spiel zugewandten Lebensalters erkennen.²²⁵ Er wiederholt eine verbreitete, aber gewiß nicht allgemein akzeptierte Ansicht, wenn er sagt, kleine Jungen *(pueri)* würden ihrer Reinheit wegen (lat. *purus, puriter* = rein) so genannt, denn die unzureichende Entwicklung ihrer Organe gestatte ihnen in diesem Alter keine sexuelle Aktivität, und ihrer Nacktheit würden sie sich nicht schämen.²²⁶ Trotz ihrer Unschuld jedoch seien sie zu List und Betrug fähig und bedürften also der Zucht und des Unterrichts. Dazu zeichnet er ein, wie es scheint, ziemlich lebensnahes Bild der kleinen Jungen: »Sie leben gedanken- und sorgenlos, lieben einzig das Spiel und fürchten nichts mehr, als mit der Rute geschlagen zu werden. Sie sind stets hungrig und daher von allen möglichen durch Überfütterung hervorgerufenen Krankheiten bedroht. Alles, was sie sehen, wollen sie haben, brechen schnell in Lachen aus und ebenso schnell in Tränen, widersetzen sich dem Bemühen ihrer Mütter, sie zu waschen und zu kämmen, und kaum sind sie gewaschen, da machen sie sich schon wieder schmutzig.« Kleine Mädchen sind, Bartholomäus' keineswegs origineller Ansicht nach, gehorsamer, vorsichtiger, bescheidener, furchtsamer und anmutiger. Wegen der Gleichheit des Geschlechts sind sie ihren Müttern, wie er glaubt, lieber als die Jungen.²²⁷

Vinzenz von Beauvais legt großen Wert auf die sorgfältige Erziehung der Mädchen im Lesen und Schreiben und behauptet, diese Tätigkeiten würden ihnen eine Beschäftigung verschaffen und sie von »verderblichen und eitlen Gedanken« ablenken.²²⁸ Seiner Ansicht nach sollte man sie in den »weiblichen Fertigkeiten« und in der Literatur unterrichten. Jungen und Mädchen sollte man sorgfältig auf ihre Pflichten und ihre Verantwortung in der Ehe vorbereiten.²²⁹ Als Erziehungstheoretiker und in seinen Ratschlägen zum Umgang mit Kindern war dieser eifrigste unter den Enzyklopädisten des Mittelalters nicht besonders originell. Er bezog sich vielmehr auf die traditionelle und zeitgenössische Gelehrsamkeit, wenn er Gedanken entwickelte, in denen sich ein echtes Interesse an den wirklichen Bedürfnissen und Fähigkeiten der Kinder in den verschiedenen frühen Lebensabschnitten zeigte.²³⁰ Mit geringen Abwandlungen wiederholt Vinzenz, wie sein Zeitgenosse Aldobrandino von Siena, die soranischen Rezepte zur Gesundheitspflege, die den gebildeten Kreisen nun leicht zugänglich sind.²³¹ Für kleine Kinder empfiehlt er häufige Bäder, zumindest zwei am Tage. Er rät zu sorgfältiger Ernährung und dazu, den Kindern reichlich Zeit zum Spielen einzuräumen.²³² Aldobrandino gibt ähnliche Empfehlungen und fügt noch den Rat hinzu, man solle dem Kind geben, was es haben möchte, und wegnehmen, was ihm mißfällt.²³³ Wenn mit sechs Jahren für das

Kind die Schule beginnt, solle man es gemächlich und ohne Zwang unterrichten und solle ihm viel Zeit für Schlaf und Zerstreuung zugestehen. Gemeinsam mit anderen Klerikern spricht sich Vinzenz von Beauvais für eine Mäßigung in Unterricht und Disziplin aus, worin man vielleicht ein Anzeichen für die Ausbreitung und Übernahme der anderthalb Jahrhunderte zuvor vom hl. Anselm und seinen Zeitgenossen ausgesprochenen Gedanken erkennen kann. Unterricht ohne Schläge ist das allgemein verbreitete Ideal, obwohl Vinzenz glaubt, in Fragen der Disziplin müsse man unterscheiden zwischen Kindern, bei denen körperlicher Zwang unnötig und verhängnisvoll ist, und anderen, deren Temperament ihn erforderlich zu machen scheint. Aber auch in diesem Fall solle die Bestrafung nie plötzlich und unüberlegt erfolgen, Disziplin solle vielmehr der Liebe und Voraussicht statt einem unangebrachten Gefühl von Güte entspringen.[234] Dieser Einstellung und dieser Ansicht von der empfindsamen Natur des Kindes verlieh Walther von der Vogelweide um 1200 poetischen Ausdruck:[235]

Nieman kan mit gerten	Niemand kann mit Ruten Kinder-
kindes zuht beherten.	erziehung erzwingen: Den man zur
den man zêren bringen mac,	Ehre erziehen kann, dem ist ein
dem ist ein wort als ein slac,	Wort so gut wie ein Schlag,
(...)	(...)
daz gunêret iu den sin,	Dann entehrt ihr euer Herz, laßt ihr
lât ir boesiu wort dar in.	böse Worte ein.

Weniger aufgeklärt sind einige Werke, in denen der Umgang mit Kindern aus väterlicher Sicht dargestellt wird. Sie legen großes Gewicht auf Disziplin und Züchtigung und bieten damit vielleicht ein getreueres Abbild der tatsächlichen elterlichen Erziehungspraxis.[236] Für den älteren Philip von Novara besitzen der Säugling und das Kleinkind drei bedeutende Gaben: es liebt und erkennt die Person, die es ernährt; es gibt seiner Freude und Zuneigung gegenüber denen, die mit ihm spielen, Ausdruck; und bei denen, die es aufziehen, weckt es natürliche Liebe und Mitgefühl.[237] Wie der große jüdische Philosoph Moses Maimonides im vorangegangenen Jahrhundert, so glaubt auch dieser Vater, die Liebe der Eltern nehme zu, wenn das Kind heranwächst, warnt jedoch davor, übermäßige Liebe und Nachsicht zu zeigen, da die Kinder sonst in ihrer Ungehörigkeit bestärkt und allzu dreist würden.[238] Man solle ihnen nicht alles gestatten, was sie tun möchten, solle sie vielmehr, solange sie klein sind, hart strafen, zunächst mit Worten, sodann, wenn nötig, mit Schlägen und schließlich, wenn nichts anderes mehr hilft, mit »Einsperrung«. Eltern und deren Stellvertreter sollten, so rät er, auf frühe Anzeichen so verwerflicher Neigungen wie Diebstahl, Gewalttätigkeit und Gotteslästerung achten, die das Kind ins Verderben führen könnten.[239]

Anders als die kirchlichen Autoren war Philip jedoch hauptsächlich an der praktischen Vorbereitung des Jungen auf seine zukünftige Laufbahn interessiert. Dabei hatten die adeligen Kinder die Wahl zwischen den beiden »ehrbaren« Berufen, dem geistlichen oder dem ritterlichen Amt, für das sie vom frühest möglichen Zeitpunkt an ausgebildet werden sollten.[240] Da Männer hohen Ranges, Philips hochmütiger Ansicht nach, besseres zu tun haben, als die eigenen Kinder selbst zu unterrichten, sollten geeignete Lehrer den adeligen Jungen die Grundzüge des höfischen Benehmens und eine oberflächliche Gelehrsamkeit vermitteln. Den Mädchen hingegen solle man von Beginn an die einzige Tugend, die ihnen nottue, einprägen: den Gehorsam. Denn der Herrgott wünsche, daß die Frauen den Männern stets untergeordnet bleiben. Mit Ausnahme der zukünftigen Nonnen sei es nicht notwendig, sie im Lesen oder Schreiben zu unterrichten, denn zahlreiche Übel entstünden, wenn Frauen in diesen Künsten bewandert seien. Dagegen sei die Unterweisung im Nähen und Weben auch für reiche Mädchen wünschenswert.[241] Sein fester Glaube, die oberste Sorge der Eltern bei der Erziehung der Mädchen solle der sorgfältigen Überwachung ihrer Keuschheit gelten, wurde von vielen Zeitgenossen geteilt. Zu diesen gehörte sein Landsmann Bellino Bissolo, dessen Unterweisungen für seine Söhne ein frühes Beispiel für eine bürgerliche, statt einer höfischen Betrachtungsweise des Kindes und der Kindererziehung bieten.[242]

Damit gewinnen wir eine erste Einsicht in die Einstellung von Eltern der Mittelklasse. Aber auch aus früherer Zeit besitzen wir Hinweise darauf, wie die Kindheit in einer noch tiefer stehenden Klasse aussehen konnte. Die Vita des Einsiedlers Christian de l'Aumône aus dem zwölften Jahrhundert zeigt uns die Leiden eines Bauernkindes, das wegen seiner Schuldgefühle vom Teufel gequält wird. Es hatte nämlich seine Eltern beleidigt und deren Kühe auf das Feld eines Nachbarn laufen lassen.[243] Außerdem zeigt diese Geschichte, daß das Leben eines solchen Kindes zwar hart war, daß es aber nicht notwendig zu einer frühen Trennung von den Eltern kam, wie sie beim Adel üblich war.[244] Ein engeres und länger währendes Familienleben spiegelt sich gegen Ende dieses Jahrhunderts auch in Hartmanns von Aue *Der arme Heinrich,* dem ersten volkssprachlichen Werk, in dem die Hauptfigur ein Kind war.[245] In der Erzählung von der namenlosen Heldin, eines Bauernkindes, gewinnen wir die reichhaltigste literarische Einsicht in die Beziehungen zwischen Eltern und Kindern in einer Klasse, die weit unter der steht, aus der der größte Teil unserer Zeugnisse stammt. Beim Lesen dieser idealisierten Version der alten Erzählung von der Heilung der Aussätzigen mit Menschenblut berührt uns wohl die mutige Hingabe, die dieses kleine, etwa acht Jahre alte Mädchen, ein Muster engelhafter Güte, zeigt, wenn sie bereit ist, sich für den jungen Herrn zu opfern.[246] Am interessantesten für uns dürften jedoch die realistischen Details ihres häuslichen Lebens sein, etwa, daß sie am Fußende des Bettes ihrer Eltern schläft, und wie sie ihre Füße in den eigenen Tränen badet, als sie ihr nicht gestatten, ihren Vorsatz in die Tat umzusetzen. Aufschlußreich ist auch die deutliche Liebe ihrer Eltern, die die damals verbreitete Meinung zu bestätigen scheint, die Kinder der wohlhabenden Bauern würden mit größerer Nachsicht und Freundlichkeit aufgezogen als die Kinder des Adels.[247] In dieser Dichtung, und stärker noch in dem etwas späteren *Helmbrecht,* überschreiten wir die Schwelle zur »Gattenfamilie« (conjugal family), die in der abendländischen Gesellschaft nun endgültig die Oberhand zu gewinnen scheint und deren Bild uns von nun an auch in zeitgenössischen Kunstwerken deutlicher entgegentritt.[248]

Einige abschließende Bemerkungen

Wenn wir an dieser Stelle mehr oder minder willkürlich unsere Untersuchung abbrechen, so sind wir uns stärker denn je des nach wie vor ungebrochenen Schweigens bewußt, das das Schicksal der übergroßen Mehrheit von Kindern und Eltern in diesem Zeitraum umgibt. Aber wenn wir aus dem dreizehnten Jahrhundert zurückblicken auf die beiden am Anfang unserer Untersuchung stehenden Kindheitsdarstellungen, so dürfen wir doch

Mut fassen angesichts der Tatsache, daß die Welt, von der sie berichten, keineswegs vollkommen undurchdringlich ist und daß sie, auch wenn sich von ihr eine endgültige Karte noch nicht zeichnen läßt, in vieler Hinsicht weiteren Erkundungen und Entdeckungen offensteht. Wir erkennen jetzt auch mit größerer Deutlichkeit, in welche Richtung sich die Wandlungen vollziehen, und sehen, daß die Jahrhunderte, die wir, wenn auch ziemlich rasch, durchquert haben, eine wahrhaft kritische Phase in der Geschichte der Kindheit sind, eine Phase, in der ihre wichtigsten Probleme deutlicher und bewußter als jemals zuvor gestellt wurden, in der die Erfahrungen und Beziehungen des frühkindlichen Lebens deutlich und vielfältig zum Ausdruck kamen und in der sich schließlich jene Gefühlshaltungen gegenüber Kindern entwickelten, die in den nachfolgenden Jahrhunderten allmählich an Kraft gewinnen und schließlich vorherrschend werden sollten.

Zusammenfassend läßt sich sagen, daß das entscheidende Problem dieser Geschichte der fortwährende Konflikt zwischen destruktiven, abweisenden und stützenden bzw. helfenden Einstellungen gegenüber Kindern war. Und genau dieses Problem zeigt sich mit außerordentlicher, beinahe prophetischer Klarheit im Bericht des Johannes von Lodi über die frühen Jahre des Petrus Damiani. Innerhalb des von uns betrachteten Zeitraums und noch darüber hinaus hat sich, wie es scheint, die Kraft der destruktiven Tendenzen kaum verringert. Die fundamentale Bedrohung durch die Säuglings- und Müttersterblichkeit bestand unvermindert fort, und bis zum Beginn des zwanzigsten Jahrhunderts sind hier kaum wesentliche Fortschritte zu verzeichnen. Auch die Vernachlässigung, Ausbeutung und Aussetzung von Kindern bestanden weiterhin. Aber jetzt regt sich zunehmend ein bewußter Widerstand gegen diese Praktiken, und in den Anstrengungen, sie unter Kontrolle zu bringen und sie zu unterbinden, so unmeßbar ihre Wirkung auch ist, treten deutliche Anzeichen für das erwachende Bewußtsein und die wachsende Sensibilität in dieser Zeit zutage. Wie in den voraufgegangenen und in den nachfolgenden Jahrhunderten beherrscht die Vorstellung, das Kind sei Besitz oder Eigentum seiner Eltern, deren Einstellungen und Handlungen. Aber die aus dieser Idee erwachsenden Gefahren haben nun stärkere Beachtung gefunden, und das heilsame Eingreifen äußerer Autoritäten hat einige bescheidene Fortschrit-

te gebracht. Zu dieser Eigentumsvorstellung gesellen sich nun auch andere, für das Kind vorteilhaftere Anschauungen, ein Gefühl dafür, daß das Kind ein Wesen mit eigenen Rechten und besonderen Entfaltungsmöglichkeiten und daß die Kindheit eine prägende Lebensphase ist. Beim Charakter der mittelalterlichen Gesellschaft kann es kaum verwundern, daß Kirchenmänner bei der Verbreitung humanerer Einstellungen und Ideen ganz besonders aktiv waren. Ebensowenig erstaunlich ist die Tatsache, daß die Versuche, Gesetze und Vorschriften in die Praxis umzusetzen, in diesen und anderen Bereichen schwankend und oft unwirksam blieben. Die fördernde Rolle, die die Kirchenmänner als Seelsorger, Prediger und Reformer und als Stellvertreter der Eltern spielten, kam in dieser Untersuchung zwar zur Sprache, sie verdient aber im Rahmen der geistigen und religiösen Bewegungen der Zeit eine zusammenhängendere und genauere Darstellung, als sie hier geboten werden konnte.
In vielen das Leben der Kinder betreffenden Fragen spielte, wie die Fälle des hl. Anselm und des hl. Hugo von Lincoln zeigen, das Beispiel und der Einfluß einiger bedeutender Gestalten eine große Rolle, nicht zuletzt dadurch, daß sie den neuen Regungen und Gefühlsströmungen, die mit wachsender Kraft in zahlreichen Werken in Erscheinung traten, nachhaltigen Ausdruck verliehen. In den Kindheitserinnerungen des Guibert des Nogent zeigt sich sehr deutlich eine neue Bewußtheit. Sie verschaffen uns nicht nur den umfassendsten Einblick in die Wirklichkeit der Kindheit dieser Jahrhunderte, sie führen uns auch tief in jene Welt von Ambivalenz und Wunschdenken, die die Beziehungen zwischen Eltern und Kindern umgibt, und vermitteln einen Eindruck von den tatsächlichen Erfahrungen und den Phantasien, die für das kindliche Leben in dieser Zeit bestimmend waren. Die tiefgreifendste unter den zahlreichen wichtigen Veränderungen, die sich zu Lebzeiten von Petrus Damiani und Guibert de Nogent und darüber hinaus abzuzeichnen beginnen, war die langsame Umwandlung der Bewußtseins- und Ausdrucksformen, die mit den für die Kindheit bestimmenden Beziehungen und Erfahrungen unauflöslich verbunden waren. Zärtlichkeit, Mitgefühl und die Fähigkeit, Bedürfnisse und Emotionen anderer nachzuvollziehen, sind zerbrechliche und spät heranreifende Pflanzen im Garten der Gefühle, Pflanzen, die unter den harten, mitunter gewalttätigen Lebensumständen dieser Zeit, in der die Eltern oft im

eigentlichen Sinne des Wortes und zumal emotionell fast noch Kinder waren, erst allmählich erblühen. Und dennoch wird man die tiefgreifendsten und fruchtbarsten Entwicklungen dieser Jahrhunderte im Bereich der Gefühlsregungen antreffen.

Anmerkungen

Einigen Freunden bin ich für Anregungen und das hilfreiche Interesse, das sie mir entgegenbrachten, zu herzlichem Dank verpflichtet. Ganz besonders möchte ich den Professoren Emily Coleman und Lester K. Little danken, die mir Einblick in noch nicht zum Druck beförderte Aufsätze gewährten, sowie Miss Emily Tabuteau für bibliographische Informationen. Zu ganz besonderem Dank bin ich Dom Jean Leclercq verpflichtet, der mich mit niemals nachlassender Großzügigkeit Anteil an seinen jetzigen Arbeiten und an seinen umfassenden Kenntnissen und Einsichten nehmen ließ.

In den Anmerkungen verwende ich folgende Abkürzungen:

AASS	*Acta Sanctorum,* Antwerpen 1643 ff.
CC	*Corpus Christianorum, Continuatio Mediaevalis,* Turnhout seit 1954.
MGH, SS	*Monumenta Germaniae historica, Scriptores* in folio Hannover 1826-1864.
PL	J. P. Migne, *Patrologia Cursus Completus, series latina,* Paris 1844-1864.
Councils	*Councils and Synods with Other Documents Relating to the English Church,* II., F. M. Powicke, C. R. Cheney (Hrsg.), Oxford 1964.

1 Zur *Vita* des Petrus Damiani von Johannes von Lodi siehe PL 144, 111-146. Die eingangs zitierte Stelle findet sich auf S. 115b. Der lateinische Text von Guiberts *De vita sua sive monodiarum suarum libri tres* ist von G. Bourgin herausgegeben worden: *Guibert de Nogent, Histoire de sa vie.* Paris 1907. Wir zitieren diesen Text als Guibert, *Memoirs,* und folgen der jüngsten, sehr genauen englischen Übersetzung, J. F. Benton (Hrsg.), *Self and Society in Medieval France: The Memoirs of Abbot Guibert of Nogent,* New York 1970. [Anm. d. Übers.: Eine deutsche Teilübersetzung aus der Kindheitsgeschichte Guiberts findet sich bei Arno Borst, *Lebensformen im Mittelalter,* Frankfurt, Berlin 1973, S. 77-79. Bei der Übertragung von Passagen, die dort nicht auftauchen, beziehe ich mich, wenn nicht anders angegeben, auf die englische

Übersetzung. Was den Namen Guiberts angeht, so schwankt der Sprachgebrauch. Bei Georg Misch (vgl. Anm. 13) finden sich – auch im Namensverzeichnis (!) – die Formen: Guibert, Guilbertus und Wibert.]

2 Hinweise auf die wichtigsten Arbeiten dieser Art in den Anm. 4, 29, 33-37, 72, 95, 130, 176.

3 Zu der Bedeutung, die diesen Untersuchungen für unseren Zeitraum zukommt, und den Hindernissen, auf die sie stoßen, siehe die scharfsichtigen Bemerkungen von Georges Duby, »Histoire des mentalités«, in: Charles Samaran (Hrsg.), *L'Histoire et ses méthodes,* L'Encyclopédie de la Pléiade XI, Paris 1961, S. 957 f.

4 P. Ariès, *L'enfant et la vie familiale sous l'ancien régime,* Paris 1960; dt. *Geschichte der Kindheit,* München 1975, S. 92.

5 Ein erhellendes Portrait mit Hinweisen auf Quellen und neuere Untersuchungen findet sich in: J. Leclercq, *Saint Pierre Damien: ermite et homme d'église,* Uomine e dottrine 8, Rom 1960. Siehe auch F. Dressler, *Petrus Damiani, Leben und Werk.* Studia Anselmiana 34, Rom 1954; und G. Lucchesi, »Per una Vita di San Pier Damiani«, in: *San Pier Damiani nel IX centenario della morte (1072-1972),* Cesena 1972, 2 Bde, S. 113-160.

6 In einer demnächst erscheinenden Untersuchung, »The Personal Development of Peter Damian«, geht Lester K. Little entscheidenden Zügen in der Persönlichkeit des Petrus Damiani nach, wie sie sich in seinen eigenen Werken und im *Leben* des Johannes von Lodi darstellen. Zu seinen Schriften siehe auch O. J. Blum, *St. Peter Damian: His Teachings on the Spiritual Life,* Washington 1947; und Patricia McNulty (Hrsg., Übers.), *St. Peter Damian: Selected Writings on the Spiritual Life,* London 1959.

7 Vor seiner Hinwendung zum mönchischen Leben war Johannes ein gebildeter Priester. Um 1160 wurde er dann Eremit und Gefährte des Petrus Damiani in Fonte Avellana. Die Biographie des Petrus hat er anscheinend kurz nach dem Tod des Heiligen im Jahre 1072 verfaßt. Später wurde Johannes Prior von Fonte Avellana und in seinen letzten Lebensjahren Bischof von Gubbio. Zur Darstellung seines Lebens vgl. F. Dressler in der *New Catholic Encyclopedia,* Bd. VII, 1959.

8 Johannes' Bericht vom Leben des Petrus Damiani fußt, wie er betont, auf dem, was er von Petrus selbst, von einem seiner Verwandten und einem weiteren engen Schüler erfahren hat, sowie auf eigenen Beobachtungen. (PL 144, 114 f.; die hier wiedergegebene Geschichte findet sich S. 115-117.) Was die Frage nach seiner Zuverlässigkeit, die mehrfach aufgeworfen wurde, angeht, so vertritt Littles Untersuchung die Ansicht, daß diese in manchen Zügen vielleicht übertriebene Darstellung der Kindheit des Petrus grundsätzlich zutreffend ist und im Einklang mit anderen Zeugnissen steht.

9 Von Johannes von Lodi und aus Petrus' eigenen Werken besitzen wir

Kenntnis von mindestens fünf Geschwistern: drei Brüdern und mit Sicherheit zwei, möglicherweise auch drei Schwestern.

10 Vgl. Littles Deutung dieser frühen Erlebnisse im Zusammenhang mit Petrus' anhaltender »Suche nach einem Vater« und anderen Zügen seines späteren Lebens. (»The Personal Development of Peter Damian«, a.a.O., vgl. Anm. 6.)

11 Zu diesem auf 1067 datierten Brief vergleiche A. Wilmart, »Une lettre de S. Pierre Damien à l'impératrice Agnès«, in: *Revue Bénédictine* 44 (1932), S. 140-145. Im gleichen Brief bemerkt Petrus, bei einem früheren Besuch in Ravenna sei er nachts durch die Straße gegangen, an der sein Haus lag, sei aber nicht fähig gewesen, es zu betreten.

12 Zu den mit Guiberts Geburt und Familie zusammenhängenden Problemen vgl. Bentons Quellenanalyse in Guibert, *Memoirs*, Anhang 1, S. 229-236. Entgegen der verbreiteten Annahme, Guibert sei 1053 geboren, spricht sich Benton in überzeugender Weise für ein späteres Datum, vielleicht den 10. April 1064, aus. Benton kommt (S. 236) zu dem Schluß, daß Guiberts Vater ein jüngerer Sohn einer Adelsfamilie aus Clermont war, die ihrerseits den Herren von Clermont unterstand. Seine Mutter stammte aus einer entfernten Gegend, vielleicht aus der Nähe von Saint Germer oder aus der Normandie. Möglicherweise hatte ihre Familie eine höhere soziale Stellung inne als ihr Mann, ein in Ehen des Feudaladels dieser Zeit nicht ungewöhnlicher Fall.

13 So heißt es bei Georg Misch, *Geschichte der Autobiographie*, Bd. III, 1, Frankfurt a. M. 1959, S. 109. Zu Guiberts Nachahmung der *Confessiones* des Augustinus vgl. Misch, S. 117-121, und F. Amory, »The Confessional Superstructure of Guibert de Nogent's Vita«, in: *Classica et Mediaevalia* 25 (1964), S. 224-240. Guiberts um 1115 geschriebenes Werk beginnt mit einer *confessio laudis* nach augustinischem Muster, wird dann zu einer Art von Klosterchronik und endet mit der aufsehenerregenden Geschichte der Revolte der Gemeinde von Laon gegen ihren Bischof im Jahre 1113.

14 Guibert, *Memoirs*, S. 41 f.

15 Noch eine Bemerkung zu Guiberts Geburt am Karsamstag und seiner sofortigen Taufe: Gemäß einer alten Sitte wurde der Initiationsritus nur am Vorabend von Ostern und Pfingsten vollzogen, ausgenommen es bestand Lebensgefahr. Um das späte 11. Jahrhundert aber drängten die Kirchenmänner zunehmend darauf, die Säuglinge sofort nach der Geburt, zu allen Zeiten des Jahres zu taufen. Zur Entwicklung dieses Ritus und seiner sich wandelnden Beziehung zu anderen Sakramenten vgl. J. D. C. Fisher, *Christian Initiation: Baptism in the Medieval West*, London 1965, S. 101-140. Siehe auch unten, Anm. 94, 105 und 208. [Anm. d. Übers.: Das Zitat findet sich bei A. Borst, a.a.O., S. 77.]

16 Guibert, *Memoirs*, S. 44; dt. bei A. Borst, a.a.O., S. 77. Tatsächlich sagt er so wenig über seine unmittelbare Familie, daß wir, wie Benton (S. 12)

bemerkt, nicht einmal wissen, wie viele Personen sie umfaßte. Ein vielleicht acht oder zehn Jahre älterer Bruder folgte der militärischen Laufbahn seiner Vaters und diente im Schloß zu Clermont (S. 50 f.); ein weiterer älterer Bruder war wie Guibert Mönch in Saint Germer und später in Nogent (S. 133).

17 Ebd., S. 133.
18 Ebd., S. 63-68. Hier findet sich Guiberts aufschlußreicher Bericht über die ersten Ehejahre seiner Eltern, über die Anstrengungen »gewisser reicher Männer«, seine Mutter zu verführen, und die häufigen Drohungen der Verwandten seines Vaters, die Ehe aufzulösen und »sie einem anderen Gemahl zu geben« oder sie zu entfernten Verwandten zu schicken. Zur weiteren Erörterung der Heiratspraxis in diesem Zeitraum vgl. Anm. 141, 143-148.
19 Ebd., S. 70 f. Guiberts Cousin tat sich besonders dabei hervor, die Mutter zu einer Wiederheirat zu bewegen, wodurch er die Vormundschaft über die Kinder seines Onkels und die Herrschaft über seinen Besitz erlangt hätte.
20 Zu den Vorzügen des Witwendaseins und der zeitgenössischen Verehrung dieses Standes siehe unten, Anm. 148.
21 Guibert, *Memoirs*, S. 68.
22 Ebd., S. 68, 82-86, 92, 101. Vgl. auch Bentons Erörterung von Guiberts Einstellung zur Sexualität und seinen Hemmungen, S. 13 f., S. 24-27.
23 Ebd., S. 45-50.
24 Ebd., S. 46; dt. A. Borst, a.a.O., S. 78. Über das Spielen bemerkt Guibert später, als Junge sei er nach der Genesung von einer schweren Krankheit »zum Ballspiel bereit« gewesen (S. 228).
25 Guibert, *Memoirs*, S. 49 f. [Anm. d. Übers.: Die Übertragung der Zitate dieser Episode folgt der Übersetzung bei G. Misch, a.a.O. (Anm. 13), S. 125.]
26 Ebd., S. 72-76. In einer Zeit wachsender religiöser Begeisterung, auf die Guibert auch an anderen Stellen seines Werkes in allgemeineren Zusammenhängen zu sprechen kommt, verbreitete sich diese Art des Rückzugs aus der Welt unter gottesfürchtigen Frauen immer mehr; vgl. insbes. S. 53-63. Eine Erörterung über Einsiedlerinnen und die Anziehungskraft, die ihre Lebensweise in dieser Zeit besaß, vgl. N. Huyghebaert, »Les femmes laïques dans la vie religieuse de XIe et XIIe siècles dans la province ecclésiastique de Reims«, in: *I Laici nella »societas christiana« dei secoli XI e XII*. Atti della terza Settimana internazionale di studio, Mendola, 21.-27. August 1965. Mailand 1968, S. 356-366.
27 Guibert, *Memoirs*, S. 74 f. Guibert fährt dann fort (S. 76 f.), daß er nun völlig verwaist gewesen sei, denn sein Lehrer war dem Beispiel der Mutter gefolgt und in das Kloster von Saint Germer eingetreten. Inzwischen hatte Guibert, wie durchaus natürlich, die neu erworbene Freiheit ausgekostet, rannte eine Zeitlang ausgelassen herum, verachtete Schule,

Kirche und alles, was mit einer kirchlichen Laufbahn zusammenhing, schlief übermäßig lange, trug beständig seine besten Kleider und »tat es den älteren Knaben an jugendlicher Rüpelhaftigkeit gleich«.

28 Bis er, ungefähr im Alter von 40 Jahren, Abt von Nogent wurde, war Guibert als Mönch in Saint Germer in der Nähe seiner Mutter und stand stets unter ihrer ängstlichen und anscheinend beherrschenden Aufsicht. Vgl. Bentons Erörterung dieser Beziehung, insbes. S. 19, 23-25.

29 Marc Bloch, *La société féodale*, 2 Bde., Paris 1949, Bd. 1, S. 169. Zu diesem wichtigen Thema siehe die neueren Arbeiten von Colin Morris, *The Discovery of the Individual 1050-1200*, London 1972; und P. Dronke, *Poetic Individuality in the Middle Ages: New Departures in Poetry 1000-1150*, Oxford 1970. Weitere Überlegungen zu den biographischen und autobiographischen Werken, die uns hier besonders beschäftigen, siehe unten, Anm. 129.

30 Über die erste Dichterin in deutscher Sprache ist wenig bekannt. Sie schrieb im frühen 12. Jahrhundert und war wie Guiberts Mutter eine Klausnerin, ungeachtet der Tatsache, daß sie am Ende eines ihrer religiösen Gedichte gewisse Muttergefühle äußert. F. Maurer (Hrsg.), *Die Dichtungen der Frau Ava*. Tübingen 1966, S. 68. Zu den Müttern, die mehr oder weniger direkt zu uns sprechen, zählt im 9. Jh. auch Dhuoda, die Frau des Grafen Bernhard von Septimanien, die für ihren abwesenden kleinen Sohn ein Buch mit Ratschlägen zusammenstellte oder schrieb. E. Bondurand (Hrsg.), *Le manuel de Dhuoda*, Paris 1887. Auszüge in französischer Sprache finden sich bei Pierre Riché, *De l'éducation antique à l'éducation chevaleresque*, Paris 1968, S. 90-92. Der irischen Prinzessin Gormlaith aus dem 10. Jh. wird ein bewegendes Klagelied um ihren toten Sohn zugeschrieben – »das Kind, welches man aus dem eigenen makellosen Körper geboren hat, das lebt in unserem Geist fort«. O. J. Bergin, »Poems Attributed to Gormlaith«, in: O. Bergin, C. Marstrander (Hrsg.), *Miscellany presented to Kuno Meyer*, Halle 1912, S. 359-363. Obwohl sie kaum als eine vorbildliche Mutter gelten kann, kehrte – etwas verspätet – auch die berühmte Heloise Sorge um ihren und Abaelards Sohn in einem Brief an den Abt von Cluny hervor. Giles Constable (Hrsg.), *The Letters of Peter the Venerable*, 2 Bde., Cambridge, Mass. o. J., Bd. 1, Brief 67, S. 400 f.

31 Die zitierte Definition von Säuglingsalter und früher Kindheit (infancy) stammt von Wilhelm von Conches, der im frühen zwölften Jahrhundert schrieb. (*De philosophia mundi*, PL 172, 91bc) Für Bartholomäus Anglicus (Bartholomäus von England) endet diese Periode mit der Entwöhnung. An sie schließt sich die Kindheit oder *Pueritia*, die bis zur Pubertät dauert. (*De proprietatibus rerum*, Lib. VI »De proprietatibus aetatum«, Frankfurt 1601, S. 238) Ein anderer Autor des 13. Jahrhunderts, Aldobrandino von Siena, setzt zwischen Säuglingszeit und Kindheit eine weitere Zwischenstufe an, die er *dentium plantatura*, das »Zahnalter«,

nennt und die von der Zeit, in der die ersten Zähne erscheinen, bis zum siebenten Lebensjahr reicht. Das dritte Lebensalter ist die »Kindheit«, die bis zum 13. Lebensjahr dauert und der die Jugendzeit (adolescence) folgt. Louis Landouzy, Roger Pepin (Hrsg.), *Le régime du corps de maître Aldobrandine de Sienne, texte français du XIIIe siècle*, Paris 1911, S. 79.

32 Guibert, *Memoirs*, S. 72, S. 79 f., wo er im Alter von 12 oder 13 Jahren von sich selbst sagt, er stehe noch in den »zarten Jahren der Kindheit«; vgl. dazu die Darstellung (S. 89) seines Zusammentreffens mit dem heiligen Anselm, damals Prior von Bec, etwa um die gleiche Zeit oder etwas später. Vgl. auch J. Leclercq, »Pédagogie et formation spirituelle du VIe au IXe siècle«, in: *La Scuola nell' occidente latino dell'alto medievo*, Spoleto 1972, S. 354 f.

33 Zum ökonomischen Wachstum, das wahrscheinlich am meisten zur Beschleunigung dieser Wachstumsprozesse beitrug, vgl. M. M. Postan, H. J. Habakkuk, *Cambridge Economic History*, insbes. Bd. 2, 1952, *Trade and Industry in the Middle Ages*, der Überlegungen von R. S. Lopez zur »Revolution des Handels« in dieser Periode enthält und Bd. 3 (1963): *Economic Organization and Policies in the Middle Ages*. Siehe auch J. Le Goff, *La civilisation de l'occident médiéval*, Paris 1967, S. 307-317; dt. *Die Kultur des europäischen Mittelalters*, München, Zürich 1970, S. 411 ff., mit einer nützlichen Zusammenfassung der Zeugnisse für das Bevölkerungswachstum, und R. Fossiers eindrucksvolle Arbeit über die mittelalterliche Picardie (siehe Anm. 130), Bd. I, S. 274-287.

34 Daß sich die tiefen, in so gut wie allen Bereichen menschlicher Tätigkeit erkennbaren Wandlungen jener Periode, die mit Guiberts Lebenszeit (1064?-ca. 1125) in etwa übereinstimmt, in so kurzer Zeit vollzogen haben, ist, wie R. W. Southern bemerkt, »eine der merkwürdigsten Tatsachen in der Geschichte des Mittelalters«. (*Western Society and the Church in the Middle Ages*. The Pelican History of Church, Bd. 2, London 1972, S. 34-36.) Siehe auch seine Überlegungen zu den religiösen und kirchlichen Bewegungen dieser Zeit (S. 100-133, 214-272) und Huyghebaerts oben (Anm. 26) erwähnte Untersuchung.

35 Einige Erkenntnisse und bibliographische Hinweise vermittelt der vor kurzem erschienene Versuch von David Herlihy, »Three Patterns of Social Mobility in Medieval Society«, in: *Journal of Interdisciplinary History* 3 (1973), S. 623-647. Über soziale und demographische Veränderungen in der Zeit vom 10. bis zum 12. Jahrhundert siehe Christopher Brooke, *Europe in the Central Middle Ages 962-1154*, New York o. J., S. 90-123. Aufschlußreiche Belege zur Zahl der Eheschließungen und zur »Fruchtbarkeit« von Ehen im mittelalterlichen Spanien, die die Zeugnisse aus anderen Teilen Europas bestätigen, liefert eine Untersuchung von R. Pastor de Togneri, »Historia de las families en Castilla

y León (siglos X-XIV) y su relacion con la formacion de los grandes dominios eclesiasticos«, in: *Cuadernos de Historia de España* 43-44, Buenos Aires 1967, S. 88-118. Sie zeigt, daß die Heiratsdauer, trotz des jungen Alters der beteiligten Parteien, im allgemeinen kurz war, wegen der hohen Sterblichkeit der Frauen bei der Geburt. Außerdem weist diese Studie auf ein stetiges Anwachsen der Kinderzahl pro fruchtbarem Haushalt von 2,8 im zehnten Jahrhundert auf 4 im dreizehnten Jahrhundert hin. Aber auch dann bleibt die Zahl der Neuheiraten niedrig und das demographische Gleichgewicht zerbrechlich.

36 Einen allgemeinen Überblick über die materiellen Lebensverhältnisse in diesen Jahrhunderten bietet J. Le Goff, *Civilisation*, a.a.O., S. 290-303, dt. S. 393 ff. Vgl. auch E. Patzelt, »Pauvreté et maladies«, in: *Povertà e richezza nella spiritualità dei secoli XI e XII*, Todi 1969, S. 165-187. Über die wiederkehrenden Hungersnöte und das Elend in ihrem Gefolge: F. Curschmann, *Hungersnöte des Mittelalters (8. bis 13. Jahrhundert)*, Leipzig 1900, Leipziger Studien VI, 1.

37 Siehe Le Goff, *Civilisation*, S. 301-303. Das Fehlen genauer statistischer Angaben aus dieser und anderen frühen Perioden macht alle derartigen Schätzungen sehr unsicher, und es ist, wie E. A. Wrigley sagt, wahrscheinlich, daß das Zusammenkommen verschiedener günstiger bzw. ungünstiger Umstände zu verschiedenen Zeiten und insbesondere in verschiedenen sozialen Klassen zu erheblichen Unterschieden in der Lebenserwartung führte, auch bevor man die Vorteile moderner medizinischer Wissenschaft nutzen konnte. (*Population and History*, London 1969, S. 131) Vgl. Wrigleys Bemerkungen (S. 169 f.) über die Säuglingssterblichkeit, die in den meisten Teilen Europas bis ins späte 19. Jahrhundert keine sinkende Tendenz aufwies. Erst um diese Zeit erlangte man das zum Verständnis und zur Beherrschung der Kinderkrankheiten notwendige medizinische Wissen. Seit Anfang des 20. Jahrhunderts ist die Sterblichkeitsrate bei Säuglingen um den Faktor 5 oder noch stärker gesunken. Zur Sterblichkeit von Säuglingen und Frauen im Mittelalter siehe auch die Erörterung von T. H. Hollingsworth, *Historical Demography. The Sources of History*, London 1969, S. 290-292; und E. Fügedi, »Pour une analyse démographique de la Hongrie médiévale«, in: *Annales* 24 (1969), S. 1299-1312.

38 Zu dem tiefen Unsicherheitsgefühl sowohl in materieller als auch in psychischer Hinsicht, das im Bewußtsein und Empfindungsvermögen der Menschen dieser Zeit vorherrschend ist, siehe Le Goff, *Civilisation*, S. 397-420; dt. S. 527 ff. Hier finden sich auch einige Hinweise auf die vielfältigen Widerspiegelungen dieser Verhältnisse in der Literatur, im Denken und in der Kunst dieser Zeit.

39 Vgl. Albrecht Peiper, *Chronik der Kinderheilkunde*, Leipzig 1965, 4. Aufl., insbes. S. 635-671. Einige Beispiele abergläubischer Praktiken im Zusammenhang mit Schwangerschaft und Geburt finden sich bei

Lynn Thorndike, *A History of Magic and Experimental Science*, New York 1929, Bd. 1, S. 685, 713, 726, 740, 757; Bd. 2, S. 135, 329, 470, 482, 767.

40 Eine nützliche Untersuchung, die einen Überblick über das Material vermittelt, ist F. Lanzoni, »Il sogno della madre incinta nella litteratura medievale e antica«, in: *Analecta Bollandiane* 45 (1927), S. 225-260.

41 Odo von Cluny, *The Life of St. Gerald of Aurillac* (übers. u. hrsg. von Dom Gerald Sitwell, London, New York 1958, S. 95 f.). Der lateinische Text findet sich bei Migne, PL 133, 639-704.

42 Eine brauchbare kurze Zusammenfassung der komplizierten Überlieferungsverhältnisse von Soranos' Lehren findet sich bei C. H. Talbot, *Medicine in Medieval England*, London 1967, S. 80-82, 18-20. Es existiert eine englische Übersetzung der *Gynaecia* mit einer Einleitung von Oswei Temkin, *Soranus' Gynecology*, Baltimore 1956; deutsche Übers.: Soranos, *Die Gynäkologie* (übers. v. Lüneburg), München 1894. Obwohl man den griechischen Text dieses Werkes erst im 19. Jahrhundert aufgefunden hat, wurde die Schrift des Soranos von einigen griechischen und byzantinischen Gelehrten, Oribasius, Aetius Amidenus und Paulos von Ägina, benutzt und von ihnen in die byzantinische und arabaische Medizin vermittelt. Im Westen war seine Lehre sowohl durch diese Autoren als auch durch lateinische Übersetzungen und Paraphrasen bekannt, deren frühe Geschichte im Dunkeln liegt. Neben einem Auszug aus seinen medizinischen Schriften, der Abschnitte über Gynäkologie enthielt, die vielleicht für Hebammen gedacht waren, wurden auch andere Werke des Soranos, darunter zumindest Teile seiner *Gynaecia*, vermutlich im 5. Jahrhundert von dem Arzt Caelius Aurelianus übersetzt. Teile dieser Fassung wurden von M. F. Drabkin und I. E. Drabkin herausgegeben: *Caelius Aurelianus »Gynaecia«: Fragments of a Latin Version of Soranus' »Gynaecia« from a Thirteenth Century Manuscript*, Baltimore 1951. Dieser Text stellt eine Kompilation aus Teilen von Caelius' Übersetzung und Teilen einer anderen, unabhängigen, von Mustio (Muscio) im 6. Jahrhundert hergestellten Version von Soranos' Werk dar, die sich sowohl auf den Auszug als auch auf die *Gynaecia* stützte und seit dem 9. und 10. Jahrhundert bis hinein ins 16. Jahrhundert in vielen Handschriften verbreitet war. Tatsächlich gehörte sie zu den gynäkologischen Traktaten, die in derselben Handschrift zusammengefaßt waren, die auch den von Drabkin herausgegebenen Text des Caelius enthält. In einigen frühmittelalterlichen Inventarien und Katalogen von Klosterbibliotheken werden auch die Werke des Oribasius und des Paulos von Ägina über Geburtshilfe und Kinderheilkunde erwähnt. Abschnitte aus den Schriften des Paulos finden sich auch in dem angelsächsischen *Leechbook of Bald*, das ebenfalls einen wichtigen Abschnitt über Gynäkologie enthielt, von dem jedoch nur die Kapitelüberschriften erhalten sind. Vgl. Talbot, S. 18 f.

Diese antiken Werke bilden anscheinend zusammen mit anderen Bruchstücken der klassischen naturwissenschaftlichen und medizinischen Tradition (z. B. den hippokratischen Aphorismen und einigen pseudogalenischen Schriften) die Grundlage für die medizinischen und naturphilosophischen Studien in Italien und insbesondere in Salerno im 11. Jahrhundert, vor der Ankunft von Constantinus Africanus. Dieser führte die griechisch-römische Tradition in neuer Gestalt ein, so wie sie sich in der arabischen Naturwissenschaft und Medizin (aus der er als erster einen beträchtlichen Korpus von Schriften übersetzte) geformt und entwickelt hatte. Zu Constantinus siehe Thorndike, *Magic and Experimental Science* I, S. 742-749; zur Schule von Salerno: Paul Oskar Kristeller, »The School of Salerno«, in: *Bulletin of the History of Medicine* 17 (1945), S. 138-194 und »Nuovi fonti per la medicina salernitana nel secolo XII«, in: *Rassegna di storia salernitana* 18 (1957), S. 64-74. Neben Constantinus' Übersetzungen hippokratischer und galenischer Werke und den äußerst wichtigen *Pantegni (Liber regalis)* des Hali Ibn Abbas wurden im 12. Jahrhundert auch andere arabische Werke über Geburtshilfe und Kinderheilkunde übersetzt, die auf griechischen, letztlich soranischen Quellen fußen, jedoch einige originelle Beiträge liefern. Unter diesen sind besonders das Werk des Rhazes, *Liber Rasis ad almansorem*, Venedig 1508, das eine kurze, aber wichtige Abhandlung über die Kinderkrankheiten mit einer bemerkenswerten Beschreibung der Masern und der Blattern enthält, und Avicennas ungeheuer einflußreicher *Canon medicus* zu nennen, der Kapitel über Hygiene und Krankheiten in Säuglingsalter und Kindheit umfaßt.

Der Einfluß der constantinischen und anderer Übersetzungen weitet sich im 12. und frühen 13. Jahrhundert in der westlichen Wissenschaft aus, läßt sich aber in Adelards von Bath aus dem frühen 12. Jahrhundert stammenden *Quaestiones naturales* (hrsg. v. M. Müller, Beiträge zur Geschichte der Philosophie des Mittelalters XXXI, 2, 1934) nicht feststellen. Einige der Fragen in diesem Werk betreffen die Geburtshilfe und Gynäkologie (38-42, S. 41-43). Zu Adelard und der arabischen Naturwissenschaft siehe: Brian Lawn, *The Salernitan Questions: An Introduction to the History of Medieval and Renaissance Problem Literature*, Oxford 1963, S. 20-30. Dieser Einfluß wird jedoch deutlich in den von Lawn erörterten Salernitanischen Fragen und in einem weiteren bedeutenden Werk des frühen 12. Jahrhunderts: Wilhelm von Conches, *De philosophia mundi*, PL 172, 39-102, das eine Gruppe von 14 Fragen zur Gynäkologie und Hebammenkunst enthält (Lib. IV, c 6-17, 88c-91c), wobei es sich oft um wörtliche Übernahmen aus salernitanischen Quellen in gekürzter Form handelt. Die Abhängigkeit von den Werken des Constantinus und den darin enthaltenen Informationen, insbesondere denen zur Geburtshilfe und zur Kinderheilkunde, tritt noch sehr viel deutlicher bei dem Enzyklopädisten Bartholomäus Anglicus aus dem

13. Jahrhundert hervor, der sich unter anderem auch auf die Werke Aristoteles' und Galens stützte. Sein anscheinend um 1230 geschriebenes, weit verbreitetes Werk *De proprietatibus rerum* (hier zitiert nach der Ausgabe Frankfurt a. M. 1601 als *De prop. rer.*) stellt zwar nicht den fortgeschrittensten Stand der Wissenschaft seiner Zeit dar, wohl aber die Art von Information, die für den Studenten und den »normalen Leser« als wünschenswert betrachtet wurde. Darüber hinaus spiegelt sich in ihm die Kraft selbständiger direkter Beobachtung. Zu Bartholomäus und seinem Werk siehe Thorndike II, 401-435.

43 Z. B. in dem Fabliau *Richeut* aus dem späten 12. Jahrhundert, hrsg. v. I. C. Lecompte, in: *The Romanic Review* (1913), S. 261-305, Verse 152 f., 403, wo diese Symptome sehr anschaulich geschildert werden. Bei den wissenschaftlichen Autoren vgl. Bartholomäus, *De prop. rer.*, VI, 241; eine Darstellung der Entwicklung des Fötus findet sich S. 234 f. Vgl. auch die weniger entwickelte Beschreibung seines Vorgängers Wilhelm von Conches, *De phil. mundi*, IV, 15-16, 90. Auch Hildegard von Bingen bietet eine ausführliche und anschauliche Beschreibung der Vorgänge von Zeugung und Fortpflanzung (*Hildegardis causae et curae,* hrsg. v. P. Kaiser, Leipzig 1903, S. 59-71). Die gynäkologischen Abhandlungen, die in der soranischen Tradition standen bzw. diese widerspiegelten, enthielten meist auch Ratschläge zur richtigen Lebensweise während der Schwangerschaft. Neben den oben genannten Werken gewannen auch die folgenden besonderen Einfluß: der Pseudo-Trotula, *De curis* (oder *passionibus*) *mulierum* (im Druck als: *Trotulae curandarum aegritudinem ante, in et post partum libellus,* Leipzig 1775) und die sog. *Gynaecia Cleopatre*. Einige dieser Schriften, darunter der Pseudo-Trotula, sind in der bekannten Handschrift der Bodleiana aus dem 12. und 13. Jahrhundert (Ashmole 399) enthalten. Neben anderen medizinischen Zeichnungen findet sich dort eine inzwischen berühmte und strittige Bilderfolge (fol. 34-34v), die als Darstellung einer medizinischen Fallgeschichte interpretiert worden ist (L. D. Mackinney, Harry Bober, »A Thirteenth-Century Medical Case History in Miniatures«, in: *Speculum* 35 (1960), S. 251-259), wobei es sich aber nach Talbots überzeugender Annahme wahrscheinlich um Illustrationen zu Trotulas Werk handelt, auf denen Frauenleiden und die Symptome der Schwangerschaft abgebildet sind (*Medicine in Medieval England*, S. 81 f.).

44 Siehe z. B. *Medieval Handbooks of Penance: A Translation of the Principal »Libri Poenitentialis« and Selections from Related Documents,* hrsg. v. John T. McNeill, Helena M. Gamer, New York 1938, S. 208, 216, 270, 318, 329. Innerhalb dieser langen Periode sind die Zeiten ehelicher Abstinenz unterschiedlich definiert worden. Burchard von Worms nannte im 11. Jahrhundert die 20 Tage vor Weihnachten, alle Sonntage, alle gesetzmäßigen Fastentage sowie die Festtage der Apostel und andere Hauptfeste (*Decretum* XIX, 5 PL 140, 960a). Ivo von

Chartres nennt die drei Bußzeiten innerhalb des Jahres, alle Sonntage, Mittwoche und Freitage (*Decretum* XV, 163 PL 161, 893). Vgl. Gratian, *Decretum* II, c. 33 q. 4, c. 3. Allgemein vgl. man G. Meersseman, »I penitenti nel secoli XI e XII«, in: *I Laici*, S. 329-331. Dem deutschen Prediger Berthold von Regensburg zufolge lassen sich körperliche Mißbildungen und Behinderungen ebenso wie moralische Mängel bei vielen Kindern dadurch erklären, daß sie während der verbotenen Zeiten gezeugt worden sind, zu denen er auch eine Zeitspanne von 6 Wochen nach der Geburt rechnet. Seiner Ansicht nach sind Adelige und Stadtbürger für diese Sünde weniger anfällig als Bauern, die in diesen Dingen nicht so gut unterrichtet sind (Berthold von Regensburg: *Vollständige Ausgabe seiner Predigten*, hrsg. v. Franz Pfeiffer, Wien 1862/1880, 2 Bde., Bd. 1, S. 323-328). Von besonderem Interesse war für die gelehrten Autoren, wie sich die astrologischen Einflüsse bei der Zeugung und der Geburt eines Kindes auf dessen Charakter und Gemütsverfassung auswirkten. Man denke etwa an Hildegard von Bingen, die sich darüber wundert, daß Menschen, die klug genug sind, Getreide nicht mitten im Sommer oder im tiefsten Winter zu sähen, zu jeder Zeit Nachkommen zeugen, ohne auf den dafür geeigneten Zeitraum im eigenen Leben oder auf das »Zeitmaß des Mondes« zu achten. Unvollkommene Kinder seien die wahrscheinliche Folge solcher Unbesonnenheit (*Causae et curae*, S. 17 f., S. 77 f.).

45 Beispiele für solche Ermahnungen finden sich bei Carl Arnold: *Das Kind in der deutschen Literatur des XI.-XV. Jahrhunderts* (Diss. Greifswald 1905), S. 22-25.

46 Siehe Peiper, a.a.O., S. 113. Hier findet sich eine Abbildung aus dem Sachsenspiegel (um 1230), die die Bezeugung der lebendigen Geburt eines Kindes zeigt. Die männlichen Zeugen befinden sich außerhalb des Geburtszimmers und weisen auf ihre Ohren, um anzudeuten, daß sie die Schreie des Kindes gehört haben.

47 Daß derartiges Wissen um das 13. Jahrhundert immer besser zugänglich war, wird nicht nur an einflußreichen lateinischen Werken wie dem des Bartholomäus deutlich, sondern auch an einer volkssprachlichen Abhandlung wie der des Aldobrandino von Siena, dessen Ratschläge zur Geburtshilfe und Säuglingspflege der soranischen Lehre stärker und ausdrücklicher verpflichtet sind (*Régime du corps*, S. 71-78). Dieses Buch enthält ein Kapitel darüber, »wie eine Frau sich pflegen soll, wenn sie schwanger ist« (S. 71-73).

48 Die uns vorliegenden Hinweise auf die Ausbildung der Hebammen und ihre Beziehung zu den Ärzten und zur gelehrten Tradition der Geburtshilfe sind dürftig und sehr diffus. Siehe z. B. H. P. Bayon, »Trotula and the Ladies of Salerno«, in: *Proceedings of the Royal Society of Medicine* 33 (1939-1940), S. 471-475. In seiner *Anatomia* berichtet der Arzt Richard von England (12. Jahrhundert), er habe einer schwangeren Frau

einen Mutterring verschrieben und daraufhin einer Hebamme Anweisungen gegeben, wie er einzusetzen sei (Talbot, *Medicine in Medieval England*, S. 61). Oft wird Mustios Version des Soranos in den Handschriften als Lehrtraktat für Hebammen bezeichnet und was für gewöhnlich (wie in der Handschrift Ashmole 399) mit Zeichnungen versehen, auf denen verschiedene Positionen des Fötus, normale und abnormale Lagen, die Geburt von Zwillingen usw. abgebildet waren (ebd., S. 81 und Abb. IV). Tätigkeit und Ausrüstung der Hebammen, insbesondere das Baden des Säuglings, finden sich auch in der Kunst, namentlich bei Darstellungen der Geburt Christi, einem Thema, das in dieser Zeit immer populärer wird; siehe z. B. die Szenen in den Exultet-Rollen (M. Avery, *The Exultet-Rolls of South Italy*, 2 Bde., Princeton 1936, Bd. 2, Abb. 61). Weitere Beispiele bei R. Müllerheim, *Die Wochenstube in der Kunst*, Stuttgart 1904.

49 Bartholomäus, *De prop. rer.*, S. 242 f.

50 Ebd. Vgl. auch Aldobrandino von Siena, *Régime du corps*, S. 74, der genauere Ratschläge gibt und empfiehlt, die Nabelschnur mit einem Wollfaden zu unterbinden, sie mit Tuch zu umwickeln, bis sie austrocknet und abfällt. Zur hervorragenden Bedeutung des Honigs in der Pflege und Ernährung von Säuglingen, siehe L. Unger, *Bienenhonig in der kinderärztlichen Therapie der Vergangenheit*, Rostock 1950.

51 Bartholomäus, *De prop. rer.*, S. 237 f. Bartholomäus hebt auch, wie Aldobrandino, hervor, es sei wichtig, das Neugeborene in einem abgedunkelten Zimmer unterzubringen, um zu vermeiden, daß seine Augen dem Licht allzu sehr ausgesetzt werden. Vgl. Aldobrandino, *Régime du corps*, S. 75 f., über die Methoden und Vorteile des Wickelns und die Wichtigkeit der Manipulationen der Amme: »Kinder nehmen die Formen an, die ihre Ammen ihnen geben.«

52 Gerald von Wales, *The Topography of Ireland*, übers. und eingel. von J. O'Meara, Dundalk, Irland 1951, S. 84. Diese Übersetzung fußt auf O'Mearas neuer Ausgabe des Textes der frühesten Überarbeitung von Geralds Werk, ohne die zahlreichen späteren Zusätze. (»Topographia«, in: *Proceedings of the Royal Irish Academy*, 42, 1949, S. 162-190.)

53 *The Topography of Ireland*, in: *The Historical Works of Giraldus Cambrensis*, hrsg. v. Thomas Wright, London 1863, S. 147. Dieser Absatz erscheint in der ersten Überarbeitung nicht.

54 Siehe Le Goff, *Civilisation*, S. 302 f., 402 f.; dt. S. 406, 523. Vgl. auch Anm. 92.

55 Siehe oben, Anm. 48. Die *Practica chirurgica* des Roger von Salerno (um 1210), wie sie von Roland von Parma überliefert und später auch gedruckt wurde (1490), enthält praktische Ratschläge über verschiedene manuelle und instrumentelle Verfahren beim Umgang mit abnormalen Kindslagen. Zweifellos vermehrten die Manipulationen der Hebammen

die Risiken an dem Tag, den man ohnehin für den gefährlichsten im ganzen Leben ansah.

56 Ekkehard IV., *Casus Sancti Galli* (MGH SS, II, S. 119-122), übers. von G. G. Coulton, *Life in the Middle Ages*, 4 Bde. in 1, New York 1930, IV, S. 79 f. Purchard, später Abt von Sankt Gallen, wurde von der Brust seiner Amme genommen und als Oblate diesem Kloster übergeben, wo seine Lehrer ihm wegen seiner Zartheit »sogar die Rute« ersparten.

57 Zur Technik des Kaiserschnitts siehe A. C. Crombie, *Medieval and Early Modern Science*, 2 Bde., New York 1959, Bd. 1, S. 233. Siehe auch *Councils*, S. 70, 183, 234, 441, 453, 635. Hier findet sich die Empfehlung mehrerer englischer Synoden aus dem 13. Jahrhundert, daß, »wenn eine Frau bei der Geburt gestorben ist und wenn dies gewiß ist, das Kind herausgeschnitten werden sollte, wenn man glaubt, es lebe, so daß es getauft werden kann.« Vgl. die Synodalstatuten des Eudes von Sully aus dem späten 12. Jahrhundert, PL 212, 63, Nr. 6. Der *Tristand* des Eilhart von Oberge (um 1180) beschreibt die Kaiserschnittgeburt des Helden nach dem Tod seiner Mutter, zit. bei A. Peiper, a.a.O., S. 90.

58 Zur Geschichte der Virgo lactans vgl. V. Lasareff, »Studies in the Iconography of the Virgin«, in: *Art Bulletin* 20 (1938), S. 27-36. Im Westen tritt dieser ikonographische Typus schon früh auf dem Umschlag eines Evangelienbuches aus dem 9. Jahrhundert auf; Anfang des 12. Jahrhunderts erscheint er in Malerei und Plastik immer häufiger, besonders in Italien, aber auch in anderen Ländern. Ein sehr markantes Beispiel bietet die Madonna des Dom Rupert, Lüttich um 1170, siehe unten, Anm. 205. Ein in der Kirche von Le-Petit-Quevilly, in der Nähe von Rouen befindliches Fresko »Die Flucht nach Ägypten« aus dem frühen 13. Jahrhundert zeigt, wie die auf einem Esel reitende Jungfrau ihr halb zurückgelehntes Kind stillt (Lasareff, S. 35). Zu der stillenden Eva in Hildesheim (um 1050) und der aus etwas späterer Zeit stammenden Eva auf der Bronzetür von San Zeno in Verona, siehe Ernst Guldan, *Eva und Maria: Eine Antithese als Bildmotiv*, Graz, Köln 1966, Abb. 4 u. 14.

59 Bartholomäus, *De prop. rer.*, S. 241. Vgl. Aldobrandino von Siena, *Régime du corps*, S. 70-77.

60 Bellino Bissolo, *Liber legum moralium*, hrsg. v. V. Licirta. *Studi Medievali* 3, ser. 6 (1965), S. 433, der wie alle anderen Autoren, die über diese Frage schreiben, hervorhebt, wie wichtig die Milch für die Formung des moralischen Charakters des Kindes ist.

61 J. C. Russell hat die Hypothese einer »Revolution des Stillens« aufgestellt, die ein Faktor für das Bevölkerungswachstum in diesem Zeitraum sein könnte, insbesondere in den Adelsklassen, deren Kinder offensichtlich seit dem 11. Jahrhundert an Zahl zunahmen. (»Aspects démographiques des débuts de la féodalité«, in: *Annales* 20 (1965), S. 1118-1127.) Russell meint, die Frauen der Adelsklassen seien möglicherweise eher

bereit und eher fähig gewesen, mehr Kinder zu bekommen, sobald sie auf Säugammen zurückgreifen konnten. Wahrscheinlich hätten sich die Intervalle zwischen den einzelnen Schwangerschaften für diese Frauen verkürzt, seit ihre Kinder von anderen Frauen gestillt wurden. Man war nämlich allgemein der Ansicht, die stillende Mutter solle sich des Geschlechtsverkehrs enthalten, bis das Kind entwöhnt war. Der Gebrauch von Säugammen hat eventuell auch die Überlebenschancen der Kinder in einer Zeit erhöht, in der die Ernährung vollständig oder doch weitgehend von der Milch abhängig war.

62 Guibert, *Memoirs*, S. 68, 96. Beispiele für die Verwendung von Säugammen aus dem 10. Jh. finden sich bei Johannes von Salerno, *Life of St. Odo of Cluny*, übers. u. eingel. von Dom Gerald Sitwell, London 1958, S. 59 f.; *Vita S. Adelwoldi*, PL 137, 85d.; *Passio S. Adalberti*, PL 137, 865b; siehe auch Marbod von Rennes, *Vita S. Roberti Cassae Dei*, PL 171, 1507ab, wo sich eine Beschreibung der Geburt und der frühen Kindheit des Helden findet, die die Ansicht unterstützt, in dieser Zeit sei die Säugamme gewöhnlich in den Haushalt zum Kind gebracht worden. In diesem Falle wies der Säugling Robert die Milch seiner Amme, einer Frau von schlechtem Charakter, entschieden zurück, während er die seiner Mutter freimütig annahm.

63 Guibert, *Memoirs*, S. 96. In königlichen Haushalten und denen des höheren Adels scheint es im 13. Jh., wie Margaret Labarge bemerkt, üblich gewesen zu sein, daß für jedes Kind eine oder mehrere Ammen bereitstanden. (*A Baronial Household in the Thirteenth Century*, New York 1966, S. 47.)

64 Die *Vita* der Gräfin Ida, Frau des Grafen Eustace von Boulogne und Mutter dreier Söhne, der berühmten Kreuzfahrer Gottfried von Bouillon und Balduin von Jerusalem sowie eines weiteren Grafen Eustace, hebt einfach als besonders erfreulich die Tatsache hervor, daß sie alle ihre Kinder selbst gestillt hat (*B. Idae Vita*, AA SS, April, II, 139; PL 155, 437, 449). Im 12. oder 13. Jahrhundert hingegen, als diese Geschichte im *Chanson du Chevalier du Cygne et de Godefroid de Bouillon* (hrsg. v. C. Hippeau, 2 Bde., Paris 1874-1877) erweitert wird, hat Ida ihre Kinder mit einem Hausmädchen allein gelassen, das eine Amme herbeiruft, als eines der Kinder zu schreien beginnt. Als die Gräfin zurückkehrt und dies bemerkt, ist sie höchst bekümmert. Außer sich vor Zorn zwingt sie das Kind, die fremde Milch wieder auszuspeien, um es dann selbst von neuem zu stillen.

65 Siehe oben, Anm. 59, 60 und unten, Anm. 132.

66 Bartholomäus, *De prop. rer.*, S. 237 f. Vgl. Aldobrandino, *Régime du corps*, S. 76 und die *Practica puerorum*, hrsg. v. Karl Sudhoff. *Erstlinge der pädiatrischen Literatur*, München 1925, dazu eine engl. Übersetzung von John Ruhräh, *Pediatrics of the Past*, New York 1925. Diese kurze, weit verbreitete Abhandlung aus dem frühesten 12. Jh. enthält Heilmittel

gegen so verbreitete Säuglingsleiden wie Mundfäule, Erbrechen, Diarrhö, Verstopfung, Blasensteine und Zahnen. Zu den Gefahren schlechter Milch siehe auch Hildegard von Bingen, *Causae et curae*, (hrsg. Kaiser), S. 67.

67 Bartholomäus, *De prop. rer.*, S. 242; vgl. Aldobrandinos sehr viel genauere Vorschriften über die Qualitäten, die eine Amme aufweisen müsse. Sie soll 25 Jahre alt sein, der Mutter des Kindes so sehr als möglich ähneln. Sie soll stark und gesund sein, denn »kränkliche Ammen töten das Kind sofort«, *Régime du corps*, S. 76-78. Sie sollte einen guten Charakter und ein liebenswürdiges Temperament besitzen, sie sollte nicht »zornig oder schwermütig, faul oder dumm« sein, weil sich diese Eigenschaften auf die Kinder auswirken und sie dumm und bösartig machen. Der Form der Brüste soll man besondere Aufmerksamkeit schenken; sie sollen fest und nicht zu groß sein, »damit sie dem Kind nicht den Atem rauben, wenn sie seine Nase bedecken«. Am besten ist es, wenn seit ihrer eigenen Geburt ein oder zwei Monate vergangen sind und wenn ihr Kind ein Sohn und nicht eine Tochter ist. Ihr Dienstherr solle sich auch versichern, daß sie ihr Kind in einer normalen Schwangerschaftszeit ausgetragen hat und es »weder durch Schläge noch aus irgendeinem anderen Grund« verloren hat.

68 Walther von Rheinau, *Marienleben*, »ez slief, ez weinde, es soug, ez az«, zit. n. Arnold, *Das Kind in der deut. Literatur*, S. 42; dort auch andere literarische Beschreibungen von Kindern und Kinderpflege.

69 Aldobrandino sagt, es genüge, das Kind zwei- oder dreimal am Tag zu stillen und dies etwa zwei Jahre lang (*Régime du corps*, S. 76, 78). Möglicherweise stellt dies die allgemeine Regel dar. Wir verfügen jedoch nur über wenige Zeugnisse, um solche Empfehlungen einschätzen zu können. Siehe unten, Anm. 120.

70 Marie de France, *Milun*, in: *Les Lais de Marie de France*, hrsg. v. Jean Rychner, Paris 1966, S. 129 f.

71 Berthold v. Regensburg, *Predigten*, hrsg. v. Pfeiffer, Bd. 1, S. 433; Bd. 2, S. 205.

72 Siehe das Pächterverzeichnis der Kirche St. Marie in Marseille, in dem Mädchen vom ersten Lebensjahr an, Jungen nicht vor dem zweiten, aufgeführt wurden. (»Descriptio mancipiorum ecclesie massiliensis«, hrsg. Benjamin Guérard, *Cartulaire de l'abbaye de Saint-Victor de Marsaille*, 2 Bde., Paris 1857, S. 633-656.) Siehe auch: S. Weinberger, »A Peasant Household in Provence ca. 800 bis 1100«, in: *Speculum* 48 (1973), S. 247-257.

73 Peiper, a.a.O., S. 93-95. Für die Zeit der Entwöhnung empfiehlt Aldobrandino einen Brei aus Brotstücken, Honig und Milch. Er rät, dem Kind etwas Wein und Fleischbrühe zu geben und, sobald es kauen kann, »kleine Brotscheiben und Zucker in Dattelform« (*Régime du corps*, S. 78).

74 Peiper, a.a.O., S. 94; vgl. Arnold, *Das Kind in der deutschen Literatur*, S. 54, über die Vorliebe der Kinder für Kuhmilch, die auch in dem Bauernepos *Meier Helmbrecht* aus dem 13. Jahrhundert hervorgehoben wird. Darin wird von einem Raubritter erzählt, der den Bauern das Vieh stiehlt und sich dann brüstet: »Den Bauern, die in meiner Nähe wohnen, bereite ich wenig Freude. Ihre Kinder müssen wäßrigen Brei essen (...)«. Wernher der Gartenaere, *Helmbrecht*, Mhd. Text und Übers. von H. Brackert, W. Frey, D. Seitz, Frankfurt/M. 1972, S. 69, Vers 1238-1241.

75 Zur künstlichen Ernährung in dieser Zeit siehe Peiper, a.a.O., S. 443-446. Das »Saughorn« war ein kleines poliertes Kuhhorn, das am schmalen Ende durchlöchert war. Daran wurden zwei kleine Pergamentstücke in Form der Fingerspitze eines Handschuhs befestigt, zwischen denen die Milch im Horn hindurchgesogen werden konnte. Das früheste Beispiel für den Gebrauch des Saughorns findet sich in der Vita des hl. Liudger in Friesland aus dem 9. Jh., zit. bei Peiper, S. 445; siehe unten, Anm. 99. Es wird auch in einem Gedicht aus dem 13. Jahrhundert mit dem Titel »Gute Frau« erwähnt. Darin wird von einem Kind berichtet, das von seiner Mutter nicht richtig versorgt werden konnte und dem man im Hospital Milch mit dem Saughorn reichte. Die heilige Elisabeth von Thüringen besaß als Kind ein silbernes »Züberlin«, und es finden sich Hinweise auf das Saughorn auch in der isländischen *Heimskringla Saga* (Peiper, S. 93-95). In dem französischen Roman *Robert le diable* war der Held als Kind so teuflisch »bissig« und erschreckte seine Amme so sehr, daß sie ihn mit einem Horn ernährte. Zum hier anklingenden Thema des Wechselbalgs siehe unten, Anm. 100.

76 Zu den Mutterfunktionen der Amme und zu der hier paraphrasierten Beschreibung siehe Bartholomäus, *De prop. rer.*, S. 242. Vgl. Aldobrandino, *Régime du corps*, S. 76. Beide Autoren heben die Wichtigkeit häufiger Bäder hervor: beim Säugling und Kleinkind zwei- bis dreimal am Tag, bei Kindern im Alter von 7 oder mehr Jahren zwei- oder dreimal in der Woche (siehe unten, Anm. 233). Zur Rolle der Amme siehe Arnold, *Das Kind in der deutschen Literatur*, S. 50-52.

77 Beispiele hierfür bei Labarge, *A Baronial Household*, a.a.O., S. 45, 47.

78 Die erste bildliche Darstellung einer Schaukelwiege im *Sachsenspiegel* (ca. 1230) findet sich bei Peiper, S. 113. Darstellungen von Korbwiegen finden sich schon früher und häufiger; siehe z. B. die Abbildung im *Reuner Musterbuch* (um 1208-1218), Wien Nationalbibliothek MS 507 f. IV, abgebildet in Christopher Brooke, *The Twelfth Century Renaissance*, London 1969, S. 88. Zur silbernen Wiege der hl. Elisabeth siehe Peiper, S. 91.

79 Frühe Beispiele solcher Gesetzgebung, siehe unten, Anm. 102.

80 Siehe z. B. *Councils* I, S. 234 f.; ausführliche Hinweise siehe unten, Anm. 106.

81 Natürlich waren die Schlafgewohnheiten der Eltern und Kinder zum großen Teil vom gesellschaftlichen Rang, Wohlstand und dem Grad der Kultiviertheit abhängig, aber allgemein gab es in normalen mittelalterlichen Haushalten und auch in den Adelshäusern keine ausgeprägte Privatsphäre. Eine Beschreibung recht aufwendiger Schlafzimmer aus diesem Zeitraum findet sich bei Urban T. Holmes, *Daily Living in the Twelfth Century*, Madison (Wisc.) 1962, S. 82-86. Kleine Kinder scheinen oft, wenn sie Ammen hatten, in deren Bett oder doch in deren Zimmer geschlafen zu haben, oder auch bei ihren Eltern. Das kleine Bauernmädchen aus *Der arme Heinrich* schlief am Fuß des Bettes seiner Eltern (vgl. Anm. 246). Siehe hierzu auch die folgende Anmerkung.

82 Guibert, *Memoirs*, S. 96 f. Die aufschlußreiche Geschichte des Waisenkindes, das Guiberts Mutter zur Sühne für die Sünden ihres verstorbenen Ehemannes adoptiert, entwirft ein anschauliches Bild von den Mühen der Amme. Nacht für Nacht schüttelte sie die Klapper, um das Baby zu beruhigen, das tagsüber wohlauf war, »spielte und schlief«, dessen nächtliches Geschrei jedoch Guiberts Mutter und ihre Bediensteten so sehr quälte, daß »niemand in dem kleinen Zimmer Schlaf finden konnte«. Guibert sah in dem Verhalten des Kindes eine Eingebung des Teufels und hob die Freundlichkeit und Geduld hervor, mit der seine Mutter diese Prüfung bestand, indem sie das Kind nie aus ihrem Haus entfernte und nie in ihrer Besorgnis um sein Wohl nachließ. In seinem *Marienlied* entwirft Walter von Rheinau als leuchtendes Beispiel für die große Zahl gewöhnlicher, schreiender Kinder das Bild des Jesuskindes, das den Schlaf der Nachbarn und den Haushalt niemals durch lautes Schreien gestört habe (Arnold, *Das Kind in der dt. Literatur*, S. 84).

83 In ihren *Causae et curae* (hrsg. v. Kaiser, S. 109 f.) erklärt Hildegard, daß Menschenkinder, obwohl sie sitzen und kriechen können, noch bevor sie aufrecht zu stehen vermögen, nicht nur wegen der Zerbrechlichkeit ihres Körpers und ihrer Knochen später als andere Geschöpfe gehen lernen, sondern auch, weil die größte Kraft der Menschen oberhalb des Nabels und ganz besonders, wie sie andeutet, im Kopf, dem Sitz der Vernunft, liegt. Eine ähnliche Ansicht vertritt Bartholomäus, *De prop. rer.*, S. 238. In der wissenschaftlichen »Problemliteratur« dieser Zeit taucht diese alte Frage regelmäßig auf (siehe oben Anm. 42 und Lawn: *Salernitan Questions*, a.a.O., S. 38, 153 f.). Die salernitanischen *Quaestiones* geben materielle Gründe an und verweisen auf den Einfluß der Verteilung der angeborenen Wärme im Körper und auf das Vorhandensein oder Fehlen von Menstruationsblut bei der Ernährung, während Adelard von Bath eine ähnliche Antwort wie Hildegard gibt und die schwächeren, zarteren Glieder in einen Zusammenhang mit dem edleren, vernunftbegabten Menschenwesen stellt. (*Quaestiones naturales*, hrsg. v. Müller qu. 38, S. 41 f.) Wilhelm von Conches verbindet die Salernitanische Antwort mit der Adelards (*De phil. mundi* IV, 14; PL 172, 86d).

84 Siehe Peiper, S. 96 f., der die deutschen Gedichte *Pilatus* aus dem 12. Jh. und *Wolfdietrich* aus dem frühen 13. Jh. zitiert, in denen geschildert wird, wie Kinder gehen lernen. Der *Tristand* des Eilhart von Oberge beschreibt, wie das Kind im Spiel mit anderen Kindern lernt, seine Bewegungen zu beherrschen. Die Schilderung des »Guck-Guck« spielenden Kindes stammt aus dem Gedicht *König Tyrol* (13. Jh.). Ähnliche Beispiele auch bei Arnold: *Das Kind in der deutschen Literatur*, S. 84 f., passim.

85 Caesarius von Heisterbach, *Dialogus magnus visionum atque miraculorum;* dt. von Johann Hartlieb, hrsg. v. Karl Drescher, Berlin 1929, S. 108 f., Teil II, Kap. 7.

86 Salimbene de Adam, *Cronica*, hrsg. v. Ferdinando Bernini, Bari 1942, 2 Bde.; Bd. 1, S. 507; siehe meine Übersetzung in *The Portable Medieval Reader*, hrsg. v. J. B. Ross und M. M. McLaughlin, New York 1949, S. 366 f. In dieser Version einer alten Erzählung beschreibt Salimbene ein fehlgeschlagenes Experiment, mit dessen Hilfe geklärt werden sollte, welche Sprache heranwachsende Kinder sprechen würden, wenn sie zuvor selbst mit keinem Menschen gesprochen hätten: Hebräisch, Griechisch, Lateinisch, Arabisch oder die Sprache ihrer Eltern.

87 Adelard von Bath, *De eodem et diverso* (hrsg. v. H. Willner, in: *Beiträge zur Geschichte der Philosophie des Mittelalters*, Bd. IV, 1, 1903, S. 25 f. Adelards Geschichte soll auch allgemein die beruhigende Wirkung, die Musik und Gesang auf Kinder ausüben, verdeutlichen, die sich auch in der Reaktion der Kinder auf die Wiegenlieder ihrer Ammen zeigt.

88 Adam von Eynsham, *The Life of St. Hugh of Lincoln*, hrsg. u. übers. v. Decima L. Douie u. Hugh Farmer, 2 Bde., London, Edinburgh 1961-1962, Bd. 1, S. 129 f.

89 Als Erläuterung der starken Anziehung zwischen Bischof und Kleinkind fügt der Biograph hinzu: »Was veranlaßte eine so bedeutende Person, ihre Aufmerksamkeit einem so winzigen Wesen zu schenken, wenn nicht ein Wissen um die Größe, die in solch kleiner Körperhülle verborgen liegt?« Diese Episode war nicht die einzige ihrer Art, denn Hugo selbst beschrieb eine ähnliche Begegnung mit seinem kleinen Neffen, der seine Freude in der gleichen Weise bezeigte (S. 131).

90 Eine Abbildung dieses Rundfensters aus dem 12. Jh. findet sich bei Henry Kraus, *The Living Theatre of Medieval Art*, Bloomington, Ind. 1967, S. 57, Nr. 34. Der *Ancren Riwle* schildert, wie eine Bauernmutter mit ihrem Kind Verstecken spielt. Wenn es nach ihr schreit, »springt sie behend, mit ausgebreiteten Armen hervor, umarmt und küßt es und trocknet ihm die Augen« (zit. n. Holmes: *Daily Living in the Twelfth Century*, S. 204 f.).

91 Siehe Dom Claude Jean-Nesmy, *Vezelay,* Paris 1970, Abb. 20 und S. 70; vgl. François Salet, *La Madeleine de Vezelay*, Melun 1948, Abb. 45, Nr. 20. Dieses Kapitell, das eine bekannte Episode aus der *Vie de Saint*

Benoit illustriert, zeigt rechts den Bauern, der sein Kind auf dem Arm trägt, und in der Mitte den heiligen Benedikt, der seine Hand nach dem betrübten Vater und dem Kind ausstreckt, das völlig in Wickelbänder eingehüllt ist.

92 Siehe die Bemerkung Le Goffs über die »zahllosen Krankheiten« der Kinder, deren jede einen besonderen Schutzpatron besaß, an den sich die Eltern mit der Bitte um Heilung wenden konnten (*Kultur des europäischen Mittelalters,* a.a.O., S. 406). Hilflosigkeit und Trauer der Eltern über die schwere Krankheit oder den drohenden Tod eines Kindes und die Freude über wunderbare Heilungen kommen in den Heiligenviten dieser Zeit nicht selten vor; siehe z. B. die Geschichten der Genesung der jungen Heiligen Dunstan und Adalbert von Prag (PL 137, 418 u. 865) und Gerald von Aurillacs Heilung eines von Geburt an taubstummen Jungen. Der junge Stephan Muret erlangte seine Gesundheit mit Hilfe des hl. Nikolaus von Bari und seiner damals soeben entdeckten Reliquien wieder (*Vita . . . Stephani Muretensis, Scriptores ordinis Grandimontensis,* hrsg. v. J. Becquet, CC, VIII, 105).

93 Sein Trostbrief an den römischen Senator Alberic und seine Frau Ermilina, die ihr Kind verloren hatte, siehe Ep. VIII, 4 (PL 144, 468d-470a). Eine andere Weise, einen solchen Verlust zu beschönigen, spiegelt sich in dem etwas späteren irischen Gedicht: »The Little Boys Who Went to Heaven«, in: Kenneth Jackson, *A Celtic Miscellany,* London 1951, S. 314.

94 Siehe oben, Anm. 15. Ein Beispiel für den großen Wert, den man auf die öffentliche Taufe legte, bieten die Statuten der Synode von Cashel in Irland (1172), die den Eltern gebieten, ihre Kinder zur Taufe »an geweihte Quellen in den Taufkapellen der Kirchen« zu bringen (Gerald von Wales, *The Conquest of Ireland,* in: Wright, *Historical Writings of Giraldus Cambrensis,* S. 233). Ausgiebiges Interesse für dieses Sakrament und seine Spendung zeigt sich auch in der englischen Synodalgesetzgebung des 13. Jahrhunderts. Zu den allgemeinen Lehren in dieser Frage siehe *Councils* I, S. 67 f.; zahlreiche Verweise finden sich auch unter dem entsprechenden Schlagwort im Index von Bd. II, S. 1405.

95 D. Herlihy, »Patterns of Social Mobility«, in: *Journal of Interdisciplinary History* 3 (1973), S. 626-633, stellt die Frage nach dem unterschiedlichen Ausmaß von »natürlicher Reproduktion« (natural reproduction) und »Auffüllung« (replacement) bei den verschiedenen Gesellschaftsklassen der mittelalterlichen Gesellschaft. Wenn es auch zweifellos zutrifft, daß sich, wie er bemerkt, »Wohlstand auf die Auffüllung«, d. h. auf das Überleben und den Erfolg beim Großziehen der Kinder auswirkt, scheinen die vorhandenen Zeugnisse doch nicht die Ansicht zu unterstützen, daß Wohlstand sich auch auf die »Reproduktion« auswirkt. Vgl. hierzu J. Bienvenu, »Pauvreté, misères et charité en Anjou aux XIe et XIIe siècles«, in: *Moyen Age* 73 (1967), S. 31 f.; und G. Duby,

L'Economie rurale et la vie des campagnes, I, S. 216-219. Bemerkenswert ist in diesem Zusammenhang auch, wie Berthold von Regensburg die »Zärtlichkeit« und »Nachsicht«, die wohlhabende Eltern ihren Kindern erweisen, hervorhebt. Vielleicht war das von ihm beklagte »Überfüttern« der wichtigste Faktor für ihre gegenüber den Kindern armer Leute höheren Überlebenschancen (*Predigten*, hrsg. v. Pfeiffer, Bd. 2, S. 205, 19, 24 ff.; vgl. Bd. 1, S. 433, 32 ff.).

96 Vgl. Le Goff, a.a.O., S. 401 und den in Anm. 95 zitierten Artikel von Bienvenu. Zum Problem der Armut und ihrer Auswirkungen siehe auch die von Michel Mollat hrsg. Sammlung von Studien *Les Pauvres dans la société médiévale*, Paris 1973, in der Untersuchungen fortgesetzt werden, die er bereits in seinen Aufsätzen »Pauvres et pauvreté à la fin du XIIe siècle«, in: *Revue d'ascétique et de mystique* 41 (1965), S. 305-323 und »La notion de pauvreté du moyen âge. Position de problèmes«, in: *Revue d'histoire de l'Eglise de France* 52 (1966), S. 5-23, in Angriff genommen oder geplant hatte.

97 Zu diesen Praktiken und zu den Anstrengungen, die zu ihrer Unterdrückung unternommen wurden, vgl. John T. Noonan, *Contraception: A History of Its Treatment by Catholic Theologians and Canonists*, Cambridge, Mass. 1965, insbes. S. 143-199 (zur Entwicklung des Rechts und der Theologie in der Frage der Empfängnisverhütung und der Abtreibung) und S. 200-230 (über Techniken der Empfängnisverhütung und Mittel der Dissemination). Möglicherweise besaßen die in frühmittelalterlichen Bußbüchern und anderen Werken verurteilten Kräutertränke oder »Unfruchtbarkeitsgifte« eine gewisse empfängnisverhütende oder abtreibende Wirkung. Aber solche »Hausmittel« wurden ebenso wie die Techniken der gelehrten Medizin – Arzneien, Pessare und Salben – in ihrem Wert zweifellos durch die Vermischung des möglicherweise Wirksamen mit der puren Magie stark beeinträchtigt. Die Kenntnis der antiken Verhütungstechniken nahm seit dem 11. Jh. mit dem Anwachsen des medizinischen Wissens und unter arabischem Einfluß zu (siehe oben Anm. 42), und auch hier, wie schon in den Fragen der Schwangerschaft und der Säuglingspflege, ist die Hauptinformationsquelle für die Byzantiner und Araber und durch ihre Vermittlung auch für das mittelalterliche Abendland die *Gynäkologie* des Soranos (siehe Noonan, S. 12-18), dessen Empfehlungen zusammen mit einigen arabischen Zusätzen sowohl in so ungemein einflußreichen Werken wie Avicennas *Kanon der Medizin* als auch in den lateinischen Übersetzungen von Soranos' Abhandlungen große Verbreitung fanden. Die Frage, wie weit dieses Wissen über medizinische Kreise hinaus zugänglich war, ist ebenso schwierig zu beantworten wie die nach der Wirksamkeit der Verbote, die die Kirche gegen seine Verwendung richtete. Wenn es sich, Noonan zufolge (S. 230), auch offensichtlich nicht um ein großes soziales Problem handelte, so gehörten doch zumindest Versuche der Empfängnisverhütung

und Abtreibung zur kulturellen Wirklichkeit des Mittelalters. Eine andere Ansicht zu diesem Problem entwickelt Jean Louis Flandrin, »Contraception, mariage et relations amoureuses dans l'occident chrétien«, in: *Annales* 24 (1969), S. 1370-1390, der die in Recht und Theorie des Mittelalters bestehende Unterscheidung zwischen ehelichen und außerehelichen Beziehungen in bezug auf die Empfängnisverhütung hervorhebt und insbesondere bei außerehelichen Beziehungen auf die mögliche Bedeutung des coitus interruptus, des bis in die jüngste Vergangenheit hinein gewiß wirksamsten Verhütungsmittels, hinweist.

98 In den Dokumenten, die Yves Brissaud in einer der wichtigsten der hier zitierten neueren Arbeiten untersucht hat, in den königlichen »Gnadenakten« des 14. und 15. Jahrhunderts zugunsten von Frauen, die wegen Kindesmords verurteilt worden waren, zeigt sich sehr deutlich das starke, oft aber wirkungslose Bemühen, illegitime Schwangerschaften zu verheimlichen (»L'infanticide à la fin du moyen âge, ses motivations psychologiques et sa repression«, in: *Revue historique du droit français et étranger* 50 (1972), S. 229-256). Der außergewöhnliche Wert dieser Studie, die sich auf den Zeitraum erstreckt, der unmittelbar auf den uns hier beschäftigenden folgt, beruht darauf, daß sie mit Hilfe dieser Materialien den sozialen Druck, die Motive der Schande und der Angst vor sozialer Ablehnung veranschaulicht, die diese Frauen, zumeist Mädchen unter zwanzig und alle von niederer Herkunft, dazu veranlaßten, zunächst ihre uneheliche Schwangerschaft und ihre einsamen Leiden zu verbergen und sodann das Geheimnis durch die Tötung oder Aussetzung ihrer Kinder zu bewahren. Für die Einstellung der Zeit ist die Tatsache besonders aufschlußreich, daß die Frauen in nahezu allen Fällen zur Abschwächung ihres Verbrechens angaben, sie hätten den Säugling getauft, bevor sie ihn getötet hätten.

99 In einem demnächst in *Annales* erscheinenden Aufsatz, der auf einer Untersuchung des Polyptikums von Saint-Germain-des-Prés basiert, faßt Emily Coleman die Möglichkeit ins Auge, daß die Tötung von Mädchen in einer Bauerngemeinde des 9. Jahrhunderts ein Mittel der Bevölkerungskontrolle gewesen sein könnte. Für diese und spätere Zeiten gibt es bei heidnischen Völkern, die sich noch vor oder im Prozeß der Bekehrung zum Christentum befanden, Hinweise auf die Tötung von Kindern im allgemeinen und von Mädchen im besonderen. Zur Macht des Vaters über Leben und Tod der Neugeborenen bei barbarischen Völkern ebenso wie in der römischen Antike siehe: N. Belmont, »Levana, ou comment ›elever‹ les enfants«, in: *Annales* 38 (1973), S. 77-89. Diese Macht konnte bei germanischen Stämmen auch von der Großmutter des Kindes und manchmal auch vom Bruder der Mutter ausgeübt werden. Siehe z. B. die *Vita* des hl. Liudger aus Friesland (744-809), die von seinem Neffen Altfried verfaßt wurde. Sie enthält auch die Geschichte der Mutter des Heiligen, deren heidnische Groß-

mutter aus Zorn darüber, daß die Frau ihres Sohnes so viele Töchter aber keinen Sohn bekam, Knechte aussandte, die das Kind von der Brust seiner Mutter reißen sollten, ehe es von ihr gestillt worden war; denn heidnischem Brauch zufolge durfte ein Kind nur getötet werden, bevor es irdische Nahrung zu sich genommen hatte. Als die Knechte das kleine Mädchen zu einem Bottich mit Wasser brachten, um es zu ertränken, kämpfte es um sein Leben und klammerte sich an den Rand des Gefäßes. Aus Mitleid wurde es von einer Nachbarin gerettet, die es zunächst mit Honig, dann durch ein Saughorn mit Milch fütterte und so seinen Tod verhinderte (*Altfridi vita sancti Liudgeri*, in: *Die Geschichtsquellen des Bistums Münster*, Bd. IV, hrsg. W. Dickamp, Münster i. Westf. 1881, lib. 1, insbes. Kap. 6 und 7; zit. bei Peiper, a.a.O., S. 177 f.). Siehe auch die Ermahnungen des Missionars und Bischofs Otto von Bamberg gegenüber den heidnischen Pommern aus dem frühen 12. Jh., in denen er ihren Brauch, neugeborene Mädchen zu töten, als unnatürlich angriff (Herbord, *Dialogus de vita Ottonis episcopi Babenbergensis*, 2,18,33, MGH, SS 20,733,20-25; 741,35-38; vgl. Ebo, *Vita Ottonis*, 2,12, MGH, SS 12, 851 ff.) und die zahllosen Hinweise auf die Praxis aus Island und anderen nordischen Ländern in dieser Zeit (Juha Pentikäinen, *The Nordic Dead-Child Tradition: Nordic Dead-Child Beings: A Study in Comparative Religion*, FF Communications, No. 202, Helsinki 1968, S. 68-76). Diese erhellende Untersuchung befaßt sich im wesentlichen mit den nordischen Phantasie- und Glaubensvorstellungen, die sich um die Geister verstorbener Kinder als Projektionen kollektiver Schuldgefühle oder Ängste gegenüber diesen Verstoßenen drehen.

100 Über traditionelle Einstellungen zu abnormen Kindern und ihre Behandlung vgl. Carl Haffter, »The Changeling: History of Psychodynamics of Attitudes to Handicapped Children in European Folklore«, in: *Journal of the History of the Behavioral Sciences* 4 (1968), S. 55-61. Der Volksglaube, das geistig zurückgebliebene oder mißgestaltete Kind sei ein übernatürliches Substitut für das »wirkliche« Kind, wurde vom Christentum in der Vorstellung des »Wechselbalgs« aufgegriffen, eines »Dämonenkindes«, das der Teufel zurückläßt, wenn er das Menschenkind gestohlen hat. Siehe Baudouin de Gaiffier, »Le diable voleur d'enfants. A propos de la naissance des saints Etienne, Laurent et Barthélemy«, in: *Etudes critiques d'hagiographie et d'iconologie (Studia hagiographica 43)*, S. 169-193, zur Entwicklung dieser Idee in den Legenden dieser Heiligen und anderen Werken seit dem 11. Jahrhundert (Bibliographie S. 169 f.). Siehe auch: Jeffrey B. Russell, *Witchcraft in the Middle Ages*, Ithaca, NY. 1972, S. 117-119 und passim. Die Vorstellung vom »Wechselbalg« zog außerordentliche, oft sehr grausame Prozeduren nach sich, die darauf abzielten, den Tausch rückgängig zu machen, sie führte aber ebenso zur Aussetzung oder Tötung des Kindes; Beispiele bei Peiper, S. 178 f. Mehrfachgeburten, insbesondere die Geburt von

Zwillingen, wurden oft mit Furcht und Mißtrauen, zumindest aber mit Ambivalenz betrachtet, denn man glaubte allgemein, für sie sei ein Ehebruch der Mutter verantwortlich. Demzufolge ließ man das »legitime« Kind leben und setzte das andere aus (Pentikäinen, *Dead-Child Tradition*, S. 60 f.). Eine differenzierte literarische Behandlung dieser mächtigen Motive des Volksglaubens findet sich in dem Lai »Fresne« der Marie de France (*Lais*, hrsg. v. Rychner, a.a.O., S. 44-60).

101 Die Möglichkeiten, die die hier verwendete, ausgezeichnete Ausgabe der englischen Synodalgesetzgebung bietet, unterstreichen nur, welche Bedeutung einer intensiven systematischen Untersuchung der kirchlichen und weltlichen Gesetzgebung zum Kindesmord und der vor allem in episkopalen und weltlichen Gerichtsakten seit dem 12. Jh. zutage tretenden Anstrengungen, ihnen zu größerem Nachdruck zu verhelfen, als Grundlage für weitere Studien und allgemeinere Untersuchungen zukommt. Der erste Band einer ähnlichen französischen Reihe liegt vor: Odette Pontal, *Les statuts synodaux français du XIIIe siècle, I. Les statuts de Paris et le synodal de l'Ouest*, Collection des documents inédits sur l'histoire de France IX, Paris 1971; siehe auch A. Artonne, L. Guizard, O. Pontal (Hrsg.), *Répertoire des statuts synodaux des diocèses de l'ancienne France du XIIIe à la fin du XVIIIe siècle*, Documents, études, répertoire publiés par l'Institut de Recherche et d'Histoire de Textes VIII, Paris 1964. Nützlich wäre auch die Untersuchung der Deutung der Kirchengesetze durch Kanoniker und Theologen im 12. und 13. Jh. In den von Raymond de Peñaforte um 1230 kompilierten Dekretalen des Papstes Gregor IX. waren für Kindesmord oder Aussetzung kranker Kinder durch die Eltern schwere Strafen, darunter Gefängnis, vorgesehen (siehe tit. X u. XI, Ausgabe Venedig 1514). Siehe auch seine *Summa de poenitentia et matrimonio cum glossis Joannis de Friburgo*, Neudruck: Farnborough, Engl. 1967. Auch die Untersuchung der Behandlung dieses Themas in Predigten, Handbüchern für Beichtväter und anderen didaktischen Werken dieser Zeit könnte das Problem in ein deutlicheres Licht setzen. Sehr heftig wird die Sünde des Kindesmords in den *Praeloquia* des Bischofs Ratherius von Verona im 10. Jh. getadelt (PL 136,269ac); in späteren Werken dieser Art habe ich jedoch nur noch wenige Hinweise gefunden.

102 Zur Gesetzgebung der Mainzer Synode im Jahre 852 siehe Peiper, S. 655: »Wenn jemand sein Kind nach der Taufe aus Versehen durch das Gewicht seiner Kleidung erstickt hat, so tue er 40 Tage lang Buße bei Brot, Wasser und Gemüse und enthalte sich des Gatten...« Zu den Vorschriften älterer germanischer Gesetzessammlungen siehe MGH, Leges, Sectio I, Bd. IV, pt. 1, hrsg. v. A. Boretius, Hannover 1862, Nr. 24, 1-4, S. 89 f., siehe auch Bdä V, pt. 1, hrsg. v. K. Lehmann, Hannover 1885, Kap. XCI, S. 150. Vgl. Peiper, a.a.O., S. 177, der auf ein Gesetz der spanischen Westgoten hinweist, das Kindesmord mit Tod oder Blendung

bestrafte. Einen brauchbaren Überblick über die Gesetze der frühmittelalterlichen Bußbücher bieten John T. McNeill, Helena M. Gamer, *Medieval Handbooks of Penance,* a.a.O. Angefangen bei den Bußbüchern von Adamnan und Columban aus dem 6. und 7. Jh. bis hin zum *Corrector* des Burchard von Worms im 11. Jh. beschäftigen sich diese Werke immer wieder mit dem »Erdrücken« von Kleinkindern, sei es nun beabsichtigt oder unbeabsichtigt. Vgl. zu dieser Unterscheidung das fränkische Bußbuch des hl. Hubert (um 850) (McNeill, Gamer, a.a.O., S. 293), wo es heißt: »Wenn jemand ein ungetauftes Kind erdrückt, soll er drei Jahre lang Buße tun; wenn es unabsichtlich geschieht, zwei Jahre lang.« Siehe auch S. 141, 254, 275, 302, 340. Zu Burchards Ermahnungen bezüglich der Abtreibung, der Empfängnisverhütung und auch des Kindesmords siehe *Decretum* 19, PL 140, 972, wo auch ältere Ansichten über die Armut als milderndem Umstand in solchen Fällen zusammengefaßt sind. Es ist ein großer Unterschied, so heißt es hier, ob die schuldige Person eine »arme kleine Frau« (paupercula) ist und aufgrund der Schwierigkeit, ihr Kind zu ernähren, handelte, oder ob sie mit ihrer Tat ein Unzuchtsverbrechen verbergen wolle; im ersten Fall wurde die Strafe, zehn Jahre Buße an den gesetzlichen *feriae,* offenbar halbiert.

103 Abaelard denkt offenbar an unbeabsichtigten Kindesmord, wenn er die Geschichte einer Frau erzählt, der es an Kleidung für ihren Säugling mangelte. Sie nahm ihn zu sich, um ihn mit den eigenen Lumpen zu wärmen und erstickte dabei unglücklicherweise das Kind, das sie »mit äußerster Liebe umklammerte«. Abälard erklärt aber auch, daß dieser Frau, wenn sie vor den Bischof kommt, eine schwere Strafe auferlegt wird, »nicht des Fehlers wegen, den sie begangen hat«, sondern um sie und andere Frauen zu größerer Sorgfalt aufzurufen. (*Peter Abelard's Ethics,* hrsg. und übers. v. David E. Luscombe, Oxford 1971, S. 38 f.)

104 Siehe *Councils* II, 1, 70 (Salisbury I, 1217), [29]: Frauen sollen dazu ermahnt werden, ihre Kinder sorgfältig zu stillen und sie des nachts nicht mit ins eigene Bett zu nehmen, damit sie nicht erdrückt werden. Sie sollen ihre Kinder nicht allein im Hause, wo ein Feuer ist, oder in der Nähe des Wassers zurücklassen, wenn niemand sie beaufsichtigt, und »dies soll ihnen an jedem Sonntag gesagt werden«. Solche Ermahnungen finden sich oft wiederholt; vgl. etwa S. 136, 183, 204 f., 214, 234, 274, 351, 410, 457, 520. Daraus ergibt sich, daß die Gefahren, gegen die sich diese Mahnungen richten, sehr weit verbreitet waren. Siehe z. B. S. 204 f. (Mandate von Robert Grosseteste) und S. 520, wo untersagt wird, die Kinder mit ins Bett zu nehmen, »propter pericula que frequentissime inde imminere noscuntur«. Siehe auch Berthold von Regensburg, *Predigten* I, S. 268, 18, der darauf besteht, daß kleine Kinder in der rechten Weise betreut werden und niemals unbeobachtet bleiben sollten.

105 Ebd., 2, 1973 (Exeter II, 1287); vgl. 1.137 (Winchester I, 1224). In den in diesen Gesetzen enthaltenen Vorschriften über die Taufe finden sich

häufig Hinweise auf die bedingte Neutaufe ausgesetzter Kinder. *Councils* II, 1, 32, 70, 140 f., 183, 233 f., 453, 589 f., 643 f.

106 Ebd., 1, 214 (Coventry, 1224).

107 Ebd., 1, 214, wo die Gefahren der Trunkenheit, insbesondere das Entfachen von Bränden, erwähnt werden, in denen die Schuldigen zusammen mit ihren Kindern ersticken. In einer unveröffentlichten deutschen *Summa de sacramentis* (München, Clm 22, 333, fol. 100ra-101ra) wird den Beichtvätern dringend geraten, die Beichtenden über Trunkenheit zu befragen, besonders Bauern, die, »nachdem sie in den Kneipen getrunken haben, ihre schwangeren Frauen schlagen und ihre ungeborenen Kinder töten«.

108 In den *Leges Henrici Primi*, hrsg. L. J. Downer (Oxford 1972, S. 270), findet sich die Vorschrift, daß jemand, der ein Kind, das ihm zu Aufzucht oder Unterricht anvertraut ist, tötet oder erdrückt, so wie für die Tötung eines Erwachsenen bestraft werden soll. Ein drei Jahrhunderte älteres Kapitular Karls des Großen hatte bereits das Prinzip aufgestellt, daß Kindesmord wie Menschenmord zu behandeln sei; es gibt jedoch keine Hinweise darauf, daß dieser Bestimmung auch Geltung verschafft worden wäre (J. D. Mansi, *Sacrorum conciliorum nova et amplissima collectio,* 31 Bde., Florenz, Venedig 1759-1781; XVII, 2, 1060). Im 13. Jh. nimmt das französische weltliche Recht dieses Vergehen verstärkt zur Kenntnis. Den *Etablissements de saint Louis* zufolge unterlag die Frau in Fällen von unbeabsichtigter Kindestötung nur den kanonischen Strafen (insbesondere der Einsperrung); wenn sie ihr Vergehen jedoch wiederholte, sollte sie den weltlichen Autoritäten übergeben und verbrannt werden (*Les Etablissements de saint Louis,* Liv. I, c. 39, Paul Viollet (Hrsg.), Paris 1881-1886, 4 Bde.; Bd. II, S. 55). Diese Vorschrift war, wie Brissaud »L'infanticide . . .«, a.a.O., S. 247, bemerkt, wörtlich dem Gewohnheitsrecht von Anjou und Maine entlehnt, das im 13. Jh. zusammengestellt wurde und in dessen verschiedenen Überarbeitungen sich eine zunehmend strengere Behandlung dieses Verbrechens aufzeigen läßt. Im 15. Jh. wurde der absichtliche Kindesmord mit Verbrennung oder Beerdigung bei lebendigem Leibe bestraft. Das Gewohnheitsrecht der Normandie bewahrte die Unterscheidung zwischen unbeabsichtigter und beabsichtigter Kindestötung, wobei die erstere nur den kirchlichen Strafen unterlag, während letztere mit dem Scheiterhaufen bestraft wurde. (Vgl. Philippe de Beaumanoir, *Coutumes de Beauvaisis,* hrsg. v. A. Salomon, 2 Bde., Paris 1970 [Nachdruck], Bd. II, S. 420-446.) Seit dem späten 13. Jh. finden sich zunehmend Belege für die Anwendung der schwersten Strafen. Im Jahre 1291 wurden in Paris zwei Frauen wegen dieses Verbrechens zum Feuertod verurteilt, und um die gleiche Zeit zwei andere Frauen in Aurillac; nähere Angaben hierzu und weitere Beispiele bei Brissaud, a.a.O., S. 248-250.

109 Siehe Peiper, a.a.O., S. 186. In der Stiftungsurkunde des Bischofs Dateus

heißt es, daß, wenn die unverheirateten Mütter das Kind nicht selbst ernähren können, für Geld Ammen gedungen werden sollen. Die Kinder wurden bis zum vollendeten 7. Lebensjahr im Hause erzogen und in einem Handwerk unterrichtet. Danach sollten sie als freie Menschen hingehen und wohnen können, wo sie wollten.

110 Vgl. Marc Blochs Bemerkungen über die große Zahl von Bastarden in Adelshäusern in: *La société féodale* II, 40. Siehe auch Le Goff über die größere Anstößigkeit unehelicher Kinder bei den unteren Klassen (*Civilisation*, S. 353, dt. *Kultur des europ. Mittelalters*, S. 475). Gewiß war die Unehelichkeit bei den einfachen Leuten belastender und wahrscheinlich auch beschämender, aber auch für Menschen von höherer Geburt brachte sie erhebliche Nachteile mit sich. Seit dem 11. Jh. war die uneheliche Geburt ein Hindernis für den Eintritt in einen kirchlichen Orden und erforderte eine bischöfliche und unter Umständen eine päpstliche Dispensation (*Dictionnaire du droit canonique*, Paris 1924-25, II, S. 253-255). Siehe die Bemerkungen von Guibert de Nogent über den Fall des designierten Bischofs von Laon im Jahre 1106 (*Memoirs*, S. 155). So gut wie überall war die Unehelichkeit ein Hindernis beim Antritt von Erbschaften. In weiten Teilen Europas wurden allerdings, dem Kirchenrecht zufolge, Kinder, die vor der Ehe geboren worden waren, durch nachfolgende Heirat ihrer Eltern legalisiert, vorausgesetzt, daß diese in heiratsfähigem Alter waren, als das Kind empfangen wurde. Diese Regelung galt in England nach dem großen Konzil von Merton (1236) nicht, als der Königshof dieser Form der Legalisierung ihre Anwendbarkeit auf das Besitzrecht an Grund und Boden verweigerte (*Councils* II, 1, 198-201); vgl. auch S. 87, wo sich ein Hinweis auf den Ausschluß unehelich Geborener von kirchlichen und weltlichen Ämtern findet. Vgl. auch die Synodalgesetze, die vorschreiben, daß unehelich Geborene und die Söhne von Leibeigenen, die ohne Dispensation zum Priester geweiht worden waren, solange suspendiert werden sollten, bis die Dispensation erlangt war (II, 1, 60); außerdem wurden die Priester dazu angehalten, bei der Taufe eines Kindes nach dessen Herkunft zu forschen und zu ermitteln, ob es ehelich oder unehelich sei (II, 1, 70, 228 f., 455 f.). Zum französischen Brauchtum in diesen Dingen vgl. z. B. Beaumanoir, *Coutumes de Beauvaisis*, I, 578-599; II, 1377. Der deutsche Prediger Berthold von Regensburg faßte im 13. Jh. die allgemeine Situation des unehelichen Kindes in einer Bemerkung über die Schändlichkeit der Sünde zusammen, die das Kind »elos und erbelos und rehtelos« mache, d. h. es einer ehrbaren Heirat, des Erbes, seiner Rechtsstellung und außerdem der weltlichen und kirchlichen Ehren beraube (*Predigten*, Bd. 1, 178, Z. 13 ff.; 413). Nach dem deutschen Gewohnheitsrecht des Spätmittelalters betrachtete man die unehelichen Kinder bäuerlicher Eltern als nur mit der Mutter verwandt. Das Kind hatte keine Ansprüche an die Familie des Vaters und besaß keinerlei Erbrecht (H. Fehr, *Die*

Rechtsstellung der Frau und der Kinder in den Weistümern, Jena 1912, S. 261-271). Das Stigma und die Scham, die in verschiedenen Gesellschaftsklassen für Mutter und Kind mit der Unehelichkeit verbunden waren, sind ein häufiges Thema der erzählenden und literarischen Quellen dieser Jahrhunderte. Aus einer Vielzahl von Beispielen seien genannt: Marie de France, *Milun* (siehe oben, Anm. 70); Hartmann von Aue, *Gregorius* (siehe Anm. 220); Gottfried von Straßburg, *Tristan* (siehe Anm. 221); die Geschichte des Caesarius von Heisterbach über die Verzweiflung, in die der Laienbruder Heinrich wegen seiner Unehelichkeit gerät (s. oben, Anm. 85, engl. Übers. *The Dialogue of the Miracles*, übers. v. H. und E. Scott, C. C. Swinton Bland, New York 1929, I, 229 f.); und die satirischen Verse des deutschen Dichters Der Stricker über die »unsichtbaren Bilder«, die nur die ehelich Geborenen sehen (zit. in: Arnold, *Das Kind in der deutschen Literatur*, S. 32).

111 Vgl. oben, Anm. 102, zu der verbreiteten, in dem *Decretum* Burchards von Worms zusammengefaßten Ansicht, bei Taten, durch die Leben vernichtet wird, könne Armut als mildernder Umstand, wenn auch nicht als Rechtfertigungsgrund gelten. Über die Beziehung zwischen Armut, Elend und Aussetzung oder Weggabe von Kindern siehe Bienvenu, »Pauvreté, misères, et charité . . .«, in: *Moyen Age* 72 (1966), S. 398 f. Zur Bedeutung von Motiven wie Schande und Angst im Zusammenhang mit Kindesmord und Aussetzung siehe oben, Anm. 98.

112 Herrad von Landsberg, *Hortus deliciarum* (hrsg. v. Walter, Straßburg 1952) Abb. XLIV; vgl. Caesarius von Heisterbachs Geschichte einer Nonne, die starb, ohne zuvor ihren Ehebruch und ihren Kindesmord gebeichtet zu haben, und die später einer Freundin erschien, auf ewig dazu verdammt, ihr brennendes Kind zu tragen, dessen Feuer sie unablässig quälte und verschlang (*Dialogus magnus* . . ., übers. J. Hartlieb, a.a.O., S. 377, Teil VI, Kap. 20).

113 Baudri von Dol, *Vita Roberti de Abrisselo* (PL 162, 1055); vgl. den Brief Marbods von Rennes an Robert, in dem er ihm vorwirft zuzulassen, daß Frauen in seiner Begleitung Kinder zur Welt bringen. Auch Roberts Gefährten Vitalis von Savigny und Bernhard von Tiron waren bekannt dafür, daß sie sich um Frauen und verwaiste Kinder kümmerten, siehe *Vita Bernardi*, PL 172, 1441, und Bienvenu, »Pauvreté, misères et charité . . .«, a.a.O., S. 389-392. Dem zeitgenössischen häretischen Bußprediger Heinrich von Lausanne wurde nachgesagt, er habe seine Anhänger dazu veranlaßt, übel beleumdete Frauen zu heriaten und auf diese Weise zu retten (J. B. Russell, *Dissent and Reform in the Early Middle Ages*, Berkeley, Los Angeles 1965, S. 71).

114 Zu Foulques de Neuilly siehe: John W. Baldwin, *Masters, Princes and Merchants: The Social Views of Peter the Chanter and His Circle*, 2 Bde., Princeton 1970, I, 136 f. Es heißt, die Studenten von Paris hätten zu Foulques' Mitgiftsfond 250 Pfund in Silber und das Bürgertum über

1000 Pfund beigesteuert. In der gleichen Zeit erklärte das Dekret des Papstes Innozenz III., allen Gläubigen, die Frauen aus den Bordellen erretteten und heirateten, würden ob ihrer guten Taten die Sünden erlassen (PL 214, 102; 29. April 1198).

115 Über diese Besorgnis um Waisen- und Findelkinder im allgemeinen siehe: L. Lallemand, *Histoire de la charité,* Paris 1906, S. 135-151, wo auch die wesentlichen Abschnitte seiner *Histoire des enfants abandonnés et delaissés,* Paris 1885, abgedruckt sind. Siehe auch: Ludwig Ruland, *Das Findelhaus. Seine geschichtliche Entwicklung und sittliche Bedeutung,* Berlin 1913. Eine neuerliche Untersuchung dieses Themas wäre sehr wünschenswert. Ein anderer Prediger und Fürsprecher praktischer Wohltätigkeit gegenüber den Armen, Raoul Ardent, rief dazu auf, jeder, der besondere Vermögen und Talente besitze, solle diese freigebig zum Nutzen der Armen, insbesondere der Waisen und Witwen anwenden. Reiche Kaufleute z. B. sollten mit ihrem Geld Waisen aussteuern oder für ihre Erziehung sorgen (Gilles Couvreur, »Pauvreté et droits des pauvres à la fin du XIIIe siècle«; *La Pauvreté. Des sociétés de penurie à la société d'abundance,* in: *Recherches et debats du centre catholique des intellectuels français,* 49, Paris 1964, S. 21-23).

116 Auch nachdem die Stiftung des Dateus, wahrscheinlich bei den Bränden von 1071 oder 1075, verschwunden war, bestanden in Mailand zwei kleinere Einrichtungen, ein *brefotrofio* bei San Celso aus dem späten 10. Jh. und das Findelhaus von Broglio, das 1145 gegründet worden war (Lallemand, *Histoire de la charité,* S. 140). Im späten 12. und frühen 13. Jh. wurden u. a. in Florenz, Siena, Pisa und Mirandola Asyle oder Heime für Findlingskinder errichtet (S. 138-141). In Frankreich nahmen seit dem 13. Jh. Stadthospitäler manchmal auch Waisenkinder auf, wiesen jedoch oft, wie das Hôtel de Dieu in Troyes und das in Angers, Findlinge zurück.

117 Lallemand, S. 142. Im Jahre 1198 machte Papst Innozenz III. das Hospital in Montpellier zum Zentrum des Ordens und unterstellte alle bereits vorhandenen und zukünftigen Stiftungen der Oberaufsicht Guys und seiner Nachfolger (PL 214, 83, 85). Später, im Jahre 1228, wurde das Zentrum des Ordens in das römische Hospital Santa Maria in Sassia verlegt.

118 Zu Innozenz' Schirmherrschaft über diesen Orden und seine Propaganda zugunsten ausgesetzter Kinder, siehe Lallemand, S. 143 f. Siehe auch Pietro de Angelis, *L'Arcispedale de Santo Spirito in Saxia nel passato e nel presente,* Rom 1952.

119 Ebd., S. 144 u. 146 zu den Bruderschaften innerhalb der Stadtpfarreien, deren Mitglieder sich an der Arbeit des Ordens beteiligten.

120 Ebd., S. 147 f. Viele Zeugnisse für die Behandlung dieser Kinder stammen nicht aus dem 13. Jahrhundert, sondern aus späterer Zeit. Nach seiner Aufnahme wurde das Kind vorsichtshalber getauft, oft auch dann,

wenn die Eltern nicht ein wenig Salz auf seine Kleider gestreut hatten, um anzuzeigen, daß es noch nicht getauft sei. Für gewöhnlich erhielt es den Namen des Heiligen, an dessen Festtag die Taufe stattfand. Die größeren Einrichtungen hatten feste, im Haus wohnende Säugammen, aber die meisten Kinder wurden offenbar an Ammen außerhalb gegeben, wobei die Stillzeit zwischen 15 und 18 Monaten lag. Wenn sie entwöhnt waren, kehrten sie in das Hospiz zurück, wo sie noch unterschiedlich lange blieben. Jungen zwischen acht und zehn Jahren wurden in eine Lehre gegeben oder als Bedienstete entlassen, während Mädchen, wie es scheint, oft länger blieben.

121 Ein früherer Fall, der dem des Petrus Damiani und seiner Brüder sehr ähnlich ist, findet sich in der Vita des Abtes Johannes von Saint Arnulf in Metz (PL 137, 247 f.). Der zukünftige Abt, Sohn eines sehr betagten Vaters und einer erheblich jüngeren Mutter, übernahm nach dem Tod seines Vaters und der erneuten Heirat seiner Mutter noch als Jüngling die ganze Verantwortung für seine jüngeren Brüder und den gesamten Haushalt. Zu den testamentarischen Verfügungen über die Betreuung von Waisen und unmündigen Kindern aus späterer Zeit siehe John H. Mundy, »Charity and Social Work in Toulouse, 1100-1250«, in: *Traditio* 22 (1966), S. 256 f. In den hier nach Dokumenten aus dem späten 12. und frühen 13. Jh. zitierten Fällen sorgten die Erblasser für ihre unmündigen Kinder, indem sie sie und ihren Besitz anderen Zweigen der Familie anvertrauten (a.a.O., S. 256, Anm. 184) oder indem sie so etwas wie einen modernen Treuhandfonds unter der Aufsicht eines Testamentsvollstreckers errichteten (a.a.O., S. 257, Anm. 185). Mitunter sahen die Testamentsbestimmungen auch die weitere Betreuung der Kinder in einer Klostergemeinschaft vor, womit gewöhnlich die Aussicht auf den schließlichen Eintritt ins religiöse Leben verbunden war (S. 266).

122 Außer von der Adoption eines Waisenkindes durch seine Mutter, das eventuell identisch ist mit Jean, dem späteren Abt von Saint Germer (*Memoirs,* S. 96 f., S. 134) berichtet Guibert auch von einem kleinen Jungen, der während der Judenmassaker in Rouen zur Zeit des ersten Kreuzzugs vom Sohn der Gräfin von Eu gerettet wurde. Dieser brachte das Kind zu seiner Mutter, damit es aufgezogen würde. Guibert zufolge wurde das Kind später zu einem frommen und gelehrten Mönch in Saint Germer (S. 134-137).

123 Zum Fall eines jüdischen Jungen, den ein Graf von Macon im 11. Jh. auf seinen eigenen Namen getauft und zur weiteren Erziehung der Gräfin übergeben hatte, siehe Georges Duby, *La société aux XIe et XIIe siècles dans la région maconnaise,* Paris 1953, S. 121. In dem autobiographischen Bericht über seine Bekehrung vom Judentum zum Christentum und seine spätere Hinwendung zum Klosterleben erzählt Hermann von Scheda, wie er nach seiner Konversion seinen siebenjährigen Halbbruder entführte, damit auch er Christ werden könne. Die Mutter des Kindes

beklagte sich »rasend vor Kummer« bei den Behörden der Stadt Mainz, und nachdem man ihn bis zum Kloster von Flonheim verfolgt hatte, ließ Hermann den Knaben dort zurück, damit er Unterricht erhielte, und ergriff selbst die Flucht. Über das weitere Schicksal des Jungen weiß er allerdings nichts zu berichten (*Hermannus quondam Judaeus Opusculum de conversione sua*, hrsg. v. G. Niemeyer, MGH, *Quellen zur Geistesgeschichte des Mittelalters*, Bd. IV, 109, 114-116).

124 Daß Juden in Zeiten der Verfolgung den Tod der Konversion ihrer Kinder vorzogen, erhellt auch aus den von Solomon bar Samson (um 1140) wiedergegebenen Vorfällen (Jacob K. Marcus, *The Jew in the Medieval World. A Source Book, 315-1781*. New York 1960, S. 115-120, 127-130, 131-135). Was den Verkauf von Kindern in die Sklaverei während des 9. und 10. Jahrhunderts angeht, so zählten kleine Jungen zu einer Kategorie von Sklaven, die besonders häufig von Frankreich nach Spanien und in andere Teile der arabischen Welt exportiert wurde. Dieser Handel wurde weitgehend von jüdischen Händlern geleitet. Die Herkunft der Sklavenjungen ist nicht völlig klar, es scheint sich jedoch hauptsächlich um heidnische (slawische!) Kinder gehandelt zu haben, die gefangen genommen und dann kastriert wurden, insbesondere in Verdun, das Liutprand von Cremona aus dem 10. Jh. zufolge die große »Eunuchenfabrik« des Westens war (Charles Verlinden, *L'Esclavage dans l'Europe médiévale*, Bd. 1: *Peninsule ibérique – France*, Brügge 1955, S. 715 f.). Nach der voreingenommenen Aussage Geralds von Wales war es vor der normannischen Eroberung bei den Angelsachsen »allgemeiner Brauch«, die »eigenen Söhne und Verwandten zum Verkauf nach Irland« zu schicken; aus seiner Sicht rechtfertigte dies die Eroberung beider an diesem Geschäft beteiligten Seiten (*The Conquest of Ireland*, in: *Historical Works*, hrsg. v. Wright, S. 215 f.). Caesarius von Heisterbach berichtet im 13. Jh. von seiner Tante, die ein kleines heidnisches (vermutlich slawisches) Mädchen als Sklavin gekauft und dann getauft hatte (*Dialogus*, engl. Übers. a.a.O., (Anm. 110) II, c. 44, S. 208). Dem deutschen *Schwabenspiegel* aus dem 13. Jh. zufolge war in Fällen äußerster Not der Verkauf von Kindern erlaubt, sie durften jedoch nicht dem Tod, den Heiden oder der Prostitution ausgeliefert werden (Peiper, S. 181). Um einen Eindruck davon zu geben, bis zu welchen Extremen das wirtschaftliche Elend die Menschen treiben konnte, berichtet Bienvenu (a.a.O., S. 408 f.) von dem offensichtlich außergewöhnlichen Fall eines freien Mannes, der den Abt von Saint-Florent-de-Saumur bat, seine beiden Kinder, die er nicht mehr ernähren konnte, als Leibeigene anzunehmen. Der Abt weigerte sich zunächst, willigte aber schließlich ein, nachdem er sich des Einverständnisses der Mutter und der Kinder selbst versichert hatte.

125 Adam von Eynsham, *Life of St. Hugh of Lincoln*, I, 132 f. Unter den Jungen, die Hugo erzog und denen er, wenn sie sich als gelehrig

erwiesen, eine weitere kirchliche Ausbildung zuteil werden ließ, war auch Robert von Noyon, den zunächst der Erzbischof Hugo von Canterbury im Alter von ungefähr 5 Jahren für eine »kleine Summe Geldes« gekauft hatte. Als das Kind dem Bischof Hugo von Lincoln begegnete, verließ es auf der Stelle den Erzbischof und schloß sich Hugo an, »so voller Freude, als sei er einem Vater zurückgegeben worden«. Seine erste Erziehung erhielt er dann im Nonnenkloster von Elstow. Hugos Biograph erwähnt auch einen anderen Jungen namens Benedikt, den der Bischof in Caen gefunden hatte. Er nahm ihn auf, zog ihn in seinem Haus bis zum Jünglingsalter groß und schickte ihn dann auf die Schulen.

126 Siehe P. Le Cacheux, »Une charte de Jumièges concernant l'épreuve par le fer chaud (fin du XIe siècle)«, in: *Société de l'Histoire de Normandie, Mélanges,* 1927, S. 205-226. Hier wird der Fall einer Bauernmutter berichtet, die ihr Kind für 10 Sous im Jahr an die Frau eines wohlhabenden Bürgers von Bayeux als Ersatz für deren eigenes, bei der Geburt gestorbenes Kind verkauft oder vermietet hatte. Als die wirkliche Mutter nach dem vorzeitigen Tod beider Pflegeeltern ihr Geld nicht mehr erhielt, wendete sie sich an den Herzog Wilhelm von der Normandie, um ihr Kind zurückzuerlangen. Nachdem sie das Gottesurteil bestanden hatte, wurde ihr das Kind, allerdings um den Preis seiner Erbschaft, zurückgegeben. Adam von Eynsham (*Life of St. Hugh of Lincoln,* II, 20-25) berichtet von einem Fall aus dem späten 12. Jh., der interessante Rückschlüsse auf die Praxis der Kinderheirat, die Legitimität von Kindern und andere Probleme zuläßt. Die kinderlose Frau eines betagten Ritters aus Lincolnshire täuschte, um ihren Schwager um seine Erbschaft zu betrügen, eine Schwangerschaft vor. Sie zeigte schließlich das neugeborene Mädchen einer Bäuerin als ihr eigenes vor und stellte die wahre Mutter des Kindes als dessen Amme an. Obwohl Bischof Hugo beide Parteien dieser Täuschung wegen exkommunizierte, hielt die Pflegemutter nach dem Tod ihres Gemahls den Erbanspruch des Mädchens aufrecht, das im Alter von vier Jahren mit seinen Gütern vom König einem gewissen Jüngling in die Ehe gegeben wurde. Ungeachtet der wiederholten Verfügungen des Bischofs, die die Ehe unmündiger Kinder untersagten, wurde die Heirat, die eine unfrei geborene Bäuerin mit einem Adeligen verband, vollzogen, und trotz aller Bemühungen Hugos, das Unrecht wiedergutzumachen, durfte der Ehemann behalten, was er unrechtmäßig erworben hatte. Nach englischem Recht galt nämlich ein Kind als ehelich, wenn der Ehemann der Frau es zu seinen Lebzeiten als solches anerkannt hatte. (Zur Kinderheirat und zur Frage der Ehelichkeit vgl. Anm. 110 und 143.) Daß die Kindesunterschiebung oder *suppositio* in betrügerischer Absicht keine ungewöhnliche Sünde war, ergibt sich aus den englischen Synodalgesetzen des 13. Jhs., siehe *Councils* II, 1, 357 und 632, »de partu suppositio vel expositio«.

127 Vgl. die Bemerkungen von Duby, »Histoire des mentalités«, in: *L'Histoire et ses méthodes*, S. 958.
128 Die diesem Kapitel vorangestellten Zitate finden sich in: Guibert, *Memoirs*, S. 68; *The Ecclesiastical History of Orderic Vitalis*, hrsg. und übers. v. Marjorie Chibnall, Bd. II; Bücher III und IV, Oxford 1969, Einl. S. XIII; Southern, *The Making of the Middle Ages*, S. 239 f. Der Originaltext zu Southerns Übersetzung ist Eadmers *Liber de Excellentia B. Mariae*. PL 159, S. 557-580, insbes. S. 564 f.
129 In der folgenden Darstellung stützen wir uns auf eine ziemlich umfassende, aber keineswegs erschöpfende Überprüfung des biographischen und autobiographischen Materials aus dem 11. und 12. Jahrhundert. Dabei handelt es sich weitgehend um hagiographische oder semihagiographische Texte, die die Vorzüge und die Mängel ihrer Gattung aufweisen und angesichts deren man Leopold Genicots Mahnungen zur Vorsicht beachten sollte (»L'Erémitisme du XIe siècle dans son contexte économique et social«, in: *L'Eremitismo in Occidente nei secoli XI e XII*, Atti della seconda Settimana internazionale di studio, La Mendola, 1962, Mailand 1965, S. 54-58). Bei der Beschreibung der Erfahrungen, die ihre Hauptpersonen als Kinder mit ihren Eltern gemacht haben, fallen die Autoren dieser Werke häufig in die üblichen Gemeinplätze über adelige Eltern, sorgfältige Erziehung usw. zurück; aber diese Gemeinplätze sind oft an sich aufschlußreich für die zeitgenössischen Ideale, und in einigen Fällen, besonders dann, wenn der Biograph der Person, deren Leben er beschreibt, und ihren Erfahrungen nahegestanden hat, ist sein Bericht ausführlich genug, um einen wirklichen Einblick in die Welt der Vorstellungen und Beziehungen zu ermöglichen, um die es uns hier zu tun ist.
130 Siehe als frühes Beispiel Hermann von Reichenaus Klage über den Tod seiner Mutter Hiltrud. Sie starb im Jahre 1052 als Mutter von sieben Kindern und war bei allen ihrer Freundlichkeit wegen beliebt als fromme Friedensstifterin, Wohltäterin der Armen und tüchtige Hausherrin (*Chronicon*, MGH, SS, 5, 130). Zu der Frage, inwieweit die zeitgenössischen Darstellungen der verwalterischen Fähigkeiten von adeligen Frauen der Wirklichkeit entsprachen, vgl. David Herlihys Untersuchung über Rolle und Stellung der Frauen als Grundbesitzerinnen und Gutsverwalterinnen in dieser Zeit: »Land, Family and Women in Continental Europe, 701-1200«, in: *Traditio* 18 (1962), S. 89-120. Nach Herlihy trat die Bedeutung der Frauen für Land und Familie, allerdings mit zeitlichen Verschiebungen, besonders deutlich nach 950 hervor und erreichte im 11. Jahrhundert einen Höhepunkt. Ein wichtiger Umstand in dieser Zeit war die erhöhte Mobilität der Bevölkerung. Ehemann und Vater waren häufiger abwesend, und die Frauen übernahmen für längere Zeit die Aufsicht über die festen Besitzungen der Familie (S. 111 f.). Siehe hierzu auch Marc Bloch, *La société féodale*, II, S. 19-21; Robert Fossier, *La terre et les hommes en Picardie jusqu'à la fin du XIIIe siècle*, 2 Bde.,

Paris, Löwen 1968, Bd. 1, S. 269-271; Huygehebaert, »Les femmes laiques...«, in: *I Laici*, S. 374 f., S. 379-386. Zu weiteren Aspekten des damaligen Mutterbildes vgl. Martin Bernards, »Die Frau in der Welt und die Kirche des 11. Jahrhunderts«, in: *Sacris Erudiri* 20 (1971), S. 40-100; Herbert Grundmann, »Die Frau und die Literatur im Mittelalter«, in: *Archiv für Kulturgeschichte* 26 (1936), S. 129-161; Marie Louise Portmann, *Die Darstellung der Frau in der Geschichtsschreibung des frühen Mittelalters*, Baseler Beiträge zur Geschichtswissenschaft 69, Basel, Stuttgart 1958, S. 52-141.

131 *Vita Prima Bernardi*, PL 185, 227 f.; Geoffrey Webb, Adrian Walker (Übers.), *St. Bernard of Clairvaux*, Westminster, Maryland 1960, S. 13 f. Der Geburt Bernhards, ihres dritten Sohnes, ging der übliche Weissagungstraum voraus, dessen günstige Deutung das Herz der Mutter mit Freude und Liebe zu ihrem ungeborenen Sohn erfüllte. Sie weihte ihn vorzüglich dem Dienst des Herrn und machte noch vor seiner Geburt Pläne für seine Erziehung.

132 *Vita Prima*, PL 185, S. 228; Webb, Walker, S. 14. Vgl. Guibert, *Memoirs*, S. 72, wo es von der Mutter heißt, ihr »wählerischer Charakter hatte mit Schlichtheit nichts gemein«. Auch ihrem Sohn gegenüber scheint sie großzügig gewesen zu sein, wenn es um Essen oder Kleidung ging.

133 Zur hl. Margaret von Schottland siehe *Vita* I, 9; 4, 27; AA SS, June, II, 329, 334; vgl. *Vita B. Idae*, PL 155, 438d. Auch der hl. Anselm von Canterbury wurde zunächst von seiner Mutter unterrichtet. Den Gesprächen mit ihr lieh er als Kind »stets ein bereitwilliges Ohr«. (*The Life of St. Anselm, Archbishop of Canterbury by Eadmer*, hrsg. u. übers. R. W. Southern, London 1962, S. 4.) Die Mutter des hl. Bernhard, und nicht etwa sein Vater, gab ihren Sohn in die Obhut von Lehrern in der Kirche von Chatillon-sur-Saone (*Vita Prima*, c. II, PL 185, S. 228; Webb, Walker, S. 16). In späterer Zeit wurde die junge, um 1200 geborene Beatrix von Tienen von ihrer Mutter nicht nur in den christlichen Tugenden, sondern auch im Lesen unterrichtet. Im Alter von fünf Jahren begann sie den Psalter zu lesen und zu rezitieren (*Vita Beatricis, De autobiografie van de Z. Beatrijs Van Tienen, O. Cist.*, hrsg. von L. Reypens, S. J., Antwerpen 1964, S. 23 f.). Die Kenntnis dieses interessanten Textes verdanke ich Dom Jean Leclercq.

134 Siehe Huyghebaert, »Les femmes laiques...«, in: *I Laici*, S. 348 f.

135 Siehe Grundmann, »Die Frauen und die Literatur«, a.a.O., S. 134 f., der einige Beispiele nennt, darunter das der Königin Judith aus dem 9. Jh., der Frau Ludwigs des Frommen, die anscheinend so gebildet war, daß sie die Bibelkommentare des Rabanus Maurus und die lateinische Dichtung des Walahfrid Strabo lesen konnte. Auch einige Frauen des sächsischen Herrscherhauses aus dem 10. Jh. konnten lesen und schreiben. Besonders bemerkenswert unter ihnen die gebildete und unternehmungslustige

Hadwig, die Nichte Ottos I. Sie wird als »leuchtende Minerva« beschrieben, die sich der lateinischen Gelehrsamkeit und der Lektüre lateinischer Dichtung widmete (Portmann, *Die Darstellung der Frau*, S. 128-130). In dieser Zeit wurden manchmal auch Mädchen, die nicht Nonnen werden sollten, zum Unterricht ins Kloster geschickt. So etwa die kleinen Schwestern, von denen Caesarius von Heisterbach erzählt: Man schickte sie zum Unterricht in ein zisterziensisches Nonnenkloster. Beide waren eifrige Schülerinnen und lagen im Wettstreit miteinander, so daß eines der Mädchen, als es krank wurde und befürchtete, allzuviel zu versäumen, die Lehrerin zu bestechen versuchte, damit sie ihre Schwester im Lernen zurückhielte (*Dialogue on miracles* I, 222).

136 Grundmann, »Die Frauen und die Literatur«, a.a.O., S. 133 f. Vgl. Erich Auerbach, *Literatursprache und Publikum in der lateinischen Spätantike und im Mittelalter*, Bern 1958, S. 220 f., der die Rolle der Frauen des anglonormannischen Feudaladels als Förderinnen volkssprachlicher Literatur hervorhebt. Zu ihnen gehört Constance Fitz Gilbert aus Lincolnshire, die literarische Werke in Auftrag gibt und oft »in ihrem Zimmer« darin liest. Sie ist nach Auerbach »die erste Person, von der so etwas berichtet wird«. Unter anderem erwähnt Auerbach das Beispiel des Chrétien de Troyes, der von einem Mädchen spricht, der Tochter eines Ritters, das ihren Eltern im Garten einen »romanz« vorliest. Auch in *Floire et Blancheflor* gibt es einen Hinweis auf vornehme Kinder, die Lateinisch und Französisch lesen.

137 Siehe Andre Grabar, Carl Nordenfalk, *Romanesque Painting from the Eleventh to the Thirteenth Century*, Lausanne 1958, S. 170-172, über die wachsende Bedeutung adeliger Frauen als neuer Kundschaft für illuminierte Bücher, die von ihnen als sichtbare Zeichen ihres Ranges und ihrer Frömmigkeit geschätzt wurden. Das früheste Beispiel eines luxuriösen Psalters im Besitz einer frommen Edeldame ist der berühmte, heute in Hildesheim befindliche Albani-Psalter, den ursprünglich Christina von Markyate besaß (s. u., Anm. 140-142). Im 13. Jh. konnte selbst ein Mädchen niedriger Herkunft in den Besitz eines Psalters gelangen, wenn wir der Geschichte Glauben schenken, die Thomas von Cantimpré in seinem *Bonum Universale de Apibus* (engl. Übers. in: Coulton, *Life in the Middle Ages* I, 123) erzählt. Ein kleines, sechsjähriges Mädchen bat ihren Vater um einen Psalter. Aber dieser war zu arm, um ihn zu kaufen. Als man das Mädchen zu der Lehrerin schickte, »die die Kinder reicher Leute im Psalter unterweist«, konnte es auf Anhieb darin lesen und beeindruckte damit die wohlhabenden Damen der Pfarrei so sehr, daß sie einen Psalter für sie kauften.

138 Petrus Damiani, *Opusc.* XLV, 4, PL 145, 698 erwähnt Lehrspiele, mit denen Kinder ihre sprachlichen Grundkenntnisse erweitern können. Einige nennt man, wie er sagt, »Abecedarien« oder »Syllabarien« oder »Nominarien« und wieder andere »Rechenmaschinen«. Zu ähnlichen

Lehrmitteln vgl. A. Gloria, »Volgare illustre del 1106 e proverbi del 1200«. *Atti del R. Istituto Veneto*, VI, 3, 103.

139 Zur Frage der weitreichenden Autorität des Vaters über unmündige Kinder beiderlei Geschlechts siehe G. Lepointe, *Droit romain et ancien droit français. Régimes matrimoniaux*, Paris 1958, S. 133, passim. Seit der zweiten Hälfte des 12. Jahrhunderts betrachtete das kanonische Recht die väterliche Einwilligung nicht mehr, wie bis dahin, als wesentliche Voraussetzung für eine gültige Ehe. Diese Neuerung, die in das kirchliche Eherecht über die Lehre und nicht über die Gesetzgebung Eingang fand und sich in der Praxis erst nach und nach durchsetzte, betraf Jungen und Mädchen gleichermaßen. Den größten Nutzen hatten aber, wie René Metz bemerkt, die Mädchen (»La femme en droit canonique médiéval«, in: *La Femme*. Recueils de la Société Jean Bodin, 12, Brüssel 1962, II, 86 f.). Andere Untersuchungen in diesem Band enthalten Näheres über die Stellung der Tochter zur Autorität des Vaters, siehe insbes. S. 141, 245, 265, 303.

140 *The Life of Christina of Markyate. A Twelfth Century Recluse*. Hrsg., übers. C. H. Talbot. Oxford 1959, S. 35-75. Christina wurde wahrscheinlich gegen Ende des 11. Jahrhunderts als Tochter einer wohlhabenden angelsächsischen Adelsfamilie in Hantingdon geboren. In dem freimütigen, autobiographischen Ton, den ihre anonyme Vita anschlägt, wird eine direkte Beziehung zu Christina selbst spürbar.

141 Seit ihrer frühen Kindheit, als sie unter den Einfluß eines frommen Kanonikers mit Namen Sueno geriet, scheint Christina in einer Reihe geistiger Freunde und Führer einen Ersatz für ihre Eltern gefunden zu haben, die ihren religiösen Absichten letztlich verständnislos gegenüberstanden. Die dramatische Geschichte ihres Widerstands gegen die Eheschließung, zu der ihre Eltern sie zwingen wollten, findet sich S. 45 ff. Anscheinend war in diesem Fall die Mutter, die entschlossen war, ihre Tochter in die Ehe zu drängen, noch härter und grausamer als der Vater. Sie erklärte, ihr sei es »gleichgültig, wer sie entjungfern würde, wenn sich überhaupt nur eine Möglichkeit dazu fände«, und schreckte in dem Bemühen, ihr Ziel zu erreichen, nicht davor zurück, ihre Tochter in brutaler Weise zu schlagen und öffentlich zu demütigen (S. 73-75).

142 Ebd., S. 67-69. Ihrem Biographen zufolge war Christina nicht nur äußerst anmutig und liebenswürdig, sie war auch so intelligent und umsichtig in praktischen Dingen, daß sie, »wenn ihr Geist weltliche Wege eingeschlagen hätte, nicht nur sich selbst und ihre Familie, sondern auch alle ihre Verwandten bereichert und geadelt hätte«. Außerdem hofften ihre Eltern, sie würde Kinder bekommen, die ihr im Charakter glichen, und waren »auf diese Vorteile so erpicht, daß sie ihr ein jungfräuliches Leben mißgönnten«.

143 Nach Gratian war die Verlobung unter sieben Jahren verboten, aber über das Heiratsalter macht er keine genauen Angaben (*Decretum* C.

XXX, Q. II, PL 187, 1442a). Neben anderen Beispielen für den Widerstand von Kirchenmännern gegen die Kinderheirat vgl. auch Adam von Eynsham, *The Life of St. Hugh of Lincoln*, II, 23-25; *Councils* II, 1, 135, 351 f., 376, 412, 642-644. Siehe auch: R. Metz, »La protection de la liberté des mineurs dans la droit matrimonial de l'Eglise«, in: *Acta congressus internationalis juris canonici*, Rom 1953, S. 174 ff. Daß eine Heirat oder Verlobung vor dem 12. Lebensjahr (bei Mädchen) als Grund für die Ungültigkeitserklärung der Ehe betrachtet wurde, geht aus zwei interessanten Fällen hervor, die der erzbischöfliche Gerichtshof von Pisa im frühen 13. Jh. entschieden hat (Gero Dolezalek, *Das Imbreviaturbuch des erzbischöflichen Gerichtsnotars Hubaldus aus Pisa, Mai bis August 1230.* Köln, Wien 1969, S. 134, 136). In beiden Fällen klagten Frauen mit Erfolg auf die Annullierung ihrer Ehen mit der Begründung, daß sie vor dem zwölften Lebensjahr verheiratet oder verlobt worden waren. In einem Fall führte die Klägerin außerdem an, ihre Eltern hätten Drohungen und körperliche Gewalt angewendet, um sie gegen ihren Willen zur Heirat zu zwingen (S. 136). Trotz des Widerstands der Kirche und einzelner Betroffener wurde der Brauch der Kinderheirat nicht aufgegeben.

144 Siehe John T. Noonan, Jr., »Marital Affection in the Canonist«, in: *Studia Gratiana* 12 (1966), S. 481-509. Eheliche Liebe, definiert als die Absicht, einen Gatten als Gatten zu nehmen, wurde von Gratian gleichgesetzt mit der freiwilligen Zustimmung zur Ehe (S. 497 f.); beides betrachtete er als wesentliche Bestandteile einer gültigen Ehe. Von seinen Nachfolgern wurde dieses Konzept nicht nur in der von ihm eingeschlagenen Richtung weiterentwickelt, es wurde auch als Formel benutzt, wenn die Kirche anordnete, einander entfremdete Ehegatten sollten wieder vereinigt werden. Der kirchliche Widerstand gegen heimliche Ehen und die vielfältigen seelsorgerischen Bemühungen, um das Ehesakrament aufzuwerten und seine Würde hervorzukehren, zeigen sich in den Vorschriften und Verfügungen der englischen Synoden aus dem 13. Jh. *Councils* II, 1, insbes. S. 34, 85-88, 301 f., 367 f., 375 f., 642-644. Das gleiche Bemühen erkennt man auch in der wachsenden Zahl von Ehetraktaten aus dieser Zeit und in den Anleitungen, die den Beichtvätern zur Unterweisung der Beichtenden gegeben wurden. Siehe z. B. R. Weigand, »Kanonistische Ehetraktate aus dem 12. Jahrhundert«, in: *Monumenta Juris Canonici*, Series C, Subsidia 4, Vatikanstadt 1971, S. 59-79 und J. G. Ziegler, *Die Ehelehre der Pönitentialsummen von 1200-1350.* Studien zur Geschichte der katholischen Moraltheologie, Bd. IV, Regensburg 1956.

145 Zur körperlichen Brutalität gegenüber Frauen und ihrer Ablehnung siehe Huyghebaert, »Les femmes laiques . . .«, in: *I Laici*, S. 350-355, wo besonders auf den Fall von Guiberts Mutter und den der flämischen Heiligen Godelieve hingewiesen wird. Diese war vor ihrem grausamen

Ehemann und dessen Mutter geflohen und wurde schließlich auf seinen Befehl hin ermordet. Vgl. auch Guibert, *Memoirs*, S. 210 f. Hier findet sich die Geschichte des Grafen Johannes von Soisson, der seine »schöne, junge Frau« mißhandelte. Im 13. Jh. ermahnte Berthold von Regensburg die Ehemänner nachdrücklich, sie sollten auf ihre Frauen Rücksicht nehmen und ihre körperlichen Ansprüche mäßigen (*Predigten* I, S. 323 f.). Siehe auch Robert Fossier, *Histoire sociale de l'occident médiévale*, Paris 1970, S. 130.

146 Zur Autorität des Mannes in der Ehe, wie sie im kirchlichen und weltlichen Recht erscheint, vgl. die verschiedenen in dem Band *La Femme*, II (a.a.O.), gesammelten Untersuchungen, insbes. S. 89-91, 123-125, 170-183, 245-247, 285-302, 364 f. Trotz erheblicher Unterschiede in verschiedenen Zeiten und an verschiedenen Orten wurde die Unterordnung der Frauen unter ihre Ehegatten stets deutlich hervorgehoben. In der städtischen Umgebung der Niederlande ging die rechtliche und ökonomische Benachteiligung der Frauen allgemein zurück, besonders seit dem 13. Jahrhundert, und auch der Anteil der Frauen an der elterlichen Autorität über die Kinder scheint hier größer als anderswo gewesen zu sein (ebd., S. 277-285, 302-306, 306-310). Siehe auch die wertvolle Analyse von Robert Fossier, der die allmähliche Erweiterung des Anteils der Frau an den Angelegenheiten der »Gattenfamilie« in der mittelalterlichen Picardie hervorhebt (*La terre et les Hommes en Picardie*, I, 269-273).

147 *Vita prima Bernardi*, c. II, PL 185, 230, übers. Webb, Walker, S. 18 f. Nach allgemein anerkannter theologischer und rechtlicher Überlieferung hatten beide Ehegatten die gleichen Rechte auf den Körper des anderen. Für die Frauen war das, zumindest theoretisch, sehr wichtig im Hinblick auf die Gleichheit in der Ehe. Siehe R. Metz, »La femme en droit canonique médiévale«, in: *La Femme* II, a.a.O., S. 87-89 und vgl. z. B. Pierre Abälard, *Problemata Heloissae* XLII, PL 178, 727d-728a.

148 Obwohl die Kirche die Zweitehe nicht begünstigte und ihr den Ehesegen verweigerte, wurde ihre Gültigkeit nie ernstlich in Frage gestellt. Aber der Witwenstand, in den eine Frau in damaliger Zeit schon sehr früh gelangen konnte, galt für heilsamer und ehrenvoller als eine erneute Heirat, und seit dem 10. Jh. standen die Witwen unter dem direkten Schutz der kirchlichen Gerichte (Metz in: *La Femme*, II, S. 91-95, bezieht sich auf A. Rosambert, *La veuve en droit canonique jusqu'au XIVe siècle*, Paris 1923.). Auch die Institution der Mitgift und die »Mitgiftsrechte« der Witwe auf den Besitz des Ehemannes trugen zur Sicherung ihrer Stellung in der weltlichen Gesellschaft bei. Über die Verehrung von Witwen seitens der Kirchenmänner und über ihre Rolle als »Einsiedlerinnen« oder Nonnen im religiösen Leben des 11. und 12. Jahrhunderts, siehe Huyghebaert, »Les femmes laiques«, a.a.O., S. 356-364, 366-375. Nicht nur Witwen waren empfänglich für ein

Leben, das in dieser Zeit auf Frauen aus sehr verschiedenen Klassen und Verhältnissen eine große Anziehung ausübte. Ein Beispiel unter vielen ist die Mutter des hl. Bernhard, die, obgleich sie noch in ihrem Haus wohnte, »das Leben eines Eremiten oder Mönchs« nachahmte, zwar nicht in das religiöse Leben eintrat, zum Ausgleich dafür aber Almosen gab und gute Werke vollbrachte (Vita prima, c. III, PL 185, 230; Webb, übersetzt von Walker, S. 18 f.; andere Fälle siehe Anm. 26, 162, 170).

149 Zu dem Bündnis zwischen den reformfreudigen Kirchenmännern der damaligen Zeit und Damen des Königshauses und des Adels und seiner Bedeutung für die Ausbreitung höherer geistlicher Ideale und neuer Frömmigkeitsformen, siehe Bernards, »Die Frau in der Welt und die Kirche . . .«, in: *Sacris Erudiri* 20 (1971), S. 49-100, und Huyghebaert, »Les femmes laiques«, a.a.O., S. 375-379. Wie das Mutterbild in den von uns untersuchten Werken weist auch das Ideal, das in Briefen und anderen Werken, die sich an adelige Frauen richten, zum Ausdruck kommt, große Ähnlichkeit mit dem Muster der »frommen Frau« auf, wie es sich in früheren Jahrhunderten bei den Kirchenvätern findet. Gewöhnlich zeigen sich hier aber auch die Bestrebungen und Wertvorstellungen der damaligen Reformbewegungen. Bemerkenswert ist in diesem Zusammenhang der Einfluß Roberts von Arbrissel auf Frauen wie die Gräfin Ermengarde von der Bretagne und die Mutter des Petrus Venerabilis. Siehe Bienvenu, »Pauvreté, misères et charité . . .«, in: *Moyen Age* 73 (1967), S. 17, 23 f., s. u., Anm. 162.

150 Siehe Blochs Ausführungen über die »vie noble«. *La société féodale*, II, 25-45. Einen Einblick in das Leben in einem adeligen Haushalt mit seiner Unbequemlichkeit und seinem Mangel an Privatheit vermittelt auch Holmes, *Daily Living in the Twelfth Century*, S. 177-196, und Labarge, *A Baronial Household of the Thirteenth Century*, S. 18-37.

151 *Vita prima*, c. II, PL 185, 229; Webb Walker übers., S. 16 f.

152 Obwohl Guiberts Kindheit von der engen Beziehung zu seiner Mutter und seinem Lehrer beherrscht war, vermittelt sein Bericht eher den Eindruck von Beengtheit und Überwachtsein als den einer angenehmen Vertrautheit. Einen deutlichen Sinn für das Familienleben findet man wohl in der Kindheitsgeschichte der Christina von Markyate, denn ihre Eltern scheinen zartfühlend und großzügig gewesen zu sein, bevor Christina ihre Absichten durchkreuzte. Gerald von Wales schreibt voller Liebe über das Haus, in dem er seine Knabenjahre verbrachte, und dessen äußere Gestalt, über das Leben innerhalb der Burg Manorbier sagt er jedoch nur wenig (*De rebus a se gestis*, hrsg. v. J. S. Breuer, Rolls Series, Vol. 22; eine Teilübersetzung findet sich in: *The Protable Medieval Reader*, S. 344 f.; siehe auch *The Autobiography of Giraldus Cambrensis*, übers. v. H. E. Butler, London 1937. Alexander Neckam, dessen Mutter sowohl ihr eigenes Kind als auch den zukünftigen König Ri-

chard I. stillte, hat Geraldus' glückliche Kindheit in St. Albans in Verse gefaßt (Thorndike, II, S. 188).

153 Die Einblicke, die die Lyrik und einige Romane des 12. und frühen 13. Jahrhunderts bieten, dürften hier aufschlußreich sein im Hinblick sowohl auf die Verknüpfung der Erfahrung von Zärtlichkeit mit der Mutter als auch auf das Streben nach Zärtlichkeit selbst. Beispiele s. u., Anm. 213-215, 219, 223.

154 Ailred von Rievaulx, *De spiritali amicitia*, in: *Opera Omnia*, I. *Opera Ascetica*, hrsg. v. A. Hoste, C. H. Talbot, CC. I. Prol. S. 287; PL 195, 659. Sein Biograph beschreibt, wie Ailred als kleiner Junge »von den Spielen, die kleine Jungen mit ihren Kameraden spielen«, heimkehrt (*Walter Daniel's Life of Ailred*, übers., hrsg. v. F. M. Powicke, London 1950, S. 72). Der Topos des *puer sanctus* taucht in der Hagiographie dieser Zeit nicht selten auf. Zu diesem und anderen in diesem Zusammenhang relevanten Themen siehe: Louise Gnädinger, *Eremitica: Studien zu altfranzösischen Heiligenviten des 12. und 13. Jahrhunderts*, Beiheft zur Zeitschrift für romanische Philologie 130 (1972), S. 57 f., passim. Die oft unglaublich »frommen Kinder«, die uns in den damaligen Heiligenleben begegnen, scheinen mitunter ziemlich unerträgliche Tugendbolde gewesen zu sein. Man denke an das Beispiel der kleinen Beatrix von Tienen, die von Kindesbeinen an einen solchen Abscheu vor unflätiger Sprache hatte, daß sie ihrem Vater sofort berichtete, wenn sie ihre Brüder oder Diener in unziemlicher Weise hatte reden hören, um seine Strenge auf die Häupter der Missetäter zu ziehen (*Vita Beatricis*, hrsg. v. Reypen, S. 22 f.). Sie entwirft ein Bild ihrer selbst, demzufolge sie sich, wie andere »fromme« Kinder, auch vom kindlichen Spiel der Gleichaltrigen fernhält. Oft dürfte dieses Motiv die wirklichen Verhältnisse verdunkelt haben, wie wir sie nicht nur in Ailreds Erinnerung, sondern auch in Guiberts Bericht über die ihm vorenthaltenen Freuden (*Memoirs*, S. 46) sowie in den Erinnerungen Geralds von Wales an seine kindlichen Spiele und die Gemeinschaft mit seinen Brüdern antreffen (s. o. Anm. 152).

155 Guiberts *Memoirs*, insbes. S. 74 f.

156 *The Life of Anselm, Archbishop of Canterbury by Eadmer*, Anhang, S. 172 f. Der Absatz, der diese Episode enthält, findet sich nur in einer Gruppe der Handschriften von Eadmers Werk. Wahrscheinlich stammt er nicht von ihm selbst. Er stellt vielmehr mit ziemlicher Gewißheit die persönliche Erinnerung eines von Anselms Freunden in Bec, vielleicht Boso, dar.

157 Ebd., S. 173. Anselms Bemerkungen zu diesem Vorfall und Beispiele für sein Mitgefühl siehe S. 16-24, 37-40 und unten, Anm. 190.

158 Ebd., S. 6. Der Tod seiner Mutter bezeichnet anscheinend den Beginn einer Zeit heftiger, unversöhnlicher Feindschaft zwischen Anselm und seinem Vater, die seiner Abreise noch voranging. Die Feindschaft zwi-

schen Vätern und Söhnen und die zwischen Brüdern ist ein häufiges Motiv in den historischen und literarischen Werken dieser Zeit. Orderics, *Ecclesiastical History,* um nur diese zu nennen, berichtet von zahlreichen Fällen (siehe z. B. Buch IV, hrsg. v. Chibnall, S. 357). Siehe auch Le Goffs Ausführungen über die Spannungen innerhalb der agnatischen Feudalfamilie, die der Rolle des Mutteronkels anscheinend besondere Bedeutung verschafft haben (*Kultur des europäischen Mittelalters,* a.a.O., S. 471, 475 f. und unten, Anm. 217.)

159 Bis zum Tod seiner Mutter hielten die Liebe und die Verehrung für sie Anselm davor zurück, »sich vom Studium abzukehren und weltlichen Beschäftigungen nachzugehen«. Ein weiteres Beispiel für die Kraft, die das Vorbild der Mutter besaß, bietet der von Petrus Venerabilis verfaßte Brief an seinen Bruder (*The Letters of Peter the Venerable,* hrsg. v. Constable, I, Brief 53, insbes. S. 173).

160 *Vita prima,* c. IV; PL 185, 237 ff.; Webb, Walker, übers., S. 24. Auch Bernhards jüngerem Bruder erschien die Mutter im Traum, um ihr Einverständnis damit zu zeigen, daß sich beide zum Eintritt ins Klosterleben entschlossen hatten (S. 25 f.).

161 Mit der Zahl von Bernhards Geschwistern, vier Brüdern und einer Schwester, mag man die acht Söhne Reingards, der Mutter des Petrus Venerabilis, vergleichen (*The Letters of Peter the Venerable,* II, Anhang A, S. 233-246). In der Familie Pierre Abälards, der seiner Mutter ebenfalls sehr ergeben war, haben, wie es scheint, zumindest 3 Brüder und eine Schwester das Alter der Reife erreicht. Aufgrund der Zahl von 8, 12 bzw. 15 Kindern sind auch die von Orderic Vitalis beschriebenen normannischen Familien erwähnenswert. (Einige Zahlen finden sich bei Paul Rousset, »La description du monde chevaleresque chez Orderic Vital«, in: *Moyen Age* 77 (1970), S. 429, n. 4.)

162 *The Letters of Peter the Venerable,* I, Brief 53, S. 153-173. Petrus' langer, an seinen Bruder gerichteter Brief beginnt mit der Schilderung der Trauer, die ihn befiel, als er bei seiner Rückkehr von einer Reise nach Italien die Nachricht vom Tod seiner Mutter erhielt. Es sei gewesen, als ob ihn »ein Stein am Kopf getroffen« hätte. In seiner Darstellung ihres Lebens und ihrer Tugenden hebt er die Erfahrungen hervor, die sie zu ihrer Konversion veranlaßten, ihre Freundschaft mit dem Reformator Robert von Arbrissel, der sie darin bestärkte, sich von der Welt zurückzuziehen, den Tod ihres Gatten kurze Zeit, nachdem sie beschlossen hatten, gemeinsam ins Klosterleben einzutreten und ihre Weigerung, erneut zu heiraten. Auch als sie Nonne in der kluniazensischen Priorei von Marcigny war, wo Petrus sie anscheinend häufig besuchte, blieben bei ihr die Muttergefühle für ihre Kinder so stark und ungebrochen, daß die Schwestern, wie er bemerkt, sie für übertrieben hielten (S. 168).

163 Das gilt nicht so sehr für so frühe Dokumente wie die Viten des hl. Odo von Cluny und des hl. Gerald von Aurillac, in denen die Rolle des Vaters

stärker hervortritt. Seinem Biographen zufolge spielte in Odos Kindheit der Vater die wichtigste Rolle. Schon als Säugling, da er noch in der Wiege lag, weihte er ihn dem hl. Martin. Er vermittelte ihm die erste Erziehung für ein religiöses Leben, änderte jedoch seine Pläne und schickte ihn als Pagen in das Haus des Grafen Wilhelm von Aquitanien (*The Life of St. Odo of Cluny,* übers. Sitwell, S. 7-11).

164 *The Life of St. Anselm of Canterbury,* S. 6 f. Der Haß seines Vaters gegen ihn soll so groß gewesen sein, daß er den jungen Anselm für das, was er Gutes tat, mindestens so sehr, wenn nicht noch mehr, verfolgte wie für seine Übeltaten. Zu Anselms Beziehung zu Lanfranc in Bec vgl. S. 8-11.

165 Adam von Eynsham, *Life of St. Hugh of Lincoln,* I, 5; vgl. Pierre Abälard, *Historia Calamitatum,* hrsg. v. Joseph T. Muckle, in: *Mediaeval Studies* 12 (1950), S. 175 f.; hrsg. v. Jacques Monfrin, Paris 1962, S. 63. Abälard erwähnt kurz das Interesse seines ritterlichen Vaters an der Erziehung seiner Söhne, das in seinem Fall um so größer war, als er der älteste Sohn und daher dem »väterlichen Herzen besonders lieb« war.

166 *The Life of St. Hugh of Lincoln,* I, S. 6 f. Seinem eigenen Zeugnis nach hatte Hugo das besondere Glück, als Lehrer und Führer in dieser Gemeinschaft einen Kanoniker zu haben, der in Frömmigkeit und Gelehrsamkeit so sehr hervorragte, daß die Adeligen aus der Umgebung von Grenoble darum wetteiferten, ihre Kinder in seine Obhut zu geben.

167 Ebd., I, 14 f. Der Biograph erläutert diese interessante Rollenumkehrung, indem er hinzufügt, seine Pflichten hätten Hugo »süßer als Honig geschmeckt«, hätten ihm besser gemundet »als duftender Wein einem durstigen Mann«, und sein Vater habe ihn »tausendmal gesegnet«.

168 Für ihre Eigenschaft als geistige Führer ist es nicht ohne Bedeutung, daß diese Männer ebenso wie andere Reformer des 11. und 12. Jahrhunderts nicht als Oblaten ins Klosterleben eintraten, sondern als junge Männer nach einem echten Bekehrungserlebnis.

169 Von »vornehmer alter englischer Abstammung« wurde Ailred, Sohn des Erbpriesters von Hexham in Northumbria, seit seiner Knabenzeit am Hof des Königs David von Schottland, des Sohns der frommen Königin Margaret, erzogen, zusammen mit Henry, dem Sohn des Königs, seinem engsten Freund und Gefährten (*The Life of Ailred,* S. 2 f., siehe oben, Anm. 154).

170 Obwohl man ihn schon vor der Geburt dem Kloster versprochen hatte, war Guibert kein Oblate im eigentlichen Sinne des Wortes, denn er trat erst als Novize, mit 12 oder 13 Jahren, ins Kloster ein (*Memoirs,* S. 77 f.). Hermann von Tournai dagegen beschreibt, wie er als Neugeborener dem Kloster von Saint Martin dargebracht wurde. Nicht lange vor seiner Geburt hatten seine beiden Eltern beschlossen, ins Kloster zu gehen, und kurz nach seiner Geburt stellte seine Mutter ihr Kind in einer Wiege auf

den Hochaltar der Klosterkirche und schloß sich mit seinen Schwestern der vom hl. Odo von Tournai gegründeten Frauengemeinschaft an. Der Fall von Hermanns Eltern ist nur einer unter vielen, in denen die religiöse Begeisterung dieser Zeit ganze Familien dazu veranlaßte, ins Klosterleben einzutreten, oft in die Doppelorden, die sich in dieser Zeit ebenfalls stark ausbreiteten. Siehe Hermann, *Liber de restauratione Sancti Martini Tornacensis*, c. 63-70, MGH, SS 14, 303-307; vgl. Huyghebaert, »Les femmes laiques . . .«, a.a.O., S. 366-371.

171 *The Ecclesiastical History of Orderic Vitalis*, II, Einl. S. XIV. Orderic fügte hinzu, bei seiner Ankunft in Saint-Evroul habe er »wie Joseph in Ägypten eine Sprache vernommen, die ich nicht verstehen konnte«. Unter diesen fremden Leuten fand er jedoch »nichts als Wohlwollen und Freundschaft«. Seit seinem elften Jahr verbrachte er sein ganzes Leben in diesem Kloster. Dessen Geschichte wurde zum Ausgangspunkt für das große Werk, das sich allmählich auf die gesamte Kirchengeschichte erstreckte und das, wie Miss Chibnall bemerkt (S. XXIX), in der Tat eine mit nichts zu vergleichende Sozialgeschichte des 11. Jahrhunderts, insbesondere der Normandie, darstellt.

172 Siehe *The Monastic Constitutions of Lanfranc*, übers. v. David Knowles, London 1951, Einl., S. XIV; vgl. *I Laici*, a.a.O., S. 176, 180.

173 Southern, *Western Society and the Church*, S. 224 f., 228-230.

174 *The Monastic Constitutions of Lanfranc*, Einl. S. XVIII f. Trotz der Nachteile, die dieses System für die Klöster ebenso wie für die Kinder mit sich brachte, muß man gerechterweise Knowles Urteil hinzufügen, »daß es viele Züge aufwies, die den Verhältnissen in der Gesellschaft und der Erziehung des frühen Mittelalters durchaus angemessen waren« und daß sich leicht »eine lange Reihe von Klosterkindern aufzählen ließe, die starke und vielseitige Charaktere entwickelt haben«.

175 Es ist äußerst schwierig, um nicht zu sagen, unmöglich, allgemeine, für den ganzen Zeitraum des Mittelalters gültige Aussagen über die Formen der Kindererziehung in den verschiedenen Klassen der mittelalterlichen Gesellschaft zu machen. In den Adelsklassen blieben die Kinder beiderlei Geschlechts bis zum Alter von etwa sieben Jahren zu Hause und wurden von Frauen, zumeist von den Müttern, betreut. Der Brauch, Söhne, die für das militärische Leben bestimmt waren, zur Erziehung zu anderen, oft zum Lehnsherren des Vaters, zum Onkel mütterlicherseits oder anderen Verwandten zu schicken, war offenbar verbreitet und diente unter anderem der Festigung der Familien- und Lehensbündnisse. Aus den hier untersuchten und anderen Quellen geht jedoch hervor, daß man nicht überall und nicht immer so verfuhr. Auch Mädchen schickte man mitunter in dieser Weise fort, und Jungen, die zu einem kirchlichen, wenn auch nicht klösterlichen Leben bestimmt waren, wuchsen etwa im Hause eines Bischofs auf, der wiederum oft ein Verwandter war. Vor dem Erscheinen der Tugendlehren (vgl. Anm. 224) im 12. und 13. Jahr-

hundert gibt es kaum Hinweise auf die Art der Ausbildung, die dem Kind in den Adelshäusern zwischen dem 7. und 12. Lebensjahr zuteil wurde. In dieser und früherer Zeit scheint in den keltischen Gesellschaften, vor allem in Irland und Wales, der Brauch vorherrschend gewesen zu sein, adelige und freigeborene Kinder, und zwar Jungen und Mädchen, in sehr frühem Alter, oft kurz nach der Geburt, in die Obhut von Pflegeeltern zu geben. Siehe Miles Dillon, Nora Chadwick, *The Celtic Realms*, New York 1967, S. 100 f.; Kathleen Hughes, *The Church in Early Irish Society*, Ithaca, N.Y. 1966, S. 6, 154. Gerald von Wales bemerkt, die Bande der Liebe seien zwischen Pflegeeltern und Pflegekindern und zwischen Pflegebrüdern stärker gewesen als zwischen Blutsverwandten (*Topography of Ireland and Description of Wales*, hrsg. Wright, S. 137, 512).

176 Zu den Solidaritäten von Familie und Abstammung und zur Entwicklung des Erbrechts, insbesondere des Erstgeburtsrechts, mit dem der Familienbesitz bewahrt werden sollte, siehe Bloch, *La société féodale*, I, 191-222, 293-324; siehe auch Duby, *La société au XIe et XIIe siècles dans la région maconnaise*, S. 274-281; K. Leyser, »The German Aristocracy from the Ninth to the Early Twelfth Century«, in: *Past and Present* 41 (Dez. 1968), S. 25-53; Fossier, *La terre et les hommes en Picardie*, I, S. 262-270; eine knappe Gesamtdarstellung findet sich bei Fossier, *Histoire sociale*, S. 124-129. Orderic Vitalis führt viele Beispiele für Familienvermögen und ihre durch Tod, Krieg oder anderen Ursachen bedrohte Stabilität an, darunter Aufstieg und Fall der normannischen Familie derer von Giroie im 10. und 11. Jahrhundert (*Ecclesiastical History*, II, 22-35, 121-151).

177 Siehe Southern, *Western Society and the Church*, S. 228-230.

178 An dem allerdings nicht eben typischen Fall Guiberts und seiner Mutter zeigt sich ebenso wie an vielen anderen Beispielen, daß die Klosterkinder in enger Beziehung zu ihren Eltern und anderen Verwandten blieben. In vielen, wenn nicht in allen Fällen gab man die Kinder in Klöster, die in der Nähe des Familiensitzes lagen und nicht selten sogar unter der Oberherrschaft der Familien standen.

179 Ein Verzeichnis mittelalterlicher Abteien, die den Söhnen und Töchtern von Adelsfamilien vorbehalten waren, findet sich bei U. Berlière, »Le recrutement dans les monastères bénédictins aux XIIIe et XIVe siècles«, *Académie Royale de Belgique, Classe des lettres, Memoires*, XVIII, fasc. 6 (1924), S. 16-21.

180 Allgemein zu diesem Thema siehe Pierre Riché, »L'Enfant dans la société monastique aux XIe et XIIe siècles«, in: *Actes, Colloque internationale, Pierre Abélard-Pierre le Vénérable*, Paris 1974. Mehrere Sammlungen des kluniazensischen Gewohnheitsrechts wurden herausgegeben von Bruno Albers, *Consuetudines monasticae*, 4 Bde., Monte Cassino 1907-1911. Siehe auch *Corpus Consuetudinum Monasticarum*, hrsg. v.

Kassius Hallinger, Rom 1963 ff. Bisher sind vier Bände erschienen, die Sammlungen des Gewohnheitsrechts aus dem 8. und 9. Jahrhundert ebenso enthalten wie die von Bec und Eynsham. Siehe auch Knowles (Hrsg.), *The Monastic Constitutions of Lanfranc*, a.a.O. Besonders einflußreich war im späten 11. und im 12. Jahrhundert das von Bernhard und Ulrich von Cluny zusammengestellte kluniazensische Gewohnheitsrecht, siehe *Consuetudines Bernardi*, hrsg. v. M. Herrgott, in: *Vetus Disciplina Monastica*, Paris 1726, und *Consuetudines Udalrici*, PL 149, S. 741-747. Übersetzungen siehe in *The Monastic Constitutions of Lanfranc*, die der Erzbischof Lanfranc von Canterbury aufgrund des Gewohnheitsrechts von Bec und Cluny zusammengestellt hat. Auszüge aus dem Gewohnheitsrecht von Saint-Benigne in Dijon, die sich auf die Oblaten beziehen, sind bei Coulton, *Life in the Middle Ages*, IV, S. 99-101, übersetzt.

181 Vgl. zu dieser Darstellung der Oblationszeremonie *The Monastic Constitutions of Lanfranc*, a.a.O., S. 110 f. Das Versprechen der Eltern war zuvor aufgezeichnet und bezeugt worden. Nachdem sie es noch einmal mündlich vorgetragen hatten, wurde es auf den Altar gelegt. Unter den aus dem 12. Jahrhundert stammenden Manuskriptfragmenten von Saint-Rémi in Reims (heute in Paris BN lat. 13090, f. 72-77b) finden sich eine Reihe interessanter Oblationsurkunden, die, von Vätern und Brüdern ausgefertigt, mitunter auch von Müttern unterschrieben worden sind. In dieser und früherer Zeit galt das Versprechen auf Lebenszeit. Später, seit dem 12. Jahrhundert stand es dem Oblaten frei, in der Jugend, wenn die endgültigen Gelübde abgelegt wurden, das Kloster zu verlassen. Knowles, S. XVIII, bemerkt allerdings, daß sich in den Dokumenten der Zeit kaum ein Beispiel für ein solches Ausscheiden findet.

182 Siehe z. B. *Consuetudines Bernardi*, hrsg. v. Herrgott, I, 27, S. 210. *Consuetudines Udalrici*, III, 8 (PL 149, 747d); vgl. das kluniazensische Gewohnheitsrecht von Maillezais, hrsg. v. J. Becquet, »Le Coutumier Clunisien de Maillezais«, in: *Revue Mabillon* 54 (1964), S. 18.

183 *The Monastic Constitutions of Lanfranc*, S. 115 f.; vgl. auch S. 117 f., wo die gleiche Aufsicht auch für ältere Jungen und Novizen vorgeschrieben wird.

184 Ebd., S. 117; vgl. das Gewohnheitsrecht von Saint-Benigne, Coulton, *Life in the Middle Ages*, IV, 100. Siehe auch die Episode, wie Odo von Cluny die Vorschriften zur Latrinenbenutzung mißachtet, was im frühen 12. Jahrhundert in Beaume als sehr schweres Vergehen angesehen wurde (*The Life of St. Odo of Cluny*, übers. Sitwell, S. 32). Offenbar hatten die Kinder in kluniazensischen Klöstern in den Waschräumen und Latrinen ihre eigenen Plätze (*Consuetudines Udalrici* III, 8; PL 149, 742c, 744c).

185 Siehe die Regel des hl. Benedikt, c. 37 und die *Consuetudines Udalrici*, PL 149, 747d. Allgemein bestand die vorgeschriebene Züchtigung darin,

die Kinder mit »biegsamen Weidenruten« zu schlagen oder heftig an den Haaren zu reißen. Nie sollten Kinder »mit Tritten und Fäusten oder mit der offenen Hand oder auf sonst eine Weise« bestraft werden (Coulton, *Life in the Middle Ages IV, 100*). Daß die Züchtigungen jedoch manchmal über diese Vorschriften hinausgingen, liegt auf der Hand. Man vergleiche den Bericht über den hl. Stephan Obazine, der sehr streng war und Jungen mit der offenen Hand ins Gesicht schlug (ebd., S. 179); siehe unten, Anm. 190.

186 In diesen Vorschriften spiegelt sich eine sehr viel realistischere Ansicht über kindliche Sexualität als sie in Guiberts Abhandlung über die Inkarnation zum Ausdruck kommt, wo er die Meinung vertritt, die Zeit der Kindheit sei von Sexualität gänzlich frei (PL 156, 33; übers. v. Benton, *Memoirs*, S. 14); hierzu auch Anm. 226. Petrus Damiani beschäftigt sich sehr ernsthaft mit Problemen der Homosexualität bei Klerikern. Sein *Liber Gomorrhianus* (PL 145, 159b-190d) stellt für diese Zeit die umfassendste Behandlung dieses Themas dar; siehe insbes. Kap. I (169d) zu den verschiedenen »Sünden wider die Natur«, zu denen auch die Masturbation zählt, und Kap. XV (174d-175c) zur Päderastie. Die Verführung eines Kindes oder eines Jugendlichen durch einen Kleriker oder einen Mönch wurde bestraft mit öffentlicher Züchtigung, Verlust der Tonsur, sechsmonatiger Einschließung in Eisen und Ketten und mit Fasten bis zur Vesper an drei Tagen der Woche; dann folgten weitere sechs Monate der Isolierung in einer Zelle unter strenger Aufsicht. In den Bußbüchern aus dem frühen Mittelalter wurden sexuelle Handlungen mit Jugendlichen sehr viel leichter bestraft; siehe z. B. das Römische Bußbuch, Nr. 67 (McNeill, Gamer, *Medieval Handbooks of Penance*, S. 309). Als Beispiel für ähnliche Berichte zu diesem Thema siehe auch die von Petrus Venerabilis wiedergegebene Geschichte von den Teufeln, die einen gewissen Lehrer in einer Klosterschule dazu trieben, mit einem der Jungen zu sündigen (*De miraculis*, PL 189, 977). Zur Veranschaulichung des ganzen Themas vgl. auch das Kapitell in Vezelay, das die Entführung des Ganymed darstellt (Salet, *Vezelay*, Abb. 31, Nr. 12).

187 Zahlreiche Belege hierfür ergeben sich schon, wenn man einen Blick auf Guiberts Geschichten über sexuelle Sünden und Versuchungen wirft, die man auch in anderen Werken aus diesen Jahrhunderten in großer Zahl antrifft. Siehe z. B. Otloh von Sankt Emmeram, *Liber de suis tentationibus, varia fortuna et scriptis* (PL 146, 47-50) und als weiteres Beispiel für Anselms »väterliches Mitgefühl« die Geschichte, wie er die sexuellen Ängste eines jungen Mönchs heilte (*The Life of St. Anselm*, S. 23 f.).

188 Siehe Guibert, *Memoirs*, S. 79-81. Hier findet sich eine besonders lebendige Schilderung der Alpträume aus seiner Knabenzeit. In ihnen wimmelt es von Bildern des Todes und von toten Männern, »besonders solchen, von denen ich gesehen oder gehört hatte, sie seien mit dem Schwert erschlagen worden oder auf andere Weise zu Tode gekommen«.

Er träumte von Dämonen, die so entsetzlich waren, daß ihn nur der umsichtige Schutz seines Lehrers davor bewahrte, »verrückt zu werden«. Vgl. S. 85 f., wo eine weitere nächtliche Vision beschrieben wird, in der ihn zwei Teufel forttragen. Eingriffe von Dämonen in das Leben anderer kommen auf den Seiten 101 f., 110-112, 137-139, 140-143 zur Sprache. Ein weiteres unter den vielen Beispielen für Traumbilder von Toten bei Kindern bietet Petrus Venerabilis, *De miraculis*, II, 25 (PL 189, 941d-943c), wo berichtet wird, einem Mönch im Kindesalter sei sein toter Onkel, ein früherer Prior seines Klosters, im Traum erschienen und habe ihn auf den Klosterfriedhof geführt, wo er eine riesige Totenversammlung abhielt. Zu Kinderteufeln einer besonders furchterregenden Art, den »kleinen schwarzen Jungen« der Antike und des Mittelalters, siehe Gregorio Pinco, »Sopravvivenze della demonologia antica nel monachesimo medievale«, in: *Studia Monastica* 13 (1971), S. 31-36. Eine interessante Erklärung dafür, daß in einer Zeit des sozialen und kulturellen Wandels der Teufel als vermenschlichte und personifizierte Macht des Bösen und die Dämonen in ihren vielfältigen Gestalten an Bedeutung und Bedrohlichkeit gewinnen, bietet Russell, *Witchcraft in the Middle Ages*, S. 100-132.

189 Unter den Schriften Otlohs sind von besonderem Interesse sein *Liber de tentationibus*, PL 146, 29a-58c (auszugsweise übers. in Coulton, *Life in the Middle Ages*, Bd. 4, 84-92) und sein *Liber visionum* (337-396), worin die ersten vier seine Kindheitserfahrungen am unmittelbarsten widerspiegeln. Zu der Angst, die er als kleiner Schuljunge im Kloster vor Schlägen hatte, siehe *De tentationibus*, 38; im *Liber visionum*, III, 352 f., findet sich die Geschichte der Erfahrungen, die er als junger Lehrer in Sankt Emmeram machte. Hier wird geschildert, wie er schließlich einsah, daß Umsicht und Freundlichkeit bei der Behandlung der Kinder notwendig sind. Vgl. seine *Vita Wolfgangi*, 389 ff. Zu Otloh siehe G. Misch, *Geschichte der Autobiographie*, a.a.O., III, 1, S. 57-107 und Morris, *Discovery of the Individual*, S. 79-83; siehe auch G. Vinay, »Otlone de Sant'Emmeran ovvero l'autografia di un nevrotico«, in: *La Storiografia altomedievale*, II, Spoleto 1970, S. 13-38 und J. Leclercq, »Modern Psychology and the Interpretation of Medieval Texts«, in: *Speculum* 48 (1973), S. 478 f. Obwohl Otloh kein Oblate war, wurde er in jungen Jahren zum Unterricht nach Tegernsee geschickt. Später erlebte er zahlreiche innere Konflikte und Anfechtungen in bezug auf seine mönchische Berufung. Auch litt er an einem radikalen Zweifel, was die Existenz Gottes und die Zuverlässigkeit der Heiligen Schrift anging, und diese Probleme waren, wie es scheint, dringlicher als die sexuellen Versuchungen, von denen er allerdings, wie er sagt, täglich geplagt wurde.

190 *The Life of St. Anselm*, S. 37-39. Zu der Frage, wie Anselm selbst seine Gebote anwendete, vgl. oben, Anm. 156, 157, 187. In Canterbury wurde

der hl. Dunstan im 10. Jahrhundert zu einem Beschützer der Klosterkinder vor übermäßigen Schlägen. Die von Osbern im späten 11. Jahrhundert berichtete Geschichte der wunderbaren Heilung eines Mädchens diente zur Warnung vor übermäßiger Grausamkeit gegenüber Kindern und wurde in späteren Versionen ausgeweitet. Dort wird erzählt, Dunstan sei einigen Jungen kurz vor Weihnachten unmittelbar dabei behilflich gewesen, der Bestrafung durch ihren Lehrer zu entgehen (*Memorials of St. Dunstan, Archbishop of Canterbury*, hrsg. v. William Stubbs, Rolls Series 63, 1874, S. 140-142). Vgl. auch A. F. Leach, *The Schools of Medieval England*, Nachdruck, New York 1969, S. 81-84. Eadmer selbst war für eine dieser Versionen verantwortlich, ebenso wie für die Vita eines sehr viel früheren Erzbischofs von Canterbury, Bregwine, der wie Dunstan als Beschützer der Schuljungen vor dem Zorn und den Schlägen ihrer Lehrer berühmt war (B. S. Schultz, »Eadmer's Life of Bregwine, Archbishop of Canterbury, 761-764«, in: *Traditio* 22 (1966), S. 124-141).

191 Anselms Ansatz ist zwar, was Klarheit und Vollständigkeit seiner Entfaltung angeht, neuartig, steht aber doch vor dem Hintergrund gewisser patristischer und insbesondere karolingischer Vorläufer, wie Alkuin und Theodulf von Orléans, die im Umgang mit Kindern Geduld empfahlen und auf die Notwendigkeit von »mütterlicher« Zuneigung ebenso wie von Bestrafung hingewiesen hatten. Sie sahen in ihnen »unbestimmte« Wesen, die man durch Ausbildung formen konnte (Leclercq, »Pédagogie et formation spirituelle«, in: *La Scuola*, Spoleto 1972, S. 287). Die Opposition gegen strenge Züchtigungen und das Gefühl ihrer Nutzlosigkeit wurden im Verlauf des 11. Jahrhunderts offensichtlich stärker. Siehe z. B. den Protest Ecberts von Lüttich gegen die »mehr als rhadamantische Strenge« einiger »dummer Lehrer«, die sich abmühten zu lehren, was sie selbst nicht verstanden, und gegen ihre »blutdürstige« und »rachsüchtige« Behandlung der Schüler (*Fecunda ratis*, hrsg. v. E. Voigt, Halle 1889, S. 179). Durch die ähnliche Strenge seines Lehrers hatte Guibert de Nogent, wie er berichtet, die Überzeugung gewonnen, in der Ausbildung der Kinder seien Zurückhaltung und Mäßigung am Platze (*Memoirs*, S. 47 f.). Siehe auch unten, Anm. 234.

192 In diesem Zusammenhang benutzt Anselm zum erstenmal das Bild des »Baumschößlings«, der Freiheit braucht, damit seine Äste sich ausbreiten und er fruchtbringend emporwächst und nicht durch übermäßige Beengung »krumm und knotig« wird. Er zieht auch den Vergleich zur Gold- und Silberfolie, die vom Goldschmied »gepreßt und sorgfältig mit dem Werkzeug bearbeitet wird, bis er sie mit noch größerer Sorgfalt auszieht und ihr eine Form gibt« (S. 37 f.). In ähnlicher Weise wendet sich Petrus Damiani an die Heranwachsenden mit den Worten: »Ihr seid in einem geschmeidigen Alter. Fügt die Hand des Töpfers dem Ton eine Verletzung zu und behebt sie nicht, so wird sie hart wie Stein.« Er setzt hinzu, der einmal gebogene Zweig könne niemals wieder gerade werden

(»On the Perfection of Monks«, Kap. 20, in: McNulty, *The Spiritual Writings of Peter Damian*, S. 121).

193 Ulrichs heftige Klage dagegen, daß viele adelige Eltern die Klöster als Unterkunft und »Abfallgrube« für ihre kranken, mißgestalteten oder sonstwie behinderten Kinder benutzen, findet sich PL 149, 637.
194 Zum Widerstand der Zisterzienser und Kartäuser gegen die Oblation siehe J. Dubois, »L'institution monastique des convers«, in: *I Laici*, a.a.O., S. 257. Unter den Reform-Orden dieser Zeit setzten die Zisterzienser ein Mindestalter von 15 Jahren zum Eintritt ins Noviziat fest, die Kartäuser ein Alter von 20 Jahren. Das zunehmende Gewicht, das man auf eine echte, persönliche Berufung zum Klosterleben legte und andere Wandlungen in den »Mechanismen« beim Übertritt ins Kloster (vgl. Duby, in: *I Laici*, S. 176) verringerten die Zahl der Oblaten. Hinzu kam, daß sich den jüngeren Söhnen des Adels seit dem späten 11. Jahrhundert in verschiedenen militärischen und expansionistischen Unternehmungen größere Möglichkeiten boten. Über das Fortbestehen der Oblation im Spätmittelalter, allerdings in viel kleinerem Maßstab, vgl. U. Berlière, »Le recrutement dans les monatères...«, *Acad. Roy. de Belgique, Classe des lettres, Memoires* XVIII, 6 (1924). Hier wird unter anderem der Bischof Wilhelm von Auvergne aus dem 13. Jahrhundert zitiert, der Klage führt über »die mißgestalteten Kinder, mit denen man die Klöster überhäuft, besonders die Bastarde der Adeligen und die unmündigen Kinder und die, derer man sich auf bequeme Weise entledigen will.«
195 Über spezielle Maßregeln für das leibliche Wohl von Klosterkindern siehe Gerd Zimmermann, *Ordensleben und Lebensstandard: die »cura corporis« in den Ordensvorschriften des abendländischen Hochmittelalters*, Beiträge zur Geschichte des älteren Mönchtums und des Benediktinerordens, Heft 32, Münster i. Westf. 1973, S. 159-161. In den Klosterverfassungen und im Gewohnheitsrecht wurde eine deutliche Trennung zwischen den »Kindern« bis zum Alter von 12 Jahren und den Novizen gemacht. Für die Kinder waren im allgemeinen Modifikationen in der Ernährungsweise vorgesehen, etwa die Milderung der Fastengebote oder die Erlaubnis zum Genuß von Fleisch und anderer besonderer »Happen«. Auch in der Kleidung unterschieden sie sich von den Älteren. Die Härte des Klosteralltags, insbesondere des Chordienstes wurde gemildert. Wenn ein Junge während der Andacht einschlief, so wurde er gewöhnlich nicht geschlagen, man hielt ihn vielmehr etwa damit wach, daß man ihm ein schweres Buch zu halten gab.
196 Obwohl die frühe Erziehung innerhalb und außerhalb des Klosters in dieser Zeit gewiß ein sehr wesentlicher Aspekt für die Geschichte der Kindheit ist und überdies einer allgemeinen Untersuchung dringend bedarf, können wir sie in den Grenzen, die dieser Studie gesetzt sind, nur streifen. Trotz der anscheinend unvermeidlichen Verbindung von Unterricht und körperlicher Bestrafung waren die Erinnerungen an die

Klostererziehung und ihre Darstellung nicht selten positiv und voll des Lobes. Siehe z. B. die Erinnerungen Walahfrid Strabos an seine glücklichen Schultage in Reichenau im 9. Jahrhundert (»The school-life of Walahfrid Strabo«, übers. v. James Davie Butler, *Bibliotheca Sacra* 40 (1883), S. 152-172) und seine poetische Schilderung, wie Grimaldus von Sankt Gallen im Obstgarten des Klosters sitzt, während seine jungen Schüler in der Nähe spielen und Obst pflücken (MGH, Poet. II, 335, 11.429-444). Ein Blick in die Methoden des lateinischen Grammatikunterrichts und eine Skizze vom Tagesablauf eines Oblaten bietet Aelfrics *Colloquium* (ca. 1005), das er als Betreuer der Oblaten in der Abtei Cerne in Dorset verfaßte (übers. in A. F. Leach, *Educational Charters and Documents*, Cambridge 1911, S. 37-41). Die neueste Untersuchung zur englischen Klostererziehung findet sich in den entsprechenden Kapiteln von Nicholas Orme, *English Schools in the Middle Ages*, London 1973, und zur frühmittelalterlichen Erziehung die Aufsätze in *La Scuola*, Spoleto 1972. Zum Charakter und Wert der Klostererziehung siehe auch J. Leclercq, *The Love of Learning and the Desire for God*, New York 1962, insbes. S. 116-151.

197 Eadmer z. B. sagt von Anselm in Bec: »alle liebten ihn wie einen lieben Vater, denn mit Gleichmut ertrug er ihrer aller Gewohnheiten und Schwächen« (*The Life of St. Anselm*, S. 22). Einer der späteren, um 1180 verfaßten Viten des hl. Bernhard zufolge bestand seine erste Handlung, nachdem er von einer Reise nach Clairvaux zurückgekehrt war, darin, den Novizen einen Besuch abzustatten, auf daß »diese jungen und zarten Säuglinge um so reichlicher von der Milch seiner Tröstungen erfrischt würden«. Mit denen, die betrübt waren, hatte er Mitleid, »wie ein Vater mit den eigenen Kindern Mitleid hat« (PL 185, 422). Zu Bernhards Sorge um die Kinder siehe J. Leclercq, *Contemplative Life*, Washington D.C. 1973, darin das Kapitel »St. Bernard's Idea of the Role of the Young«, S. 26-35.

198 *Walter Daniel's Life of Ailred*, S. 40, 58. Der von Jocelyn von Furness verfaßten Biographie zufolge »übertraf Ailred die übrigen Prälaten an Geduld und Zärtlichkeit«.

199 Southern, *Making of the Middle Ages*, S. 226-257, zeigt sehr einleuchtend, welche bedeutende Rolle der hl. Anselm und der hl. Bernhard dort spielten, wo es darum ging, die neue Spiritualität anzuregen und ihr Ausdruck zu verleihen. In ihr traten dann persönliches Erleben und Selbsterkenntnis ebenso wie stärker affektive Formen von Frömmigkeit und Hingabe in den Vordergrund.

200 Für Anselms Einfluß ist Guibert de Nogent ein wichtiger Zeuge. Denn er gehörte zu den jungen Männern, denen Anselms Freundlichkeit zugute kam: »Als er noch Prior in Bec war, ließ er mich in seinem Bekanntenkreis zu, und obwohl ich bloß ein Kind in zartestem Alter und mit geringem Wissen war, erbot er sich sogleich, mich zu lehren, wie

man mit dem eigenen Inneren umgehen und bei der Beherrschung des Körpers die Gesetze der Vernunft zu Rate ziehen soll.« (*Memoirs*, S. 89 f.) Anselms Gebete siehe in A. Castel, *Méditations et prières de saint Anselme*, Paris 1923; siehe auch R. W. Southern, *Saint Anselm and His Biographer*, S. 34-47, und oben, Anm. 128.

201 Die Vision, die Bernhard als Knabe »in der Nacht der Geburt des Herrn« hatte, ist in der *Vita prima* c. II, PL 185, 228 beschrieben, Webb Walker (Übers.), S. 17 f.: »Es war, als ob sich die Geburt des Kindes wiederholen würde ... und das ließ das Herz des kleinen Bernhard von Sehnsucht und Liebe überfließen, wie man es von einem Jungen nie gehört hat.« Seine Abhandlung »zum Lobpreis der gesegneten Muttergottes« und ihres Sohnes und seiner heiligen Geburt« (*In nativitate Domini*, Sermo I-II, PL 183, 124 f.), gehört zu seinen frühesten Werken; Ausschnitte daraus sind von einem Ordensmitglied des C.S.M.V. übersetzt in *St. Bernard on the Christian Year*, London 1954, S. 33-37. Zur Nachahmung der kindlichen Eigenschaften des Herrn vgl. ebd., S. 116 f., entnommen aus *In Conversione S. Pauli* II, PL 183, 365ab. Siehe auch *De purificatione B. Mariae*. Sermo II, *De puero, Maria et Joseph*, 369-372.

202 Southern, *The Making of the Middle Ages*, S. 238-257. Siehe auch J. Fournée, »Les orientations doctrinales de l'iconographie mariale à la fin de l'époque romane«, *Centre internationale d' études romanes*, II (1971), S. 23-60.

203 Zu den verschiedenen Formen der Verbreitung siehe Etienne Delaruelle, »La culture religieuse en France au XIe et XIIe siècles«, in: *I Laici*, S. 548-581.

204 Ebd., S. 551, zu der Beliebtheit, deren sich die Themen der Kindheit Jesu im geistlichen Drama und in der Kunst erfreuten. So enthielt zum Beispiel das Querschiff von Saint-Savin ursprünglich einen vollständigen Zyklus mit Szenen aus der Kindheit Christi, der für die Laiengemeinde, der der westlich vom Querschiff gelegene Teil des Hauptschiffs vorbehalten war, gut sichtbar war. Ähnliche Szenen sind in der Kirche Saint-Aignan in Brinay und auf der Gewölbedecke vor der Apsis in der Kirche Saint-Nicolas in Tavant dargestellt (Grabar, Nordenfalk, *Romanesque Painting*, S. 87 f., 95, 97-99). Die vielleicht bekanntesten Skulpturen aus dieser Zeit, die Figuren des Westportals und der Kapitelle von Chartres sind abgebildet in: E. Houvet, *Cathédrale de Chartres: Portail Occidental ou Royal*, Paris o. J., insbes. Abb. 54 und 76. Siehe auch R. Crozet, »A propos des chapiteaux de la façade occidental de Chartres«, in: *Cahiers de civilisation médiévale* 14 (1971).

205 Southern, *The Making of the Middle Ages*, S. 238-240 und Abb. IV »Madonna des Dom Rupert«. In der Darstellung von Christi Geburt auf dem Lettner von Chartres (um 1230-1240) liegt die Muttergottes auf ihrem Bett, blickt voller Zärtlichkeit auf das neben ihr in einer Krippe

liegende gewickelte Kind und streckt die Hand nach ihm aus. Eine Abbildung findet sich bei Roberto Salvini, *Medieval Sculpture,* London 1969, Abb. 203. Zur Entwicklung neuer und vielgestaltiger Darstellungsformen siehe V. Lasareff, »Studies in the Iconography of the Virgin«, *Art Bulletin* 20 (1938), S. 42-63.

206 Denis Grivot, George Zarnecki, *Giselbertus, Sculptor of Autun,* New York 1961, S. 67 und Abb. 5. Auch hier legt, wie die Autoren feststellen, das Rad unter dem Esel die Vermutung nahe, der Bildhauer habe sich von einer Szene inspirieren lassen, die häufig in einem der Weihnachts- oder Dreikönigsspiele vorkam, in denen das frühe Leben Christi sehr anschaulich vor der Öffentlichkeit dargestellt wurde.

207 Abbildungen dieses Deckengemäldes und Überlegungen dazu in: *Suisse romane,* Paris 1958, S. 259 und S. 251-255. Eine Zusammenstellung von Darstellungen des Kindesmords, die im 12. Jahrhundert häufiger sind als im 13. oder 14. Jahrhundert, findet sich bei L. Réau, *L'iconographie de l'art chrétien,* Paris 1955, II, S. 271 f. Mit zunehmender Lebendigkeit und eventuell mit einem ermahnenden Unterton werden die Grausamkeit der Schlächter und der Schmerz der Mütter in den Vordergrund gestellt. Siehe z. B. die Kapitelle am Westportal von Chartres (Yves Delaporte, »Représentations du Massacre des Innocents à la cathédrale de Chartres«, *Notre Dame de Chartres* II, 1971, S. 10-15) und die Kapitelle von Saint-Sernin in Toulouse sowie die von Poitiers, außerdem das Fries von Saint-Trophime in Arles, die Bronzetüren von Pisa und den Taufbrunnen von San Giovanni in Fonte in Verona, auf dem die Kinder außergewöhnlich realistisch dargestellt sind (G. H. Crichton, *Romanesque Sculpture in Italy,* London 1954, S. 84 f.). Giovanni Pisano hat diese Motive sehr eindringlich an der Kanzel von Sant'Andrea in Pistoia zum Ausdruck gebracht (siehe Salvini, *Medieval Sculpture,* Abb. 268). In dem aus dem 12. Jahrhundert stammenden Spiel von den Unschuldigen Kindern, dem *Ordo Rachelis,* einer der Ausformungen des Dreikönigszyklus, hört man die Stimmen der ermordeten Kinder und die Klagen Rachels, die den Chor der ihrer Kinder beraubten Mütter anführt, abwechselnd mit den Antworten der Trost spendenden Engel; über dieses Spiel und seine verschiedenen Fassungen siehe Karl Young, *The Drama of the Medieval Church,* 2 Bde., Oxford 1933, Bd. 1, S. 110 ff., und O. B. Hardison Jr., *Christian Rite and Christian Drama in the Middle Ages,* Baltimore 1969, S. 223-226.

208 In einer von Abaelards Hymnen zum Fest der Unschuldigen Kinder, einer poetischen Fassung von Rachels Klage, stehen mütterliche Liebe und mütterlicher Schmerz im Vordergrund (PL 178, Nr. 77, 1808 f.). Es ist vielleicht kein Zufall, daß der Vorabend des Fests der Unschuldigen Kinder seit dem 12. Jahrhundert als Festtag der Kinder gefeiert wird. Er lag einige Wochen hinter dem Fest des hl. Nikolaus, dessen stark zunehmende Verehrung in dieser Zeit ihren Höhepunkt erreicht. Hierzu

A. F. Leach, *The Schools of Medieval England*, S. 144-148. Es ist nicht unwahrscheinlich, daß in der Entwicklung und Verbindung all dieser Themen die positiven Bemühungen der Kirche um eine Stärkung des Wohlwollens gegenüber Kindern zum Ausdruck kommen. In diesen Zusammenhang gehört auch das wachsende Interesse an ihrer Teilnahme am sakramentalen Leben der Kirche, insbesondere an den Sakramenten der Firmung und der Eucharistie, die nun deutlicher von der Taufe getrennt sind. Dieses Interesse veranlaßte die Theologen dazu, sich Gedanken über die Fähigkeiten von Kindern und ihre Unterweisung zu machen. Zu dieser Entwicklung vgl. Fisher, *Christian Initiation*, S. 101-108, 120-140. Zu den Bemühungen um die religiöse Unterweisung von Kindern im 13. Jahrhundert in England siehe *Councils* II, 1, 265-269; das anscheinend früheste aus dieser Zeit stammende Beispiel einer unmittelbar an Kinder gerichteten Predigt besitzen wir in den *Praeloquia* des Ratherius von Verona aus dem 10. Jahrhundert. Sie enthalten, voneinander getrennt, Unterweisungen für kleinere Kinder, ältere Kinder und Heranwachsende (PL 136, 203 f.). Anschauliche Darstellungen von Kindstaufen finden sich in M. Avery, *The Exultet Rolls of South Italy*, Abb. CXVI-CXVII, XCIX.

209 Grabar, Nordenfalk, *Romanesque Painting*, S. 170-172, s. o., Anm. 137. Ein gutes Beispiel ist der Ingeborg-Psalter aus dem frühen 13. Jahrhundert, der zahlreiche Szenen enthält, die von Frauengestalten beherrscht sind. Auch hier wird das Jesuskind auf der Flucht nach Ägypten dargestellt, wie es mit den Händen seiner Mutter spielt (F. Deuchler, *Der Ingeborg-Psalter*, Berlin 1967).

210 Siehe Southern, *The Making of the Middle Ages*, S. 246-254, zur Entwicklung und Ausbreitung dieser Sammlungen, von denen eine der frühesten anscheinend von Petrus Damiani hergestellt worden ist.

211 *Die Dichtungen der Frau Ava*, hrsg. v. F. Maurer, S. 11-19, s. o., Anm. 30. Zu französischen Fassungen vgl. Delaruelle, »La culture religieuse...«, in: *I Laici*, S. 563-565.

212 *Ruodlieb*, übers. v. Karl Langosch, in: *Waltharius, Ruodlieb, Märchenepen. Lateinische Epik des Mittelalters in deutschen Versen*, Darmstadt 1960, S. 129, 187 ff. Die Darstellung von Beziehungen zwischen verwitweten Müttern und ihren Kindern ist ein hervorstechendes Merkmal dieses aufschlußreichen Werkes. Zuletzt heiratet der Held die Tochter einer anderen hingebungsvollen Mutter. Während seiner frühen Abenteuer war er einer Frau begegnet, die ihren Gatten ermordet hatte, der jedoch unter Verweis auf ihre Stiefkinder das Leben geschenkt wurde: »Daß sie als Mutter und Herrin schalte, nicht als Stiefmutter mehr dort walte« (S. 169). Daß die Lage, in der sich Ruodlieb und seine Mutter befinden, durchaus ihre Grundlage in der damaligen Wirklichkeit besitzt, zeigt, wie K. Leyser bemerkt, ein Dokument, das als erster deutscher Familienbrief bezeichnet worden ist. Dieser wurde einige

Jahrzehnte später von einer ebenfalls verwitweten Mutter geschrieben, die bei ihrem Bruder in Abwesenheit ihrer verbannten Söhne um Hilfe nachsucht (»The German Aristocracy in the Early Middle Ages«, *Past and Present* 41 (1968) S. 38 f.). Eine weitere Ausformung solcher familienbezogenen Themen stellt Hildegards von Bingen »gottbegnadetes« Leben des jungen hl. Rupert dar. Als Rupert drei Jahre alt war, starb sein feindseliger Vater, und fortan durchlebte er seine Kindheit und Jugend in enger und liebevoller Gemeinschaft mit seiner verwitweten Mutter. *Vita Sancti Ruperti*, PL 197, 1083-1086.

213 Ein erstaunlicher Fall von solcher Ambivalenz wird uns von Salimbene, einem Mönch aus dem 13. Jahrhundert, berichtet, der, wie er sagt, seine Mutter niemals mehr so liebte wie zuvor, nachdem er gehört hatte, daß sie ihn bei einem Erdbeben in seiner Wiege zurückgelassen hatte, während sie seine zwei kleinen Schwestern in Sicherheit brachte (*Cronica*, hrsg. v. Bernini, I, S. 46 f.). Unter den historischen Müttern dieser Zeit zeigt keine eine so unversöhnliche Feindseligkeit gegenüber Kindern wie die gefürchtete Königin Konstanze von Frankreich gegenüber ihrem ältesten Sohn Henri (siehe Jean Dhondt, »Sept femmes et un trio de rois«, in: *Miscellanea mediaevalia in memoriam J. F. Niermeyer*, Groningen 1967, S. 50-52). Vgl. die mehr als ambivalente Beziehung der spanischen Königin Urraca aus dem frühen 12. Jahrhundert zu ihrem Sohn (*Historia Compostellana*, PL 170, 936-947). In dem frühesten erhaltenen Fabliau *Richeut* aus dem späten 12. Jahrhundert wird geschildert, wie die Heldin, eine Dirne und abtrünnige Nonne, grausame Rache an ihrem unehelichen Sohn nimmt, der sich zu einem berüchtigten Verführer entwickelt hatte (hrsg. v. Lecompte, in: *Romanic Review* 4 (1913), S. 261-305).

Ein bekanntes Beispiel zweideutiger Mutterliebe bietet der Fall der Mutter Parzivals. Bei Chrétien de Troyes erscheint sie so selbstsüchtig darauf bedacht, ihren Sohn vom Ritterwesen fernzuhalten, daß sie es versäumt, ihn angemessen auf das Leben vorzubereiten (siehe M.-N. Lefay-Toury, »Romans bretons et mythes courtois. L'évolution du personnage feminin dans les romans de Chrétiens de Troyes«, *Cahiers de civilisation médiévale*, 15 (1972), S. 283 f.).

214 Herbert Moller bejaht diese Frage; siehe »The Meaning of Courtly Love«, *Journal of American Folklore* 73 (1960), S. 39-52. Daß Moller besonderes Gewicht auf den latenten Gehalt dieser Dichtung und ihre tiefreichende kollektive Anziehungskraft legt, ist mit anderen, geläufigen Deutungen der höfischen Dichtung keineswegs unvereinbar, etwa der Ansicht, sie sei im wesentlichen eine Vortragskunst, die ihr Spiel mit den Perspektiven des Publikums treibt (siehe z. B. Frederick Goldin, *Lyrics of the Troubadours and Trouvères: An Anthology and a History*, New York 1973, S. 108, 121-125). Die zitierten Sätze sind Paraphrasen von Versen des Troubadours Bernart de Ventadour, übers. v. Harvey Biren-

baum, in: *Medieval Age*, hrsg. v. Angel Flores, New York 1963, S. 180 f.; vgl. Moller, S. 42 f. und Goldin, S. 139-141.

215 In seiner provokanten Analyse des unbewußten Gehalts der bekannten Paradoxa der höfischen Dichtung zeigt Moller (S. 41), daß die angebetete Person eine Frau ist, »deren bloße Existenz Sicherheit gewährt und aufheiternde und erhebende Wirkung im Leben des Dichters hat«, eine Frau, die »absolut einzigartig und unersetzbar ist« und die im Dichter »den unablässigen Wunsch nach liebevoller Aufmerksamkeit, nach wechselseitiger Liebkosung, nach Umarmungen und Küssen« weckt. In der Dichotomie zwischen zärtlichen und sinnlichen Gefühlsregungen, die sich in einem großen Teil dieser Dichtungen zeigt, und in ihrer auf die Kindheit bezogenen Bildlichkeit sowie in der erstaunlichen Ungleichheit zwischen den Liebenden sieht Moller eine weitere Stützung seiner Hypothese.

216 Siehe S. 41 und S. 44 f. zum Fehlen der »drohenden Vaterfigur« in dieser Dichtung, zum Vorkommen »zahlreicher, weniger bedeutender Rivalen« und der »tief ambivalenten Vorstellung von der Herrin selbst«, die zugleich »grenzenlos gut und doch in ihrem Unwillen grausam ist«.

217 Unter den irdischen Stellvertretern der Eltern in diesem Zeitraum hat der Mutteronkel sowohl in der Literatur als auch im Leben die bedeutendste Stellung. Oft erscheint er, wie G. C. Holmes feststellt, als eine Art »männlicher Mutter« (*English Villagers of the Thirteenth Century*, New York 1968, S. 191 f.). Über die Beziehung zwischen Onkel und Neffe, die in nicht weniger als 80 Werken dieser Zeit dargestellt wird, siehe R. Bezzola, »Les neveux«, *Mélanges de langue et littérature du moyen âge et de la renaissance offerts à Jean Frappier*, 2 Bde., Genf 1970, I, 89-111. Vgl. G. Duby, »Structures de parenté et noblesse: France du nord, XIe-XIIe siècles«, *Miscellanea . . . J. F. Niermeyer*, S. 157.

218 Siehe die neue Untersuchung von Michael Goodich, »Childhood and Adolescence among the Thirteenth-Century Saints«, *History of Childhood Quarterly*, I, 1973, insbes. S. 298.

219 Siehe die Schlußfolgerungen, zu denen Herlihy in bezug auf die »gesellschaftlichen Auswirkungen der großen Wellen der militärischen und geographischen Expansion Europas« kommt, in: »Land, Family, Women . . .«, *Traditio* 18 (1962), S. 110-113. Die Inanspruchnahme durch den Haushalt und die Sorge für eine vielköpfige Familie verstärkt, wie oben bereits angedeutet, zu dieser Zeit in vielen Adelshäusern auch die Tendenz, auf Säugammen zurückzugreifen, wodurch die enge Beziehung vieler adeliger Mütter zu ihren Kindern im frühesten Alter unterbrochen wurde (siehe oben, Anm. 61, 64, 67).

220 Die Motive von Verlassen, Aussetzung, Verstoßung und Unehelichkeit kommen in einer Reihe von Werken aus dem 12. Jahrhundert sehr deutlich zum Ausdruck, z. B. in den oben erwähnten *Lais* der Marie de France (Anm. 70, 100). Ein erstaunliches Beispiel, das eine genauere

Untersuchung verdient, ist der *Gregorius* von Hartmann von Aue (hrsg. v. F. Maurer, Berlin 1968). Hier sind die genannten Motive verknüpft mit dem Thema des doppelten, deutlich ödipal gefärbten Inzests zwischen Bruder und Schwester. Das aus dieser Verbindung hervorgegangene Kind kehrt später, nachdem es in einem Kloster großgezogen worden ist, zurück und heiratet, zunächst unerkannt, seine Mutter. Siehe hierzu die neuere Untersuchung von K. C. King, »The Mothers Guilt in Hartmann's Gregorius«, *Mediaeval German Studies Presented to Frederick Norman*, London 1965, S. 84-93.

221 Gottfried von Straßburg: *Tristan*, hrsg. v. K. Marold, Berlin 1969, 3. Aufl. [Anm. d. Übers.: Deutsche Übersetzung unter Verwendung der von A. T. Hatto hergestellten Übersetzung ins Englische: Gottfried von Straßburg: *Tristan*, übers. und eingel. v. A. T. Hatto, Harmondsworth, Middlesex, England 1960, S. 67.]

222 Marold (Hrsg.), S. 33.

223 Ebd., S. 33. Zum Mutteronkel vgl. Anm. 217.

224 Zum *Urbain* und ähnlichen Werken vgl. H. Rosamond Parsons, *Anglo-Norman Books of Courtesy and Nurture*, 1929, S. 16-19 und passim. Eine andere Dichtung dieser Art, die *Petit Traitise* legt Wert auf das höfische Verhalten der Kinder untereinander und ermahnt sie, ihre Gefährten beim Spiel nicht zu verletzen und keinem Gewalt anzutun (S. 48 f.).

225 *De prop. rer.*, Lib. VI, S. 238 f.

226 Ebd., S. 238; zur Ansicht des Guibert de Nogent vgl. Anm. 186.

227 *De prop. rer.*, S. 240 f.

228 Zu Vinzenz' ca. 1247-1249 auf Bitten der Königin Margaret, der Frau des hl. Ludwig, geschriebener Abhandlung über die Erziehung adeliger Kinder siehe *De eruditione filiorum nobilium*, hrsg. v. A. Steiner, Cambridge, Mass. 1938. Zur Mädchenerziehung insbes. S. 172-219. Siehe auch Astrik L. Gabriel, *The Educational Ideas of Vincent of Beauvais*, South Bend, Ind. 1962, S. 40-44. Sehr viel fortgeschrittener und auf die gleiche Behandlung von Mädchen und Jungen bedacht waren die Vorstellungen, die Vinzenz' jüngerer Zeitgenosse Pierre Dubois zu diesem Thema entwickelte. In seinem Programm für eine kolonisatorische Ausdehnung Frankreichs sprach er sich dafür aus, den Mädchen die gleiche Erziehung wie den Jungen zu geben, allerdings mit einem Schwerpunkt auf medizinischem und chirurgischem Gebiet. *De recuperatione terrae sanctae*, hrsg. v. C. V. Langlois, Paris 1891, S. 70-72.

229 *De eruditione*, S. 172-176, 194-197.

230 *Speculum doctrinale*, in: *Speculum Quadruplex sive Speculum maius*, Nachdruck, Graz 1964-1965, Lib. XII, c. 31; vgl. Gabriel, *Educational Ideas*, S. 17 f.

231 Zu Aldobrandinos Ratschlägen zur Säuglingspflege vgl. Anm. 47, 49, 59. Dieser aus Siena stammende Arzt lebte im späteren 13. Jahrhundert in

Troyes und starb offenbar vor 1287. Seine populäre Abhandlung *Le régime du corps*, anscheinend das erste medizinische Werk in französischer Sprache, schrieb er etwa 1256 auf Bitte der Gräfin Beatrix von Savoyen. Zu den lateinischen Übersetzungen und Paraphrasen der soranischen Werke und zur Ausbreitung seiner Gedanken vgl. oben, Anm. 42. Ein anderer Arzt des 13. Jahrhunderts, Gilbertus Anglicus, kannte sie sehr gut und gibt sie, obwohl Soranos nicht namentlich genannt wird, in seinem *Compendium medicinae* wieder (Talbot, *Medicine in Medieval England*, S. 80-83).

232 Vinzenz, *Speculum doctrinale*, Lib. XII, c. 32, Vgl. Gabriel, *Educational Ideas*, S. 17-19. Eine illuminierte Initiale aus einer zeitgenössischen Handschrift von Aldobrandinos Werk, die in der gedruckten Ausgabe abgebildet ist (S. 74), zeigt eine Amme oder eine Hebamme, die ein Kind in einer großen faßförmigen Wanne badet.

233 Aldobrandino zufolge sollte dies geschehen, damit das Kind in seinem Wesen gutartig werde. In diesem Alter faßt das Kind am meisten auf und lernt gutes und schlechtes Benehmen. Sobald es sieben Jahre alt ist, sollte man es zwingen, gute Umgangsformen zu erlernen, und darauf bedacht sein, alles fernzuhalten, was es übermäßig erzürnen könnte oder seinem Alter noch unangemessen ist (*Régime du corps*, S. 80). Seine Kost sollte sorgfältig überwacht werden. Es sollte dreimal am Tag, jeweils nach dem Spielen, zu essen bekommen. Man könne ihm mit Wasser verdünnten Wein geben, sollte jedoch auf Milch, Obst und Käse so weit wie möglich verzichten, weil diese Speisen leicht Steine verursachen. In diesem Alter ist das Kind so weit, daß man es zur Schule schicken kann, zu einem Lehrer, der es ordnungsgemäß unterrichtet, ohne es zu schlagen oder zu zwingen, gegen seinen Willen in der Schule zu bleiben. Vgl. auch die damit beinahe identischen, vielleicht von Aldobrandino übernommenen Ratschläge aus dem »Dialog zwischen Placides und Timeo« aus dem späten 13. Jahrhundert (Langlois, *La vie en France*, III, 333).

234 Vinzenz, *De eruditione*, hrsg. v. Steiner, S. 89-101.

235 Walther von der Vogelweide, *Werke*. Text und Prosaübersetzung von Joerg Schaefer, Darmstadt 1972, S. 358 f.

236 Der hl. Ludwig selbst, der liebevolle Sohn einer liebevollen Mutter, liefert ein Muster väterlicher Sorge in den *Enseignements*, die er für seinen Sohn und seine Tochter schrieb. Eine Fassung dieser Schrift fügte Jean de Joinville seinen *Memoiren* bei (siehe die Ausgabe von Natalis de Wailly, Paris 1874). Eine Erörterung dieser Texte bei Langlois, *La vie en France* IV, 23-46. Das Ideal einer Unterweisung der Kinder durch den Vater zeigt sich auch in einem zeitgenössischen Erbauungsbuch, einem Traktat mit dem Titel *C'est dou pere qui son filz enseigne et dou filz qui au pere demande ce que ile ne set*. Unter anderem sind darin Belehrungen über die Pflichten von Eltern und Kindern enthalten (ebd., S. 47-65).

237 Philip von Novara war Vater zumindest eines Sohnes und entstammte

einer Adelsfamilie aus Novara, einer Stadt in der Lombardei. Lange Zeit stand er im Dienst des Ibelin von Zypern und Syrien. Sein letztes, nach 1265 geschriebenes Werk, eine Abhandlung über die vier Lebensalter des Menschen, wurde von Marcel de Freville herausgegeben: Philippe de Navarre (sic!), *Des IIII tenz d'aage d'ome* (hier zit. als *Les quatre âges de l'homme*), Société des anciens textes français, Paris 1888. Philips Beschreibung des Kleinkindes siehe S. 2.

238 Ebd., S. 3. Zu Maimonides' Ansicht über die Liebe des Vaters zu seinen Kindern siehe *Führer der Unschlüssigen*, übers. v. Adolf Weiss, 3 Bde., Leipzig 1926 f. Maimonides empfiehlt eine sehr frühe Beschneidung; das Kind werde dann nur geringe Schmerzen verspüren. Außerdem würden die Eltern, solange das Kind noch klein ist, nicht allzuviel an es denken, weil sein Bild, das die Liebe der Eltern erst weckt, in ihrem Geist noch keine festen Wurzeln geschlagen habe. Dieses Bild wird beim fortwährenden Anblick des Kindes und im Laufe seiner Entwicklung immer stärker. Die Liebe der Eltern zum Neugeborenen ist nicht so groß wie die, wenn es ein Jahr alt ist, und das einjährige Kind wird weniger geliebt als das sechsjährige. Einflußreiche Äußerungen eines anderen jüdischen Vaters über Kinder finden sich bei Saadia Gaon, *The Book of Beliefs and Opinions*, übers. aus dem Arabischen und Hebräischen von Samuel Rosenblatt, New Haven 1948, S. 381-383. Saadia stellt Überlegungen zu den Schmerzen, Ängsten und Sorgen des Elterndaseins an und kommt zu dem Schluß, daß »der einzige Grund, warum die Kinderliebe in die Herzen der Menschen gepflanzt worden ist, darin besteht, daß sie an denen, die ihnen der Herrgott geschenkt hat, festhalten und nicht die Geduld mit ihnen verlieren«. Vom 13. bis zum 17. Jahrhundert lautete eine wichtige salernitanische Frage, warum die Eltern ihre Kinder mehr lieben als diese jene. In der Antwort wurde zumeist der materielle Grund angeführt, das Kind habe sein Wesen aus der Substanz beider Eltern erhalten, und die Eltern, die darum wissen, liebten das Kind um so mehr. Das Kind hingegen, von dessen eigener Substanz nichts bei den Eltern sei, liebe sie darum weniger (Lawn, *The Salernitan Questions*, S. 151-153).

239 Philip von Novara, *Les quatre âges de l'homme*, S. 3-9. Philip empfahl auch eine etwas mechanisch oberflächliche religiöse Unterweisung, die bei der Einflößung guter Sitten wichtig sei.

240 Ebd., S. 10-14.

241 Ebd., S. 14-21.

242 Die Werke dieses Mailänder Moralisten aus dem späten 13. Jahrhundert wurden hrsg. von Vincenzo Licitra: »Il *Liber legum moralium* e il *De regimine vite et sanitatis* di Bellino Bissolo«, *Studi medievali* 3a ser. 6 (1965), S. 409-454. Zu seinen Gedanken über Kinder und ihre Erziehung siehe insbes. S. 420, 433-435. In der Frage der Disziplin teilte er die Ansichten Philips von Novara und erklärte: »Der Vater, der die Rute

nicht benutzt, liebt sein Kind nicht« (S. 434). Sein *De regimine vite* empfiehlt häufiges Baden und Waschen von Händen und Gesicht, enthält einfühlsame und sehr genaue Ratschläge zur Ernährungsweise und zeigt damit ein auch im *Regimen sanitatis* und anderen Werken zum Ausdruck kommendes Interesse an Hygiene und Sauberkeit, das in dieser Zeit keineswegs ungewöhnlich ist (siehe Talbot, *Medicine in Medieval England*, S. 144 f.).

243 M. Coens, »La vie de Christian de l'Aumône«, in: *Analecta Bollandiana* 52 (1934), S. 14. Der Junge wurde von diesen tödlichen Angriffen befreit, als er seine Sünden beichtete.

244 Ebd., S. 15 f. Hier findet sich die Bemerkung, Christian sei während seiner ganzen Knabenzeit im Haus seiner Eltern geblieben.

245 Hartmann von Aue, *Der arme Heinrich*, hrsg. v. Friedrich Neumann, Stuttgart 1966.

246 Hartmann von Aue, a.a.O., S. 41 f., 45 f., 51 ff.

247 Ebd., S. 46, S. 62. Die kleine Heldin beruft sich ihren Eltern gegenüber mehr als einmal auf die »genâde wol/ der vater unde muoter sol/ leisten ir kinde« (S. 51). Über die Freude der Eltern bei der glücklichen Heimkehr ihrer Tochter aus Salerno heißt es: »sî kusten ir tohter munt/ etewaz mê dan drîstunt« (S. 73). Einem anonymen Prediger des 13. Jahrhunderts zufolge wurden junge Adlige, die man streng züchtigte und »mit den Bediensteten essen ließ«, weniger freundlich und zartfühlend aufgezogen als die Kinder der Bauern, die in jungen Jahren von ihren Eltern mit Liebe überhäuft und erst dann hinter den Pflug gestellt wurden, wenn sie herangewachsen waren (B. Hauréau, *Notices et extraits de quelques manuscrits de la Bibliothèque Nationale*, IV, 95). Ein zeitgenössischer Arzt bestimmte den Gegensatz in anderer Weise. Er schrieb, die Kinder der Bauern würden stets schön geboren, auch wenn sie später durch die übermäßige Arbeit und den Mangel an Hygiene häßlich würden (Talbot, *Medicine in Medieval England*, S. 95).

248 Wernher der Gartenaere, *Helmbrecht* (vgl. Anm. 74). Die deutsche Bauernfamilie aus dem 13. Jahrhundert, die in dieser Dichtung geschildert wird, bestand aus den Eltern, zwei Töchtern und dem töricht ehrgeizigen Sohn, den der Vater vergeblich zu Hause zu halten versuchte. Aus der langsam wachsenden Zahl von Familiendarstellungen in der Kunst seit dem späten 12. Jahrhundert seien genannt: die Reliefs in Borgo San Donnino (Crichton, *Romanesque Sculpture in Italy*, S. 77 und Abb. 43, 44b) und das Portrait der einander umarmenden Eltern und ihrer beiden Kinder im *Reuner Musterbuch* aus dem 13. Jahrhundert (siehe oben, Anm. 78). Was die Struktur speziell von bäuerlichen Familien angeht, so deuten die bislang untersuchten Zeugnisse darauf hin, daß für diese Klasse die »Gattenfamilie« in verschiedenen europäischen Regionen früher vorherrschend wird, z. B. in der Provence um das 10. und 11. Jahrhundert (Weinberger: »Peasant Households . . .«, *Speculum*

48 (1973), S. 255 f.) und in Spanien um das 10. Jahrhundert (M. B. Pontieri, »Una familia de proprietarios rurales en la Liebana del siglo X«, *Cuadernos de Historia de España*, 43-44 (1967), S. 119-132). Anregende Zeugnisse für Nordfrankreich im 13. Jahrhundert bei B. Guérard, *Le polyptique de l'abbaye de Saint-Rémi de Reims*, Paris 1853, S. 7-23. Siehe auch G. Duby, »Structures familiales dans le moyen âge occidental«, in: *Rapports*, XIIIe Congrès international des sciences historiques, Moskau 1970; G. C. Homans, *English Villagers of the Thirteenth Century*, S. 215-217. Fossier kommt zu dem Schluß, daß sich, zumindest in den Gebieten, mit denen er sich befaßt, im 13. Jahrhundert eine neue »Familienstruktur«, die Gattenfamilie, ausbreitet. Die treibenden Kräfte dieser Entwicklung scheinen die Kirche sowie die Bauern- und Bürgergemeinden gewesen zu sein. Nach einiger Zeit des Zögerns und der Veränderung bildete die »Ehezelle« das Zentrum der Familiengemeinschaft (*La terre et les hommes en Picardie*, I, 270). Eine andere Ansicht von diesem Prozeß entwirft D. Herlihy, »Family Solidarity in Medieval Italy«, *Economy, Society and Government in Medieval Italy*, Essays in Memory of Robert L. Reynolds, hrsg. v. David Herlihy, Robert S. Lopez und Vsevolod Slessarev, Kent, Ohio 1969, S. 173-184.

IV James Bruce Ross
Das Bürgerkind in den italienischen Stadtkulturen zwischen dem vierzehnten und dem frühen sechzehnten Jahrhundert

> Ich erinnerte mich, wann – zu welcher genauen Stunde und in welchem Augenblick –, wo und wie er von mir gezeugt worden war und welch große Freude es mir und seiner Mutter bereitete. Und alsbald regte er sich im Mutterleib; aufmerksam erfühlte ich seine Bewegungen mit meiner Hand und erwartete voller Ungeduld seine Geburt. Und welche Freude, welches Glück erlebte ich, da er geboren wurde, männlichen Geschlechts, gesund und wohlgestaltet. Als er heranwuchs und sich fortentwickelte, war große Zufriedenheit, große Lust in seinen Worten. Allen gefiel dies, und seine Liebe richtete er auf mich, seinen Vater, und seine Mutter. Dabei war er seinem Alter weit voraus.
>
> Giovanni Morelli

Was bedeutete es, als Bürgerkind in den städtischen Zentren Nord- und Mittelitaliens in der Zeit der »Renaissance« aufzuwachsen, etwa zwischen 1300 und dem frühen sechzehnten Jahrhundert? Das Leben des Bauernkindes oder des proletarischen Stadtkindes bleibt fast völlig im Dunkeln, aber dank dem Bemühen um sprachlichen Ausdruck und Selbstdarstellung bei den kaufmännischen und höheren Berufsständen und dank der bemerkenswerten Zahl erhalten gebliebener Dokumente können wir uns ein ungefähres Bild davon machen, wie diese Klassen ihre Kinder aufgezogen haben. Zwar dringen die Stimmen der Kinder nicht direkt zu uns, wir vernehmen sie jedoch, wenn auch schwach und undeutlich, durch die Vermittlung derer, die das Leben der Kinder überwachten oder ihre Entwicklung beobachteten. Mitunter erinnern sich Familienväter an die eigene Kindheit, und gewöhnlich machen sie genaue Aufzeichnungen über die wichtigsten Lebensdaten ihrer Nachkommenschaft. Moralisten und Prediger ermahnen die Eltern in den traditionellen christlichen Begriffen. Erzieher entwickeln aus antiken Quellen eine Ethik pädagogischer Ideale. Ärzte und Künstler äußern sich auf ihre besondere Art über das Kind und stellen ihre Beobachtungen an. Einige außerordentliche Individuen zeichnen die eigene Lebensgeschichte auf, die sich dabei aus der Sicht des Alters verformt. All diese Erwachsenen stützen sich auf die angesammelte Weisheit der Vergangenheit; an ihnen zeigen sich jedoch auch die Macht allgemein vorherrschender Gebräuche und die merkwürdigen Züge einer aggressiven, auf Konkurrenz fußenden Gesellschaft, die Naturkatastrophen wie der Pest, der Hungersnot und der Überschwemmung ebenso ausgesetzt ist wie dem Kampf der Bürger gegeneinander und dem Krieg.

Bei der Suche nach Hinweisen auf dieses nicht leicht zu umreißende Thema ist der heutige Wissenschaftler darauf angewiesen, umfassende Nachforschungen anzustellen und große Massen von verschiedenartigem, veröffentlichtem und unveröffentlichtem Quellenmaterial zu sichten, will er auch nur einige wenige Bruchstücke auffinden, die sich schließlich zu einer Art von Mosaik zusammenfügen lassen. Die Formen, die auf diese Weise hervortreten, mögen im einzelnen unrichtig, die Farben blaß sein, vielleicht aber vermittelt das Ganze dem heutigen Erforscher des kindlichen Lebens in Vergangenheit und Gegenwart doch ein einigermaßen zutreffendes Bild. Tiefere psychologische Einsichten, eine lebhaftere historische Vorstellungskraft und die Ergebnisse moderner quantitativer Untersuchungen werden die tastenden Schlußfolgerungen dieser knappen Studie in Zukunft bereichern und ohne Zweifel modifizieren. Ich hoffe aber, daß die hier vorgestellten, fast ausschließlich den Quellen entnommenen Zeugnisse ihren Wert für den Forscher behalten werden.

Weil die Toskaner und besonders die Florentiner zu dieser Zeit stärker als die anderen Völker Italiens sich in Sprache und Bild zur Geltung bringen und weil ihre Aufzeichnungen reichhaltiger und leichter zugänglich sind als die aus anderen Gebieten, treten ihre Stimmen in diesem Aufsatz besonders deutlich hervor. Die politische Zerstückelung der Halbinsel Italien – bis in die Mitte des neunzehnten Jahrhunderts hat »Italien« eine bloß geographische Bedeutung – läßt es in dieser Zeit nicht zu, ein Kind als »italienisch« zu charakterisieren, und die ungleiche kulturelle Entwicklung der verschiedenen Landesteile läßt jede über die Grenzen einer einzelnen territorialen Einheit hinausgehende Verallgemeinerung fragwürdig erscheinen. Mit einigem Recht jedoch wird man die Erfahrungen der Kinder der Mittelklasse in Mittel- und Norditalien als Ganzes betrachten dürfen. »Die Stadt« (Rom) war in jeder Hinsicht etwas Besonderes, und »das Königreich« (Neapel mit oder ohne Sizilien) war dagegen weitgehend ländlich, war in der sozialen und kulturellen Entwicklung zurückgeblieben und bietet daher relativ wenig für unsere Zwecke geeignetes Material.

Die beiden ersten Jahre: Mutter oder Amme?
Die Balia: Ideal und Wirklichkeit

Was begegnete dem Kind, sobald es in die Welt außerhalb des Mutterleibs getreten war? Nachdem es im Bett der Eltern zur Welt gekommen, im selben Zimmer gebadet und in der Pfarrkirche getauft worden war, wurde es sehr bald nach der Entbindung einer *Balia*, d. h. einer Säugamme, übergeben, einer Bauernfrau aus der weiteren Umgebung, bei der das kleine Kind voraussichtlich etwa zwei Jahre, bis zur Entwöhnung bleiben würde. In dem Zeitraum, auf den sich unsere Untersuchung erstreckt, war dem neugeborenen Kind in den Familien der Mittelklasse im städtischen Italien nach der Geburt die unmittelbare Trennung von seiner Mutter beschieden. Was Ernährung, Pflege und liebevolle Zuneigung angeht, wurde es gänzlich abhängig von einer Ersatzmutter, und bei der Rückkehr zur echten Mutter traf es in einer unbekannten Umgebung auf ein fremdes Wesen, zu dem sich keinerlei körperliche oder emotionelle Bindung hatte herstellen können. Immer wieder begegnet uns die schattenhafte, bedrohliche Gestalt der *Balia*, wenn wir das Dasein der Kleinkinder in Italien näher untersuchen.

Wer sich auf dem Gebiet der Kinderheilkunde etwas auskennt, weiß, daß die Wurzeln des Ammenwesens bis in die Antike zurückreichen.[1] Uns interessiert hier besonders der Fortbestand einer Reihe von Geboten, die die Wahl der Säugamme und die Ausübung ihrer Grundfunktionen betreffen und die auf den Arzt Soranos von Ephesos (96-138 n. Chr.) zurückgehen.[2] Trotz unklarer Überlieferungsverhältnisse hat es den Anschein, als ob das Werk des Soranos die Quelle der meisten in unserem Zeitraum verfaßten didaktischen Abhandlungen zur Säuglingspflege gewesen ist. Ebenso interessant ist in diesen italienischen Schriften, mit welcher Beharrlichkeit das Stillen durch die Mutter verfochten wird. Allerdings sind diese Feststellungen nicht frei von Ambivalenz, ähnlich wie bei Soranos:

> Ist alles übrige gleich, so ist es besser, das Kind mit Muttermilch zu ernähren; denn diese ist für das Kind besser geeignet, die Mütter entwickeln stärkere Gefühle für ihre Nachkommen, und es ist natürlicher, nach der Entbindung genauso wie vorher von der Mutter ernährt zu werden. Wenn aber irgendein Hindernis dazwischentritt, so muß man die beste Säugamme wählen, damit die Mutter nicht vorzeitig altert, indem sie sich durch das tägliche Stillen verausgabt ... Es ist besser, wenn die Mutter im Hinblick auf ihre eigene Genesung und weitere Geburten davon befreit ist, daß ihre Brüste anschwellen ...[3]

Von den italienischen Autoren des vierzehnten Jahrhunderts wird die Säugamme als selbstverständlich akzeptiert. Die führende Autorität in diesen Fragen, der Dichter und Notar Francesco da Barberino, weist der Mutter eine untergeordnete Rolle zu und hebt hervor, die Säugamme müsse der Mutter möglichst ähnlich sein. Falls die Amme krank werde, solle sie das Kind zu seiner Mutter bringen,[4] »die, wenn sie es wünscht und wenn es schicklich ist, fähig sein wird, ihr Kind mit guter Milch zu stillen. Gleichwohl trifft es zu, daß anfangs die Milch einer anderen Frau besser als die ihre ist.«[5] Eine ganz ähnliche Einstellung zeigt sich in der Sammlung moralischer Belehrungen, die der toskanische Kaufmann Paolo da Certaldo nach 1350 verfaßte. Er ruft zu großer Sorgfalt bei der Auswahl der Amme auf und erwähnt dabei die Mutter überhaupt nicht:

> Sie sollte besonnen, gesittet und ehrbar sein, sollte keine Trinkerin oder Säuferin sein, weil die Kinder oft so werden, wie die Milch ist, die sie bekommen. Sei deshalb darauf bedacht, daß die Säugammen deiner Kinder nicht hochmütig sind und ihr Charakter auch sonst keine bösen Züge aufweist.[6]

Das Thema der Ähnlichkeit zwischen Säugling und Amme, das schon bei Soranos zur Sprache kommt,[7] von Barberino angedeutet wird und auch sonst häufig auftaucht, wird von dem bedeutenden Volksprediger San Bernardino von Siena mit dramatischer Wucht in den Predigten aufgenommen, in denen er sich für das Stillen durch die Mutter ausspricht.

> Auch wenn du klug, wohlgesittet und besonnen bist, gibst du dein Kind vielleicht einer schmutzigen Schlampe, und notgedrungen nimmt das Kind bestimmte Sitten von der, die es stillt, an. Wenn die Frau, in deren Obhut es

ist, schlechte Sitten hat oder niedrigen Standes ist, so wird es von diesen Sitten geprägt werden, weil es ihr verschmutztes Blut aufgenommen hat.
Aber auch San Bernardino erkennt »rechtmäßige Gründe« dafür an, das eigene Kind nicht zu stillen, etwa eine schwache Gesundheit oder ungeeignete Milch. Dagegen beklagt er den »unrechtmäßigen Grund«, »sich selbst größere Lust zu verschaffen«.[8] In seinen Bemerkungen wie in denen des lombardischen Humanisten Maffeo Vegio (ca. 1407-1458) aus der nächsten Generation, der die Weigerung, das eigene Kind zu stillen, als Tat eines Ungeheuers brandmarkt, spiegelt sich der tiefsitzende gesellschaftliche Widerstand gegen das mütterliche Stillen.[9] Die Erkenntnis dieser vorherrschenden Einstellung führt Vegio in seinem geblümten Latein ebenso wie seine zumeist in der Volkssprache schreibenden Zeitgenossen sehr schnell dahin, in ihren Traktaten von der Empfehlung der Ideallösung abzurücken und gewisse Einschränkungen zu machen; es heißt dann etwa: »wenn die Gesundheit der Mutter es gestattet« und »wenn sie genug Milch hat«, so solle sie ihr Kind stillen; sie brauche es nicht zu tun, »wenn sie in naher Zukunft noch mehr Kinder zu bekommen wünscht« und »wenn es sie verletzt«.
Solche Sätze stellen das geläufige Zugeständnis an die Macht der Gewohnheit dar, die stärker ist als die Autorität der Antike[10] und die zahlreiche didaktische Autoren dieser Zeit wie Alberti, Palmieri und Rucellai nötigte, das dringende praktische Problem aufzugreifen, eine qualifizierte Säugamme zu finden und zu halten, vor dem die meisten Familien der Mittelklasse standen.[11]
Aus einem subtilen Wechselspiel zwischen sozialen, psychischen und physischen Kräften entstanden, setzte sich die Institution der Säugamme durch und wurde anscheinend zu einem Symbol der Vornehmheit.[12] Bei den »vornehmen« Familien und nicht nur in den Häusern der Reichen und Fürsten hielt sie sich jahrhundertelang. Noch im sechzehnten Jahrhundert beschränken sich die italienischen Traktate zur Kinderheilkunde weitgehend darauf, die gleichen Aufrufe an die Mütter, ihre eigenen Kinder zu stillen, und die gleichen Ratschläge über die Qualitäten einer guten Säugamme zu wiederholen.[13] Und tatsächlich gab es in einer Gesellschaft, die durch hohe Säuglingssterblichkeit gekennzeichnet war und in der die sozialen Einstellungen der Theoretiker von der Sorge um die Erhaltung der grundlegenden gesellschaftlichen Einheit, der Familie, beherrscht waren,[14] keine annehmbaren

Alternativen. Die gleiche Sorge durchzieht die Familiendokumente dieser Zeit.[15]
Wenn die Mutter ihr eigenes Kind nicht stillen konnte oder wollte, oder wenn der Ehemann ihr dies nicht gestattete, dann galt die Säugamme als einziger Ausweg.[16] Tiermilch scheint nicht akzeptabel gewesen zu sein. Kuhmilch wird selten erwähnt und die anderer Tiere nur als schreckenerregende Möglichkeit, denn das auf diese Weise ernährte Kind würde der Quelle der Milch ähneln. Paolo da Certaldo sagt es deutlich:

> Versichere dich, daß die Säugamme reichlich Milch hat. Denn wenn es ihr daran gebricht, gibt sie dem Kind vielleicht die Milch einer Ziege, eines Schafs, eines Esels oder sonst eines Tiers. Das Kind aber, ob Junge oder Mädchen, dem man Tiermilch gibt, hat keinen so ausgebildeten Verstand wie eines, das mit der Milch einer Frau ernährt worden ist. Stets schaut es dumm und geistesabwesend drein, als sei es nicht ganz richtig im Kopf.[17]

Und der poetische Barberino warnt die Säugamme:

> Gib dem Kind keine Ziegenmilch, wenn du es vermeiden kannst,
> und noch weniger die Milch einer Hündin oder einer Sau,
> und vermeide auch Kuhmilch;
> gib ihm die deine,
> wo nicht, schicke es fort;
> aber wo es nötig ist, räume ich dir die Milch des Mutterschafs ein.[18]

Selbst wenn man Tiermilch theoretisch akzeptiert hätte, wären die städtischen Familien durch ihre Verwendung vor unlösbare Transport- und Konservierungsschwierigkeiten gestellt worden. In den Häusern der Armen auf dem Land jedoch muß Tiermilch, zumal in Notzeiten, sehr viel häufiger verwendet worden sein, als man es zugab. Vasari berichtet von einem Kind, das im Alter von zwei Monaten, nachdem seine Mutter an der Pest gestorben war, von einer Ziege gesäugt wurde.[19]
Aber warum sollte man das Kind nicht wenigstens in der Nähe seiner wirklichen Mutter lassen? Tatsächlich sprachen sich einige Autoren, unter ihnen Vegio, der selbst so aufgewachsen war,[20] mit Nachdruck für dieses Verfahren aus. Von anderen, wie etwa Paolo da Certaldo[21] und Barberino,[22] deren Abhandlungen sich speziell an Säugammen innerhalb und außerhalb des Haushalts richteten, wurde es immerhin als Möglichkeit in Erwägung gezogen. Auch Alberti scheint es übernommen zu haben, faktisch aber blieb es auf die wohlhabenden Familien beschränkt.[23] Vielleicht machten die sozialen Nachteile, die die dauernde Anwesen-

heit einer Amme im Haus mit sich brachten, diese Praxis für die meisten städtischen Familien unannehmbar. Durch die Amme erhöhte sich die Zahl der Personen im Haushalt, der Raum zum Leben wurde enger, und der ohnehin schon überlasteten Mutter, der, wenn überhaupt, nur wenige Diener zur Seite standen, erwuchsen aus ihrer Anwesenheit zusätzliche Aufsichtspflichten.[24]

Einige Beispiele aus den Quellen machen jedoch deutlich, wie gefährlich es ist, im Hinblick auf die Frage, unter welchen Bedingungen die Ernährung des Säuglings zunächst vor sich ging, zu verallgemeinern. Dabei stößt man auf ganz unterschiedliche Praktiken, und in einigen Fällen stillte auch die Mutter das Kind, zumeist für kürzere Zeit, sei es zu Anfang der Stillzeit oder mit Unterbrechungen oder beides. Während die fünfzehn Kinder des Florentinischen Kaufmanns Antonio Rustichi seinen Aufzeichnungen von 1412 bis 1436 zufolge alle unmittelbar nach der Taufe zu Säugammen nach außerhalb geschickt wurden,[25] kamen sechs der sieben Kinder des Sieneser Notars Cristofano Guidini, der im Jahre 1410 starb, für kurze Zeit (zwischen zwei Wochen und mehr als zwei Monaten) in den Genuß der Milch ihrer Mutter, bevor sie nach auswärts geschickt wurden. Das siebente Kind blieb für seine kurze Lebensspanne von einem Jahr an der Brust seiner Mutter.[26]

In der Florentinischen Familie der Antella benutzte ein Vater im vierzehnten Jahrhundert vier im Hause lebende Säugammen, von denen zwei Sklavinnen waren und keine länger als fünf Monate blieb. Später bediente er sich dreier, außerhalb des Hauses lebender Säugammen – und dies alles für vier Kinder.[27] Von einem Mitglied der Florentinischen Familie Adriani wird berichtet, daß es dreimal versucht hat, Säugammen auch allgemein als Bedienstete zu benutzen; später griff dieser Mann auf eine außerhalb des Hauses lebende Amme zurück.[28]

Die Geburt von Zwillingen warf besondere Probleme auf. »Manno«, einer von zwei Knaben, die Guidini 1385 geboren wurden, blieb zwei Wochen lang bei seiner Mutter, wurde dann zu einer Säugamme geschickt, die ihn zwei Monate lang behielt (bis sie schwanger wurde), kehrte für elf Tage zu seiner Mutter zurück, bis eine zweite Amme gefunden war, bei der er sechzehn Monate blieb (bis sie schwanger wurde). »Gherardo« blieb etwa fünf Wochen bei seiner Mutter und kam dann nacheinander für den Zeitraum von sechs, neun und drei Monaten zu drei verschiedenen Ammen (von denen die ersten beiden schwanger wurden).[29] In einer anderen Florentiner Familie blieben im Jahre 1505 zwei Zwillingsmädchen »einige Tage lang zu Hause, weil wir vermuteten, oder vielmehr sicher wußten, daß sie statt voller neun Monate nur zwischen sieben und acht Monate im Mutterleib verbracht hatten«. Eines von ihnen starb nach drei Wochen zu Hause, das andere wurde nach fünfzehn Monaten tot aus dem Hause ihrer zweiten Säugamme zurückgebracht.[30]

Maffeo Vegios Mutter stillte, wie er sagt, »ihre eigenen Kinder immer selbst, außer wenn sie, was oft vorkam, durch Unpäßlichkeit oder Milchmangel daran gehindert war«. Er und sein Bruder wurden zu Hause Säugammen anvertraut, und jeder von ihnen nahm gewisse Merkmale seiner *Balia* an. Lorenzo ähnelte ihr nicht nur in seinem Verhalten, sondern auch in körperlichen Eigenarten, so daß »es schien, als besitze er die gleichen Züge, den gleichen Ausdruck und sogar den gleichen Gang wie sie«. Ihre schlechte Milch jedoch verursachte bei ihm eine Nierenkrankheit, an der er in jungen Jahren starb. Maffeo hingegen nahm die Bescheidenheit und Zurückhaltung seiner Amme an, »als hätte ich ihr Herz und ihr Gemüt mit ihrer Milch eingesogen«.[31]

Der einzige Künstler, von dem Vasari besonders bemerkt, er sei in den Genuß der Milch seiner Mutter gekommen, ist Raffael (1483-1520), dessen Vater darauf bestand, »die Mutter selbst solle den Knaben stillen; er war das erste und einzige Kind, welches der Himmel ihm schenkte, und wuchs dem Wunsch des Vaters gemäß im elterlichen Hause auf, damit er dort im zarten Alter gute Sitten lerne, und nicht bei geringen Leuten ein ungefälliges, rohes Betragen annehme«. Michelangelo (1475-1564) wurde zum Stillen der Frau eines Steinmetzen übergeben und erzählte Vasari daher im Scherz, »mit der Milch meiner Amme (habe ich) Meißel und Hammer eingesogen, womit ich meine Figuren mache«.[32]

Für die Findelkinder, die »Verstoßenen«, die unehelichen oder unerwünschten ehelichen Kinder, die an den Findlingsbrunnen oder den Fenstern der *Ospedali* oder Waisenhäuser in den größeren Städten zurückgelassen wurden, war die Säugamme die einzige Milchquelle; dabei handelte es sich im allgemeinen um Sklavenmädchen, die der Prior gekauft oder zu diesem Zweck von ihren Besitzern gemietet hatte.[33]

Der Tag der Taufe in der Pfarrkirche, normalerweise zwei oder drei Tage nach der Geburt, war ein bedeutsames Ereignis:[34] »Wieviel kostet es, aus einem Kind einen Christen zu machen?« fragt Francesco Datini, ein reicher Kaufmann aus Prato (gest. 1410); und sein Partner antwortet ihm: »Das kommt darauf an, wieviel Ehre du selbst dir bereiten möchtest.« Er fügt hinzu, in Florenz sei es Sitte, daß die Paten zwei große Kuchen, zwei große Schachteln Gewürzplätzchen sowie ein Bündel Kerzen und kleine Fackeln schicken.[35] Als Pate des Kindes eines seiner liebsten Freunde setzte Datini seine Ehre ein und sandte an die Mutter drei Ellen feinsten Tuchs, sparte jedoch an den Kuchen, die er für »teuer und von geringem Wert« hielt, und fügte hinzu: »Sie hat so viele Kinder gehabt, für die nichts gefordert wurde.«[36] Für den Säugling war dieser Tag, an dem er in die Gemeinschaft der Christen eintrat, seinen Namen und seinen Paten erhielt, entscheidend, weil er nun von seiner Mutter getrennt und für eine bestimmte Zeit einer Ersatzmutter übergeben wurde. Im Haus der *Balia* kam das Kind zum erstenmal in längeren Kontakt mit einer »Mutter«, einem »Vater«, anderen Kindern, Tieren und der Welt der Natur. Die lange Trennung hatte begonnen.

Welche Art von Personen suchte man als Säugamme aus, und wie fand man sie? In Albertis Dialog ist dem Vater die Verantwortung hierfür übertragen:

Weit im voraus muß er daran denken, er muß ... eine finden, die zur rechten Zeit bereit steht. Er muß prüfen, daß sie nicht krank oder von unmoralischem Charakter ist. Aber diese Art von Leuten scheint nicht aufzutreiben zu sein, wenn man sie am dringendsten benötigt. ... Du weißt auch, wie rar eine gute Amme ist und wie groß die Nachfrage nach ihnen.[37]

In der Praxis scheinen sich die Väter auf Beauftragte oder Vermittler gestützt zu haben, unter denen Datini der bekannteste ist, jener aus eigener Kraft emporgekommene Kaufmann, dessen riesige Korrespondenz auch eine Reihe von Briefen umfaßt, die seine und seiner kinderlosen Frau Bemühungen zeigen, für ihre Freunde und Kunden eine *Balia* zu finden. Margherita klagt:

Sie scheinen wie vom Erdboden verschwunden, denn keine ist mir in die Hände geraten. Und einige, die ich schon in Händen hielt, deren eigene Kinder dem Tode nahe waren, sagen nun, sie seien wieder wohlauf ... Ich fand eine, deren Milch zwei Monate alt ist. Sie hat mir hoch und heilig versprochen, daß sie, wenn ihr Kind, das dem Tode nahe ist, heute abend stirbt, kommen wird, sobald es beerdigt ist.[38]

Manchmal unternahm ihr Ehemann ähnliche Anstrengungen. In einem Brief an einen Geschäftspartner stellt er zwei Anwärterinnen vor: die Frau eines Bäckers, weil sie in der Nähe (»fast im Hause selbst«) wohnt; und »selbst wenn sie jüngst einen Fehler begangen hat, sollte man dem keine Beachtung schenken; ihr Mann freut sich darüber, wenn sie Ihnen, falls sie es kann, dient und wenn sie Sie zufriedenstellt und etwas verdient«. Die andere, eine ehrbare Frau, Gattin eines reichen Bauern, »brachte vor einem Monat ein Kind zur Welt, aber das kleine Geschöpf starb vor zwei Tagen«.[39]

Es ist unwahrscheinlich, daß irgendeine der verfügbaren Ammen den genauen Vorstellungen Barberinos entsprach, in dessen im vierzehnten Jahrhundert entworfenen Idealbild einer Amme die jahrhundertealten Ausführungen des Soranos nachklingen. Immer wieder haben sich die italienischen Ärzte des sechzehnten Jahrhunderts auf Barberino bezogen, der eine Frau empfiehlt, die

zwischen 25 und 35 Jahren alt ist und der Mutter möglichst ähnlich ist. Sie soll eine gesunde Hautfarbe, einen starken Nacken, einen starken Brustkorb und reichliches, festes und fettes und nicht etwa zu mageres Fleisch haben, aber auch dies nicht allzu sehr. Ihr Atem soll nicht schlecht, ihre Zähne sollen sauber sein. Was ihre Sitten angeht, so hüte dich vor den Stolzen, den Wütenden und den Trübsinnigen. Sie soll weder furchtsam, noch albern, noch grobschlächtig sein . . . Ihre Brüste sollen ein Mittelding zwischen hart und weich sein, groß aber nicht übermäßig lang; die Menge der Milch soll mäßig, ihre Farbe weiß und nicht grün oder gelb oder gar schwarz sein; ihr Geruch soll gut sein ebenso wie ihr Geschmack, nicht salzig oder bitter, sondern eher süß und immer gleichbleibend, aber nicht schäumend und überquellend. Und merke, am besten geeignet ist eine, die selbst ein männliches Kind hat. Und nimm dich in acht vor einer, die sich »herumtreibt«, die ihr Ehemann nicht allein lassen will, oder einer, die du für schwanger erkennst.[40]

Auch wenn solche *Balie* schwer zu finden waren, so scheinen sich doch, angespornt durch ihre Ehemänner, viele Landmädchen um eine solche Anstellung bemüht zu haben. Zu diesem Schluß jedenfalls kommt man, wenn man die Verse ihrer Karnevalslieder liest:

> Hier kommen wir, die *Balie* von Casentino,
> jede Ausschau haltend nach 'nem Kind,
> und hier sind unsre Männer,
> die uns dazu angetrieben.
> Wer immer ein Kind hat, zeige es uns,
> ob männlich oder weiblich, gleichviel.[41]

Die Väter aus den Städten schlossen mit den Ehemännern oder deren Vertretern die Kontrakte, in denen das monatliche Entgelt für die Frauen festgesetzt wurde.

Wahrscheinlich war das Kind von diesem Augenblick an von der *Balia* völlig abhängig. Es gibt kaum Hinweise darauf, daß Eltern ihre Kinder besucht hätten, wenngleich ein Moralist ihnen dies dringend anrät: »Besucht die Kinder, die ihr aus eurem Hause weg und einer *Balia* gebt, häufig, damit ihr seht, wie es ihnen geht; und wenn sie nicht in guter Verfassung sind, dann wechselt sofort die Amme.«[42] Die Bemerkung, die Lapo Mazzei, ein armer Notar aus Prato, der Vater von vierzehn Kindern war, in einem Brief an seinen Gönner Datini macht, bestätigt den Eindruck elterlicher Gleichgültigkeit: »Ihr Patensohn, den ich zuvor nur einmal gesehen hatte, ist von seiner Säugamme auf den Hügeln zu mir zurückgekehrt, das schönste lockige Balg, das ich je hatte.«[43] Guidini bemerkt, daß er sein Erstgeborenes, einen Sohn, drei Wochen nach dessen Weggang besuchte und der *Balia* zwei Florin gab, vermutlich eine Vorauszahlung auf ihren Lohn von 50 Soldi im Monat.[44] Der Künstler Benvenuto Cellini berichtet in seinen berühmten Erinnerungen von einem Besuch bei einem zwei Jahre alten natürlichen Sohn.[45]

Wie sah die Pflege aus, die die Ersatzmutter, ohne daß sie regelmäßig überwacht wurde, dem neugeborenen Säugling zuteil werden ließ? War ihr eigenes Kind soeben gestorben, war sie dann verärgert über den Neuankömmling oder fand sie bei ihm physische Erleichterung und emotionellen Trost? Und wenn ihr eigener Säugling am Leben war, konnte sie dann beide Kinder angemessen stillen oder stand sie vor einer schweren Wahl? Und wie war die Behandlung, die der kleine Eindringling von seiten der älteren Kinder der *Balia* oder von ihrem Mann, dem *Balio*, erfuhr, der aus einer solchen Vereinbarung zwar Gewinn zog, vermutlich aber auch für ihre Dauer seine ehelichen Rechte verlor? Aus den verschiedenen Quellen erhalten wir unterschiedliche Zeugnisse, aber eine Schlußfolgerung scheint unwiderlegbar, daß nämlich das Leben der Kinder während dieser ersten beiden Jahre durchaus gefährdet und jämmerlich gewesen ist. Einige Auszüge aus den unveröffentlichen *Recordanze* (einer Art von Familientagebuch) eines Florentiner Kaufmanns liefern uns einen völlig sachlichen Bericht, ganz im Geiste eines Alberti, der empfahl: »Sobald das Kind geboren ist, sollte man in den Fami-

liendokumenten und geheimen Büchern Stunde, Tag, Monat, Jahr und Ort der Geburt verzeichnen.«[46]
Für die Jahre 1412 bis 1436 machte Antonio Rustichi betreffs seiner fünfzehn Kinder peinlich genaue Eintragungen in sein Tagebuch, darunter auch die folgende:[47]

Recordanze, daß mir an diesem Tage, dem 6. März 1417, im Namen des Herrn, ein männliches Kind von meiner Frau Catherina geboren wurde; es wurde Samstag nacht um die vierte Stunde geboren, und es ist das erste. Am neunten Tage desselben Monates wurde es getauft und erhielt den Namen Lionardo, und seine Paten waren die folgenden: . . ., die meiner Frau Catherina die folgenden Geschenke sandten: . . .

Recordanze, daß ich an diesem Tage, dem 9. März, mein erstes Kind mit Namen Lionardo zu einer Säugamme schickte; ich übergab es einer Balia aus Santo Ambrogio, der Frau Chaterina, Gemahlin des Ambrogio, Maurermeister und Bauer, für 5 Lire 10 Soldi im Monat, welches Entgelt ich mit Santi di Francescho festsetzte . . . Und die Dinge, die ich dem Kind mitgab, sind diese, sie sind alle neu . . .

Die Liste enthält 32 Punkte, worunter einige mehrfach genannt werden. Sie umfaßt verschiedene Kleidungsstücke (gefütterte Mäntel, kleine Hemden, Kleidchen mit und ohne Ärmel, Lätzchen, Mützen usw.), 6 Wickelbänder und 6 Stücke Wollstoff, einen Korallenzweig mit einem Silberring und eine alte Wiege mit Decken und Kissen.
Am 24. Januar 1418 wurde sein zweiter Sohn, Stefano, geboren, am 27. Januar getauft und am selben Tag einer Amme übergeben, der Frau Caterina, Gemahlin des Bäckers Amadio, für 5 Lire und 10 Soldi monatlich.

Am 3. Februar 1419 nahm ich Stefano zurück, weil die Balia schwanger war, gab ihn der Frau Chaterina d'Ambrogio und nahm meinen anderen Sohn mit Namen Lionardo, der bei ihr war, zurück, und so wurde er entwöhnt. So ist alles in allem Stefano 12 Monate und 5 Tage bei Frau Caterina d'Amadio gewesen, was sich auf 60 Lire belief. In Übereinkunft mit Ambrogio und Frau Chaterina hatte sie die beiden Kinder alles in allem 31½ Monate lang für 5 Lire und 10 Soldi monatlich, das macht 173 Lire und 5 Soldi.

Antonios drittes Kind, Filippa, wurde am 24. Februar 1419 geboren, am 26. Februar getauft und am 2. März für 4 Lire im Monat einer *Balia* übergeben. Ihre »Babyausstattung« umfaßte 23 Punkte, ähnlich wie bei Lionardo, darunter eine Anzahl »gebrauchter« Gegenstände. Am 2. Juni 1420 wurde sie von der Brust genommen, weil die *Balia* schwanger war. Diese wurde für

15 Monate bezahlt, behielt das Kind aber noch weitere 8½ Monate zu 50 Soldi im Monat, um es zu entwöhnen, insgesamt also für 23½ Monate. Das vierte Kind, Costanza, wurde am 26. März 1420 für 4 Lire und 15 Soldi weggegeben, starb aber am 31. März und wurde auf dem Land begraben. Die *Balia* und ihr Mann brachten »ihre ganze Ausstattung« zurück. Für die Beerdigung wurde ihnen gezahlt, »was sie forderten« und außerdem vier Silberpfennige für die Milch, obwohl »es sich nur um wenig handelte«. Die fünfzehnte Eintragung bezieht sich auf Ghostanza, die 1436 geboren wurde und mit einer »Ausstattung« von 25 Punkten, darunter eine alte Wiege, ein Korallenzweig und andere gebrauchte Gegenstände, fortgegeben, schließlich aber wieder von ihrer ersten *Balia* genommen wurde, weil diese schwanger war.

Bei der Aufzeichnung der Familiendaten erwies sich Rustichi als außergewöhnlich gewissenhafter Familienvater, aber auch seine Zeitgenossen machten die wichtigsten Angaben mit gelegentlichen Hinzufügungen. So hält z. B. der Florentiner Kaufmann Gregorio Dati die Geburts- und Taufdaten sowie die Namen der Paten für seine 25 Kinder fest, die ihm von drei Frauen geboren worden waren, und setzt gelegentlich Bemerkungen wie »ein schöner, gesunder Junge« oder »ein schönes kleines Mädchen« hinzu.[48] Der Sieneser Notar Guidini macht ausführliche Angaben und fügt die Namen jeder *Balia* und ihres Gatten hinzu sowie die Zahl der Monate, die jedes seiner sieben Kinder bei der Säugamme verbrachte.[49]

Offenbar war es vielen Kindern beschieden, sich nicht nur an eine, sondern nacheinander an eine ganze Reihe von *Balie* gewöhnen zu müssen, und darin lag eine entscheidende Schwäche dieses Systems. Die Erfahrungen des berühmten Arztes und Wissenschaftlers Girolamo Cardano (1501-1576) bestätigen die Zeugnisse aus früherer Zeit, die aus unveröffentlichten Quellen beliebig vermehrt werden könnten.

Im ersten Monat meines Lebens verlor ich meine Amme, die, wie man mir erzählt hat, am gleichen Tage, da sie erkrankte, an der Pest starb. Man gab mich meiner Mutter zurück ... Der zweite Monat meines Lebens war noch nicht verflossen, da zog Isidoro de' Resti, ein Adliger aus Pavia, mich nackt aus einem Bad von heißem Essig und gab mich einer Amme. Die brachte mich nach Moirago, einem Landhaus, 7000 Schritte von Mailand entfernt ... Dort begann eines Tages mein Bauch hart zu werden und aufzuschwellen, und mein ganzer Körper siechte dahin; man suchte nach den Ursachen und fand, daß meine Amme schwanger war. Darauf übergab man mich einer besseren Amme, die mich im dritten Lebensjahr entwöhnte.⁵⁰

Wir besitzen keine Mitteilungen, die von *Balie* selbst stammen, ausgenommen ihre gemeinsame Stimme, die aus ihren Karnevalsliedern zu uns dringt. In dem oben zitierten Lied heißt es weiter:⁵¹

> Wir werden es gut pflegen,
> und so wohl wird es genährt,
> daß es bald schon aufrecht steht
> wie ein stolzer Ritter.
>
> Wenn das Kindlein krank wird
> oder nicht recht obenauf ist,
> werden wir es so gut pflegen,
> daß es bald genesen ist.
> Wir müssen ihm behilflich sein
> und es häufig umziehen.
> Wenn es naß ist, trocknen wir's
> und waschen es mit einem bißchen Wein.
>
> Uns geht es gut, so wie wir leben,
> flink und geschickt in unserem Gewerbe;
> wenn das Kindlein schreit,
> so spüren wir, wie unsre Milch da wiederkehrt:
> kraftvoll sind wir und geschwind
> und tun unsre Pflicht,
> wir nehmen es aus der Wiege
> und trocknen ihm sein Gesicht.
>
> Wenn es vom bösen Blick getroffen ist,
> so gehen wir nach Poppi, um die Sache dort zu klären;
> eine Frau nimmt es dann auf ihr Knie
> und gibt ihm die Gesundheit wieder;
> manchmal befiehlt sie uns,
> das Kind drei Tage lang und nackt
> hinter der Ofenröhre zu bewahren
> und es zu unterhalten in der »kleinen Sonne«.⁵²
>
> In allen Dingen kennen wir uns aus,
> so daß das Kindlein hurtig wächst;
> bis daß es fest und aufrecht steht,
> ermüden wir niemals;

es wird uns nicht verlassen,
solang' es noch gestillt wird:
so seid nur zuversichtlich,
wenn ihr es nach Casentino führt.

Aber welche Art von Pflege wurde dem Säugling von seiten der *Balia* wirklich zuteil? Ein anderes Lied geht genauer auf das Stillen, das Wickeln und das Umziehen, die wichtigsten Aufgaben der Amme, ein:[53]

Von vieler guter Milch
sind unsre Brüste voll.
Um allen Argwohn zu zerstreun
soll der Doktor sie ruhig prüfen,
denn in ihr ist begründet
Leben und Dasein allen Geschöpfs,
denn gute Milch ist stets
die beste Nahrung, die das Fleisch wohl festigt . . .

Wir sind jung verheiratet
und wohlerfahren in unserer Kunst.
In Blitzeseile können wir das Kindlein wickeln,
und niemand muß uns zeigen,
wie mit Band und Tüchern umzugehen ist.
Wir pflegen es und ordnen sie ihm voll Bedacht,
denn wenn das Kindlein sich verkühlt,
so hat es den Schaden und die Balia wird gescholten.

Diese Versprechungen sind weitaus realistischer als die ausführlichen Anweisungen des Barberino, aber auch hier erheben sich Zweifel. War jemals genug Milch für die kleinen Fremdlinge vorhanden? Konnte der komplizierte Vorgang des Wickelns überhaupt »in Blitzeseile« bewerkstelligt werden? Wurden die Säuglinge wirklich dreimal am Tag »umgezogen«, und was wurde eigentlich umgezogen? Anscheinend wird in diesem Lied wie in der Liste des Rustichi ein Unterschied zwischen den *fascie,* den langen Bändern, und den *pezze,* d. h. Tuchstücken gemacht. Waren diese letzteren das Rohmaterial, aus dem weitere Bänder hergestellt wurden, oder wurden sie als Windeln unter den Wickelbändern benutzt oder beides? Zog die *Balia* den Kindern unter den Wickelbändern »kleine Hemden« an oder ein sackähnliches Tuch, das die Füße des vollständig gewickelten Kindes einhüllte?[54]

Die Warnungen der Moralisten deuten auf einige Sorglosigkeit und Unachtsamkeit in der grundsätzlichen Pflege hin. Paolo da Certaldo macht die knappe Feststellung, »das Kind soll stets sauber und warm gehalten werden; oft soll man es Glied für Glied untersuchen«.[55] Und San Bernardino hält es offenbar für ratsam, die Mütter und Ammen zu ermahnen:

> Wenn du ein kleines Kind hast, das schreit, so hebe es hoch! Ist es notwendig, ihm die Wickelbänder abzunehmen? Tue es! Wenn es gestillt werden muß, so tue es. Wenn es schläfrig ist, so daß es schreit, so wiege es in den Schlaf, und wenn es gereinigt werden muß, so sollst du es tun.[56]

Er benutzt das Bild eines Mannes, der Stahl poliert, »bis er hell, sauber und glänzend wie ein kleines Mädchen ist«.[57]

Ließ die *Balia* beim Wickeln des Kindes »den Teil, aus dem das Wasser kommt, frei, damit das Band es nicht am Hervorkommen hindert«? Und achtete sie darauf, das Kind »nicht zu fest zu wickeln, so daß es schreit und darunter leidet, aber auch nicht zu locker, so daß es seine Arme befreien und sich die Augen auskratzen kann«?[58] Wessen Fehler war es, wenn ein Kind nachts im Bett näßte? Als eine Frau erfuhr, ihr Kind, das sie ihren kinderlosen Freunden, den Datinis, geliehen hatte, habe zweimal in sein Bett gemacht, schrieb sie ihnen verärgert: »Für gewöhnlich tut er so etwas nicht, und er tut es nie, außer wenn er nachts nicht zugedeckt wird; vielleicht trug er auch das Band nicht, mit dem sie sonst seinen Bauch wickelt.«[59]

Wie konnte eine überarbeitete Landfrau mehr tun als nur das Mindeste? Wie konnte sie dem Kind das Zahnen erleichtern, ihm die ersten Worte beibringen, seine ersten Schritte anleiten, es vor all den Gefahren, die es umgaben, beschützen, wenn es die ersten Schritte machte (vor Feuer, Werkzeugen, Tieren, Dunkelheit, Brunnen, hochgelegenen Stellen usw.)?[60] Wann und wozu sollte sie ihm die verschiedenen, ihm mitgegebenen Kleidungsstücke anziehen? In den Zeiten, wenn es gerade nicht gewickelt war, oder nachdem das feste Wickeln eingeschränkt und schließlich beendet war? Vielleicht hat man das Kind in die kleinen, mitunter pelzgefütterten Mäntel gehüllt, um die Kälte fernzuhalten.[61] Vielleicht wurden die feineren Kleider eher als Symbol für den Reichtum der Eltern denn zum wirklichen Gebrauch beigegeben.

Das Schicksal eines Kindes, das einer *Balia* übergeben worden war, hing von vielen Umständen ab, auch von der Dauer seines

Aufenthalts bei ihr. Vermutlich blieb es zwei Jahre oder bis zur Entwöhnung, die in vielen Fällen offensichtlich abrupt herbeigeführt wurde. Barberino spricht von zwei Jahren und warnt vor plötzlicher Entwöhnung.[62] Tatsächlich gab es hierbei große Unterschiede, wie einige wenige Beispiele zeigen können. Ein Mädchen aus der Florentinischen Familie Sassetti wurde nach 25 Monaten von ihrer *Balia* zurückgebracht, zu der die Eltern weiterhin ein gutes Verhältnis hatten, »obwohl das Kind ziemlich heruntergekommen war, in Wirklichkeit jedoch mehr durch Krankheit als durch schlechte Behandlung«.[63] Die glückliche uneheliche Tochter, die Datini von einem Sklavenmädchen hatte, wurde von seiner Ehefrau 1395 aufgenommen und mit sechs Jahren von ihrer *Balia* »nach Hause« zurückgebracht. Deren Ehemann schrieb, er und seine Frau hätten sie wie eine Tochter geliebt, und »weil sie ein gutes und folgsames Mädchen ist«, hoffe er, daß sie freundlich behandelt würde.[64] Der Vater Giovanni Morellis war von seinem Vater bei einer *Balia* auf dem Land gelassen worden, bis er »zehn oder zwölf« war; vielleicht weil sein Vater »so viele erwachsene Kinder hatte oder weil seine Frau gestorben war und er sich als alter Mann den Ärger und die Kosten beim Großziehen des Kindes ersparen wollte«. Als erwachsener Mann erinnerte er sich, seine *Balia* sei die »schrecklichste, brutalste Frau gewesen, die es je gab«; sie habe ihm so viele Schläge gegeben, daß der bloße Gedanke an sie ihn in eine solche Wut versetzte, daß er sie, wäre er ihr gewachsen gewesen, umgebracht hätte.[65] Ein Zweig der Familie Adriani aus Florenz empfing 1470 einen Sohn, der nach 15 Monaten von seiner *Balia* zurückkehrte, und erfuhr, er sei »acht Tage ohne Brust« gewesen, weil sie schwanger geworden war.[66]

Allgemein scheint klar zu sein, daß der Aufenthalt bei der *Balia* häufiger durch deren Schwangerschaft als durch den frühen Tod des Kindes beendet wurde. Die Ursachen bei solchen Todesfällen sind selten deutlich erkennbar. Starben in der Obhut einer *Balia* uneheliche Kinder häufiger und früher als eheliche?[67] Der als »Ersticken« getarnte Kindesmord dürfte sehr viel häufiger gewesen sein, als wir es wissen, obwohl es humanere Methoden gab, sich unerwünschter, sei es ehelicher, sei es unehelicher Kinder zu entledigen. Die Findlingshäuser nahmen einen nicht abreißenden Strom dieser letzteren auf. Aber die Gefahr des »Erstickens« steht ganz offensichtlich hinter Barberinos Gebot: »Laß das Kind nicht so bei dir liegen, daß du dich womöglich über es legst.«[68] Man beachte, daß die »Ausstattungen«, die Rustichi und andere ihren Kindern mitgaben, eine Wiege, eine Decke und ein Kissen umfaßten.[69] Ein paar ausdrückliche Hinweise auf das »Ersticken« haben sich jedoch gefunden. Unter den zahlreichen Todesfällen kleiner Kinder, die Morelli in seinem Überblick über drei Generationen seiner Familie erwähnt, war nur einer, der eines Neffen, von dem man annahm, er sei durch Ersticken im Hause der *Balia* verursacht worden;[70] der große Todbringer in dieser Familie war die Pest, die in mehreren Wellen 1363, 1374 und 1400 wiederkehrte. Ein anderer Fall findet sich in einer frühen Biographie des Marsiglio Ficino. Am siebzehnten Tag nach der Geburt eines Kindes erschien seine Großmutter seiner Mutter mit betrübter Miene im Traum, und »am nächsten Tag brachten die Landleute ihr Kind, das von der Amme erstickt worden war, tot zurück«.[71] Und wenige Tage nachdem Cellini seinen natürlichen Sohn besucht hatte, erfuhr er, das Kind sei tot, von seiner Amme »erstickt« worden.[72] Es erhebt sich jedoch die Frage, warum eine *Balia* ein Kind vorsätzlich oder aus Unachtsamkeit ersticken sollte. Der Tod des Kindes bedeutete zugleich das Ende einer für sie und ihren Mann gewinnbringenden Geschäftsbeziehung. Und die Strafe für Kindesmord war wohl sehr hart.[73]

Die Heimkehr: Vom zweiten bis zum siebten Lebensjahr
Das Kind und die Mutter: Kinderpflege in Theorie und Praxis

Wenn das Kind im Alter von etwa zwei Jahren nach Hause zurückkehrte, hatte es wiederum große Anpassungsprobleme zu bewältigen. Nun war es der einzigen »Mutter«, die es jemals gekannt hatte, entrückt, und mußte seine wirkliche Mutter inmitten eines fremden Haushalts finden, in einer städtischen »Familie«, die oft sehr groß und in ihrer Zusammensetzung sehr komplex war.[74] Auch wenn es bereits eine Tendenz zur kleineren Kernfamilie gab, so finden sich noch zahlreiche Hinweise auf den Fortbestand der großen »Familie« im vierzehnten und fünfzehnten Jahrhundert, d. h. einer Familie, die nach Albertis Bestimmungen »Kinder, Ehefrau und andere Mitglieder des Haushalts, Verwandte wie Diener«, umfaßte: »Ich wollte, meine ganze

Familie lebte unter einem Dach, wärmte sich an einem Herd und setzte sich an eine Tafel.«[75]
Ein paar Beispiele für Größe und Zusammensetzung der Haushalte dürften hier hilfreich sein. Ein Mitglied der Florentiner Kaufmannsfamilie Peruzzi notiert für 1314 in seinem »geheimen Buch« die Ausgaben, die ihm daraus entstehen, daß er die Hälfte der Kosten für »Haus und Familie«, die er sich mit seinem Bruder teilt, zu tragen hat. Er selbst hat zwölf Kinder.[76] Ihrer großen Haushalte wegen fordern zwei Kaufleute in den Florentinischen Steuerbüchern von 1427 spürbare Steuererleichterungen. Einer von ihnen bemerkt, sein Haushalt umfasse fünfzehn Mitglieder; dazu gehörten zwei verheiratete Söhne und deren Familien und fünf Söhne in jugendlichem Alter; der andere führt zwölf Bedienstete, Frau, Schwester und neun Kinder an.[77] Ein weiterer Kaufmann aus dem späten vierzehnten Jahrhundert preist seine Gemahlin und sagt von ihr, sie sei eine stattliche schöne Frau von fünfzig Jahren, sie sei klug, verständig, unermüdlich und eine hervorragende Amme, »und dies nimmt gar nicht wunder, wenn man in Betracht zieht, mit wie vielen sie umgehen mußte, Ehemännern, Söhnen, Brüdern und anderen Personen«.[78] Von einem gemischten Haushalt unter dem Dach einer Witwe heißt es 1442, er umfasse die beiden natürlichen Kinder ihres Gatten, ihre eigenen drei Söhne, ihre Töchter, die Frauen zweier ihrer Söhne und drei Kinder von einer von diesen.[79] Ähnlich zusammengesetzt ist der Haushalt des Wollhändlers Paolo Niccolini um die Mitte des fünfzehnten Jahrhunderts. Er umfaßt die Kinder, die er von zwei Frauen hatte, die Söhne, die eine seiner Frauen von ihrem ersten Mann hatte, sowie zwei Söhne, die ihm von einer Sklavin geboren worden waren, welche er befreit und in seinem Hause behalten hatte.[80]
Zank und Zwietracht waren in solchen Haushalten unvermeidlich. San Bernardino beschreibt, was eine Braut zu erwarten hatte, wenn sie in ihr neues Heim kam, etwa die Feindseligkeit gegen Stiefkinder: »... sie empfindet keine Liebe für sie und kann es kaum ertragen, wenn sie genug zu essen haben. Und sie sind oft so aufmerksam, daß sie bemerken, wie sie ihnen übel will und bei sich wünscht, sie möchten gar nichts zu essen haben.« Und findet sie eine andere Schwiegertochter im Hause vor, »so wird es mit Frieden und Eintracht bald ein Ende haben«. Trifft

sie auf eine Schwiegermutter: »Davon will ich lieber schweigen!«[81] Voller Bewunderung beschreibt Morelli, wie seine Schwester Mea, die mit fünfzehn Jahren in einen großen, ungeordneten und zänkischen Haushalt heiratete, dank ihrer Tugend und Anmut jung und alt den Frieden brachte.[82]

Das Kind, das von der *Balia* heimkehrte, mußte also um die Aufmerksamkeit seiner Mutter oder einer anderen erwachsenen Frau nicht nur mit den eigenen Geschwistern konkurrieren, sondern auch mit ehelichen oder unehelichen Halbbrüdern oder -schwestern, in deren Adern mitunter ganz offensichtlich anderes Blut floß, oder mit Vettern und Cousinen, die unter dem Schutz ihrer Väter standen. Uneheliche Kinder wurden manchmal sogar aus Übersee mitgebracht, wie etwa im Falle Gregorio Datis, der im Jahre 1391 ein Kind von einer tartarischen Sklavin in Valencia bekam, das er im Alter von drei Jahren nach Florenz zurückschickte, damit es großgezogen würde.[83] Ein Mitglied der Familie Velluti brachte 1355 aus Sizilien die zehnjährige uneheliche Tochter eines verstorbenen Bruders mit, wiewohl man zunächst an ihrer Abstammung zweifelte: »Und ich begrüßte sie, und ich und meine Familie behandelten sie, als sei sie meine eigene Tochter.«[84]

Die Zahl der Kinder konnte sich noch durch Sklavenkinder erhöhen, insbesondere Mädchen von elf oder zwölf Jahren, Tartaren, Slawen oder »Araber«, die Datini und andere Kaufleute erwarben, um sie im Haus als Dienerinnen oder kleine Ammen zu verwenden.[85] Diese Kinder unterschieden sich von den übrigen im Aussehen, in der Sprache, im Benehmen und in der mit schwarzer Farbe gekennzeichneten Kleidung, die sie wie die älteren Sklaven-Diener im Hause tragen mußten.[86]

In solchen Haushalten war es für das heimkehrende Kind schwierig, die Zuneigung seiner Mutter zu gewinnen, und vielleicht schloß es sich zunächst einer älteren Schwester oder einem Bruder, einem Onkel oder einer Tante oder einem der Großeltern an, die im Hause lebten. Als eine bekannte Witwe in Florenz nach einer Braut für einen ihrer Söhne Ausschau hielt, äußerte sie sich sehr vorteilhaft über ein Mädchen, das »für eine große Familie (es gibt dort zwölf Kinder, sechs Jungen und sechs Mädchen) verantwortlich ist; die Mutter ist immer schwanger und nicht sonderlich tüchtig«.[87] In der Familie der Medici waren die Großmütter anscheinend sehr aktiv beim Aufziehen der Kinder dieser rastlosen Sippe, die aus der Stadt aufs Land und von Landhaus zu

Landhaus zog, um der Pest, dem schlechten Wetter oder anderen Mißhelligkeiten zu entgehen.[88] Auf einem bekannten Gemälde vermittelt uns Ghirlandaio das Gefühl von Intimität, das ein Kind gegenüber seinem Großvater entwickeln konnte.[89]
Wir werden niemals wissen, welche Eindrücke ein Kind von seiner Familie wirklich hatte, aber einige Kindheitserinnerungen, die von Erwachsenen auf verschiedene Weisen festgehalten wurden, können hier nützlich sein. Eine Untersuchung über Leonardo da Vinci, der als uneheliches Kind nacheinander mehreren Familiengruppen angehörte, stützt sich in einleuchtender Weise auf die Zeichnungen von Köpfen, zumeist im Profil, die möglicherweise bis auf das sechzehnte Lebensjahr des Künstlers zurückgehen.[90] Mit Hilfe der Sprache entwirft der Florentiner Giovanni Morelli sehr lebendige Portraits jener Personen innerhalb der Familienkonstellation, die ihm besonders lieb waren, während die übrigen im Schatten bleiben. Er idealisiert seinen Vater, den er, »ein armer, verlassener Junge« mit drei Jahren verlor. Bis zum zehnten oder zwölften Lebensjahr blieb er bei der *Balia*. Der Vater seinerseits hatte seinen Vater nie gesehen, triumphierte jedoch mit Mut und Tugend über die Vernachlässigung durch die Eltern und die Gleichgültigkeit der Brüder und wurde zum Haupt der Familie.[91] Im Alter von 28 Jahren wurde er mit Telda, »dreizehnjährig und schön«, verheiratet. Bevor er an der Pest von 1374 starb, zeugte er fünf Kinder, von denen vier am Leben blieben: Zwei Mädchen im Alter von neun und sechzehn Jahren und zwei Jungen im Alter von drei und vier Jahren blieben einer »grausamen Mutter« überlassen, die bald wieder heiratete und die Kinder zu ihren Eltern gab.[92] Für kurze Zeit wird ein jugendlicher, heldenhafter Vetter für das Kind zur Vaterfigur innerhalb einer großen Familiengruppe, die nach Bologna flieht, um der Pest zu entkommen. Aber bald schon stirbt dieser bewundernswerte junge Mann, der mit so viel Geschick den großen Haushalt leitete.[93] Dann nimmt das Kind eine engere Beziehung zu seiner älteren Schwester Mea auf. Sie ist schön, begabt, fröhlich, heiratet aber mit fünfzehn Jahren und stirbt mit zweiundzwanzig im Wochenbett.[94] Für Giovanni war der Verlust seines Vaters nicht wiedergutzumachen: »so groß ist der Nutzen, den ein Kind von einem lebenden Vater hat«,[95] von seiner ständigen Anleitung und seinen guten Ratschlägen. Seine erste Pflicht sollte es sein, dafür zu sorgen, daß seine Frau im Falle seines

Todes nicht wieder heiratet und ihre Kinder verläßt, »denn keine Mutter ist so schlecht, daß sie für ihre Kinder nicht besser als jede andere Frau wäre«.[96]

Giovannis leidenschaftlicher Wunsch, zu leben, um seine eigenen Kinder großzuziehen, wurde erfüllt, aber der Tod nahm ihm seinen vielgeliebten erstgeborenen Sohn Alberto im Alter von zehn Jahren. Dieser Verlust stürzte Giovanni in tiefsten Schmerz und führte bei ihm zu wahrscheinlich übertriebenen Selbstvorwürfen. Seine größte Freude verursachte ihm, wie er im Selbstgespräch sagt, die größte Qual:

> Du hattest einen Sohn, klug, lebhaft und gesund, so daß dein Schmerz sehr groß war, als du ihn verlorst. Du liebtest ihn, aber gebrauchtest diese Liebe nie, um ihn glücklich zu machen; du hast ihn eher als Fremden behandelt denn als Sohn. Nie ließest du ihm eine Mußestunde. Nie schautest du ihn aufmunternd an. Nie küßtest du ihn, wenn er es wollte. Du quältest ihn mit der Schule und mit vielen strengen Schlägen . . . Du hast ihn verloren, und nie wirst du ihn in dieser Welt wiedersehen![97]

Als ihm Alberto am Jahrestag seines Todes im Traum als Engel erscheint, werden die Rollen vertauscht: der Sohn tröstet seinen trauernden Vater. An zahlreichen Stellen in diesen *Ricordi* erscheint die Vater-Sohn-Beziehung als vorrangig im Leben eines Kindes.[98]

Wenn wir berücksichtigen, daß nur wenige Kinder aus der städtischen Mittelklasse während der ersten beiden Lebensjahre von ihren eigenen Müttern gestillt und gepflegt wurden, welche Erklärung läßt sich dann finden für

> die Faszination und das geradezu obsessive Interesse, das die Kinder und die Mutter-Kind-Beziehung weckten. In den ersten hundert Jahren der Renaissance ist das Kind und seine Beziehung zur Mutter das vielleicht wichtigste Motiv der florentinischen Kunst, mit ihren *Putti*, ihren Kindern, Jünglingen, säkularisierten Madonnen und Frauenportraits.[99]

Hinter dieser Erscheinung könnte eine »wachsende Aufgeschlossenheit für die Werte des häuslichen Lebens« stehen, die mit dem Auftreten der Gattenfamilie zusammenhängt und sich darin widerspiegelt, daß die Florentinischen *Palazzi* zu einer neuen Welt des Privatlebens umgestaltet werden.[100] In anderen Untersuchungen werden aus verschiedenen Blickwinkeln nicht nur für Florenz, sondern für das ganze städtische Italien die Darstellungen der Muttergottes mit dem Kind für die Zeit vom vierzehnten bis zum sechzehnten Jahrhundert analysiert.[101]

Man könnte fragen, in welcher Beziehung zur Realität diese Bilder und Skulpturen der Madonna mit dem Kind stehen. Im allgemeinen entwerfen sie das Bild eines großen, mitunter gewaltigen, wohlgenährten, pausbäckigen Knäbleins, das gewöhnlich nackt und oft aktiv erscheint. Seine Männlichkeit wird (auch wenn die Genitalien hin und wieder von einem leichten Schleier bedeckt sind) deutlich hervorgehoben in den verschiedenen Haltungen, die eine innige Beziehung zu seiner jungen, schönen, zärtlichen, manchmal auch traurigen und oft in Anbetung begriffenen Mutter ausdrücken. Es greift an ihre Brust oder an ihren Schleier; es schmiegt sich an sie oder saugt lebhaft; es ruht oder schläft vertrauensvoll auf ihrem Schoß; in Dutzenden spielerischer Gesten und Haltungen zeigt sich die enge emotionelle Bindung zwischen ihnen.[102] In Wirklichkeit lag ein Kind dieses Alters, also etwa mit einem Jahr, vermutlich gewickelt und reglos in einem elenden Zustand da. Unterernährt und von der Mutter meilenweit entfernt, war es einer Säugamme auf Gnade und Ungnade überlassen. Auf den Bildern dagegen regiert das Kind über seine Mutter und ist das einzige Objekt ihrer Liebe und Aufmerksamkeit. Konnte auf diesen Bildern die säkulare Phantasie einer mütterlichen Intimität zum Ausdruck gelangen, die die Künstler selbst vermutlich nie gekannt haben und auch bei ihren eigenen Kindern nicht beobachten konnten? Schlägt sich in ihnen der Versuch erwachsener Männer nieder, die Deprivationen, die sie in den Jahren mit der *Balia* erlitten hatten, auszulöschen und diesen Verlust dadurch zu kompensieren, daß sie in liebevollen Details die vielen Formen der Intimität zwischen Mutter und Kind malten? Und konnten diese Bilder eine emotionelle Kompensation der »Gemeinschaft im Stillakt« für jene Frauen sein, die diese Erfahrung nie machten, weil ihre Kinder ihnen unerreichbar waren?

In Albertis Dialog über Hauswesen und Familie legen die Gesprächspartner, ob verheiratet oder unverheiratet, die Last der Verantwortung für die Erziehung der Kinder nach der Säuglingszeit auf den Vater. Denn: »Ich bin der Meinung, daß dieses zarte Alter eher der Muße der Frauen als der Tätigkeit der Männer gehört.«[103] Sie diskutieren über das Verhältnis zwischen den Freuden und Sorgen der Vaterschaft. Dabei vernachlässigen sie anscheinend die Rolle der Mutter und heben hervor, daß keine Liebe »stärker, beständiger, ungeteilter und größer sein kann als die des Vaters zu seinen Kindern«.[104] Dennoch bringen auch sie Umstände zur Sprache, die seine Bedeutung herabsetzten und die der Mutter verstärkten, etwa seine Abwesenheit von Haus und Familie oder sein größeres Alter.[105] Neuere demographische Untersuchungen insbesondere über das Gebiet von Florenz haben an Hand von Statistiken einen verblüffenden Altersunterschied zwischen dem Ehemann und seiner Frau und eine daraus folgende Distanz des Vaters zum Kind nachgewiesen. Dabei kamen auch einige gesellschaftliche und kulturelle Auswirkungen der größeren Nähe der Mutter zum Kind zur Sprache.[106]

Der relativ geringe Altersunterschied zwischen Mutter und Kind wurde durch die häufige, oft langfristige Abwesenheit der handeltreibenden Väter oder durch das politische Exil noch verstärkt, das einem plötzlichen Umsturz der Parteiverhältnisse, wie bei der Rückkehr der Medici nach Florenz im Jahre 1434, folgte. San Bernardino spricht sich sehr deutlich gegen die lange Abwesenheit der Kaufleute aus und bestärkt die Frauen, sie sollten versuchen, ihre Männer zur Rückkehr zu zwingen: »Ich spreche hier nicht von ein oder zwei Wochen oder auch einem Monat ... aber zwei oder drei Jahre fortzubleiben ist nicht vernünftig und mißfällt daher Gott dem Herrn.«[107] Solche im Geschäftsleben durchaus normalen Gepflogenheiten waren für die Familie vermutlich zerstörerischer als das politische Exil. Viele junge Frauen aus den hervorragenden Familien wurden jedoch dadurch zu »Witwen«, daß ihre Männer außer Landes gehen mußten. Der Florentiner Buchhändler und Biograph Vespasiano drückt seine Hochachtung für einige dieser berühmten Frauen aus, wenn er bemerkt, wie bedächtig sie den Haushalt verwalten und mit welcher Sorgfalt sie ihre Kinder pflegen. Ganz besonders bewundert er diejenigen, die als wirkliche Witwen nicht wieder heirateten und sich ganz ihrer Seele und ihren Kindern widmeten.[108]

Tatsächlich waren »junge Witwen« eine gewohnte Erscheinung innerhalb der Gesellschaft, und die Sorge um ihr finanzielles und moralisches Wohlergehen und das ihrer Kinder tritt in vielen Quellen zutage. Der Prediger und Prophet Savonarola (1452-1498) widmete der Witwenschaft einen ganzen Traktat, in dem er die Beweggründe dafür, wieder zu heiraten oder keusch zu bleiben, analysierte. Jene jungen Witwen, die nicht aus Liebe zu Gott unverheiratet blieben, sondern vielmehr »aus menschlichen Gründen wie der Liebe zu ihren Kindern«, von denen sie sich nicht trennen wollten, verurteilte er nicht.[109] San Antonio von Florenz (1389-1459) verfaßte Briefe zur Anleitung einer jungen Witwe, die er dazu drängte, ihren Kindern beides, Vater und Mutter, zu sein: »Vater, indem du sie strafst und aufziehst, Mutter, indem du sie ernährst, nicht mit Leckerbissen oder allzu großer Nachsicht, wie es fleischliche, nicht aber geistliche Mütter tun. Denn Kinder brauchen beides, Brot und Schläge.«[110] Und San Bernardino meint: »Laßt die Witwe lernen, ihre Familie zu ernähren.« Ein besonderes Auge solle sie auf die Töchter haben.[111]

Die Besorgnis um das Wohlergehen von Kindern, deren verwitwete Mütter wieder heirateten, kommt auf verschiedene Weise zum Ausdruck. Paolo da Certaldo drängt die Väter:

sich wie vor dem Feuer davor (zu) hüten, dein Hab und Gut und deine Kinder nur in den Händen deiner Frau zu lassen ... Auf manche Weise und aus mancherlei Gründen kann es geschehen, daß sie deine Kinder verläßt und ihres Erbes beraubt oder sie schlecht behandelt oder zusieht, wie ein anderer sie mißhandelt, und nichts unternimmt ...[112]

In zahlreichen testamentarischen Verfügungen findet sich die Klausel: »wenn sie Witwe bleibt und mit ihren Kindern lebt«, mit der die Legate an Töchter und Frauen genauer bestimmt werden.[113] Morelli, der selbst mit vier Jahren von einer »grausamen Mutter« verlassen wurde, hält in seiner Familiengeschichte in jedem Fall fest, ob eine Witwe wieder heiratete oder bei ihren Kindern blieb. Seinen Nachkommen gibt er ausführliche Hinweise, wie man im Testament dafür Sorge tragen kann, daß die Mutter ihre Kinder nicht verläßt. Dazu zählt er eine Reihe von Verfügungen auf, die er danach abstuft, wie groß das Vertrauen des Ehemanns in die Bereitschaft seiner Frau ist, sich den Kindern zu widmen.[114]

Als der junge Sieneser Notar Guidini unter den Einfluß einer frommen Frau geriet und sich von der Welt zurückziehen wollte, drängte ihn seine Mutter zu einer Heirat und machte ihm den Vorwurf:

Du willst mich verlassen? Niemand ist mir geblieben. Mein Vater ist tot, und dich habe ich mit solcher Mühe großgezogen, dich, den mir dein Vater mit 28 Monaten hinterließ. Und nie wollte ich wieder heiraten, um dich nicht zu verlassen![115]

Rucellai bringt in seinen Erinnerungen tiefste Dankbarkeit für seine außerordentliche Mutter zum Ausdruck. Im Alter von neunzehn Jahren, mit vier Söhnen, wurde sie Witwe, aber »sie entschied sich nicht dafür, uns zu verlassen, sondern widersetzte sich einer von ihrer Mutter und ihren Brüdern gewünschten Wiederverheiratung . . ., und sie ist über achtzig Jahre alt geworden, was mir der größte Trost war«.[116]

Unter den Witwen des fünfzehnten Jahrhunderts ist Alessandra Macinghi Strozzi für uns die bekannteste. Sie heiratete mit sechzehn Jahren und folgte 1434 mit sieben Kindern ihrem Mann ins Exil. Bei seinem Tod im Jahre 1436 kehrte sie nach Florenz zurück. Von drei Kindern brachte sie nur die Gebeine mit, vier waren am Leben geblieben, und eines trug sie im Schoß. Aus ihren Briefen an ihre älteren Söhne, die, als sie herangewachsen waren, ebenfalls ins Exil mußten, erfahren wir, mit welcher Gewandtheit sie ihr Erbe verwaltete. Wir erkennen die Sorgfalt, mit der sie ihre Töchter aufzog, und die Liebe für ihren jüngsten Sohn, dessen Erziehung sie persönlich leitete, bis er mit dreizehn Jahren zu seinen Brüdern nach Neapel geschickt wurde. Sie bat sie, ihn nicht zu schlagen, sondern Nachsicht zu üben und ihn, wenn er Fehler mache, sanft zu tadeln, denn »im Grunde seines Herzens ist er gut«, und »so werdet ihr mehr erreichen als mit Schlägen«.[117] Bei seiner Abreise schrieb sie:

> Denkt daran, wie weh mir wird, wenn ich mich erinnere, wie ich als Witwe mit fünf Kindern, die, wie ihr wißt, klein waren, zurückgelassen wurde. Und Matteo war damals noch in meinem Leib, und ich habe ihn bei mir aufgezogen in dem Glauben, nichts könne ihn mir nehmen, ausgenommen der Tod.[118]

Wenn junge Witwen eine neue Heirat eingingen und, wozu sie vom Gesetz her berechtigt waren, ihre Mitgift mitnahmen, dürfte die ökonomische und die emotionelle Deprivation der Kinder sehr einschneidend gewesen sein.[119]

Wie gut war das etwa zweijährige Kind an die zweite große Anpassung in seinem Leben, die an Mutter und Elternhaus, vorbereitet? Konnte es laufen und sprechen? War es kräftig genug, um mit den neuen Anforderungen zurechtzukommen? Darüber wissen wir wenig. Barberino geht davon aus, daß die *Balia* das Kind bei seinen ersten Schritten leitet und ihm die ersten Wörter beibringt, nachdem es mit zwei Jahren entwöhnt worden ist.[120] Und zwei Jahrhunderte später gibt ein italienischer

Arzt einen sehr ähnlichen Rat. Man solle das Kind sorgfältig beaufsichtigen,

so daß seine Gesundheit leicht behütet werden kann, bis es zwei Jahre alt geworden ist und in das Alter kommt, wo es einigermaßen in der Lage ist, ohne fremde Hilfe zu gehen, zu sprechen und zu essen.[121]

Er spricht sich dafür aus, einen kleinen »Wagen« auf Rädern, ein »Laufgerät« und ein Stühlchen mit einem Loch zum Ausruhen und zur Entleerung zu benutzen.[122] Eine solche Ausstattung schafften die Eltern vielleicht an, nachdem das Kind von der *Balia* heimgekehrt war. Um diese Zeit werden die Wickeltücher anscheinend nicht mehr benutzt.
Im Alter zwischen zwei und etwa sieben Jahren haben die Kinder beiderlei Geschlechts die Pflege der Mutter wahrscheinlich besonders ausgeprägt erfahren und darüber eine erste emotionelle Bindung zu ihr hergestellt, die sich durch die Jugend der Mutter, das Alter oder die Abwesenheit des Vaters oder dadurch, daß die Mutter verwitwet war, noch verstärkte. Vielleicht wurde diese Beziehung durch die Deprivation, die Kind und Mutter zuvor erlebt hatten, noch vertieft, was auch die nachhaltige Zuneigung vieler erwachsener Männer zu ihren Müttern erklären würde.[123] Es ist fraglich, ob diese Phase tatsächlich von Anfang an von »viel Entzücken und Lachen bei allen« angesichts der ersten Worte des Kindes bestimmt war, wie Alberti schreibt.[124] In seinem Angriff gegen das System des »Weggebens« deutet San Bernardino eine davon sehr verschiedene Art der Begrüßung an: ». . . und wenn es zu dir zurückkommt, sagst du: ›Ich weiß nicht, wem du ähnlich bist, gewißlich keinem von uns!‹«[125] Aber die Zeit milderte die Fremdheit auf beiden Seiten, und San Bernardino bezeichnet sehr klug die Unterschiede in der Art und Weise, wie eine Mutter ihre eigenen Kinder betrachtet (»mit den Augen des Herzens«), wie sie die ihrer Nachbarn (»mit freundlichem Sinn«) und die ihrer Feinde sieht (»mit strengem Blick und finsterer Miene«).[126]
Die vorherrschende Rolle der Mutter kommt auch in einem Traktat zum Ausdruck, den der Dominikaner Giovanni Dominici (ca. 1356-ca. 1420), selbst Sohn einer Witwe, für eine Frau, die »beinahe eine Witwe« war, zur Belehrung über den Alltag des Kindes und seine sittliche Erziehung verfaßte. »Kinder kann man wirksam beherrschen, bis sie herangewachsen und etwa zwölf Jahre alt geworden sind. Dann schütteln sie nach und nach das

mütterliche Joch ab.«[127] Die Mutter solle das Haus mit Bildern und Statuen schmücken, die »der Kindheit wohl gefallen«, etwa mit »einer guten Darstellung, wie Jesus gestillt wird, wie er im Schoß seiner Mutter schläft oder folgsam vor ihr steht ... mit dem Bild eines kleinen Kindes, das die Wüste betritt und mit den Vögeln spielt«, oder ein Bild, »auf dem Jesus und Johannes der Täufer zu sehen sind«.[128] Beide Geschlechter solle die Mutter einfach kleiden und »vom dritten Lebensjahr an« soll der Sohn

keinen anderen Unterschied zwischen männlich und weiblich kennen als Kleidung und Haartracht. Von nun an bis zu seinem fünfundzwanzigsten Jahr sollen ihm Liebkosung, Umarmung und Küssen gänzlich fremd werden. Auch wenn sich mit Gewißheit bis zum fünften Lebensjahr kein Gedanke und keine natürliche Bewegung regen wird ..., so sei darum nicht weniger darauf bedacht, daß er stets keusch und bescheiden und an jeder Stelle mit solcher Zurückhaltung bedeckt ist, als wäre er ein Mädchen.[129]

Wenn er älter als drei Jahre ist, solle sie nicht gestatten, daß »er mit seinen Schwestern auf einem Bett oder einem Kissen schläft oder während des Tages allzu viel mit ihnen umhertollt«. Wenn möglich, sollen sie getrennt aufgezogen werden. »Beim Schlafen sollte er ein Nachthemd tragen, das ihm bis zu den Knien reicht ... Weder Vater noch Mutter und noch viel weniger eine andere Person sollen ihn berühren.«[130]
»Verbietet ihnen das Spielen nicht ... Die heranwachsende Natur bewirkt, daß das Kind umherrennt und springt.« Solange sie solche einfachen Spiele spielen, »spielst du mit ihnen und läßt sie gewinnen«. Wenn sie einander weh tun, solle man den Übeltäter nur mäßig schelten, damit der Verletzte kein Vergnügen an der Vergeltung findet.[131]
Um sie auf Unglück vorzubereiten, sollte die Mutter sie an Notlagen gewöhnen und sie manchmal mit Kleidern schlafen lassen, »einmal in der Woche auf einer Liege, gelegentlich auf einem Kasten und bei geöffnetem Fenster«. Sie solle ihr Kind ungefähr so behandeln, »als sei es der Sohn eines Bauern«. Und: »Gewöhne sie daran, Bitteres zu essen, wie Pfirsichkerne, Hustenbonbons, scharfe Kräuter und in Öl Gebackenes«; gelegentlich solle man ihnen »ein bißchen von harmlosen Arzneien wie Abführmitteln« geben, um sie auf künftige Krankheit vorzubereiten.[132] Und im Hinblick auf mögliche Armut »sollten die Kinder an einfache Kost, an billige, gewöhnliche Kleidung und ans Barfußgehen gewöhnt sein«.[133]

Aus anderen Quellen wird deutlich, daß sich in Dominicis Vorschriften eher religiöse Einstellungen und Sexualängste widerspiegeln als die weltliche Wirklichkeit, die er beobachtet und beklagt:

Wie sehr bemüht man sich heute und strebt danach, sie den ganzen Tag über anzuleiten, sie zu umarmen, zu küssen, ihnen Lieder vorzusingen, ihnen alberne Geschichten zu erzählen oder mit Gespenstern Angst einzujagen, sie hinters Licht zu führen, mit ihnen Verstecken zu spielen, und wie sehr gibt man sich Mühe, sie schön gesund, heiter und im Sinnlichen vollends zufrieden zu machen![134]

Seine Ratschläge werfen zahlreiche Fragen auf, von denen nur wenige beantwortet werden können. Wie war es möglich, Mädchen und Jungen in diesem Alter voneinander zu trennen, um zu verhindern, daß sie einander sahen und berührten, wenn sie in der Umgebung des Hauses und im Hof herumtollten? Das Alltagskleid der Kinder beiderlei Geschlechts war anscheinend eine kurze, locker herabhängende oder mit einem Gürtel versehene Tunika und kaum etwas darunter.[135]

Enge Beziehungen zwischen den Geschlechtern in der Kindheit werden von verschiedenen Quellen bezeugt, z. B. in Morellis Bericht darüber, wie er versucht hatte, ein kleines Mädchen zu heiraten, das er seit der Zeit, da sie ein zartes Kind war, zur Frau wollte.[136] Ein Mitglied der Familie Valori nahm 1452 eine von zwei Schwestern zur Frau, die er gut kannte, »weil wir bis zum Alter von zwölf Jahren zusammen großgezogen worden waren«.[137] Eine gemischte Gruppe munterer Kinder schildert der achtjährige Piero 1479 in einem Brief an seinen Vater Lorenzo de' Medici:

Uns allen geht es gut, und wir lernen. Giovanni (vier Jahre) fängt gerade an zu buchstabieren ... Giuliano (das Baby) lacht und denkt an nichts sonst, Lucrezia (neun Jahre) näht, singt und liest. Maddalena (sechs Jahre) läuft mit dem Kopf gegen die Wand ... Luisa (zwei Jahre) fängt an, ein paar Wörter zu sprechen. Contessina (älter als ein Jahr) erfüllt das ganze Haus mit ihrem Geschrei.[138]

Das spontane Spiel kleiner Kinder wird sogar von dem strengen Dominici als natürlich betrachtet, der im übrigen von Spielzeug nichts hält, etwa den »kleinen Holzpferden, den reizenden Zimbeln, den nachgeahmten Vögeln, den vergoldeten Trommeln und tausend anderen Spielsachen, die sie ans Vergängliche gewöhnen«.[139] Auf den Bildern dieser Zeit werden Kinder, die aus sich

heraus spielen, meist in Gestalt des Christuskindes und des kleinen Johannes dargestellt, die die Händchen nach einander ausstrecken, sich manchmal umarmen; mitunter gesellt ihnen die lebhafte, einfühlsame Darstellung ein Lamm hinzu.[140] In großer Vielfalt finden sich spielende Kinder auch allein, zu zweit oder in größeren Gruppen als »Engelskinder« dargestellt, als zumeist geflügelte, nackte, anziehende *putti* oder *amorini*.[141] Eine der muntersten Gruppen stammt von Agostino di Duccio. Sie zeigt ganz kleine, rundliche *amori*, die voller Ausgelassenheit einer Reihe von Beschäftigungen zu Land und zu Wasser nachgehen: schießen, Boot fahren, auf Seeungeheuern schwimmen und auf Musikinstrumenten spielen.[142] Realistischer ist vielleicht die Darstellung von sieben nackten *putti* auf einer Zeichnung von Raffael, die fröhlich das Spiel »Richter und Gefangener« spielen.[143] Aber all diese *putti* sind ideale und nicht reale Kinder, deren Darstellung, obgleich durch die Beobachtung lebender Kinder beeinflußt, augenscheinlich von klassischen Mustern bestimmt wird. Kaum wird man ihre robusten Körperformen, ihre engelhaften Gesichter und phantastischen Beschäftigungen als typisch für die wirklichen Kinder der damaligen Zeit betrachten dürfen. Das gleiche gilt für die berühmtesten Darstellungen älterer Kinder und Jugendlicher, die sich auf den für die Kathedrale von Florenz geschaffenen Vorsängerkanzeln finden.[144] Anmut und Würde der klassisch gekleideten, eigentlich geschlechtslosen Kinder Luca della Robbias erwecken den Anschein eines himmlischen, nicht eines irdischen Chors, auch wenn die Gesichter denen heutiger oder damaliger toskanischer Jungen vielleicht ähneln. Und die fast bacchantische Ausgelassenheit der Figuren, die auf Donatellos Fries einen Ringeltanz aufführen, scheint der Wirklichkeit der Häuser und Straßen in den italienischen Städten noch weiter entrückt zu sein.[145] Welche Bedeutung besaßen solche idealen Kinder für die, die sie erschufen, und die sei es jungen, sei es erwachsenen Betrachter? Was taten wirkliche Kinder in dieser Zeit zu Hause, in der Schule oder in den Läden und Werkstätten? Über die Art und Weise, wie das Kind zu Hause lebte, wo und wie es aß, schlief, defäzierte, spielte, wissen wir sehr wenig. Auch an Hand erhalten gebliebener Wohnhäuser läßt sich nur wenig darüber ermitteln, wie man den Lebensraum bei den intimeren Verrichtungen benutzte.[146]
Die Moralisten sagen zu diesen Dingen wenig, die *Ricordi* fast gar

nichts. Paolo da Certaldo drückt sich so knapp wie stets aus: »Ernähre den Jungen gut und kleide ihn so gut, wie du kannst, ich meine, bescheiden und mit gutem Geschmack ... Kleide das Mädchen gut, seine Nahrung dagegen ist, solange sie es am Leben erhält, nicht besonders wichtig. Laß es nicht dick werden.«[147] Und Dominici sagt im Gedanken an zukünftige Armut:

> Man sollte Kinder daran gewöhnen, einfache Kost zu essen, billige und gewöhnliche Kleidung zu tragen ... Sie sollten lernen, für sich selbst zu sorgen, und so wenig als möglich die Dienste von Magd und Diener in Anspruch nehmen. Sie sollten den Tisch decken und säubern, sollten sich selbst an- und auskleiden und selbst ihre Schuhe anziehen können und so fort.[148]

Aßen die Kinder stehend, während sie bedienten oder später, die Reste der Mahlzeiten? (Sitzende Kinder findet man im allgemeinen nur auf Darstellungen von Klassenzimmern.) Der Humanist und Architekt Filarete schreibt um 1460 über eine »ideale Schule« und warnt, Kinder sollten nicht zuviel essen. Sie sollen zähes Fleisch bekommen, so würden sie ihr Mahl nicht hinunterschlingen, und bis zum Alter von zwanzig Jahren sollen sie beim Essen stehen, während eines der Kinder laut vorliest. Sie sollen nicht länger als sechs oder acht Stunden schlafen.[149] Wenn man die schmächtigen Kinder auf den Familienportraits dieser Epoche sieht, so darf man vermuten, daß auch die Kinder der Reichen nicht eben überernährt waren. Wenn sie auch wohlgestaltet aussehen, sie machen einen weniger gut genährten Eindruck als die pausbäckigen Babys oder die rundlichen *putti* der Künstler.[150] Angeregt durch die klassischen Autoritäten, sprechen sich die didaktischen Traktate der humanistischen Erzieher im allgemeinen für eine durch Vernunft und Sorge für das Individuum gemäßigte Erziehung durch Strenge aus.[151] Der berühmteste Lehrer der Zeit, Vittorino da Feltre (1387-1446), schrieb keine Traktate, brachte jedoch die wichtigsten Prinzipien der klassisch-christlichen Erziehung in seinem Internat zur Geltung, das von den Kindern der regierenden Familie von Mantua und anderen würdigen Kindern verschiedenen Alters besucht wurde, die mitunter nicht älter als sechs oder sieben Jahre waren. Das »fröhliche Haus« wurde von dem stets wachsamen, asketischen Auge des unverheirateten Lehrers beherrscht, der offenbar von Sexualängsten geleitet war, wenn er keinerlei Verzärtelung in den Eß-, Kleidungs- und Schlafgewohnheiten duldete.[152] In den geschäftigen Häusern konnten wohl nur wenige Mütter den Alltag ihrer Kinder so wirksam überwachen wie Vittorino. Man hat oft bemerkt, daß toskanische Väter die Geburt von Töchtern wegen der ständig steigenden Höhe der Mitgiften fürchteten und daß man viele überzählige Mädchen sehr früh in Nonnenklöster steckte.[153] Das Karnevalslied der unfreiwilligen Nonnen schiebt den Vätern die Last der Verantwortung für das Schicksal ihrer Töchter ganz offen zu:

> Es lag nicht in unserer Absicht,
> dieses Schwarz zu tragen ...
> wir wußten wenig von der Welt,
> als wir dies Gewand anlegten.
> Nun aber, da wir älter sind,
> erkennen wir unseren Irrtum ...
> Ich fluche meinem Vater,
> der wollte, daß ich hier festgehalten werde.[154]

Andere Quellen bezeugen jedoch, daß auch andere Einstellungen gegenüber Töchtern und der Frage, wie sie großgezogen werden sollten, existierten. Aber ganz offensichtlich gab man Jungen den Vorzug. Die unfruchtbare Frau Datinis schrieb in einem Trostbrief an eine Freundin, die soeben eine weitere Tochter zur Welt gebracht hatte:

Der Vater ist ein so guter, weiser und verständiger Mann, daß er Mädchen ebenso gern haben wird wie Jungen. Dennoch wäre es ein großer Trost für dich, auch Jungen zu haben, auf daß das Gedächtnis deines guten Namens nicht so schnell vergeht, wie es ohne Söhne geschieht. Denn Mädchen schaffen, wie du weißt, keine Familien, sie sind ihr »Untergang«.

Sie schickt ein Fäßchen Malvasierwein aus Venedig mit, der angeblich der Erzeugung männlicher Kinder förderlich war.[155] Einer von Datinis Briefpartnern macht sich über einen anderen lustig, der betrübt darüber ist, ein Mädchen zu haben, und es nicht sehen will: »Dabei ist es nur eines; wie wird ihm erst zumute sein, wenn er vier oder sechs hat!«[156] Einem anderen Briefpartner redet Datini bei der Geburt eines Mädchens gut zu: »Sei wohlgemut und gräme dich nicht wegen der Mitgift; wenn sie so schön ist wie ihre Mutter, wirst du sie ohne Mitgift verheiraten können; sie selbst wird die Gabe sein!«[157] Eine positivere Einstellung zeigt ein anderer Teilhaber Datinis:

Wir haben drei Mädchen und einen Jungen ... und Beatrice ist schwanger und sagt, es würde ein Mädchen sein. Ich rechne darauf, mit dir halb und halb zu teilen, wenn ich genug habe ... Wahrlich, Mädchen bereiten mir ebensoviel Freude wie Jungen. Möge es Gott gefallen, deiner Frau ein halbes Dutzend zu bescheren.[158]

Im Jahre 1464 spricht Rucellai im Alter von siebzig Jahren voller Stolz von seiner »hervorragenden Familie, zwei Söhne und fünf Töchter, alle gut verheiratet«. Aber nur ein sehr reicher Mann konnte so viele Mitgiften zahlen.[159] Als dem Dichter Pietro Aretino eine Tochter geboren wurde, tröstete er sich bei dem Gedanken, wieviel eher ihm eine Tochter im hohen Alter als Stütze zur Seite stehen würde als ein Sohn, der wohl mit zwölf Jahren »beginnt, das elterliche Joch abzuschütteln«. Und als das Kind mit elf Jahren einmal für eine Woche abwesend war, erbat er es zurück, »weil weder eine Tochter ohne ihren Vater noch ein Vater ohne seine Tochter glücklich werden kann«.[160]

Die Moralisten entwerfen ein trübes Bild vom Alltag des kleinen Mädchens. Paolo da Certaldo ermahnt die Eltern,

sie alle Aufgaben im Haushalt (zu) lehren, Brotbacken, Geflügelreinigen, Mehlsieben, Kochen und Waschen, Bettenmachen, Spinnen und Weben, Seidenstickerei, Leinen- und Wollkleiderzuschneiden, Strümpfestopfen und solcher Dinge mehr.[161]

Den Beweggrund hierfür spricht San Bernardino deutlich aus:

Mache aus deiner Tochter eine kleine Sklavin ...ja, aber es gibt ein Hausmädchen! Das mag sein, aber halte sie dennoch zur Arbeit an, nicht weil es nötig wäre, sondern damit sie beschäftigt ist. Laß sie die Kinder hüten, die Wickelbänder waschen und dergleichen mehr. Hältst du es so mit ihr, so wird sie nicht hinter den Fenstern trödeln und leichtfertig sein.[162]

Vor allem darf die Mutter sie nie allein lassen, weder zu Hause in irgendeinem Zimmer noch außerhalb:

Achte darauf, daß sie nirgendwo ohne dich auskommt ... daß sie nie mit Pagen oder Bedienten zu tun hat. Vertraue sie niemals dem Hause deiner Verwandten an ... Und achte darauf, daß sie nicht bei ihren eigenen Brüdern schläft, sobald sie ein bestimmtes Alter erreicht hat. Selbst ihrem eigenen Vater darfst du sie kaum anvertrauen, wenn sie in mannbarem Alter ist.[163]

Ein Mitglied der Familie Alberti spricht geringschätzig von den »leichtfertigen Gebärden«, diesem »Hinundherwerfen der Hände« und dem »Schnattern, wie es manchmal Marktweiber den ganzen Tag treiben, im Hause, an der Tür und anderswo«.[164] Vespasiano wiederholt viele der gebräuchlichen Ermahnungen; als Muster für die Erziehung eines Mädchens preist er »den Fall eines Kindes, das nur selten an Fenster oder Tür gesehen ward«.[165]

Der häufige Hinweis auf Fenster oder Türen macht deutlich, daß die kleinen Mädchen in ihrer Aktivität zwar beengt waren, daß sie jedoch den offenbar aus der Sorge um ihre Keuschheit erwachsenen Bemühungen, sie von der Außenwelt fernzuhalten, Widerstand entgegensetzten und eine ganze Menge von dem wahrnahmen, was draußen vor sich ging. Wahrscheinlich begann die wirkliche Trennung der Jungen von den Mädchen, was das Leben tagsüber betrifft, erst beim Eintritt der Jungen in die Grundschule. Für diese Zeit zieht Paolo da Certaldo eine deutliche Trennungslinie:

Sorge dafür, daß er mit sechs oder sieben lesen lernt, und laß ihn entweder studieren oder das Gewerbe erlernen, das ihm die meiste Freude macht. Handelt es sich um ein Mädchen, so setze sie in die Küche und nicht hinter das Lesebuch, denn es schickt sich nicht für Mädchen, Lesen zu lernen, es sei denn, du willst, daß sie eine Nonne wird.[166]

Eines der lebendigsten Bilder der glücklichen Kindheit eines Mädchens enthält die Korrespondenz Datinis. Dabei stoßen wir auf das uneheliche Kind eines Sklavenmädchens, das von beiden Eltern liebevoll gepflegt, im Lesen angeleitet, mit Kleidern ausgestattet, verwöhnt und schließlich vornehm verheiratet wird.[167] Als dieses Mädchen von der *Balia* nach Hause zurückkehrte, traf sie dort auf ein anderes Kind, Tina, die Nichte Margheritas, Datinis kinderloser Frau, die man – zum erstenmal, als sie sieben war – über lange Zeiträume hinweg von ihren Eltern »auslieh«, »obgleich es ihre Mutter anscheinend hart ankam«. Ihr Vater schrieb:

Über euren Bericht von Tinas Treiben und Benehmen haben wir gelacht und glauben, daß ihr von der Liebe zu ihr betört seid. Wenn aber Gott und Natur bewirkt haben, daß sie gefällt, so ist es gut . . . [Und nach ihrer Rückkehr heißt es:] Ihr habt in Tina solches Selbstvertrauen geweckt, daß es mich nicht wundert, wenn sie den gern hat, der ihr so schöne Kleider angelegt hat; sie spricht von nichts anderem als davon, zu euch zurückzukehren.

Während eines weiteren langen Aufenthalts der nunmehr zehn Jahre alten Tina bei den Datinis schrieb ihr Vater:

Es freut mich, daß Tina begierig ist zu lesen. Ich bitte euch, sie zurechtzuweisen und zu strafen, denn ich glaube, daß sie dies braucht. Und wenn sie sich etwas zuschulden kommen läßt, erinnert sie an die Versprechen, die sie mir gegeben hat, und sagt ihr, wenn ich höre, daß sie irgendwie ungehorsam ist, würde ich kommen und sie sogleich auf dem Pferde mit nach Hause nehmen.

Nur mit Mühe konnten Tinas Eltern die Datinis dazu bewegen, ihr Kind zurückzugeben.[168]
Dominici beklagte mütterlichen Stolz und weibliche Eitelkeit, die sich im »Ausstaffieren« kleiner Mädchen (und Jungen) wie Ginevra und Tina zeigten, besonders weil Mädchen »aufgrund ihres minder vollkommenen Wesens« um so erpichter auf derlei Dinge seien.

Wieviel Zeit wird damit vertan, die Haare der Kinder stets von neuem zurechtzumachen; ihr Haar, wenn es um Mädchen geht, blond zu erhalten oder in Locken zu legen! Wieviel Bedacht wendet man darauf, ihnen beizubringen, es sich gut ergehen zu lassen, höflich zu sein und Verbeugungen zu machen. Wie sinnlos und teuer ist die Herstellung bestickter Hauben, verzierter Umhänge, feiner Röckchen, mit Schnitzereien verschönter Wiegen, kleiner bunter Schuhe und erlesener Strümpfe![169]

Das einigermaßen unbeschwerte Leben der Mädchen im Hause der Datinis steht dem von Dominici für beide Geschlechter aufgerichteten Muster sehr fern, dem zufolge Kinder ihren Eltern äußerste Demut und Ehrerbietung und vollständige Unterwerfung unter ihren Willen zu erweisen hatten. Einzelfälle lassen sich nicht einfach verallgemeinern, aber offensichtlich bestand häufig eine große Diskrepanz zwischen Theorie und Wirklichkeit. Die von Vespasiano so sehr bewunderte und zweifellos übertriebene, harte und strenge Erziehung, die einige bekannte Familien im fünfzehnten Jahrhundert den Mädchen zuteil werden ließen, steht in einem Gegensatz zu dem anscheinend recht lockeren und unbeschwerten Leben im Haus der Medici zur gleichen Zeit.
Sehr deutlich zeigt sich das zeitgenössische Ideal des kleinen Mädchens in einem beliebten religiösen Thema: die kleine Jungfrau Maria steigt die Stufen zum Tempel hinauf; unschuldig, schön, bescheiden in ihrem langen Gewand schaut sie mitunter vertrauensvoll zurück auf ihre in Bewunderung verharrende Mutter und andere Erwachsene am Fuße der Treppe, oder sie blickt ein wenig furchtsam auf den Hohen Priester oben, der darauf wartet, sie zu empfangen.[170] Die Eltern waren entschlossen, ihre Töchter in solcher Jungfräulichkeit den erwachsenen Bräutigamen auszuhändigen, die manchmal doppelt so alt wie jene waren.

Vom Vater zum Lehrer: Die Rolle des Vaters
Disziplin und Unterweisung

Solange das Kind noch klein war, scheint sich die Verantwortung des Vaters vor allem auf Perioden von Krankheit und sonstigem Unglück beschränkt zu haben, es sei denn, die schwache Gesundheit der Mutter oder Armut machten seine Aufmerksamkeit unentbehrlich.[171] Ein verheiratetes Mitglied der Familie Alberti spricht von den Qualen, die der Vater in dieser ersten Zeit zu bestehen hat: Dieses Lebensalter »ist das einzige, wo es immerfort Blattern, Windpocken, Masern gibt, das nie frei ist von Magenbeschwerden, immer zart, immer leidend aus irgendeiner Ursache, die weder du kennst noch die Kleinen dir zu sagen wissen«.[172] Diese und Dutzende anderer Kinderkrankheiten werden in den italienischen medizinischen Traktaten des sechzehnten Jahrhunderts beschrieben, aber in den Quellen werden nur wenige dieser Krankheiten deutlich bezeichnet. In den *Ricordi* wird die Tatsache des Todes vom Vater zumeist einfach festgestellt und datiert, insbesondere bei Todesfällen in sehr frühem Alter im Hause der *Balia*.

Im Rückblick auf das eigene Leben verzeichnet Morelli eine »Krankheit« mit vier Jahren, eine »lange, ernste Krankheit« mit sieben, »Blattern« mit neun und eine schwere Krankheit und Fieber mit zwölf.[173] Sehr viel ausführlicher beschreibt er die tödlich verlaufende Krankheit seines Sohnes Alberto im Jahre 1406:

Er wurde krank, und Blut floß aus seiner Nase. Dies geschah ... dreimal, bevor wir feststellten, daß er Fieber hatte; und am Montag morgen, als er in der Schule war, ergriff ihn das Fieber; das Blut brach aus seiner Nase, seinem Bauch, seinem Körper hervor und, wie es Gott gefiel, lebte er noch sechzehn Tage ... in großen Qualen und Schmerzen ...[174]

Aus weiteren Einzelheiten, die uns von den Leiden des Kindes berichtet werden, geht hervor, daß Albertos Vater das Kind in dieser Zeit, wenn überhaupt, nur selten allein ließ. Seine Frau schließt er allerdings in diesen Bericht und die Schilderung ihrer gemeinsamen Trauer nachher mit ein.

Um ein sechs Monate altes Baby, den unehelichen Sohn Datinis, am Leben zu erhalten, machten seine Freunde in Prato, die in Verbindung mit dem Vater standen, heftige Anstrengungen. Das Kind litt an »Anfällen«, die vielleicht auf die »Feuchtigkeit«

zurückgingen, und an Fieber. Trotz der Anwendung von Arzneien, Salben und »Zaubersprüchen« starb es nach wenigen Tagen. Das »Biberfett«, das sein Vater von Florenz geschickt hatte, traf zu spät ein. Damit es besser gepflegt werden konnte, war das Kind aus dem Hause seiner *Balia* genommen worden.[175] Lapo Mazzei schreibt an Datini, er habe seinen an Epilepsie leidenden Sohn zu sich ins Bett genommen.[176]
Die rauhe Behandlung, die der junge Cardano von beiden Eltern erfuhr, verstärkte die nächtlichen Schrecken und Schweißausbrüche, an denen er litt, vielleicht ebenso wie die Halluzinationen, die er zwischen seinem vierten und siebten Lebensjahr hatte und als sehr angenehm empfand, während er im Bett blieb, bis sein Vater ihm das Aufstehen gestattete.[177] Die Art und Weise, in der er seine eigenen Kinder behandelte, scheint kaum besser gewesen zu sein. Sein älterer Sohn wurde einer liederlichen *Balia* übergeben und überstand im Alter von drei und vier Jahren nur mit Mühe und Not zwei Krankheiten.[178]
Mit der Abfassung von Traktaten über Kinderkrankheiten leisteten die italienischen Ärzte Pionierarbeit, aber ihre Werke waren weitgehend Zusammenfassungen des medizinischen Wissens der Antike, das nach der Erfindung des Buchdrucks weite Verbreitung fand.[179] Nur selten umfaßten die pädiatrischen Traktate des sechzehnten Jahrhunderts auch klinische Beobachtungen.[180] Der berühmte Ugo Benzi führt nicht mehr als zwei pädiatrische Fälle an,[181] und auch der wunderliche Arzt Cardano nennt in seiner Autobiographie nur wenige.[182]
Die auf die Pest zurückgehenden massenhaften Todesfälle bei Kindern machten auf Eltern und Kinder einen weitaus tieferen Eindruck als die vereinzelten, wenngleich häufigen Todesfälle, die dem »Herrn, der gibt und nimmt« zugeschrieben und als solche akzeptiert wurden. Nach dem ersten Schlag der Seuche in Mittelitalien im Jahre 1348 wurde die allgemeine Unsicherheit innerhalb der Gesellschaft durch die Furcht vor ihrer Wiederkehr um ein weiteres Moment verstärkt. Man kennt die unterschiedlichen Reaktionen auf die mysteriösen Heimsuchungen aus Boccaccios *Dekameron,* und auch seine Zeitgenossen kannten kein anderes Mittel als die Flucht.[183]
Morelli fügt seinen *Ricordi* einen aus der Rückschau geschriebenen Bericht über die erste Pest von 1348 bei; anschaulicher jedoch sind die Daten der Todesfälle in seiner Familie, die er während

der aufeinander folgenden Wellen der Seuche in den Jahren 1363, 1374 und 1400 festhält, sein Bericht, wie die Familie in einer Gruppe von zwanzig Personen 1374 (als er drei Jahre alt war) nach Bologna flieht und die ausführlichen Ratschläge an seine Nachkommen, wie sie sich angesichts der Gefahr verhalten und ihr mit einer bestimmten Ernährungsweise, mit Medikamenten, mit bestimmten Übungen und Gewohnheiten begegnen sollten. Vor allem: »Ich ermutige zu früher Flucht und empfehle sie«, insbesondere im Frühling; und nicht aufs Land, sondern in eine Stadt soll sie führen, in der gute Ärzte und Arzneien zur Verfügung stehen. Besonders solle man auf die Kinder achten, in einer solchen Zeit nicht sparen, sondern die Familie bei Laune halten, sich ein gutes Leben machen und die Melancholie vertreiben.[184]

Viele Familien folgten seinem Rat oder dem Albertis: »Väter und Söhne, Brüder, alle müssen einander fliehen, denn dieser Gewalt des Giftes, diesem Fluch gegenüber gibt es nichts, was hilft, als zu fliehen.«[185] Im Jahre 1400, nachdem er an einem Bußgottesdienst teilgenommen und sein Testament aufgesetzt hat, macht sich Datini mit seiner Frau, Ginevra, Dienern, Geschäftspartnern und anderen auf den Weg nach Bologna, wo er vierzehn Monate lang bleibt.[186] Rustichi verzeichnet 1424 den Tod und die Beerdigung seines erstgeborenen, siebenjährigen Sohnes Lionardo in einer kleinen Stadt, »in die ich mit meinem ganzen Hause geflohen war«.[187] Andere bleiben in der Stadt, ziehen aber von Haus zu Haus, wie Gregorio Dati, der 1420 seine Familie dreimal umquartierte, in jeder Unterkunft jedoch Mitglieder seines Haushalts verlor, fünf Kinder, einen Diener und ein Sklavenmädchen.[188]

Die Ärmeren blieben zu Hause, kümmerten sich um das Eigene und fügten sich in ihr Schicksal, wie etwa Lapo Mazzei, der ergebene Freund des reichen Datini:

Ich habe erlebt, wie zwei meiner Söhne, der ältere und der mittlere, binnen weniger Stunden in meinen Armen starben. Gott weiß, welche Hoffnungen ich auf den ersten setzte, der mir schon ein Gefährte war und zusammen mit mir den übrigen ein Vater, und welche Fortschritte er gemacht hatte ... und Gott weiß, wie er nie versäumte, abends und morgens seine Gebete zu sprechen, auf den Knien in seinem Zimmer ... und wie er sich im Angesicht des Todes verhielt, Worte der Ermahnung sprach ... und sich darauf vorbereitete, dem zu gehorchen, was ihm auferlegt war ... Und zur gleichen Zeit lagen in einem Bett die todkranke Antonia und der andere Junge, welcher dann starb. Denke, wie mir das Herz brach, als ich die Kleinen leiden und ihre Mutter nicht wohlauf und kräftig sah, und als ich die Worte des Älteren vernahm. Oh, der Gedanke, daß drei nun tot sind!«[189]

Wir wissen nicht, wie die überlebenden Kinder auf die sie überall umgebenden Todesschrecken reagierten. Vermutlich waren sie im allgemeinen an die Wirkungen des Todes gewöhnt, und zweifellos waren die Schrecken der Pest für die Kinder erträglicher, wenn sie in der Nähe der Eltern blieben. Die Bilder von der Flucht der heiligen Familie nach Ägypten, auf denen eine enge Beziehung zwischen Eltern und Kind, eine zärtliche Besorgnis um den Säugling in diesem Augenblick der Angst zum Ausdruck kommt, stießen vermutlich auf ein emotionelles Bedürfnis und haben die Eltern ermutigt, ihre sterbenden Kinder nicht zu verlassen, wie es Boccaccio zufolge einige taten.[190]

Ein weiteres besonders bedeutsames Thema dürfte der Kindesmord zu Bethlehem gewesen sein, bei dem es um das Massensterben der von unbarmherzigen Soldaten niedergemetzelten Kinder geht. Besonders realistische Einzelheiten bietet ein Gemälde, auf dem eine junge, blonde, rotgekleidete Mutter voller Bestürzung ihre Arme erhoben hat; sie betrachtet ihr etwa einjähriges, in eine kleine blaue Tunika gewickeltes Kind, das verblutend oder bereits tot auf ihren Knien liegt, während im Hintergrund das Morden seinen Fortgang nimmt.[191] Die Themen dieser Bilder stellten anscheinend die Alternativen dar, denen sich die Eltern gegenüber sahen: Flucht vor einem unerbittlichen Gegner oder Tod.[192]

In der Theorie galt der Vater als direkt verantwortlich für die Erziehung des Sohnes, aber auch die Mitglieder der Familie Alberti sind sich einig, daß man zur Not auf einen Lehrer zurückgreifen muß: »und wenn die Väter von sich aus nicht dazu fähig sind oder durch andere, wichtigere Geschäfte in Anspruch genommen – wenn irgendein Geschäft wichtiger ist, als sich um die Kinder zu kümmern –, so müssen sie jemanden haben, von dem die Kinder lernen können, alles Löbliche gut und klug zu sagen und zu tun . . .«[193] Oft betrachtet man das Alter von sieben Jahren als geeignet für den Beginn der formellen Erziehung. Palmieri aber, und ganz ähnlich auch Rucellai, empfiehlt, noch früher mit dem Unterricht im Lesen und Schreiben zu beginnen und sich dabei kleiner Kunstgriffe zu bedienen: man solle etwa Buchstaben aus Früchten oder Zuckerwerk bilden und sie dem

Kind geben, wenn es ein S, ein O, ein C und andere Buchstaben zu erkennen vermag.[194] Dominici erwähnt auch den Wert kleiner Anreize und Belohnungen, etwa neuer Schuhe, eines Tintenfasses, einer Schiefertafel usw.[195] Vegio hebt die Verantwortung der Eltern für die ersten Jahre der schulischen Erziehung des Kindes hervor und schlägt vor, einen Verwandten oder einen älteren Bruder als Mentor zu benutzen. Auch sollten die Eltern zuhören, wenn das Kind vorträgt, was es gelernt hat.[196]

Die meisten Kinder der Mittelklasse erhielten ihre erste formelle Erziehung im Alter von sieben Jahren oder früher in den Schulen der Stadtgemeinde.[197] Dominici klagte über diese »Volksschulen«, es seien Orte, an denen sich »eine Menge bösartiger, liederlicher Personen zusammenfindet, die zur Übeltätigkeit sogleich bereit und schwer zu kontrollieren sind«. Die Eltern könnten nicht mehr tun, als die Kinder moralisch zu festigen.[198] Vegio sieht einen Vorteil darin, daß das Kind zum Unterricht aus dem Hause geschickt wird, daß es zu seinen Altersgenossen kommt und von Frauen und Bediensteten entfernt wird. Die Eltern sollten jedoch die Lehrer kennen, sollten sie gut bezahlen und überfüllte Klassenräume sowie häufiges Wechseln des Lehrers vermeiden.[199]

Einige zeitgenössische, auf eigener Erfahrung fußende Aufzeichnungen dürften hier nützlich sein. Ein 1354 geborenes Mitglied der Familie Valori aus Florenz gibt einen knappen Bericht von seiner schulischen Erziehung:

Im Jahre 1363, nachdem die Pest vorüber war, gab man mich, Bartolomeo, zum Grammatikunterricht in die Schule des Meisters Manovello, und ich blieb dort bis zum Monat Mai des Jahres 1367. Und dann, seit dem Juni des gleichen Jahres ließ man mich beim Meister Tomaso den Umgang mit dem Abakus, der Rechenmaschine, lernen, damit ich Berechnungen anstellen könnte..., und dort blieb ich bis zum Februar des Jahres 1368. Und am gleichen Tage schickte man mich zur Bank des Bernardo...[200]

Obwohl sich seine Schulausbildung wegen der Pest verzögerte, durchlief dieser Junge die drei Stufen, die dem normalen Bildungsgang in einer Kaufmannsgesellschaft entsprachen: Lesenlernen, Rechnenlernen und schließlich die Lehre in einer Bank oder einem Geschäft.

Morelli, der ohne die Anleitung durch einen Vater blieb, ging mit fünf Jahren zur Schule, wo er unter seinem Lehrer »viele Schläge und Schrecken« erlitt. Mit acht Jahren gab man ihm einen

Hauslehrer, dessen Tag und Nacht währende Strenge er der »kindlichen Freiheit zuwiderlaufend« erachtete. Und vom elften bis zum zwölften Lebensjahr, nach einer schweren Blatternerkrankung hatte er unter einem Lehrer von ungewöhnlicher Härte zu leiden.²⁰¹ Sein kleiner Sohn Alberto war noch früher reif: mit vier Jahren wollte er zur Schule gehen, mit sechs kannte er den »Donatus« (die Anfangsgründe der lateinischen Grammatik) und mit acht den Psalter, mit neun studierte er Latein und lernte, Kaufmannsbriefe zu lesen.²⁰² Nach dem Tod des Kindes macht sich der Vater Vorwürfe, es »mit der Schule und vielen strengen Schlägen« gequält zu haben.²⁰³
Antonio Rustichi machte über die erste Erziehung seiner Söhne ebenso gewissenhafte Aufzeichnungen wie über ihre Geburt. Im Jahre 1422 schickte er den fünfjährigen Lionardo und den vierjährigen Stefano in die Grundschule, gab sie 1423 zu einem anderen Lehrer und wechselte bald darauf zu einem Hauslehrer, der dafür seinen Lebensunterhalt erhielt, »aber keinen Lohn, keine Schuhe oder Kleider«. Dieser blieb nur ein paar Wochen und ging dann nach Pisa, um zu studieren. 1425 schickte Antonio Stefano (sieben) und Marbottino (vier) zu einem Lehrer bei Or San Michele, »um Lesen zu lernen«, und gesellte ihnen 1427 einen dritten Sohn hinzu. Aber 1428 gab er alle drei zu einem anderen Lehrer, weil der erste »sie nicht gut unterrichtete«. »Um Lesen zu lernen«, wechselten sie 1431 noch einmal, und 1432 sollten sie den Umgang mit der Rechenmaschine lernen.²⁰⁴ Dieser überlastete Vater versuchte offenbar nicht nur den sparsamsten Weg für die Erziehung seiner Söhne zu finden, indem er sie in Gruppen zum Unterricht schickte und Versuche mit einem Hauslehrer machte – er war auch entschlossen, sie gut unterrichten zu lassen. Der häufige Wechsel des Lehrers erinnert an den ähnlich häufigen Wechsel der *Balia*, unter dem die Kinder in jüngeren Jahren zu leiden hatten.
Die konventionelle humanistische Pädagogik des Vegio umfaßt einige Elemente, die aus der eigenen Erfahrung herrühren, die er selbst als Kind gemacht hatte. Sein erster Lehrer war »hart, streng, zornig« und griff aus übertriebener Emsigkeit allzu häufig zu grausamen Bestrafungen, auch wenn sie unnötig waren. »Er erschreckte mich mit Drohungen, bedrängte mich mit Angst, trieb mich in die Vereinzelung und unterband jede Regung meines Geistes.« Als der noch nicht elfjährige Junge einer glück-

lichen Fügung zufolge einem anderen, menschenfreundlichen, wohlwollenden Lehrer zugewiesen wurde, war dies »wie eine Befreiung aus dem Gefängnis«, und es war ein Wunder, wie sein Geist nun zunahm, wie er sich ganz dem Studium der Literatur überließ und aus eigenem Antrieb, ohne Zwang jede Aufgabe übernahm. »So viel bedeutete es mir, einen Lehrer zu haben, der umgänglich und freundlich und bereit war, meine Intelligenz so zu loben und einzuschätzen, wie sie wirklich war.«[205]

Ein anderes Kind in Norditalien, Girolamo Cardano, erfuhr eine ganz andere Erziehung, die, wie er bemerkt, vom Gewöhnlichen deutlich abwich:

In meiner frühen Jugend, ungefähr in meinem neunten Jahre, unterrichtete mich mein Vater in den Anfangsgründen der Arithmetik in heimlich vertrauter Art, als handle es sich um eine Geheimwissenschaft. Woher er selbst sein Wissen nahm, weiß ich nicht. Bald darauf unterrichtete er mich auch in der arabischen Astrologie und versuchte, mir eine künstliche Art des Memorierens beizubringen; ... nach meinem zwölften Lebensjahr unterwies er mich in den ersten sechs Büchern des Euklid ... Dies sind die Fächer, die ich ohne literarische Spielerei erlernt und mir erworben habe, ohne die lateinische Sprache.[206]

Welche Art von Disziplinierung diese häuslichen Unterweisungen durch einen über sechzig Jahre alten Vater begleitete, wissen wir nicht, denn: »Als ich dann endlich sieben Jahre alt geworden war ... und in das Alter kam, da ich Prügel hätte verdienen können, beschlossen sie, mich künftighin nicht mehr zu schlagen.« Der Vater zwang das Kind, ihm »Dienste (zu) tun, so zart und jung, wie ich damals war«. Nur Ruhr und Fieber bewahrten ihn eine Zeitlang davor, aber mit zehn Jahren mußte er die Rolle, eine Art von Lehre, wiederaufnehmen, in die die meisten Jungen sich in seinem Alter erst hineinzufinden begannen.[207]

Der erste Schultag des heiligen Augustinus, wie er von Benozzo Gozzoli (1420-1497) gemalt wurde, zeigt in gedrängter Form die folgenschwere Übertragung der Autorität und Strafgewalt des Vaters auf den Lehrer. Links stehen die Eltern, mit traurigem Blick die Mutter Monika, deren linke Hand auf dem Kopf des Jungen ruht, der strenge Vater mit erhobenen Händen, als wolle er das Kind in die eifrigen Hände des schwarzgekleideten Lehrers schleudern, der im Begriff ist, den Knaben beim Hals zu ergreifen. Das Kind, dessen Kopf auf diese Weise zwischen die Hände dreier Leute geraten ist, steht mit gekreuzten Armen stolz da, betrachtet aber mit einigem Unbehagen nicht etwa den Lehrer, sondern einen großen Jungen rechts. Dieser trägt einen kleinen Jungen mit entblößtem Rücken auf dem eigenen Rücken, wobei jener von einem anderen Lehrer Schläge mit der erhobenen Rute erhält. Neben diesem steht ein gutartiger kleiner Junge, der in einem Buch liest. In dem von Arkaden überwölbten, bevölkerten Schulraum im Hintergrund herrscht Durcheinander; einige Gesichter halten neugierig Ausschau nach dem Neuling.[208] Alle Bestandteile des Klassenzimmers sind hier versammelt; besonderes Gewicht liegt auf der Rute, entsprechend den Ratschlägen der traditionellen Moralisten dieser Zeit, wenngleich humanistische Erzieher wie zum Beispiel der sehr einflußreiche Guarino von Verona (1434-1460) ihre Nützlichkeit ernsthaft in Frage stellten:

Der Lehrer sollte nicht allzeit zur Prügelstrafe als einem Anreiz zu lernen greifen. Einer frei geborenen Jugend ist sie unwürdig, und ihre Anwendung erregt nur Widerwillen gegen das Lernen, und mit ihr zu drohen, führt bei den furchtsamen Knaben nur zu unwürdigen Ausflüchten. Der Schüler wird auf diese Weise sittlich und intellektuell beleidigt, der Lehrer wird betrogen, und überhaupt verfehlt die Strafe ihren Zweck. Das gebräuchlichste Hilfsmittel des Lehrers sei die Freundlichkeit, wohingegen die Bestrafung als letzter Ausweg im Hintergrund bleiben soll.[209]

Der Dominikanermönch Dominici dagegen empfindet keine Skrupel:

Weil es nötig ist, dieses dem Bösen und nicht dem Guten zuneigende Alter in Schach zu halten, nimm oft die Gelegenheit wahr, die kleinen Kinder zu strafen, aber nicht zu heftig. Häufiges, aber nicht allzu hartes Schlagen tut ihnen gut . . . Verdoppele die Bestrafung, wenn sie ihr Vergehen leugnen oder entschuldigen oder wenn sie sich der Strafe nicht beugen . . . Und damit sollte man fortfahren nicht nur, solange sie drei, vier oder fünf Jahre alt sind, sondern solange sie es nötig haben, bis hin zum Alter von fünfundzwanzig Jahren.[210]

Der Kaufmann und Moralist Paolo da Certaldo entwickelte ein besseres Verständnis für die Beziehung zwischen Vater und Sohn:

Der Mann, der seine Kinder nicht züchtigt, liebt sie nicht. Wenn du also Kinder hast, so strafe und ermahne sie, aber mit Maß, je nach der Größe ihres Vergehens . . . Schelte andere Personen freundlich und mit Bedacht und ohne Hochmut oder Zorn. Dies gilt nicht für kleine Kinder, sondern für Männer und große Knaben, die über die kindlichen Bestrafungen, also solche mit Peitsche oder Rute, hinaus sind.[211]

Eine gründliche Untersuchung hat gezeigt, daß die auf Erfahrung eher als auf Theorie gründende Pädagogik der Florentinischen »Kaufmannsschriftsteller« nach einer Verbindung und Wechselwirkung mit der Ethik der gelehrten Humanisten strebte, indem sie die Individualität und Würde des Kindes anerkannte, Vernunft und Überredung als erfolgreichster Methode gegenüber der Gewalt den Vorzug gab und die Neigungen und Fähigkeiten des Kindes bei der Wahl seines Berufs berücksichtigte.[212]

Einige Väter betrachten die Ausgelassenheit der Schuljungen als natürlich. L. Mazzei schreibt über seinen Sohn Piero an Datini:

> Ich sage dir, es ist jedenfalls vernünftiger, wenn Jungen, sofern es richtige Jungen sind, in der Schule zuzeiten Dampf ablassen und sich ein wenig verrückt aufführen. Würdest du, wenn du Fohlen kaufen willst, nicht auch eher dem Rate eines einfachen Mannes trauen, der vierzehn von ihnen zugeritten hat, als irgendeinem Neunmalklugen, der nie ein einziges besessen hat?[213]

Oft jedoch scheinen Angst und Schläge in den Klassenzimmern vorherrschend gewesen zu sein. Petrarcas beißende Bemerkungen über Lehrer und Klassenzimmer und das Fresko, das den ersten Schultag des heiligen Augustinus darstellt, entsprechen dem wirklichen Leben vielleicht eher als Luca della Robbias die »Grammatik« symbolisierendes Relief, das einen gütigen Lehrer zeigt, der vor zwei anmutig gelehrigen Jungen sitzt, die Bücher in den Händen halten.[214]

Wie reagierte das Kind auf eine solche Behandlung? Mit Angst und Zorn, wie wir in einigen Fällen gesehen haben. Aber was konnte es tun? Einen bemerkenswerten Fall von passivem Widerstand überliefert uns Morelli, der erzählt, wie sein Vater als Junge von zehn oder zwölf Jahren, nachdem er von der *Balia* zurückgebracht worden war, für sich selbst sorgte:

> Getrieben von seinem guten Charakter, kam er mit sich überein, zur Schule zu gehen, um Lesen und Schreiben zu lernen ... Als er von seinem Lehrer viele Schläge erhalten hatte, ging er fort und wollte nicht zurückkehren. So wechselte er selbständig, ohne Vermittlung eines anderen, die Lehrer viele Male, und mit einigen schloß er (wie er seiner Frau später erzählte) einen Handel und erhielt das Versprechen, daß er nicht geschlagen würde. Solange sich der Lehrer an diese Abmachung hielt, blieb er, wo nicht, ging er von dannen.[215]

Aber auch die Erziehung in der rauhen Gemeindeschule brachte nicht die völlige Trennung des Jungen von seinen Eltern, Schwestern und Brüdern mit sich.[216] Dazu kam es im allgemeinen erst auf der nächsten Stufe, während der Lehrjahre bei einem Kaufmann, Bankier, Bildhauer, Maler oder Goldschmied, oder, was seltener der Fall war, nach dem Eintritt in eine Lateinschule zur Ausbildung als Notar oder zur Vorbereitung auf das Universitätsstudium.[217] Diese Entwicklungsphase zwischen dem zehnten und dem zwölften Lebensjahr bezeichnet für das Kind den Beginn eines neuen Lebens, das es zu früher Reife und Unabhängigkeit führte.

Zusammenfassend läßt sich sagen, daß das Leben des gewöhnlichen Kindes der städtischen Mittelklasse in der Renaissancezeit allem Anschein nach von einer Reihe schwieriger, sowohl physischer als auch emotionaler Anpassungsleistungen gekennzeichnet war. Die erste und bedeutsamste von ihnen mußte auf die fast unmittelbar nach der Geburt erfolgende Trennung des Kindes von der Mutterbrust und seine Verpflanzung ins Haus der *Balia* folgen; die zweite hing mit der Rückkehr des kleinen Kindes nach zwei Jahren der Abwesenheit in ein unbekanntes Zuhause, zu einer fremden Mutter zusammen; die dritte stand im Zusammenhang mit der abrupten Versetzung des etwa siebenjährigen Jungen in ein Klassenzimmer, und später in ein Geschäft, und des neun- oder zehnjährigen Mädchens in ein Nonnenkloster oder, oft noch vor dem sechzehnten Lebensjahr, in eine Ehe. Diesen großen Brüchen gesellten sich womöglich weniger bedeutsame noch hinzu: etwa wenn die ganze Familie vor der Pest in ein anderes Haus, aufs Land oder in eine andere Stadt floh, oder wenn das Kind mit dem Vater die Heimatstadt verlassen und in die Verbannung gehen mußte. So verwirrend diese Veränderungen auch waren, sie hatten nicht notwendig die Trennung des Kindes von der Mutter zur Folge, wie dies beim Überwechseln zur *Balia* oder bei einer eventuellen Wiederheirat der Mutter der Fall war.

In seinem ersten Lebensabschnitt war das einer Ersatzmutter überlassene Kind der Liebe seiner beiden Eltern beraubt; im nächsten Abschnitt stand es wahrscheinlich unter der besonderen Obhut seiner Mutter; dann schließlich kam der Junge unter die Vormundschaft des Vaters oder seines Stellvertreters, des Lehrers, während das Mädchen unter der sorgfältigen Aufsicht der Mutter blieb, bis sein Schicksal entschieden war. Der erste Lebensabschnitt scheint mir der entscheidende, gleichzeitig aber auch der am wenigsten beachtete und am wenigsten verstandene zu sein. Er wirft eine historische Frage von besonderem Interesse auf: Wie konnten sich die unter Deprivationen und Vernachlässigung leidenden Säuglinge der Mittelklasse zu den Baumeistern jener tatkräftigen, produktiven und kreativen Epoche entwickeln, die wir die »Renaissance« nennen? Vielleicht werden wir dieses Rätsel nicht lösen; zumindest aber stellen wir neuartige Fragen und ersinnen neue Forschungsmethoden. Wahrscheinlich wird sich der Ansatz des Psychologen und Psychoanalytikers als höchst fruchtbar erweisen, wo es darum geht, die weitreichenden Folgen emotionaler Deprivation zu erhellen.

Der Sozialhistoriker wird seine Aufmerksamkeit mit dem größten Erfolg der zweiten Stufe, dem Lebensabschnitt zwischen dem zweiten und dem siebten Jahr, zuwenden, in dem die äußeren Umstände das Kind zu einer außerordentlichen Anpassung an eine fremde Umgebung zwingen. Positive Hinweise auf diese Periode finden sich in größerem Umfang, wenn man das unveröffentlichte Quellenmaterial zu Rate zieht und das bereits erschlossene einer erneuten kritischen Prüfung unterwirft. Auch wenn die Mauern des Hauses der *Balia* den Blick auf den gewickelten Säugling nie freigeben werden – vielleicht lernen wir, hinter den Türen und Fenstern des Stadthauses deutlichere Umrisse des Inneren und des Kindes in seinen intimen Aktivitäten und Beziehungen wahrzunehmen. Bei diesem Bemühen können wir uns in großem Maße auf die umfangreichen Hilfsmittel stützen, die uns die italienischen Architekten, Maler, Bildhauer und Handwerker hinterlassen haben, deren Werk bisher kaum je zum Gegenstand psychohistorischer Analyse gemacht worden ist.

Anmerkungen

Meinen tiefen Dank möchte ich Dr. Gino Corti aus Florenz für seine unschätzbare Hilfe bei der Auffindung, Transkription und Interpretation von unveröffentlichtem Quellenmaterial aus den Bibliotheken und Archiven der Toskana aussprechen. Der Villa I Tatti, dem Harvard University Center for Italian Renaissance Studies in Florenz, dem Direktor, Prof. Myron P. Gilmore, seiner Frau, den Mitgliedern des Instituts und dem dortigen Personal möchte ich für die mir im September 1972 zuteil gewordene Gastfreundschaft danken.

1 Siehe hierzu die Standardwerke, etwa: George F. Still, *The History of Paediatrics*, London 1931; Abt-Garrison, *History of Pediatrics*, Philadelphia 1965; Albrecht Peiper, *Chronik der Kinderheilkunde*, Leipzig 1966.
2 *Soranus' Gynecology*, engl. Übers. v. Oswei Temkin, Baltimore 1956. Zwar wird dieses Werk, wenn überhaupt, nur selten erwähnt, es stellt jedoch offensichtlich eine bedeutende Quelle dar. Siehe hierzu Mary Martin McLaughlin, »Überlebende und Stellvertreter«, in diesem Band, Anm. 42.
3 Nach der engl. Übers. von Soranos, *Gynecology*, S. 90.
4 Francesco da Barberino (1264-1348), *Reggimento e costumi di donna*, hrsg. v. G. E. Sansoni, Turin 1957, S. 189-191 (hier in Prosaübersetzung).
5 Nach Soranos (*Gynecology*, S. 89 f.) ist die »Muttermilch während der ersten zwanzig Tage in den meisten Fällen ungesund«.
6 Paolo da Certaldo, *Libro di buoni costumi*, hrsg. v. A. Schiaffini, Florenz 1945, S. 233.
7 Soranos, *Gynecology*, a.a.O., S. 93.
8 San Bernardino von Siena (1380-1444), *Sermons*, ausgew. u. hrsg. von Don N. Orlandi, engl. Übers. von H. J. Robbins, Siena 1920, S. 89 f. Es existiert keine vollständige Übersetzung der Werke des Heiligen. Die beste Arbeit in englischer Sprache stammt von Iris Origo, *The World of San Bernardino*, New York 1962. Dieses Buch zitiert sehr ausführlich aus den Quellen und ist mit einer umfangreichen Bibliographie versehen.
9 *Maphei Vegii laudensis De educatione liberorum et eorum claris moribus libri sex*, hrsg. v. M. W. Fanning und A. S. Sullivan, Washington D.C. 1933-1936, S. 23. Es existiert keine Übersetzung, wohl aber eine Untersuchung mit ausführlichen Paraphrasen, siehe Vincent J. Horkan, *Educational Theories and Principles of Maffeo Vegio*, Washington D.C. 1953.
10 Der Einfluß, den die von Guarino von Verona im Jahre 1411 übersetzte Abhandlung Plutarchs über die Erziehung und die Wiederauffindung des vollständigen Textes der Werke Quintillians wenige Jahre später ausübten, wird in der klassischen Darstellung von W. H. Woodward: *Vittorino da Feltre and Other Humanist Educators*, Cambridge 1897 (Nachdruck mit einer Einführung von E. F. Rice, New York 1970), S. 25-27 und passim erörtert. Plutarch hebt die emotionellen Vorzüge einer Ernährung durch die Mutter hervor, wenn er sagt, »diese Gemeinschaft beim Stillen knüpft ein festes Band des Wohlwollens«. Siehe *Moralia*, lateinischer Text mit engl. Übers. von F. C. Babbitt, Loeb Classical Library, Cambridge 1927, I, 15-17.
11 Leon Battista Alberti (1404-1472), *I libri della famiglia*; dt. *Über das Hauswesen*, übers. v. Walter Kraus, Zürich, Stuttgart 1962, S. 42-47.

Matteo Palmieri (1405-1475), *Della vita civile,* hrsg. v. F. Battaglia, Bologna 1944, S. 13, spricht ausdrücklich von »Sitte«. Die Lehren von Alberti und Palmieri werden wieder aufgegriffen von dem Kaufmann und Humanisten Giovanni Rucellai (gest. 1481), *Il Zibaldone Quaresimale,* hrsg. v. A. Perosa, London 1960, I, 13.

12 Dies wird in einer frühen Biographie des Philosophen Marsilio Ficino deutlich gesagt. Dort heißt es von seinem Vater, obwohl er arm gewesen sei, »müssen wir annehmen, daß er ein recht angenehmes Leben führte, denn er schickte seine Kinder aus dem Hause, um sie von einer *Balia* aufziehen zu lassen«. Zit. n. Raymond Marcel, *Marsile Ficin (1433-1499),* Paris 1958, Anhang II, S. 694.

13 Siehe Still, *Paediatrics,* Kap. IX-XVIII.

14 Das berühmteste Beispiel ist Albertis Abhandlung über die Familie. Als Untersuchungen zur Renaissance-Gesellschaft seien hier genannt: die verschiedenen Arbeiten von Gene Brucker; zuletzt ist von ihm erschienen *Renaissance Florence,* New York 1969; Lauro Martines, *The Social World of the Italian Humanists, 1390-1460,* Princeton 1963; und *Violence und Civil Disorder in Italian Cities, 1200-1500,* hrsg. v. L. Martines, Berkeley 1973; John Cage, *Life in Italy at the Time of the Medici,* London 1968; außerdem einige Arbeiten in der von J. R. Hale herausgegebenen Reihe »Studies in Cultural History«: John Larner, *Culture and Society in Italy, 1290-1420,* London 1971; Peter Burke, *Culture and Society in Renaissance Italy, 1420-1540,* London 1972; und Oliver Logan, *Culture and Society in Venice, 1470-1790,* London 1972.

15 Explizit oder implizit taucht sie in vielen der für diese Arbeit herangezogenen Quellen auf, z. B. in Paolo da Certaldos *Libro di buoni costumi,* a.a.O.; bei Donato Velluti, *La cronica domestica (1367-1370),* hrsg. v. I. del Lungo und G. Volpi, Florenz 1914; und bei Giovanni di Pagolo Morelli (1371-1444), *Ricordi,* hrsg. v. Vittore Branca, Florenz 1969, 2. Aufl.

16 Siehe z. B. die Bitte um Steuererleichterungen in Gene Brucker (Hrsg.), *The Society of Renaissance Florence: a Documentary Study,* Harper Torchbooks 1971, S. 19: »Dies ist die Ursache für die Armut meiner Familie: die Steuern und die Kinder, die wir in jedem Jahr haben. Meine Frau hat keine Milch, und wir müssen eine Säugamme anstellen.«

17 Paolo da Certaldo, *Libro,* S. 234.

18 Barberino, *Reggimento,* S. 195 (an dieser Stelle wurde die poetische Form des Textes gewahrt).

19 Giorgio Vasari, *Le vite de' più eccellenti pittori, scultori ed architetti (1550);* dt. *Leben der ausgezeichnetsten Maler, Bildhauer und Baumeister,* hrsg. v. Ludwig Schorn u. Ernst Förster, Tübingen, Stuttgart 1832-1849; »Das Leben des florentinischen Malers Perino del Vaga«, Bd. 3.2, S. 440.

20 Vegio, *De educatione,* S. 23.

21 Paolo da Certaldo, *Libro*, S. 234.

22 Barberino, *Reggimento*, S. 182.

23 Alberti, *Über das Hauswesen*, S. 42-47.

24 Zur Frage der Nutzung des häuslichen Lebensraums siehe Richard A. Goldthwaite, »The Florentine Palace as Domestic Architecture«, in: *American Historical Review* (LXXII), 1972, S. 977-1012; siehe auch ders., *Private Wealth in Renaissance Florence: a Study of Four Families*, Princeton 1968.

25 Das Tagebuch des Antonio di Bernardo Rustichi (1412-1436), Florenz, Staatsarchiv: *Carte Strozziane*, Serie II, Vol. 11, fol. 11 recto bis 71 verso.

26 »Ricordi di Cristofano Guidini«, *Archivio Storico Italiano*, Bd. IV (1843), Vol. I, S. 25-48, insbesondere S. 40-47. Die Mutter und sechs Kinder starben während der Pest von 1390.

27 »Ricordi di Guido dell' Antella«, *Archivio*, IV (1843) I, S. 15-18, für die Jahre 1375 bis 1380.

28 Das Tagebuch des Messer Virgilio Adriani (1463-1492), Florenz, Staatsarchiv: *Carte Strozziane*, Serie II, Vol. 21, fol. 4r, 7v, 70r.

29 Guidini, »Ricordi«, S. 40.

30 Das Tagebuch des Giovanni di Messer Bernardo Buongirolamo (1492-1507), Florenz, Staatsarchiv: *Carte Strozziane*, Serie II, Vol. 23, fol. 179v.

31 Vegio, *De educatione*, S. 25 f.

32 Vasari, *Leben der ausgezeichnetsten Maler, Bildhauer und Baumeister*, a.a.O., Bd. 3.1, S. 181 f. (Raffael); Bd. 5, S. 250 (Michelangelo).

33 Siehe die Dokumente aus verschiedenen Ospedali, die Ridolfo Livi in sein Buch *La Schiavitù domestica nei tempi di mezzo e nei moderni*, Padua 1928, S. 218 ff. aufgenommen hat. Eine ausgezeichnete Darstellung der Sklaverei und ihrer gesellschaftlichen Bedeutung in englischer Sprache bietet Iris Origo, »The Domestic Enemy: The Eastern Slaves in Tuscany in the Fourteenth and Fifteenth Centuries«, *Speculum* XXX (1955), S. 321-366; zur Verwendung von Sklavinnen als Säugammen vgl. bes. S. 346-348. Das berühmte, von Brunelleschi (1377-1446) entworfene und an der Loggia-Fassade mit Medaillons von Andrea della Robbia (1463), auf denen Wickelkinder zu sehen sind, verzierte Ospedale degli Innocenti in Florenz bewahrt in seinen Archiven eine sehr genaue Aufstellung »Säugammen und Babys« aus dem Jahre 1445 auf. Es wurde 1421 von der Seidengilde gegründet und sollte jene aufnehmen, »die wider das Naturgesetz von ihren Vätern oder Müttern verlassen wurden, also jene Kinder, die in der Volkssprache gittatelli (Verstoßene) heißen« (aus einer Bittschrift von 1421, zit. bei Brucker, *Society*, S. 92 f.). Siehe die wertvolle statistische Untersuchung von Richard C. Trexler, »The Foundlings of Florence, 1395-1455«, *History of Childhood Quarterly* I (1973), S. 259-284, die zu spät erschien, um in der vorliegenden Arbeit noch berücksichtigt zu werden.

34 Es war mir nicht möglich, Zeugnisse ausfindig zu machen, die etwas über den Geburtsvorgang und die Zeremonien des Badens und Salzens gleich nach der Geburt aussagen. Barberino hebt wie Soranos das Formen und Gestalten der Gesichtszüge und der Glieder des Säuglings im Interesse seiner Schönheit hervor; anscheinend setzt er auch voraus, daß die *Balia* mit der Hebamme identisch ist oder sein kann (vgl. S. 183-186). Auf italienischen Bildern der Geburt Christi wird der Brauch des Badens in einer runden Wanne häufig gezeigt (daneben auch das gewickelte Kind in einer Krippe im Hintergrund); im fünfzehnten Jahrhundert hingegen taucht er, wenn ich recht sehe, nur noch auf den aufwendigeren Darstellungen der Geburt der Jungfrau Maria oder des Johannes auf. Eine der realistischsten Darstellungen, ein Detail von der Kanzel des Doms zu Pisa, stammt von Giovanni Pisano aus dem frühen 14. Jahrhundert; hier wird das Baden von einer einfach gekleideten Frau besorgt, während die lächelnde junge Mutter das Wickelkind anblickt.

35 Prato, Staatsarchiv, Datini 329 (*Carteggio di Prato: Lettere da Firenze,* 1390) 20. Jan. 1391.

36 Prato, Staatsarchiv, Datini 699 (Firenze: *Lettere da Prato,* 1395-1396), 4., 5., 8. August 1396.

37 Alberti, *Über das Hauswesen,* a.a.O., S. 42.

38 Aus den Datini-Archiven, zit. n. Iris Origo, *The Merchant of Prato,* London 1957, S. 200 f. Von Datini sind etwa 150 000 Briefe erhalten.

39 Prato, Staatsarchiv, Datini 702 (Firenze, *Carteggio da Prato,* 1404-1408), 10., 16. Mai 1407.

40 Barberino, *Reggimento,* S. 191 f. (Prosaübersetzung).

41 »Canzona delle balie« Nr. XXIX aus »Trionfi e canzone anonimi«, *Canti carnascialeschi del Rinascimento,* hrsg. von C. S. Singleton, Bari 1936, S. 39.

42 Paolo da Certaldo, *Libro,* S. 234.

43 Zit. nach Origo, *Merchant of Prato,* S. 213 aus den *Lettere di un notaro a un mercante des secolo XIV,* hrsg. von C. Guasti, 2 Bde., Florenz 1880.

44 Guidini, »Ricordi«, S. 44; nach Brucker, *Society,* S. 2, entspricht der Goldflorin etwa 75 Soldi oder 3¾ Lire (um 1400); »ungelernte Arbeiter verdienten 7-10 Soldi am Tag; gelernte Handwerker dürften etwa eine Lira am Tag verdient haben«. Beim Silberpfund oder der Lira handelte es sich nicht um Münzen, sondern um Rechnungsgeld; eine Lira entsprach 20 Soldi, ein Soldo entsprach 12 Denari.

45 *Leben des Benvenuto Cellini,* übersetzt und mit einem Anhang herausgegeben von Goethe, Hamburg 1957, S. 250 f.

46 Alberti, *Über das Hauswesen,* S. 152.

47 Diese Auszüge sind dem Tagebuch Rustichis, a.a.O. (vgl. Anm. 25), entnommen.

48 Siehe »Das Tagebuch des Gregorio Dati« (1362-1435), hrsg. von G. Brucker, *Two Memoirs of Renaissance Florence,* übers. v. J. Martines,

Harper Torchbooks 1967, S. 107-141 passim. Brucker (S. 9) schätzt, daß in Florenz zwischen dem 14. und 16. Jahrhundert mehr als hundert solcher privater Tagebücher geschrieben worden sind.
49 Guidini, »Ricordi«, S. 40-45.
50 *Des Girolamo Cardano von Mailand eigene Lebensbeschreibung*, übers. von Hermann Hefele, München 1969, S. 16. »Isidoro« war ein Freund seines Vaters, der um diese Zeit drei Kinder zu Grabe trug, die während der Pest von 1501 gestorben waren; siehe Henry Morley, *Jerome Cardan: The Life of Girolamo Cardano of Milan*, 2 Bde., London 1854, I., 1-6. Diese Arbeit stützt sich auf das gesamte Werk Cardanos.
51 *Canti carnascialeschi*, Nr. XXIX, S. 39 f.
52 Die Bedeutung dieser Passage ist unklar.
53 Die folgenden Auszüge stammen aus *Canti*, Nr. XCIV, S. 125-126. Dr. Gino Corti danke ich für die Hilfe bei der Übersetzung dieses schwierigen volkssprachlichen Textes; eventuelle Fehler habe ich zu verantworten.
54 Ein schönes Beispiel für ein vollständig gewickeltes Kind bietet das Christuskind, das die Jungfrau Maria auf Mantegnas »Darstellung im Tempel« hält (Berlin-Dahlem, Staatliche Museen). Auf allen Medaillons, die Andrea della Robbia für die Fassade der Loggia des Ospedale degli Innocenti in Florenz angefertigt hat, ist ein solches Kleidungsstück zu sehen.
55 Paolo da Certaldo, *Libro*, S. 126.
56 San Bernardino, *Sermons*, S. 122.
57 Ebd., S. 47.
58 Barberino, *Reggimento*, S. 183 f.
59 Prato, Staatsarchiv, Datini 1091 (Bellandi an Datini, 29. Juli 1390). Das Alter des Kindes wird nicht angegeben.
60 Wie es Barberino, *Reggimento*, S. 193 f. empfiehlt.
61 Auf Fra Angelicos »Flucht nach Ägypten« (Florenz, Museo San Marco) ist das gewickelte Kind in Marias Armen in einen langen roten, mit weißem Pelz gefütterten Mantel gehüllt.
62 Barberino, *Reggimento*, S. 192.
63 Das Tagebuch des Paolo Sassetti (1365-1400), Florenz, Staatsarchiv: *Carte Strozziane*, Serie II, Vol. 4, fol. 22v, 7. Sept. 1370.
64 Prato, Staatsarchiv, Datini 1109 *(Lettere di diversi)*, 8. Aug. 1395.
65 Morelli, *Ricordi*, S. 144-146.
66 Das Tagebuch des Virgilio Adriani, a.a.O., fol. 70r.
67 Im Tagebuch des Luca Panzano (Florenz, Staatsarchiv, *Strozziane*, Serie II, Vol. 9, fol. 22r) bin ich auf einen Fall gestoßen, wo der Verfasser festhält, daß ihm von einer Dienerin seines Bruders ein männliches Kind geboren worden sei. Es wurde am 5. Februar 1423 geboren, am 7. Februar getauft, noch am gleichen Tage einer *Balia* übergeben und starb am 9. Nov. im Hause der *Balia*. Immerhin lebte dieses Kind 9 Monate lang.

68 Barberino, *Reggimento,* S. 195, der hier die Warnung des Soranos wiederholt, »auf daß sie sich nicht aus Unachtsamkeit auf es lege und es so erdrücke oder ersticke« (*Gynecology,* S. 110). Von Velluti, *Cronica,* S. 310, wird ein Kind erwähnt, das an der Seite seiner *Balia* schlief.

69 Eine rechteckige, an vier Seilen von der Decke über einem Bett herabhängende Wiege aus Stoff ist auf einer von Simone Martini von Siena (1284-1344) gemalten Tafel aus einem Triptychon der Kirche Sant' Agostino in Siena zu sehen; ein Säugling, der von einer Frau auf der Linken zu heftig geschaukelt worden war, ist rechts auf den Boden gefallen, wobei eines der Seile gerissen ist. Er wurde vom heiligen Agostino Novello gerettet.

70 Morelli, *Ricordi,* S. 452.

71 Marcel, *Marsile Ficine,* a.a.O., S. 128, Anm. 1.

72 *Leben des Benvenuto Cellini,* a.a.O., S. 251.

73 Francesca aus Pistoia, die von Jacopo schwanger war, heiratete Cecco. Als sie einen gesunden Jungen heimlich zur Welt brachte, warf sie ihn in den Fluß. Sie beichtete, wurde als »höchst grausame Frau und Mörderin« verurteilt, durch die Straßen geführt, wobei man ihr das tote Kind um den Hals band, und schließlich 1407 verbrannt (Brucker, *Society,* S. 146 f.). Siehe auch Richard C. Trexler, »Infanticide in Florence: New Sources and First Results«, *History of Childhood Quarterly* I (1973), S. 98-116. Diese Arbeit erschien, nachdem die vorliegende Untersuchung abgeschlossen war.

74 Das Problem, die »Familie«, ihre Größe und Zusammensetzung in der Stadt und auf dem Lande genau zu bestimmen, und der Wandel im Charakter, den sie um diese Zeit in Italien erlebt, sind Bestandteile des umfassenderen historischen Zusammenhangs, der in *Household and Family in Past Time,* hrsg. v. Peter Laslett und Richard Wall, Cambridge 1972, behandelt wird. Der große Florentinische *catasto* von 1427, ein vollständiger Zensus aller Personen und Vermögen, ist inzwischen mit Hilfe von Computern analysiert worden; in demographischen Studien wird heute seine gesellschaftliche Bedeutung untersucht. Hier seien nur die folgenden genannt: David Herlihy, »Vieillir à Florence au Quattrocento«, in: *Annales: E.S.C.,* XXXV (1969), S. 1338-1352; ders., »Mapping Households in Medieval Italy, in: *Catholic Historical Review,* LVIII (1972), S. 1-24; Christiane Klapisch, »Household and Family in Tuscany in 1427«, in: *Household and Family,* hrsg. v. von Laslett, S. 267-281; dies., »La Famille rurale toscane au début du XV siècle«, in: *Annales,* XXVII (1972), S. 873-901. Gewiß muß man zwischen dem »Haushalt« und den »Familienkernen« in seinem Inneren einen Unterschied machen. Dr. Klapisch hebt die Unterscheidung zwischen einfachen und zusammengesetzten Haushalten hervor und stellt fest, daß »in städtischer Umgebung, zumindest in Florenz, der Anteil der zusammengesetzten Haushalte mit wachsendem Wohlstand deutlich zunimmt«

(»Household«, S. 278 f.). Das Standardwerk von Nino Tamassia, *La famiglia italiana nei secoli decimoquinto e decimosesto*, Mailand 1911, ist nach wie vor wertvoll, wenn auch veraltet.
75 Alberti, *Über das Hauswesen*, S. 100.
76 *Il libro di commercio dei Peruzzi*, hrsg. von A. Sapori, Mailand 1934, S. 463.
77 Brucker, *Society*, S. 17.
78 Velluti, *Cronica*, S. 307.
79 Goldthwaite, *Private Wealth*, S. 213.
80 Ginevra Niccolini di Camugliano, *The Chronicles of a Florentine Family, 1200-1470*, London 1933, S. 110-138.
81 San Bernardino, *Sermons*, S. 224 f.
82 Morelli, *Ricordi*, S. 180 f.
83 Dati, »Diary«, hrsg. v. Brucker, S. 112.
84 Velluti, *Cronica*, S. 147-150.
85 Siehe Origo, »The Domestic Enemy«, insbes. S. 332-336; *Merchant of Prato*, S. 192-199.
86 Origo, »The Domestic Enemy«, S. 337-340.
87 Alessandra Macinghi-Strozzi, *Lettere di una gentildonna fiorentina nel secolo XV ai figliuoli esuli*, hrsg. von G. Guasti, Florenz 1877, S. 443-445.
88 Siehe Janet Ross (übers. u. hrsg.), *Lives of the Early Medicis as Told in Their Correspondence*, London 1910; Yvonne Maguire, *The Women of the Medici*, London 1927, passim.
89 »Großvater und Enkel«, Domenico Ghirlandaio (1449-1494), Paris, Louvre.
90 Siehe Raymond S. Stites, M. E. Stites, P. Castiglione, *The Sublimations of Leonardo da Vinci*, mit einer Übersetzung des Codex Trivulzianus, Washington D.C. 1970, Kap. 1: »Images from the Family Constellation«. Versuchsweise identifizieren die Autoren die Profilzeichnungen mit Personen, die nacheinander die »Familien« Leonardos bildeten; da ist zunächst die Familie seiner Mutter, die ihn unehelich zur Welt brachte, ihr Ehemann und ihre Kinder, bei denen er bis zum fünften Lebensjahr blieb; dann die seines Großvaters väterlicherseits, der er mit fünf Jahren übergeben wurde und zu der ein jüngerer Onkel, eine Großmutter und eine Tante gehörten; und schließlich die seines Vaters in Florenz, dessen beide jungen Frauen ihm bekannt waren. In Größe und Ausdruck scheinen diese Profile die Gefühle des Jungen für die dargestellten Personen, die von Liebe bis zu Haß reichen, zu enthüllen. Sie zeigen seine hohe Wertschätzung der eigenen Schönheit und des eigenen Werts.
91 Morelli, *Ricordi*, S. 142-160.
92 Ebd., S. 155, 202 f., 496-497.
93 Ebd., S. 167-172.

94 Ebd., S. 177-183.
95 Ebd., S. 203-205, 267-270.
96 Ebd., S. 217 f.
97 Ebd., S. 500-502.
98 Ebd., S. 513-516. Eine erhellende Untersuchung über Morelli als Schriftsteller bietet Christian Bec, *Les Marchands écrivains à Florence, 1375-1434,* Paris 1967, S. 53-75.
99 Goldthwaite, »The Florentine Palace«, A.H.R., 77 (1972), S. 1009.
100 Ebd., passim.
101 Über die Ursprünge der ikonographischen Überlieferung dieser Darstellungen von Ost nach West gibt es zahlreiche sehr gründliche Untersuchungen, etwa Victor Lazareff, »Studies in the Iconography of the Virgin«, *The Art Bulletin,* XX (1938), S. 26-65; Gertrud Schiller: *Ikonographie der christlichen Kunst,* Bd. 1, Gütersloh 1966. Lazareff verfolgt, wie die traditionellen byzantinischen Formen der »stillenden Muttergottes«, »der Madonna, die mit dem Kind spielt« und ähnliche Themen einen Wandel von den konventionell ausgeführten Ikonen hin zu den realistischen, genreartigen Bildern in Italien, insbesondere seit Ambrogio Lorenzetti von Siena (gest. 1348) durchgemacht haben; siehe S. 36, 42, 46, 64 f. Aus anatomischem Blickwinkel hat Thomas E. Cone die »Emerging Awareness of the Artist in the Proportions of the Human Infant«, *Clinical Pediatrics* I (1962), S. 176-184, untersucht. In Fra Filippo Lippi (ca. 1406-1469) sieht er den ersten, der das Christuskind in den richtigen Proportionen gemalt hat, wobei die Größe des Kopfes ein Viertel, statt wie bis dahin üblich ein Sechstel der Körperlänge betrug (S. 180 f.). Millard Meiss hat in seinem Buch *Painting in Florence and Siena After the Black Death,* Princeton 1951, Harper Torchbooks 1964, S. 143-156 untersucht, wie die auf den Bildern dargestellte Vertrautheit zwischen Muttergottes und Kind eine ähnliche vertrauliche Nähe zwischen den Figuren des Bildes und dem Betrachter erzeugt. Dabei betont der Autor den Einfluß von Simone Martini (1284-1344). Die erotische Symbolik in den Haltungen und Gesten der Muttergottes und des Kindes, die, zunächst latent und »unschuldig«, im frühen sechzehnten Jahrhundert immer deutlicher hervortrat, ist von Leo Steinberg in verschiedenen Aufsätzen analysiert worden; siehe insbesondere »The Metaphors of Life and Death in Michelangelo's Pietàs«, in: *Studies in Erotic Art,* hrsg. v. von T. Bowie and C. Christensen, New York 1970, S. 231-285.
102 Kein anderer Maler hat vertraute Beziehungen zwischen Mutter und Kind in so großer Vielfalt dargestellt wie der Venezianer Giovanni Bellini (ca. 1430-1516). Vergleichbar an Vielfalt sind vielleicht die Reliefs in Terrakotta von Luca und Andrea della Robbia (ca. 1400-1482 bzw. 1435-1525) und die Flachreliefs in Marmor von Desiderio da Settignano (ca. 1430-1464) und seinen Genossen. Einer der spielerischsten und

fröhlichsten jungen Mütter begegnet man in der »Madonna Benois« des Leonardo da Vinci (Leningrad, Eremitage). Ihre Freude ließe sich mit einer der seltenen sprachlichen Äußerungen mütterlichen Entzückens über ein neugeborenes Kind vergleichen, wie man sie in einem Brief der Frau des Niccolò Machiavelli an ihren Ehemann aus dem Jahr 1503 findet: siehe ›*The Gentlest Art*‹ *in Renaissance Italy; and Anthology of Italian Letters 1459-1600*, Cambridge 1954, S. 36. Das fröhlichste Kind, auf das ich gestoßen bin, wird von einer Terrakottaplastik von Antonio Rosselino (1427-1478) dargestellt: »Die Jungfrau mit dem lachenden Kind« (London, Victoria and Albert Museum); voller Frohsinn strahlt dieses Kind über das ganze Gesicht.

103 Alberti, *Über das Hauswesen*, S. 40.
104 Ebd., S. 34.
105 Ebd., S. 133.
106 Siehe bes. Herlihy, »Vieillir«, *Annales* XXIV, S. 1338-1352; auch Klapisch, »Household«, in: *Household and Family*, S. 272. »Der Altersunterschied zwischen den Eheleuten, der, bezogen auf alle verheirateten Personen, im Durchschnitt 13 Jahre betrug, erreichte bei den wohlhabendsten fast 15 Jahre.«
107 San Bernardino, *Sermons*, S. 134 f.
108 Vespasiano Bisticci (1421-1498): »Notizie di alcune illustre donne del secolo XV«, *Archivio Storico Italiano*, Bd. 4 (1843), Vol. 1, S. 439-451, passim. Siehe auch *The Vespasiano Memoirs*, übers. von W. G. und E. Waters, London 1926, das unter dem Titel *Renaissance Princes, Popes and Prelates* mit einer Einleitung von Myron P. Gilmore als Harper Torchbook 1963 herausgegeben wurde, passim, bes. S. 439-462 zu Alessandra de' Bardi.
109 Girolamo Savonarola, *Vita viduale*, Florenz 1496, Kap. II, unpaginiert. Es existiert eine französische Übersetzung in den *Oeuvres spirituelles*, hrsg. von E. C. Bayonne, Paris 1879-1880, Bd. 2, S. 5-51.
110 San Antonio von Florenz (1389-1459), *Lettere*, hrsg. von T. Corsetto, Florenz 1859, S. 125 f.
111 San Bernardino, *Sermons*, S. 92.
112 Paolo da Certaldo, *Libro*, S. 239 f.
113 Beispiele hierfür bei Brucker, *Society*, S. 49-52, 56-59.
114 Morelli, *Ricordi*, S. 213-218.
115 Guidini, »Ricordi«, S. 31. Er gehorchte ihr.
116 Rucellai, *Il Zibaldone*, S. 118.
117 Alessandra Strozzi, *Lettere*, S. 85 f.
118 Ebd., S. 45 f.
119 Wie etwa im Falle Morellis und seiner Geschwister.
120 Barberino, *Reggimento*, S. 193 f.
121 Omnibonus Ferrarius, *De arte medica infantium*, Verona 1577; einige Auszüge sind übersetzt in Still, *Paediatrics*, S. 151.

122 Ebd., Abbildungen S. 152 f. Ein solches Laufgerät ohne Räder ist auf dem Gemälde »Die heilige Familie« des Venezianers Vincenzo Catena (1470-1531) zu sehen (Dresden, Gemäldegalerie). Eines der deutlichsten Bilder, auf denen ein Kind, von seiner Mutter unterstützt, zu gehen versucht, stammt von Luca Signorelli, »Madonna mit dem heiligen Johannes dem Täufer und Propheten« (Florenz, Uffizien).
123 In den *Ricordi* der Kaufleute wird diese Tatsache vielfach bezeugt, etwa von dem oben erwähnten Rucellai. Cellini jedoch gibt kaum jemals Hinweise auf seine Mutter, und Cardano hatte als uneheliches Kind unter einer hartherzigen, grausamen Mutter zu leiden.
124 Alberti, *Über das Hauswesen*, S. 40.
125 San Bernardino, *Sermons*, S. 90.
126 Ebd., S. 213.
127 Giovanni Dominici, *Regola del governo di cura familiare parte quarta*, übers. von A. B. Coté unter dem Titel *On the Education of Children*, Washington D.C. 1927, S. 44. Der Ehemann der Dame befand sich im Exil.
128 Ebd., S. 34. Er schlägt auch Bilder des Kindesmords zu Bethlehem vor, um den Kindern »Angst vor Waffen und bewaffneten Männern« einzuflößen, sowie Bilder der heiligen Jungfrau, um in den kleinen Mädchen Liebe zur Jungfräulichkeit zu wecken.
129 Ebd., S. 37, 41. Als Kind schlief Cardano zwischen seiner Mutter und seiner grausamen Tante, die ihn, wenn er »Schreie ausstieß, die aber keinen besonderen Sinn hatten«, im Bett festhalten mußten, damit er nicht herausfiel. Cardano, *Lebensbeschreibung*, S. 28.
130 Dominici, *Regola*, S. 41.
131 Ebd., S. 43.
132 Ebd., S. 67.
133 Ebd., S. 66.
134 Ebd., S. 45. Was die »Gespenster« angeht, so warnt Vegio davor, Kindern Schauergeschichten, die ihm selbst große Furcht eingeflößt hatten, zu erzählen. *De educatione*, S. 32.
135 Auf diese Kleidung stößt man häufiger in Genreszenen, in Darstellungen aus dem Leben der Heiligen, von Unfällen oder Schreckensszenen als in eigentlichen Portraitbildern.
136 Morelli, *Ricordi*, S. 342.
137 Das Tagebuch des Bartolomeo di Filippo . . . Valori, Florenz, Nationalbibliothek, *MSS Panciatichi*, 134, fol. 5r.
138 Ross, *Lives of the Early Medici*, S. 220.
139 Dominici, *Regola*, S. 45. Datini hingegen gab »aus Liebe« ein besonderes Tamburin für die kleinen Mädchen in seinem Hause in Auftrag; siehe Prato, Staatsarchiv, Datini 329, *Carteggio di Prato*, Lettere da Firenze, 20. Jan. 1391.
140 Ein Bild mit einem Lamm von Tizian (ca. 1477-1570) ist aus einer Reihe

von unzähligen Beispielen besonders naturnah: »Madonna und Kind und der heilige Johannes in einer Landschaft« (Washington D.C., National Gallery of Art). Eine Untersuchung über die Verwandlung des betagten Eremiten der Tradition in ein Kind, das genauso alt ist wie das Christuskind wurde von Marilyn A. Lavin angestellt: »Giovanni Battista: a Study in Renaissance Symbolism«, *The Art Bulletin* XXXVII (1955), S. 85-101; diese Arbeit wurde noch ergänzt durch »Notes«, ebd., XLIII (1961), S. 319-326.

141 Eine Einführung in dieses künstlerische Phänomen bietet J. Kunstmann, *The Transformation of Eros*, übers. von M. von Herzfeld und R. Gaze, Philadelphia 1965.

142 In der »Capella dei Putti Giocanti«, Tempio Malatestiano, Rimini. Dabei handelt es sich um Flachreliefs in Marmor.

143 *Old Master Drawings from Christ Church, Oxford*, hrsg. von J. B. Shaw, Oxford 1972, Nr. 60, um 1507-1508.

144 Beide *cantorie* befinden sich heute im Dommuseum von Florenz. Siehe hierzu Charles Seymour, *Sculpture in Italy 1400-1500*, Pelican History of Art, Penguin Books 1966, S. 93-95; H. W. Janson, *The Sculpture of Donatello*, Princeton 1963, S. 119-129; Kunstmann, *Eros*, S. 21 f.

145 Bei besonderen Gelegenheiten aber, etwa den Fastengottesdiensten von 1495 und 1496 unter der Herrschaft Savonarolas, vermochten die weißgekleideten Knabenchöre, deren Mitglieder zwischen fünf und fünfzehn Jahren alt waren, die Zuschauer zu Tränen zu rühren, weil es schien, der Chor bestehe »wahrhaftig ganz aus Engeln«; siehe Luca Landucci, *A Florentine Diary from 1450-1516*, übers. von A. Jervis, London 1927, Nachdruck New York 1969, S. 101-111. Diese Kinder konnten auch zur direkten Aktion gegen Sünder verwendet werden, wie etwa bei den von Savonarola angeregten Verbrennungen von »Zeichen weltlicher Eitelkeit« im Jahr 1497 (vgl. ebd., S. 130 f.) oder bei antisemitischen Übergriffen in den Jahren 1488-1493, die auf einen Franziskanerprediger zurückgingen; siehe Brucker, *Society*, S. 248-250.

146 Siehe Goldthwaite, »The Florentine Palace«, *A.H.R.*, 77 (1972), S. 1006-1009. Der Autor empfiehlt weitere Untersuchungen der Inventarien und der Innenausstattung der damaligen Häuser, weil die erhalten gebliebenen Wohnhäuser wenig über die tatsächliche Nutzung der Räume aussagen. Mit Erfolg hat Iris Origo Genreszenen zu diesem Zweck herangezogen, siehe *The Merchant of Prato*, Teil II, Kap. 4-7 und Abbildungen passim.

147 Paolo da Certaldo, *Libro*, S. 127.

148 Dominici, *Regola*, S. 66.

149 *Filarete's Treatise on Architecture*, übers. u. hrsg. von John R. Spencer, 2 Bde., Yale 1965, Bd. 1, S. 236-238.

150 Die malerische Wahrnehmung des kleinen Kindes als eines besonderen Individuums taucht im 15. und 16. Jahrhundert auf und erreicht ihren

Höhepunkt im Werk Tizians zwischen 1540 und 1550. Am bekanntesten ist das Portrait eines kleinen zweijährigen Mädchens, das allein, nur mit ihrem Hund erscheint (»Clarice Strozzi«, Berlin, Staatliche Museen); daneben das Portrait eines zwölf Jahre alten Jungen (»Ranuccio Farnese«, Washington D.C., National Gallery) und das erst in jüngster Zeit (1971) entdeckte Doppelportrait zweier kleiner Brüder im Alter von etwa sieben und acht Jahren (»Die Prinzen der Familie Pesaro«, England, Privatsammlung). Von der »Tiefe der Persönlichkeit«, die auf diesem letzten Bild zum Ausdruck kommt, hat sein Entdecker, Michael Jaffé, gesprochen: »Pesaro Family Portraits: Pordenone, Lotto and Titian«, *Burlington Magazine* CXIII (1971), S. 688. In ihrer Persönlichkeit scheinen diese Kinder deutlicher bestimmt als die Kinder auf den großen Familienportraits der Epoche (von Tizian, Veronese und anderen) oder auf den Doppelportraits von Mutter und Sohn, Vater und Tochter und anderen Paaren, wo die Kinder nach Größe und Haltung zumeist Anhängsel ihrer Eltern zu sein scheinen. Interessante Vorbilder aus dem religiösen Bereich für die weltlichen Portraits einzelner Kinder sind das kräftige, würdevolle »Segnende Christuskind« von Mantegna (Washington, National Gallery) und die Marmorplastik »Kopf des Christuskindes« von Desiderio da Settignano (Washington, National Gallery). Eine realistische weltliche Portraitbüste von Andrea della Robbia »Büste eines Jungen« läßt an den jungen wachsamen und wißbegierigen Morelli denken. Die vielleicht anmutigsten Einzelportraits von Kindern hat Bronzino (1503-1572) gemalt: Kinder beiderlei Geschlechts, zumeist aus adeligen Familien, darunter auch das Bildnis eines lächelnden Säuglings, der mit Bedacht so gezeigt wird, daß zwei untere Vorderzähne sichtbar sind (»Don Garzia de' Medici mit einem Distelfink«, Florenz, Uffizien). Siehe Michael Levey, *Painting at Court*, London 1971, S. 105. Allgemein erscheinen Kinder auf Portraits mit ernster Miene oder nur leicht lächelnd.

151 Woodward, *Humanist Educators*, S. 179-250. Die beste moderne Sammlung humanistischer Texte, die ganz oder teilweise im lateinischen Original und in italienischer Übersetzung wiedergegeben sind, stammt von Eugenio Garin, *Il pensiero pedagogico dell' umanesimo*, Florenz 1958, Bd. 2 von *I classici della pedagogia italiana*.

152 Garin, *Pensiero* enthält zeitgenössische Briefe und andere Zeugnisse, die die Ziele, Methoden und Ängste Vittorios verdeutlichen. Siehe auch die Liste von Quellen zu seinem Leben bei Woodward, *Humanist Educators*, S. XXVII-XXVIII.

153 Siehe die demographische Untersuchung von Richard C. Trexler, »Le Célibat à la fin du Moyen Age: Les religieuses de Florence«, *Annales, E.S.C.*, XXVII (1972), S. 1329-1350. Die Zeugnisse deuten auf ein starkes Anwachsen der Zahl der Nonnen in Florenz im 15. und frühen 16. Jahrhundert hin, die zumeist aus Familien der Mittelklasse mit

bescheidenem Wohlstand kamen. Das Schicksal des Mädchens wurde anscheinend mit etwa sechs Jahren bestimmt, weitgehend auf der Grundlage seiner Gesundheit und Schönheit. Mit 9 Jahren trat das weniger begünstigte Mädchen ins Nonnenkloster ein, und mit 13 leistete es die Eide, so daß dieser Wechsel noch vor der Pubertät vollzogen war (siehe insbes. S. 1340-1344).
154 »Canzona della monache«, Nr. XXXIII, in: *Canti*, S. 44 f.
155 Prato, Staatsarchiv, Datini 337 (Prato, *Lettere da Firenze*, 1398).
156 Ebd., Datini 329 (Prato, *Lettere da Firenze*), 7. Juni 1390.
157 Ebd., Datini 702 (Firenze, *Carteggio da Prato*, 1404-1408), 10. Mai 1407.
158 Ebd., Datini 1098 (Briefe ... aus Avignon), 12. Sept. 1395.
159 Rucellai, *Il Zibaldone*, S. 118.
160 Briefe von Aretino, 1537 und 1548, zit. n. Butler, ›The Gentlest Art‹, a.a.O., S. 48-50.
161 Paolo da Certaldo, *Libro*, S. 127 f.
162 San Bernardino, *Sermons*, S. 150.
163 Ebd., S. 92.
164 Alberti, *Über das Hauswesen*, S. 297.
165 Vespasiano, *Renaissance Princes*, S. 449.
166 Paolo da Certaldo, *Libro*, S. 126 f. Es ist jedoch klar, daß viele Mädchen sehr wohl lesen und schreiben lernten, und nicht bloß in Nonnenklöstern.
167 Siehe die lebendige Darstellung in Origo, *Merchant of Prato*, S. 186-191.
168 Prato, Staatsarchiv, Datini 1103 (Briefe des Niccolo Tecchini an Datini), 1392, 1393, 1395, passim.
169 Dominici, *Regola*, S. 45. Vielleicht begünstigten die Gesetze über den Luxus, die für Frauen und Mädchen über zehn Jahren galten und in der Toskana seit 1373 in Kraft waren, diese Nachsicht. Im Jahre 1378 wurde ein zehnjähriges Mädchen mit einer Geldbuße von 14 Liren belegt, »weil es ein aus zwei Stücken Seide gemachtes Kleid mit Quasten und verschiedenen Stücken schwarzen Leders getragen hatte«. Brucker, *Society*, S. 179-181.
170 Die Darstellung der Jungfrau Maria im Tempel ist seit Giotto bis zu Tizian und Tintoretto ein beliebtes Thema.
171 Im Jahre 1398 schildert der Notar Lapo Mazzei (*Lettere*, I, 206) seine Notlage: »Nun stehe ich da mit 8 Kindern, die Kleider und Schuhe und Erziehung brauchen, ohne jeden sei es männlichen, sei es weiblichen Bediensteten und mit einer Frau von schwacher Gesundheit, die gewiß zwei weitere Kinder in ihrem Schoß trägt.« Es scheint, daß er Schuhe für seine Kinder selbst angefertigt hat (I, 202) und daß er den kleinen Jungen abends aus dem »Buch vom heiligen Franziskus« vorgelesen hat (I, 233).
172 Alberti, *Über das Hauswesen*, S. 43.
173 Morelli, *Ricordi*, S. 495-497.
174 Ebd., S. 455.

175 Prato, Staatsarchiv, Datini 695 (Firenze, *Lettere da Prato*), 6 Briefe vom 4. bis 6. März 1378.
176 Mazzei, *Lettere*, I, 433.
177 Cardano, *Lebensbeschreibung*, S. 27 f., S. 126, 174 f. Weiteres Material über seine Kindheit läßt sich in seinen *Opera omnia* (10 Bde., Lyon 1663) finden.
178 Siehe Morley, *Cardan*, II, 202 f., der sich auf Cardanos Schrift *De utilitate capienda ex adversis* bezieht.
179 Still, *Paediatrics*, S. 58-66. Die erste Abhandlung, die ursprünglich gedruckt erschien, stammt von Paolo Bagellardo aus dem Jahre 1472.
180 Ebd., S. 179 f.
181 Dean P. Lockwood, *Ugo Benzi: Medieval Philosopher and Physician, 1376-1439*, Chikago 1951, S. 105 f., 309.
182 Cardano, *Lebensbeschreibung*, S. 117 ff., 146 ff.
183 Eine kurze, dem Stand der Forschung entsprechende Darstellung der Pest mit einer guten Bibliographie ist Philip Ziegler, *The Black Death* (Penguin Books, 1970), insbesondere Kapitel 3 »Italy«. Die Sterblichkeit der Kinder war höher als die irgendeiner anderen Bevölkerungsgruppe.
184 Morelli, *Ricordi*, S. 293-302, ein bemerkenswertes Beispiel für den Versuch, bewußt eine Atmosphäre normalen familiären Lebens aufrechtzuerhalten.
185 Alberti, *Über das Hauswesen*, S. 157.
186 Origo, *Merchant of Prato*, S. 317-324.
187 Rustichi, Tagebuch, fol. 11r.
188 Dati, »Diary«, hrsg. von Brucker, S. 132.
189 Mazzei, *Lettere*, I, 247-250. Antonia blieb am Leben. Ein weiterer bewegender Fall ist auf den Fresken in der Kirche der kleinen toskanischen Stadt San Giovanni Valdarno dargestellt. Dort rettete eine fromme, 75jährige Frau, Monna Tancia, ihr Enkelkind, dessen Eltern beide an der Pest gestorben waren, indem sie Gott bat, zur Ernährung des kleinen Mädchens Milch in ihre Brüste zu senden. Ihre Gebete wurden erhört, und sie säugte das Kind viele Monate lang.
190 Boccaccio, *Das Dekameron*, übers. v. A. Wesselski, Bd. 1 (»Erster Tag«), S. 14, Frankfurt 1972. Siehe z. B. »Die Flucht nach Ägypten« des Venezianers Vittore Carpaccio (ca. 1465-ca. 1526, Washington, National Gallery), wo die Eile des Vaters und die Ängstlichkeit der Mutter deutlich hervortreten.
191 Fra Angelico (1400-ca. 1455), »Der Kindermord zu Bethlehem« (Florenz, Museo di San Marco). Hinter ihr versucht eine andere Mutter einen Soldaten abzuwehren, während eine dritte schreiend ihr ohnmächtiges, gewickeltes Kind festhält. In einem Brief an eine trauernde Mutter sagt San Antonio: »Wer hat es einer Mutter je verboten, ihr Kind zu beklagen? Sie spricht getreu dem natürlichen, sinnlichen Instinkt.« Er

fordert auch dazu auf, sich um die Seele des Kindes zu kümmern (*Lettere*, S. 153 f.).
192 Gelegentlich findet man auf den Gesichtern von Kindern auch den Ausdruck von Angst und Schrecken. Auf zahlreichen Darstellungen der Beschneidung erscheint das Kind ängstlich und verschüchtert. Auf dem »Fest des Herodes« (Donatello, vergoldetes Bronzerelief für den Taufbrunnen des Baptisteriums von Siena) blicken zwei Kinder, die voller Angst aus der Szene eilen, krampfartig zurück zu dem auf einem Teller liegenden Kopf. In der Bilderfolge »Die Schändung der Hostie« (2. Bild) von Paolo Uccello (1397-1475) (Urbino, Galleria Nazionale delle Marche) schaut ein kleines Kind nach der Tür und hält sich dabei an der Mutter fest, während ein größeres Kind die rechte Hand über die Augen legt. Auf dem Bild »Erlöser und Ketzer« (Lorenzo Lotto, ca. 1480-1556, Trescore, Bergamo, Oratorio Suardi) fällt ein flüchtendes Kind mit dem Gesicht nach unten, stützt sich jedoch mit den Händen ab, gleich neben einem anderen, das davonläuft. Auf der »Befreiung eines Kindes vom Teufel« (Ambrogio Lorenzetti, Altarbild mit den Wundern des San Nicola, Florenz, Uffizien) erscheint ein Kind, das voller Schrecken ist, da es der Teufel bei der Kehle faßt. Berenson betrachtet Lotto als einen Maler von tiefer psychologischer Einsicht (*Lorenzo Lotto*, Phaidon 1956, Einleitung S. IX-XIII, S. 159).
193 Alberti, *Über das Hauswesen*, S. 68.
194 Palmieri, *Vita civile*, S. 18 f.; Rucellai: *Il Zibaldone*, S. 14.
195 Dominici, *Regola*, S. 35.
196 Vegio, *De educatione*, S. 57 f.
197 Die Statistiken von Villani aus dem Jahre 1338 sind die Grundlage aller späteren Untersuchungen. Bei einer Bevölkerung von ca. 90 000 in Florenz lernten etwa 8000 bis 10 000 Kinder Lesen, etwa 1000 bis 1200 lernten den Umgang mit der Rechenmaschine und Rechnen in sechs Schulen, und etwa 550 bis 600 Kinder erhielten in vier großen Schulen Grammatik- und Logikunterricht. Siehe Giovanni Mattei und Filippo Villani, *Croniche*, lib. XI, cap. 94 (2 Bde., Triest 1857-58). Siehe Bec, *Les Marchands écrivains*, S. 383-415; diese höchst interessante Arbeit schöpft aus zahlreichen unveröffentlichten Quellen.
198 Dominici, *Regola*, S. 35; er fügt hinzu: »Du bringst einen Jungen in große Gefahr, wenn du ihn zum Unterricht mit Mönchen und Klerikern schickst.« Auch von Hauslehrern rät er ab.
199 Vegio, *De educatione*, S. 54-62.
200 Das Tagebuch des Bartolomeo di Nicolo ... Valori, Florenz, Nationalbibliothek, *MSS Panciatichi*, 134, Nr. 1, 1380, fol. 1r.
201 Morelli, *Ricordi*, S. 495 f.
202 Ebd., S. 457, 505.
203 Ebd., S. 501.
204 Das Tagebuch des Rustichi, fol. 32v-53r passim. Zahlreiche Verträge

zwischen Vätern und Lehrern über die Unterrichtung venezianischer Kinder sind enthalten in: *Maestri, scuole e scolari in Venezia fino al 1500,* hrsg. v. Enrico Bertanza und G. della Santa, Venedig 1907.

205 Vegio, *De educatione,* S. 69. Eine andere Art von Erziehung wurde ihm als Jugendlicher zuteil; man schickte ihn und seine Schulkameraden auf den Richtplatz, wo sie Zeuge einer Hinrichtung sein sollten. Angesichts der warnenden Worte des jungen Diebs auf dem Schafott zitterte und bebte er wie bei einem heftigen Sturm. Nie konnte er den Schrecken dieses Erlebnisses vergessen (S. 116).

206 Cardano, *Lebensbeschreibung,* S. 123.

207 Ebd., S. 17. Auch sein Zeitgenosse Cellini wurde von seinem Vater unterrichtet, allerdings nur im Flötespielen, was ihm »unsäglich mißfiel« (*Leben des Benvenuto Cellini,* S. 13).

208 Das Bild befindet sich in der Kirche San' Agostino in San Gimignano und ist Bestandteil einer Folge von Bildern, die dem Leben des Heiligen gewidmet ist. Rucellai, *Il Zibaldone,* S. 14, sagt den Eltern, sie sollten ihren Söhnen befehlen, dem Lehrer zu gehorchen und zu folgen, nach seinem Willen zu lernen und nicht nach ihrem, »denn der Lehrer nimmt für sie die Stelle des Vaters ein, nicht körperlich, wohl aber in Geist und Verhalten«.

209 Aus seiner Abhandlung *De ordine docendi et studendi,* übers. von Woodward, *Humanist Educators,* S. 163. Ähnliche Ansichten siehe S. 34, 103, 137 und Woodwards Zusammenfassung S. 204-207.

210 Dominici, *Regola,* S. 48 f. Er rät den Eltern, ihre Kinder dazu zu überreden, ihre Fehler zu gestehen: »Solange sie sehr klein sind, wäre es wohl klug, ihnen zur Buße ein paar Nüsse oder Feigen oder andere Früchte zu geben, auf daß sie willig sind, von ihren Fehlern zu sprechen ... später verwandle man die Früchte in wirkliche Buße.« Vom sechsten bis zum vierzehnten Lebensjahr »frage man sie jeden Tag nach den Sünden, die sie etwa begangen haben, nach Lügen, Fluchen, Hinterlist und dergleichen«, so daß sie sich ans Beichten gewöhnen (S. 59).

211 Paolo da Certaldo, *Libro,* S. 171 f., 177 f.

212 Siehe Bec, *Les Marchands écrivains,* insbes. S. 279-299. Sogar Dominici rät dazu, bei der Berufswahl für den Jungen dessen Neigungen zu folgen (S. 65).

213 Lapo Mazzei, *Lettere,* I, 225.

214 Petrarca schrieb einen Brief, um einen Lehrer dazu zu bewegen, seinen Beruf aufzugeben, und hebt darin die Schrecken des Klassenzimmers hervor, Staub und Lärm, die Schreie, Bitten und Tränen unter der Rute; *Le familiari,* Buch XII, Brief 3, hrsg. von V. Rossi, 4 Bde., Florenz 1968, Bd. 3. Eine anschauliche Aufzählung dessen, was ungezogene Jungen im Klassenzimmer anstellen konnten, findet sich in einem merkwürdigen Werk aus dem 16. Jahrhundert von Tomaso Garzone, *La piazza universale di tutte le professioni del mondo,* Venedig 1616, fol. 315r. Die ideale

Darstellung der »Grammatik« befindet sich auf einem sechseckigen Marmorrelief, das für den Glockenturm des Doms von Florenz angefertigt wurde und sich nun im Museo del Duomo befindet. Eine überzeugende Darstellung des Arithmetikunterrichts ist Bestandteil einer Miniaturenfolge, die sich mit arithmetischen Aufgaben beschäftigt und diesen Stoff in ebenso angenehmer wie praktischer Weise darstellen will. Sie ist in einem berühmten Manuskript von 1492 enthalten, dem *Trattato di aritmetica* des Filippo Calandri, Codice 2669, sec. XV, Bibliotheca Riccardiana, Florenz. Bei dieser Aufgabe, die die Einkünfte des Lehrers betrifft, sitzt er da mit erhobener Rute, die mit stachligen Lederriemen versehen ist, und unterrichtet acht sehr kleine Jungen, die alle farbige Wämse und Kniehosen tragen. Sie sitzen rechts und links auf harten Bänken und rechnen mit den Fingern, während ein neunter, der vielleicht soeben bestraft worden ist, allein vor ihnen sitzt. Dieses schöne, dem zwölfjährigen Giuliano de' Medici zubestimmte Manuskript wurde in einer Faksimile-Ausgabe mit Einleitung, Transkription und Glossar von Dr. Gino Arrighi von der Cassa di Risparmio, Florenz, herausgegeben, der ich für die großzügige Überlassung eines Exemplars der zweibändigen Ausgabe danken möchte.

215 Morelli, *Ricordi*, S. 146 f. Morelli schreibt dem Kind eine größere Verantwortung für die eigene Entwicklung zu als andere humanistische Erzieher dies tun; siehe insbes. S. 270-285.

216 Mitunter wurden, vor allem in wohlhabenderen Familien, Hauslehrer, ähnlich wie im Hause lebende Ammen, verwendet. Das mag für die Kinder angenehmer gewesen sein, für die Eltern erwiesen sie sich jedoch, wie es scheint, oft als wenig zufriedenstellend. In der Familie des Lorenzo de' Medici warf seine Frau den humanistischen Freund Lorenzos, Angelo Poliziano, der ein Hauslehrer für die Kinder war, hinaus (siehe Ross, *Letters,* passim); in der Familie Niccolini macht sich der Hauslehrer der kleineren Kinder heimlich mit dem Brevier davon (siehe *The Chronicles of a Florentine Family*, S. 330 f.); das Haus der Rustichi verließ ein Hauslehrer, um nach Pisa zu gehen und dort zu studieren.

217 Material zur Lehre im kaufmännischen Bereich kann in den *Ricordi* und in Briefwechseln wie dem des Datini gefunden werden (siehe Origo, *Merchant of Prato*, bes. Teil I). Vasaris *Leben der ausgezeichnetsten Maler, Bildhauer und Baumeister* liefert zahlreiche Hinweise auf die Lehrjahre im Bereich der bildenden Künste.

V M. J. Tucker
Das Kind als Anfang und Ende:[1]
Kindheit in England im fünfzehnten und sechzehnten Jahrhundert

> Das Kind, das der Vater am meisten liebt, bestraft er in seiner Angst am härtesten.

Die mittelalterliche Vorstellung, Kinder seien nicht besonders wichtig, lebte bis ins fünfzehnte und sechzehnte Jahrhundert fort. Diese Einstellung zeigt sich nirgendwo deutlicher als in den alltäglichen Sprichwörtern, die Fürsten, Pastoren und Dichter auf den Lippen hatten. Kinder wurden senilen Greisen, dümmlichen Frauen und trotteligen Betrunkenen gleichgesetzt.[2] In einem Sprichwort heißt es: »Denn Kindern und Frauen fällt es natürlich schwer, etwas für sich zu behalten, was ein Mann nicht verraten hätte (1525).«[3] Im sechzehnten Jahrhundert hielt man die Kinder für nicht besser als Flegel, alte Männer oder Frauen, denn »alles ist verloren, was man vier Sorten von Leuten gibt: zur ersten gehört der Schurke oder Flegel, denn er wird sich immer als rücksichtslos erweisen; zur zweiten das Kind, denn seine Vergeßlichkeit schließt Freundlichkeit aus; zur dritten gehört der alte Mann und zur vierten die Frau, die unbeständig ist wie der Wind, die in ihrer Liebe schwankend und wankelmütig ist (1509).«[4] Selbst die Pastons wiederholten in ihrem berühmt gewordenen Briefwechsel das alte Sprichwort, daß Kinder genauso zuverlässig seien wie ein zerbrochenes Schwert. Ihre Sprache ist pikaresk: »Ein Mann sollte weder einem zerbrochenen Schwert, noch einem Narren, noch einem Kind, noch einem Gespenst, noch einem Trunkenbold trauen (1460).«[5] Oder: »Ein Narr ist, wer der Ansicht eines Kindes zustimmt (1533).«[6]

Die ständige Wiederholung solcher Vorstellungen muß den Kindern das Gefühl vermittelt haben, sie zählten wenig und die Kindheit sei ein Zustand, den man ertragen müßte, statt sich seiner zu erfreuen. Wenn Eltern und andere Personen sich über sie äußerten, fiel kaum je ein freundliches Wort über sie. Einige subsumierten sie unter dieselbe unproduktive Kategorie wie triefäugige Betrunkene, schwatzhafte Frauen und närrische alte Män-

ner. Andere sagten: »Wer ein Kind sieht, sieht nichts.«[7] Diese Auffassung wird am besten illustriert in Pynsons *The Kalendar of Shepherdes*, in dem die Lebensalter in zwölf Sechsjahresperioden unterteilt sind, die den zwölf Monaten des Jahres entsprechen. Die erste Periode, die mit dem Januar verglichen wird, umfaßt die ersten sechs Jahre des Menschen, in denen er »ohne Verstand, Stärke oder Geschicklichkeit (ist) und nichts Nützliches tut (1506).«[8]
Bevor ich den beginnenden Prozeß der Ablösung dieser Auffassung durch neue Einstellungen aufzeige, möchte ich die Grenzen meiner Untersuchung angeben. Erstens: die Untersuchung konzentriert sich auf Kinder von der Geburt bis zum Alter von sieben Jahren – nach Piaget die Schwelle des abstrakten Denkens. Zweitens: chronologisch reicht die vorliegende Untersuchung des fünfzehnten und sechzehnten Jahrhunderts von 1399 bis 1603, weil diese Daten mit wichtigen dynastischen Veränderungen in der englischen Geschichte zusammenfallen. Drittens: in geographischer und sprachlicher Hinsicht beschränkt sich die Untersuchung auf England; die Verhältnisse auf dem Kontinent, vor allem in Frankreich, werden nur zu Vergleichszwecken herangezogen.
Die verwendeten Quellen sind in erster Linie frühe gedruckte Bücher, die sich mit Kindern, Erziehung, Kinderheilkunde und Einstellungen der Eltern befassen.[9] Die Untersuchung zerfällt natürlicherweise in die Untersuchung der physischen Fürsorge, der Erziehung, der Religion, der Hexerei, der Arbeit und des Spiels. Man muß jedoch vor der Untersuchung der physischen Fürsorge betonen, daß die Männer und Frauen der frühen Neuzeit, wenn sie an Kinder dachten, dies in hierarchischen Kategorien taten. Kinder nahmen den niedrigsten Platz auf der sozialen Skala ein. Daß Kinder menschliche Wesen mit menschlichen Bedürfnissen waren, wurde von den wenigsten begriffen. Bei adligen Kindern war das Geschlecht entscheidend. Hatte der König, wie zum Beispiel Heinrich IV., keinen Sohn als legitimen männlichen Erben, sondern nur eine Tochter, bedeutete das ein nationales Unglück, die Enttäuschung einer Nation darüber, dazu verdammt zu sein, das Knie vor einer Frau zu beugen. Heinrich VIII. war so enttäuscht über die Geburt Elisabeths, daß er nicht an ihrer Taufe teilnahm. Außerdem hat er sich niemals mit ihr zusammen malen lassen, wohingegen es mehrere Porträts

gibt, die ihn zusammen mit seinem Sohn Edward zeigen. Edward brachte Freude, Elisabeth Kummer. Als ihre Mutter kein gesundes männliches Baby zur Welt zu bringen vermochte, ließ Heinrich sie hinrichten.

Auch Elisabeth, die ihrer unglücklichen Schwester Maria auf den englischen Thron folgte, stieß wegen ihres Geschlechtes auf Opposition. Angesichts des unglücklichen Schicksals Marias rieten ihr die weisesten Engländer zur Heirat. Eine Frau, das schwächere Werkzeug, sollte nicht ohne das stärkere, den Mann sein. John Knox, der schottische Religionsreformer, wetterte nach Meinung seiner Zeitgenossen mit gutem Grund gegen *The Tieving and Monstrous Regiment of Women* (das diebische und gräßliche Regiment der Frauen). Die Schotten hatten die schöne, eitle, kapriziöse Maria Stuart, Elisabeths Kusine zweiten Grades, zur Königin.[10] Daß Elisabeth nicht endete wie ihre Kusine – besiegt, entthront und verbannt –, spricht für ihre Fähigkeiten und ist ein Triumph über ihr Geschlecht.[11]

Noch schlimmer als eine Frau war vielleicht ein Kind als Regent. Die Kinderregierungen von Richard II. (gest. 1399), Heinrich VI. (gest. 1471) und Edward V. (gest. 1483) erwiesen sich als verhängnisvoll. Für die Leichtgläubigen bedeuteten sie eine Bestätigung der biblischen Warnung, wie sie in den Lehrbüchern des Predigers Salomo 10.16 steht: »Weh dir, Land, dessen König ein Kind ist ...«

Shakespeare nahm dieses Thema auf, als er über Heinrich VI. schrieb, der die Krone im Alter von neun Monaten erbte.[12] Die in die Hände eines Kindes gelegte Herrschaft war in gewisser Weise ein akzeptabler Grund, die normale Thronfolge gewaltsam zu ändern oder anzufechten. Wie die Engländer sehr wohl wußten, führte die lange Minderjährigkeit eines Kinderkönigs zu einer Situation, in der Cliquen, solange der König ein Kind war, um die Macht kämpften, und neue Kämpfe stattfanden, sobald der König, volljährig geworden, seinem Rat die Macht zu entreißen versuchte.

Selbst Könige wurden jedoch letztlich beim Jüngsten Gericht von Gott für ihr Erdenleben zur Verantwortung gezogen. Sie teilten mit dem Volk dasselbe Christentum, und wenn sie auch im Leben als ein Pater patriae ihres Volkes angesehen wurden, so mußten sie doch letzten Endes auch mehr Rechenschaft ablegen, weil sie eine größere Verantwortung gehabt hatten. Vor dem Throne

Gottes waren alle gleich. Thomas More, der Kanzler Heinrichs VIII., erwähnt die Episode, in der König David seiner Frau Mical antwortet, die ihn wegen seines Tanzes vor der Bundeslade kritisiert. »Dreimal wiederholt More den Tadel, den David seinem ›hochmütigen und törichten Weib‹ erteilt, weil sie nicht begriffen habe, daß er ›vor Jahve‹ getanzt habe, vor dessen Angesicht ein gekrönter König nicht mehr gelte als ein Kind oder ein Narr.«[13]

Im Hinblick auf die Kinder, die auf der niedrigsten Stufe der sozialen Skala standen, bestand eine sehr reale Ambivalenz. Es existierte die Tendenz, sie in bestimmten Zusammenhängen als geschlechtslos zu behandeln, so zum Beispiel, wenn bei Kinderbeerdigungen im vierzehnten Jahrhundert in Italien nicht das Geschlecht des Kindes angegeben wurde.[14] Die Ambiguität erstreckte sich auf die Frage, ob Kinder gut oder schlecht seien oder nicht, und wann man sie in die Gesellschaft der Erwachsenen einschließen oder aus ihr ausschließen sollte.

Dachte man an das Christkind, wie konnten Kinder dann etwas anderes sein als unschuldige Wesen? Sie hatten keine sexuellen Bedürfnisse; sie wußten nichts vom Bösen der Erwachsenenwelt. Die Heilige Schrift sagt, daß man wie ein Kind werden muß, um ins Himmelreich zu kommen. Selbst die Darstellung des zentralen Dramas in der christlichen Liturgie, das Leiden Christi, begann mit Christi Geburt, die zur Prim im Opus Dei wurde. Das fünfzehnte und das sechzehnte Jahrhundert waren fasziniert von der Beziehung des Jesuskindes zu seiner Mutter Maria.[15]

Kindlich zu sein bedeutete, christlich zu sein. Christus hatte mit seinem Opfer das Paradies für seine Nachfolger errungen, die als die Kinder Gottes bezeichnet wurden. Die christlichen Gläubigen waren die Kinder des Lichts, die gegen die Kinder der Finsternis kämpften. Der kindliche Weg war der richtige Weg. Beim Prediger Salomo (4.13) heißt es: »Ein armes Kind, das weise ist, ist besser denn ein alter König, der ein Narr ist.« Den Kindern haftete eine gewisse Unschuld und Vollkommenheit an. Einerseits kamen getaufte Kinder, die bald nach der Taufe starben, direkt in den Himmel, und selbst ungetaufte erduldeten nur eine relativ milde Strafe in der Vorhölle. Andererseits war das abscheulichste Verbrechen in der Geschichte der Christen König Herodes' Ermordung aller Knaben von Betlehem bis zum Alter von zwei Jahren, als er unbarmherzig den König der Könige zu ermorden versuchte, der größer sein sollte als er und seine Nachkommenschaft.[16] Zur Erinnerung an dieses Verbrechen beging man später das Fest der Unschuldigen Kinder (28. Dezember).

Die Folklore der damaligen Zeit anerkannte die Unschuld der Kinder. Im mittelalterlichen Bestiarium heißt es, daß Löwen, anders als böse Menschen, Unschuldige, einschließlich Kindern, nicht angriffen.[17] Weiß, das Symbol für Unschuld und Reinheit, war die am häufigsten für Kinder verwendete Farbe. Wenn Kinder starben, herrschte bei der Beerdigung Weiß vor. Das tote Kind war in Weiß gekleidet, der Sarg war weiß, und die Anwesenden waren weiß angezogen. In Cheshire zum Beispiel »wurde bis Mitte des letzten Jahrhunderts der Sarg eines Kindes von weißgekleideten Frauen getragen, die ihn an weißen Windeln hielten, die um die Griffe geschlungen waren«.[18] War das Kind weniger als einen Monat alt, wurde es im Taufkleid begraben – d. h. dem Kleid, das es bei seiner Taufe angehabt hatte –, das mit seinen Windeln umwickelt worden war.[19]

Überraschenderweise nahmen an den Beerdigungszügen auch Kinder teil. Es bestand nicht die heutige Neigung, Kinder vom Tod abzuschirmen, und es gab eine stärkere Familiensolidarität, die es als unangemessen erscheinen ließ, sie nicht teilnehmen zu lassen. Zu der vielleicht bizarrsten Anwesenheit von Kindern bei einem Begräbnis kam es, »als 1575 eine Frau einen Monat, nachdem sie Vierlinge zur Welt gebracht hatte, begraben wurde, und die vier Babys, die sie überlebt hatten, hinter ihr her zur Kirche getragen wurden«.[20] Die bei Erwachsenen vorkommende Einbalsamierung ist zuweilen auch bei Kindern angewendet worden. 1599 wurde die zwanzig Monate alte Tochter James' VI. von Schottland und dessen Frau Anne von Dänemark einbalsamiert.[21] Kinder trugen sogar noch 1686 Trauerkleidung bei Beerdigungen und hatten gelegentlich die Funktion des Hauptleidtragenden, wie zum Beispiel die elfjährige Lady Jane Grey bei der Beerdigung von Catherine Parr, der sechsten Frau von Heinrich VIII.[22]

Überhaupt waren Kinder bei den meisten Feierlichkeiten beteiligt. Es gab damals noch nicht solche Unterscheidungen zwischen Erwachsenem und Kind wie heute. Natürlich gab es bestimmte Tätigkeiten, die ihnen aufgrund ihrer geringen Größe, Erfahrung und Reife verwehrt blieben. Bis zur Erreichung der Pubertät galten sie als sexuell unschuldig. Ich habe für England nichts finden können, was den sexuellen Aktivitäten in der Umgebung Ludwigs XIII. (1599 bis 1643) entsprochen hätte, von denen Héroard berichtet. Sicherlich erkannten die Engländer des fünfzehnten und sechzehnten Jahrhunderts physische Funktionen. Vielleicht hielten sie es für unwichtig, über Dinge wie Masturbation während der Kindheit zu berichten. Nichtsdestoweniger sahen sie manchmal Kinder, so geschlechtslos sie in ihren Augen auch waren, als Agenten des Bösen an. Zum Beispiel teilten sie wahrscheinlich mit Burgundischen Künstlern die Ansicht, Kinder hätten Christus gesteinigt, als er sein Kreuz nach Golgatha trug.[23] Was für eine äußerste Beleidigung für den Erlöser, daß Kinder ihn zurückgewiesen haben sollten, die die unterste Stelle auf der sozialen Skala einnahmen.

Solange sie nicht getauft waren, galten Kinder natürlich als unrein. Falls sie vor der Taufe starben, konnten sie niemals mehr in das christliche Himmelreich gelangen. Die Folklore pflegte neugeborene Kinder mit den Jungen von Tieren und Vögeln zu vergleichen. Im Bestiarium heißt es:

Die Nachkommen aller Vögel werden »Pulli« oder poults (Küken) genannt. Aber auch die Jungen von vierbeinigen Tieren werden »pulli« genannt, und auch ein kleiner Junge wird »pullus« genannt. Kurz: alle neugeborenen Wesen werden »pulli« genannt, weil sie schmutzige oder polluted (verunreinigt) geboren werden. Auch unsere schmutzigen Kleider heißen deshalb »pulla«.[24]

Kinder wurden jedoch immer mehr zu Gestalten der Freude. Kindliche Engel verzierten oft die Ränder von Fresken. Als die sich elend fühlende und verzagte Königin Maria (gest. 1558) auf dem Sterbebett lag, beruhigte sie ihr Gefolge dadurch, daß sie ihm erzählte, »welch gute Träume sie habe. Sie sehe viele kleine Kinder – Engeln gleich – vor sich spielen und höre sie wohltuende Melodien singen. Musik und kleine Kinder – beides hatte sie ihr Leben lang geliebt und nun träumte sie von ihnen, statt Ängste, Sorgen und Zweifel zu haben.«[25]

In der Tat wurden Kinder für manche Leute zu einem Symbol des Glücks. F. R. H. Du Boulay führt das Beispiel von Reynold Peckham, einem kinderlosen Witwer an, dessen Wunsch es war, daß sein Grabstein mit Kinderbildnissen geschmückt werde. Bevor er 1523 starb, legte er in seinem Testament fest, »daß meine Testamentsvollstrecker dafür zu sorgen haben, daß ein makello-

ser Stein mit den messingnen Bildern eines Mannes, einer Frau und einiger Kinder innerhalb von sechs Wochen nach meinem Ableben auf mein Grab gelegt wird...«[26]
Du Boulay zitiert dieses Zeugnis, um deutlich zu machen, daß die Engländer des sechzehnten Jahrhunderts Kinder hoch schätzten.[27] Außerdem stellt er seine Ansicht über Kinder in den historischen Kontext des spätmittelalterlichen England. Gestützt auf Zeugnisse über die die wirtschaftlichen Verhältnisse vertritt er die Ansicht, daß die Wiederbelebung der englischen Wirtschaft ein Interesse an Kindern hervorrief.[28] Außerdem weist er darauf hin, daß die veränderte Wirtschaftslage die Grundlage für veränderte Einstellungen bildete. Sobald die Leute mehr Geld in der Tasche hatten, suchten sie auch nach Mitteln und Wegen, es auszugeben. Sie investierten es in größere Wohnungen[29] mit zusätzlichen Räumen für private Zwecke, in Porträts von sich und ihren Familien und in Bildung und Kleidung ihrer Kinder. Der Überschuß an Geld ermöglichte es, Kinder als Objekte eines auffallenden Konsums zu benutzen. Nach der Konstatierung dieser veränderten Umstände wollen wir uns nun der physischen Fürsorge zuwenden, die den Kindern der frühen Neuzeit zuteil wurde.

Die physische Fürsorge für die Kinder

Seit Eva haben Frauen ihr Leben aufs Spiel gesetzt, um Kinder zu haben. Zwar sagte der Dechant von St. Paul im siebzehnten Jahrhundert, genau wie John Donne, daß der Schoß der Frau das »Haus des Todes« sei. Der Tod konnte die Mutter genauso leicht treffen wie das Kind. Die Sterblichkeitsrate von Säuglingen und in den Wehen liegenden Frauen war extrem hoch. Aber angetrieben von einem uralten Drang und durch das biblische Wort »Seid fruchtbar und vermehret euch«, akzeptierten die Frauen stoisch ihr Los. Viele Frauen weinten wie Rahel, weil sie niemals Kinder geboren hatten, und sagten zu ihren Ehemännern, was Rahel zu Jakob gesagt hatte: »Schaffe mir Kinder; wo nicht, so sterbe ich.«[30]
Biblische Mütter wie Rahel, die Jungfrau Maria und die heilige Elisabeth wurden zu Vorbildern in einem Zeitalter, das von dem Glauben an die Weihnachtsgeschichte durchdrungen war. Die

von Künstlern dargestellte Madonna mit Kind übermittelte die Botschaft von Marias Liebe zu ihrem Sohn und seiner Liebe zu ihr. Selbst in seinen Qualen am Kreuz erinnerte sich Christus an seine Mutter. Als er seine Mutter und den Jünger, den er lieb hatte, sah, »spricht er zu seiner Mutter: Weib, siehe, das ist dein Sohn! Darnach spricht er zu dem Jünger: Siehe, das ist deine Mutter! Und von der Stunde an nahm sie der Jünger zu sich.« (Johannes 19,26,27)
Obgleich die Betonung in dieser Zeit mehr auf der Verpflichtung des Kindes gegenüber seinen Eltern lag als auf der Verantwortung der Eltern gegenüber ihrem Kind, hing das Überleben eines Kindes damals, genau wie heute, von der Art der körperlichen Fürsorge ab, die ihm zuteil wurde. In diesem Abschnitt möchte ich auf die physische Fürsorge eingehen und mit der Untersuchung des biblischen, des in Sprichwörtern zum Ausdruck kommenden und des hierarchischen Kontextes fortfahren, von dem schon in der Einleitung die Rede war.
Zuerst möchte ich auf die sich ändernde Ansicht über Kinder eingehen und dann im einzelnen schwangere Frauen, Entbindungen, Wickeln, Ernährung und Heranwachsen behandeln. Wie gewöhnlich überwiegt auch hierbei das Material aus königlichen und adligen Kreisen. Die meisten Berichte gelten nur für sie. Sie waren die Leser der neuen Handbücher über Kinderpflege, denn nur sie hatten die Mittel dazu. Wie der Sohn eines Bauern oder die Tochter eines Webers zur Welt kamen, wurde kaum je berichtet, so daß wir hinsichtlich der Unterschiede zwischen Hilfeleistungen bei Entbindungen in gobelinbehängten Palästen und solchen bei Entbindungen in schmutzigen und elenden Hütten bloß Spekulationen anstellen können.
Kinder waren offensichtlich wichtig genug geworden, um über sie zu schreiben. Die Beobachtung der physiologischen Veränderung bei Kindern wurde in dem Maße wissenschaftlicher, in dem die Ärzte sich ihre Patienten wirklich ansahen. Das erste englische Buch über Kinderheilkunde erschien im Jahre 1545. Der Autor, der Arzt Thomas Phayre (er wird verschieden geschrieben, das einemal Phayer, das andremal Phayr), gab seinem Buch den Titel *The Regiment of Life, whereunto is added a treatise of pestilence with the boke of children* (London 1545).[31] Phayres Arbeit war nicht gänzlich neu. Er stützte sich auf kontinentaleuropäische Autoren wie Jehan Goeurot und zitierte aus den

Schriften von Galen und Plinius. Er ging auf Kinderkrankheiten wie Koliken, Mundgeschwüre und blutende Zähne ein. Seine Ansichten kann man grob als pseudowissenschaftlich bezeichnen, und er teilte die damalige Systematisierungsbegeisterung, die 1518 zur Gründung des von Thomas Linacre, dem Leibarzt Heinrichs VIII., geförderten Royal College of Physicians in London geführt hatte.[32]

Natürlich war Phayres Buch nicht das erste Werk über Kinderheilkunde in Europa. Zu den bereits früher erschienenen Büchern gehört zum Beispiel Paolo Bagellardos *De egritudinibus et remediis infantium* (Padua 1498). In Heinrich von Lauffenbergs *Versehung des Leibs* (Augsburg 1458) erschien das erste Gedicht über Kinderheilkunde. Die erste Feststellung über die Gelbsucht bei Neugeborenen in Europa findet man in Bartholomeus Metlingers *Regiment der jungen Kinder* (Augsburg 1473). Seine Arbeit stützte sich, wie die Bagellardos, auf arabische Kinderärzte. Das Werk von Rhazes, der im neunten und zehnten Jahrhundert lebte, wurde 1481 auf Lateinisch gedruckt (*De curis puerorum in prima aetate,* Mediolani 1481). Rhazes' Arbeit gilt im allgemeinen als die erste, die sich ausschließlich mit Kinderkrankheiten beschäftigt.[33]

Bei Dr. Phayre entdeckt man eine interessante Auffassung. Er sieht den Zweck seines Buches darin, »denen Gutes zu tun, die es am nötigsten haben, nämlich den Kindern«. Ferner möchte er den ungelernten, ungebildeten medizinischen Praktikern »einen Teil des in fremden Sprachen niedergelegten Schatzes« zugänglich machen. Deshalb seine Bezugnahme auf die Alten, die Araber und zeitgenössische europäische medizinische Arbeiten. Dieses überlieferte Wissen ergänzte er durch die Ergebnisse seiner eigenen Erfahrungen.[34] Obgleich sich Phayre über seine Motivation nicht äußert, ist klar, daß er die Kinderheilkunde für ein fruchtbares neues Gebiet der Medizin hielt und daß Kinder in seinen Augen sorgfältiger medizinischer Aufmerksamkeit wert schienen.

Abhandlungen wie *The Byrth of Mankynde* stützen die letztere Schlußfolgerung. Die Arbeit – eine Übersetzung des lateinischen Textes von Eucharius Roesslin durch Richard Jonas – war Katherine Howard, der unglücklichen fünften Frau Heinrichs VIII., gewidmet und allgemeiner allen Frauen, »die so große Schmerzen und so große Pein für die Geburt des Menschen und seinen

Eintritt in die Welt erdulden«.[35] Eine spätere Ausgabe enthielt Illustrationen mit den verschiedenen Lagen des Fötus und dem berühmten dreibeinigen – einem Melkschemel gleichenden – Geburtsstuhl mit einer hufeisenförmigen Sitzfläche und Gurten zum Festbinden der gebärenden Frau.[36]

Trotz der Entstehung der modernen Kinderheilkunde war aber der Aberglaube nicht ausgestorben. Zum Beispiel suchten sich schwangere Frauen Adlersteine, um sie als Amulett zu benutzen, damit ihre Niederkunft ohne Gefahren verliefe. Adlersteine, die manchmal in der Farbe variierten, waren hohle Steine mit abgelösten Stücken im Inneren, die man klappern hörte. Die Griechen hatten diese Steine nach dem Adler benannt, der sie ins Nest des Weibchens brachte, um ihm beim Eierlegen zu helfen. Plinius erwähnte sie bereits im Jahre 79 v. Chr. Dr. John Bargrave, der im siebzehnten Jahrhundert Domherr von Canterbury war, gab 1662 die folgende Beschreibung eines dieser Steine:[37]

Der Stein ist grob, von einer dunklen Sandfarbe und etwa so groß wie eine Walnuß. Er ist selten und sehr wertvoll wegen seiner ausgezeichneten Qualitäten und seiner Anwendung – zum Beispiel bei schwangeren Frauen, um eine Fehlgeburt zu verhindern . . . Er ist so nützlich, daß meine Frau ihn nur selten bei sich zu Hause behalten kann. Darum hat sie Schnüre an die gestrickte Handtasche genäht, in der der Stein ist, damit sie ihn einer Patientin, die ihn gerade braucht, leichter umbinden kann. Außerdem hat sie ein Kästchen, in das Handtasche und Stein gelegt werden müssen.[38]

Anna Boleyn, die zweite Frau Heinrichs VIII., trug während ihrer Gefangenschaft einen solchen Adlerstein; dafür hatte ihr fürsorglicher und abergläubischer Ehegatte gesorgt. Im allgemeinen wurde der Stein während der Schwangerschaft an das linke Handgelenk gebunden. Im Mittelalter glaubten die Frauen ferner, wenn sie einen mit Spitzen besetzten Hüftgürtel trügen, der dem Hemd, wie es die Heilige Jungfrau Maria trug, gliche, würden sie eine leichte Entbindung haben. Im allgemeinen trugen sie die jeweils übliche Mode, wobei die Kleider nur etwas loser saßen.[39]

Natürlich mußten schwangere Frauen auch besondere Vorsichtsmaßnahmen einhalten. Zum Beispiel nahm die schwangere Anna Boleyn nicht an den von Heinrich VIII. dekretierten improvisierten Feierlichkeiten zum Tod seiner ersten Frau Katharina von Aragon im Januar 1536 teil. Anna wagte nicht zu tanzen. Ihre Vorsicht war jedoch umsonst; am 29. Januar hatte sie eine männliche Fehlgeburt. Sechs Tage vorher war sie in Ohnmacht gefallen, als sie hörte, Heinrichs gepanzertes Pferd sei auf ihn gestürzt. Obwohl sie sofort zu Bett gebracht wurde, konnte sie ihr Kind nicht behalten. Der Tod des Babys besiegelte auch ihren Tod; im Mai wurde sie hingerichtet.[40]

Während Anna Boleyn ohne Erfolg körperliche Bewegung mied, wurde gewöhnlich gerade dazu geraten. Zum Beispiel zitierte Peter de la Primadaye, der Kämmerer des französischen Königs Heinrichs III. (gest. 1589), zustimmend Plato. Primadaye führt Plato als jemanden an, der riet, »ein Mann und eine Frau, die Kinder haben wollten, sollten sich nicht betrinken und in cholerischer und ärgerlicher Verfassung nicht ins Bett gehen, weil das bei den Kindern häufig Gebrechen verursache. Weiter riet er, daß dickbäuchige Frauen viel gehen und weder zu üppig noch zu sparsam leben sollten. Ferner empfahl er einen ausgeglichenen Geist und noch viele andere Dinge. Er sagte auch, daß die Kinder im Mutterschoß Gutes und Schlechtes empfingen – wie die Früchte der Erde.«[41]

Wenn der Zeitpunkt der Entbindung nahte, stärkten sich die Frauen für ihren Kampf mit dem Schicksal. Wenn bei der Geburt alles gut ging, konnten sie immer noch von dem gefürchteten Kindbettfieber und Blutvergiftung hinweggerafft werden. Drei Tudor-Königinnen fielen letzterer zum Opfer. Neun Tage, nachdem sie von einem Mädchen entbunden worden war, starb Elisabeth Plantagenet, die Frau Heinrichs VII. Ebenso ihr Kind. Jane Seymour, die dritte Frau Heinrichs VIII., starb zwölf Tage nach der glücklichen Geburt eines männlichen Nachkommen – nämlich Edwards, des späteren Edward VI. – an Blutvergiftung. Catherine Parr, Heinrichs sechste Frau, starb im Kindbett, als sie von einem Mädchen entbunden wurde.

Erasmus (gest. 1536), der berühmte Humanist, berichtet in seinen *Seven Dialogues Both ›Pithie and Profitable‹* von einer abergläubischen Sitte hinsichtlich der Entbindung. Seine beiden Personen Entrapilus und Fabulla unterhalten sich über eine Frau im Kindbett. Entrapilus erzählt, auf seinem Gang habe er ein Haus gesehen, bei dem »eine Krähe mit einem weißen Tuch an den Türring gebunden war, und ich wunderte mich, was wohl der Grund dafür war«. Worauf ihm Fabula antwortet: »Das ist ein Zeichen dafür, daß dort eine Frau entbunden wird.«[42] Weiß, das Symbol der Reinheit, Unschuld, Heiligkeit – vielleicht auch des Schutzes. Trost fand man im Beispiel von Christi Geburt. Er wurde Mensch, und seine Mutter gebar ihn in genau der gleichen Weise, wie alle Kinder geboren werden. In Frances Quarles sentimentalem Gedicht aus dem siebzehnten Jahrhundert heißt es, Christus habe in vier Häusern gewohnt:

Sein erstes Haus war der *Schoß* der heiligen Jungfrau; das nächste eine *Krippe;* das dritte ein *Kreuz;* das vierte ein *Grab.*[43]

Christus wurde zum Symbol für den Gang des Lebens vom Schoß zum Grab. Quarles setzte seine Gedanken in seinem Gedicht »On the Infancy of Our Saviour« (Über die Kindheit unseres Erlösers) fort:

Sei gegrüßt, heilige *Jungfrau* voll der himmlischen *Gnade,*
Du glücklichste des ganzen Menschengeschlechts;
Deren von Gott gesegneter *Schoß* den *Einen* zeugte,
Einen heiligen *Erlöser* und einen heiligen *Sohn:*
O welch ein Entzücken war es
Deinen kleinen *Erlöser* auf Deinen Knien zu sehen!
Ihn sich schmiegen zu sehen an Deine *jungfräuliche* Brust;
Sein milchweißer Leib ohne Kleider, ganz nackt!
Deine geschäftigen Finger seine ausgestreckten Glieder
In deinen sanften *Schoß* hüllen zu sehen!
Seine verzweifelten *Augen* mit kindlichem Liebreiz
Dem lächelnden Gesicht seiner Mutter zulächeln zu sehen!
Und, wenn seine frühreife Kraft sich zu entfalten beginnt,
Ihn im Zimmer hin und her *hüpfen* zu sehen!
O wer würde denken, daß ein so entzückendes *Baby*
Durch einen treulosen Kuß getötet werden sollte!
Hätte ich nur einen *Fetzen* des Kleids, das Deinen Leib einst umhüllte,
Ich würde ihn wohl, verzeih, entzückendes *Baby,* anbeten;
Bis dahin gewähre den Segen (den weitaus teureren Segen),
Daß ich, da es das *Kleid* nicht gibt, den, der es *trug,* bewundere.[44]

Maria, Christi Mutter, gebar ihren Sohn in einem Stall, ohne daß sie besondere Vorbereitungen getroffen hätte. Im allgemeinen wurden für die Geburt königlicher Kinder jedoch großartige Vorbereitungen getroffen. Als zum Beispiel Elizabeth Plantagenet, die Frau Heinrichs VIII., die Geburt ihres ersten Kindes Arthur erwartete, wurde ihr Zimmer mit kostbaren Gobelins ausgestattet, auf denen allerdings keine Bildwerke zu sehen sein durften, die als für gebärende Frauen unpassend angesehen wurden.[45] Sie war wahrscheinlich in Samt und Hermelin gekleidet, wie man einem Hinweis in den Haushaltsabrechnungen entnehmen kann: »Für die Königin ... 1 rundgeschnittener Mantel, der aus Samt gearbeitet und mit einem Hermelinpelz besetzt ist... für die Königin, die ihn in ihrem Gemach tragen soll; alle anderen Dinge dienen demselben Zweck.«[46] Auf der anderen Seite wird die Königin Jane Seymour in ihrem Wochenbett folgendermaßen beschrieben: »Sie lehnte sich zurück gegen die schönen Kissen aus karmesinrotem, golddurchwirktem Damast; sie war in einen weiten Mantel aus karmesinrotem Samt gehüllt, der mit Hermilinpelzen besetzt war.«[47] Hermelinpelz war natürlich bei den Königshäusern am beliebtesten, und besonders Königin Elizabeth I., die ihn mit Reinheit und Jungfräulichkeit in Zusammenhang brachte, fand Gefallen daran.

Männlichen Besuchern war der Zugang zu einer Frau im Wochenbett nicht gestattet. Als Margarethe von Anjou, Königin und Frau von Heinrich VI., 1442 niederkam, wurden alle Männer ausgesperrt. Der Befehl lautete, daß »... in dem zweiten Gemach (eine geheime Kapelle für verschiedene Angelegenheiten) eine Querwand aufgestellt sein muß, die erst dann entfernt werden darf, wenn sie wieder rein ist... Jenseits der Wand darf kein männlicher Amtsträger oder sonstiger Mann sich offen weiter nähern als bis zur äußeren Kammer... An die Stelle der männlichen Amtsträger haben Kammerjungfern zu treten...«[48]

Erst Mitte des sechzehnten Jahrhunderts tauchten zum erstenmal Männer im Entbindungszimmer auf. Bis dahin wurde jeder Mann, der versuchte, Zeuge einer Geburt zu sein, schwer bestraft. Das berühmteste Beispiel dafür ist vielleicht das des Dr. Wertt aus Hamburg.

Wertt war sich darüber im klaren, daß er den Vorgang der Geburt nur untersuchen konnte, wenn er vom Zeitpunkt der einsetzenden Wehen an anwesend war. Er wußte, daß ihm als Mann der Zutritt zum Entbindungszimmer niemals erlaubt werden würde. Er verkleidete sich als Frau und ging kühn dorthin, wo in seiner Umgebung gerade die nächste Niederkunft stattfand. Das war 1522. Eine kurze Zeit lang ging alles gut, doch dann bemerkte eine der Geburtshelferinnen irgendwie, daß er ein Mann war, der sich als Frau verkleidet hatte. Die bloße Vorstellung der Anwesenheit eines männlichen Wesens bei einer Niederkunft löste einen Proteststurm aus. Die Bestrafung geschah schnell und war abschreckend. Wertt wurde auf dem Scheiterhaufen verbrannt. Andere Ärzte sahen ihn sterben und begriffen – falls sie sich nicht sowieso schon darüber klar waren –, daß die Geburtshilfe Sache der Frauen war, die für Männer streng tabu war.

Die einzigen Männer, die es überhaupt wagten, dieses Thema zu diskutieren, waren im Kloster lebende und unverheiratete Kleriker, denn nur ihre Motive konnten für rein gehalten werden. Nur von einer anderen Gruppe von Männern war bekannt, daß sie Eintritt in ein Entbindungszimmer hatten. Martin Luther erzählte die Geschichte von einer deutschen Kaiserin, deren Wehen schleppend einsetzten und langwierig waren. Man war damals noch allgemein der Ansicht, alles, was die werdende Mutter erschrecke, könnte die Wehentätigkeit beschleunigen. Einige Sachverständige waren der Meinung, das Auspeitschen der Mutter werde Angst und Unruhe hervorrufen und dadurch den Austritt des Fötus beschleunigen. Die Kaiserin auszupeitschen kam aber natürlich nicht in Frage. Die Alternative war einfach. Vierundzwanzig Männer wurden nacheinander in das kaiserliche Entbindungszimmer gebracht und ausgepeitscht. Zwei von ihnen starben daran, und die Wehen waren weiterhin schleppend und langsam.[49]

Manchmal waren Astrologen eigens zu dem Zweck anwesend, das Horoskop des neugeborenen Babys zu verkünden.[50]
In dem Maße, in dem die medizinischen Fortschritte von Männern wie dem Deutschen Eucharius Roesslin und dem Franzosen Ambroise Paré allgemein bekannt wurden, wurde das Tabu gegen männliche Geburtshelfer immer mehr abgebaut.[51] Das Werk Roesslins wurde den Engländern durch die gewissenhafte Übersetzung von Richard Jonas zugänglich gemacht und zu einem Bestseller des sechzehnten Jahrhunderts. Parés Buch war natürlich nur jenen gebildeten Engländern zugänglich, die Französisch lesen konnten.[52] Die Erfindung der Geburtenzange und ihre Benutzung durch die Familie Chamberlain im siebzehnten Jahrhundert beschleunigte zweifellos den Prozeß der Zulassung von Männern bei der Geburtshilfe.[53]
Im Mittelalter wurden die Frauen gewöhnlich auf Strohmatratzen entbunden, wobei sie nichts anhatten.[54] Manchmal wurde ein Geburtsstuhl benutzt, je nachdem wie schwierig die Niederkunft war. Die erste schriftlich erwähnte englische Hebamme war Margaret Cobbe, die der Königin Elizabeth Woodville bei der Geburt ihres Sohnes Edward V. half. Die meisten Frauen hatten Hebammen, die einen besonderen Eid leisteten und eine Lizenz des für sie zuständigen Bischofs hatten. Man nimmt an, daß Edmund Bonner, der Bischof von London, der erste Bischof war, der eine solche Lizenz für Hebammen forderte. Der Grund war klar; manchmal war es dringend notwendig, ein sterbendes Kind zu taufen. Der Erzbischof von York befahl: »Item: Alle Hilfsgeistlichen müssen Hebammen öffentlich in der Kirche die Zeremonie der Taufe beibringen.«[55]

Die Taufe war im allgemeinen ein feierlicher Vorgang, der gewöhnlich zwei oder drei Tage nach der Geburt erfolgte. In den Mund des Kindes wurde Salz gelegt, das das Geschenk der göttlichen Weisheit durch den Heiligen Geist symbolisierte. Ferner wurde das Kind an Stirn, Ohren und Nase mit Öl bestrichen. Das war ein Symbol für den Schutz des Heiligen Geistes und erinnerte an Christi Heilung des Taubstummen.[56]

Man gab den Babys die Namen populärer Heiliger und manchmal solch heilige Namen wie Pentecost oder Baptist.[57] Besonders häufig kamen Namen vor wie John, Thomas, William, Edward, Anne, Elizabeth und Margaret. Betrachtet man die Namen der königlichen Familie in dieser Epoche, stellt man fest, daß bei männlichen Kindern Edward und Henry besonders häufig sind. Es gab zwei Edwards – Edward IV. und Edward V. – und drei Henrys – Henry VI., Henry VII. und Henry VIII. Der häufigste Mädchenname war Elizabeth; beliebt waren ferner Margaret, Mary und Catherine. Henrys erster Sohn wurde Henry genannt; er lebte aber nur weniger als zwei Monate. Henrys mit Elizabeth Blount gezeugter unehelicher Sohn erhielt ebenfalls den Namen Henry; er starb siebzehnjährig im Jahre 1536. Vielleicht durch dieses zweimalige Unglück gewarnt nannte Henry seinen mit Jane Seymour gezeugten Sohn nach seinem Großvater Edward VI. aus dem Geschlecht der Plantagenet Edward.[58] Edward kam in Hampton Court unter normalen Umständen zur Welt, nicht, wie manchmal fälschlicherweise berichtet wurde, durch Kaiserschnitt.[59] Seine Geburt stimmte Heinrich VIII. und die ganze Nation hoffnungsvoll. Das Kind war ohne jeden Zweifel legitim, und es gab keinen Bastard, der ihm sein Recht hätte streitig machen können. Seine beiden Schwestern akzeptierten sein männliches Vorrecht hinsichtlich der Erbfolge.

Die Nachricht von der Geburt eines Prinzen wurde im ganzen Königreich mit großer Freude aufgenommen und gefeiert, besonders in London, wo die Glocken läuteten, zweitausend Salven vom Tower abgefeuert wurden und in St. Paul ein feierliches Hochamt gehalten wurde, während in den Straßen für alle Bier und Wein ausgeschenkt wurde. Es wurden sogleich Pläne entworfen, wie die Taufe des Kindes am dritten Tag nach der Geburt zu gestalten sei, wobei der König eine aktive Rolle spielen sollte; am 12. Oktober wurde öffentlich bekanntgegeben, daß der Zutritt zum Hof am Tag der Taufe strengstens verboten sei, weil in London eine Seuche grassierte ... Das von Margaret Beaufort für solche Zwecke aufgestellte Protokoll verlangte von der

Königin, etwa vierhundert Gäste zu empfangen, während sie neben dem König auf einem Prunkbett saß, und dann der Prozession der hohen Geistlichkeit, des Kronrates und der Edelleute zuzusehen, die genau in der Ordnung vorbeidefilierten, in der sie dann in die Kapelle einzogen, in der Cranmer die Taufe vollzog. Edward wurde von der Marquise von Exeter getragen und die Schleppe seines Taufkleids von dem Grafen von Arundel; Cranmer und Norfolk waren seine Taufpaten und Suffolk sein Konfirmationspate. Während dieser langen Strapaze schien es Königin Jane ziemlich gut zu gehen. Drei Tage später aber wurde sie krank; sie bekam hohes Fieber, verfiel in ein Delirium und erlitt einen totalen Zusammenbruch – die eindeutigen Symptome eines fast immer tödlichen Kindbettfiebers ... Am 24. Oktober, kurz vor Mitternacht, war die Königin tot.[60]

Der König, vom Tod der Prinzenmutter erschüttert, ordnete sofort persönlich klinische Maßnahmen an, durch die das Kind in seinen verschiedenen Kinderzimmern geschützt werden sollte. Es mußte gewissenhafte Sauberkeit herrschen; die Räumlichkeiten mußten zweimal täglich gescheuert und geputzt werden; kein Außenstehender durfte mit dem Baby in körperliche Berührung kommen; und jeder Gegenstand, den es benutzte, mußte gewaschen werden. Heinrich VIII. war überschwenglich in seiner fast pathetischen persönlichen Zuneigung zu dem Kind, als er es in Hampton Court besuchte, um es zu seinem ersten Weihnachtsfest nach Greenwich zu bringen, und dann im Mai 1538, als er es zur königlichen Jagdhütte nach Royston bringen ließ, wo er »voller Heiterkeit und Freude mit ihm spielte, es häufig auf den Armen trug und es auch ans Fenster hielt«, damit Leute aus der Stadt, die sich versammelt hatten, um ihren Monarchen und ihren Prinzen zu sehen, sich an seinem Anblick »erfreuen und erquikken« konnten.[61]

Edward galt als »das kostbarste Juwel des Königreichs ... und man bemühte sich, alle Gefahren, die seitens arglistiger Personen und zufälliger Leiden drohen konnten, wachsam vorauszusehen und zu vermeiden. [Seine Dienerschaft] hatte allein Zugang zu dem Prinzen, und es wurde niemand zu ihm gelassen, der nicht zumindest den Rang eines Ritters hatte. Soweit es zu einem Besuch kam, erfolgte er unter ständiger Aufsicht. Während der Sommermonate, wenn die Gefahr bestand, daß man sich die Pest holte, durfte keiner der Leute, die in seiner Umgebung tätig waren, London oder irgendeinen anderen Ort besuchen, und jede Person im Hause, die krank wurde, wurde sofort entfernt.«[62]

Heinrich VIII. hatte solche Angst vor der Pest, daß er bei der Niederkunft nicht bei Jane gewesen war. Edwards Geburt erfüllte ihn mit Freude. Der Bischof Latimer faßte die Gefühle Heinrichs VIII. und seiner dankbaren Nation am besten zusammen: »Wir ersehnten die Geburt eines Prinzen bereits seit so langer Zeit, daß, als unsere Hoffnung endlich in Erfüllung ging, die Freude genau so groß war wie bei der Geburt Johannes des Täufers.«[63] Wenn es nicht blasphemisch gewesen wäre, hätte er vielleicht sogar Christus genannt.

Während der Geburt waren Hebammen und ihre Helferinnen anwesend. Sie trugen ihre Alltagskleider und möglicherweise noch eine Schürze.[64] In *The Gentle Craft* (1597 bis 1600) von Thomas Delaney ist eine Liste der Gegenstände enthalten, die eine Hebamme im späten sechzehnten Jahrhundert brauchte: »Seife und Kerzen, Bettzeug, Hemden, Kindermützen, Wamse, Stirnbänder, Wickelbänder, Stirntücher, Lätzchen, Mäntel, Strümpfe, Schuhe, Jacken, Unterröcke, Wiege und Schemel.«[65] Seife, um Mutter und Kind zu säubern; eine Sammlung von Kleidern für das Baby, einschließlich seiner Windeln und seiner Kindermütze; ein Stirntuch, das der Mutter um die Stirn gebunden wurde, um Falten zu verhindern; und ein niedriger Schemel für die Hebamme.[66] Zu den Pflichten der Hebammen gehörte es, die Nabelschnur zu durchschneiden, Mutter und Baby zu waschen, das Baby mit Öl einzureiben und anzuziehen und andere unmittelbar nötige Dinge zu tun.

In dem 1540 von Jonas übersetztem Buch von Roesslin: *The Byrth of Mankynde* heißt es: »So das Kind geboren ist, soll man ihm den Nabel vier Finger breit von seinem Leib gemessen abschneiden und binden.« Den bei der Geburt Anwesenden wurde geraten, scharf auf den Bauchnabel des Kindes zu achten, denn wenn er keine Falten zeige, sei das ein Zeichen für zukünftige Unfruchtbarkeit. Dann wurde der Körper des Kindes zum Schutz gegen Rauch und Kälte mit Eichelöl gesalbt. Schließlich wurde das Kind von oben bis unten in warmem Wasser gewaschen; die Nasenlöcher des Kindes sollte die Hebamme mit den Fingern dehnen und in die Augen ein wenig Baumöl träufeln. Außerdem sollten die Mutter oder die Pflegerin »auch unten zum After greifen, damit es gereizet werde zum Stuhlgang«. Wenn nach drei Tagen die überflüssige Nabelhaut abfiel, sollte die Hebamme Puder aus der Asche verbrannter Kälber oder aus

Muscheln auf den Nabel legen »oder Bleiasche, wohl gepulvert und mit Wein gemischt«.

So man das Kind einbinden will, soll man ihm seine Glieder sanft angreifen, jedes Glied strecken, fügen und ordnen, als es sein soll, und das mehrmals am Tag – denn bei jungen und zarten Kindern, Pflanzen und Zweigen, verhält es sich nun einmal so, daß sie so, wie man sie in ihrer Jugend biegt, bis ins Alter bleiben. Nur wenn das Kind gewickelt und gebunden wird und die Glieder richtig und gerade liegen, wird es gerade und aufrecht werden, wenn es dagegen falsch behandelt wird, wird es auch entsprechend aufwachsen, und es ist auf die schlimme Nachlässigkeit vieler Kinderfrauen zurückzuführen, wenn viele Männer und Frauen krumm und deformiert herumlaufen, die unter anderen Umständen genauso gutgestaltet sein könnten wie andere.

Den Kinderfrauen wird ferner geraten, das Kind häufig zu waschen, und zwar im Winter in heißem, im Sommer in lauwarmem Wasser. Sie sollen sanft über die Blase streichen, »darum, daß ihm das Harnen desto leichter werde, und wenn es zum Schlafen in die Wiege gelegt wird, soll es an einen Platz gestellt werden, wo es weder von Sonnenstrahlen noch vom Mondschein erreicht werden kann, an einen dunklen und schattigen Ort also. Der Kopf soll dabei höher liegen als die übrigen Teile des Körpers.«[67]

Dr. John Jones, der ebenfalls über Kinderfürsorge schrieb, war der gleichen Meinung: »Der beste Platz zum Ruhen oder Schlafen ist für ein Kind die Wiege, weil sie drei Vorteile hat: das Kind schläft darin rascher ein, seine Glieder werden durch das Schaukeln besser geübt, es ist sicherer vor Schäden, die ihm im Bett häufig zustoßen.« Er stimmt allerdings mit Eucharius Roesslin in der Ansicht überein, »daß unmittelbar nach dem Stillen heftiges Schaukeln schädlich ist, weil es dazu führen kann, daß das Kind die Milch wieder erbricht«.[68]

Wickeln war unerläßlich. Selbst die Bilder von Christi Geburt zeigten das Jesuskind, wie es gewickelt in der Krippe lag. Zu den gewickelten Körperteilen gehörten sowohl die Arme als auch die Füße. Damit sollte gewährleistet werden, daß die Glieder des Kindes gerade wuchsen. In einem Ratgeber aus dem siebzehnten Jahrhundert wird nahegelegt, bei Kindern

alle Körperteile ihrem Platz und ihrer Anordnung entsprechend sanft und ohne Krümmungen und rauhe Falten einzubinden. Denn Kinder sind wie zarte Zweige, und je nachdem, wie man sie behandelt, werden sie gerade oder krumm... Die Arme sollen seitlich neben dem Körper liegen, damit sie richtig wachsen können...

Nach vier Monaten läßt man die Arme frei, umwickelt aber Brust, Bauch und Füße nach wie vor, um ein Jahr lang die Luft fernzuhalten, bis das Kind kräftiger geworden ist. Die Tücher sind häufig zu wechseln wegen der Pisse und des Kots... Wenn das Kind sieben Monate alt ist, sollte man (wenn man Lust dazu hat) seinen Körper zweimal wöchentlich mit warmem Wasser waschen, bis es entwöhnt ist...[69]

Ein rührendes Beispiel aus dem Jahre 1568, das die Fürsorge einer Mutter für ihr Kind zeigt, ist das folgende Zwiegespräch zwischen der Mutter und dem Kindermädchen des Kindes:

Wie steht es mit dem Kind? Befreie es von den Wickeln, mach die Bänder ab... wasch es vor meinen Augen... Zieh ihm das Hemd aus, du bist niedlich und dick, mein kleiner Liebling... Jetzt wickel es wieder. Aber setze ihm erst sein Mützchen auf, und tu ihm den kleinen gesäumten Kragen um, wo ist sein kleiner Petticoat? Gib ihm seinen Rock aus changierendem Taft und seine Satinmanschetten.

Wo ist sein Lätzchen? Tu ihm seine gekräuselte Schürze mit den Bändern um, und häng ein Taschentuch daran.

Du brauchst ihm noch nicht sein Korallenspielzeug mit der kleinen goldenen Kette zu geben, denn ich glaube, es ist besser, es bis zum Nachmittag schlafen zu lassen.[70]

Korallen galten als Glücksbringer und als magische Mittel zum Schutz von Kindern. Reginald Scot schrieb in seinem Buch *Discoveries of Witchcraft* (1584):

Die Korallen schützen vor Zauber und Hexerei, und deshalb werden sie Kindern um den Hals gehängt. Woher dieser Aberglaube kommt und wer ihn erfunden hat, weiß ich nicht, aber daran, wie verbreitet Korallen sind, sehe ich, daß die Leute bereitwillig daran glauben.

Man glaubte, sie seien auch gut für das Zahnen.[71]

Die Auswahl der Kinderfrau war angesichts der Möglichkeit, daß sie ihrer Aufgabe unter Umständen nicht gewachsen war, eine Sache, bei der es um Leben oder Tod gehen konnte. Ihre Auswahl und die Frage, ob die Mutter ihr Kind selbst stillen sollte, verlangten große Aufmerksamkeit. Die meisten Autoren des sechzehnten Jahrhunderts waren übereinstimmend der Ansicht, die Muttermilch sei am besten.[72] *The Byrth of Mankynd* riet: »So viel die Mutter mag, soll sie ihr Kind selber säugen und nicht einer anderen Frau geben, denn der Mutter Milch ist ihm gleichförmig und bequemlich, gibt ihm viel Nahrung, und angesichts der Tatsache, daß sie der Fütterung gleicht, die das Kind im Mutterleib gehabt hat, ist sie ihm auch viel anmutiger zu saugen, ist ihm auch gesünder.[73]

Wenn die Mutter jedoch krank ist oder ihr Baby nicht stillen will, sollte eine gute und gesunde Säugamme ausgewählt werden. Ihr Körper und ihr Charakter sollten sorgfältig geprüft werden. Eine Frau, die kurz vorher Mutter geworden sei, sei eine gute Kandidatin; ihre Milch sollte daraufhin geprüft werden, ob sie auch »nicht schwärzlich, bläulich, grau oder rötlich, sauer, scharf, salzig oder brackig ist«.[74] Dr. Jones riet, man solle die Brüste der Amme prüfen, denn »große Brustwarzen verletzen das Zahnfleisch und die kleine Mundhöhle, weil sie gezwungen sind, den Mund zu weit zu öffnen und die Muskeln zu überdehnen, was unter Umständen genauso große Schmerzen verursacht wie ein Krampf. Da Kinder große Brustwarzen nicht so leicht in den Mund bekommen, bekommen sie einen großen Mund, werden launisch und ärgerlich und weinen sehr viel, wie ich oft festgestellt habe.«[75]

Manche Kinder wurden zu Hause genährt. Andere wurden – besonders wenn die Eltern reich waren – zu einer Säugamme aufs Land geschickt. Sehr viel später erinnerten sie sich vielleicht mit Vergnügen an ihren Aufenthalt auf dem Land.[76] Sobald eine Kinderfrau ausgewählt worden war, konnte man sich anderen Angelegenheiten zuwenden, wie zum Beispiel der Taufe des Babys und der Aussegnung der Mutter bei ihrem ersten Kirchgang nach der Geburt.

Beide Zeremonien waren sehr wichtig. Das Baby empfing die Taufe in einem weißen Taufkleid, das seine Unschuld symbolisierte. Im allgemeinen trug das Kind das Kleid nach der Zeremonie noch einen Monat lang. Sofern das Kind nicht krank war, wurde es nackt in das Taufbecken getaucht. Eine angezündete Kerze, die wahrscheinlich das Licht Gottes symbolisieren sollte, wurde in die Hand Gottvaters gesteckt. Bevor ein illegitimes Kind getauft werden konnte, mußte die Mutter – in ein weißes Leinentuch gehüllt – in der Kirche und auf dem Marktplatz Buße tun.[77]

Die Aussegnung der Wöchnerin mag einer Generation, die voll und ganz an die Befreiung der Frauen glaubt, als ein barbarischer Brauch erscheinen. Die Christen glaubten jedoch, dem uralten Brauch der Hebräer folgend, daß sich eine Frau nach der Geburt eines Kindes einer Reinigung unterziehen müsse. Die Königshäuser machten – wie gewöhnlich – eine großartige Feier daraus. Die Frau Heinrichs VII., Königin Elisabeth, wurde nach der Geburt ihres Sohnes, Prinz Arthur, im Jahre 1486 reich mit Spitzen bekleidet. Sie wurde von einer Herzogin oder Gräfin von ihrem Bett zur Zimmertür geleitet, von dort führte sie dann ein Herzog zur Kirche.[78]

Die Kinder lebten größtenteils von der Milch ihrer Mutter oder Säugamme. In dem Maße, in dem das Kommen der Zähne es ihnen ermöglichte, aßen sie allmählich auch andere Dinge. Die allgemeinen Regeln für diese Periode lauteten: bis vier Vorderzähne da waren, sollte das Kind mit Milch ernährt werden, dann mit Brot und Milch, und allmählich mit anderen Dingen wie Butter und kleinen Mengen Kapaun.[79] Der Zeitpunkt der Entwöhnung war unterschiedlich. Der arabische Philosoph Avicenna empfahl, die Entwöhnung im Alter von zwei Jahren vorzunehmen. In *The Byrth of Mankynde* heißt es indes: »Es ist bei uns die Gewohnheit, die Kinder nur ein Jahr lang zu stillen. Wenn man sie dann von der Milch entwöhnt, darf man es nicht plötzlich tun, sondern nach und nach. Man soll ihm kleine Zäpfchen von Brot und Zucker machen und es so langsam gewöhnen, grobe Speisen zu essen, bis es in der Lage ist, alle möglichen Sorten Fleisch zu essen.«[80] Ein gutes Beispiel ist hier die kleine Elisabeth, die spätere Elisabeth I. Der Beschluß, sie zu entwöhnen, erfolgte am 9. Oktober 1534; zu diesem Zeitpunkt war sie etwas über ein Jahr alt.

Einige Kinder kamen natürlich gar nicht erst in das Alter, in dem sie hätten entwöhnt werden können. Eine schwache Gesundheit, die Pest, mangelhafte Ernährung oder eine Amme, die keine Milch mehr gab, oder in einigen Fällen auch Kindesmord sorgten für ihren frühen Tod. Es gibt eine interessante Untersuchung über Kindestötung von Dr. Emmison, die in den Essex Quarter Sessions Records erschienen ist.

Der Kindesmord war allgemein verbreitet, und es gab wahrscheinlich eine ganze Reihe anderer gewaltsamer Todesursachen wie Ersticken oder Erdrücken, die vom Leichenbeschauer verschwiegen wurden. Die Essex Records berichten von mindestens dreißig unerwünschten Babys, deren Leben von den Müttern ein rasches Ende bereitet wurde. Bis auf drei waren diese offenbar alle unverheiratet. Am 21. Oktober 1570 zwischen zwölf und dreizehn Uhr brachte in Little Canfield (Hall) eine unverheiratete Frau im Hause ihres Herrn, des Edelmannes William Fytche, ein totes Kind zur Welt, das sie in die Pferdeschwemme warf; sie wurde dafür nicht verurteilt. Eine andere Frau brachte in Standord-le-Hope im Hause ihres Herrn, des Freisassen John Perrye, nachts heimlich ein Kind zur Welt, dem sie anschließend die Kehle durchschnitt, um es dann, mit Steinen beschwert, in den nahe gelegenen Fluß zu werfen; sie wurde für schuldig erkannt. In Cludens Close im Copy Hall Park, Epping, wurde ein Kind geboren und in den Morast oder Schlamm des Grabens geworfen – kein Schuldspruch. Ein anderes, in einer Dezembernacht draußen auf dem Feld geborenes Kind wurde ertränkt. Wieder ein anderes wurde in der Januar-Kälte seinem sicheren Tod ausgeliefert. Eine Dienerin des Freisassen Richard Harte in St. Mary's, Maldon, brachte ohne die Hilfe einer Hebamme eine Tochter zur Welt und steckte sie nackt in eine Kiste im Schlafzimmer. Am nächsten Tag nahm sie das inzwischen gestorbene Kind heraus, begrub es auf den Rat ihres Herrn, des vermutlichen Vaters, hin in einem Pferdemisthaufen im Garten – »keine Gefängnisstrafe« (was sich vermutlich auf die Mutter bezieht). Ein anderes, »ohne die Hilfe irgendeiner Frau« geborenes Kind wurde erdrosselt. Nur in einem weiteren Fall wird eigens der Vater oder vermutliche Vater genannt. Die Mutter eines totgeborenen Kindes trug es zu einem Teich und warf es, mit einem Gewicht um den Hals, ins Wasser.

Untersucht man, welche Todesursachen in den dreißig Fällen von Kindesmord – einschließlich der bereits erwähnten – vorlagen, so kommt man zu folgendem Ergebnis: erdrosselt: 5; erstickt: 2; erstickt – durch Kissen: 1, im Ofen: 1, im Graben: 3, im Heu: 1; ertränkt – im Teich: 4 (ein Totgeborenes), im Brunnen: 1; in einer Grube begraben: 1; Hals gebrochen oder herumgedreht: 3; in eine Kiste und anschließend in einen Misthaufen gesteckt: 1; Kehle durchgeschnitten: 2 (eins anschließend ertränkt); gegen den Bettpfosten geschlagen: 1; von einem Mann erschlagen: 1; Ursache unbekannt: 3. Die Urteile usw. lauteten: schuldig: 17 (drei Frauen wurden zurückgeschickt, weil sie schon wieder schwanger waren); nicht schuldig: 5; der Tötung, jedoch nicht des Mordes schuldig: 1; Fehlen von Beweisen dafür, daß das Kind noch lebte: 1; von einem Mann getötet: 1; gerichtliche Untersuchungen ohne Urteilsspruch: 3; »Abtreibung«: 1.[81]

Die Erziehung der Kinder

Obgleich die Erziehung in diesen Jahrhunderten nicht länger das Privileg der Geistlichkeit war, behielt sie doch eine religiöse Grundlage und war christlich orientiert. Christus war das Kind gewesen, das die Weisen im Tempel belehrt hatte. Von seiner Mutter getadelt, weil er sich ohne ihre Erlaubnis dort aufhielt, antwortete er ihr: »Wisset Ihr nicht, daß ich sein muß in dem, das meines Vaters ist?« Die Aufgabe des Vaters bestand offensichtlich in der Erziehung, denn er übte den Verstand des Kindes darin, Diener des Glaubens zu sein mit dem Ziel, am Ende Erlösung zu erlangen. Eine weise Religion bildete die Grundlage, und die Kinder lernten die christlichen moralischen Gebote genauso wie das ABC und die lateinische Grammatik.[82] Das konnte auch nicht anders sein in einem religiösen Zeitalter, in dem Menschen mit anderen religiösen Überzeugungen verbrannt oder gehängt wurden.

Betrachtet man die Erziehung in der frühen Neuzeit, kann man einige Verallgemeinerungen vornehmen. Erstens: die Erziehung gewann an Bedeutung; die Eltern waren bereit, mehr für die Erziehung ihrer Kinder auszugeben. Sie wurde immer mehr zur Voraussetzung für eine aufwärts gerichtete soziale Mobilität und die Übernahme wichtiger Regierungsämter.[83] Um der wachsenden Nachfrage nach Erziehung und Ausbildung nachzukommen, wurden immer mehr grammar schools geschaffen, deren berühmteste die St. Paul-Schule war.[84] Die Anzahl der Parlamentsmitglieder mit Hochschulbildung war zu Elisabeths Zeiten größer als im fünfzehnten und im frühen sechzehnten Jahrhundert. In den Genuß solcher Bildung kamen natürlich nur die Adligen. Die Gesellschaft war immer noch beherrscht von den verschiedenen Hierarchien.

Zweitens: die Hochschätzung der Antike sorgte dafür, daß zum Curriculum eine strenge humanistische Bildung gehörte. Zu den führenden Personen dieser Bewegung, die im frühen sechzehnten Jahrhundert wirkten, gehörten John Colet, William Lily und Thomas More. Durch die Nachahmung der Antike, so glaubte man, könnte man alles lernen, was nötig war, um mit sich und der Welt zurechtzukommen.

Drittens: Erziehung wurde erforderlich, um aus einer Person einen Gentleman oder eine Dame zu machen. Sie war nicht mehr

allein Sache der Geistlichkeit. Die englische Reformation verstärkte diese Entwicklung natürlich noch. Dadurch, daß Elisabeths Pfarrer auf das geistliche Zölibat verzichteten, wurde sichergestellt, daß ihre Gene dem Dienst für Kirche, Universität und Staat nicht verlorengingen.
Ich werde in diesem Abschnitt kurz auf die Disziplinierung der Kinder eingehen, wie sie in der Erziehung zum Ausdruck kommt, denn darin zeigen sich die vorherrschenden Einstellungen im Umgang mit den Kindern. Anschließend komme ich auf die Erziehung von Edward VI. und Mores Kindern zu sprechen, die, auch wenn es sich dabei um besondere Fälle handelt, symptomatisch für die Erziehung in jener Zeit sind.
Die Grundlage der erzieherischen Disziplin bildete das biblische Sprichwort: »Schone die Rute, und du verdirbst das Kind.« An der Wende zum fünfzehnten Jahrhundert wurde daraus das Sprichwort: »Wer mit dem Stock sparsam umgeht, haßt sein Kind«[85], das in späteren elterlichen Warnungen fortlebte wie: »Das Kind, das der Vater am meisten liebt, bestraft er in seiner Angst am härtesten.«[86] Psychologisch gesehen heißt das, daß die Eltern meinten, die Anerkennung ihrer Autorität hänge davon ab, daß den Kindern Respekt und Ehrfurcht vor den Eltern und dem hierarchischen System eingeflößt werde. Sie erhofften Gehorsam, der auf einer rationalen Anerkennung dessen beruhen sollte, daß ihre Position ihnen natürlicherweise zukam in einem hierarchischen System, in dem der König für sein Volk der pater patriae in der gleichen Weise war wie ein Vater der Herrscher über Frau und Kinder. Legale Frauen und Kinder hatten eine untergeordnete Position: sie waren bloß Dinge, die ein Vater nach seinem Gutdünken verwenden konnte. Ob er Gehorsam aufgrund von Liebe und Zuneigung oder aufgrund von Strafe und Furcht mittels häufiger Schläge erlangte, spielte kaum eine Rolle. Vor dem Gesetz war er stets im Recht. Einige Väter mochten Vergnügen daran haben, Frau und Kinder zu schlagen, und sahen sich dabei durch ihre Auffassung der Alten gerechtfertigt, die besagt: »Wie scharfe Sporen ein Pferd zum Laufen bringen, so bringt eine Rute ein Kind zum Lernen (1475).«[87]
Die meisten Aristokratenkinder wurden mit sechs oder sieben Jahren auf die grammar school geschickt. Im siebten Jahr begann das zweite der zwölf Lebensalter des Menschen. *The Shepherdes Calendar* verglich diese Periode mit dem Februar. Das Kind wird

– wie die Erde – grün und beginnt in der Schule zu lernen.[88] Die meisten Schüler begannen schon viel früher mit dem Unterricht. Handelte es sich um einen Prinzen oder eine Prinzessin, begann die Erziehung bereits mit drei oder vier Jahren. Die formale Erziehung von Edward VI. begann, wie bei James VI. von Schottland, mit drei Jahren. Bei Edwards Schwester Mary begann sie im Alter von vier Jahren. Selbst Edward blieb von körperlicher Bestrafung nicht verschont. Als er sich weigerte, lange Passagen aus den *Proverbs* auswendig zu lernen, schlug ihn sein Lehrer Dr. Richard Cox. Das Resultat, so merkte er, war sehr zufriedenstellend. Die Furcht spornte Edward zu neuem Eifer an.[89]

Die Erziehung Edwards illustriert sowohl die Art der Disziplinierung als auch den Charakter der neuen humanistischen Studien. Erstere ist ein Rückgriff auf die Behandlung seines Vorgängers im fünfzehnten Jahrhundert, Heinrichs IV., von dem berichtet wurde, daß man, als er zwei Jahre alt war, seiner Kinderfrau, Alice Butler, die Erlaubnis gegeben habe, »ihn von Zeit zu Zeit zu züchtigen«.[90] Edwards Vater, Heinrich VIII., ist als Schüler möglicherweise nie bestraft worden. Jedenfalls kann ich keinerlei Hinweis darauf finden.[91]

Am meisten dürfte man über die Erziehung Edwards VI. erfahren, wenn man die Aufzeichnungen untersucht, die sein Lehrer, Dr. Richard Cox, im Dezember 1544 machte. Der siebenjährige Edward hatte zu dem Zeitpunkt drei Jahre lang Unterricht gehabt. Cox notierte, sein junger Schüler habe

eine große Anzahl von Hauptleuten der Unwissenheit ausgemerzt und besiegt. Er beherrscht selbständig die acht Wortklassen und kann jedes lateinische Substantiv deklinieren und alle, außer den unregelmäßigen Verben, perfekt konjugieren. Nachdem er diese Klassen besiegt und erobert hat, hat er begonnen, sie seinen Absichten gemäß und in der angemessenen Anordnung wieder aufzubauen und zusammenzufügen – genauso wie seine Königliche Majestät Boulogne-sur-mer wieder aufbaute, nachdem er es vorher unterworfen hatte. Er ist nun in der Lage, mit Cato zu beginnen, ferner mit einigen passenden und gewinnbringenden Fabeln des Äsop und anderen nützlichen und rechtschaffenen Texten, die noch für ihn ersonnen werden. Jeden Tag liest er den größten Teil der Zeit eine Reihe von Sprüchen Salomos, um sich im Lesen zu üben. Das macht ihm große Freude, und er lernt zugleich, wie gut es ist, diszipliniert zu sein, Gott zu fürchten, Gottes Gebote zu befolgen, sich vor fremden und liederlichen Frauen zu hüten, Vater und Mutter zu gehorchen, ihnen zu danken, daß sie ihm seine Fehler mitteilen usw. (Er beschreibt dann, wie er, bevor sie Sutton verließen, Hauptmann Wille besiegte und nun hoffe, durch Übung auch den Hauptmann Vergeßlichkeit zu verjagen. Der Prinz sei) ein Gefäß, das fähig ist, alle Tugend und alles Wissen, alles Geistreiche, Scharfsinnige und Vergnügliche aufzunehmen.[92]

Außer Sprachen und Religion lernte er noch die Laute spielen. Dabei wurde er, wie andere Kinder auch, wie ein Erwachsener behandelt. Der Unterricht war ziemlich trocken und leistungsorientiert. Damit er Erfahrung im Umgang mit anderen Leuten bekam, wurden Jugendliche aus vornehmen Familien ausgewählt, um mit ihm zusammen zu studieren. Bis zu seinem Tod hatte Edward zu einem dieser Jungen, Barnaby Fitzpatrick, eine große Zuneigung. Engere Beziehungen zu anderen Personen blieben aus. Das war sonderbar, denn der athletische und attraktive Robert Dudley, der Elisabeth I. später so nahestand, gehörte mit zu der Gruppe.[93]

Mädchen erhielten zumeist keine Ausbildung, bis im Laufe der Zeit immer mehr Prinzessinnen und adlige Mädchen unterrichtet wurden. Die Erziehung von Elisabeth I. und Lady Jane Grey war genauso streng und umfassend wie die von Edward I. Beide wurden zu selbständig Studierenden. Wie es scheint, war die Disziplinierung bei Mädchen und Jungen gleich streng. Lady Jane Grey hatte keine Auseinandersetzung mit ihrem Lehrer Roger Ascham; sie sann vielmehr traurig über den großen Unterschied zwischen seiner Freundlichkeit und der Strenge ihrer Eltern nach. Sie dachte: »Eine der größten Wohltaten, die ich Gott verdanke, ist, daß er mir so strenge Eltern gegeben hat... Denn in Gegenwart von Vater oder Mutter muß ich, was ich tue – sei es Sprechen, Schweigen, Sitzen, Stehen oder Gehen, Essen, Trinken, Fröhlich- oder Traurigsein, Nähen, Spielen, Tanzen oder irgend etwas sonst – im Hinblick auf Gewicht, Maß und Anzahl in einer ganz bestimmten Weise tun, ja es so vollkommen ausführen wie Gott, als er die Welt schuf, sonst werde ich so erbarmungslos verhöhnt, so grausam bedroht – manchmal mit Kniffen, Stößen und anderen Maßnahmen, die ich aus Ehrerbietung ihnen gegenüber nicht nennen will – und so maßlos verwirrt, daß ich glaube, in der Hölle zu sein.«[94]

Janes Eltern waren durchaus typisch. Fast überall prägte das biblische Sprichwort »Schone die Rute, und du verdirbst dein Kind« die täglichen Beziehungen zwischen Eltern und Kindern.

Gemäß dem allgemeinen Brauch mußten Eltern, die ihre Kinder liebten, sie schlagen. Man hielt das Schlagen für natürlich. Es entsprang der Neigung und flößte Respekt vor der Stellung der Eltern innerhalb der natürlichen Ordnung ein. Kleine Mädchen, wie Lady Jane Grey eins gewesen war, zweifelten niemals daran, daß die Schläge Ausdruck der elterlichen Sorge waren, und schätzten sich glücklich, daß ihre Eltern ihre Aufgaben so ernst nahmen.

Zu den Frauen, die in den Genuß von Erziehung und Bildung kamen, gehörten auch die drei Töchter von Thomas More. Die beste Erziehung erhielt wahrscheinlich Margaret, Mores Lieblingstochter. Sie ist möglicherweise sogar von Erasmus unterrichtet worden. Sie übersetzte Erasmus' *Precatio dominica*, woraus die Abhandlung über das *Pater noster* wurde, und verfaßte ein Werk mit dem Titel *The Four Last Things* (Die vier letzten Dinge), das More seiner eigenen Arbeit über dieses Thema vorzog. Zur gegebenen Zeit erzog sie ihre eigenen drei Töchter.[95]

Mores Behandlung seiner drei Töchter und seines Sohnes steht in deutlichem Gegensatz zu der Erziehung Lady Jane Greys. More hielt nichts von Schlägen. War eine Bestrafung nötig, schlug er, wie er sagte, seine Kinder mit einer Pfauenfeder. Der Kontext, in dem More das sagte, ist vor allem deshalb interessant, weil er zeigt, daß More vielleicht der liebevollste Vater seiner Generation war. Die Bemerkung ist in einem Brief an seine Kinder enthalten, in dem er seine Liebe zu ihnen erklärt:

Es ist nicht verwunderlich, daß ich Euch von ganzem Herzen liebe, denn Vater zu sein ist ein Band, das man nicht leugnen kann. Die Natur hat in ihrer Weisheit Eltern und Kinder miteinander verbunden und sie geistig mit einem Herkules-Knoten aneinander gefesselt. Dieses Band ist die Quelle meiner Fürsorge für Eure unreifen Geister – eine Fürsorge, die mich veranlaßt, Euch oft in die Arme zu schließen. Dieses Band ist der Grund, warum ich Euch regelmäßig mit Kuchen gefüttert habe und Euch reife Äpfel und schöne Birnen gab. Dieses Band ist der Grund, warum ich Euch seidene Kleider gab und Euch nie weinen hören konnte. Ihr wißt, wie oft ich Euch geküßt, wie selten ich Euch geschlagen habe. Meine Peitsche war stets eine *Pfauenfeder*. Und selbst sie verwendete ich nur zögernd und vorsichtig, damit keine traurigen Striemen Eure zarten Gesäße verunzierten. Wer nicht weint, wenn er seine Kinder weinen sieht, ist brutal und nicht würdig, Vater genannt zu werden. Ich weiß nicht, wie andere Väter sich benehmen, aber Ihr wißt genau, wie freundlich und liebevoll ich in meinem Verhalten Euch gegenüber bin, denn ich habe meine Kinder immer sehr geliebt und war immer ein sanfter Vater – was jeder Vater sein sollte. Aber jetzt hat meine Liebe so sehr zugenommen, daß ich glaube, Euch vorher überhaupt noch nicht richtig geliebt zu haben.[96]

Andere glaubten jedoch im sechzehnten Jahrhundert, sowohl für Jungen wie für Mädchen sei Disziplinierung unbedingt notwendig. Prinzessin Marias Lehrer Vives meinte: »Ein weiser Mann sagte einmal: Nimm niemals die Rute vom Rücken eines Knaben weg; vor allem Töchter sollten keinerlei Zärtlichkeit erfahren. Denn Zärtlichkeit schadet Söhnen, aber Töchter zerstört sie völlig.«[97]

Kinderarbeit

Ein beliebter mittelalterlicher Spruch hieß: laborare est orare – Arbeiten heißt Beten. Jeder, selbst das kleinste Kind mußte arbeiten. Es gab viel zu tun: Brotbacken, Bier brauen, Fische fangen, Tiere schlachten, Fleisch braten, den Tisch decken, Häuser bauen, Erz usw. abbauen, mit Segelschiffen fahren. Müßiggang war eine Sünde – eine Sünde gegen das Streben des Individuums nach dem Paradies. Die Faulheit war eine der sieben Todsünden. Es war auch eine Sünde gegenüber der Gemeinschaft, der das Individuum seine Dienste vorenthielt. Außerdem bot die Faulheit Anlaß zu schlimmen Sünden, denn jeder wußte, daß der Teufel für müßige Hände immer etwas zu tun fand. Arbeit war schon lange vor der Heraufkunft des Puritanismus eine Tugend.[98]

Kinder waren von der Arbeit nicht ausgenommen. Von den höchst bis zu den niedrigst gestellten hatten sie ihre bestimmten Aufgaben: Prinzen und Prinzessinnen mußten das Regieren und die Staatskunst lernen, aristokratische Kinder gute Manieren und den Dienst für den König, Kinder der unteren Schichten Agrikultur, Handel und Industrie. Die meisten anerkannten widerstandslos die Notwendigkeit der Arbeit. Allerdings gibt es das amüsante Beispiel der jungen Catherine Parr, die auf die Aufforderung ihrer Mutter hin, sie solle nähen, erwiderte: »Meine Hände sind dazu bestimmt, Kronen und Zepter zu berühren, nicht Nadeln und Spindeln.«[99] Ihr Widerstand gegen das Nähen muß überwunden worden sein, denn später, als sechste Frau Heinrichs

VIII., überwachte sie die Näharbeit von Heinrichs Tochter Elisabeth.
Da die meisten Aristokraten es sich nicht leisten konnten, ihren Kindern einen eigenen Unterricht zu bieten, wie es die Königshäuser taten, schickten sie sie in die Häuser anderer Aristokraten, damit sie dort gute Manieren lernten. Das war in gewissem Sinn nur eine Fortsetzung der älteren mittelalterlichen Praxis, Knaben als Diener in andere Häuser zu geben. Oft heirateten sie in die Familie ihrer Herren ein. Später wurde diese Praxis aufgegeben. Statt dessen wurden Privatlehrer angestellt oder die Söhne wurden auf Internate geschickt, oder sie verließen das Haus. Bei den unteren Schichten der Bevölkerung war es üblich, die Kinder nicht zu Hause zu behalten, sondern sie in die Lehre zu schicken, damit sie einen Beruf erlernten. Die Lehre wurde für so wichtig gehalten, daß sie ein Instrument der Staatspolitik bildete. 1536 wurde zum Beispiel jede Gemeinde aufgefordert, bettelnde Kinder zwischen fünf und vierzehn Jahren einzusammeln und sie als ungelernte Arbeiter auszubilden. Durch das Handwerker-Statut von 1563 wurde das System der Lehre reformiert und systematisiert und die Dauer der Lehre auf sieben Jahre festgelegt. Darüber hinaus erhielten Friedensrichter die Macht, den ganzen Prozeß zu überwachen. Um die Wohlfahrt der Kinder ging es auch bei dem Poor Relief Act von 1598.[100] Die von der Gemeinde angestellten Armeninspektoren waren ermächtigt, den Kindern bedürftiger Eltern Arbeit zu verschaffen. Bedürftige Eltern waren solche, die nicht »fähig erschienen, ihre Kinder zu versorgen, ebenso verheiratete oder unverheiratete Personen, die nicht über die Mittel verfügen, um ihre Kinder zu versorgen, und die keinem ordentlichen und täglichen Beruf nachgehen, um ihren Lebensunterhalt davon zu bestreiten...«[101] In der Realität bedeutete dieses Gesetz, daß nun jede Gemeinde für notleidende Waisenkinder verantwortlich war. Das Gesetz galt bis 1834.
Natürlich stießen Armenunterstützung und Lehre auch auf Widerstände. Es gab keine Garantie dafür, daß die Gemeindebeamten auch wirklich für ihre jungen Schützlinge sorgten, die die Gemeinde hartes Geld kosteten. Und es gab auch nichts, was gewährleistete, daß ein Meister seine Lehrlinge gerecht, freundlich oder liebevoll behandelte. Einer der ungeschminktesten Berichte über die englische Lehre im fünfzehnten Jahrhundert – bevor das Lehrsystem aufgrund des erwähnten Statuts refor-

miert wurde –, stammt von einem italienischen Beobachter. Er berichtet:

Der Wunsch nach Zuneigung zeigt sich bei den Engländern deutlich in ihrem Verhalten gegenüber Kindern. Denn nachdem sie sie bis zum Alter von sieben oder höchstens neun Jahren zu Hause behalten haben, schicken sie sie, gleichgültig, ob es Mädchen oder Jungen sind, für wiederum sieben oder neun Jahre in die Haushalte anderer Leute, wo sie schwer arbeiten müssen. Man nennt das Lehre, und während dieser Zeit verrichten sie die niedrigsten Arbeiten. Es gibt nur wenige, die von diesem Schicksal verschont bleiben, denn jeder, so reich er auch sein mag, schickt seine Kinder in die Häuser anderer Leute, während er umgekehrt die Kinder fremder Personen bei sich aufnimmt. Auf die Frage nach den Gründen für diese harte Behandlung antworteten sie, sie täten es, damit ihre Kinder bessere Manieren lernten. Ich glaube aber, sie tun es, weil sie ihren Komfort selber genießen wollen und weil sie von Fremden besser bedient werden als von ihren eigenen Kindern. Überdies reservieren die Engländer, die große Epikuräer und von Natur aus sehr geizig sind, die köstlichsten Speisen für sich selbst, während sie dem Hauspersonal das gröbste und einfachste Brot, Bier und kaltes, am Sonntag für die ganze Woche gebratenes Fleisch geben ... Hätten sie ihre eigenen Kinder im Haus, müßten sie ihnen das gleiche Essen geben wie sich selbst. Wenn die Engländer ihre Kinder von zu Hause fortschickten, damit sie Tugend und gute Sitten erlernten, und sie nach Beendigung ihrer Lehre wieder zu sich nähmen, wäre das noch entschuldbar. Aber die Kinder kommen nie mehr zurück, denn die Mädchen werden von ihren Herren verheiratet, und die Jungen machen eine möglichst gute Partie und beziehen – von ihrem Herrn, statt von ihrem Vater unterstützt – ein eigenes Haus und versuchen auf diese Weise ihr Glück zu machen ...[102]

Diese Einstellung findet ihren besten Ausdruck in Deloneys Ballade von den Baumwollarbeitern. Er beobachtete kleine Kinder, wie sie Baumwolle ernteten und für die Spinnmaschinen sortierten. Er überlegte verwundert: »Arme Leute, die Gott leichtfertig mit zahlreichen Kindern segnete, brachten diese mittels dieser Beschäftigung im Laufe der Zeit dazu, daß sie sich mit sechs oder sieben Jahren ihr Brot selbst zu verdienen vermochten.«[103]

Kinderspiel

Bei J. H. Plumb heißt es: »Sicher hat es keine separate Kinderwelt gegeben. Kinder spielten die gleichen Spiele wie die Erwachsenen, spielten mit den gleichen Dingen und hatten die gleichen

Märchen. Sie lebten zusammen, niemals getrennt. Auf den von Brueghel wiedergegebenen Dorffesten sieht man betrunkene Männer und Frauen, die mit ungehemmter Lust nacheinander greifen, und Kinder, die mit den Erwachsenen zusammen essen und trinken. Selbst auf den nüchterneren Bildern von Hochzeitsfesten und -tänzen sind die Kinder mit ihren Eltern zusammen und tun die gleichen Dinge wie sie.«[104] Nicht einmal Kinderverse waren bloß für Kinder. Iona und Peter Opie meinen: »Seit vor 1800 sind die einzigen wirklichen Kinderverse (d. h. Verse, die speziell für Kinder sind) Alphabetreime, Kinderverse, die ein Spiel begleiten, und Wiegenlieder. Selbst Rätsel waren in erster Linie für Erwachsene bestimmt.«[105] Das erste Buch mit Kinderreimen für Kinder war *Tommy Thumb's Pretty Song Book*, das 1744 erschien. 21 oder 22 Jahre später erschien *Mother Goose's Melody, or Sonnets for the Cradle*.[106] Wenn das Kind einen Vers hörte, so geschah das gewöhnlich in der Gesellschaft von Erwachsenen und war mit einer politischen Botschaft verbunden, wie zum Beispiel im Falle der Sixpence-Reime, die von dem Leben Heinrichs VII. und Heinrichs VIII. handelte.[107]

Thomas More interessierte sich sehr für die Kindheit und die Spiele von Kindern. Das findet seinen deutlichsten Ausdruck in seinem Gedicht »Kindheit«:

Ich heiße Kindheit, dem Spiel gilt mein ganzes Trachten,
Einen Wurfring fangen und einen Ball werfen.
Einen Kreisel kann ich in Bewegung setzen und tanzen lassen.
Aber gäbe Gott, daß diese hassenswerten Bücher
Im Feuer zu Asche verbrannt wären.
Dann könnte ich mein Leben lang spielen,
Mein Leben, das Gott mir gibt, bis zum Ende meiner Tage.[108]

Er erzählte den Kindern gerne, sie sollten Tugend und Lernen als Fleisch und das Spiel als Sauce auffassen.[109] Dem Spiel wurde der ihm angemessene Platz eingeräumt. Die Einschärfung der Tugend stand an erster Stelle. Dieser gute Eindruck von More als Vater wurde von Nicholas Harpsfield bestätigt, der berichtete: »Man erlebte niemals, daß er gegenüber seiner Frau, seinen Kindern oder seiner Familie ärgerlich gewesen wäre. Meister William Roper, sein Sohn, berichtete, er habe ihn in den sechzehn Jahren, die er mit ihm zusammen lebte, nur ein einziges Mal wütend gesehen.«[110]

Die Einstellung zu den Kindern änderte sich in dem Zeitraum

von 1399 bis 1603 beträchtlich. Zum Beispiel hatten englische Eltern im Jahre 1603 eine Auffassung von ihren Kindern, die sich sehr von der unterschied, die im vierzehnten Jahrhundert in dem Gedicht des Dichters Symon zum Ausdruck kam, der die zu seiner Zeit herrschende Einstellung gegenüber Kindern in den Zeilen zusammenfaßte:

> Es wäre besser für ein Kind, ungeboren zu sein,
> Als ungelernt und so verlassen.
> Ein Kind, das seinen eigenen Willen hat,
> Wird sich spät entwickeln, das sage ich dir;
> Weshalb jedes Kind ordentlicher Eltern,
> Das zu ausgelassen und wild ist,
> Diese Lektion gut lernen sollte,
> Damit es zu einem besseren Menschen werde.
> Kind, ich warne dich und rate dir:
> Sage immer die Wahrheit und lüge nie.
> Kind, sei nicht vorlaut, sei nicht hochmütig,
> Aber halte den Kopf aufrecht und sprich laut.[111]

Die Auffassung, daß fehlende Disziplinierung ein Kind zugrunde richtet, setzt sich während dieser ganzen Periode fort, ebenso die Einschärfung von Respekt und Unterwürfigkeit gegenüber den Eltern. Ein Wandel zeigt sich am ehesten auf dem Gebiet der körperlichen Fürsorge. Dem Kind kommt ein größerer Wert zu und es zeigt sich ein stärkeres Bemühen, es durch mehr Berücksichtigung seines körperlichen Wohlbefindens zufriedenzustellen. Die Kinder werden immer mehr als menschliche Wesen anerkannt, die andere Entwicklungsprobleme haben als die Erwachsenen. Bei den besten Vätern, wie Thomas More, findet sich ein echtes Interesse und wirkliche Freude an Kindern. Es erwachte, wie Ivy Pinchbeck und Margaret Hewit feststellen, »ein neues Bewußtsein für die Kindheit«.[112]

Anmerkungen

Ich danke Lloyd deMause für seine Hilfe und Manuel Lopez für wertvolle Hinweise und Ratschläge.
1 Entnommen aus C. G. Jung, *Psyche & Symbol*, hrsg. von Violet S. de Laszlo (New York 1958), S. 143.
2 Bartlett Jere Whiting und Helen Wescott Whiting, *Proverbs, Sentences, and Proverbial Phrases From English Writings Mainly Before 1500*, Cambridge, Mass. 1968, S. 372.
3 Whiting, S. 662.
4 Whiting, S. 8.
5 Whiting, S. 377.
6 Whiting, S. 198.
7 Whiting, S. 83.
8 Oscar H. Sommer (Hrsg.), *The Kalendar of Shepherdes...*, London 1892, S. 10. Die Vorstellung von den Lebensaltern des Menschen war sehr verbreitet; siehe z. B. ihre Erörterung in den mittelalterlichen Bestiarien. T. H. White (Hrsg.), *The Bestiary: A Book of Beasts* (N.Y. 1965), S. 219-226. Oder siehe Jacques' Rede über die Lebensalter des Menschen in Shakespeares *Was ihr wollt*, II. Akt, VII. Szene.
9 Diese Quellen habe ich gefunden in: A. W. Pollard und G. R. Redgrave, *A Short-Title Catalogue of Books In England, Scotland and Ireland and of English Books Printed Abroad, 1475-1640*, London (The Bibliographical Society) 1926. Zwei wichtige Werke für den Historiker der Kindheit sind Philippe Ariès, *Geschichte der Kindheit*, übers. v. C. Neubaur u. K. Kersten, München/Wien 1975, und Lawrence Stone, *The Crisis of the Aristocracy, 1558-1641*, New York 1967. Beide Arbeiten sind nützlich, aber Ariès' Tendenz, bei der Lebensperiode von ein bis sieben Jahren keine genaueren Abstufungen zu berücksichtigen, macht sein Buch für meine Untersuchung, die sich speziell auf diese Zeitspanne konzentriert, teilweise unbrauchbar. Auch Stone beschäftigt sich weniger mit der Kindheit selbst als vielmehr mit ihrem Verhältnis zu strukturellen sozialen Veränderungen. Stone beklagt den Mangel an Zeugnissen über die alltäglichen Verhaltensweisen in der frühen Neuzeit. In einem neueren Artikel über »Prosopography« stellt er die Frage, ob der Historiker je fähig sein werde, »Schlafzimmer, Bad oder Kinderzimmer [jener Zeit] zu durchleuchten«. Stone vertritt die Ansicht, dazu sei er nicht in der Lage. *Daedalus*, Bd. 100 (Winter 1971), S. 53.
10 Die Standard-Biographie über Elisabeth ist: John Neale, *Queen Elizabeth I*, London 1934; die über die schottische Königin Maria: Antonia Fraser, *Mary Queen of Scots*, New York 1970.
11 Siehe auch Shakespeares Sonett 144, in dem der Mensch zwei Engel hat, einen guten Engel, der männlich ist, und einen bösen Engel der weiblich ist.

12 Richmond Noble, *Shakespeare's Biblical Knowledge And Use Of The Book Of Common Prayer* ..., New York 1970, S. 112.
13 Germain Marc'hadour, *The Bible In The Works of St. Thomas More*, 5 Bände, Nieuwkoop 1969-1972, IV, S. 75. Siehe auch Band I, S. 78-79.
14 David Herlihy, »Life Expectancies For Women in Medieval Society«, 7. Mai 1972, CEMER Conference, SUNY at Binghamton.
15 Marc'hadour, IV, S. 171.
16 Siehe Alexander Cruden, *Cruden's Useful Concordance of the Holy Scriptures* ..., New York, S. 104-106, hinsichtlich einer nützlichen Aufzählung von schriftlichen Äußerungen über Kinder.
17 White, S. 9.
18 Phillis Cunnington und Catherine Lucas, *Costumes For Births, Marriages & Deaths*, London 1972, S. 270.
19 Ibid.
20 Ibid., S. 272.
21 Ibid., S. 271.
22 Ibid., S. 272-73.
23 Siehe z. B. Hans Multscher (ca. 1400-1467), *The Road to Calvary*, in: Hans H. Hofstätter, *Art Of The Late Middle Ages*, New York 1968, S. 184-185.
24 White, S. 104.
25 H. M. F. Prescot, *Mary Tudor*, London 1954, S. 390.
26 F. R. H. Du Boulay, *An Age Of Ambition: English Society In The Late Middle Ages*, New York 1970, S. 90-91.
27 Ibid., S. 91.
28 Ibid., S. 32.
29 Darüber, wofür das übrige Einkommen ausgegeben wurde, ist kaum etwas bekannt.
30 Gen. XXX, 1, zitiert in: Philip J. Greven, Jr. (Hrsg.), *Child-Rearing Concepts, 1628-1861*, Itasca, Ill., 1973, S. 12.
31 STC 11970, Jehan Goeurot, *The Regiment of Life whereunto is added a treatise of the pestilence with the boke of Children newly corrected and enlarged* von T. Phayre. E. Whitchurche 1550 (Erstveröffentlichung 1545).
32 Sir George Clark, *A History of the Royal College of Physicians of London*, Oxford 1964, S. 59.
33 Fielding Hudson Garrison, *A Medical Bibliography*, New York 1970, S. 729; Louis K. Diamond, »A History of Jaundice in the Newborn«, *Birth Defects*, Bd. 6 (Juni 1970), S. 3-6.
34 STC 11970. In seinem ausgezeichneten Vortrag »On the Longevity of 'Xistus Philosophus: An Exploration in the History of Memory«, gehalten auf dem Cheiron Meeting, Calgary, 29. Juni 1972, verwies Prof. A. B. Laver (Psychology, Carleton Univ.) darauf, wie sehr sich die

Engländer bei ihren medizinischen Expertisen auf ausländische Arbeiten stützten.

35 STC 21153. Eucharius Roesslin, *The byrth of mankynde*. Neuübersetzung aus dem Lateinischen von R. Jonas. T. R[aynald], 1540 (dt.: *Hebammenbüchlein. Empfengnuß und geburt des Menschen*, Frankfurt 1582; wo der englische Text inhaltlich vom deutschen abweicht, ist der englische Text übersetzt worden; die Schreibweise ist modernisiert worden – A. d. Ü.).

36 STC 21154, Datum: 1560.
37 Cunnington, S. 13.
38 Ibid., S. 13-14.
39 Cunnington, S. 13-14.
40 Neville Williams, *Henry VIII And His Court*, New York 1970, S. 140; J. J. Scarisbrick, *Henry VIII*, Berkeley 1967, S. 348.
41 Peter de la Primavdaye, *The French Academie . . .*, übers. von T. B., London 1586, S. 552.
42 Erasmus, *Seven Dialogues Both Pithie and Profitable*, übers. von W. Burton, London 1606.
43 Francis Quarles, *Divine Francies*, London 1641, S. 5.
44 Ibid., S. 3.
45 Cunnington, S. 16-17.
46 Ibid., S. 17.
47 Ibid.
48 Cunnington, S. 21.
49 Harvey Graham, *Eternal Eve*, London 1950, S. 148.
50 Ibid., S. 149.
51 Ibid., S. 142-143, 170.
52 Ibid., S. 151.
53 Ibid., S. 188.
54 Cunnington, S. 16.
55 Graham, S. 174-176.
56 STC 4801. *A Cathechisme, or a Christian Doctrine Necessarie for Children*, Lawson 1568, S. 75-76.
57 Sylvia Thrupp, *The Merchant Class of Medieval London* [1300-1505], Chikago, S. 180.
58 A. F. Pollard, *Henry VIII*, London 1951, S. 140-147-49, 279, 288-89.
59 W. K. Jordan, *Edward VI: The Young King*, Cambridge, Mass. 1968, S. 36.
60 Ibid., S. 36-37.
61 Ibid., S. 38.
62 Ibid., S. 39.
63 Williams, *Henry VIII And His Court*, New York 1970, S. 162.
64 Cunnington, S. 20.
65 Ibid., S. 24.

66 Ibid.
67 STC 21153. *The Byrth of Mankynde*, fols. LIII-LVI (dt.: S. 67b, 68).
68 John Jones, *The Arte and Science of Preserving Bodie and Soule in Health, Wisdom, and Catholihe Religion: Phisically, Philosophically, and Divinely*, S. 46. Jones denkt dabei natürlich an Kinderfrauen, die Babys erdrückten oder erstickten, wenn sie mit ihnen zusammen schliefen. Es ist schwer festzustellen, wieviele Babys erdrückt wurden, da Kinderfrauen normalerweise nicht angeklagt wurden. Bei Scevole de St. Marthe, einem Arzt des 16. Jahrhunderts, der seine *Paedrophia* Heinrich III. widmete (gest. 1589), findet sich eine Erörterung des Durchschneidens der Nabelschnur, des Waschens des Babys und der Verwendung von Abführmitteln.
69 Cunnington, S. 31.
70 Ibid., S. 28, 30.
71 Ibid., S. 38-39.
72 Erasmus, *Seven Dialogues;* Primadaye, S. 552, *Byrth of Mankynde*, fol. lvi.
73 *Byrth of Mankynde*, fol. lvi (dt.: S. 68b).
74 *Byrth of Mankynde*, fol. lvii (dt.: S. 69, 69b).
75 Jones, S. 12.
76 Thrupp, *The Medieval Merchant Class*, S. 226.
77 Cunnington, S. 41-43.
78 Ibid., S. 18-19.
79 J. C. Drummond and Anne Wibraham, *The Englishman's Food* (London, n.d.), S. 79 ff.
80 *The Byrth of Mankynde*, fol. LIX (dt.: S. 71b, 72). Jones zitiert Galen, der empfiehlt, Kinder im Alter von drei Jahren zu entwöhnen, aber meint, daß man das ohne weiteres auch schon nach zwei Jahren tun könne.
81 F. G. Emmison, *Elizabeth Life: Disorder* (Chelmsford, Essex 1970).
82 STC 25874, John Withals, *A Shorte Dictionarie for Yonge Begynners*. T. Berthelet, 1553. Ich habe eine spätere Ausgabe untersucht: STC 25875, John Withals, *A Shorte Dictionarie for Yonge Beginners*. J. Kingston, J. Waley, A. Vele, 1556. Das Ziel des Buches ist, Kinder mit den lateinischen Äquivalenten für allgemein gebräuchliche englische Wörter vertraut zu machen. Interesanterweise lautet der Titel, der oben auf den Seiten steht: *A Littell Dictionarie for Children*. Das Alter der Kinder ist nicht näher angegeben, aber es dürfte wahrscheinlich bei vier Jahren gelegen haben, da dies das übliche Alter war, in dem man das ABC zu erlernen oder die Kleinkinderschule zu besuchen begann, die dem Eintritt in die grammar school vorausging, der im Alter von sechs oder sieben Jahren erfolgte. Es wurde erwartet, daß die Kinder das ABC kannten, wenn sie mit der grammar school oder der Lehre begannen. Withals' Wörterbuch enthält, ähnlich wie eine mittelalterliche Enzyklo-

pädie, Themen, die von Erdteilen, Fischen, Hühnern und wilden Tieren bis zur Kleidung reichen. Es gibt keinen speziellen Abschnitt für Kinderkleidung, wohl aber welche für Männer- und Frauenkleidung. Die meisten der angeführten Spiele – wie z. B. Schwimmen, Tanzen, Würfeln, Tennis – sind Belustigungen für Erwachsene. Das Buch ist dem gelehrten Übersetzer von Erasmus' *Praise of Folly* gewidmet, Sir Thomas Charloner (gest. 1565). Vorher war Withals' Buch Chaloner gewidmet gewesen, Sir Thomas Chaloner, *The Praise of Folie*, hrsg. von Clarence H. Miller, Early English Text Society, Bd. 157, London, New York, Toronto (Oxford University Press) 1965, S. XXX. Eine nützliche Druckschrift, die ABC-Schulen und grammar schools erörtert, ist Craig R. Thompson, *Schools In Tudor England*, Washington (The Folger Shakespeare Library) 1958. Das Standardwerk über die Erziehung während der Tudor-Zeit ist Joan Simon, *Education And Society In Tudor England*, Cambridge (C.U.P.) 1966, das eine ausführliche Bibliographie enthält.

83 Siehe besonders »The Education of the Aristocracy in the Renaissance«, in: J. H. Hexter, *Reappraisals in History*, 1961, und Lawrence Stone, *The Crisis of the Aristocracy*, Oxford 1964, wo das Thema im allgemeinen genauso gut behandelt wird wie in Stones kenntnisreichen Artikeln.

84 Simon, S. 73-80, 306-308, 353-354.

85 Bartlett Jere Whiting und Helen Wescott Whiting, *Proverbs, Sentences, Proverbial Phrases from English Writings Mainly Before 1500*, Cambridge, Mass. 1968, S. 372. Datierung: 1440.

86 Ibid., S. 662. Datierung: 1525.

87 Ibid., S. 8. Datierung: 1509.

88 Sommer, S. 10.

89 Morris Marples, *Princes In The Making: A Study of Royal Education*, London 1965, S. 26.

90 A. L. Rowse, *Bosworth Field*, London 1966, S. 134-135.

91 Siehe meinen Aufsatz »Life At Henry VII's Court«, *History Today* (Mai 1969), S. 325-31.

92 L. P., XIX, no. 726.

93 Jordan, S. 40-44. Siehe auch James K. McConica, *English Humanists and Reformation Politics Under Henry VIII and Edwarf VI*, Oxford 1965, S. 217-218.

94 Roger Ascham, *The Scholemaster*, hrsg. von Edward Arber, London 1870, S. 47.

95 Pearl Hogrefe, *The Sir Thomas More Circle: A Program of Ideas and Their Impact On Secular Drama*, Urbana, Ill. 1959, S. 206-07. Hinsichtlich anderer Beispiele für gebildete Frauen siehe ibid., S. 208-13.

96 Leicester Bradner und Charles Arthur Lynch, *The Latin Epigrams of Thomas More*, Chikago 1953, S. 230-231.

97 Prescott, S. 26. Offenbar wiederholte Vives nur das Schema, nach dem er

selbst erzogen worden war, denn er schreibt, seine Mutter habe »ihn niemals angelacht, niemals verwöhnt, als ich aber drei oder vier Tage aus dem Haus war und sie nicht wußte, wo ich mich befand, wurde sie fast krank; und als ich wieder zurück war, konnte ich nicht begreifen, daß sie sich je nach mir gesehnt haben sollte. Deshalb floh ich als Kind niemanden mehr und scheute niemandes Nähe so sehr wie die meiner Mutter.« Ibid.

98 Edward Surtz, *The Works And Days of John Fisher*, Cambridge 1967, S. 397.
99 Prescott, S. 98.
100 Bezüglich der Texte dieses Gesetzes und des Handwerkerstatus siehe Carl Stephenson und Frederick George Marcham (Hrsg.), *Sources of English Constitutional History*, New York 1937, S. 348-58.
101 Ibid., S. 356.
102 Charlotte Augusta Sneyd, *A Relation Or Rather A True Account Of The Island of England . . .*, Camden Society, No. XXXVII (1846-7), London 1847, S. 24-26.
103 Eileen Power, *Medieval People*, zweite Aufl. New York 1970, S. 167.
104 J. H. Plumb, »The Great Change in Children«, in: *Horizon*, XIII (Winter 1971), S. 7. Natürlich wurden Spielzeuge wie Puppen, Kreisel, Windmühlen usw. gewöhnlich den Kindern überlassen. Lady Fraser meint: »Die Renaissance-Zeit weist einen eigentümlichen Mangel an Interesse hinsichtlich des Aufblühens des Kindes auf; sie war ganz konzentriert auf das Aufblühen des Menschen.« Antonia Fraser, *A History of Toys*, London 1966, S. 72. Siehe auch die Kapitel »The Nature of Toys« und »Mediaeval Childhood«.
105 Iona und Peter Opie, »Nursery Rhymes«, in: William Tary (Hrsg.), *Bibliophile in the Nursery*, Cleveland und New York 1957, S. 266.
106 Ibid., S. 305, 307.
107 »Ich liebe den Sixpence, den netten kleinen Sixpence/ Ich liebe den Sixpence mehr als mein Leben« spielte auf die Habgier Heinrichs VII. an. Katherine Elwes Thomas, *The Real Personage of Mother Goose*, London 1930, S. 42-43. »Sing ein Lied vom Sixpence« erzählt die Geschichte der Liebe Heinrichs VIII. zu Anne Boleyn und die Geschichte von der englischen Reformation. *Ibid.*, S. 68-69.
108 Reynolds, S. 47.
109 William Roper und Nicholas Harpsfield, *Lives of Saint Thomas More*, hrsg. von E. E. Reynolds, New York o. J., S. 4.
110 Ibid., S. 96.
111 E. M. Field, »In The Cradle«, in: William Targ (Hrsg.), *Bibliophile in the Nursery*, S. 59-62.
112 Ivy Pinchbek und Margaret Hewitt, *Children In English Society*, London 1969, S. 41.

VI Elizabeth Wirth Marvick
Natur und Kultur: Trends und Normen der Kindererziehung in Frankreich im siebzehnten Jahrhundert

> Die Kinder, denen man nicht alles, was sie begehren, gibt, weinen und zürnen, ja schlagen selbst ihre Eltern: dies Benehmen liegt in ihrer Natur; dennoch sind sie schuldlos und nicht böse, ... weil ihnen der Gebrauch der Vernunft abgeht und sie deshalb aller Pflichten ledig sind. Wenn sie aber im Erwachsenenalter ... so zu handeln fortfahren, dann werden sie böse genannt und sind es auch. Deshalb gleicht ein böser Mann so ziemlich einem kräftigen Knaben ... und die Bosheit ist nur der Mangel an Vernunft in dem Alter, wo sie den Menschen aufgrund ihrer Natur, die durch Zucht und schlimme Erfahrungen geleitet wird, gewöhnlich zukommt.[1]

Diese Zeilen stammen nicht von einem Franzosen, sondern von einem Engländer aus der Mitte des siebzehnten Jahrhunderts, der lange in Frankreich lebte: Thomas Hobbes formulierte so seine Betrachtungen über die Natur von Kindern und die Wirkung, die er sich von deren Erziehung versprach. In diesem Kapitel wollen wir eine Auswahl dokumentarischer Quellen heranziehen, um deutlich werden zu lassen, welche Ansichten und Praktiken die Kindererziehung in Frankreich im siebzehnten Jahrhundert charakterisieren.
Kein gebildeter Franzose dieser Zeit würde Hobbes widersprochen haben. Kinder waren von Natur aus eine Plage und trotzig. Der Biograph eines heilig gesprochenen katholischen Reformers setzte dessen Kindheitscharakter (»lieb und angenehm«) in Gegensatz zu dem von »normalen Kindern, die gewöhnlich nervenaufreibend, dickköpfig und nicht ernsthaft sind«. Auch hinsichtlich Hobbes' zweiter These, daß ein Kind für seine Handlungen nicht verantwortlich sei, gab es weitgehende Übereinstimmung. Selbst Boguet – ein Experte der Zauberei und ein erbitterter Hexenverfolger – räumte ein, daß vorpubertäre Kinder im allgemeinen unschuldig an der Verführung durch den Teufel sind. Der

Satan verfolgt nur diejenigen, »die älter als zwölf oder vierzehn Jahre sind«, schrieb er. Vorher waren sie »wegen ihres mangelnden Urteilsvermögens und ihrer Unbesonnenheit« von geringem Nutzen für ihn. Und selbst wenn sie noch im Kindesalter in die Dienste des Satans gerieten, dürfe man sie für ihr Tun nicht verantwortlich machen.[2]

Aber wo hört die »Natur« auf, und wo beginnt die »Kultur«?[3] Im Frankreich des siebzehnten Jahrhunderts glaubte man, die Natur des Kindes – sein *naturel* – sei zunächst durch seine Grundkonstitution *(complexion)* bestimmt. Nach der damaligen medizinischen Auffassung gab es vier mögliche Grundkonstitutionen: phlegmatisch, melancholisch, cholerisch oder heiter. Diese Klassifizierungen umfaßten sowohl Temperament und Intellekt wie auch die physische Konstitution: »Wir haben den Dauphin als im wesentlichen heiter, aber zur cholerischen Seite hin neigend beurteilt (die ihm von Natur aus Heftigkeit verleiht) . . . während *sang* dem als zügelnde und ausgleichende Eigenschaft entgegenwirkt«, schrieb Jean Héroard, der Kinderarzt Louis XIII., »diese Konstitution verspricht einen völlig gesunden Körper und Verstand . . . einen guten, freundlichen Prinzen«.[4]

Héroard schrieb diese Aufzeichnungen zu Beginn des siebzehnten Jahrhunderts. Wenn wir von der Mitte des siebzehnten Jahrhunderts – an der Schwelle zur Aufklärung – auf Zeugnisse des vorangegangenen Jahrhunderts zurückblicken, werden bedeutende kulturelle Veränderungen sichtbar. Die Welt des Jean Bodin und Heinrichs IV. unterschied sich wesentlich von der Louis XIV. und Montesquieus in der ersten Hälfte des achtzehnten Jahrhunderts. Nicht nur die Kultur, sondern auch die Sozialstruktur und Handlungsmuster veränderten sich – und mit ihnen auch die Praktiken der Kindererziehung. Es ist jedoch schwierig, genau zu bezeichnen, welche Änderungen die Kindererziehung konkret erfahren hatte, denn – wie bei den meisten anderen Normen traditioneller Gesellschaften – war weit mehr unverändert geblieben als sich gewandelt hatte. Hinzu kommt, daß das, was als selbstverständlich galt, natürlich kaum in irgendeinem Dokument diskutiert wurde. So sind wir darauf verwiesen, unser Wissen über die Kindererziehung im Frankreich des siebzehnten Jahrhunderts auf periphere Indikatoren zu gründen.

Quellen: Die traditionellen Reservoirs und neuere Zeugnisse

Im Frankreich des siebzehnten Jahrhunderts war die Welt der Kinder von der Geburt bis zum Alter von sechs oder sieben Jahren fast ausschließlich die Domäne von Frauen. Ein durch überlieferte Sitten und ungeschriebene Traditionen geprägtes Verhalten beherrschte diese Welt *unmittelbarer* Kontakte und *gesprochener* Worte.

Solange diese Art der Kommunikation herrschte, bleibt uns die Sphäre der Frauen und Kinder verschlossen. Und in der Tat, da so viele wichtige Informationen vom Mund ausgingen und in die Ohren eindrangen, wurde sogar das für Kinder bedeutsamste Rätsel – nämlich »wo die kleinen Kinder herkommen« – manchmal durch die Vorstellung einer Empfängnis (und Geburt) durch das Ohr erklärt. Ein schönes Beispiel hierzu findet sich in Héroards Tagebuch. Louis erfuhr, daß seine Amme schwanger war und man fragte ihn, wo das Baby sei. Der Doktor berichtet, daß er mit sehr leiser Stimme in das Ohr der Amme flüsterte, »es ist in deinem Bauch«. Héroard fragte ihn daraufhin, »und wie kam es da hinein?« »Durch die Ohren«, antwortete Louis. »Und wie wird es herauskommen?« »Durch die Ohren.«[5]

Das siebzehnte Jahrhundert brachte eine Flut literarischer Briefwechsel und Tagebücher bedeutender Männer hervor. Aber alle diese Betrachter der damaligen Szene scheinen keine Notiz von dem Leben der Kinder in ihrer Umgebung genommen zu haben. Ariès stellt dar, wie die Bildhauerei des siebzehnten Jahrhunderts die Kinder auf eine neue, realistische Weise wahrnahm.[6] In der Literatur finden sich hierzu keine Parallelen. Die schöne Literatur der französischen Renaissance ignorierte den Säugling und das Kleinkind.

Für unsere Untersuchung können wir auf drei wichtige Arten von Zeugnissen zurückgreifen: zunächst auf die *Livres de raison* – Familientagebücher, die meist vom männlichen Haushaltsvorstand geführt wurden –, die bis ins vierzehnte Jahrhundert zurückgehen. Ihr Charakter blieb im wesentlichen unverändert. Sie gaben lediglich über Lebensdaten Auskunft. Angaben über Geburt, Taufe und Tod, An- und Verkäufe von Eigentum und über die Beschäftigung von Dienstboten waren gelegentlich unterbrochen durch intimere Bemerkungen über den Verlauf einer Ehe oder die Wechselfälle im Leben eines Kindes.[7]

Daneben gewannen zwei andere Arten von Zeugnissen über die frühe Kindheit zunehmend an Bedeutung: zum einen verfaßten Frauen gebildeter Stände, die meist unter dem Einfluß der katholischen Reformbewegung standen, einen neuen Typus von Berichten, der ein neues moralisches Interesse an Kindern erkennen ließ. Zum andern bildeten die Aufzeichnungen von Ärzten und medizinisch ausgebildeten Hebammen einen neuen Informationsfundus.

Die Arbeiten von Frauen über Kinder existieren meist in Form von Briefen und Berichten an die Führer der christlichen Reformbewegung in Frankreich – Männer wie Francois de Sales, Vincent de Paul und Pierre Fourier. Viele dieser Frauen waren selbst Mütter; durch ihr Engagement bahnten sie den Weg für soziale und erzieherische Arbeit an Frauen und Kindern. Ihr reformerischer Geist, der sie in die Konvente, Krankenhäuser, Waisenhäuser und Kinderaufbewahrungsstätten verschlug, läßt uns gelegentlich durch ihre Augen in die Welt der Kinder sehen. Die Ziele dieser Frauen waren revolutionär: es ging um die moralische Rettung der Frauen und Kinder. Und dies bedeutete, daß sie sowohl den praktischen wie auch den seelischen Bedürfnissen ihrer Zielgruppe gerecht werden mußten. Wenn wir unser Augenmerk darauf richten, was die Frauen für wichtig erachteten, gelingt es uns manchmal, einige uns unbekannte Aspekte der damals herrschenden Auffassung von Kindererziehung zu erkennen. Die Art des von ihnen ausgeübten Drucks zeigt zumindest die Richtung an, in die sie die gebräuchlichen Methoden zu verändern wünschten.

Die große Vielzahl neuer Arbeiten von Ärzten und Hebammen spiegelt das im späten sechzehnten Jahrhundert aufgekommene neue Interesse an der Natur wider. Auch wenn die großen Entdeckungen über die menschliche Physiologie erst in der Mitte des siebzehnten Jahrhunderts gemacht wurden (und es dauerte noch geraume Zeit, bevor diese von der etablierten Medizin in Frankreich zur Kenntnis genommen wurden), so zeigte sich doch schon zu Anfang des Jahrhunderts ein noch nie dagewesenes Interesse an empirischer Beschreibung; die Kinder nahmen darin einen wichtigen Platz ein. Diese Literatur beschäftigte sich erstmals intensiv mit Schwangerschaft, Geburt und Säuglingspflege. Aber meistens verfolgen diese Schriften das Kind nur wenig über das Kleinkindalter hinaus. Das hat zur Folge, daß wir in der

Regel das uns vermittelte Wissen nur auf Kinder zwischen drei Monaten und sechs Jahren beziehen können. Es gibt jedoch einige Ausnahmen.

Die bemerkenswerteste Ausnahme ist Jean Héroards Tagebuch, das außergewöhnlich detailliert das Leben eines Menschen von der Geburt bis zum Alter von 26 Jahren schildert. In der Mitte des neunzehnten Jahrhunderts wurden diese Aufzeichnungen als einzigartiges Zeugnis gewürdigt; sie wurden oft herangezogen, wenn man sich ein Bild von der Kindererziehung des siebzehnten Jahrhunderts machen wollte. Man darf jedoch Héroards Beobachtungen nicht unkritisch verallgemeinern – nicht einmal auf das höfische und aristokratische Mileu dieser Zeit. Denn diese Biographie beschäftigt sich mit einer ganz besonderen Person – dem Dauphin von Frankreich –, und vieles in den Berichten des Doktors hat nur in diesem engen Kontext Bedeutung. Z. B. stattete er ganz selbstverständlich den fünf Wochen alten Prinzen mit übernatürlichen Fähigkeiten aus:

> Er hört sehr gespannt zu, ... als ich ihm sage, daß er gut und gerecht sein müsse, daß Gott ihn zu diesem Zweck der Welt gegeben habe ... und daß, wenn er so wäre, Gott ihn zärtlich lieben würde. Er lächelte bei diesen Worten.

Héroard nahm ernsthaft an, daß das Baby verstand, was ihm gesagt wurde. Als nächstes schrieb Héroard dem Säugling artikuliertes Sprechen zu:

> Die Amme hielt ihn auf ihrem Schoß ... Sie sagte zu ihm: »Nun, Monsieur, wenn ich alt bin und am Stock gehe, werden Sie mich dann immer noch lieben?« Er sah ihr gerade ins Gesicht und dann, so als habe er darüber nachgedacht, antwortete er: »nein!« Ich war in der Nähe und war vollkommen überrascht, so wie alle, die ihn gehört hatten.[8]

Eine weitere Besonderheit dieses Falles rührt aus Louis' Stellung als erster legitimer Erbe einer neuen Dynastie her. Sie machte seine Zeugungsfähigkeit zu einem wichtigen Faktor für alle, die dem burbonischem Königshaus verbunden waren. Diese Tatsache ist eine Erklärung für die übertriebene Aufmerksamkeit, die in Héroards Tagebuch der phallischen Entwicklung des Prinzen geschenkt wird. Die vermutlich frühreifen genitalen Interessen und Aktivitäten des Kindes und deren Ermutigung durch andere bilden ein Leitmotiv dieser ungewöhnlichen Chronik.

Mitglieder des Hofes machten sich einen Spaß daraus, dem

Einjährigen beizubringen, seinen Penis anstelle der Hand zum Kuß anzubieten.[9] Die Wunschphantasie der Höflinge, daß Louis und die gleichaltrige spanische Prinzessin einmal heiraten würden (sie wurde dreizehn Jahre später wirklich seine Frau), ging in viele Spiele ein. Als der Prinz vierzehn Monate alt war, nahm Héroard an einem solchen Spiel teil: »Ich frage ihn, ›Wo ist der Liebling der Prinzessin?‹ und er legt seine Hand auf seinen Penis.«[10]
Später verhielt er sich bei solchen phallischen Spielen viel eindeutiger. Louis probte für eine wichtige Rolle: im Alter von drei Jahren während der Zubettgehvorbereitungen »kreuzte er seine Beine und fragte, ›Wird die Prinzessin das so machen?‹ Héroard schreibt: Eine Kinderfrau sagt, ›Monsieur, wenn sie zusammen ins Bett gehen, wird sie ihre Beine in genau die Stellung bringen.‹« Der Doktor war stolz, daß sein kleiner Patient wußte, was in einem solchen Fall zu tun ist: »Er antwortete prompt und fröhlich, ›Und ich, ich werde sie *so* legen‹, und er spreizte seine Beine mit den Händen auseinander.«[11]
Wir können aus der Tatsache, daß Héroard mit Stolz über die genitalen Aktivitäten des Dauphins zu einer Zeit, als er noch gestillt wurde, berichtet, kaum Schlüsse über die Einstellung gewöhnlicher Eltern im Frankreich des siebzehnten Jahrhunderts den autoerotischen Betätigungen ihrer Kinder gegenüber ziehen:

Während des Stillens krault er an seinem ›Pimmel‹, der erigiert und hart wie Holz ist. Es bereitete ihm oft großes Vergnügen ihn anzufassen und an der Spitze mit seinen Fingern herumzuspielen.[12]

Ein dritter Grund, der gegen die Generalisierbarkeit dieser außergewöhnlichen Kindheitsgeschichte spricht, ist die persönliche Verschrobenheit des Arztes, der sie aufzeichnete. Héroard war mit Besessenheit darauf bedacht, alle Einzelheiten im Verhalten seines Schützlings festzuhalten; und dies war nur eine seiner Merkwürdigkeiten. Seine beharrliche und stark manipulative Einmischung in Louis' frühes Leben verleihen seinem *Journal* einen pathologischen Zug, der es unrepräsentativ für die zu dieser Zeit herrschenden Normen der Kindererziehung werden läßt.[13]
Aber nicht alle medizinischen Dokumente dieser Zeit weisen diese Fixiertheit auf. Obwohl kein anderes Dokument so detailliert und ausführlich in seinen Beobachtungen ist wie Héroards

Tagebuch, ermöglichen es doch eine Reihe anderer von Ärzten und Hebammen verfaßter Abhandlungen, Normen und Trends der Kindererziehung in dieser Periode aufzuspüren. Für unsere Zwecke werden diese Berichte von dem Augenblick an interessant, in dem Natur und Kultur in Wechselbeziehung zueinander treten – d. h. mit der Beziehung zwischen Säugling und Amme.

Die Natur des Kindes und die Beziehung zur Amme

Alle Ansichten über die frühe Kindheit im Frankreich dieser Zeit stimmten in der Annahme überein, daß das Überleben in den ersten Monaten allein davon abhing, ob es gelang, eine befriedigende Beziehung zwischen dem Säugling und seiner Amme herzustellen. Die Möglichkeit von Ersatznahrung – Tiere, Saugflaschen, Mischungen – war nicht unbekannt. Das *Journal des scavans* beschreibt eine solche Mischung und versichert seinen Lesern, »daß in Bayern fast alle Babys auf diese Weise ernährt werden.«[14] Aber im allgemeinen hielt man Ersatznahrung als unpassend für Säuglinge und als nicht ratsam und gefährlich für die ersten zwei Jahre.[15]

Man ging davon aus, daß die Ernährung durch die Mutter die beste Voraussetzung für eine gute Stillbeziehung sei. Die Bemerkung eines bekannten Geburtshelfers, Francois Mauriceau, war bezeichnend dafür. »Die erste und vornehmste von allen Eigenschaften, die zu einer guten Säug-Ammen erfordert werden, ist, daß sie sey die eigene Mutter deß Kinds, sowol wegen der Zusammenschickung eines gegen dem andern seines Temperaments, als darum, daß indem sie vielmehr Liebe zu ihm trägt, sie auch eine viel grössere Sorg für ihn hat ...«[16] Ein anderer Arzt, Laurent Joubert, stellte kluge und genaue Betrachtungen über die Stillbeziehung an. Er war Héroards Professor an der berühmten medizinischen Fakultät von Montpellier gewesen, war aber nicht so verdreht wie sein Schüler. Wie er uns erzählt, war sein Zugang zu der Welt der Säuglingspflege ganz normal; er war Vater von elf Kindern, die alle von ihrer Mutter – seiner Frau – gestillt wurden. Jouberts Appell an die Mütter, ihre Kinder selbst zu stillen, zeichnet ein schönes Bild eines idealen Stillpaares.

Wenn die Frauen nur die Freuden des Stillens kennen würden – sie würden es nicht nur bei ihren eigenen Kindern tun, sie würden sich selbst ausleihen: stillende Frauen sind gewöhnlich voller Liebe und Hingabe auch fremden

Babys gegenüber. Kann man sich einen schöneren Zeitvertreib vorstellen, als mit einem Säugling, der zu seiner Amme zärtlich ist, der sie streichelt, während er trinkt; mit einer Hand entblößt und befingert er die Brust und mit der anderen Hand greift er nach ihrem Haar oder ihrer Halskette und spielt damit. Mit seinen Füßen strampelt er nach denen, die ihn stören wollen, und im selben Moment beschenkt er seine Amme mit tausend kleinen lächelnden Blicken aus seinen verliebten Augen ... Welche Wonne, das anzusehen!«[17]

Die *nourrice du corps* – die stillende Person – kann die leibliche Mutter des Kindes sein oder seine »zweite Mutter«, wie Louise Bourgeois, die bekannteste Hebamme dieser Zeit, sie nannte.[18] Welche der beiden sie auch war, der Stillbeziehung wurde ein größerer Einfluß auf die Entwicklung der Natur des Kindes zugesprochen als der pränatalen Erfahrung. In der Geburt sah man keinen entscheidenden Einschnitt. Intrauterine Schwangerschaft und extrauteriner Parasitismus wurden als ein zusammengehöriger Prozeß bei der Bildung des *naturels* des Kindes angesehen. Für eine Frau war das Zurückhalten ihrer Milch gleichbedeutend mit der Abtreibung ihres Fötus.[19] Tatsächlich glaubten sogar medizinische Kapazitäten noch bis zum Ende des Jahrhunderts buchstäblich, daß Muttermilch Menstruationsblut sei, das neun Monate lang im Mutterleib zurückbehalten wird um den Embryo zu nähren und das dann für die weitere Ernährung des Säuglings umgewandelt und gereinigt wird. Wenn ein Säugling zu einer Amme gegeben wurde, so »war er mit einem Blut gezeugt und neun Monate lang ernährt worden und dann zwei weitere Jahre mit einem anderen.«[20] Man sah aber eine Gefahr in diesem »Blut«-Wechsel, nämlich daß es möglicherweise chemisch nicht zusammenpasse. Jacques Guillemeau, ein berühmter Chirurg dieser Zeit, erzählt die Legende von der Königin Blanche, die ihren kleinen Sohn, Saint Louis, die Milch, die er während ihrer Abwesenheit von einer anderen Frau bekommen hatte, wieder erbrechen ließ.[21]

Die Charaktereigenschaften, die ein Kind in den Armen seiner Amme erwarb, waren daher ebenso angeboren *(innate)* wie die *in utero* erworbenen – wahrscheinlich waren sie von größerer Bedeutung für das spätere Leben: »Gebären ist nichts, Stillen ist ein ständiges Neugebären.«[22] Wie die Erfahrungen im Mutterleib hinterlassen auch die Stillerfahrungen unauslöschliche Spuren: so wie die Phantasien und Vorstellungen einer Frau das Kind, das sie trägt, beeinflussen, so würde auch die *mélancolie* der Amme das Kind in ihren Armen beeinflussen.[23] Und wie die Erfahrungen der Mutter einen Geschlechtswechsel des Kindes in ihrem Bauch verursachen können, so könne, wenn die Milch der Amme für einen Jungen zu heiß oder für ein Mädchen zu kalt ist, ein »männisches« Mädchen oder ein »effeminierter« Knabe das Resultat sein.[24]

Nicht nur physische Merkmale – wie z. B. die gefürchtete Syphilis –, sondern auch Merkmale des Charakters wie Schwerfälligkeit, Promiskuität, Gottlosigkeit konnten pränatal oder von der Amme auf das Kind übertragen werden. Bei den Überlegungen, die die Erziehung Louis XIV. leiteten, ging man bei der Auswahl der Amme sehr sorgsam vor, man achtete auf »die Schönheit der Seele . . . damit der Prinz mit der Milch gute Eigenschaften . . . Güte und Weisheit empfange«.[25] Mme. de la Guette war ein ganzes Leben lang ihrer Mutter für die nachhaltigen Vorteile, die sie durch deren Milch erhalten hatte, dankbar: »eine gute Konstitution und starke Gesundheit«.[26]

Eine gute Stillbeziehung war mehr als nur wünschenswert. Sie war lebenswichtig. In einer Zeit, in der die Säuglingssterberate kaum 25% unterschritt und in schlechten Zeiten oft 75% erreichte, hing das Leben eines Neugeborenen am seidenen Faden. Und diese Tatsache war im Bewußtsein der Menschen lebendig.[27] Man konnte keineswegs davon ausgehen, daß ein Kind – auch wenn kein außergewöhnlicher Unglücksfall eintrat – mit einiger Wahrscheinlichkeit das erste Lebensjahr überleben würde; vielmehr war dies eine Errungenschaft, die – wenn überhaupt – nur durch vereinte und nicht nachlassende Bemühungen erreicht werden konnte. Und wenn es gelang, eine befriedigende Stillbeziehung herzustellen, war die Hauptsache getan.[28]

Die ersten Anzeichen eines drohenden Mißerfolgs waren bekannt: das Syndrom des kindlichen Wundscheuerns, das wir als Morasmus kennen, stellte Héroard bei seinem kleinen Patienten im Alter von zehn Wochen fest. Louis war es noch nicht gelungen, eine befriedigende Stillbeziehung zu formen, und sein Arzt beobachtete: »Jeder konnte sehen, daß sein Körper nicht genährt wurde: seine Brustmuskeln waren schlaff und die große Falte um seinen Hals bestand nur aus Haut.«[29] Ein anderer Prinz hatte ein ähnliches Problem. Die verwitwete Herzogin von Orléans schrieb: »Ich finde meinen Enkel so zart, daß ich nicht glauben kann, daß er lange überleben wird. Er ist wohl groß für sein Alter, aber sein ganzer Organismus ist schwach und zerbrechlich.«[30] Zuweilen glaubte man, daß Kinder, die nicht gediehen, die Früchte einer Besamung durch den Teufel seien. Aus einer solchen Paarung, meinte Uvier, gehen schwache Kinder hervor, die kleiner als andere sind und die drei Ammen auszehren, ohne dicker zu werden, und die schreien, wenn man sich mit ihnen beschäftigt.[31]

Da das Stillen durch die Mutter am ehesten eine befriedigende Stillbeziehung gewährleistete, kam es oft vor, daß ein bourgeoiser Vater in seinem Testament die Erbberechtigung seiner Frau davon abhängig machte, daß sie ihren Sohn so lange wie möglich selbst stillte.[32] Die *livres de raison* führen eine Vielzahl von Notlösungen an, die bei mütterlichem Versagen in Anspruch genommen wurden. Ein Vater der Froissard-Boissia-Familie berichtete, daß ein ihm im Oktober geborener Sohn gemeinschaftlich von der Mutter und einer Hausangestellten bis zum darauffolgenden Juli gestillt wurde; als die Mutter sich fiebrig fühlte und wieder schwanger war, »hörte sie auf, ihr Baby zu stillen« und gab ihn außer Haus zu zwei Ammen. Später, während eines heißen Augusts erkrankten diese Frauen, so daß das Kind wieder nach Hause geholt werden mußte und einer »einzigen Amme« anvertraut wurde.[33] Offenbar hat dieses Kind die vielen Wechsel überlebt. Berichte dieser Art beschreiben gewöhnlich die Praktiken wohlhabender, sich schnell vergrößernder Familien. Je größer die Zahl der Kinder war, desto geringer schien die Wahrscheinlichkeit, daß die Mutter, belastet durch die entsprechend schwieriger werdende Betreuung der Familie, auch die Neuankömmlinge noch selbst stillen konnte.

In manchen Fällen vertraten die Mediziner die Ansicht, daß Stillen durch die biologische Mutter nicht angezeigt sei. Das beste Alter für eine Amme lag zwischen 25 und 30 Jahren. Daneben bestand jedoch die Auffassung, das beste Alter für eine Frau, kräftigen männlichen Nachwuchs zu gebären, liege zwischen 17 und 25 Jahren.[34] Optimale Zeugungs- und Stillbedingungen waren also nicht vereinbar. Diese Inkongruität dürfte jedoch kaum ein Problem für die ärmeren Stände gewesen sein, in denen ein späteres Heiratsalter für Frauen als in der Bourgeoisie und Aristokratie üblich war. Obwohl die Praxis, Ammen zu beschäftigen, sich im Laufe des Jahrhunderts in allen Gesellschaftsschichten – von der höchsten über die Mittelstände bis hin zu der arbeitenden Schicht – verbreitete,[35] richteten sich die meisten medizinischen Ratschläge hinsichtlich geliehener Ammen an eine ausgesuchte Minorität der Bevölkerung. In ländlichen Gegenden und in allen anderen – außer den sehr wohlhabenden – Schichten wurden die Säuglinge, die überlebten, in den allermeisten Fällen immer noch von ihren leiblichen Müttern gestillt.[36]

Auch variierten die medizinischen Ratschläge über Stilltechniken von Schicht zu Schicht; es ist jedoch zweifelhaft, ob die Kinderheilkundler je mit den unteren sozialen Schichten in Berührung kamen. Für aristokratische Frauen, die als »zart« galten, war es ratsam, den Säugling erst an die Brust zu legen, wenn nach der Geburt ein Zeitraum von einigen Tagen bis zu mehreren Wochen verstrichen war.[37] Mehr als einer dieser Autoren behauptete, daß die Milch einer gerade Mutter gewordenen Frau einem hochwohlgeborenen Kind nicht bekömmlich sei. Für wohlhabende Eltern war dies kein Problem: man konnte davon ausgehen, daß Ersatzammen zur Verfügung standen. Der Mutter wurde große Aufmerksamkeit geschenkt. Um Unbehaglichkeitsgefühle zu vermeiden, wenn sich die Milch in ihrer Brust angestaut hatte, legte sie kleine Hunde (die immer zur Hand waren) an ihre Brüste oder man entzog ihr die Milch mittels eines Strohhalms und fing sie in einem Gefäß auf.[38] Man dachte, daß Cholesterin für Kinder dieser Schicht schädlich sei. Bei der großen Sorge um die Offenhaltung der Schleimbahnen des Kindes befürchtete man wohl, daß visköse Substanzen Schaden anrichten würden.[39] Einige Ratgeber bemerkten, daß solch feine Unterscheidungen bei den Armen nicht gemacht werden könnten: »Es haben aber gute arme Leutlein zum öfftern die Mittel nicht, sich sowol zu versehen, und seynd solche Mütter gehalten, ihre Kinder selbst gleich den ersten Tag anzulegen«[40], sagte Mauriceau. Die Gräfin des großen Anwesens von Baux-le-Vicomte schrieb, »was die Armen betrifft – sie wissen nicht, was es heißt, eine Diät zu befolgen, da sie alles essen müssen, was sie haben«.[41]

Ein häufiges Hindernis beim Stillen war die Membrane unterhalb der Zunge. Die Tatsache, daß während des ganzen Jahrhunderts die Notwendigkeit, dieses *filet* zu beschneiden, von den Ärzten nicht in Frage gestellt wurde, verlieh dieser Praxis etwas von einem Ritual. Scévole de Sainte-Marthe, der »Dr. Spock« des späten sechzehnten Jahrhunderts, schrieb, daß man die Zunge, wenn sie zurückgelegt sei, so als sei sie festgebunden, einschneiden müsse.[42] Einer der anerkanntesten Geburtshelfer des frühen achtzehnten Jahrhunderts stimmte ihm zu.[43] Héroard schrieb über seinen einen Tag alten Patienten: »Als wir sahen, daß er Schwierigkeiten beim Saugen hatte, sahen wir in seinen Mund. Wir stellten fest, daß die Membrane unter der Zunge die Ursache war. Um fünf Uhr abends wurde sie von dem Chirurgen des Königs, M. Guillemeau, an drei Stellen eingeschnitten.«[44] Die »Befreiung« der Zunge geschah oft durch einen Schnitt mit den Fingernägeln der Amme, wenn es sich um weniger erhabene Säuglinge handelte, obwohl die Chirurgen empfahlen, einen Arzt hinzuzuziehen.[45] In den Saugbewegungen selbst sah man kein angeborenes Bedürfnis des Kindes, sondern eher eine »chemische« Funktion: »durch die Bewegung, die das Saugen im Kiefer verursacht, öffnen sich die Speichelgefäße«. Und der so mit der Nahrung vermischte Speichel unterstützt die Verdauung »wunderbar«.[46]

Ratschläge, wann die Säuglinge zu füttern seien, sind fast nirgends in der vorhandenen Literatur zu finden. Wann immer der Säugling ein Zeichen des Unbehagens äußerte, war es am naheliegendsten, ihn an die Brust zu legen; man konnte sich offenbar nicht vorstellen, daß ein Säugling oder seine Amme sich nach einem Plan richteten.[47] Die medizinischen Ratschläge zielten darauf ab, die Kunst, eine gute Beziehung zwischen Säugling und Amme herzustellen, zu lehren – in Anbetracht der extremen Gefährdung des Säuglings ein schwieriges und wichtiges Unterfangen. Die meisten Frauen mußten sich dabei auf sich selbst verlassen. Der Autor eines Lehrbuches für deutschsprachige Elsässer, Daniel Martin, läßt eine seiner Figuren, eine Straßburgische Hausfrau, sagen:

Meine arme Cousine tut mir leid, wenn sie dieselben Schwierigkeiten wie ihre Schwester hat, ihr Kind zu stillen. Deren Brüste waren hart wie Stein, entzündet und zerrissen. Wenn das Kind saugte, hatte sie furchtbare Schmerzen und das reine Blut strömte heraus. Sie mußte es entwöhnen und ihm Wasser in einer Saugflasche (tuterolle) mit aufgelösten manus-Christ-Tabletten geben.[48]

Diese Frauen müssen gewußt haben, daß künstliche Nahrung den sicheren Tod für einen Säugling bedeutete. Die Ärzte warnten davor, zu früh Brei oder *bouilie* – wenn auch nur als Ergänzung – zu füttern: »Die unvernünftigen Thiere geben uns zu verstehen,

daß die Milch allein genug, ein Kind zu ernehren.«[49] Etwas anderes als menschliche Milch kam nur für kräftige Kinder, die schon entwöhnt werden konnten, in Betracht.[50]
Da die Funktionen der Amme so außerordentlich wichtig waren, hatte sie eine geachtete Stellung inne. Der menschlichen Milch wurden quasi-magische Eigenschaften zugeschrieben;[51] und die Produzenten dieser unersetzlichen Substanz kamen in den Genuß der Ehrerbietung, die dem Produkt entgegengebracht wurde. Von weiblichen Heiligen wurde oft berichtet, daß sie ihre Säuglinge bis zum Schluß selbst gestillt hatten.[52] Die Dankbarkeit gegenüber den Ammen entsprach der Wichtigkeit ihrer Dienste. Obwohl Mme. de la Guette selbst, wie sie berichtet, eine glückliche Ehe und Mutterschaft hatte, »liebte sie ihre Mutter mehr als ihr Leben«. Als ihre Mutter starb, hatte sie den bizarren Wunsch, deren Kopf im Zimmer zu behalten, »um sie jederzeit sehen zu können«.[53] Wenn die Amme nicht die eigene Mutter war, wurde diese Wertschätzung weitgehend auf sie übertragen. Coustel erzählt von einem Sohn, der als Erwachsener heimkehrt und seine Amme mit Geschenken überschüttet. An seine »richtige« Mutter richtete er die folgenden Worte:

> Ich zeige der Frau die größte Zuneigung und Dankbarkeit, der ich am meisten schulde. Als die Zeit Deiner Niederkunft kam, entledigtest Du Dich meiner wie einer unbequemen Last ... wohingegen meine Amme mich ohne Unterlaß liebkoste und mich zwei Jahre lang mit ihrer eigenen Milch nährte. Ihre Pflege und Sorge machten den starken und vitalen Mann aus mir, der jetzt vor Dir steht.[54]

Dies ist zwar eine »Geschichte mit Moral«, aber sie fußte in der Realität. Durch ihre große Bedeutung nahm die Amme an der Achtung, die der Mutter entgegengebracht wurde, teil. Mme. de Duplessis-Mornay vermerkte in einem Gedenkbuch für ihren Gatten dessen Geburtsort, seine adligen Eltern, Großeltern, Tanten und Onkel und »Dame de Morvillier, seine Amme, die ich nicht vergessen möchte ... eine Frau von herzlichem Wesen (doulce humeur)«.[55] Die Tatsache, daß Amme und leibliche Mutter die Ehren der Mutterschaft teilten, äußert sich in vielen Gemälden dieser Zeit, auf denen beide Seite an Seite oder in harmonischen Posen gezeigt werden.[56]
Mit Fortschreiten des Jahrhunderts stiegen die Preise für Ammen ständig an. Eine ideale Amme wurde zu einem Juwel, den man kaum bezahlen konnte. Als Mme. de Sévigne endlich eine gute

Amme für ihre Enkelin gefunden hatte, mußte sie um des Wohls des Kindes willen die erniedrigendsten Forderungen von seiten des Ehemanns der Amme in Kauf nehmen.⁵⁷ Die *Livres de raison* erzählen, daß Ammen, die ein Kind erfolgreich durch das Säuglingsstadium gebracht hatten, auch für nachfolgende Kinder beansprucht wurden. In reichen Familien wurden Ammen feste Mitglieder des Haushalts, wenn sie ihre Nährfunktionen gut erfüllt hatten. Die Amme Louis XIII. war während seiner Hochzeitsnacht zugegen. Als kleiner Junge hatte er viele Frauen – auch seine Amme – ›Mama‹ genannt,⁵⁸ aber es fiel ihm schwer, einer anderen Person als seiner Amme Zärtlichkeiten zu zeigen. Héroard hat die folgenden Gefühlsäußerungen des vierjährigen Prinzen festgehalten:

Er hörte, wie sich seine Amme darüber beschwerte, daß man ihre Freundinnen, die gekommen waren um den Prinzen zu sehen, weggeschickt hatte; er fing an zu schreien und sagte, »Ich will, daß sie zurückgeholt werden.« Während des Essens hatte er seine Schuhe ausgezogen, seine Amme wollte sie ihm wieder anziehen. »Nein, Mama Doun-doun, ich will nicht, daß Sie mir die Schuhe anziehen müssen.« »Warum nicht, Monsieur?« »Weil Sie mich genährt haben (m'avez donné a téter) als ich klein war.«⁵⁹

Umgang mit dem Kind: Kleidung, Körperpflege, Reinlichkeitserziehung

Im siebzehnten Jahrhundert wurden die Wickeltechniken in Europa weitgehend nach demselben Muster gehandhabt; es hat jedoch unzählige lokale Varianten gegeben. So kann man auch Daniel Martins Bericht über die erforderliche Aussteuer nicht als repräsentativ für ganz Frankreich ansehen. Er berichtet, wie einer seiner Straßburger sagt, daß alles für die Ankunft des Babys gerichtet sei: ». . . die Matratzen sind mit Stroh gefüllt . . . Kissen, Windeln *(maillots)* und die *bandeletten* mit dem *cercle*«.⁶⁰ Das letztere waren feste Bandagen für den Kopf des Kindes, die durch einen Ring von Tüchern zusammengehalten wurden; das Ganze erinnert an die Kopfbedeckung eines heutigen Scheichs, die unter dem Kinn gebunden ist. Georges de la Tours rührende Kinderporträts zeigen vermutlich die Wickelpraktiken im benachbarten Lothringen.⁶¹

Beim Wickeln des Säuglings wurde dem Kopf besondere Aufmerksamkeit geschenkt. Aber auch hier scheint es verschiedene Praktiken gegeben zu haben. Louise Bourgeois verurteilte die Sitte, den Kopf des Säuglings sehr fest zu binden, damit er lang und schmal würde. Vielleicht war diese Wickelart nur in der französischen Hauptstadt und Umgebung gebräuchlich, denn sie kritisiert die »*bandeletten,* die ihre Köpfe lang machen und an denen jedermann sie als Pariser Kinder erkennen kann«.[62] Mancherorts wurde ein Brett als zusätzliche Stütze in die Windeln eingebunden, das hinter Kopf und Hals des Neugeborenen entlangführte.[63] Martin hat in seine Liste das *béguin* nicht aufgenommen; dies war eine zusätzliche Kopfbekleidung, die aus mehreren Lagen Stoff bestand und unter den übrigen Tüchern den Kopf des Kindes wie ein Kranz umschloß. Es wurde wahrscheinlich benutzt, weil die Fontenelle (die noch nicht ganz zugewachsene Hirnschale) als besonders leicht verletzbar galt. Ein Vater der Familie Froissard-Boissia schrieb den Tod seines zwei Monate alten Sohnes einer Erkältung des Gehirns zu, da bei der Geburt »sein Gehirn sehr offen« gewesen sei. Außerdem, fügte er hinzu, sei »nicht genügend dafür Sorge getragen worden, ihn warmzuhalten, so daß die Kälte in besagte Öffnung eindringen konnte«.[64] Ein Arzt empfahl kleine Pelzkappen als Schutz gegen Temperaturschwankungen, die möglicherweise das Gehirn affizieren könnten.[65]

Aus den Diskussionen jener Zeit werden drei gewichtige Gründe für das Wickeln ersichtlich: Einmal mußte man sichergehen, daß das Kind die menschliche Körperhaltung erlernte. Wenn die Arme des Säuglings nicht fest seitlich am Körper festgebunden und seine Beine nicht gerichtet und gestreckt würden, könnte es geschehen, daß »es sonsten auf vier Pfoten daher kröche, wie der mehrere Theil unvernünfftiger Thiere«.[66] Bei der Neigung des schlafenden Säuglings, wieder die fötale Lage einzunehmen, war das Wickeln eine Erziehungsmethode, die darauf abzielte, einen Rückfall des Kindes in seine »Natur« zu verhindern, nämlich die Regression in ein eher animalisches Stadium.

In den höheren Gesellschaftsschichten galt der aufrechten Haltung der Mädchen übertriebene Sorge; man dachte, daß deren Körper besonders leicht aus der Form kämen. Marie de Medicis schrieb 1609 einen Brief an ihre siebenjährige Tochter, in dem sie das Kind ermahnte, nicht zu viel zu reiten, »weil es auf die Dauer gesehen Deine Figur *(taille)* verderben könnte«.[67] Das *corps,* ein

Korsett aus zu Stäben verarbeiteten Walfischknochen, wurde bei jungen Mädchen (und manchmal auch Knaben) verwandt, um »die *taille* zu stützen und deren Verformung zu verhindern«. Gegen Ende der von uns betrachteten Periode verglich Buffon die Korsettvorrichtungen mit den Wickelbandagen und verurteilte beide Praktiken.[68] Dieses *corps* soll von Catherine de Medicis in der zweiten Hälfte des sechzehnten Jahrhunderts eingeführt worden sein.[69] Seine weite Verbreitung zeugt von der Überzeugung, daß die aufrechte Haltung (zumindest bei Frauen) nur durch planvolles Handeln erreicht werden konnte.

Ein zweiter Grund für das Wickeln war die Schwachheit des Neugeborenen. Wegen dieser Fragilität und der noch nicht erreichten motorischen Kontrolle befürchtete man, daß der Säugling sich bei seinen unkontrollierten Bewegungen die Glieder ausrenken würde. Solange der Säugling seine Bewegungen noch nicht koordinieren konnte, hielt man das Wickeln für einen notwendigen Schutz. Man glaubte, er könne sich selbst Schaden zufügen, ehe er seinen Kopf allein hoch halten und die Bewegungen seiner Arme und Beine kontrollieren konnte.[70]

Der dritte Grund für das Wickeln war prosaisch und wurde meist überhaupt nicht erwähnt, nämlich der Einfluß des Wetters. Das Klima in Frankreich erforderte es meistens, daß die Kinder warm eingewickelt wurden. Im Winter durfte ein Säugling nur in der Nähe des Feuers aufgewickelt und gewaschen werden, ohne daß man dabei in allzu großer Hast sein mußte.

Man kann davon ausgehen, daß das Wickeln kaum länger als unbedingt notwendig hinausgezögert wurde, denn es bedeutete einen großen Aufwand an Zeit und menschlicher Anstrengung.[71] So wurde das Wickeln beendet, sobald man meinte, es verantworten zu können. Guillemeau nimmt an, daß die Arme um den 20. oder 30. Tag nicht mehr gewickelt wurden.[72] Andere berichten, das Wickeln würde bis zum neunten Monat oder noch länger fortgesetzt.[73] Es wird aber nicht ganz deutlich, ob bei letzterem das totale Einwickeln gemeint ist. Auf vielen Gemälden sind sehr kleine Säuglinge zu sehen, deren Arme nicht eingewickelt sind.[74] Ein oft reproduziertes Gemälde der sieben Kinder von M. de Montmort zeigt u. a. ein acht Monate altes Baby, das mit einer normalen lockeren Haube und dem Kleid eines älteren Kindes aufrecht am Tisch sitzt.[75]

Ungefähr ab dem vierten Monat ließ man das Kind während der

Tagesstunden allmählich immer öfter ungewickelt. In der Nacht hielten die Tücher einen älteren Säugling nicht nur warm, sondern erleichterten es auch, ihn sicher in seiner Wiege festzubinden, so daß er sich beim Schaukeln nichts anhaben konnte. In zeitgenössischen Ratschlägen werden die Ammen ermahnt, sich ihrer Pflicht, das Kind zu nähren und sauber zu halten, nicht dadurch zu entziehen, daß sie es heftig schaukeln, um es zu beruhigen – eine Praxis, die nur vorstellbar ist, wenn das Kind zu einem festen Bündel gewickelt ist.[76]

Es gab mehrere Gründe, warum man den Säugling so schnell wie möglich aus den Windeln *(maillots)* haben wollte. Zum einen brachte das Wickeln Wäscheprobleme mit sich. Nicht nur die *langes* (die Wickelbänder), sondern auch die *couches* (die Tücher für darunter) mußten bei der Wäsche gekocht und dann getrocknet werden.[77] Zum anderen war das Sauberhalten des Säuglings selbst ein noch weit schwierigeres Unterfangen als die Reinigung der Tücher. Mauriceau empfahl, alle Windeln zwei- oder dreimal am Tag – und auch in der Nacht – zu erneuern.[78] Nur die oberen Klassen (die sich nach Mauriceaus Empfehlungen richteten) konnten sich diesen Aufwand leisten.

Seife wurde zur Reinigung der Säuglingswäsche verwandt, aber nicht für die Säuglinge selbst; sie wurden mit Essig- oder Weinlösungen gewaschen, manchmal auch mit Rosenwasseröl. Diese Lösungen waren ein wirksamerer Schutz als Seife gegen durch übermäßigen Alkalingehalt der Haut verursachte Ausschläge. Wein wurde als ein natürliches Antiseptikum und Allheilmittel für Kinderkrankheiten verwandt; es wurde von Geburt an innerlich wie äußerlich angewandt.

Trotz größter Vorsichtsmaßnahmen bekamen auch die wohlbehütetsten Babys oft schlimme Ausschläge. Als Säugling war Louis XIII. fast nie frei davon gewesen.[79] Auch seinen Sohn, den späteren Louis XIV., befielen häßliche Hautausschläge und Grinde *(crasses und gâle)*. Die Ausschläge waren so auffällig, daß seine besorgten Eltern beruhigt werden mußten; man sagte ihnen, daß der König selbst ein ähnliches Leiden gehabt habe – eine Tatsache, die Héroard seinerzeit sorgfältig aufgezeichnet hatte.[80] Andere durch das Wickeln verursachte Unannehmlichkeiten waren Wundsein und Hautabschürfungen (dem man mit zusätzlichen Polstern zwischen Gliedern und Körper unter dem *maillot* entgegenzuwirken versuchte), Flöhe und störende Feststecknadeln.[81]

Wenn der Säugling aus den *langes* herauskam und Kontrolle über seine Muskeln gewann, konnte er selbständig defäkieren und urinieren. Die Techniken, die die Erwachsenen bei der Reinlichkeitserziehung ihrer Kinder anwandten sind selten aufgezeichnet worden. Ob ein Kind frühzeitig an den Topf gewöhnt wurde oder nicht und mit welchem Nachdruck hierbei Fügsamkeit gefordert wurde, hing wahrscheinlich zum Teil von dem Status und der Größe der Familie und zum Teil von der Jahreszeit ab. Die Gewöhnung an den Topf erforderte einen beträchtlichen Zeit- und Kraftaufwand. Die königliche Familie hatte überaus viele Töpfe und »Stühlchen«: spätestens ab dem sechzehnten Monat saß der Dauphin stundenlang auf einem solchen *»petit séant«;* dabei waren seine Spielzeuge vor ihm auf einem Tisch ausgebreitet.[82] Wenn es das Klima erlaubte, verschafften sich auch die königlichen Kinder im Hof oder Garten Erleichterung. Im Winter verwandte man wahrscheinlich größere Mühe darauf, Kot und Urin in Gefäßen aufzufangen. Es gibt jedoch Anzeichen dafür, daß zwischen »innen« und »außen« kein großer Unterschied gemacht wurde. Auch die Haustiere bewegten sich frei zwischen Hof- und Wohnräumen. Bei den Wohlhabenden fanden die Freiluftkörperübungen auf überdachten Balkonen statt, wenn das Wetter es nicht erlaubte, ins Freie zu gehen. Tennis, Shuffleboard und andere sportliche Spiele wurden in Korridoren und Hallen der Paläste und Schlösser gespielt. Wenn man liest, wie Höflinge in irgendwelche Ecken des Hauses oder der Treppen defäkierten und urinierten, muß man berücksichtigen, daß für damalige Begriffe »im Haus« und »im Freien« nicht so gegensätzlich waren wie für uns heute.
In den unteren sozialen Ständen und besonders in ländlichen Gegenden Frankreichs, findet man auch heute noch Verhaltensweisen, die Analogien zu denen des siebzehnten Jahrhunderts aufweisen. Betrachten wir folgenden modernen Bericht:

Das Kind läuft normalerweise ohne Unterhosen herum, um Wäsche zu sparen. Diese Lösung ist in ländlichen Gegenden üblich – sie erspart der Mutter viel Arbeit.[83]

Gemälde und Statuen zeigen, wie vor dreihundert Jahren dieselbe Praxis herrschte.[84]
Wie stark konzentrierte sich die elterliche Aufmerksamkeit auf die Reinlichkeitserziehung ihrer Kinder? Unglücklicherweise

scheint in diesem Punkt ein so allgemeiner Konsens geherrscht zu haben, daß nirgendwo darüber diskutiert wurde. Es wäre jedoch falsch, von einem Desinteresse an der Frage, *wo* die Exkremente hinterlassen wurden, auf ein Desinteresse an der Frage, *ob* sich bei dem Kind eine Kontrolle der Darmentleerung entwickelte, zu schließen. Die Sorglosigkeit hinsichtlich des Ortes läßt sich durchaus mit einer Reinlichkeitserziehung vereinbaren. Man erwartete, daß diese bis zu dem Zeitpunkt Erfolg gezeigt haben sollte, an dem das Kind von seiner Wiege in ein normales Bett überwechselte – das es in den meisten Fällen mit Erwachsenen oder anderen Kindern teilte. Der Dauphin bekam im Alter von 2½ Jahren ein eigenes Bett. Als er den großen Schritt von der Wiege zum Bett machte, hatte er bereits seit einiger Zeit gelernt, den Topf zu benutzen. In der ersten Nacht jedoch war er sehr verstört darüber, daß er im Schlaf uriniert hatte. »Ich habe mein schönes Bett verdorben«, weinte er.[85] Sechs Monate später, als er wieder das Bett einnäßte, projizierte er die Verantwortung: »Neptun hat gepißt«, rief er. (»Neptun« war ein Teil der Fontänenanlagen im Schloß.)[86]

Die Erwachsenen verhielten sich souverän und nachsichtig, wenn Louis ins Bett machte. Aber wir können wohl unterstellen, daß dieses »Vergehen« bei weniger mächtigen Kindern nicht so wohlgesonnen aufgenommen wurde. Mehr als eine medizinische Arbeit warnt vor zu strenger Bestrafung bei Bettnässen, da sonst das Kind einen Faden um seinen Penis binden würde, um »Unfälle« zu vermeiden.[87]

Die medizinischen Autoritäten waren sich nicht darüber einig, ob es notwendig sei, die Darmentleerung herbeizuführen. Mauriceau rät, das Mekonium zu öffnen; Guillemeau will Suppositorien nur bei kranken Kindern angewandt wissen;[88] Dionis verurteilt die leichtfertige Anwendung solcher Praktiken. Er schreibt: »Ich bedaure die unglücklichen Babys, die Leuten in die Hände fallen, die sie in solch zartem Alter solchen Kuren aussetzen und es zwingen, sich ihnen zu unterwerfen, ohne daß Anlaß hierzu gegeben wäre.«[89] Aber diese aufgeklärten Worte – die bezeichnenderweise erst zu Ende des Jahrhunderts laut wurden – lassen vermuten, daß die Anwendung von Suppositorien weit verbreitet war.

Sicherlich war der Fall Louis XIII. in vieler Hinsicht eine Ausnahme, aber die durch ihn vermittelten Informationen über frühe

anale Erfahrungen sind doch aufschlußreich. Als Säugling wurden ihm ständig auf Héroards Anweisungen hin Suppositorien gegeben. Der Kampf zwischen diesem Kind und seinem Arzt um seine Enddarmprodukte war besonders intensiv. Im Alter von drei Jahren wurden ihm immer stärkere Abführmittel verordnet. Das Kind fürchtete sich entsetzlich vor einem schrecklichen schwarzen Mittel und war sehr erleichtert, als ihm gesagt wurde, er könne ein milderes, helles Präparat nehmen.[90]
Solche Kuren wurden jedoch nicht allein mit Louis XIII. veranstaltet. Marie de Medicis berichtet von ihrem dritten Sohn, Gaston, daß »fünf oder sechs Leute nötig waren, um ihn festzuhalten«, während ihm seine Medizin eingeflößt wurde, denn »weder auf meine Bitten noch Befehle, Versprechungen und Drohungen hin«, war er bereit, zu kooperieren.[91]
Klistiere wurden im königlichen Haushalt oft angewandt. Diese Praxis rief bei Louis XIII. viele Ängste hervor. Im Alter von elf betete er oft, ehe ihm ein Klistier gegeben wurde, »es möge ihm keinen Schaden antun«.[92] Offensichtlich war es in den oberen Klassen weitverbreitet, Klistiere in Form von Spritzen zu verabreichen. Zu Jean-Jacques Bouchards (um 1610) Kindheitserfahrungen gehört folgendes Erlebnis:

> Er war kaum acht Jahre alt, als er anfing, auf kleine Mädchen zu klettern . . . Statt kleine Stöckchen in ihre Afteröffnungen zu stecken, wie Kinder spielen, daß sie sich gegenseitig Klistiere einführen, pimmelte er sie lustvoll, ohne zu wissen, was er tat.[93]

In Louis' Geschichte finden sich eine Reihe von Gesprächen und nächtlichen Ängsten, die zeigen, wie stark ihn seine Analkontrolle beschäftigte. Einmal wachte der vierjährige Prinz auf und dachte, er hätte sein Nachthemd beschmutzt. »War es seine Phantasie?«, fragt Héroard, »es war nichts zu sehen.«[94] Mit sieben Jahren zeigt der Dauphin differenziertere Verhaltensweisen. Während eines Besuchs bei seinem Vater, weigerte er sich trotz seines dringenden Bedürfnisses, des Königs *chaise percée* zu benutzen. Nach der Rückkehr in seine eigenen Gemächer schenkten er und Héroard seinem beschmutzten Hemd große Aufmerksamkeit. Héroard notierte, daß »er einen kleinen diarrhöischen Fleck auf sein Hemd gemacht hatte«.[95]

Laufen und andere motorische Fähigkeiten

Heute ist allgemein bekannt, daß die wachsende Kontrolle des Kindes über seine inneren Organe mit seiner wachsenden motorischen Kontrolle einhergeht. Dieser Zusammenhang war den Erwachsenen im Frankreich des siebzehnten Jahrhunderts keineswegs deutlich. Die Entwicklung der motorischen Kontrolle wurde nicht als selbstverständlich oder als »natürlich« angesehen. So wie der Säugling gewickelt wurde, um seine Entwicklung zu einem aufrechten Zweifüßler zu fördern, so wurden zielgerichtete Übungen veranstaltet, um die Art seines Laufens zu kontrollieren und zu beeinflussen.

Mit Hilfe vieler Diener ließ man Louis laufen, ehe er es selbst konnte.[96] Wenn ein Kind diese Fertigkeit erworben hatte – im Falle des Dauphins um den zehnte Monat – wurden *lisières* (Gängelbänder) an seiner Kleidung befestigt. Diese sollten aber eher die Grenzen des erlaubten Freiraums abstecken, als es physisch einschränken. Sie wurden erst wieder entfernt, wenn für das Kind die Zeit genommen war, Erwachsenenkleidung zu tragen.[97]

Alice Ryerson hat auf einige Gründe aufmerksam gemacht, die dafür sprechen, daß die Kinder am Krabbeln gehindert wurden.[98] Aus den Porträts dieser Zeit erfahren wir, daß die Kinder nach Abschluß der Wickelphase durch verschiedene Mittel dazu gebracht wurden, aufrecht zu sitzen oder zu stehen. Kupferstiche zeigen Kinder in faßförmigen Korbgestellen – feststehende Ställchen, in denen Kinder, die noch nicht laufen konnten, in aufrechter Position gehalten wurden.[99] Le Nain porträtierte ärmere Familien, wo die Kinder auf der Erde zu Füßen der Älteren sitzen; die Porträtisten aristokratischer Kinder malten diese bezeichnenderweise immer aufrecht stehend.

In Anbetracht dieser auffallenden Restriktionen wollen wir uns die natürliche Umgebung der Kinder im siebzehnten Jahrhundert vor Augen führen. Oft waren die Fußböden voller Schmutz, manchmal mit Stroh bedeckt; tierische Exkremente lagen herum. In den Häusern der Wohlhabenden gab es kalte Steinfußböden. Für alle Gesellschaftsschichten galt jedoch, daß Tiere innerhalb oder außerhalb des Hauses nicht immer Haustiere waren, die man ohne Bedenken mit Säuglingen zusammenkommen lassen konnte. Trotz aller Vorsichtsmaßnahmen der Reichen, die offen-

sichtlich getroffen wurden, um zu verhindern, daß ihre Kinder mit dem Fußboden in Berührung kamen, passierte es oft, daß Würmer von den Tieren auf die Kinder übertragen wurden.[100] Die Allgegenwart von Haustieren und deren Exkrementen war ohne Zweifel dafür verantwortlich, daß die Kinder so häufig von diesen Parasiten befallen wurden.
Welche Gründe es auch sonst dafür gegeben haben mag, die Bewegungsfreiheit des Kindes einzuschränken, die Gefahr einer Infektion bei einem kleinen Kind wurde klar erkannt und lieferte ein zusätzliches Motiv, den Freiraum des Kindes abzugrenzen. Als einige der königlichen Kinder die Masern hatten, schrieb Marie de Medicis an Louis' Gouvernante, »ich meine, mein Sohn sollte unbedingt in dem neuen Gebäude untergebracht werden, und daß man unbedingt dafür Sorge tragen sollte, daß ihm niemand nahekommt, der die anderen Kinder versorgt.«[101] Im Falle ansteckender Krankheiten wurden die Kinder am Hof vollständig voneinander isoliert.

»Ausbrüten«: Die Entwöhnung und die Zeit danach

Den ersten Zahn nahm man gewöhnlich als ein Zeichen, daß dem Kind feste Nahrung gegeben werden konnte; und der letzte Milchzahn war das Signal, mit der Entwöhnung zu beginnen.[102] Das Hervorkommen jedes neuen Zahns wurde als ein ebenso schmerzvolles und bedeutendes Ereignis im Leben des Kindes angesehen wie die Entwöhnung. Héroard notierte das Erscheinen jedes einzelnen Zahns des Dauphins mit Nummern in seinem *Journal*. Wie die anderen Reifungsaspekte war auch das Hervorbringen der Zähne zum Teil das Resultat großer Anstrengungen. Mauriceau sprach davon, Zähne »knospen zu lassen«.[103] Ein Vater verglich in einem Brief an seine Frau deren Anstrengungen bei der Geburt mit der Arbeit ihrer kleinen Tochter beim Zähnekriegen: »Bringe dein Kleines so tapfer auf die Welt wie unsere Thérèse ihre Zähne vorwärtsbringt.«[104]
So hielt man es für angemessen, das Kind um den 24. Monat zu entwöhnen. Eine Mutter der Familie Mairot säugte ihren Sohn – den ersten, der das Säuglingsstadium überlebte – bis zum 18. Monat. Dann trennte sie ihn von ihrer Brust, aber er wurde so krank, daß man eine Amme für ihn holen mußte, die ihn vier

Monate lang nährte; danach brauchte er für drei weitere Monate noch eine andere Amme.[105]

Für das Kind war der Verlust der Brust durch die Entwöhnung gleichbedeutend mit dem Verlust eines Liebesobjekts. Sainte-Marthes' Beschreibung dieses Ereignisses scheint eine solche Interpretation zu bestätigen: Er schrieb, daß das Kind, wenn es entwöhnt wird, schreit »wie eine Braut, deren Bräutigam in den Krieg geschickt wird«.[106]

Der Zeitpunkt, der im siebzehnten Jahrhundert für die Entwöhnung gewählt wurde, läßt jedoch eine andere Interpretation plausibler erscheinen. Wenn die Mutter die Amme war oder wenn die Amme im Haus blieb – und dies waren die beiden Möglichkeiten, die für die große Mehrheit der französischen Kinder im siebzehnten Jahrhundert zutrafen – war das »wahre« Objekt, nämlich die Mutter, die das Kind gerade als von ihm getrennte Person wahrzunehmen beginnt, nicht verloren; und der »Ausbrüt«prozeß wurde auch noch nach der Entwöhnung fortgesetzt.[107] Welche Bedeutung die Entwöhnung auch für das Kind gehabt haben mag – sie wurde als Krise aufgefaßt. Manchmal umging man sie aus Angst, daß das Kind krank werden könnte; Marie des Medicis gab aus diesem Grund den Auftrag, die Entwöhnung ihrer Tochter aufzuschieben. Die Entscheidung war eine Staatsaffäre und wurde erst nach der Konsultation von drei Ärzten getroffen – »auf ihren Rat hin bin ich einverstanden ... bis Ostern [zu warten], wenn bis dahin nichts geschieht, was eine andere Entscheidung erfordert«, ließ sie durch ihre Sekretärin an die Gouvernante des Kindes schreiben.[108]

Héroards Tagebucheintrag vom 3. März 1605 berichtet von der Ausführung der königlichen Anordnung:

> Madame [die Prinzessin Elisabeth] wurde heute moren um acht Uhr entwöhnt. Sie trank an der Brust, dann sagte ihre Amme, »Madame, sie werden nicht mehr gestillt. Sie müssen entwöhnt werden.« Worauf [Elisabeth], während sie die Brüste an sich zog, entschlossen sagte, »Auf Wiedersehen, liebe Brust, ich werde jetzt nicht mehr saugen.« Und von diesem Augenblick an, äußerte sie nie mehr den Wunsch zu saugen.

Wäre Elisabeth weniger einsichtig gewesen, wären die von ihrem Bruder beobachteten Abschreckmittel zum Einsatz gekommen. Am selben Tag, berichtet Héroard, sah »Monsieur Dauphin den Senf in einer Untertasse, ging hinüber zu Madame und sagte mit

leiser Stimme zu ihr, ›siehst du den Senf da drüben – der ist für deine 'tétoun'‹«.[109]
Obwohl Guillemeau eine allmähliche Entwöhnung empfiehlt und rät, das nächtliche Stillen noch lange beizubehalten, wird aus vielen medizinischen Schriften des siebzehnten Jahrhunderts deutlich, daß die Säuglinge abrupt entwöhnt wurden.[110] Die Trennung von der Brust wurde erreicht, indem man die Brustwarzen mit Senf, Aloe oder anderen übelschmeckenden Substanzen bestrich. Danach wurde die Brust nicht mehr angeboten. Louis war wie seine Schwester jäh entwöhnt worden. Bei ihm waren aber Abschreckungsmittel zur Unterstützung nötig gewesen.[111]
In den unteren Klassen war die Stillzeit wesentlich länger – es sei denn, die Mutter war erneut schwanger geworden – und wurde wahrscheinlich auch allmählicher beendet. Joubert sagt von den Armen: »Solange Milch da ist, wird sie gegeben – bis zum letzten Tropfen.«[112] Wahrscheinlich haben diese gegensätzlichen Praktiken der Ober- und Unterschichten bedeutende Auswirkungen gehabt, und es wäre sicherlich aufschlußreich, hier weiterzuforschen.
Wenn die Entwöhnung vollzogen war, wurde sorgsam beobachtet, wie der Entzug der Hauptnahrung sich für das Kind auswirkte. Marie de Medicis schrieb kurz nach Louis' Entwöhnung an seine Gouvernante: »Ich wäre dankbar, wenn ich oft über den Gesundheitszustand meines Sohnes informiert würde, nachdem ihm die Milch entzogen wurde.«[113] Bei manchen Kindern traten Ernährungsprobleme auf, nachdem die Zufuhr menschlicher Milch abgeschnitten war. Guillemeau beschreibt Fälle von aufgeblähtem Unterleib – ein Symptom für schlechte Ernährung des Kindes.[114]

Angst, Scham, Schuld und Strafe

Mit der Entwöhnung wurde das Kind auch noch in anderer Hinsicht verletzlich: es konnte jetzt körperlich bestraft werden. Die traditionelle Form körperlicher Züchtigung – zumindest bei Jungen – ist auf den vielen noch vorhandenen Kinderkarikaturen illustriert: die Hände wurden über den Schultern einer anderen Person festgehalten, während eine dritte Person die nackten oder bedeckten Hinterbacken mit *verges* (einem an einen Griff gebundenen Gertenbündel) »behandelt«.¹¹⁵ Ohne Zweifel waren auch andere aus bestimmten Situationen heraus improvisierte und auch gewaltsamere Methoden gebräuchlich. Elisabeth Charlotte, die Herzogin von Orléans, eine Frau, die für ihren gesunden und praktischen Menschenverstand bekannt war, deutet soviel an:

In meinem ganzen Leben habe ich meinem Sohn keinen einzigen Schlag *(soufflet)* versetzt, aber ich habe ihm die Peitsche verordnet, wie es sich gehört. Schläge sind gefährlich; sie schaden dem Kopf.¹¹⁶

Die rustikale Erziehung Heinrichs IV. folgte der »Schon die Rute – und du verwöhnst das Kind«-Tradition. Seinem Sohn, dem Dauphin, verordnete er oft die Peitsche und war sich nicht zu fein, persönlich Schläge *(soufflets)* auszuteilen. Aber die Mutter des Kindes widerrief die Befehle des Königs, wann immer sie konnte – gelegentlich sogar heimlich – und vertrat die Position, die Peitsche sei die letzte Zuflucht, die nur das Versagen der für die Erziehung Verantwortlichen ausdrücke. Sie schrieb, die Peitsche dürfe nur mit solcher Umsicht gehandhabt werden, die sicherstellt, daß der Zorn, den er [der Dauphin] danach fühlt, ihn nicht krank macht.¹¹⁷

Marie de Medicis nahm den »modernen« Standpunkt ein, daß, wenn man mit Zwang versuche, die Kinder fügsam zu machen, das Gegenteil erreicht würde. »Mit Freundlichkeit erreicht man mehr als mit Strenge«, schrieb Jeanne Frémyot, die führende Pädagogin, »man gewöhnt sich an *die* Art von Lärm, wie die Kinder sich an die Peitsche gewöhnen.«¹¹⁸ Ein anderer Heiliger des siebzehnten Jahrhunderts, Jean-Baptiste de la Salle, warnte auf ähnliche Weise: »Von allen Kränkungen«, schrieb er, »sind Schläge am verletzendsten; sie sind der Ausdruck wilden Zorns.«¹¹⁹ Nicht Unterdrückung, sondern Manipulation war der Schlüssel der neuen Strategie: mit Honig kann man mehr Fliegen fangen als mit Essig. Aber die Sanktionen, die den Erfolg der neuen Strategie sicherstellen sollten, waren oft die alten: z. B. das Operieren mit der Angst. Am Hof wurde viel Phantasie darauf verwandt, den eigensinnigen Louis XIII. zu kontrollieren, ohne für ihn als intervenierende Person erkennbar zu werden, was bei ihm einen für die Bediensteten gefährlichen Zorn hervorzurufen pflegte. Einige Figuren am Hof, vor denen das Kind sich ohnehin fürchtete, fungierten als Buhmänner. Einer war ein riesiger Steinmetz (der ohne Zweifel beachtliche Werkzeuge bei sich trug); ein anderer war ein einäugiger Kriegskollege des Königs (der *borgue*), durch den wahrscheinlich Kastrationsängste mobilisiert wurden.[120] Manchmal wurde die Kastrationsdrohung auch offen ausgesprochen: Louis' Amme mahnte ihn, er solle niemanden seinen Penis berühren lassen; er könne ihm sonst abgeschnitten werden.[121]

Es wurden auch andere, subtilere Formen der Manipulation durch Angst angewandt. Der Erzieher von Louis' kleinem Bruder Gaston trug Gerten an seinem Gürtel, »die aber nur sehr selten zum Einsatz kamen, denn wenn er [Gaston] aus der Rolle fiel, reichte meist ein bedeutungsvoller Blick oder ein Appell an seine Vernunft, um ihn zur Räson zu bringen.«[122] Ornano, ein überaus ergebener Mann, der 1619 Gastons Erziehung übernahm, veranstaltete folgendes Theater: er drohte seinem Schützling mit der Peitsche, dann ließ er seine Frau im Interesse des Jungen intervenieren, nachdem dieser ihr versprechen mußte, sich von nun an gut zu benehmen.[123]

Auch die Beschämung spielte eine große Rolle bei der Manipulation zur Konformität. Héroard formulierte den einleuchtenden Standpunkt:

Man muß sie mit Freundlichkeit und Geduld erziehen – nicht mit Strenge und Härte – Strafen verfehlen dann ihren Sinn, wenn die Angst vor ihnen größer ist als die ehrliche Scham, sich bloßgestellt zu haben.[124]

Die Praktiken, die in Port-Royal – einem Nonnenkloster mit Mädchenschule und Zentrum einer neuen puritanischen Moral – angewandt wurden, waren etwas vornehmer:

Man kann den kleinen und mittleren Kindern Plakate machen, die in großen Buchstaben ihre Fehler beschreiben, ein oder zwei Worte sind genug, so wie »faul«, »nachlässig«, »Lügner«.

Die älteren Kinder, führt Jacqueline Pascal weiter aus, könne man im allgemeinen dahin lenken, ihr Handeln unmittelbar von der Liebe zu Gott leiten zu lassen – außer bei seltenen Anlässen, wo es angebracht sei, ihnen so erniedrigende Bußen aufzuerlegen »wie es bei den jüngeren [Mädchen] gemacht wird, z. B. sie ohne Schleier gehen zu lassen oder die Gebete der Nonnen im Refektorium für sie zu erbitten«.[125] Ihre Mahnung, dafür Sorge zu tragen, daß »dies ihnen nicht schadet, indem es sie verbittert«, wurde von einem anderen Mitglied der katholischen Elite, Isaac Louis le

Maistre de Sacy unterstützt, der seine Leser auf seinen »Rat für die Führung der Kinder« verweist, nach dem die Liebe zu Gott eher von Freundlichkeit und Sanftmut als von Härte getragen sein sollte. Gebete und nicht die Peitsche seien das richtige Erziehungsmittel.[126]

Die Neubelebung des religiösen Asketismus übte einen mächtigen Einfluß auf die gebildeten Männer und Frauen im frühen siebzehnten Jahrhundert aus. Sie bewirkte, daß sich die Einstellung zur Erziehung der Kinder veränderte. Die Erziehungsmethoden zielten darauf ab, daß die bisher externen Sanktionen und Drohungen vom Kind selbst durch eine verinnerlichte Kontrollinstanz ersetzt wurden. Die neuen Taktiken waren eher dazu angetan, Schuldgefühle hervorzurufen, als zu beschämen. Dies forderte von den Erwachsenen eine noch nie dagewesene Wachheit gegenüber dem Verhalten der Kinder. Jacqueline Pascals stark puritanisches Regiment über die kleinen Mädchen in Port-Royal forderte in dieser Hinsicht so viel, daß sich ihr Verleger zu einem Vorwort mit einem »klugen und nützlichen« Vorbehalt genötigt sah, damit die Leser sich nicht verpflichtet fühlten, bei sich die gleichen Maßstäbe anzulegen.

Obwohl diese Anweisungen ... die tatsächliche Praxis in Port-Royal wiedergeben ... muß man doch einräumen, daß es für Außenstehende nicht immer leicht, und eventuell auch nicht ratsam ist, alles genau zu befolgen. Denn ... es ist nicht allen Kindern möglich ... ein so entbehrungsreiches *(tendu)* Leben zu führen, ohne in Depressionen *(abattement)* zu fallen ... und nicht allen Lehrerinnen gelingt es, eine so harte Disziplin zu fordern und gleichzeitig die Zuneigung und Liebe [der Kinder] zu gewinnen ...[127]

In Port-Royal wurden die kleinen Mädchen schon im Alter von vier Jahren nach einem Plan erzogen, der sich ganz darauf konzentrierte, ihr individuelles Gewissen in den Dienst Gottes zu stellen. Vom morgendlichen Erwachen an wurde jede Regel danach beurteilt, wie sie diesem Zwecke diene. Z. B. mußten Haarekämmen und Anziehen sehr schnell geschehen, »um möglichst wenig Zeit darauf zu verwenden, einen Körper zu schmücken, der einmal den Würmern als Nahrung dienen würde«.[128]
Das neue Interesse in Klöstern und Schulen am Seelenleben der Kinder war totalitär: Körpersprache und auch gesprochene Worte wurden von den Pädagogen mißbilligt; das Kind sollte danach streben, ruhig zu sein – aber nicht auf beleidigende Weise steif oder matt. Es sollte nicht herumalbern oder Gesten mit

seinem Kopf ausführen. Auch durfte es seine Gefühle nicht »durch Bewegungen der Stirn, Augenbrauen oder Wangen« zeigen. Für Jungen wurden diese Regeln noch ausgeweitet; ihnen wurde vorgeschrieben, wie sie im Bett zu liegen hätten: »wenn jemand in die Nähe kommt... darf er die Körperformen nicht erkennen können.«[129] In Port-Royal gab es »eine totale Überwachung der Kinder, die ihnen niemals erlaubt, allein zu sein, gleichgültig wo es sein mag...« Das Regime war all-hörend und all-sehend: »Alles was sie sagen, muß von ihrer Lehrerin gehört werden... damit sie keine Täuschungsmanöver erlernen, um Fehler, von denen keiner wissen soll, zu verstecken.«[130]

Phantasie

Die eben beschriebenen Bestrebungen waren wahrscheinlich zu aufwendig, um weite Verbreitung zu finden. Innerhalb der begrenzten Gruppe, die unmittelbar unter dem Einfluß der katholischen Reformbewegung stand, beeinflußte die intensive Beschäftigung mit dem Seelenleben wahrscheinlich die Phantasien der Kinder insoweit, als das Schwergewicht der Sanktionen für kindliches Fehlverhalten von der Angst vor äußeren Strafen auf ein verinnerlichtes Schuldbewußtsein verlagert wurde. Diese Hypothese systematisch zu überprüfen, ist natürlich schwierig. Es können hier lediglich einige repräsentative Muster verschiedener Arten von Phantasie gezeigt werden. Der »alte Stil« operierte mit Teufelsdrohungen, der Angst vor dem Höllenfeuer und Besitznahme durch den Teufel. Schüler von Charcot analysierten Jeanne des Anges' Halluzinationen, die seinerzeit zur Anklage und Verurteilung des Urbain Grandier geführt hatten. Es handelte sich um klassische hysterische Phantasien, in denen die unerlaubten, verdrängten Sexualwünsche auf externe Objekte projiziert wurden (auf den Grandier und den Teufel).[131] Louis XIII. scheint von früher Kindheit an Teufelsphantasien gehabt zu haben.[132] Als er im Jahre 1638 mit Jeanne des Anges zusammentraf, zeigte sie ihm das Stigma auf ihrer Hand, und er sagte zu ihr: »Mein Glaube ist gefestigt.«[133]
Im Gegensatz zur Imagination äußerer Gefahren, zeigt der »neue Stil« der Phantasien die Wirkungen des Erziehungsziels, *im* Kind selbst ein starkes Gewissen zu schaffen und nicht nur formale

Anpassung an die Forderung der Erwachsenen zu erreichen. Die von den Erwachsenen ausgehende Disziplinierung war so eher dazu angetan, Schuldgefühle zu verstärken, als Strafangst hervorzurufen.

> Man liebt sie Gottes wegen. Und dieses Gefühl läßt einen nur mit Schmerzen ihre Fehler ertragen ... Wir lassen uns nur von dem Wunsch leiten ... sie so zu formen, wie Gott sie haben will.[134]

Hier wird nicht dazu ermutigt, den Teufel zu beschwören. Das neue Modell verlangte von Männern und Frauen Introspektion und Selbstverleugnung. Aggressionen wurden gegen das Selbst gerichtet: »Man muß die Riemen der Peitsche ertragen, die unser guter Gott uns gibt, und die *verges* zärtlich küssen, denn er schlägt uns aus Liebe«, sagte Saint-Chantal.[135]
Marie-Marguerite Acarie, die Tochter des Mannes, der den ersten Karmeliter-Orden in Frankreich gegründet hatte, durchlief unter der Kuratel ihrer Mutter einen Prozeß rigoroser Selbstverleugnung und Erniedrigung. Ihr Biograph berichtet, daß man sie im Alter von vier Jahren steif in ihrem Bett liegend fand – ihre Arme waren ausgestreckt und sie rief »mit hinreißender Süße ›O mein Gott, kreuzige mich nicht‹«.[136]
In dem »neuen Stil« werden verbotene Wünsche nicht auf den Teufel projiziert oder in Symptome verwandelt. Sie werden Gott zu seinem höheren Ruhm dargeboten. Die Erneuerung religiöser Inbrunst eröffnete einen Kanal für Sublimierungen – z. B. inzestuöser Wünsche. Zwischen Angélique Arnauld und ihrem Vater wurde anläßlich ihres Eintritts ins Kloster von Port-Royal ein leidenschaftlicher Briefwechsel geführt. Ihr Vater drückte seine Freude über ihre Hochzeit mit Jesus aus: »Mögen wir eines Tages im Himmel durch stärkere Bande vereint sein als auf Erden.«[137]
LeRoy Ladurie lenkte die Aufmerksamkeit auf die kannibalistischen Phantasieinhalte, die sich u. a. in öffentlichen Orgien ausdrückten, bei denen Totemtiere eine wichtige Rolle spielten. Öffentliche Hinrichtungen, wie z. B. die zeremonielle Ausweidung und Zerstückelung von Ravaillac, dem Mörder Henri IV., läßt an kannibalistische Rituale denken.[138] Kinder waren Zeugen solcher Ereignisse. Auch sahen sie bei den Todeskämpfen zwischen Hunden oder anderen wilden Tieren zu, die für das Amüsement der Öffentlichkeit veranstaltet wurden. Louis XIII. war in seiner Kindheit von zahlreichen Tieren umgeben. Berichte

über seine Träume und Phantasien enthüllen, daß in seinem Seelenleben bezeichnenderweise Tiere und Menschen in dramatischen Situationen vorkamen. Schon im Alter von fünf Jahren erlebte Louis die Tötung wilder Tiere. Wie viele seiner Landsmänner wurde er ein leidenschaftlicher Jäger.

Die enge Nähe von Mensch und Tier scheint zu einer niedrigen Sodomieschranke geführt zu haben. Aus den Aufzeichnungen eines Juristen geht hervor, daß Sodomie ein Kapitalverbrechen war, das mit Hinrichtung durch Verbrennung bestraft wurde. Es wurde für notwendig gehalten, auch das Partnertier zu verbrennen, damit durch seinen Anblick nicht noch andere Gemüter zu einem solchen Vergehen verführt würden. Im Gegensatz dazu wurde Masturbation *(corruption de soi-meme)* nur mit Verbannung oder Geldbußen bestraft; und bei Frauen galt sie als harmlos. Aber, so schloß der Jurist, dieses Vergehen würde ohnehin nie entdeckt; und so sei es eine Sache, derer sich Gott – und nicht weltliche Autoritäten – annehmen sollte.[139]

Die Rolle des Kindes in demographischer Sicht

Die bisher herangezogenen Zeugnisse über Praktiken und Einstellungen zur Kindererziehung waren vorwiegend literarischer Art. Eine andere Gattung dokumentarischer Zeugnisse – Bevölkerungsstatistiken – ermöglichen jedoch noch weitere Einblicke in die Stellung des Kindes im Frankreich des siebzehnten Jahrhunderts. Neuere Auswertungen von statistischem Material, besonders von Geburten und Todesfällen in den Familien, wollen wir kurz unter dem Aspekt ihrer Relevanz für unser Thema betrachten.

An der Spitze der sozialen Leiter, in der königlichen Familie und hohen Aristokratie, waren frühe Heiraten und kurze Intergenesisphasen die Regel. Auch in weiten Teilen der höheren Bourgeoisie war man bestrebt, sich durch frühe Ehen, die oft schon vor der Pubertät arrangiert wurden, fortzupflanzen.[140] Nach dem zwanzigsten Lebensjahr wurde es für alle Frauen, es sei denn sie hatten ein großes unabhängiges Vermögen, schwierig zu heiraten. Danach, so schreibt Estienne Pasquier über seine Enkelin, wird mit jedem Jahr, das sie älter wird, ihr Preis auf dem Heiratsmarkt gedrückt.[141] Das hatte zur Folge, daß viele Frauen der Oberschicht schon mehrere Kinder geboren hatten, ehe sie selbst dem Jugendalter entstiegen waren.[142] Daß die Mutter gerade ein Kind stillte, war in solchen Familien auch nur selten ein Grund, ihre Fruchtbarkeit ruhen zu lassen. Bei der in allen Schichten hohen Säuglingssterblichkeit konnten die Wohlhabenden sich auf ein Reservoir von Frauen verlassen, die ihre Kinder säugen würden.

Baulant berichtet, daß in wohlhabenden Familien der Tod der Mutter nicht notwendigerweise die Kette der Kindergeburten unterbrach. Die benachteiligte Stellung der Frauen beim Aushandeln der Ehe ermöglichte es auch sehr alten Männern, ohne besondere Schwierigkeiten immer wieder neue Frauen zu finden. »Die Wiederverheiratungen folgen so schnell aufeinander, daß der Rhythmus der Geburten in einer Familie durch einen Partnerwechsel selten unterbrochen wird.«[143]

Wenn man jedoch die soziale Leiter hinabsteigt, findet man andere Normen für Heirat und Geburt vor. Die durch späte Eheschließung und kleine Familien gekennzeichnete »europäische Heiratsnorm« war hier die Regel – zumindest im Zentrum und im Westen Frankreichs.[144]

Aus einer Reihe von Gründen waren große Familien für die Armen unökonomisch. Goubert wies nach, daß das Durchschnittseinkommen eines Arbeiters in Beauvais im siebzehnten Jahrhundert gerade ausreichte, das Existenzminimum für eine Frau und zwei Kinder zu sichern.[145] Für die ärmeren Schichten kamen bezahlte Ammen nicht in Frage. Solange die Mutter aber einen Säugling stillte und versorgte, mußte die übrige Familie in vieler Hinsicht auf ihre Arbeitskraft verzichten – ihre Reserven wurden auf die Ernährung eines Säuglings verwandt, der möglicherweise ohnehin nicht überleben würde. In einem Wort: es war eine hohe Investition mit großem Risiko.

In manchen Gegenden wurden die Armen auch durch Erbgesetze entmutigt, große Familien zu gründen. Gesetze, nach denen das Eigentum nicht zu gleichen Teilen weitervererbt werden mußte (damit war die Möglichkeit gegeben, daß, ohne Ansehen der Kinderzahl, große Anwesen in ihrer Ganzheit bestehen blieben), waren nur für die Aristokratie sinnvoll. Für die unteren Klassen wären Erbgesetze erforderlich gewesen, die die gleiche Aufteilung des Eigentums vorsahen. Den nahe am Existenzminimum lebenden Bauern oder Arbeiter hielten diese Gesetze davon ab, mehr Kinder in die Welt zu setzen, als zur Aufrechterhaltung der Familienökonomie nötig waren.[146]

Aber auch innerhalb der regionalen Variationen gab es noch eine Vielzahl von Unterschieden. Die kulturellen Normen waren sogar von Dorf zu Dorf oft so verschieden, daß erheblich voneinander abweichende Geburtsraten zu finden sind.[147] Die neuere Forschung in Frankreich hat versucht, die Faktoren zu bestimmen, die als wirksamste Kontrolle der Bevölkerungsgröße fungierten. Einige Praktiken »der Anpassung« haben wir kurz skizziert. Fragen nach der Verbreitung kontrazeptiver Methoden und nach den natürlichen Bedingungen der Fruchtbarkeit standen im Mittelpunkt des Interesses.[148] Ferner wurden die Sterblichkeitsraten innerhalb verschiedener Bevölkerungsuntergruppen bei Seuchen und Epidemien untersucht.[149] In der vorliegenden Arbeit konzentriert sich unser Interesse an der Bevölkerungskontrolle aber hauptsächlich darauf, wie die – mehr oder weniger bewußten – Praktiken der Eltern die Überlebenschancen ihrer Kinder beeinflußten.

Zu Beginn des siebzehnten Jahrhunderts räumten die Gesetze dem Vater absolute Macht über seinen Haushalt ein. Jean Bodin hat die Legitimationen beschrieben, die die väterliche Autorität bis hin zur Entscheidungsgewalt über Leben oder Tod seines Nachwuchses ausdehnten.[150] Eine 1611 veröffentlichte Arbeit über den Criminal Code zählt die Bedingungen auf, unter denen ein Vater das Recht hat, seine erwachsenen Söhne oder Töchter zu töten.[151] Seine Rechte über die jüngeren Kinder brauchte man anscheinend nicht erst ausdrücklich zu definieren. Im späten sechzehnten Jahrhundert hielt es Estienne Pasquier, ein humaner und kluger Rechtsanwalt, für selbstverständlich, daß sein Sohn die Macht hatte, »wie Du mir schreibst«, ein neues Kind zu »unterdrücken«, aber immerhin stellt er die Weisheit eines solchen Schrittes in Frage: »Wie kannst du daran denken? nachdem Du Dein erstes [Kind] verloren hast, willst Du zum Vatermörder des zweiten werden? Nein ...«[152]

Welche Methode Nicolas Pasquier angewandt hätte, das unerwünschte Kind zu »unterdrücken«, wird nicht ausgeführt. Die Hebamme Lapère, wird uns versichert, wußte sehr wohl von der schrecklichen Wirkung von einem Tropfen Opiumtinktur auf der Zunge eines Neugeborenen.[153] Viele Gründe sprechen dafür, daß offener Kindesmord an legitimen Kindern selten vorkam.[154] Es gab eine viel unschuldigere Methode, die Familiengröße zu bestimmen: nämlich sich einfach nicht aktiv und sinnvoll um das Kind zu kümmern, wodurch allein die Überlebenschancen des Kindes erhöht werden konnten. Lebrun zitiert einen Fall aus einem *Livre de raison*, der ein solches »Versagen bei der Aufzucht« gut illustriert:

> Um acht Uhr abends gebar meine Frau ein Mädchen, das nicht überlebensfähig schien. Als es die ersten Lebenszeichen von sich gab, taufte die Hebamme es in Gegenwart von Augenzeugen. Es dauerte noch länger als eine Stunde, ehe es schrie ... Am nächsten Tag wurde es in der Kirche getauft ... und am darauffolgenden Tag sechs Seemeilen entfernt *en nourrice* geschickt und starb am fünften Tag seines Lebens.[155]

Lebrun bemerkt, daß, da das *ondoiement* (die Taufe im Haus) völlig ausgereicht hätte, um die Seele des Kindes nicht an den Teufel zu verlieren, es doch ratsam gewesen wäre, das zwei Tage alte schwache Kind nicht in die Kirche zu schleppen, geschweige denn es weit entfernt zu einer Amme zu geben. Er meint, die Eltern »hätten gut daran getan, einige Wochen zu warten«.[156] Die Häufigkeit ähnlicher Berichte in den Tagebüchern der Bourgeoisie läßt vermuten, daß hier nicht nur »falsche Einschätzung« im Spiel war; vielmehr war dies ein Akt der Verstoßung. Wenn ein Kind weniger lebensfähig zu sein schien oder aus irgendeinem Grund unerwünscht war, wurden manchmal Taktiken eingesetzt, die nicht dazu angetan waren, das Leben zu erhalten. Man bediente sich unerfahrener, schlechter Ammen, die nicht beaufsichtigt wurden, oder man setzte das Kind anderweitig hohen Risiken aus. Selbst unter besten Bedingungen bestand nur eine fünfzigprozentige Wahrscheinlichkeit, daß ein Kind bis zum Erwachsenenalter überleben würde. Die Säuglingssterblichkeit lag in den meisten Gebieten – auch in normalen Jahren – bei zwanzig oder dreißig Prozent. »Wenn ein Kind den wichtigen Tag seines ersten Geburtstags erlebt, ist der Sieg über den Tod so gut wie gewonnen.«[157] Die heroischen Mühen, die bei der Pflege mancher Kinder aufgewandt wurden, zeigen, daß es kaum eine Frage des Zufalls war, ob man in diesem Kampf obsiegen würde.

Wer überlebte? – Geschlecht, Klasse und andere Einflüsse auf die Säuglingssterblichkeit

Die im siebzehnten Jahrhundert erstellten Statistiken über Lebensdaten sind unvollständig und unzuverlässig. Obwohl es zu den Pflichten der Hilfsgeistlichen in jeder Kirchengemeinde gehörte, alle Todesfälle bei neugeborenen Kindern zu verzeichnen, so stellte Mousnier fest, wurden diese Stammbücher nicht gewissenhaft geführt.[158] Die französischen Geschichtsschreiber des siebzehnten Jahrhunderts mußten auf Hilfsmethoden zurückgreifen, um zuverlässige Erkenntnisse über die Bevölkerungsstruktur zu gewinnen. Zusammen mit anderen Zeugnissen über kulturelle Normen, wollen wir diese Ergebnisse nutzen, um zu einer richtigen Einschätzung darüber zu kommen, in welchem Ausmaß die einzelnen Faktoren die Überlebenschancen der Säuglinge beeinflußten.[159]

Ein wichtiger Faktor war ohne Zweifel die Einstellung gegenüber dem Geschlecht des Kindes. Die Normen für Ehe, Fruchtbarkeit der Familien und Säuglingspflege waren von vielen Einflüssen abhängig – darunter soziale Schicht, Region, Unterschiede zwischen Stadt und Land, Religionszugehörigkeit –, aber alle diese Variationen müssen zusätzlich unter dem Aspekt modifiziert werden, inwieweit männliche Kinder erwünscht waren und weibliche Kinder negativ bewertet wurden.

In den oberen sozialen Schichten war mit dem Wunsch nach Kindern im allgemeinen der Wunsch nach Knaben gemeint. Frauen wünschten sich gegenseitig nicht eine »glückliche Geburt« – sie hofften auf einen »beau fils«. Mme. des Grignans starker Wunsch nach Kindern wurde von einer Freundin als »barbarisch« bezeichnet, aber bei näherem Hinsehen wird deutlich, daß es nicht der Wunsch nach »Kindern«, sondern nach männlichem Nachwuchs war, der diese Frau (eine Tochter der Mme. de Sévigné) zu sieben Geburten in ungefähr der gleichen Anzahl von Jahren trieb. Ihr erstes Kind hielt man bei der Geburt versehentlich für einen Jungen. Als sich dann aber die schreckliche Wahrheit offenbarte, verstieß die Mutter das Kind. Die Großmutter rettete das kleine Mädchen und sorgte für es bis zum Alter von neun Jahren, dann wurde es in einem Kloster eingesperrt – »als Opfer für die Zukunft ihres Bruders«. Dieser von Geburt an schwächliche jüngere Bruder war das Objekt aller erdenklichen elterlichen Fürsorge gewesen.[160]

Wenn Kinder verwaisten, regelten die für ihre Zukunft verantwortlichen Verwandten die Vormundschaftsfrage; einige Kinder wurden »zu einem lächerlichen Preis« abgegeben, wie Micheline Baulant berichtet.[161] Mädchen waren offensichtlich weit weniger

beliebt: als ein verwaister Neffe und mehrere Nichten ohne Heim waren, konnte Jeanne du Laurens auswählen: »Mein Gatte, der den Vortritt hatte, nahm den Jungen.«[162]
In seinem Schulbuch über diese Zeit läßt Daniel Martin einige Straßburger Klatschmäuler über einen alten Bürger, dessen ihm gerade angetrauten jungen Frau schwanger war, sagen:

Ach, wie der gute alte Mann sich freuen würde, wenn es ein Junge würde!

Denn er hatte seine erste Frau in all ihren Wochenbetten »wie eine Prinzessin« behandelt,

obwohl sie nie ihr »Meisterstück« erbracht hatte, sondern nur Mädchen, die man in Frankreich »Pisser« oder »Pappkameraden« *(compagnons fendus)* nannte.[163]

Wenige der unehelichen Kinder erreichten je das Taufbecken, und die neueren Sekundäranalysen sagen wenig darüber, ob unter diesen mehr Knaben oder Mädchen waren. Für Bouchet, einen zeitgenössischen Beobachter, war es selbstverständlich, daß Bastarde mit viel größerer Wahrscheinlichkeit männlichen Geschlechts seien.[164] Wenn dies zutrifft, kann man wohl nicht davon ausgehen, daß eine pränatale Vorsehung im Spiel war!
Eine weitere Lebensbedrohung für die Töchter der Armen lag in dem Glauben, daß die Milch einer Frau, die ein Mädchen geboren hatte, sich besonders gut für Jungen eigne.[165] Dies scheint ein Motiv gewesen zu sein, Mädchen zu verstoßen.
Mit Fortschreiten des Jahrhunderts verstießen in der Tat immer mehr Frauen in ländlichen Gegenden ihre Säuglinge, weil sie eine Anstellung als Amme suchten.[166] Dies erklärt zum Teil die »merkwürdige« Tatsache, die Mols beobachtet. Er berichtet von einem universalen männlichen Geburtenüberschuß in ganz Europa zwischen 1450 und 1750, der die leichte, biologisch bedingte Überzahl an männlichen Geburten beträchtlich übersteigt. Aus der Tatsache, daß in 23 von 30 Städten die männliche Geburtenrate niedriger war, als in entsprechenden ländlichen Gegenden, schloß er (naiverweise), daß »das urbane Leben offenbar die Geburt von Mädchen begünstigt«.[167] In den noch nicht industrialisierten Ländern des frühen Europa war die Überlebensrate – und nicht die Geburtenrate – bei Knaben auf dem Land höher; und mit fortschreitender Urbanisierung verschwindet dieses Faktum zunehmend. Kulturelle Unterschiede zwischen Stadt und Land sind zum Teil dafür verantwortlich, daß die Lebenschancen

der neugeborenen Mädchen in einer urbanen Umwelt größer waren. Der sich im siebzehnten Jahrhundert in Frankreich vollziehende kulturelle Wandel wirkte sich auch auf die Familienstruktur aus. Die Veränderungen wurden natürlich zuerst in den städtischen Zentren, vor allem in Paris, sichtbar.
Wir wollen uns die vielen Fälle, in denen Kinder verstoßen wurden, näher betrachten. Eines der Hauptanliegen der katholischen Reformbewegung im siebzehnten Jahrhundert war die Rettung der Seele (die der Frauen und Kinder eingeschlossen). Eine gründlichere Unterrichtung der Hebammen und klerikale Elternberatung dienten diesem Ziel. Und in dem Ausmaß, in dem diese Maßnahmen erfolgreich waren, halfen sie Leben zu erhalten, wovon die Mädchen disproportional profitierten.[168]
Es wurden Gesetze für die Sicherheit der Neugeborenen erlassen; die Strafen für verborgene Schwangerschaften und Abtreibung wurden verschärft. Daß diese Veränderungen dazu beitrugen, die Morde an unehelichen Kindern zu reduzieren, scheint durch die im Laufe des Jahrhunderts rapide steigende Zahl verstoßener Kinder – besonders in Paris und anderen urbanen Zentren – bestätigt zu werden.[169]
Den Unterschied zwischen den Normen in Paris und denen der Provinz hat auch Fletscher illustriert, der sich mit den Vorgehensweisen der großen Jury in der Auvergne 1635 befaßte. Er wundert sich darüber, daß drei Mädchen, die ihre Schwangerschaft versteckt und dann die Neugeborenen getötet hatten, nicht mit dem Tode bestraft wurden. Er schreibt: »Die Richter selbst waren über ihre eigene Milde erstaunt.« Denn eines der Mädchen sollte nur gepeitscht, gebrandmarkt und verbannt werden. (Die Richter kamen aus Paris und waren zur Urteilssprechung in die Provinz geschickt worden.) Die beiden anderen wurden »zu jeder Strafe – außer der Todesstrafe verurteilt. Dieses Urteil wäre an der Tournelle (dem Gerichtshof des Pariser Parlaments) nicht möglich gewesen.«[170]
Die neue Religiosität pries die Vorzüge einer großen Familie – »wahrer Reichtum liegt in den sterblichen Seelen«. Sie trat für eine Angleichung der Rechte von Mann und Frau – oder sogar für Gleichberechtigung ein. Ein Unterschied im Betragen, schrieb Coustel, ist der einzig legitime Grund, ein Kind einem andern vorzuziehen.[171] Mauriceau warf seinen Patienten vor, daß sie so erpicht auf Söhne waren, »das sind Sorgen, die gewöhnlichen

Leuten nicht anstehen, obwohl sie bei großen Monarchen und bedeutenden Männern verständlich und erlaubt sind«.[172] Die asketischen Nonnen in Port-Royal jedoch erlaubten selbst den Großen nicht solche Gefühle. Mère Angélique gratulierte Marie de Gonzaque, der Königin von Polen, zu ihrer Erklärung, daß sie genauso glücklich sei, einem Mädchen das Leben geschenkt zu haben wie einem Jungen.[173] In der Tat wurde in Port-Royal dem moralischen Wohlergehen der kleinen Mädchen – so wie noch niemals vorher – eine außerordentliche Aufmerksamkeit geschenkt. Zu Beginn des Jahrhunderts waren die Klöster Aufbewahrungsstätten für »überzählige und physisch schwache Kinder gewesen, was sich viele Eltern nicht scheuten, offen auszusprechen«.[174]

Bourdaloue, der beliebteste Prediger gegen Ende des Jahrhunderts, klagte die Oberschichteltern an, weil sie ihre kleinen Töchter in die Konvente schleppten – »an Händen und Füßen gefesselt, wagten sie nicht, sich zu beklagen, aus Angst vor dem Zorn des Vaters oder der Härte der Mutter.«[175] Ein Vorkämpfer der Carmeliter Nonnen, die führend in der katholischen Reformbewegung in Frankreich waren –, hatte die Radikalität der neuen Moral verstanden. »Die Welt ist erstaunt«, schrieb er, »zu sehen, daß wir so begierig nach etwas suchen, was in der Welt so wenig gilt« – weibliche Seelen.[176] Und in Paris zeugte eine weitere Neuheit von dem Einfluß der Gleichberechtigungsethik der christlichen Reformer: Waisenhäuser, die früher nur für Jungen bestimmt waren, wurden auch für Mädchen errichtet.[177]

Außer einem offensichtlichen Anstieg der Überlebensrate weiblicher Kinder in den Städten, findet sich wenig, was den Eindruck erwecken könnte, daß die Lebensbedingungen der Kinder im siebzehnten Jahrhundert durch die katholische Reformbewegung wirklich verbessert worden wären. Zweifellos haben die zugrunde liegenden Normen in den allermeisten Familien unverändert weitergewirkt.

Das Malthusianische Prinzip forderte von den Armen einen weit höheren Tribut an Kinderleben als von den Reichen. Goubert hat gezeigt, daß während einer Hungerperiode in Beauvais und Umgebung die Säuglings- und Kindersterblichkeit bei den an der Grenze zum Existenzminimum lebenden Schichten weit höher anstieg als in der Bourgeoisie.[178] Der Säugling bekam die Schrecken der Hungersnot durch seine Mutter zu spüren; bei Lebensmittelknappheit war ein Unterschichtsäugling total von seiner leiblichen Mutter abhängig.

In Paris scharten sich in Krisenzeiten mittellose Mütter, die keine Milch hatten, in der Hoffnung auf Hilfe im Hotel de Ville zusammen. Nach Félibien gingen im Jahr 1597 hungrige *lansquenets* sogar so weit, einige der unglücklichen Babys zu verzehren, aber die Wahrheit dieser Geschichte (die um die Mitte des siebzehnten Jahrhunderts wiederholt wurde) ist nicht bestätigt.[179] Wieder waren es die *enfants trouvés*, die verstoßenen Kinder der Armen, und in der zweiten Hälfte des Jahrhunderts auch deren legitime Kinder, die, solange sie noch im Säuglingsstadium waren, kaum Chancen hatten zu überleben. Zu Beginn des Jahrhunderts brachte man solche Kinder in das Hôtel Dieu, ein öffentliches Kranken- und Armenhaus, »wo sie weder gewaschen, gebettet noch sonst versorgt wurden, wie ihr zartes Alter es erfordert hätte ... nicht ein einziges überlebte bis zum Erwachsenenalter«.[180] 1638 beschwor Vincent de Paul die Dames de Charité, diesen Kindern zu helfen; er versicherte den Damen, daß in den letzten fünfzig Jahren kaum eines der so verstoßenen Kinder überlebt hätte. Zu jener Zeit endeten diese Kinder, wenn sie in den Straßen von Paris von der Polizei aufgelesen worden waren, in dem *Couche* in der Rue Saint-Laudry, ehe sie für drei Sous an Bettler verkauft wurden, »die erst ihre Arme und Beine brachen, um das Mitleid der Öffentlichkeit zu erregen und Almosen zu erheischen, und die sie dann verhungern ließen«.[181]

Das *Couche* war eine von den Kirchengemeinden unterstützte Kinderaufbewahrungsstätte (St. Germain verzeichnete 150 livres Einnahmen pro Kind und pro Jahr).[182] Man beschäftigte Ammen und unternahm auch Versuche, ein Heim für die Kinder zu finden. Auf der anderen Seite ließ man sie (nach Vincent) aber auch verhungern, was kein Widerspruch war, denn es gab immer zu wenig Ammen im *Couche*. Es mag sein, daß Vincents Biograph übertreibt – obwohl er keinen Zweifel an der Authentizität der Schriften des Heiligen gestattet –, wenn er schreibt, daß in dem *Couche* »die schreckliche alte Hexe, die die Kinder in Empfang nimmt, ... den Kindern Opiumtabletten gab ... damit sie aufhörten zu schreien ... und schliefen ... und mit den Überlebenden ... trieb sie ein fürchterliches Spiel. Sie verkaufte sie an Frauen ... die ihnen mit tödlichen Krankheiten verseuchte Milch gaben«. Aber sogar Chautelauze ist einem Kollegen gegenüber skeptisch, der behauptet, »daß ein gewisser Teil dieser Kinder an Leute mit perversen Tötungsneigungen verkauft wurde, die ihnen die Eingeweide herausrissen, um sich in einem Blutbad zu wälzen, weil sie dachten ... dies sei eine unfehlbare Kur für alle ihre Krankheiten«.[183]

Louise de Marillac (Mlle. le Gras) arbeitete unerschöpflich, um Vincent in seinem Vorhaben, einige dieser Kinder zu retten, zu unterstützen. Obwohl sie Vorsteherin der Barmherzigen Schwestern war, stieß sie bei ihren Bemühungen, Bedingungen zu schaffen, die nicht so unmenschlich wie die im *Couche* waren, auf unzählige Widerstände. Trotz der Anstrengungen, außerhalb von Paris ein Heim für ein paar Dutzend Findlinge zu unterhalten, mußte sie mit Entsetzen feststellen, daß noch »so viele dieser kleinen Wesen sterben«.[184] Ihre Briefe an Vincent dokumentieren, wie schwierig es war, passende Ammen zu finden. Als sie im Jahre 1638 auf dem Land, wo die Kinder in ungesunden Quartieren untergebracht waren, keine Amme finden konnte, riet er ihr, eine vom Hôtel Dieu angebotene zu nehmen, »die sehr gut ist«.[185] Der Plan, für die älteren Kinder eine Kuh oder einige Ziegen zu nehmen, scheint gescheitert zu sein.[186]

Ein Jahrzehnt später war es gleichermaßen dringend, sich um diese Kinder zu kümmern; in der Mitte des Jahrhunderts reichte ihre Institution nicht mehr aus, die während des Bürgerkriegs verstoßenen Kinder aufzunehmen. St. Louise berichtete, daß die Ammen, wenn sie nicht bezahlt werden konnten, damit drohten, die ihnen anvertrauten Kinder zurückzugeben.[187]

Eine andere klassenspezifische Variable, die sich in erhöhter Kindersterblichkeit der Armen niederschlug, war die durch zusammengedrängtes Wohnen und Immobilität bedingte Infektionsgefahr. Man versuchte, die Kinder so weit wie möglich in den Häusern der Ammen versorgen zu lassen und nicht in institutionellen Unterkünften, wo die Kinder große Gruppen bildeten. In den bürgerlichen Familien in Paris und anderen Städten waren die Ammen zumeist in den Haushalt integriert. Eine Stellenvermittlung (oder *sage-femme*) suchte gesunde Frauen vom Land für sie aus; außerdem hatten sie eher als die Armen die Möglichkeit, in Seuchen- oder Aufruhrzeiten ihre Kinder andernorts unterzubringen, wo sie solchen Gefahren nicht ausgesetzt waren.

Auch konnten Ansteckungen in den Häusern der Reichen leichter vermieden werden. Trotz der Anordnung, daß jedes neugeborene Kind seine eigene Wiege haben sollte, ließ man in ärmeren Familien die Säuglinge zweifellos oft in den Betten der Eltern saugen und schlafen – um sie warm zu halten oder in Ermangelung anderer Möbel –, wo sie Gefahr liefen, zu ersticken oder sich zu infizieren.[188] Da Infektionen aber sehr häufig vorkamen, ist kaum anzunehmen, daß viele Kinder ihr eigenes Bett hatten. Die katholischen Reformpädagogen rieten, die Kinder nachts in eigenen Betten schlafen zu lassen, schlossen dann aber den realistischeren Rat an, daß wenn die Betten schon geteilt werden müßten, dann nur von Kindern gleichen Geschlechts.[189]

Das Kind im Kontext von Familie und Gesellschaft

Die hohe Sterblichkeits- und Wiederverheiratungsrate im Frankreich des siebzehnten Jahrhunderts bedeutete, daß die Kinder in Familien mit komplizierten Verwandtschaftsbeziehungen aufwuchsen. Marc Bloch hat auf ein Muster ländlicher Kindererziehung aufmerksam gemacht, bei dem die Großeltern der entscheidende Einfluß im Leben eines kleinen Kindes waren; denn die Eltern verbrachten die meiste Zeit auf dem Feld.[190] In Dreigenerationenfamilien verkörperten die Großeltern auch für die Eltern des Kindes noch eine Autorität. Und in vielen Testamenten wird den erwachsenen Kindern unter der Voraussetzung, daß sie sich nach dem Tode des Vaters um die Mutter kümmern, eine Bleibe im elterlichen Haus gewährt. Es kam oft vor, daß ein wiederverheirateter Vater unter demselben Dach und zur selben Zeit wie sein Sohn eine neue Familie gründete; die besondere Gefahr eines solchen Arrangements spiegelt sich in einer Verordnung des Französischen Rechts wider, wonach der Vater seinen Sohn töten darf, wenn dieser mit seiner Stiefmutter Ehebruch begangen hat.[191]

Die hohe Sterblichkeit führte dazu, daß innerhalb der Familien die Rollen oft wechselten und neu besetzt wurden. Dies ist von besonderer Bedeutung bei den Rollen »Mutter« und »Vater« – Rollen, die gleichermaßen oft *formell bestimmt* und auf der Basis von Verwandtschaftsbeziehungen *zugeschrieben* wurden. Die Mutterrolle wurde im Fall ihres Todes oft auf eine andere Person übertragen.[192] Wenn der männliche Haushaltsvorstand starb, übergab die Gesamtheit der männlichen Verwandten einer anderen Person, meistens der natürlichen Mutter, wenn sie die Witwe war, die Familienführung *(tutelle)*. Ihre Rolle wurde qua Entscheidung so verbindlich definiert, als sei sie wirklich das männliche Familienoberhaupt: Arnauld d'Andilly schrieb über Mme. de Fontenay-Mareuil: »Nachdem sie Witwe geworden war, wurde sie ihren Kindern ein Vater und den Armen eine Mutter.«[193]

In diesem Zusammenhang überrascht es nicht, daß, während festumschriebene *Leistungen* in bestimmten Rollen gefordert wurden, keine besonderen Gefühle zum Rollenbild gehörten. Mütterliche Liebe zu ihren Kindern war nichts Selbstverständliches. Goussalt ermahnt die bourgeoise Mutter, ihren Kindern dieselbe Fürsorge angedeihen zu lassen wie ihren Bediensteten.[194] Von seiten des Kindes wurde der Rolle der Mutter gegenüber Respekt gefordert; Zuneigung aber mußte sich die Mutter verdienen. Arnauld schreibt an den Sohn der verstorbenen Mme. de Fontenay-Mareuil: »Du hast sie nicht nur aus Deiner Sohnespflicht heraus geehrt, sondern auch aus Achtung vor ihren Verdiensten.«[195] Ein Geschichtsschreiber dieser Zeit berichtet, daß es Louis' XIII. Mutter nicht gelungen war, seine Zuneigung zu gewinnen, denn während der ersten vier Jahre ihrer Regentschaft hatte sie ihn kein einziges Mal geküßt. Schließlich ermahnte sie ein Höfling, daß es notwendig sei, Anstrengungen zu unternehmen, um »seine Liebe zu gewinnen«. Im Gegensatz dazu berichtet Balzac, daß Anna von Österreich sich ihrem Sohn völlig zuwandte, »zärtlich und liebkosend – und sie gewann sein Herz«.[196]

Zärtlichkeit *(tendresse)* zu einem Kind wurde Vätern genauso häufig zugeschrieben wie Müttern. Nach Ansicht La Hoguettes waren die Bande zwischen Vätern und Kindern die stärksten, denn sie waren von höherer Natur als alle anderen – eher eine seelische als körperliche Bindung.[197] Von der unerschütterlichen Liebe eines Vaters zu seinem Sohn berichtet Boguet. Als er durch seinen zwölfjährigen Sohn der Hexerei bezichtigt wurde, verhielt sich der Vater weiter loyal, obwohl der Sohn sich nicht scheute, Ursache dafür zu sein, daß sein Vater bei lebendigem Leib verbrannt wurde. An Händen und Füßen gefesselt, fiel der Vater klagend zu Boden, richtete aber immer noch zärtliche Worte an seinen Sohn und sagte ihm, daß »er ihn immer als sein Kind lieben werde«.[198]

Von Fällen mütterlicher Zurückweisung oder Unfähigkeit, Zuneigung zu empfinden, wird als etwas ganz Selbstverständlichem berichtet. Nur wenige schienen so wie Mme. de Sévigné durch die Unfähigkeit einer Mutter, ihr Kind zu lieben, irritiert gewesen zu sein (ihre Tochter hatte ihr erstgeborenes Kind verstoßen).[199] Antoinette Bourignon, eine führende katholische Erzieherin und leidenschaftliche Schriftstellerin, erinnert sich, daß ihre Mutter »mich nicht so wie die anderen Kinder lieben konnte, aber mein Vater liebte mich mehr als alle anderen Kinder zusammen«.[200] Bussy-Rabutin kam es zugute, daß die Mutter seine Brüder ablehnte: »Ich wurde mit mehr Liebe aufgezogen, besonders von seiten meiner Mutter, als meine anderen Brüder.« Er war der dritte von fünf Knaben, die außer ihm alle jung starben, »und in Anbetracht der Sorge, mit der sie mich umgab, schien sie Vorahnungen gehabt zu haben, daß ich einmal die einzige Stütze des Hauses sein würde«.[201] In einer Note an ihre Mutter, die Kaiserin Marie Thérèse, drückt Marie-Antoinette ihre Freude darüber aus, daß ihre kleine Tochter sie in einem Raum voller Leute erkannt hatte: »Ich glaube, seither habe ich sie viel lieber.«[202]

Das Kind und die neue Moral

Sowohl der durch eine autoritäre Monarchie begünstigte Staatsabsolutismus als auch das durch religiösen Fanatismus begünstigte Erstarken eines puritanischen Individualismus rüttelten an der mächtigen Stellung des Vaters in der Familie. Wahrscheinlich übte der Individualismus aber den entscheidenderen Einfluß auf die Familienstruktur im siebzehnten Jahrhundert aus. Der Staat griff ein, wo er sich durch Mißstände dazu veranlaßt sah, d. h. er übernahm Schutzfunktionen gegenüber notleidenden und verlassenen Kindern und versuchte die Ausbeutung der Hilflosen zu unterbinden. Umgekehrt wandten sich die katholischen Reformer Gebieten zu, die bereits besetzt waren; in mancher Hinsicht führte ihr Angriff auf die elterliche Autorität zu einer härteren Konfrontation, die manchmal die Form offener Revolte gegen die elterliche Macht annahm.

Angélique Arnauld erinnert sich an die Bekehrung zum innerlichen Leben während ihrer Jugendzeit. In ihr waren Hoffnungen auf eine Heiligsprechung erwacht, so daß sie »ernsthaft versuchte, Gott zu genügen, und nicht meinem Vater«.²⁰³ Nachdem ihr Vater ihre asketischen Ziele akzeptiert hatte, ging sie noch weiter: als sie der Welt entsagte, versuchte sie, ihren Vater auch aus ihrem Kloster auszuschließen. Viele der führenden katholischen Reformer stellten durch ihre Ermutigung zum kontemplativen Leben und zur Jenseitigkeit auch die Rechtmäßigkeit familialer Forderungen im diesseitigen Leben in Frage.²⁰⁴

Die katholische Reformbewegung konnte ihr Ziel, die elterliche Macht über ihre Kinder abzubauen, nirgends so erfolgversprechend verfolgen wie im Bereich der Erziehung. Die missionarische Bewegung durchdrang alles: die Erziehungsmöglichkeiten für Kinder wurden verbessert, man schuf Institutionen, die Funktionen für Kinder erfüllten, die früher – wenn überhaupt – im Hause geleistet wurden. Im siebzehnten Jahrhundert wurden erstmals höhere Schulen für Jungen – zumeist unter der Leitung von Jesuiten – und Gemeindegrundschulen für Kinder bescheidener Herkunft eingeführt.²⁰⁵ Zum erstenmal machte sich die Öffentlichkeit Gedanken über einen Elementarunterricht für Mädchen, und Schulen für *jeunes filles,* die meistens von katholischen Reformpädagogen geleitet wurden, verbreiteten sich über ganz Frankreich.²⁰⁶

Diese katholischen Reformer und Erzieher betonten die Bedeutung verinnerlichter Kontrollinstanzen bei der Disziplinierung der Kinder; sie legten großen Wert auf die Bildung von Gewissen und Charakter. Die frühere Moral war einfach gewesen: die Eltern verkörperten im Diesseits die Autorität, die Gott im Jenseits hatte. »Da Vater und Mutter für die Kinder Abbilder Gottes waren«, durften sie, wie ein Rechtsgelehrter schrieb, nicht in Frage gestellt werden, wenn man Konformität der Kinder erreichen wollte, Zweifel war Verrat.²⁰⁷ Als Schwester Euphémie (Jacqueline Pascal) in Port-Royal die Leitung übernahm, reichte die Anerkennung der elterlichen Autorität nicht mehr aus, die Probleme der Kinder zu lösen, denn die Erwachsenen tendierten dazu, die Kinder sich selbst zu überlassen. Sie schrieb: »Wir versichern ihnen, daß unabhängig davon, wie wir handeln, uns doch nur der Wunsch leitet, sie so zu übergeben, wie Gott sie wünscht.«²⁰⁸

In Louis' XIII. Kindheit waren Eigenwilligkeit und Dickköpfigkeit Kardinalsünden, »je veux« – ich will – waren Worte, die man dem Dauphin niemals durchgehen ließ und denen gelegentlich schmerzhafte Strafen folgten. Nach Ansicht der Reformer sollte der starke Wille eines Kindes nicht gebrochen, sondern vielmehr in Hingabe an Gott verwandelt werden. Mère Angélique schrieb über ihre dreizehnjährige Nichte, »sie hat einen zu vorwitzigen, zu wachen Geist, der viel Schaden anrichten wird, wenn er nicht zu guten Taten geführt wird.«[209] Die in Port-Royal geforderte Selbsterniedrigung sollte den Geist nicht töten, sondern ihn in den Dienst Gottes stellen.

Eine recht weltliche Version dieser Haltung spricht aus einem Brief Jean Racines, einem Anhänger der in Port-Royal vertretenen Lehre. Während er seine Töchter ermahnt, Gott gehorsam zu dienen, schreibt er an seinen Sohn, »und Dir wünsche ich vor allem, daß er Dich in diesem Jahr bei Deinen rhetorischen Studien unterstützt und Dir die Kraft verleiht vorwärtszukommen«.[210] Der »protestantische« Beigeschmack dieser Botschaft tritt in den Ansichten Lieselottes (einer lutherisch erzogenen deutschen Prinzessin) noch deutlicher hervor; sie fand die Normen, nach denen die Kinder am Hof erzogen wurden, altmodisch und unangemessen. Sie schrieb an ihre Tante, die Kurfürstin von Hannover, »mir sind etwas eigensinnige Kinder lieber – das zeigt, daß sie intelligent sind«.[211] Wir vermeinen in ihren Worten schon die Stimme der Aufklärung und Jean-Jacques Rousseaus zu hören.

Schluß

Mit diesem kurzen Überblick haben wir beabsichtigt, auf Trends hinzuweisen und Veränderungen deutlich werden zu lassen. Doch hat sich in der Kindererziehung des siebzehnten Jahrhunderts in Frankreich weit weniger geändert als unverändert geblieben ist. Auch waren die grundlegenden sozialen Strukturen eher unter dem Aspekt ihrer Stabilität als im Hinblick auf ihren Wandel bemerkenswert. Auch die Muster von Bevölkerungswachstum und -rückgang änderten sich nicht wesentlich. Lange Perioden allmählichen Bevölkerungswachstums und steigender Preise wurden abgelöst durch Perioden der Knappheit, Hungersnöte und Epidemien. Die dann ansteigende Sterblichkeitsrate, besonders der kleinen Kinder, paßte die Einwohnerzahl wieder einem Niveau an, das dem vorhandenen Produktionsstand entsprach.

Ein Gespür dafür, wie sich diese demographischen Muster auf die Familien auswirkten, führte Philippe Ariès zu der Frage, welche Gefühle die Erwachsenen Kindern gegenüber gehabt haben müssen, die nur mit geringer Wahrscheinlichkeit das Jugendalter erreichen würden. Seine Ansicht, daß im Frankreich des siebzehnten Jahrhunderts die Kindheit nicht als ein besonderes Stadium, das besondere Behandlung erforderte, betrachtet wurde, basiert teilweise auf der Annahme, daß die außerordentlich hohe Säuglingssterblichkeit eine Art »Zärtlichkeitstabu« bewirkte, daß die Eltern vor starken emotionalen Bindungen an ihre Kinder zurückschrecken ließ, da sie kaum hoffen konnten, daß sie ihnen lange erhalten blieben.[212] Ein anderer neuerer Autor, der sich mit den Einstellungen zu Leben, Tod und Kindern befaßte, kommt zu dem Ergebnis, daß Fatalismus die natürliche Antwort auf diesen unerbittlichen Tribut war: »Wie konnte man es ertragen, daß so viele Kinder noch in der Wiege starben«, fragt LeBrun, »ohne dies als ein so unausweichliches Ereignis wie den Wechsel der Jahreszeiten anzusehen?« Aber er bemerkt, daß die *livres de raison*, die so unbeirrbar die unzähligen Todesfälle von kleinen Kindern verzeichnen, in den allermeisten Fällen das Werk von Vätern waren. Er fragt: »Wie ist es für die Mutter, von deren Reaktionen wir nichts wissen können?«[213]

Die brennenden Fragen von Ariès und LeBrun können hier nicht beantwortet werden. Aber einige Beispiele, wie die »neue Moral« die Einstellung der Eltern, besonders der Mütter, beeinflußt haben könnte, wollen wir betrachten.

Während des ganzen Jahrhunderts zeugen Biographien, Memoiren und *livres de raison* davon, wie durch Opferhandlungen versucht wurde, die Bedrohungen der Kindheit abzuwenden. Wenn Eltern mehrere Kinder kurz nach der Geburt verloren hatten, war ein neues Kind Anlaß, Zeichen der Demut zu setzen, wie z. B. zwei Bettler zu bitten, die Patenschaft des Kindes zu übernehmen, oder es für das Kloster zu bestimmen, oder es immer weiß zu kleiden usw. Bei der Taufzeremonie beschenkte man die Amme, in deren Händen die Sicherheit des Kindes lag. Chatherine de la Guette war anläßlich der Taufe ihres Sohnes den führenden Adligen am Ort so dankbar für deren großzügige Hilfe bei der Beschaffung einer Hebamme und Amme, daß sie nicht vergaß, dies viele Jahre später in ihren Memoiren festzuhalten.[214] Die Babys wurden schon *in utero* gesegnet in der Hoffnung, dies würde gegen die bösen Mächte, die so viele von ihnen so früh hinwegrafften, schützen. »Meine Mutter ließ mich segnen, ehe ich auf die Welt kam«, berichtete Marie-Marguerite Acarie.[215]

Als die katholischen Reformer die Szene betraten, konnten sie keinen Mangel an elterlicher Zärtlichkeit für deren Kinder feststellen, vielmehr war sie im Überfluß vorhanden. M. Vincent ermahnte Louise de Marillac wegen ihrer mütterlichen Hingabe. Verärgert fragte er, »aber was soll diese übergroße Zuwendung?«[216] Sie sollte wie alle starken Leidenschaften Gott dargeboten werden – also nicht unterdrückt, sondern in eine sinnvolle Richtung gelenkt werden. Einer anderen Heiligen wurden ähnliche Instruktionen von Francois de Sales erteilt. Als ihre Familie von vielen schweren Schicksalsschlägen getroffen wurde, nahm sie die Lehre an, die er ihr zu geben versuchte. »Es ist ein gewaltiges Opfer an Gott, in einer solch schweren Situation das mütterliche Herz zu verleugnen«, schrieb sie an eine Prinzessin, deren gerade geborener Sohn krank war.[217] Sie versuchte, ihre Gefühle zu beherrschen; de Sales schrieb sie von ihrem Bemühen, der Trauer über den Verlust ihrer kleinen Tochter Herr zu werden – aber dann gab sie ihr nach: »Dieses Mädchen war wirklich unser Herzenskind, das wir über alles liebten, denn sie verdiente es.«[218]

Man könnte daraus schließen, daß *Sühne* das gebräuchliche Verhaltensmuster war, um mit den Ängsten und Sehnsüchten hinsichtlich der Kinder umzugehen; die neue Moral forderte aber *Sublimierung*. Aber weder in dem einen noch in dem anderen Fall fehlte es an Zärtlichkeit für Kinder, trotz übergelagerter kultureller Muster, durch die sie halb verdeckt wurde.

Der neue Ansatz, Grundfragen der Soziologie, Anthropologie und Psychoanalyse auch in Bereichen nachzugehen, die traditionellerweise der Geschichtsforschung angehörten, hat in jüngster Zeit einige Wissenschaftler, die sich mit der Kindheit befassen, motiviert, auf eine neue Weise die Familie früherer Perioden zu untersuchen. Die von ihnen angewandten Methoden haben die Aufmerksamkeit auf bisher unbeachtete Aspekte des Familienlebens gelenkt, die die Hoffnung auf klärende Einsichten begründet erscheinen lassen. Diese neueren Ansätze konzentrieren sich zumeist auf die *Qualität* der Beziehungen zwischen Eltern und Kind, und nicht mehr nur, wie vorher, auf die äußeren Formen des Familienlebens. Besondere Bedeutung messen sie den Gegensätzen zwischen Glauben und Verhaltensmustern ferner Kulturen und denen der gegenwärtigen Gesellschaft bei.

Jedoch ist eine Annahme die notwendige Voraussetzung aller soziologischen und historischen Forschung: die Annahme nämlich, daß unabhängig davon, wie groß die räumliche oder zeitliche Distanz zu unserer eigenen Gesellschaft ist, ein subjektives Verständnis menschlicher sozialer und kultureller Beziehungen möglich ist. Für die Untersuchung der Geschichte der Kindheit bedeutet dies, daß – so wie Vater, Mutter und Kind miteinander – der Wissenschaftler mit den Objekten seiner Untersuchung durch eben die menschlichen Eigenschaften verbunden ist, die er mit ihnen gemeinsam hat.[219] Bertrand de Jouvenel weist auf die grundsätzlich ähnlichen Bedingungen hin, von denen das Überleben aller menschlichen Familien abhängt – die schützende Reaktion der Eltern auf die totale Hilflosigkeit des Säuglings.

Natürlich gibt es gewaltige Unterschiede in den Einstellungen der Erwachsenen gegenüber Kindern, und das ist eine Sache gesellschaftlicher Vorstellungen und individueller Veranlagung ... Aber selbst wo die Einstellungen der Eltern weit hemmender wirken, als es uns heute lieb ist, sind die Großmächte, zu deren Füßen das Kind spielt, in erster Linie hilfreich und wohlgesonnen ... Die Tatsache selbst, daß das Kind weiterlebt und sich entwickelt, bezeugt den wirksamen Schutz der Großmächte.[220]

Was Jouvenel als für »alle Gesellschaften« zutreffend beschreibt, war auch für die Familie im Frankreich des siebzehnten Jahrhunderts gültig. Der vorliegende Aufsatz hat verdeutlicht, daß die elterlichen Gefühle, die Jouvenel als universell beschreibt, in Frankreich in dem Moment zum Tragen kommen, in dem die Kultur in die Natur des Kindes eingreift. Durch die Geburt allein, war ein Säugling noch nicht der Sorge würdig, die seine Überlebenschancen erhöht; aber wenn erst einmal die Bande zwischen Kind und Umwelt geknüpft waren, setzten die Erwachsenen ihre große Macht zum Wohle des Kindes ein.

Anmerkungen

1 Thomas Hobbes, *Vom Bürger. Vom Menschen*, Hamburg 1959, S. 69. Erstausgabe 1642.
2 H. Boguet, *Discours des sorciers*, Lyon 1610, S. 376 f., 400 f.
3 Das französische Wort *nourriture* bedeutet wie seine englische Entsprechung *nurture* Ernährung und auch Erziehung (im weiten Sinne). [*Nurture* wird hier – vor allem auch, um den Gegensatz zu *Natur* zu betonen – mit *Kultur* übersetzt.]
4 Jean Héroard, *Journal sur l'enfance et la jeunesse de Louis XIII*, Eud. Soulié und E. de Barthélemy, Hrsg., Paris 1868, Bd. II, S. 323. Diese Ausgabe wird im folgenden als *S. & B.* zitiert.
5 Ibid., Bd. I, S. 152-153. Die Herausgeber verweisen darauf, daß sich in Molières *Schule der Frauen* die gleiche Auffassung findet.
6 Philippe Ariès, Die Geschichte der Kindheit, München 1975, S. 45 ff.
7 Zu der Diskussion dieser Quellen s. Maurice Dumoulin, »Figures du temps passé: les livres de raisons«, in: *En pays roannais*, Paris 1892, S. 1-38.
8 *S. & B.*, Bd. I, S. 14.
9 Ibid., S. 34, 36.
10 Ibid., S. 38.
11 Ibid., S. 100.
12 Ibid., S. 50.
13 Siehe auch mein »The Character of Louis XIII: the Role of his Physician in its Formation«, *Journal of Interdisciplinary History*, Bd. IV, 1974, S. 347-374.
14 »La manière d'élever les enfans sans nourrice: extrait d'une lettre à M. Justel«, *Journal des scavans*, 1680, S. 45.
15 *Journal des scavans*, 1681, S. 66 f. Der Vorschlag, die Findlinge in städtischen Hospitälern »ohne Ammen« aufzuziehen, wurde 1679 von dem Pariser Parlament gemacht. Ein Komitee von Ärzten und Hebammen legte jedoch ein Veto ein. S. Michel Félibien, *Histoire de la ville de Paris*, 1725, Band II, S. 1511.
16 Francois Mauriceau, *Von den Zufällen und Krankheiten der schwangern Weiber und Kindbetterinnen*, Nürnberg 1681, S. 599 (erste Ausgabe Paris 1668).
17 Laurent Joubert, *Traité des erreurs populaires*, Lyon 1608, S. 418 f. (erste Ausgabe 1578).
18 Louise Bourgeois, *Observations diverses sur la stérilité, perte de fruict, fecondité, accouchements et maladies des femmes et enfans nouveau naiz*, Paris 1626, S. 163. Auszugsweise deutsche Übersetzung: *Hebammenbuch*, Frankfurt am Main 1628².
19 Joubert, *Erreurs*, S. 404.
20 Bourgeois, *Observations*, S. 164 (Deutsche Ausgabe S. 113).

21 Jacques Guillemeau, *Oeuvres de chirurgie*, Paris 1612, S. 390.
22 Zitiert aus J.-L. G. de Balzac (1597-1654), »Mémoires de deux jeunes mariées«, im Vorwort zu *Les caquets de l'accouchée*, Paris 1888, S. XXIX-XX.
23 Bourgeois, *Observations*, S. 226.
24 Joubert, *Erreurs*, S. 515.
25 Ibid., S. 416.
26 Catherine Meurdrac, *Mémoires*, Paris 1856, S. 8 (erste Ausgabe 1681).
27 Mauriceau schrieb: »Gleicher Weis sehen wir, wie gemeiniglich mehr, als der halbe Theil kleiner Kinder sterben, ehe sie fast zwey oder drey Jahr alt werden.« *Krankheiten der schwangern Weiber*, S. 530 f.
28 Ein englischer Arzt, der Frankreich im 17. Jahrhundert bereiste, bemerkt, daß das Wasser in Paris außergewöhnlich schlecht war und die rote Ruhr eine verbreitete Krankheit war. Martin Lister, *A Journey to Paris in the Year 1698*, R. P. Stearns, Hrsg., Urbana, III., 1967, S. 235.
29 *S. & B.*, Bd. I, S. 14 f.
30 *Correspondance de Madame, Duchesse d'Orleans*, E. Jaegglé, Hrsg., Paris 1880, Bd. II, S. 48.
31 Boguet, *Discours*, S. 80.
32 Als Beispiel zweier solcher Testamente aus dem fünfzehnten Jahrhundert s. Charles de Ribbe, *La société provencale à la fin du moyen âge*, Paris 1898, S. 233 f. Joubert bezeichnet diese Praxis als eine »asiatische« Sitte: *Erreurs*, S. 425. Eine Testament des achtzehnten Jahrhunderts ermahnt, es sei die Pflicht der Mütter, »ihre Kinder selbst zu stillen und ich lege dies meinen Töchtern besonders ans Herz«. Charles de Ribbe, *La vie domestique: ses modèles et ses règles*, Paris 1878, Bd. I, S. 185.
33 »Livre de raison de la famille Froissard-Boissia (1532-1701)«, *Mémoires de la Société d'Emulation du Jura, 4eme série*, Bd. II, 1886, S. 44. Diese Arbeit enthält Berichte über verschiedene Stillprobleme. Ein anderes *livre de raison* erwähnt die Berufe der Gatten der Ammen, die für sieben Kinder zuständig waren. Bis auf einen kamen alle aus der Handwerkerschicht. *Journal de Samuel Robert*, G. Tortat, Hrsg., Pons, 1883, S. 13-15.
34 Gustave Fagniez, *La femme et la société française dans la première moitié du XVIIe siècle*, Paris 1929, S. 7, 60.
35 Pierre Coustel, *Les règles de l'éducation des enfans*, Paris 1687, Bd. I, S. 66.
36 Neuere dokumentarische Forschungen haben gezeigt, daß zwischen dem siebzehnten und achtzehnten Jahrhundert der Trend bestand, Ammen zu beschäftigen. Siehe Michel Bouvet und Pierre-Marie Bourdin, *A travers la Normandie des XVIIe und XVIIIe siècles*, Caen 1968, S. 80 f., 254.
37 Mauriceau, *Krankheiten der schwangern Weiber*, S. 521. Hinsichtlich eines »Frühstarters« siehe Marguerite la Marche, *Instruction familière et*

très-facile... touchant toutes les choses principales qu'une sage-femme doit scavoir..., Paris 1677, S. 93 f.
38 Joubert, *Erreurs*, S. 46 f.
39 Joubert betont die verglichen mit den Tieren »exkrementöse« Natur der Menschen. Ibid., S. 439-441.
40 Mauriceau, *Krankheiten der schwangern Weiber*, S. 521 f.
41 Marie Fouquet, *Suite du recueil des remèdes avec... un traité du lait*, Dijon 1687, S. 419. Diese Arbeit widerspricht der allgemeinen medizinischen Auffassung jener Zeit und sollte nicht als repräsentativ angesehen werden.
42 Scévole de Sainte-Marthe, *La manière de nourrir les enfans à la mammelle*, Paris 1698, S. 95. Diese Arbeit wurde – wie Jouberts *Erreurs* – im frühen siebzehnten Jahrhundert mehrere Male nachgedruckt (Erstausgabe 1584).
43 Pierre Dionis, *Traité général des accouchements, qui instruit ce qu'il faut pour être habile accoucheur*, Paris 1718, S. 374-376. Auszugsweise deutsche Übersetzung: »Johannis Timmii vermehrter und erläuterter Dionis. Oder Anmerkungen über des... Dionis sehr curieusen Tractat von Erzeugung und Geburt des Menschen...« Um 1750 (Handschrift).
44 *S. & B.*, Bd. I, S. 1, 7.
45 Mauriceau, *Krankheiten der schwangern Weiber*, S. 547 f.
46 *Journal des scavans*, 1681, S. 66.
47 In der Tat scheint die Gewohnheit, das Kind in seinen ersten Lebenstagen sofort zu füttern, wenn es schrie, so verbreitet gewesen zu sein, daß man davon ausgehen kann, daß viele Säuglinge überfüttert waren.
48 Daniel Martin, *La vie à Strasbourg au commencement du XVIIe siècle (Le parlement nouveau)*, Ch. Nerlinger, Hrsg., Belfort 1899, S. 178.
49 Mauriceau, *Krankheiten der schwangern Weiber*, S. 523.
50 *Journal des scavans*, 1681, S. 66.
51 Fouquet, *Suite du recueil*, S. 409. Siehe auch Bourgeois, *Observations*, S. 217-221.
52 Louis-Emile Bougaud, *Histoire de Sainte Chantal et des origines de la Visitation*, Paris 1861, Bd. I, S. 8.
53 Meurdrac, *Mémoires*, S. 47 f.
54 Coustel, *Règles des enfants*, Bd. I, S. 68.
55 Philippe de Duplessis-Mornay, *Mémoires et Correspondence*, Paris 1824, Bd. I, S. 10. Dies ist die Erstausgabe von Mme. de Mornays Biographie des siebzehnten Jahrhunderts über Duplessis-Mornay. Andere Beispiele unsterblicher Hingabe finden sich in de Ribbe, *Société provencale*, S. 232.
56 Siehe das Porträt Gabrielle d'Estrées', der Frau Henri IV. (Musee Condé, Chantilly), in dem sie in ihrem Bad gezeigt wird. Ein Kind steht neben ihr, zu ihrer Rechten säugt eine Amme ein anderes Kind und im Hintergrund sieht man eine weitere Amme, die offensichtlich zur Entla-

stung der ersten bereitsteht. Vollkommene Gleichrangigkeit ist auf dem Frontispiz zu *Les caquets de l'accouchée* dargestellt, Ausgabe von 1623.

57 Guillaume Gérard-Gailly, *Les sept couches de Mme. de Grignan*, Abbéville 1926, S. 3-15.

58 Die Aufteilung der mütterlichen Funktionen wird sehr deutlich, wenn er der ersten Frau seines Vaters »Maman ma fille« im Auftrag seiner Amme »Maman Doundoun« dankt, *S. & B.*, Bd. I, S. 145.

59 Ibid., S. 131.

60 Martin, *Strasbourg*, S. 476 f.

61 Georges de la Tour (1593-1652), »Le Nouveau-né«, Rennes, Museum der schönen Künste. Im Louvre gibt es ein ähnliches Gemälde dieses Künstlers.

62 Bourgeois, *Observations*, S. 156.

63 Zu der Wickel»ausrüstung« im 18. Jahrhundert siehe Alfred Franklin, *La vie privée d'autrefois: L'enfant, la layette, la nourrice*, Paris 1896, XIX, S. 21 f.

64 »Livre de raison Froissard-Boissia«, S. 89.

65 Niclaos A. de la Framboisière, *Advis utile et nécessaire pour la conservation de la santé*, Paris 1639, S. 7.

66 Mauriceau, *Krankheiten der schwangern Weiber*, S. 519.

67 Bibliothèque nationale (BN) manuscrits, Fds. frçs., 3649.

68 G. L. L. Buffon, *Oevres complètes*, Paris 1824, Bd. XIII (»Histoire naturelle de l'Homme«), S. 32. Als der Dauphin kaum einen Monat alt war, »wurde eine Kompresse zwischen seine Knie gelegt, weil man befürchtete, er würde sie nach innen drehen«. BN, N.a. 13008, 28. Nov. 1601. Dieses Manuskript, ein zeitgenössischer Auszug von Simon Courtaud über das Tagebuch seines Onkels, von dem für die Jahre 1601-1605 das Original fehlt, gibt einen ausführlicheren Bericht als die veröffentlichte Version von Héroards Aufzeichnungen. Es ist im folgenden als *Courtaud* zitiert.

69 E. Littré, *Dictionnaire de la langue française*, Paris 1863, Bd. I, S. 1817. Es wurde für ein Zeichen weiblicher Erziehung betrachtet, daß Philippe, der Bruder Louis XIV., als Kind das *corps* tragen mußte. Philippe, Erlanger, *Monsieur, frère de Louis XIV*, Paris 1953, S. 38.

70 P. Fortin de la Hoguette, *Testament ou conseils fidèles d'un bon père a ses enfants*, Paris 1648, S. 393.

71 Wenn der Dauphin gefüttert wurde, ließ man ihn offenbar völlig ungewickelt, aber er trug ein *remueuse* (Kleid für den ganzen Tag).

72 Jacques Guillemau, *Child-Birth or the Happy Delivery of Women*, London 1635, S. 21. An anderer Stelle empfiehlt er, die Säuglinge einen Monat lang zu wickeln. *Oeuvres*, S. 397.

73 1689 berichtete die Komtesse von Rochefort, daß ihr neun Monate alter Sohn »noch gewickelt wurde«. Charles de Ribbe, *Une grande dame dans son ménage au temps de Louis XIV*, Paris 1890, S. 82.

74 Siehe die Keramik »La nourrice«, eine Illustration von Lucy Crump, *Nursery Life 300 Years ago,* New York 1930, S. 24.
75 Siehe Ariès, *Geschichte der Kindheit,* S. 113. Das Porträt »Les enfants de Henri-Louis Hubert de Montmort«, 1649, stammt von Philippe de Champaigne, Musée de Reims. Eine Inschrift gibt Aufschluß über das Alter aller Kinder, auch der Zwillingsknaben von fast fünf Jahren – eine Seltenheit im siebzehnten Jahrhundert.
76 Buffon, *Oeuvres,* Bd. XIII, S. 35. Von Fällen, in denen der durch »wie von Zauberkraft umgestoßenen Wiegen« verursachte Tod von Säuglingen, Ehemänner veranlaßte, ihre fahrlässigen Frauen anzuklagen, berichtet Etienne Delcambre, *Le concept de la sorcellerie dans le duché de Lorraine au XVIe et au XVIIe siècle,* Nancy 1948-1951, Bd. II, S. 80.
77 Martin, *Strasbourg,* S. 87 f.
78 Mauriceau, *Krankheiten der schwangern Weiber,* S. 528.
79 In der veröffentlichten Version von Héroards Tagebuch ist die Dokumentation über die Hautausschläge Louis' sehr unvollständig. Siehe Courtaud, Einträge vom Dezember 1601 und Januar 1602.
80 Paul Guillon, *La mort de Louis XIII,* Paris 1897, S. 70.
81 Stillen sei notwendig, glaubte man, um das Baby zu beruhigen, wenn »eine Nadel . . . oder ein Floh . . . es sticht«. Joubert, *Erreurs,* S. 546 f.
82 *Courtaud,* fols, 45; 98; 108.
83 Juliette Favez-Boutonier, »Child Development Patterns in France (1)«, in: *Mental Health and Infant Development,* Kenneth Soddy, Hrsg., New York 1956, Bd. I, S. 18.
84 Siehe die Keramik »Boy with Puppies«, eine Illustration in Crump, *Nursery Life,* S. 124. Ebenso das Gemälde von Jan Steen (1626-1674), »Twelfth Night«, Los Angeles County Museum.
85 *Courtaud,* fol. III Vo.
86 BN, Fds. frçs., 4022, fol. 12 Vo. Dies ist das Originalmanuskript von Héroard. Es beginnt am 1. Januar 1605 und ist im folgenden als *Héroard* zitiert.
87 Guillemeau, *Childbirth,* S. 80.
88 Mauriceau, *Krankheiten der schwangern Weiber,* S. 514 f.; Guillemeau, *Oeuvres,* S. 45 und *Childbirth,* S. 53.
89 Dionis, *Traité des accouchements,* S. 373. Das andere Extrem vertrat Jean Devaux, nämlich das Purgieren des Dickdarms als Universalkur. *Le Médecin de soi-même,* Leyden 1682, S. 52-80.
90 Noch im Alter von 29 Jahren fürchtete er sich vor diesen Kuren. P. Suffren, »Véritable récit de ce qui s'est passé en la maladie du Roy à la ville de Lyon«, in: F. Danjou, *Archives curieuses de l'histoire de France,* 2e série, Paris 1838, Bd. III, S. 368.
91 BN, Fds. frçs., 10241, fol. 55.
92 *S. & B.,* Bd. II, S. 110.
93 Jean-Jacques Bouchard, *Confessions,* Paris 1930, S. 30 f.

94 *Héroard*, 4022, fol. 137.
95 Ibid., 4023, fol. 110.
96 Ibid., S. 30.
97 Siehe Ariès' Diskussion der Kinderkleidung. *Geschichte der Kindheit*, S. 112-125.
98 Alice Ryerson, »Medical Advice on Childrearing Practices, 1550-1900«. Unveröffentlichte Dissertation, Harvard 1960, S. 110.
99 Als Beispiel siehe Bouzonnet-Stella, *Plaisirs*, S. 1.
100 Aber es scheint, daß der Zusammenhang zwischen Würmern und tierischen Exkrementen nicht erkannt wurde. Siehe Buffon, *Oeuvres*, Bd. XIII, S. 45. Eine medizinische Kapazität berichtete, daß die Würmer zu den drei am weitesten verbreiteten Krankheiten gehörten, für die Medikamente erforderlich seien. Jean Duret, *Discours sur l'origine des moeurs, fraudes et impostures*, Paris 1622, S. 9 f.
101 BN. Fds. frçs., 3649.
102 Guillemeau, *Childbirth*, S. 27.
103 Mauriceau, *Krankheiten der schwangern Weiber*, S. 564.
104 Jules Gauthier, Hrsg., *Le Ménage d'un ambassadeur d'Espagne au milieu du XVIIe siècle*, Besançon o. J., S. 4 f.
105 Jules Feuvrier (Hrsg.), »Feuillets de garde: les Mairot (1535-1769)«, in: *Mémoires de la Société d'Emulation du Jura*, 7e série, Bd. I (1901), S. 192.
106 Sainte-Marthe, *La manière de nourrir*, S. 76.
107 Siehe Margaret Mahler, *Symbiose und Individuation*, Bd. I: *Psychosen im frühen Kindesalter*, Stuttgart 1972, S. 24 ff. Vgl. D. W. Winnicott, *Kind, Familie und Umwelt*, München–Basel 1969, S. 83-88, wo die Entwöhnung von der Brust um den neunten Monat empfohlen wird, mit »Transitional Objects and Transistional Phenomena«, in: *Collected Papers: through Pediatrics to Psychoanalysis* von demselben Autor, London 1958, S. 229-242.
108 BN, Cinq-cents Colbert 86, fol. 230.
109 *Héroard*, 4022, fol. 30 Vo.
110 Guillemeau, *Childbirth*, S. 27.
111 *Courtaud*, 13008, 7. November 1603.
112 Joubert, *Eurreurs*, S. 437. Dieser Autor hält einen früheren Zeitpunkt der Entwöhnung (um den sechsten Monat) bei Mädchen für möglich. Ibid., S. 570. Eine solche Praxis wäre ein weiterer Grund für die verbreitete Annahme, daß junge Frauen eher zu Knochenverformungen neigten.
113 BN, Cinq-cents Colbert, 86, fol. 175.
114 Guillemeau, *Oeuvres*, S. 451.
115 Diese Methode läßt sich bis zur römischen Zeit zurückverfolgen. Siehe G. Boissier, *La fin du paganisme*, Paris 1891, Bd. II, S. 182. Eine Serie von Comic strips – Ausstellung »Le dessin d'humour«, Bibliothèque

nationale, 1971 – illustriert die umgekehrte Methode (le monde à renvers) für das sechzehnte, siebzehnte und achtzehnte Jahrhundert. In diesen Umkehrungen peitscht das Kind, während der Vater über dem Rücken der Mutter festgehalten wird.

116 *Correspondance de Madame*, Bd. II, S. 48.
117 BN Cinq-cents Colbert, 86, fol. 275.
118 Jeanne Frémyot (Sainte Chantal), *Lettres*, Ed. de Barthélemy, Hrsg., Paris 1860, S. 237.
119 J.-B. de LaSalle, *Règles de la Bienséance*, S. 26.
120 Als Beispiele siehe *S. & B.*, Bd. I, S. 108, 113.
121 Ibid., S. 76. Der Dauphin verteidigte sich entsprechend: er drohte damit, den Penis des Gatten seiner Amme abzuschneiden. Ibid., S. 108.
122 St. Calgay de Martignac, *Mémoires de Monsieur*, Paris 1685, S. 16 f.
123 Ibid., S. 26.
124 *S. & B.*, Bd. II, S. 325.
125 Victor Cousin, *Jacqueline Pascal*, Paris 1862, S. 409. Das *règlement* wurde 1657 abgefaßt.
126 BN. N. a. frçs. 1702, fol. 270.
127 Cousin, *J. Pascal*, S. 360 ff.
128 Ibid., S. 363.
129 J. B. de LaSalle, *Règles de la bienséance*, S. 18, 43.
130 Cousin, *J. Pascal*, S. 399, 374.
131 Soeur Jeanne des Anges, *Autobiographie d'une hystérique possédée*, aufgezeichnet von G. Legué und G. de la Tourette, Paris 1886, S. 321 ff.
132 *S. & B.*, Bd. I, S. 254.
133 Jeanne des Anges, *Autobiographie*, S. 233 f.
134 Cousin, *J. Pascal*, S. 404: Die geforderte Introspektion war extrem: »Man muß die Kinder sehr ermutigen, sich selbst kennenzulernen ... und zu dem Kern ihrer Fehler vorzudringen.« S. 402.
135 Frémyot, *Lettres*, S. 66.
136 Tronson de Chenevière, *Vie de Marie-Marguerite du Saint-Sacrement*, Paris 1690, S. 11.
137 Robert Arnauld d'Andilly, *Lettres*, Lyon 1665, S. 396.
138 Emmanuel LeRoy Ladurie, *Les Paysans de Languedoc*, Paris 1966, Bd. I, S. 397.
139 C. LeBrun de la Rochette, *Le procès criminel*, Rouen 1647, S. 13, 20.
140 Zu den rechtlichen und moralischen Vorschriften über das Heiratsalter siehe Fagniez, *La femme dans le XVIIe siècle*, S. 58-61.
141 Estienne Pasquier, *Oeuvres*, Amsterdam 1723, Bd. II, S. 674.
142 Jean-Jacques Boileau, *Vie inédite de la Duchesse de Luynes* (1624-1651), Paris 1880, S. 34-43. Als ein vergleichbares protestantisches Beispiel siehe Samuel Robert, *Journal*. Robert heiratete im Jahr 1639 an dem Tag, als seine Braut sechzehn Jahre alt wurde. Neun Jahre später hatte sie sieben Kinder geboren. S. 13-15.

143 Micheline Baulant, »La famille en miettes: sur un aspect de la démographie du XVIIe siècle«, in: *Annales, ESC*, XXVII (1972), S. 967.
144 J. Hajnal, »European Marriage Patterns in Perspective«, in: *Population in History*, D. V. Glass und D. C. Eversley, Hrsg., London 1965, S. 101-143. Neuere Forschungen haben aber gezeigt, daß die kleine Durchschnittsfamiliengröße nicht von diesem Muster abhängt. Siehe Christiane Klapisch und Michel Demonet, »›A uno pane e uno vino‹«: la famille rurale toscane au début du XVe siècle«, in: *Annales, ESC,* XXVII (1972), S. 873-901.
145 Pierre Goubert, *Beauvais et la Beauvaisis de 1600 à 1730,* Paris 1960, Bd. I, S. 299.
146 Emmanuel LeRoy Ladurie, »Système de la coutume: structures familiales et coutume d'héritage en France au XVIe siècle«, in: *Annales, ESC,* XXVII (1972), S. 825-846.
147 Pierre Goubert, »Legitimate Fecundity and Infant Mortality in France During the Eighteenth Century: A Comparison«, in: Glass and Eversley, *Population,* S. 593-603.
148 J. L. Flandrin, »Contraception, mariage et relations amoureuses dans l'occident chrétien«, in: *Annales, ESC,* XXIV (1969), S. 1370-1390. Für eine nützliche Zusammenfassung siehe auch Orest und Patricia Ranum (Hrsg.), *Popular Attitudes toward Birth Control in Pre-industrial France and England,* New York 1972, S. 1-52.
149 Goubert, *Beauvais,* Bd. I, S. 78-149.
150 Henri Baudrillart, *Jean Bodin et son Temps,* Paris 1853, S. 249 f.
151 LeBrun de la Rochette, *Le Procès criminel,* S. 64 f.
152 E. Pasquier, *Oeuvres,* Bd. II, S. 297.
153 P. E. LeMaguet, *Le monde mèdical parisien sous le grand roi suivi du porte Feuille de Vallant,* Paris 1889, S. 305.
154 Vielfältige andere Methoden standen zur Verfügung. Daß Säuglinge zu einer Amme gegeben wurden, die schon mehrere andere stillte, wird in A. Corre und P. Aubry, *Documents de criminologie rétrospective: Bretagne XVIIe et XVIIIe siècles,* Paris 1895, S. 517 ff. erwähnt.
155 Francois Lebrun. *Les hommes et la mort en Anjou aux XVIIe et XVIIIe siècles,* Paris 1971, S. 424.
156 Ibid., S. 424.
157 Ibid., S. 187.
158 Roland Mousnier, »Etudes sur la population de la France au XVIIe siècle«, in: *Le dix-septième siècle,* Bd. XVI (1952), S. 527-530.
159 Vgl. Etienne Gautier und Louis Henry, *La population de Crulai, paroisse normande,* Paris 1958, S. 47-194.
160 Gérard-Gailly, *Les couches de Mme de Grignan,* S. 1-15.
161 Baulant, *»Famille en miettes«,* S. 963.
162 Jeanne du Laurens, *Une famille au XVIe siècle,* Charles de Ribbe, Hrsg., Paris 1867, S. 104.

163 Martin, *Strasbourg*, S. 178 f.
164 Guillaume Bouchet, *Sérées*, Paris 1873, Bd. IV, S. 10.
165 Joubert, *Erreurs*, S. 515.
166 Siehe Pierre-Marie Bourdin, »La plaine d'Alençon«, in: *A travers la Normandie des XVIIe et XVIIIe siècles*, Michel Bouvet und P.-M. Bourdin, Hrsg., Caen 1968. Er stellt fest, daß im 17. Jahrhundert in dieser normannischen Gegend die Säuglinge selten zu Ammen gegeben wurden, daß aber im Laufe des 18. Jahrhunderts sogar kleine Handwerker Ammen engagierten. Eine Amme hatte in den letzten zwanzig Jahren jedes zweite Jahr ein Kind geboren und sich jedesmal zu einem hohen Lohn als Amme zur Verfügung gestellt, wobei »sie sich um ihr eigenes Kind wenig scherte«. Bei einer Familie, die als »unfruchtbar« galt, stellte sich heraus, daß ihre drei Säuglinge verstorben waren. S. 254.

1687 schrieb Coustel: »Früher herrschte allgemein die Sitte, daß die Mütter ihre Kinder selbst stillten, aber sowie auch nur ein geringer Wohlstand vorhanden ist, stellen sich die Frauen so empfindlich, daß diese Sitte fast vollkommen verschwunden ist.« *Règles des enfants*, Bd. I, S. 66.
167 Roger Mols, *Introduction à la démographie historique des villes d'Europe du XIVe au XVIIe siècle*, Louvain 1955, S. 290.
168 Ernest Semichon, *Histoire des enfants abandonnés*, Paris 1888, S. 95-134.
169 L. Lallemand, *Histoire des enfants abandonnés et délaissés*, Paris 1885, passim. Siehe auch die Interpretation in François Lebrun, »Naissances illégitimes et abandons d'enfants en Anjou au XVIIIe siècle«, in: *Annales, ESC*, XXVII (1972), S. 1183-1189.
170 E.-V. Fléchier, *The Clermont Assizes of 1665*, W. W. Comfort, trs. Philadelphia 1937, S. 131 f.
171 F. de Grenaille, *L'honneste mariage*, Paris 1640, S. 81-83. Eine größere päpstliche Toleranz gegenüber illegitimen Geburten (im Gegensatz zu den Kindsmorden) wird deutlich in R. Genestal, *Histoire de la légitimation des enfants naturels en droit canonique*, Paris 1905, S. 83-84.
172 Coustel, *Règles des enfants*, Bd. II, S. 330-331. Mauriceau, *Krankheiten der schwangern Weiber*, S. 14. Dieser Standpunkt wurde auch von dem Kanon eingenommen. R. Dognon, *Le modelle du mesnage heureux*, Paris 1633, S. 190.
173 Angélique Arnauld, *Lettres*, Utrecht 1742, Bd. I, S. 496-497.
174 Louis Cognet, *La spiritualité française au XVIIe siècle*, Paris 1949, S. 20 f.
175 E. Griselle, *La vénérable mère Marie de l'Incarnation*, Paris 1909, S. 9 f.
176 Henri Brémond, *A Literary History of Religious Thought in France*, London 1930, Bd. II, S. 215.
177 Jacques Brousse, *Tableau de l'homme juste: Francois de Montholon*, o. Ort, 1626, S. 100. Siehe auch G. Hector Quignon, *L'assistance dans l'ancienne France*, Paris 1904, S. 10-12.

178 Goubert, *Beauvais*, Bd. I, S. 299-302.
179 M. Félibien, *Histoire de Paris*, Bd. II, S. 1197.
180 Jacques du Breul, *Le Théâtre des antiquités de Paris*, Paris 1639, S. 744.
181 R. Chantelauze, *Saint Vincent de Paul et les Gondi*, Paris 1882, S. 259 f.
182 Breul, *Théâtre*, S. 27 f. Die Lebensordnung der älteren Kinder in einigen Pariser Waisenhäusern sind in Laurens Bouchel, *Thresor ... de droit français*, Paris 1647, Bd. I, S. 1213-1215 beschrieben.
183 Chantelauze, *Vincent*, S. 260.
184 Vincent de Paul, *Lettres*, Paris 1880, Bd. I, S. 185.
185 Ibid., S. 242.
186 Ibid., S. 168.
187 La vénérable Louise de Marillac, *Lettres*, Paris 1898, S. 443.
188 Aus diesem Grunde wurde laut Lebrun in Anjou im Jahre 1615 ein Erlaß herausgegeben, der eine eigene Wiege für jeden Säugling forderte, *La Mort en Anjou*, S. 422.
189 J.-B. LaSalle, *Règles de bienséance*, S. 48. In Port-Royal wurde für jedes Kind ein eigenes Bett gefordert »ohne Ausnahme und ohne Rücksicht auf die Umstände«, sagte Jacqueline Pascal, Cousin, *J. Pascal*, S. 381.
190 Zu einer Besprechung der neueren Literatur über die Variablen westeuropäischer Familienstrukturen siehe »Under the Same Roof-tree«, *Times Literary Supplement*, 3713, 4. Mai 1973, S. 485-487.
191 LeBrun de la Rochette, *Procès criminel*, S. 64 f.
192 Fagniez, *La Femme du XVIIe siècle*, S. 182.
193 R. Arnauld d'Andilly, *Lettres*, S. 125.
194 L. Goussault, *Le portrait d'une honnête femme*, Paris 1693, S. 25 f.
195 R. Arnauld d'Andilly, *Lettres*, S. 124.
196 J. L. Guez de Balzac, *Les Entretiens*, Paris 1660, S. 374.
197 La Hoguette, *Conseils d'un bon père*, S. 388.
198 Boguet, *Sorciers*, S. 384-388.
199 Gérard-Gailly, *Les couches de Mme. de Grignan*, S. 11.
200 Antoinette Bourignon, *La parole de Dieu*, Paris 1682, S. 143.
201 Roger de Rabutin, *Mémoires du Comte de Bussy-Rabutin*, Paris 1882, Bd. I, S. 5.
202 Edmond Pilon, *La vie famille au dix-huitième siècle*, Paris 1928, S. 97.
203 Marie-Angélique Arnauld, *Relations*, ohne Ort 1716, S. 20.
204 Jeanne Frémyot wies einen Sohn zurück, Antoinette Bourignon einen Vater.
205 François de Dainville, »Collèges et fréquentation scolaire au XVIIe siècle«, in: *Population*, 1955, S. 455-488.
206 Siehe hierzu Fagniez, *La femme du XVIIe siècle*, S. 13-48;
207 LeBrun de la Rochette, *Le Procès criminel*, S. 64.
208 Cousin, *J. Pascal*, S. 404.
209 Guillaume Dall, *La mère Angélique d'après sa correspondance*, Paris 1893, S. 116 f.

210 Louis Racine, *Oeuvres*, Amsterdam 1750, Bd. II, S. 191.
211 *Lettres de Madame*, Bd. II, S. 48.
212 Ariès, *Geschichte der Kindheit*, S. 98 ff. Die Frage einer solchen Verhinderung von Gefühlen in einem heutigen Land mit einem »alten« demographischen Muster wird diskutiert in Arthur Geddes, »The Social and Psychological Significance of Variability in Population Change: with Examples from India. 1871-1941«, in: *Human Relations*, Bd. I (1947), S. 181-205.
213 Lebrun, *La Mort en Anjou*, S. 424.
214 Meurdrac, *Mémoires*, S. 47.
215 Chenevière, *M.-M. Acarie du Saint-Sacrement*, S. 38.
216 Vincent de Paul, *Lettres*, Bd. I, S. 26.
217 Sainte Chantal, *Lettres*, S. 25.
218 Ibid., S. 8.
219 Siehe die Diskussion dieses Punktes bei Marc Bloch, *Apologie der Geschichte oder Der Beruf des Historikers*, Stuttgart 1974, S. 39 ff.
220 Bertrand de Jouvenel, *Reine Theorie der Politik*, Neuwied/Berlin 1967, S. 71.

VII Joseph E. Illick
Kindererziehung in England und Amerika im siebzehnten Jahrhundert

> ... auf daß wir jedwedes Übel bei uns und auch bei anderen unterdrücken – besonders jedoch bei unseren Kindern.
>
> An Account of the Life of John Richardson[1]

Der Bevölkerungsstatistiker Peter Laslett, ein gründlicher Kenner des vorneuzeitlichen England, hat uns kürzlich daran erinnert, daß »wir tatsächlich wenig über die Kindererziehung in vorindustriellen Zeiten wissen und man nicht zuverlässig versprechen könne, zu diesem Wissen noch zu gelangen«.[2] Wer die noch vorhandenen Materialien von England und Amerika aus dem siebzehnten Jahrhundert durchsieht, wird nicht umhin können, Laslett beizupflichten. Die verfügbaren Daten sind dürftig – dennoch erlauben sie, eine Geschichte zu erzählen.

Eine solche Geschichte hat sich nicht nur mit den Bedingungen der Kindererziehung zu befassen – mit den Einstellungen und dem Verhalten gegenüber Kindern –, sondern auch mit der Möglichkeit einer Veränderung dieser Bedingungen in der Zeit zwischen 1600 und 1700. Gewiß haben Veränderungen in mit der Kindererziehung zusammenhängenden Bereichen stattgefunden. Die Lebenserwartung scheint im Verlauf des siebzehnten Jahrhunderts gesunken und die Geburtenrate – (wahrscheinlich) teilweise bedingt durch Empfängnisverhütung – zurückgegangen zu sein.[3] Man hat geltend gemacht, daß im siebzehnten Jahrhundert »neue Methoden der Kindererziehung auf der Grundlage der kleinen Kernfamilie« aufkamen, »die dem heranwachsenden Kind einen starken Sinn für persönliche Verantwortung einzuprägen gedachten«.[4] Man hat auch gesagt, daß die patriarchalische Familie des frühen siebzehnten Jahrhunderts von einer auf vertraglichen Beziehungen beruhenden Einheit abgelöst worden sei.[5] Eine Geschichte der Kindheit – angefangen von der Sorge vor der Geburt bis hin zum Jugendalter – darf diese sich auf einen Wandel beziehenden Behauptungen nicht vernachlässigen.

Die Schwangerschaft galt als ein Zeichen der körperlichen und gefühlsmäßigen Vorbereitung auf die Geburt – zumindest für jene Klasse von Frauen, die sich die schriftlich niedergelegten Unterweisungen von Ärzten, Hebammen und anderen Ratgebern zunutze machen konnten. Regeln waren einzuhalten und auf gewisse Anzeichen mußte geachtet werden. Zu den Vorschriften, die man werdenden Müttern erteilte, gehörten: sich vor abrupten Körperbewegungen vorzusehen (sogar das Fahren in Kutschen könnte Frühgeburten verursachen); eine Diät einzuhalten; das Aderlassen; schlechte Gerüche und gesalzenes Fleisch zu meiden; auf ein Korsett zu verzichten (»aus der Befürchtung heraus, das Kind könne mißgebildet oder bucklig werden«); hingegen sollte im dritten oder vierten Monat »eine Binde« getragen werden, »um ihren Leib zu stützen«. Eine Frau mit gesunder Farbe und wohltuend warmer Körpertemperatur würde einen Jungen erwarten; falls sie mit einem Mädchen schwanger gehe, könnte man dies deutlich erkennen an »einem blassen, niedergeschlagenen und dunklem Gesichtsausdruck, einem schwermütigen Blick: Sie ist launisch, leicht reizbar und betrübt ... ihr Gesicht mit roten Flecken überzogen ...«[6] Sicherlich trugen diese Ermahnungen zu den mit der Geburt verbundenen Ängsten und auch zu späteren Schuldgefühlen bei. Nachdem Lady Frances Hatton ihre dritte Tochter gesund entbunden hatte, schrieb sie ihrem Gatten: »Ich bin sicher, daß Du es liebhaben wirst, obwohl es ein Mädchen ist, und ich vertraue auf Gott, daß ich noch das Leben habe, Dir Knaben zu schenken.«[7]

Der Vorgang der Geburt war kein Ereignis, dem man mit Vertrauen entgegensehen konnte. Eine Frau, die das Buch von Francis Mauriceau *The Disease of Women with Child ... With fit Remedies for the several Indispositions of New-Born Babes* las, mochte zwar angesichts der Verantwortung, das Leben der Mutter vor dem des Kindes zu retten, ein wenig beruhigt sein. Doch mußten die vielfältigen Komplikationen, die unter *Of natural, and unnatural Deliveries* aufgezeichnet waren, schon allein wegen der damit einhergehenden Unsicherheit Unerfahrene wie Erfahrene gleichermaßen erschreckt haben.

Es ist eine unbezweifelbare Tatsache, gut bekannt auch noch unerfahrenen Frauen, daß die mannigfachen unnatürlichen Lagen, die Kinder bei ihrer Geburt aufweisen, die meisten der dort anzutreffenden schlimmen Beschwerden und bösen Zufälle verursachen, deretwegen man gewöhnlich bei Chirurgen Zuflucht suchen muß.

Mauriceau wußte um »jene Grausamkeit und Unmenschlichkeit des Kaiserschnitts«, billigte ihn jedoch nicht. Er hielt ihn für den sicheren Tod der Mutter.[8]

Weniger erfahrene Praktiker vermochten keinen der Beteiligten zu retten. Über die Wehen von Francis Drax berichtete Elizabeth Tufton in einem Brief an ihre Schwägerin Cecilie, Lady Hatton:

Am Montag geruhte meine Schwester nach mir zu schicken; man hatte mir inzwischen erzählt, daß sie am Samstag und Sonntag Schmerzen litt; Mrs. Baker jedoch nahm an, daß es nicht die Wehen seien und unternahm deshalb nichts dagegen. Als ich am Montagmorgen ankam, fand ich sie in großen Schmerzen, die bis in die Nacht hinein andauerten, als ihr Fruchtwasser abging und die Hebamme sagte, daß das Kind verkehrt käme. Ich hatte Mr. Drax davon überzeugt, nach Canterbury schicken zu lassen, um Dr. Peters zu holen, der für seine Geschicklichkeit sehr berühmt ist. Er hielt sich im Hause für den Notfall bereit, aber wir wünschten, wenn möglich, das Leben des Kindes zu retten, ohne gewaltsame Mittel anzuwenden, solange dies nicht notwendig sein mußte. Als aber ihre Schmerzen die ganze Montagnacht andauerten, ohne daß es ihren Wehen irgend nützte und als die Hebamme an einigen Anzeichen erkannte, daß das Kind tot war, wünschte sie, daß Doktor Peters von seinen Fähigkeiten Gebrauch machen sollte, denn dies überstieg die ihrigen. Meine arme Schwester schien damit zufrieden, daß er es tun sollte, wünschte nur, ihr so wenig wie möglich Schmerzen zuzufügen und schien sehr wenig entmutigt; vielmehr betete sie, wie sie es die ganze Zeit über getan hatte, daß Gott ihr Kraft schenken möge. Am Nachmittag begann der Arzt von seinen Mitteln Gebrauch zu machen und wir beteten währenddessen entweder im selben Zimmer oder nebenan. Er bemühte sich weiter bis 10 Uhr nachts und wir mußten ihr fast alle Augenblicke ein herzstärkendes Mittel verabreichen. Als aber schließlich ihre Niederkunft nicht eingeleitet werden konnte und – obwohl der Mann Bedenken hatte – er alle nur erdenklichen Mittel versuchte, wenngleich vergeblich, bat sie, während sie zunehmend matter und benommener wurde, den Arzt, sie um Christi willen in Ruhe sterben zu lassen. Und als es sehr schlimm um sie stand, brachten wir sie zu Bett, wo sie die ganze Nacht über weiterhin ruhelos verblieb, während ihre Kräfte immer mehr aufgezehrt wurden durch das viele Blut, das sie verlor, genauso wie zuvor, nachdem der Arzt es aufgegeben hatte, sie zu behandeln. Das tote Kind in ihr ließ sie niemals einen Moment lang ruhig liegen. Nachdem mir der Arzt am Mittwochmorgen gesagt hatte, daß keine Hoffnung mehr für ihr Leben bestünde, wünschte ich, daß der Priester sie davon unterrichten solle, daß es mit ihr zu Ende gehe, worüber er mit ihr in sehr ehrfürchtiger Weise sprach. Sie äußerte ihm gegenüber, daß sie sehr willens sei zu sterben und hoffe, daß Gott sie bei sich aufnehmen möge. Einen Tag nach ihrem Tod öffnete man sie, und das Kind lag für die Geburt richtig. Jedoch sagte der Arzt, daß er es mit Gewalt in diese Lage gebracht habe und daß außerdem, als man sie geöffnet habe, ihre Wirbelsäule so gebogen war, daß es seiner Ansicht nach unmöglich gewesen wäre, selbst nur für einen Arm des Kindes einen Weg zu bahnen.[9]

Wieviele Mütter während der Geburt eines Kindes starben, ist nicht bekannt, man schätzt jedoch, daß die Kindersterblichkeitsraten sich auf 126 bis 158 pro Tausend in der ersten Hälfte des siebzehnten Jahrhunderts beliefen und auf 118 bis 147 in der zweiten Jahrhunderthälfte.[10]

Wie die vorhergehende Beschreibung nahelegt, wurden Kinder zu Hause entbunden, gewöhnlich im Bett – obschon auch für »starke und kräftige Frauen« ein Stuhl empfohlen werden mochte. Ein Arzt stand selten zur Verfügung. Verantwortlich für die Entbindungen waren Hebammen, die oft die Last für die hohe Sterblichkeitsrate trugen. Eine aus ihren Reihen, Elizabeth Cellier, legte im Jahr 1687 dar:

... innerhalb der letzten zwanzig Jahre sind mehr als sechstausend Frauen im Wochenbett gestorben, über dreizehntausend Kinder waren Frühgeburten und etwa fünftausend beklagenswerte Säuglinge (solche in ihrem ersten Lebensmonat) sind – wie aus den wöchentlichen Sterbelisten ersichtlich – begraben worden; davon sind aller Wahrscheinlichkeit nach über zwei Drittel – nahezu 16 000 Seelen – aus Mangel an angemessener Erfahrung und Fürsorge bei denjenigen Frauen zugrundegegangen, die den Hebammenberuf ausübten.[11]

Seit dem frühen sechzehnten Jahrhundert wurden die Hebammen von seiten der Kirche offiziell genehmigt, aber lediglich zwei Jahrzehnte lang (1642-1662) hat es ein System gegeben, wo »Hebammen am Institut für Chirurgen (Chirurgion's Hall) zugelassen wurden, allerdings erst dann, wenn sie drei Prüfungen in Gegenwart von sechs erfahrenen Hebammen und ebensovielen Chirurgen abgelegt hatten, die Experten in der Geburtshilfe waren« – ein Verfahren, das, wie man behauptete, die Sterblichkeitsrate beträchtlich senkte. Nach 1662 gingen die Hebammen »zurück zu ›Doctors Commons‹ [Sitz des Rechtsgelehrtenkollegiums in London], wo sie ihr Geld bezahlen (einen Eid leisten, den sie unmöglich einhalten können) und genauso befähigt nach Hause zurückkehren, wie sie dort hingegangen sind«.[12]

Der Eid war sicherlich erforderlich. Er verdeutlichte unter anderem die Gefahren, denen ein neugeborenes Kind sowohl von seiten der Hebammen als auch durch andere Personen ausgesetzt war. Immer noch bürdete er der Hebamme die Last für den Schutz auf. Sie mußte schwören:

> Ich will das von jeglicher Frau geborene Kind weder zerstören noch dessen Kopf abtrennen oder abreißen, es auch nicht auf andere Weise verstümmeln oder demselben Schaden zufügen, noch dulden, daß es solchermaßen verletzt oder verstümmelt werde.

Es war der Hebamme untersagt, Abtreibungsmittel anzuwenden, heimlich zu entbinden oder ein totgeborenes Kind im verborgenen zu begraben. Auch durfte sie bei ihrem Geschäft keine Hexerei betreiben; vielmehr mußte sie dafür sorgen, daß die Taufe einzig nach den Gesetzen der Kirche von England vollzogen wurde. Man erwartete zudem von ihr, den Namen des rechtmäßigen Vaters des Kindes in Erfahrung zu bringen.[13] Obschon die Hebamme nicht immer als vertrauenswürdig galt, war sie unentbehrlich. Gleich dem Akt der Geburt, dem sie vorstand, erzeugte sie sowohl Achtung als auch Furcht. Wahrscheinlich ist die Angst, die das Ereignis betraf, auf die mit ihm verbundene Person übertragen worden.[14]

Solche Sprichwörter wie »Denn die Natur übertrifft alles; so auch hier, sie ist weiser als jedwede Kunst oder die Hebamme« scheinen eine Art herkömmlicher Weisheit gewesen zu sein, die man nicht beachtet hat. Jacques Guillemeau, Chirurg und Verfasser von Moralpredigten, räumte ein, daß ein Kind gewöhnlich nicht von selbst zur Welt komme, daß vielmehr die Entbindung von einer Hebamme zu überwachen sei sowie von vier anderen Frauen, die die Mutter während der Geburt festhalten sollten. Wenn es sich als notwendig erwiese, einen Chirurgen kommen zu lassen, könnte dieser seine Arbeit durch den Umstand behindert sehen, daß die Frauen vor ihm den Schoß »zu verbergen gezwungen« wären, ein Rest Sittsamkeit, der seine Aufgabe offensichtlich behinderte.[15]

Der Chirurg erschien nicht in der Erwartung, der Natur ihren freien Lauf zu lassen. Obwohl er wußte, daß die »natürliche Veranlagung« einer Frau – etwa die Furcht vor Schmerzen – der Entbindung hinderlich sein konnte, ebenso wie körperliche Merkmale, Größe, Alter oder vaginale Verkrampfungen, Probleme aufwerfen konnten, brachte er seine Instrumente mit: die Nadel, ein unserer Häkelnadel ähnlich gestaltetes Instrument für die Entbindung eines totgeborenen Kindes; ein kleineres gebogenes Messer, das für den Fall gebraucht wurde, in dem ein Kind zwar lebte, jedoch aufgedunsen war, um »den Teil (aufzuschneiden), wo die Luft und das Wasser eingeschlossen sein sollten (sei es der Kopf, die Brust oder der Bauch) ...« Zumindest einige Leute glaubten tatsächlich, der Natur könne nachgeholfen werden: Wenn man die Nabelschnur nach ihrer Abtrennung lang verknotete, würden bei Knaben die Zunge und der Penis länger werden; umgekehrt sollte man sie bei Mädchen kurz abbinden.[16]

Während Guillemeau seinerseits gegenüber solchen Praktiken eine leise Skepsis hegte, versicherte er in einer zweiten Abhandlung – einem Essay eher über Kindererziehung denn über die Geburt –, daß »Erziehung mehr ausrichte als die Natur«. Diese Belehrung verband sich mit einer Warnung davor, ein Kind bei einer Amme in Pflege zu geben (Milch habe ebensoviel Einfluß wie der elterliche Samen; das Kind werde die Amme nachahmen); was aber jener Bekundung implizit war, fand in weiten Kreisen Anwendung.[17] Das Neugeborene sollte nach den Wünschen seiner Eltern gestaltet werden. Die Aufmerksamkeit richtete sich zuerst auf den Kopf des Säuglings, der, sofern er eine mangelhafte Gestalt aufwies, wie eine Kugel geformt werden sollte, indem man zu beiden Seiten eine kleine Platte als »Kopfbekleidung« anbrachte, die Druck ausüben konnte, ohne ihn zu zerquetschen. Die Ohren sollten gereinigt und »mit feinleinenen Tüchern umwickelt werden«. Augen, Nase und Mund, aber »nicht nur das Gesicht sondern der ganze Körper« mußten mit frischer Butter, Rosen- oder Nußöl gesäubert werden. Sogar der Magen sollte von seinem »klebrigen Schleim« dadurch befreit werden, daß man dem Kind ein wenig gezuckerten Wein einflößte.[18]

»Für den Fall, daß die Arme und Beine krumm sind oder schief stehen, sollen sie mit schmalen Wickeln und eigens zu diesem Zwecke angefertigten passenden Polstern gerade gerichtet werden; so auch, wenn entweder das Rückgrat oder der Bauch sich vorwölben« – ein Fall, für den ein Chirurg zu Rat gezogen werden sollte. Obschon in der Mitte des siebzehnten Jahrhunderts eine Hebamme davor warnte, die Arme vor dem vierten Monat freizulassen, sollte ein Kind, das – wahrscheinlich nach zwanzig bis dreißig Tagen – »seine Hände nicht mehr eingewickelt und bedeckt halten« könne, Ärmel bekommen, indessen »Brust, Bauch und Füße zum Schutze vor kalter Luft« ein Jahr lang einzuhüllen waren.[19] Francis Mauriceau, der darauf hinwies, daß seine Belehrungen, was das Wickeln anginge, unnötig wären, »weil es so üblich ist, daß es kaum eine Frau gibt, die es nicht weiß«, gab im weiteren Verlauf eine vernunftmäßige Erklärung für die Praxis: »Es muß auf solche Weise gewickelt werden, um seinem kleinen Körper eine gerade Gestalt zu geben, wie es sich für einen Menschen höchst schickt und geziemt, und es daran zu gewöhnen, sich aufrecht zu halten, denn sonst würde es – wie die meisten anderen Lebewesen – sich auf allen vieren bewegen.«[20] Vielleicht diente das Wickeln auch dazu, die Angst vor einer naheliegenderen Form von Degeneration, der Masturbation, zu unterdrücken. Ein anonymer Schreiber hat darauf hingewiesen, daß »wenn ihre Beine allzu fest geschnürt und zusammengebunden und ihre Hüften freigelassen werden, sie gelähmt werden«.[21]

Man übte auch noch andere Kontrollen aus. In seiner Wiege sollte das Baby im ersten Monat auf den Rücken gelegt werden, später dann auf die rechte oder linke Seite, »den Kopf ein wenig aufgerichtet, damit die Sekrete des Kopfbereichs leichter fließen und ausgeschieden werden könnten: Und damit es beim Schaukeln nicht aus der Wiege falle, sollte es darinnen angebunden und festgeschnürt werden.« Extreme waren zu vermeiden. Das Zimmer des Kindes sollte weder zu heiß noch zu kalt, zu dunkel oder zu hell sein (das Kind sollte so von Lichtquellen abgewendet werden, daß es nicht zu schielen anfing). Bis zum zweiten Lebensjahr konnte es schlafen, wann immer es wollte; bis zum Alter von drei oder vier Jahren sollte es häufiger schlafen als wach sein.[22]

Wenn man die Verletzungen in Betracht zieht, die dem Kind bei der Geburt zugefügt werden konnten (Quetschungen insbesondere am Kopf und gebrochene Glieder; für Frühgeburten galt, daß »diese Kinder gewöhnlich nicht lange lebensfähig sind«), und die offensichtliche Allgegenwart von Gebrechen und Kinderkrankheiten bedenkt, mochte ein ausgedehnter Schlaf eher dem Wunschdenken der Mutter als der wirklichen Lage des Kindes entsprochen haben.[23] In der Tat ist das nervöse, schreiende Kind nicht notwendigerweise eine Belastung für die Mutter gewesen, seitdem es für die meisten, die es sich leisten konnten, zu einer verbindlichen Gewohnheit wurde, das Kind bei einer Amme in Pflege zu geben. Es war dies auch eine Praxis, die von eigentlich allen verurteilt wurde, die Ratschläge zur frühen Kindererziehung erteilten – wobei man hier natürlich von Männern sprechen muß (Mrs. Jane Sharp, die dreißig Jahre lang Hebamme gewesen ist, blickte lediglich mit Mißfallen auf diese Praxis). Auf die Mißbilligung folgte eine ausführliche Anweisung darüber, wie man eine Amme auszuwählen habe.

Thomas Phayre, dessen *Boke of Children* die erste grundlegende Abhandlung über Kinderkrankheiten im Englischen darstellte, erinnerte die Frauen daran, daß »es der Natur gemäß und darum auch notwendig und selbstverständlich für die Mutter sei, das eigene Kind zu stillen... wenn nicht, müßten sie bei der Auswahl einer Amme, die keinen niedrigen Charakter besitze und schlechte Sitten aufweise, gut beraten werden...«[24] Selbstverständlich sollte die Milch der Amme geprüft werden (weiß, süß und dick genug, daß ein Tröpfchen am umgekehrten Fingernagel haften bleibe); ihre Persönlichkeit war jedoch entscheidender, da man allen Ernstes davon ausging, daß sie über ihre Milch ihre eigenen »schlechten Veranlagungen oder Neigungen« oder sogar einige »Mängel ihres Körpers« übertragen könnte. Bei der Betonung, die man auf die Kontrolle sinnlicher Leidenschaft legte, überrascht es nicht, wenn man findet, daß rothaarige Ammen, die für ihr heftiges Temperament bekannt waren, bestimmt nicht empfohlen wurden.

Da eine Amme beinahe unvermeidlich eine niedrigere Stellung besaß als die Mutter, hätte in jener statusbewußten Gesellschaft die Angst, sie würde das Kind ungünstig beeinflussen, Grund genug sein können, von dieser Gewohnheit abzusehen. Es gab aber noch einen stärkeren Einwand dagegen. Obschon Guillemeau sich der herkömmlichen Auffassung hinsichtlich der Empfehlung einer Amme anschloß, äußerte er sich dunkel darüber, daß es »keinen Unterschied (gibt) zwischen einer Frau, die sich weigert, ihr eigenes Kind zu stillen und einer, die ihr Kind sofort nach der Empfängnis tötet...« Mauriceau warnte davor, daß die Amme mit dem Kind im selben Bett schlafe, »damit sie nicht auf ihm liege und es erdrücke; so habe ich eine gekannt, der dies passierte und so ihr Kind tötete; ob böswillig, um sich seiner zu entledigen oder unschuldig – sie allein weiß es...« Seitdem ist behauptet worden, daß es eine Form der Kindestötung sei, ein Kind einer Amme zu überlassen, eine Ansicht, die Glaubwürdigkeit durch den Tatbestand erhält, daß zwischen 1639 und 1659 in den Londoner Sterblichkeitsstatistiken »erdrückt und verhungert in Pflege« die amtlich festgestellte Todesursache bei 529 Kindern war.²⁵

Die Beaufsichtigung der Amme war vermutlich eine kritische Angelegenheit. Guillemeau nahm an, die Amme würde das Kind mit aufs Land nehmen, wo es dann unbemerkt vernachlässigt werden könnte; falls das Baby stürbe, könnte die Amme ein anderes an dessen Stelle setzen. Wenn ein Kind mit den Eltern nicht auskam »hieß es, daß sie in der Pflegezeit vertauscht worden seien . . .« Die Gräfin von Lincoln behauptete, es sei »die ausdrückliche Verfügung Gottes, daß Mütter ihre eigenen Kinder nähren sollten«, obwohl sie von den achtzehn Kindern, die sie hatte, keines selbst großzog. Ihren Grund, dies zu schreiben, mag ihre Bemerkung erklären: »Ich hege die Befürchtung, daß der Tod eines oder zwei meiner kleinen Babys der Nachlässigkeit ihrer Ammen zuzuschreiben war.« Andererseits hatte man die von Alice Thornton angestellte Kinderfrau, die im Haus wohnte, mitten auf der kleinen Alice schlafend aufgefunden und sie wachgerüttelt, bevor das Kind erstickte.²⁶

Ein Risiko hat es stets gegeben, und die Gründe, das Kind zu gefährden, mußten stark gewesen sein. Guillemeau führt zwei an – die Krankheit der Mutter und die Einwände des Vaters dagegen, daß seine Frau stillt –; diesen könnte ein dritter hinzugefügt werden, der offensichtlich mit den ersten beiden zusammenhängt: ein Kind zu stillen war körperlich und gefühlsmäßig beanspruchend. Zu der Wahrscheinlichkeit, daß das Kind krank und deshalb unruhig war, tritt noch hinzu, daß man es im frühen siebzehnten Jahrhundert befürwortete, ein Baby auf Verlangen – wann immer es schrie – zu füttern. Auch wurde nahegelegt, das Baby nach jeder Mahlzeit frischzumachen – »es aus den Windeln zu nehmen und trocken zu legen. Wenn es sich schmutzig gemacht hat, (soll) es gewaschen werden« –, obwohl man einräumte, daß dies »üblicherweise nicht getan« wurde, was in Anbetracht der Zeit und Mühe kaum verwundert, das Kind aber zweifellos in unbehaglichem Zustand belassen hat. Dieser gewohnheitsmäßige Gang sollte eine lange Zeit über aufrechterhalten werden, da Milch die einzige Nahrung sein mußte, bis die oberen und unteren Schneidezähne kamen (wahrscheinlich mit einem Jahr), woraufhin man es an Haferschleim, Hühnerschenkel und allmählich an Fleisch gewöhnen sollte. Die Entwöhnung pflegte oft nicht vor dem Alter von zwei Jahren einzusetzen

– einer Zeit, zu der dann solche Rezepte wie die Brustwarzen mit Senf einreiben erlaubt waren, um die Brust verhaßt zu machen. Obwohl die Mutter darauf aufmerksam gemacht wurde, Vorkehrungen gegen eine Gefräßigkeit bei dem Kind zu treffen, muß die Einstellung zum Nähren als gewährend bezeichnet werden.[27]
Später dann im Jahrhundert hielt Mauriceau es für angebracht, die Brusternährung bereits vom zweiten oder dritten Lebensmonat an durch Brei zu ergänzen (»zubereitet aus Blüten und Milch«), wenngleich er bemerkte, daß »einige gute Leute (fälschlicherweise) versichern, es sei notwendig, daß ein Kind manchmal schreien solle, um seinen Kopf zu entlasten: die beiden besten Wege, es zu beruhigen, wenn es schreit, sind, ihm die Brust zu geben und es sauber und trocken zu legen.« Und obwohl Mrs. Jane Sharp auch davor warnte, ein Kind allzuviel schreien zu lassen, drückte sie die Überzeugung aus, daß Kinder mit einem Jahr zu entwöhnen seien, sie auf jeden Fall nicht noch nach zwei Jahren gestillt werden sollten und daß nichts Gutes aus ihnen werde, wenn sie mit drei oder vier Jahren immer noch an der Brust lägen.[28] Diese Tendenz im ausgehenden siebzehnten Jahrhundert dürfte, was die Ernährung anbelangt, weniger gewährend gewesen sein.

Wenn Stillen aus physischen Gründen weniger erforderlich geworden war, konnte seine gefühlsmäßige Auswirkung sich sehr wohl verstärkt haben. Zumindest bestand hierzu die Möglichkeit. Guillemeau erwähnte besonders, daß, wenn eine Frau ihr eigenes Kind gestillt, gebadet und gepflegt habe, »dieses danach strebt, ihr tausenderlei Wonnen zu bereiten ... Es treibt allerlei alberne Possen mit ihr, küßt sie, liebkost ihr Haar, Nase und Ohren: Es schmeichelt ihr, ahmt Ärger und andere Gemütsbewegungen nach und findet, wenn es älter wird, andere Vergnügungen mit ihr ...« Der Ehemann, dem in der fortgeschrittenen Schwangerschaft der Körper seiner Frau versagt worden war, mochte über das Eindringen eines Kindes in sein Bett wohl verärgert sein – besonders, wenn Mrs. Sharps Beobachtung, die auf einer dreißigjährigen Erfahrung als Hebamme beruhte, zutraf: daß auf das Gebären ein geringeres Bedürfnis, geschlechtlich zu verkehren, folgte. Da bei der Auswahl einer Amme zu einer der kritischen Bedingungen die ihrer absoluten Abstinenz gehörte, könnte diese in der Tat auch für stillende Mütter gegolten haben. Selbst wenn Mauriceau erwähnte, daß eine stillende Frau »sich dem (Geschlechtsverkehr) (nicht) vollkommen zu enthalten« brauche, »wenn ihre Veranlagung es erfordere«, schien er dieser seiner Bedingung »wenn« eine klassenmäßige Orientierung zu geben, indem er hinzufügte, daß eine solche Freiheit »auf die Erfahrung aller armen Frauen gestützt (sei), die – obschon sie jede Nacht ihren Ehemännern beischlafen – ihre Kinder sehr rechtschaffen aufziehen . . .«[29]

Eine Amme anzustellen war eine Praxis der oberen Klasse. Mauriceau, der der Mutter anriet, ihr Kind vor dem achten Tag nicht zu stillen, bemerkte, daß »arme Leute so viele Vorsichtsmaßregeln nicht beachten können«, vielmehr bereits am ersten Tag damit beginnen müssen. Mrs. Sharp stellte fest, daß es »der übliche Weg für reiche Leute sei, ihre Kinder in Pflege zu geben . . .« Sir Simonds D'Ewes wurde, nachdem seine Mutter ihn zwanzig Wochen lang gestillt hatte, gegen Entgelt betreut, weil sein Vater ihre Gesellschaft verlangte; eine Krämersfrau übernahm das Stillen. Im übrigen konnten die Umstände eine Amme erforderlich machen. »Es gab lediglich zwei Dinge in der Welt, die mein Herz stark bedrängten«, schrieb Lady Francis Hatton an ihren Mann, »das eine war, mein armes Kind selbst zu stillen, aber meine wunden Brustwarzen wollten es mir nicht gestatten . . . Ich nahm mir vor, es wieder versuchen zu müssen, wenn ich jemals noch eines bekäme, doch ist jeder dagegen . . .« In Lady Hattons Freundeskreis mußte es nicht nur gebilligt, sondern auch erwartet worden sein, ein Kind in Pflege zu geben.[30]

Es gab eine Geschichte, die aus dem späten sechzehnten Jahrhundert stammte und in verschiedenen Versionen in späteren Ratgebern auftauchte, welche nicht ohne Einfluß gewesen sein dürfte. Ein Kind äußerte gegenüber seiner Mutter:

Du hast mich lediglich neun Monate in Deinem Schoß getragen, meine Amme aber hat mich an ihrer Brust zwei Jahre lang genährt; das, was ich von Dir besitze ist mein Körper, den Du mir kaum ehrbar gabst, das aber, was ich von ihr habe, entsprang ihrer Liebe. Und überdies hast Du mir, sobald ich geboren war, Deine Gesellschaft vorenthalten und mich aus Deiner Gegenwart verbannt; sie aber nahm mich gütig auf . . . in ihren Armen und behandelte mich so gut, daß sie mich zu dem gebracht hat, was Du siehst.[31]

Doch mag gerade die Verweigerung von Zuneigung die eigentliche Absicht der Mutter gewesen sein. Das Kind in Pflege zu geben war sicherlich eine Antwort auf die Kindersterblichkeit

(und im Falle der Vernachlässigung durch die Amme eine Ursache hierfür). Wenn das abwesende Baby verschied, konnte dies nicht dieselbe mütterliche Reaktion hervorrufen wie der Tod eines an der Brust liegenden Kindes. Auch Väter pflegten unterschiedlich zu reagieren. »Ich habe zwei oder drei Kinder im Säuglingsalter verloren«, sagte Montaigne, »nicht ohne Bedauern, aber doch ohne Verdruß.«[32]
Es wäre ein Fehler, diese Haltung offensichtlicher Gleichgültigkeit mit Kindesmord in Verbindung zu bringen. Obwohl Kinder »in Pflege starben«, gibt es nur indirekte Anhaltspunkte dafür, daß dies die vorsätzliche Absicht der Eltern gewesen sei, während vieles darauf verweist, daß Eltern das Hinscheiden ihrer Kinder beklagten. Es *gibt* Beweise dafür, daß Kinder bei unehelicher Geburt, die im siebzehnten Jahrhundert als soziale Schande galt, im Stich gelassen und getötet worden sind.[33] Im Fall von Marie Cambers brachte man beachtliche Zeugenaussagen auf, um zu beweisen, daß sie ein uneheliches Kind zur Welt gebracht und sich seiner entledigt habe. In derselben Grafschaft kamen innerhalb eines Jahrzehnts zwei andere Fälle unehelicher Geburt und Vernachlässigung vor, wovon einer zum Tod des Kindes führte.[34] Gewöhnlich trugen Gesetze, welche die uneheliche Geburt betrafen, keine Sorge für das beteiligte Kind – mit Ausnahme der Verfügung »Zur Verhütung des Mordes an unehelichen Kindern« von 1623, die jedoch nicht immer angewandt wurde.[35]
Die Erziehung eines Kindes kann – vorausgesetzt es überlebte das Säuglingsalter – nach diesem Zeitpunkt nicht mit Sicherheit beschrieben werden. Beispielsweise wird die Sauberkeitserziehung im frühen siebzehnten Jahrhundert so gut wie nicht erwähnt. Guillemeau verzeichnete zwar Vorsichtsmaßnahmen, die gegen Bettnässen getroffen werden sollten, was beinhaltete, Kinder nachts aufstehen zu lassen, ihnen auch zu drohen und sie zu beschämen, warnte jedoch vor strenger Behandlung. Andere Autoren setzten voraus, daß Säuglinge ihre Wickelkleider zu beschmutzen pflegten, was bedeuten muß, daß die Sauberkeitserziehung erst nach dem ersten Lebensjahr einsetzte – und vielleicht viel später, bedenkt man die nachsichtige Haltung gegenüber dem Schreien und dessen Zusammenhang mit beschmutzter Kleidung.[36] Wer *The Child Bearer's Cabinet* liest, muß ein langes und behütetes Säuglingsalter annehmen, auf das eine gewährende Einstellung zur frühen Kindheit folgte.

Vom dritten bis zum siebenten Lebensjahr sollen sie sanft und freundlich erzogen, nicht ernstlich getadelt, gescholten oder geschlagen werden, denn solche Mittel können sie für ihr ganzes weiteres Leben zu furchtsam oder allzu ängstlich, unsicher und dumm machen.
In den ersten Lebensjahren soll man sie noch nicht zum Gehen (Laufen) zwingen, denn – eingedenk dessen, daß alle ihre Glieder weich wie Wachs sind und ihr Körper um so schwerer fällt, werden sie sonst entweder lahm oder aber ihre Beine verformen sich insgesamt . . .
Im sechsten oder siebten Lebensjahr sollen sie zur Schule geschickt und der Bildung und Unterweisung von freundlichen und maßvollen Lehrern anvertraut werden, die sie nicht erschrecken dürfen.
Vor Ablauf dieser Jahre sollen sie zu härteren Arbeiten nicht genötigt oder gedrängt werden; andernfalls werden sie nicht gut gedeihen, vielmehr in ihrer Entwicklung stillstehen und klein bleiben oder zwergwüchsig werden.[37]

Trotz dieses freundlichen Rates ist es doch klar, daß Kinder im frühen siebzehnten Jahrhundert geschlagen worden sind; häufig von ihren Müttern und anscheinend ohne Rücksicht auf das Geschlecht.[38] (Für John Aubreys Beobachtung, daß »in dieser Zeit die Väter mit ihren Kindern nicht vertraut waren«, hat es – zumindest in der oberen Gesellschaftsschicht – offensichtlich wenige Ausnahmen gegeben.)[39] Obwohl diese strenge Lebensführung durchaus nicht allgemein akzeptiert wurde, galt das Schlagen in der Schule als allgemein anerkannte Methode, die Ordnung aufrechtzuerhalten und das Lernen sicherzustellen – »Lasse es an der Rute fehlen und Du wirst das Kind verderben«, fand ja seine Bestätigung durch die Bibel.[40]

Weit davon entfernt, ein Kind vom frühen Gehen abzuhalten, bezeugen häusliche Szenen, die im siebzehnten Jahrhundert gemalt wurden, den Gebrauch von Behelfsapparaturen mit Rädern, die auf Kleinkinder, die anfingen laufen zu lernen, zugeschnitten waren. An der Kleidung wurden Gängelbänder befestigt, die auch dem Zweck dienten, den Kleinen bei ihren ersten Gehversuchen Halt zu geben. Das Bild eines neun Monate alten aufrechtstehenden Kindes entsprach wohl eher dem Wunsch eines Erwachsenen als der Fähigkeit eines Kindes.[41] Eltern waren sowohl im Hinblick auf die körperliche Entwicklung als auch auf geistigem Gebiet an einer Frühreife interessiert.

John Evelyn, ein Verfasser von Tagebüchern aus der Jahrhundertmitte, drängte sein Kind sicherlich zu »härteren Arbeiten«. Er lehrte seinen Sohn das Beten, sobald dieser sprechen konnte. Im Alter von drei Jahren las der Junge bereits und bald darauf schrieb er. Vor seinem fünften Lebensjahr war er imstande, griechische und lateinische Wörter wiederzuerkennen; gleichzeitig brachte seine Mutter ihm Französisch bei. Evelyns Beweggründe waren deutlich genug. Er war der Ansicht, daß das Gemüt des Kindes anfechtbar sei und – um es standhaft zu machen, damit es vor schlechten Gedanken gefeit wäre – daß Lernen als ein Bollwerk gegen die Welt wie auch zur Bestimmung zukünftiger Entwicklung diene. Um die Widerstandsfähigkeit des Kindes zu stärken, mußte es zur Mannhaftigkeit erzogen werden: die Locken sollten ihm bereits in den ersten Anfängen abgeschnitten werden, danach setzte eine harte Zucht ein, wenn auch körperliche Bestrafung eher eine Drohung denn eine Realität darstellen sollte. Gelegentlich nur durfte das Kind getröstet und ihm geschmeichelt werden – ein Zugeständnis, das Evelyns Zeitgenosse Ezekias Woodward nicht eingeräumt hätte, der versicherte: »Nachsicht ist das eigentliche *Werkzeug* des Teufels...«[42] Evelyn mochte die Anfälligkeit von Kindern mit gutem Grund betont haben und so folgerichtig die Notwendigkeit von Disziplin. Seine persönliche Tragödie war der Tod seines geliebten Sohnes im Alter von fünf Jahren. Da ja die Lebenserwartung von Kindern (Alter 1-14) im England des siebzehnten Jahrhunderts von 42,5 auf 34 zurückging, bildeten die Allgegenwart von Krankheit und die hohe Wahrscheinlichkeit des Todes für die Eltern eine beständige Quelle von Angst. Im privaten Briefwechsel wurden Kinder selten erwähnt; war doch einmal die Rede von ihnen, so lagen sie meist im Krankenzimmer. Nach der Geburt ihres Sohnes informierte Sarah Meade zwei Jahre lang ständig ihre Mutter über seinen Zustand.

Er ist heute und letzte Nacht ein wenig trotzig (launisch) gewesen, ich hoffe aber, daß es nur Blähungen sind... Uns geht es gut und das Kind gedeiht... Ich hoffe, daß das Kind sich nicht erkältet hat... Nathaniel hatte zwei Wochen lang leichten Durchfall, wovon wir dachten, daß es ihm guttun und seinen Magen von Trägheit und Verstopfung befreien würde; und ich war der Hoffnung, daß sich dies legen würde, wenn er aufs Land käme, aber es dauert noch an; während eines Tages und einer Nacht hat er vier- bis fünfmal Stuhlgang, was ihn ziemlich schwächt und anfällig macht; und sein Magen ist empfindlich; wir haben Angst, ihm etwas zu geben, was dies unterbinden könnte, wenn es nicht schlimmer um ihn stehen sollte; denn wir nehmen an, daß er einige weitere große Zähne ausbrütet; und einige Leute haben mir erzählt, daß viele Kinder Durchfall haben, wenn sie zahnen und viele dies auch für vorteilhaft halten: – Ich bin deswegen ein wenig besorgt um ihn...

Unserem kleinen Jungen geht es jetzt ganz gut, sein Durchfall hat sich ziemlich gelegt und ich glaube, daß es nun nicht mehr nachläßt als ihm guttut, wenn er nur ungefähr drei- bis viermal während eines Tages und einer Nacht aufs Töpfchen muß; die Zähne bereiteten ihm große Unannehmlichkeiten und seitdem wir James Wass haben kommen lassen, um ihm das Zahnfleisch an zwei Stellen aufzuschneiden, geht es ihm viel besser.[43]

Neben der ausgesprochenen und fortwährend untergründigen Besorgtheit, die in diesen Briefen zum Vorschein kommt, ist es beachtenswert, daß Sarah Meade Informationen kannte, die man in Büchern zur Kinderpflege fand. Mrs. Sharp hat auf Durchfall als eine Folge des »Zahnens« hingewiesen, während Robert Pemell als erster englischer Arzt befürwortete, das Zahnfleisch während des Zahnens mit einer Lanzette aufzuschneiden.[44] Es erscheint wahrscheinlich, daß Handbücher zur Kinderpflege im ausgehenden siebzehnten Jahrhundert mehr Leute erreicht haben und daß Kindern mehr Aufmerksamkeit zuteil wurde.

Sarah Meades Kummer mit dem Zahnen dürfte eine der geringsten Sorgen von Eltern gewesen sein. Lady Hatton schrieb ihrem Mann: »Meine Tochter Nancy sendet Dir ergebenste Grüße, es geht ihr gut. Susana geht es nicht sehr gut, bei ihr bricht gerade ein weiterer Zahn durch; die kleine Betty hatte Windpocken, sie fangen jetzt aber an auszutrocknen und ich hoffe, daß das Schlimmste bei ihr vorüber ist, niemals hat es ein armes Kind gegeben, das so krank war ...« Um Lord Hatton zu trösten, als seine Frau eine Fehlgeburt hatte, verwies Lady Manchester auf das Unglück von »Sir Robert Cotton, (der) in diesem Jahr innerhalb von drei Tagen fünf Töchter verlor – alle Kinder, die er damals hatte –«; während Lady Hatton von ihrem Bruder hörte: »Nachdem ich Lady Northumberland einige Heilmittel gegen die Krämpfe ihres Kindes genannt habe, wünschen wir beim Himmel alle sehr, daß uns diese Angelegenheit hier nicht mehr störe ... denn einmal in der Woche werden wir allesamt dadurch belästigt, wenn wir deswegen entweder Bälle oder andere unterhaltende Verabredungen versäumen ...«[45] Zusätzlich zu dem Vorhergenannten sind hierbei drei Reaktionen auf Krankheit im Spiel: sie zu identifizieren und vermutlich zu kontrollieren; eine gleichgültige oder uninteressierte Haltung ihr gegenüber einzunehmen; sie als außerhalb menschlicher Macht liegend und somit als religiöse Angelegenheit zu erklären.

Was die Identifizierung und Kontrolle von Krankheit betraf,

wurde geltend gemacht, daß »die mittlere Periode des siebzehnten Jahrhunderts Zeugnis ablegte vom Erwachen der Medizin aus ihrem fast zweitausend Jahre währenden Schlaf«. Am Ende der Tudorperiode bestand das Studium von Kinderkrankheiten in einer Mischung aus »unausgegorenen Theorien und dürftigen Beobachtungen«, die auf klassischen und zeitgenössischen Werken beruhten, die sich kaum von pädagogischen Betrachtungen unterschieden. Während der Stuart-Ära traten die Namen von William Harvey, Francis Glisson, Thomas Sydenham und vielen unbekannten aber wichtigen Pionieren in Erscheinung – einmal abgesehen von solchen Größen wie Bacon und Locke.[46] Doch trotz Bemühungen, das Niveau der medizinischen Behandlung zu erhöhen (am offensichtlichsten in den Bereichen der Pharmakologie und Epidemiologie) und der Aufmerksamkeit, die der präventiven Medizin zuerkannt wurde (besonders im Hinblick auf die Pest), kamen wirksame Methoden nur langsam auf. »So war die im siebzehnten Jahrhundert stattfindende Veränderung eher eine des Bewußtseins als eine technologische. In den verschiedenen Bereichen des Lebens sah das Zeitalter ein neues Vertrauen in die Möglichkeiten menschlicher Entschlußkraft emporkommen.«[47]

Guillemeau, Mauriceau, Mrs. Sharp und andere begegneten den Krankheiten der Kindheit mit einer ausführlichen Symptombeschreibung und detaillierten Ratschlägen über die Zubereitung von Heilmitteln. Die frühere Faszination durch Magie war manchmal noch gegenwärtig, obschon auch religiöse Einflüsse und ebenso eine neue analytisch orientierte Geisteshaltung zu bemerken waren. Im Anschluß an eine Erörterung von Problemen wie: »Phlegma«, »Drüsenschwellung«, »herausstehendes Gesäß«, »Hängebauch« oder »Verstopfung«, »Würmer«, »Zahnen« und andere Unpäßlichkeiten stellte Mrs. Sharp fest:

Es gibt Kinder, die abmagern und an Lebenskraft verlieren und man kennt die Ursache nicht; im Falle von Hexerei sind inbrünstige Gebete zu Gott das beste Heilmittel: Doch hängen einige Bernstein und Koralle als ein wirksames Zauberschutzmittel um den Hals des Kindes. Magersucht kann aber von einer brandigen Verstimmung des ganzen Körpers herrühren, dann ist es angezeigt, es in einem Sud aus Malven, Eibischen, Bärenkraut und Schafsgarbe zu baden und mit süßem Mandelöl einzusalben; wenn es heiß und trocken ist, füge man Rosen, Veilchen, Lettich und Mohnkapseln hinzu, anschließend reibe man es mit Veilchen- und Rosenölen ein. Das Kind kann mager sein, weil ihm Milch fehlt oder weil die Milch der Amme schlecht ist... manchmal saugen Würmer die Nahrung im Körper auf.[48]

Auch Fragen der Hygiene wurden erörtert.[49]

Man empfahl chirurgische Eingriffe wie auch Behandlungen mit Arznei. Es war nicht ungewöhnlich, einem »Zungenlahmen« anzuraten, daß »das Ligament, das zu kurz sei und am Sprechen hindere, durchgeschnitten werden solle«. Für den Fall, daß Urinieren ein Problem darstellte, sei »das Kind fest niederzuhalten« und ein langer, am Ende leicht gebogener Stab in den Penis einzuführen, um den hinderlichen Stein aus der Blase zu entfernen. Wenn der Penis eher nach unten zeigte als aufrecht stand, sollte das Ligament – da es zu kurz sei und ihn ungünstig ausrichte – im steifen Zustand durchgetrennt werden.[50] Sicher hatte es im siebzehnten Jahrhundert einige Vorteile, wenn man weiblichen Geschlechts war!

Die Analyse und Behandlung menschlichen Leidens entstand aus einer Haltung, die sich von religiösen Begründungen im Hinblick auf Krankheit und Tod oder auch Genesung zwar unterschied, sich aber grundsätzlich im Einklang damit befand. Alice Thorntons Tochter Naly versetzte die Feier zur ruhmvollen Rückkehr Charles II. in einen solchen Schrecken (»sie hatte niemals irgend so etwas wie Soldaten, Gewehre, Trommeln oder Lärmen und Schreien erlebt«), daß sie Krampfanfälle bekam und »halbtot« zu ihrer Mutter gebracht wurde. »Aber ich gab ihr allerlei Medizin dagegen, Amber- und Kiefernöl und andere Dinge, was sie dank der großen und unendlichen Barmherzigkeit Gottes, die er mir zuteil werden ließ, schließlich daraus errettete und wiederherstellte. O Herr, Gott der Gnade, welche Ehre soll ich Dir, dem Gott des Himmels und der Erden erweisen, der Du mein holdes Kind erlöst und ihm das Leben wieder geschenkt hast.«[51]

Aber was bedeutete die Medizin, wenn göttliches Eingreifen als zweckvoll galt? Lady Warwicks erstes Kind war ein Mädchen, »das – wie es Gott gefiel – mir durch den Tod entrissen wurde«. Während sie das zweitemal mit einem Sohn niederkam, starb ihr Vater – »aber bei mir, die ich jung und unbedacht bin, blieb der Kummer nicht lange haften«. Sie lernte sich zu grämen und dies hinzunehmen. Sie fühlte, daß sie zuviel Trost in der Welt suchte und behauptete, »irgendeine innere Überzeugung« besessen zu haben, daß Gott mich dafür in der einen oder anderen Weise bestrafen würde. Und schließlich gefiel es Gott, meinem einzigen Sohn, den ich damals mit großer Hingabe liebte, eine plötzliche Krankheit zu schicken. Ich war davon unsagbar getroffen; nicht allein wegen meiner Zuneigung zu ihm, sondern weil mein Gewissen mir sagte, daß dies meiner Abtrünnigkeit geschuldet sei. Aus dieser Überzeugung heraus fand ich alsbald zu Gott zurück und flehte zu ihm in inständigem Gebet, mein Kind wiederherzustellen; und dann gab ich Gott das feierliche Versprechen, daß, wenn er mein Gebet erhören sollte, ich ein neuer Mensch würde. Gott war so gnädig, dieses mein Gebet zu erhören; und ließ es ganz plötzlich geschehen, daß mein Kind wieder genas; selbst der Arzt wunderte sich über die plötzliche Verbesserung, die er bei ihm feststellte.

Zur Zeit als ihr Ehemann aufgrund des Todes seiner älteren Brüder unerwartet seinen Titel erbte, befürchtete Lady Warwick, daß sie dazu hingezogen werden könnte, »zu sehr den Ruhm der Welt zu lieben«. Ihr einzig überlebender Sohn erkrankte an Pocken und starb. Sie war vorbereitet, ihr Gemahl jedoch nicht.

Ich bemühte mich, meinen traurigen und sich grämenden Mann zu trösten, der bei der Nachricht seines Todes ... so fürchterlich aufschrie, daß man diesen Schrei weithin gehört hat; und er war so bekümmert und betrübt, wie ein Mensch nur sein konnte. Ich bekenne, daß ich ihn in einem Maße liebte, daß – wenn mein Herz mich nicht täuscht – ich mit aller Bereitschaft auf Erden entweder für ihn oder mit ihm gestorben wäre, hätte Gott es für richtig erachtet; doch blieb ich stumm und fügte mich, weil es Gottes Werk war.[52]

Dieses Ereignis stand nicht vereinzelt und für sich allein da. Die Reaktion Lady Warwicks wie die von Alice Thornton legen nahe, daß man Mädchen beigebracht hatte, Ärger oder Wut durch Religion zu sublimieren. Eine unlängst entstandene Studie stellt fest, daß man eine Beziehung zu Geburt und Krankheit findet, wenn man bei den Gebetbüchern für Frauen des siebzehnten Jahrhunderts zwischen den Zeilen liest, geradeso wie man die Leserinnen dieser Bücher dazu ermahnte, still, keusch und gehorsam zu sein.[53] Unterdrückung und Religion ergänzten einander.

Bezeichnenderweise waren die Männer, die in Zeiten von Krankheit und Tod den Allmächtigen zu Hilfe riefen, gewöhnlich Geistliche.[54] Wie schon bemerkt, zogen viele Väter es vor, ihre Kinder nicht zu kennen. Anders als Lord Warwick wählten die meisten Männer eher die Ruhe, Zurückhaltung und kühle Höflichkeit nach außen, als daß sie Gefühle zeigten. Die Lobrede der

Herzogin von Newcastle auf ihren Mann – »Mein Herr ist stets ein großer Meister seiner Leidenschaften gewesen« – galt zumindest in der oberen Klasse als ein übliches Kompliment.[55]

Die Herzogin erwähnte auch, daß »sowohl die Eltern meines Herrn wie auch sein Schwiegeronkel und seine Schwiegertante ihm immer große und zärtliche Liebe entgegenbrachten, indem sie – als er noch ein Kind war – sich bemühten, ihn damit zu erfreuen, was ihm am meisten Vergnügen bereitete«. Solche Milde aber war wahrscheinlich ebenso unüblich wie Clarendons Vertrautheit mit seinem Vater. Moralisten zogen darüber her. John Donne stellte voller Stolz fest: »Wo sonst noch als in England pflegen Kinder niederzuknien, um Gnade von den Eltern zu erbitten.« Thomas Cobbett, ein puritanischer Schriftsteller aus der Jahrhundertmitte, ermahnte Kinder: »Eure Eltern sollt Ihr Euch so vorstellen, als repräsentierten sie die Vaterschaft Gottes, und dies wird auch Eure kindliche Scheu und Ehrerbietung ihnen gegenüber bestärken.« Eltern wurden davor gewarnt, ihre Autorität dadurch zu untergraben, »daß Ihr Eure Kinder zu sehr liebt, zumindest manchmal zu vertraut mit ihnen seid und nicht fortwährend Eure gebührende Distanz einhaltet: solche Liebe und Ungezwungenheit erzeugt bei den Kindern Geringschätzigkeit und Mißachtung.« Auch Bücher zur Kindererziehung warnten vor einem »Verhätscheln« der Kinder.[56]

Doch scheint es deutlich, daß die Neigung, Kinder zu lieben, stark war; Roger North zeigte auf, wie die Tendenz, nachsichtig zu sein, zum Ende der Autorität beitragen könnte:

Ausgiebiger Gebrauch mag von solcher Liebe gemacht werden, die Eltern dazu bestimmt, dem wenig zaghaften Verlangen von Kindern als einer Belohnung für Gehorsam und Tugend – solcher, deren sie fähig sind – entgegenzukommen, indem sie sie zusätzlich belehren und gleichzeitig freundlich und zärtlich sind, während sie sie zufriedenstellen. Dies bringt die jungen Geschöpfe dazu, daran zu denken, daß ohne andere Mittel ihr Wille allein nicht ausreicht, ihre Wünsche durchzusetzen; und wenn sie dies wissen, werden sie sich fügen, was in ihnen eine Bereitschaft zur Ordnung erzeugt, die bis ans Ende fortdauert. Das Gegenteil beobachtet man, wenn Liebe Eltern dazu veranlaßt, ihren Kindern alle Dinge zu gewähren.[57]

Auf diese Weise konnten Eltern ihren Kindern nachgeben, ohne sich schuldig zu fühlen, vollends die persönliche Zurückhaltung geopfert zu haben. Das Herausstellen von Gefühlen pflegte bestraft zu werden.

Selbstbeherrschung scheint für diese Situation die entscheidende Frage gewesen zu sein. Auf das Kind übertragen sah man das Gegenteil von Selbstbeherrschung im Eigensinn, einer Eigenschaft, die North deutlich ablehnte. Seine Haltung war kaum eine neue; sie trat bereits in Schilderungen hervor, die mindestens auf den Anfang des Jahrhunderts zurückgingen. In *A Godly Form of Household Government* (1621) schrieben die Puritaner Robert Cleaver und John Dod:

> Das kleine Kind, das in seiner Wiege liegt, ist sowohl launisch als auch voller Gemütsbewegungen; und obschon sein Körper auch klein sein mag, hat es doch ein schlimmes (mit Fehlern behaftetes) Gemüt und ist ganz und gar dem Bösen zugeneigt ... Wenn man duldet, daß dieser Funke sich ausbreite, wird er überspringen und das ganze Haus niederbrennen. Denn nicht von Geburt aus ändern wir uns und werden rechtschaffen, sondern durch Erziehung ... Darum müssen Eltern wachsam und umsichtig sein ... Sie müssen ihre Kinder für schlimme Worte oder übles Betragen strafen und scharf tadeln.

Erziehung war demnach notwendig, um das Kind vor der eigenen Selbstzerstörung zu bewahren. Die Haltung, die im Kind zu verankern war, sollte eine des sich fortwährend In-Frage-Stellens sein, indem Zweifel an sich selbst erzeugt wurden, was dazu führte, sich unzulänglich zu fühlen.[58]

Es gab eine völlig entgegengesetzte Ansicht über das Wesen des Kindes: nämlich die, daß es durch vollkommene Unschuld ausgezeichnet sei – eine Ansicht, die von John Earle in *Microcosmography* (1628) sehr deutlich vertreten wurde:

> Ein Kind ist ein Mensch in einem kleinen Brief, die beste Kopie noch von Adam, bevor er von Eva oder dem Apfel kostete ... Seine Seele ist noch weißes Papier, unbeschrieben von Eindrücken der Welt ... es weiß nichts vom Bösen ...[59]

Wieder galt als Gegenmittel gegen den verderblichen Einfluß der Welt die Erziehung, wie dies schon John Evelyns Verhaltensmaßregeln für seinen Sohn deutlich gemacht haben. Ein Kind, das in Sprachen und den Klassikern unterrichtet wurde, mochte für Selbstzweifel nicht so empfänglich gewesen sein wie eines, dem allein die Heilige Schrift vorgesetzt wurde. In jedem Fall aber war Frühreife zumindest eine Verweigerung von Selbstdarstellung; dem wehrlosen Kind wurden die Wertvorstellungen der Erwachsenen aufgezwungen.

Diese aggressive Antwort auf die Anfälligkeit des Kindes mag solange ironisch scheinen, bis man erkennt, daß Vorstellungen über Unschuld oder Verdorbenheit der Kindheit selber elterliche Projektionen von Hilflosigkeit oder Wut angesichts des Todes waren, über den man keine Macht hatte. So wie Frauen und Geistliche lernte das Kind seine Lektion, indem es über die Religion dahin gelangte, seine eigene Sterblichkeit zu verstehen. Alice Thornton erinnerte sich daran, wie ihre Tochter Elizabeth verschied.

Jener liebreizende, holde Engel wurde kränker und ertrug dies mit unendlicher Geduld. Und als Mr. Thornton und ich kamen, um für sie zu beten, hielt sie diese holden Augen und Hände zu ihrem lieben Vater im Himmel erhoben, blickte auf und rief in ihrer Sprache mit einer solchen Inbrunst »Papa, Papa, Papa«, als ob es ihr durch ihren heiligen Vater im Himmel eingegeben worden wäre, ihre liebliche Seele den Händen ihres himmlischen Vaters zu überantworten; und da legten auch wir mit großer Hingabe die Seele meines geliebten Kindes in die Hand meines himmlischen Vaters, und dann schlief sie sanft ein und schied wie ein Lamm aus dieser unglückseligen Welt.[60]

Tatsächlich entstand im siebzehnten Jahrhundert eine Kinderliteratur, die sich mit dem bevorstehenden Tod beschäftigte: Predigten, die beim Hinscheiden junger Menschen gehalten wurden, Denkschriften, Warnungen, Andenken, Spiegel, Botschaften, Bekenntnisse, Ermahnungen, Zeugnisse und Belehrungen.[61] Wahrscheinlich wurde von diesen vielen Büchern James Janeways *A Token for Children* (1671) am meisten gelesen, ein Kompendium von Fallgeschichten über kleine Kinder, die dramatische Umwandlungen erlebten und – während sie kurz darauf starben – sündhafte Erwachsene ermahnten, ein tugendhaftes Leben zu führen. Die an die Eltern gerichteten Belehrungen vom Sterbebett aus – »Oh, Mutter«, sprach er, »wenn Du nur wüßtest, welche Glückseligkeit ich fühle, würdest Du nicht weinen, sondern erfreut sein« – gestatteten es den Erwachsenen, sich von dem Schuldgefühl zu entlasten, anfällige Kinder in die Welt gesetzt zu haben.[62] Und wie in John Norris' *Spiritual Counsel: A Father's Advice to his Children* dargelegt, konnten die Jüngeren ihrerseits dazu aufgefordert werden, die Last der Sterblichkeit auf sich zu nehmen.

Gedenket stets der vier letzten Dinge: Himmel, Hölle, Tod und Gottes Gericht. Begebt Euch häufig auf Eure Totenlager, in Eure Särge und in Eure Gräber. Laßt öfters im Geiste die Feierlichkeit Eurer eigenen Begräbnisse einwirken und gebt Euren Vorstellungen Raum für all die lebhaften Bilder der Sterblichkeit. Sinnt nach über diese Schauplätze, über die Tage der Finsternis und über die geringe Zahl derer, die gerettet werden sollen; und

haltet Euer Stundenglas immer zur Hand, indem Ihr Eure eigene kleine Spanne meßt und sie vergleicht mit dem unendlichen Kreis der Ewigkeit.[63]
Die Entwicklung dieser Art religiöser Frühreife war indes extrem, das aristokratische Ideal des siebzehnten Jahrhunderts war hingegen die Mäßigung, die auf Selbstbeherrschung beruhte. Kein anderer brachte dieses Ziel besser zum Ausdruck als John Locke, dessen Ideenflut zur Kindererziehung einiges vom Bodensatz aus dem früheren Abschnitt des Jahrhunderts anhaftete, aber auch den Kern seiner Beobachtungen als Arzt und Gelehrter enthielt. Der letzteren Kategorie können seine Gedanken über Schwangerschaft und frühe Kinderpflege zugeordnet werden. Wenn er sich einer werdenden Mutter gegenübersah, die infolge eines Schreckens von Atemnot befallen war, stellte er Fragen, um festzustellen, ob die Frau an einem Herzfehler, einer Blutvergiftung als Folge der Schwangerschaft oder einer hysterischen Kurzatmigkeit leide. Wenn während der Geburt das Kind nicht in die richtige Lage gebracht werden konnte, »müsse sofort ein operativer Eingriff vorgenommen werden, um den Fötus hervorzubringen, solange die Mutter noch bei Kräften sei«.[64] Er hielt nichts vom Wickeln, indem er erwähnte, daß Ammen aus Sparta Kinder »bewundernswert« ohne diese Praktik großgezogen hätten. Er bemerkte auch, daß man an der Goldküste kleine Kinder mit sieben oder acht Monaten »auf der Erde (liegen läßt, so daß man sieht, wie sie sich wie junge Katzen auf vier Pfoten dahinschleppen; dies ist auch der Grund, warum sie früher laufen als europäische Kleinkinder«.[65] Im Unterschied zu einigen seiner Vorgänger fürchtete Locke nicht, daß diese Kinder tierische Eigenschaften entwickeln würden.
Allerdings war er darum besorgt, daß den heranwachsenden Kindern Aufmerksamkeit und Obhut zuteil werde, weil er annahm, daß »kleine oder fast unmerkliche Eindrücke unserer zarten Kinder sehr bedeutsame oder bleibende Folgen haben«. Er stand irgendwo zwischen den Fürsprechern kindlicher Unschuld und kindlicher Lasterhaftigkeit, wenn er behauptete, daß wenige der »Kinder Adams« ohne »irgendeine Neigung in ihrer natürlichen Veranlagung« geboren werden. Als einer, der Kindheit nicht als determiniert ansah, war er der Überzeugung, daß »Glück oder Elend des Menschen (...) größtenteils sein eigenes Werk« sind, und sein Rat richtete sich allgemein darauf, den Charakter im Hinblick auf Unabhängigkeit zu stärken.[66]

Wenn Eltern diese Aufgabe erfüllen wollten, durften sie von der Wiege an dem Willen des Kindes nicht nachgeben, sondern mußten vielmehr »zwischen eingebildeten und natürlichen Bedürfnissen unterscheiden«. Locke hielt »Hätscheln und Verzärteln«, nachsichtige und verführende Praktiken für eine Erscheinung der oberen Klasse und ermunterte die Gentlemen darin, die Zucht von »rechten Pächtern und wohlhabenden Bauern« nachzuahmen. Um die Kinder abzuhärten, sollten ihre Füße beispielsweise an kaltes Wasser gewöhnt werden (die Kinder armer Leute gingen ohnehin barfuß). Frische Luft und ein Minimum an Bekleidung, immer locker sitzend, wären wesentlich für eine gute Gesundheit. Locke betonte, daß »man seinem Körper fast alles zumuten« könne.[67]

Empfohlen wurde eine einfache Kost ohne verwöhnende Ernährungsweise.[68] Schreien sollte nicht geduldet werden. Lange Schlafzeiten sollten gewährt werden, allerdings auf einem harten Lager. »Das große Thema, mit dem sich die Erziehung zu befassen hat«, war nach Lockes Ansicht: »welche Gewohnheiten man entwickeln soll«. Besonders wichtig war ihm »regelmäßiger Stuhlgang«, der durch erzwungenes Sitzen erreicht werden sollte. Kein früherer Autor hatte jemals die Sauberkeitserziehung erwähnt. Sinn dieser geregelten Lebensweise war, die Stärke und Kraft des Körpers auszubilden, »so daß er imstande ist, dem Geist zu gehorchen und dessen Befehle auszuführen«.[69]

Daraus folgte schlüssig, daß die Tugend des Geistes darin bestünde, »daß ein Mensch imstande ist, sich selbst seine eigenen Wünsche zu versagen ... und lediglich dem zu folgen, was die Vernunft ihm als das beste anweist«. Locke verlangte nach einer Änderung in den vorherrschenden disziplinarischen Gewohnheiten: »Welches Laster (kann) man noch nennen (...), an das Eltern und alle, die mit Kindern zu tun haben, sie nicht gewöhnen ... Gewalt, Rachsucht und Grausamkeit. Schlag mich, auf daß ich ihn schlage, ist eine Lehre, welche die meisten Kinder täglich hören.« Wie Eltern nicht zu liebevoll sein sollten, so sollten sie auch nicht zu streng sein. Züchtigungen waren ebenso zu vermeiden wie Belohnungen.[70] Scham sollte das gebräuchliche Mittel sein, um Kinder anzuspornen.

Achtung (esteem) und Schande (disgrace) sind vor allem anderen die mächtigsten Antriebe für den Geist, wenn er einmal dazu gebracht worden ist, sie zu würdigen. Wenn man die Kinder nur einmal so weit hat, daß sie gutes

Ansehen schätzen und Schande und Entehrung fürchten, dann hat man den wahren Grundsatz in sie gelegt. Lob und Anerkennung für Wohlverhalten sollten ausgeglichen werden durch »eine kalte und abweisende Miene« gegenüber Versagen.[71] Locke erkannte die Grenzen von Geboten (und besonders des rein gewohnheitsmäßigen Lernens), sah die Möglichkeiten des Spiels (»nichts [scheint mir] den Kindern mehr gefällige Sicherheit und Anstand zu geben ... als das *Tanzen*«)[72] und betonte die Bedeutung des elterlichen Vorbilds und einer wachsenden Freundschaft zwischen Vater und Sohn, wenn der Junge allmählich ein Mann würde (»Der einzige Schutz gegen die Welt ist gründliche Weltkenntnis; in sie sollte ein junger Gentleman stufenweise eingeführt werden ...«).[73] Kinder sollten ihre Eltern als die geeigneten Vorbilder des Verhaltens ansehen, doch um Lockes Entwurf auszuführen, hätten Eltern (oder Erzieher) außerdem einen Gutteil ihrer Zeit damit verbringen müssen, ihre Kinder zu beaufsichtigen.[74]

»Beaufsichtigung« würde auch nicht für all die mit Kindern verbrachte Zeit zutreffen, weil die Bedingung, daß alle Kinder als vernunftbegabte Wesen zu behandeln seien, eher Stunden der Erklärung und Überzeugung verlangte. Die Energie aber mochte besser genutzt werden als früher, da Locke einen aufrichtigen (und erfrischend realistischen) Standpunkt zur Frage der Kindererziehung einnahm. Er war sich im klaren darüber, daß das Lesen als erstes seines Unterhaltungswertes wegen ermutigt werden sollte, wenn er *Aesops Fabeln*[75] stark befürwortete – blieb jedoch auch traditionell genug, das Vaterunser, das Glaubensbekenntnis und die Zehn Gebote zu empfehlen. Ein kapitelweiser Zugang zur Bibel, so bemerkte er, könne allenfalls »einen seltsamen Mischmasch von Gedanken« fördern. Er befürwortete es, Fremdsprachen zu lernen (»Latein sehe ich als unbedingt notwendig für einen Gentleman an«), war jedoch nicht überzeugt vom Nutzen des Studiums der englischen Grammatik (»Vertreterinnen des zarten Geschlechts ... ohne das geringste Studium und ohne die geringsten Kenntnisse der Grammatik [kann dieser Weg, d. Ü.] zu einem hohen Grad von Eleganz und Feinheit in der Sprache führen«).[76]

Locke beanspruchte nicht, eine umfassende und abschließende Aussage zur Kindererziehung getroffen zu haben, und er verdeutlichte, daß letztlich alle Eltern ihre eigene Vernunft für die geeignete Erziehung ihrer Kinder zu Rate ziehen müssen.[77] Locke selbst wich von der herkömmlichen Meinung über Kindererziehung dadurch ab, daß er die Bedingungen der frühen Kindheit anders setzte: Wickelkleider sollten aufgegeben, Krabbeln geduldet werden; und obwohl Schreien nicht geduldet werden und die Ernährung auch nicht so sehr eine Sache des Verlangens sein sollte, würde die Mutter wahrscheinlich doch anwesend sein (wie anders könnte die Amme überwacht werden?). Die frühen Jahre der Kindheit sollten Zeugnis ablegen von der Einführung der Sauberkeitserziehung und dem Verzicht auf körperliche Züchtigung zugunsten der Errichtung von Scham. (Zweifel – in Erik Eriksons Worten »den Bruder der Scham« – zu erzeugen, war natürlich nichts Neues.)[78] Den Kindern und der Eigenart ihrer Erziehung sollte mehr Aufmerksamkeit geschenkt werden.

Seit der Mitte des sechzehnten Jahrhunderts war besonders in der mittleren Gesellschaftsschicht ein starkes Interesse am Schulunterricht erwacht. Man hat behauptet, daß die »Engländer um 1640 unendlich gebildeter waren als zuvor«, da sie nun das Ausbildungssystem von Grundschulen (Grundzüge im Lesen und Schreiben), freien Schulen (Mathematik, englische Sprachlehre und Rhetorik), höheren Schulen (Lehrprogramm der freien Schule plus klassische Sprachwissenschaft und englische Grammatik), Universitäten und der Hofkollegs (Inns of Court) durchliefen. Die Ausbreitung der Erziehung verdankte sich dem Anstoß der Bourgeoisie, die sich dazu getrieben fühlte, die Gelehrsamkeit des Adels nachzuahmen, Humanisten, die die Schule als den Weg zur universalen moralischen Vervollkommnung ansahen (was den Schutz des unschuldigen Kindes vor der verderbten Welt erübrigen könnte), sowie den Puritanern, die Unwissenheit für die Wurzel des Bösen hielten (und folglich kindliche Sittenlosigkeit für heilbar).[79] Dieser Wandel wird auch aus der sich ändernden Sicht der Kindheit deutlich, wie sie sich im siebzehnten Jahrhundert in Kunst, Kleidung, Freizeitaktivitäten und Literatur zeigt: eine eigene Welt für Kinder war im Entstehen begriffen.[80]

Vielleicht hing der bedeutsamste Wandel in dieser Hinsicht mit der Gewohnheit in England zusammen, die Kinder im Alter von sechs oder sieben Jahren aus dem Hause fort in eine Schule oder eine Lehre zu schicken.[81] Um die Mitte des siebzehnten Jahrhunderts behielten Eltern ihre Kinder einige Jahre länger. Die Kinder von Reverend Ralph Josselin, die in der Mitte des siebzehnten Jahrhunderts geboren wurden, verließen im Alter zwischen zehn und fünfzehn das Haus, um ausgebildet oder Dienstboten und Lehrlinge zu werden. Auch war dies nicht nur charakteristisch für die mittlere Gesellschaftsschicht. Der Adel am einen Ende der sozialen Stufenleiter, die Bauern und Armen am anderen behielten heranwachsende Kinder öfter im Hause; dennoch war dies außergewöhnlich.[82]

Im frühen siebzehnten Jahrhundert hatte ein ausländischer Beobachter das Weggeben von Kindern dem »Mangel an Zuneigung bei den Engländern« zugeschrieben, während jüngst ein amerikanischer Geschichtsforscher, der über die puritanische Bewegung arbeitet, darauf hingewiesen hat, daß die Eltern »im Hinblick auf ihre eigenen Kinder sich selbst nicht trauten und fürchteten, sie durch allzu große Liebe zu verderben«.[83] Die mannigfachen kritischen Bemerkungen gegen übertriebene Zärtlichkeit, gegen Verhätscheln und Weichherzigkeit legen nahe, daß Liebe ein kritisches Problem war – Ralph Josselin schätzte seine Kinder »mehr als Gold und Edelsteine«. Möglicherweise war dies *das* kritische Problem, ungeachtet der Tatsache, daß finanzielle Belastungen und erzieherische Absichten Eltern dazu bewegten, ältere Kinder aus dem Haus zu schicken.[84]

In der Mitte des siebzehnten Jahrhunderts gab es nur zwei Grafschaften in England, in denen es für jede Familie im Umkreis von zwölf Meilen keine höhere Schule gab (die die Möglichkeit freien Unterrichts anbot) – ein Umstand, der nahelegt, daß andere als pädagogische Motive beteiligt waren, wenn Kinder zum Lernen fortgeschickt wurden. Der Erzieher John Brinsley schrieb: »Wenn irgendwelche (Kinder) so früh zur Schule geschickt werden, so wird dies eher getan, weil sie zu Hause zur Last fallen, gefährlich sind oder schlimme Neigungen haben, als aus irgendeiner großen Hoffnung oder dem Wunsch heraus, daß ihre Freunde tatsächlich irgend etwas lernen sollten.«[85]

Die Unannehmlichkeiten, Gefahren und schlimmen Neigungen müssen sich auch auf den unzuträglichen Einfluß von Dienstboten[86] erstreckt haben, auf anscheinend unvermeidliche Auseinandersetzungen mit Stiefeltern (es gab keine hohe Wahrscheinlichkeit dafür, daß beide Elternteile überlebten, bis das Kind groß wurde)[87] und auf eine Angelegenheit, die Dienstboten, Hausgäste

447

und Eltern gleichermaßen einbezog – die Intimität des Schlafarrangements.[88] Sexuelle Anziehung und Rivalitäten in der Familie wurden verschleiert, allenfalls wurde auf sie angespielt.[89] So schrieb Lord Halifax an seine Tochter:

> Du bist gegenwärtig der Hauptgegenstand meiner *Sorge* ebenso wie meiner *Freundlichkeit,* die mich manchmal in *Phantasien* über Dein Glücklichsein in der Welt verstrickt, welche eher gewissen *Wünschen* entsprechen als meinen vernünftigen *Hoffnungen* für Dich. Andere Male, wenn meine *Ängste* überwiegen, schrecke ich – als ob ich geschlagen worden wäre – bei der Vorstellung der *Gefahr* zurück, der eine junge Frau ausgesetzt werden muß ... Das Wohlwollen Deines *Ehegatten* wird dem unsrigen gegenüber im Vorteil sein, so daß wir allen *Wettbewerb* aufgeben werden und – ebenso wie wir Dich lieben – sehr wohl willens sein werden, uns einem solchen *Rivalen* zu ergeben.

Unauffällig und vielleicht nicht bewußt versuchte Halifax eine Verschwörung zwischen sich und seiner Tochter gegen andere Frauen herzustellen, was die Autorität von Lady Halifax untergraben haben muß.[90] Moralisten bestärkten die Mütter darin, enge Beziehungen zu ihren Töchtern aufzubauen, während sie den jungen Mädchen Bescheidenheit, Keuschheit und Frömmigkeit empfahlen.[91]

Einen Autoritätskonflikt in den häuslichen Beziehungen gab es gewöhnlich zwischen Vater und Sohn (es sei denn, es handelte sich um Stiefeltern, wo Erblichkeit gegenüber dem Geschlecht oftmals den Vorrang besaß). Bedeutsam ist die Tatsache, daß diese Konflikte dem Wesen nach häufig religiöse waren (fast jedes von einem Quäker geführte Tagebuch bezeugt diese Behauptung), wenn man sich noch einmal vergegenwärtigt, daß der typische Vater des siebzehnten Jahrhunderts in der Regel ein Freidenker war, wohingegen seine Frau der Religiosität verpflichtet war und diese Werte in ihren Kindern verankerte. Hören wir das Bekenntnis von Reverend Oliver Heywood:

> Aber obwohl meine Eltern gottesfürchtig waren [später kommt zum Vorschein, daß der Vater die Kirche nicht besuchte], geschah doch meine Geburt und Herkunft in Sünde, auch meine Empfängnis, denn sie waren nicht Werkzeuge, mich wie Heilige in die Welt zu bringen, sondern wie Mann und Frau ... von Adam ab durch natürliche Zeugung ... Ich bin von Natur aus ein Kind des Zornes Gottes, ein Werkzeug Satans ... und jene nicht eben gerade fruchtbare Wurzel begann im frühen Kindesalter zu sprießen ...
> Ich habe von meiner Kindheit und Jugend an beobachtet, daß meine natür-

liche Veranlagung überaus zur Wollust neigte, die sich beizeiten verriet und mich oftmals bestürmte, ob ich wachte oder schlief ... obschon ich mir viel Mühe geben mochte, das Fleisch abzutöten und meinen Körper zu bändigen ...
Mit Dankbarkeit gegenüber Gott erinnere ich mich daran, daß meine liebe Mutter mir oftmals innig und vertraulich Wahrheiten von größter Wichtigkeit aufdrängte ... Ich gestehe, ich fand viel Vergnügen daran, sie überallhin zu begleiten, was aber meine Ziele waren, kann ich nicht sagen, doch glaube ich, daß Gott darüber zum Besten für meine arme Seele verfügte, obschon ich manchmal denke, daß es Gott gewesen sein mag, der jene Zeit zu einer Zeit der Liebe werden ließ ...[92]

Indes konnte nicht erwartet werden, daß sexuelle Anziehung stets vergeistigt werden konnte, weil dies die meisten Männer nicht auf ihren Lebensweg vorbereitete. Die Alternative bestand in einer strengen Disziplin, der Kontrolle von Sexualität durch verschiedenerlei Arten religiöser Läuterung – einer Vorbereitung auf die »Berufung«.[93] Gewiß sorgte die Schule für Disziplin. Der puritanische Geistliche und Erzieher John Brinsley trieb die geregelte Lebensführung voran. Die Schule pflegte um sechs Uhr zu beginnen, Verspätung wurde bestraft (tatsächlich zeigte jedes Bild des Klassenzimmers den Lehrer mit der Rute in der Hand). Hausarbeiten in Latein wurden vorgezeigt und andere Übungen bis neun Uhr fortgesetzt, wo es dann eine Pause von einer Viertelstunde gab. Bis elf Uhr wurde die Arbeit wieder aufgenommen, woraufhin eine zweistündige Unterbrechung folgte. Von ein Uhr ab bis fünf Uhr dreißig waren die Schüler wieder an ihren Pulten mit einer Pause von einer Viertelstunde um drei Uhr dreißig. Der Zweck der Erziehung war ein göttlicher: »Gott hat die Schulen dazu bestimmt, ein grundsätzliches Mittel dafür zu sein, ein barbarisches Volk zur Zivilisation zu bringen« – und zum Christentum. Die Aufforderung war, »den Wildesten unter ihnen für Jesus Christus« zu gewinnen, »sei er Ire oder Indianer ...« oder – könnte Brinsley hinzugefügt haben – »Kind«.[94]
Die vom Schüler erwartete Pünktlichkeit und die Einschränkung, die es kostete, fast den ganzen Tag über am Pult sitzenzubleiben, sollten die Selbstdisziplin fördern, die bereits Gegenstand früherer Kontrollen war. Was die Lehrzeit anbelangt, ist beobachtet worden, daß die Innungen versuchten, »Selbstdisziplin und Achtung vor den sozialen Vorschriften denen einzuprägen, für deren gewerbliche Ausbildung sie verantwortlich waren«. Die Schuster

von Carlisle verboten den Lehrlingen und Gesellen, ohne die Zustimmung ihrer Meister Fußball zu spielen; die kaufmännischen Überseespekulanten von Newcastle untersagten »Tanzen, Würfeln, Kartenspiel, Mummenschanz oder irgendwelche Musik zu treiben« und schimpften über extravagante Kleidung und langes Haar; sie errichteten sogar ein Gefängnis, um diejenigen einzusperren, die gegen diese Regeln verstießen. Es gibt Beispiele für Meister, die Geldbußen auferlegten, wenn Gebete versäumt wurden, »mit den jungen Mädchen getändelt«, Kindern »unzüchtige Wörter« beigebracht wurden oder sogar, wenn man »am Sonntag ein schmutziges Hemd« trug. Obschon die Lehrlinge im siebzehnten Jahrhundert durch das Gesetz geschützt waren, waren die Arbeitsbedingungen offensichtlich ebenso streng wie die Schulsituation.[95]

Es wird nicht in Abrede gestellt, daß Eltern im England des siebzehnten Jahrhunderts an ihren Kindern interessiert waren, dieses Interesse aber nahm eher die Form an, die Jüngeren zu beherrschen – ebenso wie die Erwachsenen ihrerseits sich zügelten – als daß es eine autonome Entwicklung erlaubte. Bevor die Bedeutung der Veränderungen erörtert werden soll, die in der Kindererziehung während des siebzehnten Jahrhunderts in England stattfanden, erscheint es sinnvoll, die Situation jenseits des Atlantik für vergleichende Zwecke zu betrachten.

Obwohl Amerika im siebzehnten Jahrhundert nur einen winzigen Sprößling von England bildete, sollte es ein besserer Ort werden, eine »Stadt auf einem Hügel« oder ein »heiliges Experiment«, wo die Frommen für die übrige Welt ein Beispiel abgeben würden. Sollten Kinder eine bessere oder zumindest unterschiedliche Behandlung erfahren? Zwei Theorien über die koloniale Welt nehmen an, daß eine Umgestaltung einsetzen würde. Der eine Forscher behauptet, daß »niemand ein wirklicher Kolonist wird, der nicht durch frühkindliche Komplexe, die in der Adoleszenz nicht richtig aufgelöst wurden, dazu gedrängt wird«.[96] Dies legt nahe, daß Kolonisten als Eltern weniger geeignet sein könnten als diejenigen, die im Lande blieben. Die zweite Hypothese ergänzt die erste, obwohl sie auf der Annahme beruht, daß die Umgebung eher als ihre Bewohner die Gesellschaft prägt: »Die amerikanische Entwicklung hat nicht nur Fortschritt entlang einer einzigen Grenzlinie gezeigt, vielmehr auch eine Rückkehr zu primitiven Bedingungen an einer sich fortwährend vorschiebenden Siedlungsgrenze ...«[97] Wieder liegt die Betonung auf einem weniger reifen Stadium der Entwicklung.

Die Fülle von Propagandaschriften, die Amerika als einen Ort schilderten, der für Kinder gesund sei, verdeutlicht die Wichtigkeit von Wunschbildern, wenn man sich entschied auszuwandern.[98] Wenn der wahre Kolonist zudem typischerweise »anti-sozial« ist, behaftet mit den Wünschen eines jugendlichen Eskapisten, könnten die Auswanderer, die die Abgeschiedenheit Amerikas schätzten, in einem neuen und veränderten Licht gesehen werden.[99] Die Vorstellungen der abreisenden Kolonisten, wie sie durch die Worte der Mitglieder der Massachusetts Bay Company veranschaulicht wurden, mochten auch einem Kind gemäß sein:

(Wir) erachten es als unsere Ehre, die Kirche von England, unsere liebe Mutter, anzurufen, von woher wir uns erheben; und können von unserem Heimatland, wo insbesondere sie ihren Wohnsitz hat, nicht ohne große Traurigkeit im Herzen und ohne viele Tränen in unseren Augen scheiden; während wir uns immer vergegenwärtigen, daß wir die Hoffnung und den Anteil, den wir in der gemeinsamen Erlösung erhalten haben, von ihrem Busen empfangen und aus ihren Brüsten gesaugt haben. Wir verlassen unsere Heimat darum nicht, als verabscheuten wir diese Milch, die uns hier genährt hat, sondern indem wir Gott seligpreisen für die Vaterschaft und Erziehung...[100]

Die Entdeckung Amerikas könnte in Anne Bradstreets Worten »An meine geliebten Kinder« zusammengefaßt werden, wo sie niederschrieb: »Ich traf eine neue Welt an und neue Sitten, bei denen mein Herz sich sträubte. Aber nachdem man mich überzeugt hatte, daß es der Weg Gottes war, ergab ich mich darein und trat der Kirche in Boston bei.«[101] Neuerungen wurden gewöhnlich innerhalb der Grenzen des kulturellen Erbes gehalten.

Der einfache Akt, Kindern Namen zu geben, belegt diese Behauptung. Während die *Mayflower* auf See war, gebar Elizabeth Hopkins ihr viertes Kind, genannt Oceanus. Im Verlauf einer etwas späteren Auswanderung hieß man den Sohn, der John und Sarah Cotton geboren wurde, Seaborn. Kinder wurden nicht nur nach den Umständen ihrer Geburt benannt, sondern auch im Hinblick auf die Hoffnungen ihrer Eltern. Diese Namen konnten biblischer Herkunft sein (Samuel Sewall nannte seinen Sohn Joseph »in der Hoffnung der Erfüllung der Weissagung, Hesekiel, 37«) oder der eigenen Erfindung der Eltern entstammen.

Roger Clapps Kinder wurden geheißen: Experience, Waitstill, Preserved, Hopestill, Wait, Thanks, Desire, Unite und Supply. Andere Bezeichnungen waren: Rich Grace, More Mercy, Relieve, Believe, Reform, Deliverance und Strange.[102] Die exotische Beschaffenheit dieser Namen scheint eine besondere Anerkennung des Kindes anzuzeigen, die sich zweifellos mit Erwartungen verband, die auf die Neue Welt gerichtet waren.

Aber auch die mehr prosaischen Namen für Kinder sind aufschlußreich, weil sich hierin ein Muster zeigt, das auf die Vergangenheit verweist: der Rückgriff auf Namen Verstorbener. Im Mittelalter konnten für Geschwister dieselben Namen gelten, unterschieden wurden sie dann durch Etiketten der Geburtsordnung. In der frühen modernen Periode war diese Praxis nicht länger üblich, jedoch konnte der Name eines verstorbenen Kindes für ein später geborenes Geschwister gebraucht werden. (Heute wird natürlich zwei Geschwistern nicht derselbe Name gegeben, weil ein Name als wesentlicher Bestandteil der unverwechselbaren Person gilt.) In einer Stadt Neu-Englands im siebzehnten Jahrhundert trugen außerdem mehr als fünf Achtel der erstgeborenen Söhne und über drei Viertel der erstgeborenen Töchter denselben Vornamen wie ihre Eltern. (Im neunzehnten Jahrhundert hatten diese Zahlen ausgesprochen abgenommen, um vieles mehr für Mädchen als für Jungen.) Eine Untersuchung über diese Situation kommt zu dem Schluß, daß das »Absehen von einer Namensgebung nach den Eltern ... die Entwicklung von einer herkömmlichen Orientierung nach der direkten Abstammungslinie zu einer modernen individualisierten Auffassung von Kindern veranschaulichen« hilft. Überdies »legt der Gebrauch von Totennamen für den Nachfolger eines verstorbenen Geschwisters (und) die unterschiedslose Namensgebung bei Töchtern von Brüdern nahe, daß ›vor-neuzeitliche‹ Neu-Engländer Kinder als letzten Endes Erwachsene betrachteten und nicht als Personen, die der inneren Natur nach ihre individuelle Eigenart als Kinder besaßen«.[103] Eine Übersicht über die Praktiken der Kindererziehung könnte diese Vermutung überprüfen.

In der Zeit vor der Geburt hatte die werdende Mutter ihre Tätigkeiten einzuschränken, jedoch gibt es keinen Bericht darüber, daß sie gedankenvoll dasaß und sich um das Geschlecht ihres zukünftigen Kindes sorgte.[104] Die Entbindung geschah zu Hause unter dem Beistand einer Hebamme. Sicherlich werden die

Aussiedlerfrauen während der Geburt die Ängste der entsprechend Betroffenen in England geteilt haben, und manchmal beschuldigten sie die Hebammen solch verruchter Verbrechen wie »Vertrautheit mit dem Teufel«. Aber der Hebammendienst war auch ein ehrbarer Beruf, wie dies die Anwesenheit von Frauen bedeutender puritanischer Geistlicher in ihren Reihen bekundet.[105] Die Sterblichkeitsrate von Neugeborenen wurde auf 1:10 geschätzt, obwohl sie in einigen Familien gewiß höher lag. Sowohl Samuel Sewall als auch Cotton Mather hatten vierzehn Kinder. Eines von Sewall wurde totgeboren, einige starben im Säuglingsalter, einige als junge Erwachsene. Sieben Babys von Mather starben kurz nach der Geburt, eines starb mit zwei Jahren und sechs überlebten bis zum Erwachsenenalter, von denen fünf in ihren zwanziger Jahren starben. Nur zwei von Sewalls Kindern überlebten ihren Vater, während Samuel Mather als einziges Kind Cotton überlebte.[106]

Es gibt keine Belege dafür, daß Kinder im siebzehnten Jahrhundert gewickelt wurden, obschon kein Zweifel daran sein kann, daß dies später üblich war.[107] Babys wurden gewöhnlich von ihren Müttern gestillt. Bestimmte Umstände konnten die Dienste einer Amme erfordern, wie etwa im Fall von Reverend Thomas Shepard, der sich mit seiner Frau und seinem kleinen Sohn nach Massachusetts einschiffte. Bei der Ankunft, so erzählte er dem Jungen später, »erkrankte die Mutter an einer Schwindsucht, und darum wurde mein Kind in Pflege gegeben...« Zwei Generationen später berichtete der Kaufmann Samuel Sewall tatsachengetreu: »Joseph Briscos Frau gibt meinem Sohn die Brust.«[108] Die Einwanderer von England nach Massachusetts rekrutierten sich aus den mittleren Gesellschaftsschichten.[109] Sie können an der aristokratischen Gewohnheit, die Kinder in Pflege zu geben, nicht teilgehabt haben, möglich ist aber, daß der Erwerb von Reichtum spätere Generationen dazu führte, die englische Oberklasse nachzuahmen.[110]

Sewall erwähnte die Entwöhnung von zweien seiner Kinder; bei dem einen geschah dies mit vierzehn Monaten (weil die Amme krank war), beim zweiten mit achtzehn Monaten. Früher im Jahrhundert schien die Entwöhnung mit einem Jahr üblich gewesen zu sein.[111] Der Abstand zwischen den Kindern in der Familie läßt vermuten, daß dem Stillen auch eine empfängnisverhütende Funktion zukam, obschon es auch möglich ist, daß während der

Stillzeit der Geschlechtsverkehr tabuisiert war.[112] Allerdings finden sich in der Literatur keine Hinweise, die Eifersucht eines Vaters seinem neugeborenen Kind gegenüber bekundeten. Umfassende Zeugnisse gibt es für Angst vor Krankheit und Kummer angesichts des Todes. Thomas Shepard beschrieb sein Gefühl der Hiflosigkeit, als sein kleiner Sohn das zweite Mal krank daniederlag: »Dann wurden seine Augen von einem Hautausschlag befallen, der sich so entzündete, daß seine Augen – teilweise wegen des Ausschlags, aber auch wegen der falschen Handhabung und Anwendung von Medizin – völlig blind wurden, indem sich auf beiden Seiten Tropfen und eine weiße Trübung bildeten; weil dies für alle, die ihn betrachteten, ein sehr schlimmer und äußerst bemitleidenswerter Anblick und ein solches Elend war, dachte ich, daß es mir lieber wäre, wenn Gott mir mein Kind durch den Tod nähme, als es ein blindes und elendigliches Leben fristen zu lassen.« Aber als Shepard entschlossen war, den Kummer auf sich zu nehmen, trat Gott dazwischen, um das Sehvermögen des Kindes wiederherzustellen »durch ein armseliges, schwaches Mittel, mit dem Öl von weißen Passionsblumen – nahezu wie durch ein Wunder«.[113] Increase Mather, der die ganze Nacht über bei seinem kranken Sohn wachte, erwähnte: »Kinder denken wenig daran, welche Liebe im Herzen eines Vaters ist.« Einige Tage später betete und fastete er für die Gesundheit von Nathaniel und Samuel, einem weiteren Sohn.[114] Bald nach der Geburt seines Sohnes Samuel berichtete Cotton Mather über seine »fortwährende Befürchtung, daß das Kind (obschon ein lebhafter und kräftiger Säugling) im frühen Kindesalter sterben werde«. Knapp einen Monat später litt der junge Samuel an Krämpfen. Aber Mather fand Trost in dieser Zeit: »Die Erschütterungen meines Herzens wurden diese ganze Zeit über beruhigt und besänftigt; und mit großer Gelassenheit des Gemüts vertraute ich oftmals in Gebeten das Kind Gott an.«[115]

Sicher war dies nicht elterliche Gleichgültigkeit sondern Selbstbeherrschung. Daß Religion die überaus notwendige Funktion der Rationalisierung bereitstellte, die als Mittel diente, mit Gefühlen von Hilflosigkeit und anschließender Schmach umzugehen, ist eine fast zu offensichtliche Beobachtung, als daß sie eigens auseinandergelegt werden müßte. Doch bedarf der augenscheinliche Konflikt in den Gemütern der Neu-Engländer, von denen die meisten Belege stammen, der Erklärung. Die Beispiele sind zahlreich. Angesichts des Todes ihrer eineinhalbjährigen Enkelin schrieb die Dichterin Anne Bradstreet:

> Leb wohl geliebtes Kind, meine allzu große Herzenslust,
> Leb wohl holdes Kind, die Freude meines Angesichts,
> Leb wohl schöne Blume, die für eine Weile gewährt,
> Sich fortwandte dann zur Ewigkeit.

Doch es war dieselbe Frau, die in ihren »Contemplations« niederschreiben konnte:

> Hier sitzt unsere Großmutter an einem zurückgezogenen Ort
> Und in ihrem Schoß neugeboren ihr blutiger Kain.[116]

In dem Katechismus, den John Cotton für die Kinder der Massachusetts Bay Kolonie im Jahr 1646 vorbereitete, lehrte John Cotton seine Schützlinge sagen: »In Sünde wurde ich empfangen und geboren in Ruhelosigkeit ... Adams Sünde ist mir zur Last gelegt und eine verderbte Natur wohnt in mir.« Als drei Jahre später seine älteste Tochter und sein jüngster Sohn an Pocken starben, schrieb er:

> Christus schenkte ihnen beide, und er nimmt beide wieder von ihnen,
> Damit sie bei ihm wohnen; gepriesen sei sein heiliger Name.

Sein Enkel, Cotton Mather, drückte dieselben Gefühle beim Tod seiner Tochter aus, obschon er auf andere Weise betete: »Wißt Ihr nicht, daß von Natur aus Eure Kinder die Kinder des Todes sind und die Kinder der Hölle und die Kinder der Strafe Gottes?« Wie ein unbekannter Autor (1710) dies beim Hinscheiden eines Sechsjährigen verdeutlicht, wurde die Zuflucht zur Theologie nicht immer mühelos erreicht:

> Der erhabene Jesus verlangt sein Eigen; gib niemals ungern
> Dein seltenes Kleinod in dessen Hände ...
> Es ist eine schwere Lektion, dies muß ich gestehen,
> Für unseren stolzen Willen, sich dem des Himmels zu fügen.[117]

In *Day of Doom* wollte Michael Wigglesworth Kindern, die starben, nur »den angenehmsten Raum in der Hölle« zugestehen; nach dem Urteil eines Gelehrten aber standen die körperlosen Köpfe mit Flügeln auf den Grabsteinen Neu-Englands »wahrscheinlich für Reinheit, Unschuld und den kinderähnlichen Charakter, den man der Seele zuschrieb«. Die Zeit und die Sorgfalt, die man aufbrachte, um Taufkleider, kleine Überwürfe, Kindermöbel und dergleichen herzustellen, bezeugt weiterhin die für Kinder empfundene Zuneigung.[118] Kindesmord war nur das Schicksal unehelicher Kinder.[119]

Es verwundert folglich keineswegs, daß in Amerika wie in England die Selbstbeherrschung, wie die Erwachsenen sie an sich selbst übten, an die Kinder weitergegeben wurde. Obwohl es in Amerika keinen Bericht über das Wickeln (oder chirurgische Eingriffe an Kleinkindern) und nur wenige Belege für Ammendienste gibt – alles Äußerungen elterlicher Kontrolle – und man keine Literatur über so etwas wie Sauberkeitserziehung findet, wo man vom Kind selbst erwartete, Selbstbeherrschung zu zeigen, ist doch offenkundig, daß amerikanische Eltern dazu ermahnt wurden, dem Geltungsbedürfnis und Eigenwillen bei Kindern entschlossen entgegenzutreten.[120] Wenn man den Willen des Kindes beugte, lag dem die Vermutung zugrunde, daß der Wille der Eltern ersetzt werden könnte. Das Kind sollte seinen eigenen Fähigkeiten mißtrauen, seine Neigungen unterdrücken und zu einer höheren Autorität aufblicken. Selbstbeherrschung und göttliche Führung ergänzten einander. Man darf vermuten, daß das nahezu völlige Fehlen gewisser physischer Kontrollen, wie sie in England üblich waren, die ideologischen Kontrollen in Neu-England notwendiger machten. Die Redewendung »in Calvinismus gewickelt« erscheint angemessen.

Zumindest für Puritaner wurde das scheinbare Chaos in England durch die göttliche Gemeinschaft in Amerika ersetzt, deren Regeln deutlich und repressiv waren.[121] Die Anweisungen der Massachusetts Bay Company an die Siedler beinhalteten die Beibehaltung der Familiendisziplin: »Wir haben die Bediensteten, die der Massachusetts Bay Company angehören, so in mehrere Familien eingeteilt, wie wir verlangen und wünschen, daß sie zusammenleben sollten ... sorgt insbesondere dafür, daß diese Familien sich ansiedeln, daß das Oberhaupt dieser Familien ... in der Religion verankert ist, wodurch die morgendlichen und abendlichen Familienpflichten ordnungsgemäß erfüllt werden können und daß von einem oder mehreren in jeder Familie, die dazu eingesetzt werden, auf alles in der Familie ein wachsames Auge gehalten werde ...« In Connecticut und New Hampshire ebenso wie in Massachusetts galt es als Kapitalverbrechen für ein »Kind« über sechzehn, »seinen leiblichen Vater oder die Mutter zu verfluchen oder zu schlagen«.[122]

Die Jahre zwischen der frühen Kindheit und dem frühen Erwachsenendasein (späte Adoleszenz) eigneten sich natürlich dazu, Kindern christliches Verhalten zu lehren; abweichendes Handeln kennzeichnete nie mehr als einen kleinen Ausschnitt der Bevölkerung. Körperliche Bestrafung diente als Mittel zu diesem Zweck, so wie dies Samuel Sewall demonstrierte, als sein vierjähriger Sohn sich unbotmäßig benahm. »Joseph warf einen Messingknauf und traf seine Schwester Betty so an der Stirn, daß sie blutete und anschwoll; wofür ich ihn – und auch dafür, daß er zur Gebetszeit gespielt und während des Tischgebets gegessen hat – ziemlich heftig schlug.« Dies war eine Form der Bestrafung, die durch den *New England Primer* [ABC-Fibel] gebilligt wurde:

F	The Idle *Fool*	Der faule Dummkopf
	Is Whipt at school.	wird in der Schule geschlagen.
J	*Job* feels the Rod	Hiob fühlt die Rute,
	Yet blesses GOD.	doch lobt er Gott.

Und wie in England wurde die Rute auch von Frauen angewandt. Wie John Eliot in *The Harmony of the Gospels* (1678) niederschrieb: »Die mäßige Züchtigung von seiten der Mutter ist eine sehr weiche und sanfte Angelegenheit; sie wird weder Knochen brechen, noch die Haut verletzen; doch mit dem Segen Gottes verständig angewandt, würde sie die Fessel durchschlagen, die die Verderblichkeit an das Herz bindet ... *Enthalte dem Kind die Strafe nicht vor, denn wenn Du es mit der Rute züchtigst, wird es nicht sterben; Du sollst es mit der Rute züchtigen und seine Seele von der Hölle erlösen.*«[123]

Das Tagebuch von Cotton Mather erwähnt eine solche Behandlung von Kindern jedoch nicht. Es gibt im Gegenteil Anzeichen von Nachsicht auf der Seite des leidenschaftlichen Predigers, so, als er seinem Sohn Süßigkeiten abschlug, weil dieser mit seiner Schwester Streit hatte. »Ich hatte gerade meinen Rücken abgewandt, als das gutartige Wesen angesichts dieser Behandlung ihres kleinen Bruders zu weinen anfing und ihm einen Teil von dem gab, was ich ihr geschenkt hatte.«[124] Aber Mather hatte andere Methoden der Bestrafung als die Rute.

Ich nahm meine kleine (achtjährige) Tochter Katy in mein Arbeitszimmer und dort erzählte ich meinem Kind, daß ich bald *sterben* müsse und daß sie, wenn ich *tot* sei, sich an alles erinnern müsse, was ich ihr sagte.
Ich saß vor ihr, der sündigen und elenden Beschaffenheit ihrer *Natur* und ermahnte sie, jeden Tag ohne Unterlaß *an geheimen Orten zu beten,* daß

Gott ihr um Jesu Christi willen ein neues Herz schenken möge, ihre Sünden *vergäbe* und sie zu seiner *Dienerin* mache.

Ich gab ihr zu verstehen, sie müsse, wenn ich von ihr genommen wäre, erwarten, mehr demütigende *Schmerzen* anzutreffen, als sie annähme; jetzt habe sie einen achtsamen und zärtlichen *Vater*, der für sie sorge; wenn sie aber ständig *betete*, würde Gott durch den Herrn Jesus Christus ihr ein Vater sein und alles *Leid* zu ihrem Guten zusammenwirken lassen.

Ich bedeutete ihr, daß die Gemeinde Gottes sehr darauf achten würde, wie sie sich verhalte und daß ich ein Buch über *gottlose Kinder* geschrieben hätte, in dessen Schlußbetrachtung ich sage, daß dieses Buch ein schreckliches Zeugnis gegen meine eigenen Kinder wäre, sollte irgendeines unter ihnen nicht gottesfürchtig sein.

Schließlich sagte ich meiner Tochter unter vielen Tränen sowohl auf meiner als auch auf ihrer Seite, daß Gott vom Himmel herab mir versichert und die guten Engel Gottes mich überzeugt hätten, *daß sie zum Herrn Jesus Christus heimgeholt und für immer eine der Seinen werde.*[125]

Dies war sogar für einen Mather eine schwere gefühlsmäßige Last – eine, woran die Gemeinde Anteil nahm.[126] Es geschah dies am augenscheinlichsten in der Kirche, wenn Predigten über Kindheit und Jugend gehalten wurden.[127] Wie sich im *New England Primer* zeigt, leistete dies auch die Schule:

A	In *Adam's* Fall We sinned all.	In Adams Sündenfall sind wir alle sündig geworden.
G	As runs the *Glass* Man's life doth pass.	Wie das Stundenglas rinnt, vergeht des Menschen Leben.
R	*Rachel* doth mourn For her first born.	Rahel trauert um ihren Erstgeborenen.
T	*Time* cuts down all Both great and small.	Zeit rafft alle hinweg, die Großen wie die Kleinen.
Y	*Youth* forward slips Death soonest nips.[128]	Die Jugend entschwindet vor- schnell, der Tod rafft sie sehr bald hinweg.

Und es wurde über die Einrichtungen der Lehre und der Dienstleistungen erreicht, die die Kinder bereits im Alter von sechs, spätestens aber mit vierzehn Jahren aus dem Haushalt ihrer Eltern nahmen. Doch muß man erwähnen, daß der größte Teil der Erziehung eher zu Hause als in der Schule stattfand.[129]

Im zarten Alter von sechs Jahren fingen die Kinder an, sich wie Erwachsene zu kleiden, obwohl es weniger deutlich ist, daß sie als geistig reif angesehen wurden; wie schon bemerkt, setzte das rechtmäßige Erwachsenendasein viele Jahre später ein.[130] Kinder außer Haus zu geben, wurde sicher nicht als gefühllose Handlung angesehen, auch war dies wahrscheinlich nicht einer Angst zuzuschreiben, Kinder zu verwöhnen, sondern vielmehr einer Sorge unter Erwachsenen, daß sie sich zu sehr an diese anfälligen Kleinen binden könnten. Und wie in England stand diese Praxis wahrscheinlich in Beziehung zu häuslichen Problemen. Die Häuser sahen kein privates Eigenleben vor. Sie waren weder schalldicht noch immer abgeteilt (von den Dachbalken aus konnte man in jeden Raum einsehen), die Quartiere waren eng zusammengepfercht und Unverheiratete gegenteiligen Geschlechts schliefen oft in denselben Räumen oder sogar denselben Betten. Es gibt reichhaltige Belege dafür, daß viele zu Zeugen der Primärszene werden mußten. Zweifellos waren die Eltern klug genug, ihre eigenen heranwachsenden Kinder von solch einer Situation fernzuhalten, um auf diese Weise familiäre sexuelle Rivalitäten einzudämmen.

Es ist bezeichnend, daß der Lösung dieses häuslichen Problems religiöse Bedeutung verliehen wurde. Cotton Mather ermahnte seine Gemeinde:

O Eltern, wenn Ihr Berufe für Eure Kinder auswählt, achtet darauf, daß Ihr vernünftigerweise ihre Fähigkeiten und Neigungen berücksichtigt, um sie nicht ins Verderben zu stürzen. Und, oh! Fleht in inständigem Gebet, ja, mit Fasten und mit Beten um Gottes Weisung, wenn Ihr über eine Sache mit solch beträchtlicher Folge beschließt.[132]

Wie die Gemeinde die Verantwortung teilte, das Kind zu disziplinieren, so leistete der Mann bei der Arbeit einen Beitrag zur Gemeinschaft. Wie schon Mathers Großvater, John Cotton, bemerkte: »Falls Du ein Mann bist, der ohne einen Beruf lebt, auch wenn Du zweitausend zum Leben hast, bist Du, wenn Du dennoch keinen Beruf hast, der dem öffentlichen Wohl dient, eine schmutzige Kreatur.«[133]

Die Bezeichnung »schmutzige Kreatur« klingt übertrieben, außer wenn man sich daran erinnert, wovon der Beruf den Menschen ablenkt. Calvin, der Protestanten von der katholischen Lehre der Berufung als einem Ruf zum Priesteramt abbrachte und sie zu einem neueren Verständnis von Berufung als der »Anwendung der Gaben Gottes« führte, verband die Idee der Berufung mit der Sublimierung von Sexualität.

Laßt uns darum diese unmenschliche Philosophie aufgeben, die, indem sie den Geschöpfen nur das gestattet, was unbedingt notwendig ist, uns nicht nur bösartig die rechtmäßige Freude an der göttlichen Wohltätigkeit vorenthält, sondern auch erst dann bereitwillig angenommen werden kann, wenn sie den Menschen all seiner Sinne beraubt und ihn reduziert hat auf einen gefühllosen Klotz. Auf der anderen Seite aber müssen wir mit gleichem Eifer der Zügellosigkeit des Fleisches widerstehen, die, wenn sie nicht streng beherrscht wird, jegliche Grenze überschreitet . . .

Schließlich muß gesagt werden, daß der Herr jedem von uns gebietet, seiner Berufung in all den Tätigkeiten des Lebens gewahr zu werden. Denn er weiß, von welch großer Unruhe der menschliche Geist entzündet wird . . .[134]

Seine Berufung zu finden war mehr, als das beste Mittel zu einem vorteilhaften Leben zu entdecken; es wurde als Methode vorgeschrieben, dieses Leben zu regulieren. Es war die öffentlich gebilligte Weise der Selbstbeherrschung. In den Jahren 1642 und 1643 schärften Gesetze in Massachusetts »Eltern und Meistern« ein, »ihre Kinder und Lehrlinge zu irgendeinem ehrenwerten Beruf, Arbeit oder Beschäftigung zu erziehen und auszubilden« – und Gemeinden mit über hundert Einwohnern wurden verpflichtet, höhere Schulen für die »Erziehung der Jugendlichen« einzurichten.

Wenn Studium und Berufsausbildung für die notwendige Disziplin zu sorgen hatten, mußte Spielen mißbilligt werden. Cotton Mather nutzte das Spiel niemals als Belohnung, versuchte hingegen, seine Kinder dazu zu bringen, weiteren Unterricht als Belohnung für Erfolg zu erwarten (obschon er sich mehrere Male über »Sammys übermäßige Liebe am Spiel« äußerte).[135]

Ein Lehrvertrag führte im einzelnen an:

. . . er soll keine Unzucht treiben, auch nicht eine Ehe unter den genannten Bedingungen eingehen; Karten, Würfeln oder sonst ein ungesetzliches Spiel soll er nicht spielen . . . auch nicht sich häufig in Schenken oder Wirtshäusern aufhalten . . . Und der vorerwähnte Meister soll die äußerste Mühe aufwenden, seinen vorerwähnten Lehrling in dem Gewerbe oder den Geheimnissen des Berufs, den er betreibt zu unterrichten oder veranlassen, daß dieser unterrichtet oder belehrt werde . . .[136]

Jüngere Schüler konnten wohl ohnehin nicht leicht lockeren Spielgewohnheiten verfallen, da ja die Schule sechs Tage in der Woche um sieben oder acht Uhr anfing und bis vier oder fünf (jedoch mit zwei Stunden fürs Essen) dauerte.[137]

Eine augenfällige Übereinstimmung findet sich zwischen dem

Modell der Kindererziehung des siebzehnten Jahrhunderts in Amerika und dem Rat, den John Locke gab: äußere physische Kontrollen wie etwa das Wickeln wurden zugunsten innerer bewußtseinsmäßiger Einschränkungen (Selbstbeherrschung) aufgegeben, besonders indem man den Willen beugte, die Gefühle abhärtete und das Denkvermögen schulte. Man wird sich daran erinnern, daß Locke mehrmals das gute Beispiel der Bauern in ihren häuslichen Beziehungen anführte; die klassenmäßige Herkunft von Amerikanern erklärt teilweise die erwähnte Übereinstimmung. Auf der anderen Seite will es scheinen, daß die Kennzeichnung der Kolonisten als »kindlich« und in »primitiven« Verhältnissen lebend ihre Praktiken bei der Kindererziehung nicht erklären kann.

Der Sinn dieser Praktiken hatte eine Beziehung zu bevölkerungsstatistischen und häuslichen Bedingungen. Eine steigende Kindersterblichkeitsrate und eine kleine familiale Einheit, deren Beziehungen zunehmend vertragliche waren, verweisen auf eine Situation, in der Eltern größeres Interesse an den Kinder zeigten, doch immer noch Wege fanden, mit dem häufig auftretenden Tod durch Zurückhaltung und Frömmigkeit oder dadurch, daß sie den Kindern die Last der gefühlsmäßigen Verantwortung auferlegten, fertigzuwerden. Die Disziplin, die die Selbstbeherrschung hervorbrachte, erzeugte auch ein erhöhtes Selbstgefühl, dessen Folge für die Anglo-Amerikaner ein höheres Maß an Rationalität war, die die Bedingungen, die für die hohe Kindersterblichkeit verantwortlich waren – und die Bedingungen der Kindheit selbst – verändern sollte.

Anmerkungen

Ich möchte gerne Dr. Julius Weiss vom Psychoanalytischen Institut in San Francisco für seine aufmerksamen Anmerkungen zu meiner Arbeit danken, ebenso Dr. Isabel Kenrick aus London und Robert Messer von der kalifornischen Universität Berkeley für ihre Nachforschungsbemühungen und hilfreichen Anregungen.

1 Veröffentlicht in London 1774, 3. Auflage, S. 26.
2 *The World We Have Lost, England Before the Industrial Age,* Few York 1965, S. 104.

3 E. A. Wrigley, »Family Limitation in Pre-Industrial England«, *Economic History Review*, 2. Folge, 19 (1966), S. 82-109; »Mortality in Pre-Industrial England: The Example of Colyton, Devon, Over Three Centuries«, *Daedalus*, 97 (Frühjahr 1968), S. 546-580.

4 Keith Thomas, *Religion and the Decline of Magic*, New York 1971, S. 111. Ivy Pinchbeck und Margaret Hewitt behaupten in *Children in English Society*, Band I, »From Tudor Times to the Eighteenth Century«, London und Toronto 1969, daß im Verlauf des siebzehnten Jahrhunderts die Familie von einer ausgedehnten auf eine kernförmige Einheit schrumpfte, so daß die »Bindungen zwischen Elternteil und Kind in einer Familie, die sich auf Eltern und Kinder beschränkte, notwendigerweise verstärkt wurden« (S. 69). Peter Laslett hat jedoch in *Household and Family in Past Time*, Cambridge 1972, S. 1-89, ziemlich schlüssig nachgewiesen, daß die Kernfamilie durch das ganze Jahrhundert hindurch existierte.

5 Edwin G. Burrows und Michael Wallace, »The American Revolution: The Ideology and Psychology of National Liberation«, *Perspectives in American History*, 6 (1972), S. 169-189.

6 Anon., *A Rich Closet of Physical Secrets... The Child-Bearers Cabinet...*, London 1652, Caius und Gonville College, Cambridge Univ., Inner Library, K.30.1; Jacques Guillemeau, *Childbirth or, the Happy Delivery of Women. To which is added, a treatise on the diseases of infants, and young children*, London 1612; 2. Aufl. 1635, S. 1-78, aber besonders S. 27-31. Eine Erörterung magischer Kontrollversuche und astrologischer Vorhersagen der Empfängnis von Kindern und des Geschlechts des Fötus findet sich in: Thomas, *Religion and the Decline of Magic*, S. 188-189, 316-317. Methoden zum Herbeiführen einer Empfängnis waren das Thema der Diskussion anläßlich eines Frühschoppens, der von dem kinderlosen Tagebuchautor Samuel Pepys gegeben wurde; siehe: *The Diary of Samuel Pepys*, London 1894, S. 199 (auszugsweise ins Deutsche übersetzt: Samuel Pepys, Aus dem Geheimtagebuch, Stuttgart 1949.)

7 Lady Frances Hatton an Lord Hatton, 3. Juni 1678, Finch-Hatton MSS 4322, Northamptonshire Record Office, Delapre Abbey. Nach drei Söhnen und der Ankunft einer sechsten Tochter schrieb William Blundell: »Meine Frau hat meine Hoffnungen sehr enttäuscht, indem sie eine Tochter gebar, die – weil sie sich nicht so willkommen in dieser Welt finden wird wie ein Sohn – bereits eine verschwiegene Wahl für eine bessere getroffen hat...« Als er von der Geburt seiner neunten Tochter berichtete (»von denen sieben außer meinen drei Söhnen noch leben«), erwähnte er eine »große Unzulänglichkeit«, während er, als seine zehnte Tochter kam, einfach bemerkte, »das Ding wird Bridget genannt«. (*Cavalier-Letters of William Blundell to his Friends 1620-1698*, hrsg. von Margaret Blundell, London 1933, S. 44, 68, 79.) Die Herzogin von

Newcastle schrieb über ihren Gatten, daß er »sich so sehr männliche Nachkommen wünschte, daß ich ihn sagen gehört habe, es sei ihm auch gleichgültig (falls es Gott gefalle, ihm viele Söhne zu schenken), wenn sie sich als Personen mit sehr geringem Geschick herausstellten«. (Ernest Rhys [Hrsg.], *The Life of the First Duke of Newcastle ... by Margaret Dutchess*, London 1916, S. 63-64.) Lucy Hutchinson schrieb über ihre Eltern: »Das erste Jahr ihrer Ehe wurde mit einem Sohn gekrönt ... Nachdem meine Mutter drei Söhne gehabt hatte, wünschte sie sich sehr eine Tochter ...« Dieser Umstand, unterstützt durch einen Traum, den Mrs. Hutchinson während ihrer Schwangerschaft hatte und der etwas Außergewöhnliches vorhersagte und die ungewöhnliche Schönheit des Kindes waren für Lucys glänzende Erziehung verantwortlich. (*Memoirs of Colonel Hutchinson*, New York 1965, S. 10-15.) Henry Newcome erwähnt auch, daß seine Eltern sich nach sieben Söhnen eine Tochter wünschten. (Richard Parkinson [Hrsg.], *The Autobiography of Henry Newcome*, Chetham Society, Bd. 26-27, Manchester 1852, I, S. 4.) Aber Lady Hatton liebte ihre Töchter, machte sich Sorgen über ihre Krankheiten und schrieb am Vorabend der hier erwähnten Geburt: »Wenn ich sterben sollte, sei gegenüber jenem Kind (Susanna) besonders gütig, denn wenn ich auch zehntausend Söhne hätte, könnte ich sie nicht so sehr lieben ...« (Selbige an selbigen, 20. April 1678 und auch 6. März 1676/7 und 23. März, o. J., British Museum, Add. MSS. 29571, f. 377, 445, 460.)

8 Veröffentlicht in Paris; es wurde ins Englische übersetzt von Hugh Chamberlen, M. D. Caius und Gonville College, Cambridge Univ., Inner Library, K.30.6. Die Illustrationen sind lebendig wie viele der Abschnitte, z. B. über die Verstümmelung eines Säuglings, um die Geburt zu ermöglichen.

9 Ohne Datum (zwischen 1664 und 1672), Finch-Hatton MSS 4412, Northamptonshire R.O. Siehe auch die Beschreibung in Charles Jackson (Hrsg.), *The Autobiography of Mrs. Alice Thornton*, London 1875, S. 95. Die Beschreibung von Sir John Bramston vom Tod seiner Frau nach der verfrühten Geburt findet sich in seiner *Autobiography*, Camden Society, Bd. 32, London 1845, S. 109-111.

10 Wrigley, »Mortality«, S. 570. Wrigley erklärt, warum die Kindersterblichkeitsrate für die Aristokratie, deren literarisches Zeugnis auf den folgenden Seiten übermäßig in Erscheinung treten wird, höher sein konnte als diejenige der Gesamtbevölkerung (S. 570-572). Ich habe keine Zahlen über Sterblichkeitsraten von Müttern während der Geburt gefunden.

11 Zitiert in Thomas R. Forbes, »The Regulation of English Midwives in The Sixteenth and Seventeenth Centuries«, *Medical History*, 8 (1964), S. 235-36.

12 Das Argument stammt wieder von Elizabeth Cellier, ibid., S. 241.

13 Ibid., S. 237-38. Abschriften von einigen ausgestellten Lizenzen und

Vereidigungen erscheinen in Thomas R. Forbes, *The Midwife and the Witch*, New Haven 1966, S. 144-147. In der *Autobiography* von Sir Simond D'Ewes, hrsg. von J. O. Halliwell, 2 Bde., London 1845, erinnert sich der Protagonist, wie die Reaktion seiner Mutter auf die körperliche Eigenartigkeit ihrer Hebamme die Anwesende so kränkte, daß sie »ob mutwillig oder zufällig, weiß ich nicht, während sie bei meiner Geburt half, über alle Maßen quetschte und mein rechtes Auge verletzte . . .« (Band 1, S. 5).

14 Obwohl die Hebamme davor gewarnt wurde, Hexerei zu betreiben, gab es beispielsweise einige allgemein anerkannte magische Praktiken, die dazu ausersehen waren, eine Frau im Wochenbett zu beschützen. (Thomas, *Religion and the Decline of Magic*, S. 188.)

15 Guillemeau, *Childbirth*, Vorwort, S. 81. Guillemeau führte diese Situation an, um zu erklären, warum er eine vierzigjährige Erfahrung an junge Chirurgen weitergab. Er war amtlicher Chirurg an den Höfen von drei französischen Königen gewesen, die Popularität seines Werks im England des frühen siebzehnten Jahrhunderts jedoch läßt seine Bedeutung auch hier vermuten.

16 Ibid., S. 99, 137, 141.

17 *The Nursing of Children. Wherein is set the ordering and government of them, from their birth. Together: with the means to helpe and free them, from all such diseases as may happen unto them*, London 1612, 2. Aufl. 1635, Vorwort. Wenn die Amme ihren Charakter übertragen konnte, ist es interessant, über Guillemeaus Begründung seines Rates nachzusinnen, der lautet: »Wenn Du keine Amme finden kannst, die das Risiko auf sich nehmen will, Deinem Kind die Brust zu geben, sollst Du es dazu bringen, an einer Ziege zu saugen, wozu ich einige veranlaßt habe.«

18 Ibid., S. 90-96; Mauriceau, *Disease of Women*, S. 363-365; Edward Poeton, *The midwife's deputy . . . whereunto is added, a book concerning the ordering of young children* (ohne Seiten- und Jahresangabe), Sloane Coll. 1954.1., Manuscripts Rm., British Museum.

19 Guillemeau, *Nursing*, S. 13-14; Mrs. Jane Sharp, *The Midwives Book. On the whole ART of Midwifery Discovered. Directing Child-Bearing Women how to behave themselves*, London 1671, Caius und Gonville College, Cambridge Univ., Inner Library K.30.17. Die Gräfin von Derby, französischer Herkunft, war entsetzt über die Art, in der englische Kinder gewickelt wurden. (Mary C. Rowsell, *The Life Story of Charlotte de la Tremoille Countess of Derby*, London 1905, S. 35-36.) Das Gefühl der Hilflosigkeit, das zu diesen Praktiken führte, ist in einem Brief von Ralph Verney an seine Frau augenscheinlich: »Ich muß Dir von unseren eigenen Babys hier einen Bericht geben. Was Jack anbetrifft, sind seine Beine in einem sehr unglücklichen Zustand, so gekrümmt, wie ich es noch nie bei einem Kinde sah, und doch geht er Gott sei Dank sehr kräftig und hat dabei eine sehr aufrechte Haltung, wie nur irgendein

Kind sie haben kann; und insgesamt ist er außer seinen Beinen ein sehr ansehnliches Kind ... Seine Sprechweise weist Mängel auf ... er ist ein sehr scharfsinniges Kind und ein sehr guter Gesellschafter ...« Zitiert in: Elizabeth Godfrey, *Home Life Under the Stuarts, 1603-1649*, London 1925, S. 4-5. Aber Eltern gaben sich nicht geschlagen. Die kleine Lady Margaret Clifford wurde im Alter zwischen zweieinhalb und dreieinhalb Jahren (sie hatte 18 Zähne) in »ein Korsett aus Walbeinen« gelegt. (G. C. Williamson, *Lady Anne Clifford*, Buntingford ²1967, S. 111.)

20 Mauriceau, *Disease of Women*. Am Ende des Jahrhunderts behauptete der Arzt John Pechey: »Sehen wir nicht, daß junge Löwen und Bären so gezähmt werden können, daß sie dem bloßen Wink der Wärter gehorchen, wohingegen sie, wenn du sie allein läßt, bis sie großgeworden sind, anschließend für immer grimmig und wild bleiben werden; warum also sollte das Gemüt des Kindes nicht so herangebildet werden, daß es der Vernunft folge und auf den Rat höre?« Zitiert in: George Still, *The History of Pediatrics*, London 1965, S. 302.

21 *Rich Closet*, S. 20. Solche Bezüge sind verschleiert und natürlich doppelsinnig. Aber wenn Lady Margaret Hoby schrieb, daß ihre Mutter ihr sagte, »nichts im Verborgenen zu tun, um dessentwillen uns unser Gewissen anklagen könnte und auf alle Fälle die Gesellschaft von Dienstboten (Männern) zu meiden«, waren die sexuellen Beiklänge deutlich genug. (D. M. Meads [Hrsg.], *Diary of Lady Margaret Hoby, 1599-1605*, London 1930, S. 49-50.)

22 Guillemeau, *Nursing*, S. 17-18.

23 Diese Auswirkungen sind in anschaulichen Details in all den obengenannten Büchern aufgeführt und werden an späterer Stelle behandelt. Isaac Newton wurde vorzeitig geboren und überlebte – eine Tatsache, die er offensichtlich als wundernswert ansah. (Frank A. Manuel, *A Portrait of Sir Isaac Newton*, Cambridge, Mass. 1968, S. 23-24.)

24 *The Boke of Children* wurde in London im Jahr 1545 veröffentlicht und erlebte vor dem Ende des Jahrhunderts sieben Auflagen. Siehe auch: Robert Botton, *The Anatomy of Melancholy*, 1621; Floyd Dell und Paul Jordan-Smith (Hrsg.), New York 1927, S. 282-284. Lord Herbert of Cherbury, dessen Jugend kränklich war, der sehr spät sprechen lernte und dessen Eltern so gut wie niemals anwesend waren, kam zu einer unterschiedlichen (im Hinblick auf seine Umstände nicht so überraschenden) Schlußfolgerung: Wenn man ihr die richtigen Heilmittel eingibt, kann die Amme durch ihre Milch ererbte Krankheiten heilen. (*Autobiography*, hrsg. von Sydney Lee, London 1886, S. 29-30, 37, 45.) Robert Boyle dankte seiner »Amme vom Land«, daß sie ihn »an eine grobe aber gesunde Kost und an die üblichen Launenhaftigkeiten des Wetters« gewöhnt habe – beides machte ihn gesund und der Bequemlichkeit fremd. (Th. Birch, *The Life of Robert Boyle*, London 1734, S. 20.)

25 Guillemeau, *Nursing*, Vorwort; Mauriceau, *Disease of Women*, S. 369; Morwenna und John Rondle-Short, *The Father of Child Care: Life of William Cadogan*, Bristol 1966, S. 26. Die Shorts halten die Zahl 529 für eine vorsichtige Behauptung. Zwei Fälle von Vernachlässigung sind in Pinchbeck und Hewitt, *Children in English Society*, S. 218-219 angeführt. Sir John Bramston berichtete vom Tod seines Sohns John: »Seine Amme hatte ihn von ihren Kindern die Krätze fangen lassen oder ihn auf irgend andere Weise so nachlässig gepflegt, daß er einen Ausschlag bekam; und sie verwendete, um dies hastig zu kurieren, damit wir es nicht erfuhren, wie sie sagte, erhitzte oder gebratene Butter auf braunem Papier, wodurch eine starke Entzündung auf der Brust entstand und ein Eiterpropf herauskam (so daß man tatsächlich das Hämmern des Herzens sehen konnte). Ich hatte einen sehr guten Chirurgen, aber er konnte ihn nicht heilen, auch nicht sein Leben retten. Er war ein sehr liebreizendes Kind.« (*Bramston Autobiography*, S. 104.)

26 Guillemeau, *Nursing*, Vorwort. *Lincoln's Nurserie*, Oxford 1622. Die Tochter der Gräfin von Derby wurde von ihrer Amme erstickt. (Rowsell, *Derby*, S. 58; *Thornton Autobiography*, S. 91.) Mrs. Thornton stillte ihre nächste Tochter selbst. (Ibid., S. 92.) Und als ihr Sohn William, ihr sechstes Kind geboren wurde, schrieb sie nieder: »Mein reizendes Kind war bei guter Gesundheit und saugte an der Brust seiner armen Mutter, der mein Gott den Segen der Brust wie des Schoßes gegeben hatte.« Dabei deutete sie an, daß ihre Entscheidung zu stillen einfach darauf beruhte, ob sie Milch hatte. (Ibid., S. 124.)
Henry Newcome, ein Geistlicher, berichtete, daß sein erstes Kind »unbedachterweise außerhalb großgezogen worden war (1649) . . . wir waren uns der Vernachlässigung der Pflicht bewußt, daß wir sie nicht zu Hause aufgezogen haben, was ihre Mutter entschlossen machte, sich zu bemühen zu stillen . . .« Augenscheinlich war dies der Fall, bis das fünfte Kind kam, als die Mutter, die »kaum dazu gebracht werden konnte, ihn zu stillen«, eine Amme ins Haus zur Familie brachte. (*Newcome Autobiography*, I, S. 13, 69.) John Locke erwähnte das Problem einer nachlässigen Amme in einem Brief an seinen Freund Edward Clarke vom 22. Febr. 1682/3, in: Benjamin Rand (Hrsg.), *The Correspondence of John Locke and Edward Clarke*. John Dee erwähnte, daß seine Tochter, als sie von einer kranken Amme in einer anderen Stadt nach Hause geschickt wurde, für eine Woche zu einer zweiten Amme gegeben wurde und anschließend zu einer dritten Amme in einem Dorf in der Nähe, wohin ihre Mutter sie mitten im Regenwetter brachte.

27 Wenn Stillen das Schreien des Kindes nicht beendete, wurde angeraten, ihm etwas vorzusingen oder es zu wiegen. (Guillemeau, *Nursing*, S. 17.) Alice Ryerson kommt in »Medical Advice on Child-Rearing Practices, 1500-1900« (Unveröff. Dissertation, Harvard University 1960) zu dem Schluß, daß »die Ratschläge in dem Zeitraum von 1750-1900 (verglichen

mit dem Zeitraum von 1555-1790) erheblich weniger permissiv zu sein scheinen gegenüber dem kulturübergreifenden Durchschnitt in den oralen, analen und sexuellen Abhängigkeitskategorien und mehr permissiv in der Kontrolle der Aggression« (S. 149). Die Belege, die Ryerson für die frühere Periode heranzieht, sind jedoch manchmal negativ und oft ungenügend. Sie hebt interessanterweise hervor, daß ein gewickeltes Kind nicht an seinem Daumen lutschen konnte. Aber schon 1596 wurde John Dees Tochter mit neun Monaten entwöhnt, sein Sohn 1599 mit eineinhalb Jahren. (*Diary of Dee*, S. 53, 55.)

28 »Ein älteres Kind saugt übermäßig«, war John Mannington zufolge ein volkstümliches Sprichwort. (*Diary*, Camden Society, Bd. 99, Westminster 1868, S. 12; Mauriceau, *Disease of Women*, S. 368, 372.) Brei wurde offensichtlich mit dem Löffel gefüttert. Ryerson behauptet in »Medical Advice«, daß es keine Saugflaschen gab (S. 143). Die »Saugflasche« wird auch erwähnt in: *The Life of Marmaduke Rawdon of Yorke*, Camden Society, Bd. 85, Westminster 1863, S. 3; Sharp, *Midwives Book*, Kap. VI. Sir Robert Sibbald wurde im Jahr 1643 mit zwei Jahren und zwei Monaten von seiner Amme entwöhnt. (*Memoirs*, London 1932, S. 50-51.) Alice Thorntons Tochter wurde im Jahr 1655 mit einem Jahr entwöhnt. (*Thornton Autobiography*, S. 91.)

29 Guillemeau, *Nursing*, Vorwort; Sharp, *Midwives Book*, Kap. II; Mauriceau, *Disease of Women*. Die Angelegenheit der sexuellen Rivalität ist nicht weit hergeholt. Endymion Porter schrieb an seine Frau aus Spanien (17. April 1623): »Deine beiden kleinen Babys ... dienen dazu, Dich zu unterhalten und dies lehrt Dich, mich zu vergessen.« (Dorothea Townshend [Hrsg.], *Life and Letters of Mr. Endymion Porter*, London 1897, S. 51.) Oder man beachte den spaßigen aber bedeutungsvollen Brief der Gräfin von Rutland an John Locke (7. März 1671) über ihren Enkel: »So ein hoffnungsvoller Erbe, der sich früh den Damen im Bett nähert und mit einer Waffe umgeht im Alter von drei Tagen ...« (Public Record Office, London, SP 30/24, bdle. 47, Nr. 11.)

30 Mauriceau, *Disease of Women*, S. 366; Sharp, *Midwives Book*, Kap. VI; *D'Ewes Autobiography*, I., S. 24-25; Lady Frances Hatton an Lord Hatton, 3. Juni 1678. Finch-Hatton MSS 4322, Northamptonshire R.O., Delapre Abbey. Aber Anthony Ashley Cooper wurde »in Cranborne von einer Indianerin gestillt, der Frau eines Gerbers«. (W. D. Christie, *A Life of Anthony Ashley Cooper, First Earl of Shaftesbury*, 2 Bände, London 1871, Anhang II, XXV.) Zehn Jahre früher hat Lady Frances tatsächlich ihr eigenes Kind gestillt. (Anne, Countess of Pembroke an Frances Hatton, 10. Dezember 1668. Finch-Hatton MSS 4313, Northamptonshire R.O., Delapre Abbey.) G. R. Taylor hat in *The Angel Makers. A Study of the Psychological Origins of Historical Change, 1750-1850*, London 1958, herausgefunden, daß im achtzehnten Jahrhundert »die Gruppe der nachgiebigen Eltern aus der oberen Klasse dazu

neigte, Kinder an Ammen fortzugeben, während die puritanische Schicht die Ernährung durch die Brust verlangte« (S. 327). Dementsprechend ist es nicht überraschend, wenn man in Reverend Ralph Josselins *Diary* liest (hrsg. von E. Hockliff, Camden Society, 3. Folge, XV, London 1908): »Gott hat meine Frau gesegnet, eine Amme zu sein.« In einer Erzählung über seine Bekehrung erinnerte sich Thomas Goodwin daran, »als er an den Brüsten seiner Mutter hing«. (*Works*, 5 Bde., London 1704, I, V.) Und Samuel Clark, ein Geistlicher, schrieb über Mrs. Katherine Clark und ihre neun Kinder: »Sie nährte sie alle mit ihren eigenen Brüsten.« (*The Live of Sundry Eminent Persons* [1683], S. 155.) Sarah Meade, eine Quäkerin, schrieb an ihre Mutter, Margaret Fox (17. Mai 1684): »Es geht mir hervorragend und gut und wenn der Herr mir Milch und die Fähigkeit dazu gibt, werde ich mich bemühen, eine Amme zu sein.« (Miller MSS Nr. 77, Transkript Nr. 7, Friends House Library, London.) Aber nur zwei Jahre später berichtet sie ihrer Mutter (2. April 1686): »Viele hier im Umkreis ziehen es eher vor, Kinder mit dem Löffel großzuziehen, als sie zu stillen (wenn sie nicht entweder ihre eigenen Mütter holen oder sehr gute Ammen haben) . . .« (Abraham MSS, XXX, Friends House Library, London.)

31 Aus: Stefano Guazzo, *The Civil Conversation* (1581), zitiert in: Lu Emily Pearson, *Elizabethans at Home,* Stanford 1957, S. 87. Und man beachte die Äußerung von Mauriceau über das In-Pflege-Geben, *Disease of Women*, S. 373: »Wir sehen täglich, daß über die Hälfte der Kinder stirbt, bevor sie zwei oder drei Jahre alt sind.«

32 Zitiert in: Philippe Ariès, *Geschichte der Kindheit,* München 1976, 2. Aufl, S. 98. Lady Anne andererseits war so weit davon entfernt, für ihre Kinder Zuneigung zu empfinden, daß ihr Mann ihr ihr einjähriges Kind wegnahm, um sie zu beeinflussen, das Eigentum ihm zu überlassen. (Williamson, *Clifford,* S. 91, 157.)

33 Pinchbeck und Hewitt, *Children in English Society*, S. 201. Der Herzog von Buckingham schrieb, daß er, nachdem er von seiner dritten Frau rechtmäßige Kinder bekommen hatte, niemals seine unehelichen besessen zu haben wünschte, »weil es in eigenen Familien ein schlechtes Beispiel ist«. (John Sheffield, Duke of Buckingham, »Memoirs«, in: *Works,* 1723, II, S. 21.)

34 Niederschriften bei Sitzungen im Amt des High Sheriff, MSS. House of Lords 1668 S, Nr. 44-48; MSS. H. L. 1671, Nr. 74; MSS. H. L. 1678, Nr. 72, Bedford Record Office.

35 Das Gesetz ist angeführt in: Pinchbeck und Hewitt, *Children in English Society*, S. 201. Thomas Raymond berichtet in seiner *Autobiography*, hrsg. von G. Davies, Camden Society, 1917, daß die unverheiratete Mutter eines begrabenen aber entdeckten Kindes »im Widerspruch zu Gesetz und Erwartung der Hinrichtung durch Erhängen entging« (S. 20). John Marshall gibt zwei Fälle an, wo Frauen in Massachusetts im

späten siebzehnten Jahrhundert hingerichtet wurden, weil sie uneheliche Kinder getötet hatten. 8. August 1698 und August 1700; *Diary,* Massachusetts Historical Society. Pinchbeck und Hewitt behaupten, daß »es bis zum Ende des achtzehnten Jahrhunderts und zu einem geringeren Ausmaß im neunzehnten Jahrhundert allgemein üblich war, ungewollte Kinder auf den Straßen oder den Gassen von Städten oder auf dem Land auszusetzen, entweder bei den Kindern unverheirateter Mütter oder bei denjenigen, die ihre Familie schon als übergroß betrachteten« (S. 302). Es wird kein Zitat angegeben. Ich würde bezweifeln, ob dies »allgemein üblich« war.

36 Guillemeau, *Nursing;* Anon., *Child-Bearers Cabinet,* S. 20; Sharp, *Midwives Book.* Indes gibt es Anzeichen von Sorge wegen der Verstopfung; Roger North erzählte von seiner Mutter, die ihre Kinder an Rhabarber gewöhnte, »was die unerfreuliche Lästigkeit und den Widerwillen zwischen Eltern und Kindern über die Arznei vermied, die ihnen allgemein äußerst verhaßt ist . . .« (*North Autobiography,* S. 3.) (»Welche Purganz, Rhabarber, Senna/ führte wohl ab die Englischen?«; Macbeth, 5. Akt, 3. Szene; Shakespeare, Werke in 8 Bänden, Frankfurt 1970, Bd. 7, S. 147.) Die Bedeutung dieser Praxis wurde von William Stout bezeugt, der über seinen Vater schrieb: »Er neigte niemals dazu, von Ärzten oder Heilmitteln Gebrauch zu machen, sondern fügte sich lieber, nachdem er maßvoll gelebt hatte, Gottes Willen.« (*Autobiography,* Chetham Society, 3. Folge, Bd. 14, Manchester 1967, S. 74.)

37 Anon., *Child-Bearers Cabinet,* S. 20-21.

38 Lady Falkland, die als »von ihrer Kinderpflege sehr beherrscht« galt (d. h. nachsichtig), lockerte ihr Versprechen, ihren leidenschaftlichen Sohn mit Schlägen Gehorsam beizubringen, woraufhin er sie bat, ihr Gelübde nicht zu brechen, »und es gab auch keinen anderen Weg, das Kind zufriedenzustellen, außer daß man es schlug«. Angeführt in: Godfrey, *Home Life,* S. 11. Eine vernarrte Großmutter schrieb ihrem Sohn über ihren Enkel: »Laß mich von Dir und seiner Mutter erbitten, daß niemand ihn schlägt außer Mr. Parrye«, sein Erzieher. (Ibid., S. 12.) In den Briefen an seine Frau, die voller Zärtlichkeit für seine Kinder waren, mahnte Endymion Porter sie im Hinblick auf den Sohn George zur Vorsicht, »ihn nicht übermäßig zu schlagen«. (*Life and letters of Porter,* S. 68.) Roger North schrieb: »Man hat uns gelehrt, unseren Vater zu ehren, dessen Anteilnahme für uns dann hauptsächlich in der Würde und Anständigkeit seines Betragens lag, der Ordnung und Ernsthaftigkeit des Lebens . . .« Seine Mutter besorgte das Verprügeln. (*Autobiography of Roger North,* hrsg. von A. Jessopp, London 1887, S. 1-4.) Als John Richards – gegen Ende des Jahrhunderts – seinen Sohn schlug, trat seine Frau dazwischen. (»Diary«, *Retrospective Review,* ohne nähere Angaben, 1 [1853].) Richards war kein Aristokrat. Pinchbeck und Hewitt behaupten in *Children in English Society* (S. 16), daß sowohl Jungen

als auch Mädchen geschlagen wurden. In einem von William Blundell erdichteten Zwiegespräch zwischen sich und seinen Töchtern erinnert sich eines der Kinder daran, »wie es oft geschlagen und bestraft wurde, wiederum ein Versprechen abgab und dies durchbrochen hat und wieder geschlagen wurde« – hauptsächlich wegen seines Betragens: »Wie oft habe ich Dich auf diese Deine schlampige, schlingernde Gehweise hingewiesen? Und wie ungezügelt Du Deinen Kopf hältst?« An einer Stelle äußerte die eine Tochter: »Bete und bessere Dich, ja mit Gottes Gnaden will ich beten und mich bessern. So habe ich es niemals in meinem ganzen Leben überwunden, als mein Vater so wütend war. Ich habe nichts Geringeres erwartet, als eine Woche lang oder vierzehn Tage hintereinander in einem dunklen Raum eingeschlossen und mittags und abends mit der Rute verköstigt zu werden...« (*Cavalier-Letters of Blundell*, S. 45-46.) John Dee berichtete, wie »ein Hieb von ihrer Mutter auf das Ohr« die Nase seiner Tochter bluten ließ. (*Dee Diary*, S. 30-31.) Samuel Clarke schrieb über die Haltung von Mrs. Katherine Clarke gegenüber ihren Kindern: »Sie liebte sie innig ohne übertriebene Zärtlichkeit und war besorgt darum, ihnen Erziehung und Ernährung angedeihen zu lassen, indem sie nicht mit der Rute sparte, wenn es dazu Gelegenheit gab.« (*Sundry Eminent Persons*, S. 155.)

39 *Brief Lives*, hrsg. von Oliver L. Dick, London 1950, XXXIV. Einer dieser Ausnahmen war Edward Hyde, Lord Clarendon, der behauptete, daß sein Vater »der beste Freund und Kamerad (war), den er jemals hatte oder haben konnte«. (*An Account of the Life of Lord Clarendon*, Oxford 1759, S. 4.) Ralph Thorsby drückte großes Mitgefühl beim Tod seines Vaters aus. (*Diary*, London 1830, S. 32.) Der Vater von Thomas Raymond widmete diesem auch seine Aufmerksamkeit – sehr zum Leidwesen von Thomas: »Bei allen Gelegenheiten (obwohl ich bei seinem Tod nicht über zwölf Jahre alt war) spürte ich die Auswirkungen seines Zornes, die für mich, der ich einen sanften und furchtsamen Charakter besaß, ein großes Unglück bedeuteten. Und tatsächlich begannen alsbald die unglückseligen Angriffe auf meine Seele, die mich während all der Veränderungen und dem Verlauf meines Lebens verfolgt haben, was sich als großes Hindernis gegenüber dem Fortschritt meines Geschicks erwies. So schädlich ist es, eine sanfte männliche Seele im Keim zu ersticken...« (*Raymond Autobiography*, S. 19.)

40 Siehe die kurze Diskussion dieses Sachverhalts in: R. E. Helfer und Henry Kempe, *The Battered Child*, Chikago 1968.

41 Pinchbeck und Hewitt, *Children in English Society*, gegenüber S. 36.

42 John Evelyn, *The Golden Book of St. John Chrysostom Concerning the Education of Children* (1659), in: William Upcott (Hrsg.), *Miscellaneous Writings of John Evelyn*, London 1825, S. 107-111; Ezekias Woodward, *Childes Patrimony* (1640).

43 Sarah Meade an Margaret Fox, 17. Mai 1684; 10. Juli 1684; 20. März

1684/5; 7. April 1686; 5. Mai 1686; Miller MSS, Nr. 77; James Dix MSS, Nr. 23, 24; Abraham MSS, Nr. 27, 30, Friends House Library, London. Sarah war glücklich mit Nathaniel, ihrem einzigen Kind. Ihre Schwägerin brachte vier Kinder zur Welt: eines war totgeboren, ein anderes lebte nur drei Monate, ein drittes starb im Kindesalter. Kindersterblichkeitsraten für das siebzehnte Jahrhundert in England können gefunden werden in: Wrigley, »Mortality«, S. 557-560.

44 Sharp, *Midwives Book*, S. 380; Pemells *De Morbis Querorum, or a Treatise of the Diseases of Children*, London 1653, war seit der von Thomas Phayre die erste Abhandlung in englischer Sprache über Probleme der Kindheit.

45 Lady Frances Hatton an Lord Hatton, 8. Juni 1678; Anne, Lady Manchester an Lord Hatton, 19. Juni; Finch-Hatton MSS 4288, 4290, 4377, Northamptonshire R.O., Delapre Abbey. Die Herzogin von Newcastle äußerte Überraschung darüber, daß von den acht Kindern, die ihre Mutter geboren hatte, keines körperliche Mängel aufwies. (*Life of Newcastle*, S. 164.)

46 Still, *History of Paediatrics*, Kapital 19-33. Glissons Arbeit über Krankheiten, nicht die erste aber die bedeutendste, erschien 1650. Alice Thornton kommt auf das Leiden bei einem Zwischenfall zu sprechen, in den eine ihrer Töchter im Jahr 1660 verwickelt war. (*Thornton Autobiography*, S. 129.) Sydenham beschrieb als erster den Veitstanz (»eine Art Krampfzustand, der hauptsächlich Jungen und Mädchen zwischen dem zehnten Lebensjahr und der Pubertät befällt«), gab über Masern die sorgfältigsten Einzelheiten, die bis zu jener Zeit erschienen waren, und ist der erste gewesen, der über das Scharlachfieber unter jenem Namen Rechenschaft ablegte. Krämpfe und Masern werden erwähnt in: ibid., S. 6, 129. Ich habe keine Bemerkungen über das Scharlachfieber oder dessen Symptome gefunden. Pocken, die im siebzehnten Jahrhundert »als ein nahezu unvermeidbares Ereignis der Kindheit angesehen wurden« (Still, *Paediatrics*, S. 324), werden erwähnt in: *Thornton Autobiography*, S. 6; *Newcome Autobiography*, S. 43 und vielen anderen Berichten.

47 Thomas, *Religion and the Decline of Magic*, S. 656-661.

48 *The Midwives Book*, S. 415.

49 Mrs. Sharp, die darlegte: »Wechsle oft die Kleider der Kinder, denn die Pisse und der Kot werden die Haut aufreiben, wenn sie lange darauf liegen«, empfahl, daß das Baby nur zweimal wöchentlich gewaschen werde, allerdings erst nach sieben Monaten (bis es entwöhnt wird). (Ibid.)

50 Ibid., S. 377; Guillemeau, *Nursing*, S. 45-46, 76-78.

51 *Thornton Autobiography*, S. 129.

52 Lady Warwick, nun achtunddreißig Jahre alt, konnte keine Kinder mehr bekommen, wodurch die Familie ohne Erben blieb; gedeutet wurde dies

wieder als ein göttliches Urteil wegen ihrer früheren Einstellung, sich nicht viele Kinder gewünscht zu haben, weil sie mit einem jüngeren Bruder verheiratet war (sehr wahrscheinlich praktizierte das Paar den coitus interruptus). (*Warwick Autobiography*, S. 17-18, 26-33.)

53 Suzanne White Hall, »Books for Women Printed in English, 1475-1640« (unveröff. Magisterarbeit, Univ. of Southern California 1967), S. 55. Jonathan Priestley sagte über seine Mutter: »Ich glaube, daß wenige Christen in dieser Welt die Höhe des Wissens und ein solches Maß an Anstand erreichen wie meine Mutter. Gottes Weisheit verstand, daß sie mehr zu leisten und auch zu leiden hatte als andere rechtschaffene Frauen; seine Güte schenkte ihr so mehr Glauben und mehr Geduld. Man muß bedenken, welche Sorge es bedeutete, zehn Kinder zu gebären und aufzuziehen und mitanzusehen, wie sechs von ihnen in die Erde gelegt wurden, was, wie sie sagen würde, mehr Kummer und Sorge für sie war und es schlimmer um sie stand als zu der Zeit, da sie sie zur Welt gebracht hat. Die Schwierigkeiten, denen mein Vater ausgesetzt war, mußten sie notwendigerweise beunruhigen ... sie ging mit Gottes Hilfe geduldig durch alles hindurch, in Demut gefaßt und geziert mit dem Schmuck eines bescheidenen und ruhigen Gemüts ... Gebete waren ihr täglicher Gottesdienst; wenn ich sage ihr täglich Brot, glaube ich nicht falsch zu sprechen.« »Some memories Concerning the Family of the Priestleys« (1696), Surtees Society, *Yorkshire Diaries and Autobiographies*, 77 (London), S. 28-29. Siehe auch Joseph Halls Beschreibung seiner »einer Heiligen ähnlichen« Mutter in: *The Shaking of the Olive Tree*, London 1660.

54 Man näherte sich Gott auf mannigfache Weise. Reverend Owen Stockton schrieb am 5. April (1665) nieder: »Den gestrigen Tag richtete ich meinen Sinn aufs Fasten und Beten im Namen meiner Tochter Elianor, die doch so lange krank gewesen war ... mein Glaube wurde neu belebt durch Jesaja, 44.3: Ich will meinen Geist auf deinen Samen gießen.« MSS Dr. Williams Library, Gordon Square, London. Reverend Ralph Josselin berichtete am 15. Juni 1673: »Ungefähr um ein Uhr frühmorgens erhob sich mein meistgeliebtes Kind, mein ältester Sohn Thomas, um von jetzt an zusammen mit der Christenheit im Himmel seinen immerwährenden Sabbat mit seinem himmlischen Vater und Erlöser zu heiligen ...« Zitiert in: Alan Macfarlane, *The Family Life of Ralph Josselin. A Seventeenth Century Clergyman*, Cambridge, England 1970, S. 166. Die Beziehung zwischen Kindersterblichkeit, elterlicher Projektion und Religion wurde in Frances Quarles' »On the Infancy of Our Saviour« nahezu umgekehrt:

Oh! Welch ein Entzücken war es gewesen, zu sehen
Wie Dein kleiner Heiland sich von Deinem Schoß aufrichtet!
Zu sehen, wie er sich schmiegt an Deine jungfräuliche Brust,
Sein milchweißer Körper ganz unbekleidet, unumhüllt!

Zu sehen, wie Deine geschäftigen Hände kleiden und hüllen
Seine ausgestreckten Glieder in Deinem sanften Schoß!
Zu sehen, wie seine verlorenen Augen mit kindlicher Anmut
Lächelnd aufblicken in das holde Antlitz seiner Mutter!
Und während seine vorwärtsstrebende Kraft zu erblühen begann
Zu sehen, wie er im Zimmer hin- und herhüpft!
Oh, wer würde denken, daß ein so holdes Kind wie dieses
Jemals getötet werden sollte durch einen verräterischen Kuß!
(*Oxford Book of Christian Verse*, S. 136.)

55 *Life of Newcastle,* S. 64. Robert Boyle sagte, daß sein Vater »eine vollkommene Abneigung gegenüber der Zärtlichkeit« seiner Kinder hatte. (*Life of Boyle,* S. 18.) Siehe auch: *The Diary of John Hervey* (der erste Graf von Bristol), Wells 1894, wo mehr Resignation als Reue zum Ausdruck kommt: »Es ist gut, nicht geboren zu werden; aber wenn es sein muß, ist es das nächste Gute, bald wieder zur Erde zurückzukehren.« Auch: *The Private Diary of Mark Brownell,* Surtees Society, Bd. 124, London 1914, S. 176-189; »Autobiography and Diary of Elias Pledger«, MSS Dr. Williams Library, Gordon Square, London.

56 *Life of Newcastle,* S. 22; John Donne, »Sermons on Genesis, I, 26«, in: Evelyn M. Simson und George R. Potter (Hrsg.), *Sermons of John Donne,* 10 Bde., Berkeley 1953-1962, Bd. 9, S. 68-91; Thomas Cobbett, *A Fruitful and Usefull Discourse touching the Honour due from Children to Parents and the Duty of Parents to their Children* (1656), wie zitiert in: Pinchbeck und Hewitt, *Children in English Society,* S. 19-20; Sharp, *Midwives Book.* Im Gegensatz zu Cobbett schrieb George Herbert:
Wirf Deine Rute weg,
Laß fahren Deine Rache;
O mein Gott,
Wähle den sanften Weg.
(»Discipline«, in: *Oxford Book of Christian Verse,* S. 152.)

57 *North Autobiography,* S. 2. Man erinnere, daß Norths Vater ernst, zurückhaltend und herablassend war – ein Mann, der offensichtlich niemals in die Nähe von Zärtlichkeit abirrte. Seine Mutter war der Zuchtmeister, doch warnte North davor, daß »je mehr diese Methoden (der strengen Kontrolle von Kindern) vernachlässigt oder niedergedrückt würden durch weibliche Eitelkeit und Zärtlichkeit, sich das Alter desto sittenloser und verkommener erweise«. (Ibid., S. 5-6.)

58 Cleaver und Dod sind zitiert in: Michael Walzer, *The Revolution of the Saints. A Study in the Origins of Radical Politics,* Cambridge, Mass. 1965, S. 190. Die Folge dieser Ausbildung wurde von Reverend Oliver Heywood so ausgedrückt: »Ich habe mich oftmals darüber gewundert, was der Plan Gottes sein könnte, wenn er mich auf die Wege der Vorbereitung für das Priesteramt hinführte, für das ich mich in meinen Verstandeskräften träger und schwächer halte, als ich es von den meisten

anderen glaube . . .« (*His Autobiography*, hrsg. von J. H. Turner, Brighouse 1882, S. 158.)

59 *Microcosmography, or a Piece of the World Discovered in Essays and Characters*, London 1934, S. 5-6. Siehe auch Henry Vaughams »Childhood«:

Da alles, was das Alter lehrt, unheilvoll ist
Warum sollte ich nicht noch immer die Kindheit lieben?

* * *

Geliebtes unschuldiges Alter! Die kurze, flüchtige Zeit,
Wo Tugend mit Trauer sich vom Menschen trennt;
Wo Liebe ohne Wollust weilt, und sich neigt
Ohne selbstsüchtige Zwecke, wohin es uns gefällt.
(*Oxford Book of Christian Verse*, S. 230.)

60 *Thornton Autobiography*, S. 94. Beim Tod eines Sohnes wurde Mrs. Thornton »aus dem Mund eines meiner eigenen Kinder belehrt«, daß der Junge im Himmel glücklich war und daß Gott ihr einen weiteren Sohn schenken würde. Der Vorfall wiederholte sich, als ihr Mann starb. (Ibid., S. 126-127, 262-263.)

61 Diese Literatur wird diskutiert in: William Sloane, *Children's Books in England & America in the Seventeenth Century*, New York 1955. Es enthält auf den letzten Seiten eine »systematische Liste«, in der die veröffentlichten Bücher verzeichnet sind. Die Vielfalt der Kinderliteratur über den Tod ist in der Liste unter folgenden Nummern verzeichnet: Grabpredigten: 39, 161, 164, 207, 211; Denkschriften: 42, 81; Warnungen: 45, 136, 143; Andenken: 102; Spiegel: 106, 197, Botschaften: 120; Bekenntnisse: 129, 247; Ermahnungen: 150; Zeugnisse: 167; Belehrungen: 184.

62 *A Token for Children* wurde in den Jahren 1672 und 1676 wiederveröffentlicht. Im Jahr 1700 erschien in Boston eine Ausgabe mit einer von Cotton Mather verfaßten Widmung für die Kinder von Neu-England. Schuldgefühle konnten durchaus umgekehrt werden. William Lilly erinnert sich, daß er mit sechzehn Jahren »äußerst beunruhigt (war) in meinen Träumen, die meine Erlösung und Verdammung betrafen und auch den Schutz und die Vernichtung der Seelen meines Vaters und meiner Mutter . . .« (*Mr. Lilly's History of His Life and Times*, London 1721, S. 6.)

63 Veröffentlicht in London 1694. Zitiert nach: Pinchbeck und Hewitt, *Children in English Society*, S. 269-270. John Dunton erinnerte sich an seine »unterwürfige Angst vor der Hölle . . . ein Ort voll der finstersten und entsetzlichsten Schreckensgestalten« und seine Gedanken über den »Tod . . . ein wandelndes Skelett mit einem Stachel in der rechten und einem Stundenglas in der linken Hand«. Wenn diese Phantasien nicht unangenehm genug waren, scheint er verschiedene Male den Tod herausgefordert zu haben, um nur zufällig gerettet zu werden. (*John Dunton's*

Life and Errors, London 1705, S. 22-26.) Adam Martindale erwähnte, daß seine Tochter auf ihren eigenen Wunsch hin neben ihrem Bruder bestattet wurde: »Sie war (für ihr Alter) ein sehr amüsantes Kind, aber nach seinem Tod schien sie das Leben völlig zu verabscheuen und pflegte oft vom Himmel zu reden und darüber, bei ihm beerdigt zu werden.« (*Life of Adam Martindale,* Camden Society, Bd. 4, Manchester 1845, S. 109.)

64 Sein Bewußtsein über den psychischen Aspekt von Krankheit wird auch an seinem Rat für eine kränkliche Freundin deutlich, daß ihr »mehr Aufgaben und weniger Nachdenklichkeit« zuträglich seien. (Kenneth Dewhurst, *John Locke (1632-1704), Physician and Philosopher,* London 1963, S. 296, 299.)

65 Ibid., S. 83, 141. Lockes ausdrückliche Mißbilligung des Wickelns findet sich in: *Gedanken über Erziehung,* Stuttgart: Reclam 1970 (Lizenzausgabe des Verlages J. Klinkhardt, Bad Heilbrunn), S. 16 ff.

66 Ibid., S. 7. Er war der Ansicht, Beispiele »natürlicher Begabung« seien selten.

67 Ibid., S. 123, 8, 14. Dennoch hatte Locke kein besonderes Mitgefühl für die Armen. In seinem *Report for the Reform of the Poor Law* (1697) schlug er vor, für arme Kinder im Alter zwischen drei und vierzehn Jahren »Arbeitsschulen« zu errichten, so daß sie »von ihrer Kindheit an an Arbeit gewöhnt würden...« Dies ist natürlich eine andere Variante des Abhärtungsprozesses. (Zitiert in: Pinchbeck und Hewitt, *Children in English Society,* S. 309.) Ein halbes Jahrhundert früher hatte Sir William Petty vorgeschlagen, daß jedes Kind, reich oder arm, eine Erziehung haben sollte. (Sein Programm ist zitiert in: Still, *History of Paediatrics,* S. 314-317.)

68 Obwohl Locke niemals die Praxis der oberen Klasse mißbilligte, das Kind bei einer Amme in Pflege zu geben und dieses Thema in den *Gedanken über Erziehung* nicht erwähnte, kann man aus seinen Briefen an Edward Clarke und dessen Frau ersehen (die in revidierter Fassung die *Gedanken* ausmachen), daß er die Überwachung der Kinderfrau für notwendig hielt. Siehe: Locke an Clarke, 22. Febr. 1682/3; Locke an Mrs. Clarke, Dez. 1683; Locke an Clarke, 8. Febr. 1686; *Correspondence of Locke,* S. 90, 101-102, 142-143. Im Jahr 1684 hielt der Erzbischof von Canterbury, John Tillotson, Predigten gegen die Praxis, Kinder in Pflege zu geben. Siehe: *The Works of John Tillotson,* 10 Bde., London 1820, III, S. 487-492. Tillotsons Predigten – »Concerning Family Religion« und »Of the Education of Children« (III, S. 464-551) spiegeln – ungeachtet ihrer religiösen Emphase – einige wichtige Ansichten Lockes über die Zügelung der Leidenschaft, das Beschämen von Kindern und deren Erziehung wider.

69 *Gedanken,* S. 23-24. Locke schrieb an Clarke (Dez. 1684): »Nach meiner ersten Mahlzeit, meistens am Morgen, ging ich beständig zum Hause der

Notdurft, ob ich mich dazu gedrängt fühlte oder nicht, und blieb dort so lange, daß ich im allgemeinen meinen Auftrag (erledigte); und durch diese beständige Praxis war die Gewohnheit in einer kurzen Zeit so entwickelt, daß ich gewöhnlich ein Bedürfnis verspürte; wenn nicht, ging ich dennoch zu dem Ort, als ob ich mich gedrängt fühlte und dort mißlang es mir selten, das Geschäft auszuführen, um dessetwillen ich gekommen war (nicht einmal in einem Monat). Dies ist eines der größten Geheimnisse, die ich in der Körperbeschaffenheit für die Erhaltung der Gesundheit kenne, und ich zweifle nicht daran, daß es auch bei Ihnen und Ihrem Sohn Erfolg versprechen wird, wenn Sie es mit Beharrlichkeit in die Tat umsetzen.« (*Correspondence of Locke,* S. 116.) Es scheint, daß es gegen Ende des Jahrhunderts ein Interesse an der Sauberkeitserziehung gegeben hat. In dem nachfolgenden Brief ist ungünstigerweise das Alter des erzogenen Kindes unbekannt: »Obwohl es Master sehr gut geht, muß ich Dir über eine geringfügige körperliche Unpäßlichkeit von ihm berichten, aus Furcht, es könnte ein Vorzeichen irgendeiner Krankheit sein. Er hat sehr häufig den Drang, auf den Topf zu gehen und sitzt darauf sehr lange guten Willens, obwohl weder fest noch locker sehr wenig auf einmal aus ihm herauskommt. Letzte Nacht schlief er sehr gut, sobald er erwachte, rief er und ich ließ ihn darauf; Susan sagt, daß er mindestens ein Dutzend Male am Tag geht... Mary Cook will nur erreichen, daß es ihm zur Gewohnheit wird.« (Joseph Hammer an Mrs. Boteler, 12. April 1692. Trevor Wingfield, MSS, County Hall, Bedford.)

70 *Gedanken,* S. 34-37. Nichtsdestoweniger müssen »*Halsstarrigkeit* und *eigensinniger Ungehorsam* (. . .) mit Gewalt und mit Schlägen gebrochen werden; dagegen gibt es kein anderes Mittel.« (Ibid., S. 84.) Jahrzehnte früher schien Locke das Wickeln und Schlagen gebilligt zu haben, obwohl man dies nicht mit Sicherheit behaupten kann, weil die Erwähnung von beidem in einem humorvollen Brief vorkommt – einem, dessen Wortspiele deutlich genug auf der Belustigung über die Defäkation und deren Geruch aufgebaut sind. Siehe: Locke an Mrs. Sarah Edwards, 21. Juli 1659. Locke MSS, Kap. 24 f., S. 39-40, Bodelian Library, Oxford Univ.

71 »Scham nimmt bei Kindern denselben Platz ein wie Schamhaftigkeit bei Frauen, die nicht zu bewahren ist, wenn oft gegen sie verstoßen wird.« (*Gedanken,* S. 52-55.) Diese Art des Gleichgewichts wurde am Ende des Jahrhunderts von John Dunton bewundert, der eine gewisse Mrs. Green beschrieb als »eine gute Mutter für ihre Kinder, die sie mit bewundernswerter Sanftheit und Geschicklichkeit aufzieht, indem sie sie nicht auf zu große Distanz hält, wie dies einige tun und dadurch ihre guten Seiten entmutigen; auch nicht durch eine *Überzärtlichkeit* (ein Fehler, dessen sich die meisten Mütter schuldig machen), indem sie sie zu tausenderlei Schwierigkeiten verleiten, die sich oft für sie als verhängnisvoll erweisen.« (*Dunton's Life,* S. 106.)

72 Früher im siebzehnten Jahrhundert wurden Spiele von der oberen Klasse gebilligt (z. B. malte Henry Peacham in *Compleat Gentleman* im Jahr 1622 die Leibeserziehung als ein Mittel aus, um eine Kommunikation zwischen Lehrer und Studierendem herzustellen), von den Puritanern aber rundherum verurteilt, die Spiele und Sport als Bestandteil einer vertanen Jugendzeit ansahen. Siehe: Dennis Brailsford, *Sport und Society. Elizabeth to Anne*, London und Toronto 1969, S. 79, 131. Der Arzt John Pechey schrieb 1697: »Spiel muß (Kindern) erlaubt sein, um ihre Gefühle zu beruhigen, und tatsächlich kann dieses Alter kaum irgend etwas Ernsthaftes tun, nur muß man dafür sorgen, daß das Spiel ihre Körper nicht verletzt . . .« Zitiert in: Still, *History of Paediatrics*, S. 302.

73 Locke hatte früher hervorgehoben, daß »meine Abhandlung (. . .) vor allem zeigen (will), wie ein junger Gentleman von früher Kindheit an erzogen werden sollte, was nicht in allen Punkten auch für die Erziehung von *Töchtern* gilt; indessen wird man leicht erkennen können, wo die Verschiedenheit der Geschlechter eine verschiedene Behandlung erfordert.« (*Gedanken*, S. 10.)

74 Ibid., S. 42-60, 75-90 ». . . du (mußt) ihn beim Spiel beobachten, wenn er außerhalb seines Studierzimmers und seiner Studierzeit (ist) . . .« (Ibid., S. 155.)

75 In seiner Einleitung zu der Ausgabe von 1692 von *Aesop's Fables* schrieb Robert L'Estrange: »Kinder sind nur weißes Papier« – eine Vorstellung, die oftmals Locke zugeschrieben wurde, tatsächlich aber eine Geschichte hat, die mindestens auf das sechzehnte Jahrhundert zurückgeht. In »The Seventeenth Century in Search of ›Being‹«, einer Schrift, die darlegt, wie Erwachsene dem Problem der Kindheit vermittels der Erziehung gegenübertraten, zeigt Ruth Moffatt, eine graduierte Studentin an der California State University in San Francisco, daß L'Estrange Äsops Fabeln umschrieb, um die Erzählungen für Kinder anziehender zu machen.

76 *Gedanken*, S. 192-209. Indem er seine eigene Verpflichtung gegenüber der Vergangenheit erkannte, versicherte Locke: »Wie nichts belehrender ist, so ist auch nichts unterhaltender als Geschichte.« (Ibid., S. 229.)

77 »Jedes Menschen Wesen so gut wie sein Gesicht hat seine Eigentümlichkeit, die ihn von allen anderen unterscheidet . . .« (Ibid., S. 267.) Möglicherweise war Locke im Begriff, das herkömmliche Selbstverständnis der oberen Klasse an die Mittelklasse weiterzugeben. Die Herzogin von Newcastle sagte, daß die Erziehung ihres Mannes seiner vornehmen Herkunft gemäß war. Als sein Vater herausfand, daß er der Ausbildung nicht zugeneigt war, »gestattete (er) ihm, seiner eigenen Begabung zu folgen« und förderte die Erziehung seines jüngeren Bruders. (*Life of Newcastle*, S. 133.)

78 Erik H. Erikson, *Kindheit und Gesellschaft*, Stuttgart 1968, 3. Aufl., S. 248.

79 L. B. Wright, *Middle Class Culture in Elizabethan England*, Chapel Hill

1935, S. 43-80. Godfrey Davies behauptet in *The Early Stuarts,* Oxford 1937, daß von 1560 bis 1660 die Mittelklasse mehr Geld für die Ausbildung aufwandte als in irgendeinem anderen Jahrhundert (S. 349). Lawrence Stone weist in »The Educational Revolutional Revolution in England, 1560-1640«, *Past and Present,* 28 (Juli 1964) auf einen Rückgang der Erziehungsbemühungen im späten siebzehnten Jahrhundert hin (S. 68). Siehe auch Stones »Literacy and Education in England, 1640-1900«, *Past and Present,* 42 (Februar 1969), S. 90. Es muß herausgestellt werden, daß die Ausweitung der Erziehung sich auf Männer bezieht. Wie Keith Thomas betont: »Frauen wurde zu dieser Zeit der Zugang zu jedem der üblichen Darstellungsmittel verwehrt, die Kirche, Staat oder Universität gewährten . . .« *Religion and the Decline of Magic,* S. 138. Eine von dieser Stellungnahme abweichende Auffassung erscheint in: E. S. Bier, »The Education of women under the Stuarts, 1603-1715« (Magisterarbeit, Univ. of California, Berkeley 1926), S. 157. Philippe Ariès, der die Hälfte seines Buches *Geschichte der Kindheit* dem Thema der Erziehung in Frankreich widmet, schreibt die Ausweitung und Reform dem Werk von »Moralisten und Pädagogen« zu, die die Kindheit durch eine erweiterte und disziplinierte Schulausbildung zu verlängern wünschten, um die Jugend von einer verderbten Erwachsenenwelt fernzuhalten.

80 Abbildungen von Kindern kamen im späten sechzehnten und frühen siebzehnten Jahrhundert auf. Die Kleidung für Kinder änderte sich im Alter von annäherungsweise sieben Jahren, ein Prozeß, der für Jungen besonders bedeutungsvoll war, seitdem »Hosentragen« als Symbol junger Männlichkeit galt. (Phillis Cunnington und Anne Buck, *Children's Costume in England . . .,* London 1965, S. 35-38, 52, 54, 71.) Über Spiele siehe: Brailsford, *Sport and Society,* und Joseph Stratt, *The Sports and Pastimes of the People of England,* Detroit 1968. Gewisse populäre Geschichten galten am Ende des siebzehnten Jahrhunderts als »ausschließlich das Eigentum von Kindern«, während eine vollständig neue – dem Inhalt nach weitgehend moralistische Kinderliteratur emporkam. Sloanes *Children's Books* ist reich an Material, aber siehe auch: Iona und Peter Opie, *The Oxford Book of Nursery Rhymes,* Oxford 1952; und Harvey Darton, *Children's Books in England,* Cambridge, England 1932.

81 Sir Thomas Wilson, *The State of England Anno Dom. 1600.* Robert Boyle, dessen Mutter gestorben war, schrieb, daß sein Vater ihn mit acht Jahren fortschickte, weil »die Kinder bedeutender Männer diese zu Hause zu Annehmlichkeit, Stolz und Untätigkeit verleiten und mehr dazu beitragen, ihnen eine gute Meinung über sich selbst zu geben, als sie dazu veranlassen, sie zu überwachen . . .« (*Life of Boyle,* S. 23.)

82 Dies ist die Ansicht von Alan Macfarlane (*Family Life of Josselin,* S. 210), der die Sache grundlegend untersucht hat. Kinder verließen wohlhaben-

dere Häuser zur Elementarschule ungefähr im Alter von zehn Jahren. In Familien vom Stande Josselins lag das Lernalter zwischen sieben und dreizehn. Es ist nicht bekannt, wie weit die soziale Rangleiter abwärts dieses Altersmuster Gültigkeit hatte. Natürlich kann man Ausnahmen finden. Mary Woodforde schickte ihren jüngsten Sohn im Alter von vier Jahren auf die Elementarschule. (»Private Diary, 1684-1690«, in: *Woodforde Papers and Diaries*, hrsg. von Dorothy H. Woodforde, London 1932, S. 10-15.) Die Herzogin von Newcastle schrieb, daß die meisten ihrer Brüder und Schwestern niemals – sogar nach der Heirat nicht – das Zuhause verlassen haben (*Life of Newcastle*, S. 160). Peggy Verney, die ihre verhätschelte zehnjährige Betty zur Elementarschule schickte, schrieb an eine ältere Schwester: »Ich danke ihrer Vergangenheit, daß sie so sehr ein Baby ist, daß sie diese Anforderung der Kinderei zu erfüllen vermag.« (Godfrey, *Home Life*, S. 5.)

83 *A Relation or Rather a True Account of the Island of England . . . about the year 1500*, zitiert in: E. M. Field, *The Child and His Book*, 2. Aufl., London 1892. Siehe auch: E. S. Morgan, *The Puritan Familiy*, rev. Aufl., New York 1966, S. 77. Ein Abschnitt aus *The Office of Christian Parents* (1616) zeigt, wie die elterliche Reaktion nicht notwendig eine wahre Richtschnur den Gefühlen gegenüber war: »Der Vater ist zu ungestüm und die Mutter überzärtlich: einige Mütter kennen keine andere Strafe außer strenger Züchtigung, einige Väter können nicht ertragen, ihre Kinder schreien zu hören . . .« Zitiert in: Sloane, *Children's Books*, S. 84.

84 Die Kosten des Unterhalts von Kindern sind in Macfarlane, *Family Life of Josselin*, S. 44-51 berechnet.

85 W. K. Jordan, *Philantropy in England, 1480-1660*, London 1959, S. 290-91; Brinsley, *The Grammar School* (1632).

86 Ben Jonson warnte den Grafen von Newcastle, daß seine Söhne »in größerer Gefahr (wären) in Deiner eigenen Familie, mitten unter schlechten Dienstboten (zugestanden, daß sie bei ihrem Lehrer sicher seien) als unter tausend wie immer unverschämten Jungen«. (»Timber, Or Discoveries Made Upon Men and Matter«, in: William Gifford [Hrsg.], *Works of Ben Jonson*, Boston 1860, S. 880.) Obadiah Walton sah in: *Of Education* (1673) auch eine Gefahr in »unbesonnenen, ungehörigen, widerspenstigen Bediensteten«. Wieder abgedruckt in Menston, Yorkshire 1970, Nr. 229, S. 22. Selbst Locke erwähnte die »Unbesonnenheit der Dienstboten«. (*Gedanken*, S. 168.)

87 Die offensichtliche Unvermeidbarkeit von Konflikten zwischen Kindern und ihren Stiefeltern erklärt leicht die Beliebtheit solcher Märchen wie *Cinderella*. Für einige Beispiele siehe auch: W. G. Perrin (Hrsg.), *Autobiography of Phineas Pett*, London 1918, S. 2-3; *An Account of the Life of John Richardson*, 3. Aufl., London 1774, S. 5, 16-22; *Josselin Diary*, S. 5; *Life of D'Ewes*, S. 227; »Pledger Autobiography«.

88 So schrieb Lady Frances Hatton an Lord Hatton: »Meine Tochter

Nancy liegt fortwährend bei mir. Sie hat niemals in diesem vergangenen Jahr bei ihrer französischen Kinderfrau geschlafen« (26. Januar 1678); »Meine Tochter Nancy ist ein sehr guter Bettgenosse« (27. Juli 1678). Finch-Hatton MSS, 4315, 4321. Die Tochter von Lady Anne Clifford teilte das Bett mit ihr ungefähr im Alter von zwei Jahren. (Williamson, *Clifford*, S. 110, Bedfordshire R. O.) Lucy Hutchinson erzählte von der unangenehmen Lage ihres Mannes als Junge zu Hause: »Er war hier durch den vielgereisten Gentleman fortwährenden Versuchungen zu sündigen ausgesetzt, der, während er unter den Augen seines Vaters in scheinbar völliger Mäßigkeit lebte, in seinem eigenen Zimmer nicht nur selbst lasterhaft, sondern auch äußerst bemüht war, Mr. Hutchinson zu verderben...« (*Memoirs of Hutchinson*, S. 49.) Sicherlich geschieht Inzest eher dort, wo es einen Mangel an ungestörtem Eigenleben gibt. Auch werden Kinder wahrscheinlich Zeuge der Primärszene sein oder zumindest um sie wissen.

89 Macfarlane sagt über die Gewohnheit, Kinder fortzuschicken, um erzogen zu werden oder als Lehrlinge oder Dienstboten herzuhalten: »Auf der Ebene des Familienlebens war dies gewöhnlich ein Mechanismus, um die Generationen zu einer Zeit zu trennen, in der es sonst beträchtliche Schwierigkeiten gegeben haben mochte. Im siebzehnten Jahrhundert hatten sowohl Männer als auch Frauen in Europa zwischen der Pubertät und der Heirat ungefähr zehn Jahre durchschnittlich zu warten; wir könnten wohl erwartet haben, daß ein solcher Aufschub zu sexueller Konkurrenz innerhalb der Familien führen würde.« (*Family Life of Josselin*, S. 205.) Adam Martindale berichtet eingehend von einem Vorfall, bei dem man seiner dreieinhalbjährigen Tochter gestattete, gegen einen Mann auszusagen, der angeklagt war, ein fast sechs Jahre altes Mädchen aus der Nachbarschaft verführt zu haben. (*Life of Martindale*, S. 206-207.) Dies erscheint als ein sehr frühes Alter, um das Ereignis des Geschlechtsverkehrs bezeugen zu können.

90 *The Lady's New Year Gift or Advice to a Daughter,* Stamford, Conn. 1934, S. 1, 42. (Diese Interpretation des Buches von Halifax wurde entnommen aus: »The Changing Role of Women: Puritan Women in Seventeenth-Century England«, einer Abhandlung von Gloria Stoft, einer graduierten Studentin an der California State University, San Francisco.) Lady Warwick, deren Mutter starb, als sie drei Jahre alt war, und sie der Pflege »meines nachgiebigen Vaters« hinterließ, entwickelte eine »Abneigung gegenüber dem Heiraten«. (»Some Specialities in the Life of M. Warwick«, *English Poetry, Ballads and Popular Literature of the Middle Ages,* Bd. 22, London 1848, S. 2-4.) Zugestandenermaßen konnte ein Widerstreben zu heiraten die Folge zweier nachsichtiger Elternteile sein (siehe: *Thornton Autobiography*, S. 9, 75) oder die einer großen, engverbundenen Familie (siehe: *Life of Newcastle*, S. 157-165).

91 »Es ist... ein sehr nützlicher Teil der Sorge der Mutter, sich ihrer

Tochter beizugesellen, um den Gefahren eines unangemessenen und ungesetzlichen Umgangs vorzubeugen ...« (Richard Allestree, *The Ladies Calling*, London 1693, S. 216.) Lucy Hutchinsons Vater »pflegte bei jeder Frau unter seinem Dach nicht das Geringste an unbescheidenem Benehmen oder Kleidung zu dulden«. (*Life of Hutchinson*, S. 11.)

92 Heywood, *Autobiography*, S. 153-156. Zeugnisse für die Frömmigkeit und den strengen Einfluß einer Mutter kommen vor in: »Observations of some Specialities of Divine Providence in the Life of Joseph Hall, Bishop of Nowich«, *The Remaining Works of... Joseph Hall*, D.D., Oxford 1863, XX-XXI; »Dr. (John) Wallis Account of some Passages of his own Life«, *Peter Langtoft's Chronicle*, hrsg. von Thomas Hearne, Oxford 1725, S. 143-45; »Memoirs of William Veitch«, *Lives of the Scottish Reformers*, hrsg. von Thomas McGrie, Cincinnati 1846, S. 427; *Life of D'Ewes*, S. 117.

93 Vergleiche Richard Allestrees Inhaltsverzeichnis in: *The Gentleman's Calling*, London 1696, mit dem in seinem Buch *The Lady's Calling*. Das erste konzentriert sich auf die »Berufung« und die Vorteile von Erziehung, Reichtum, Zeit, Autorität und gutem Ruf. Das zweite behandelt die Eigenschaften: Bescheidenheit, Demut, Mitgefühl, Güte und Frömmigkeit sowie die Rollen einer Jungfrau, Frau und Witwe.

94 *A Consolation for our grammar schooles* (1612), Vorwort. Brinsleys Beschreibung des Schulstundenplans kann man finden in: *The Grammar School* (1632). Sowohl W. D. Jordan in: *White Over Black*, Chapel Hill 1968, als auch R. H. Pearce in: *Savagism and Civilization*, Baltimore 1967, argumentieren, daß es im siebzehnten Jahrhundert das Ziel der Engländer war, die Barbarei bei anderen Völkern und die Ungezügeltheit der natürlichen Veranlagung zu bändigen: die Verdrängung des unzüchtigen Elisabethaners (der auf der Suche nach Abenteuern in fremde Meere segeln mochte) durch den strengen Puritaner (der das neue Land und seine Bevölkerung bezähmen würde). In: »Puritanism as a Revolutionary Ideology«, *History and Theory*, 3 (1963) führt Michael Walzer aus: »Der Puritanismus scheint eine Antwort auf Verwirrung und Angst zu sein, eine Weise, die Menschen in ein System zu bringen, um das akute Gefühl des Chaos zu überwinden ... Die Untersuchung über die Puritaner beginnt man am besten mit der Vorstellung der Disziplin und all der Anpassung und Anstrengung, die dieser sowohl in ihren schriftlichen Äußerungen, als auch in dem, was über ihre Erfahrungen bekannt ist, zugrunde liegt.« (S. 77, 79) Der Dichter sah die Verbindung sehr deutlich: »Kann jener gern ein Mann sein/ Wenn seine Lenkung selbst nur die eines Kindes ist?/ Denn jener selbst, der führt, ist ungebändigt ...« (John P. Cutts (Hrsg.), *Seventeenth Century Songs and Lyrics*, Columbia, Mo. 1959, S. 45.)

95 Hewitt und Pinchbeck, *Children in English Society*, S. 224-234, 259. Die Aufmerksamkeit, die man den Beschwerden eines Lehrlings widmete (in

diesem Fall Sarah Mosse), wird sichtbar in H. L. 1669 S, Nr. 64-70, Bedford R.O. In *The Relation of Sydnam Poyntz*, 1624-36, Camden Society, London 1908, schrieb Poyntz: »Als Lehrling verpflichtet zu sein, halte ich für wenig besser als das Leben oder die niedrige Stellung eines Hundes.« So verließ er England für sechzehn oder siebzehn Jahre als ein Glücksritter – der Sieg des unzüchtigen Elisabethaners! In *Newcome's Autobiography* gibt es einen Bericht über seinen Sohn Daniel, der es versäumte, die Anforderungen seiner Lehre zu erfüllen. Die beste Methode, die Situation zu meistern, so dachte Newcome, »war, ihn nach Übersee zu schicken« (S. 171-184).

96 O. Mannoni, *Prospero and Caliban. The Psychology of Colonization*, 2. Aufl., New York 1964, S. 104.

97 Frederick Jackson Turner, *The Frontier in American History*, New York 1921, S. 2.

98 Siehe zum Beispiel John Smith, »A Description of New England«, in: R. H. Pearce, *Colonial American Writing*, New York 1956, S. 5-22. Vorstellungen von Kindheit, Familie und Nachwelt kommen in dieser Abhandlung reichlich vor. Wie man sehen wird, hat meine Auffassung über die Kindheit in Amerika – eigentlich Neu-England – großen Nutzen aus Arbeiten gezogen, die von zwei graduierten Studentinnen an der California State University in San Francisco vorgelegt wurden: Carol Adairs »The New England Child« und Joan Mibachs »Parent-Child Relations in Puritan New England«.

99 Das Zitat stammt aus: Mannoni, *Prospero*, S. 101. William Bradford schrieb (in: *Of Plymouth Plantation*, 1620-1647, hrsg. von S. E. Morrison, New York 1967), daß man in Holland Eltern gezwungen hat, Aufseher zu werden, was Kinder und auch Dienstboten belastete. Schlimmer noch, unter holländischem Einfluß wäre »die Nachkommenschaft in Gefahr zu entarten und verdorben zu werden«. (Bradford bezog sich auf die Leyden-Kolonie als »Waise«.) Die Neue Welt bot ein Gegenmittel für diese Bedingungen an (S. 19, 24-27). Unter den Beweggründen John Winthrops, nach Massachusetts auszuwandern, wo er als Gouverneur fungierte, war auch seine Sorge über die geistige Entartung seines Sohnes. (Henry S. Morgan, *The Puritan Dilemma* [Boston 1958], S.36.)

100 »The Humble Request . . .«, in: Alexander Young (Hrsg.), *Chronicles of the First Planters of the Colony of Massachusetts Bay, from 1623 to 1636*, Boston 1846, S. 296. Reverend John Robinson und Elder William Brewster von der Pilgergemeinde schrieben über Holland: »Wir sind ziemlich entwöhnt von der köstlichen Milch unseres Mutterlandes . . .« (Elizabeth D. Hanscom (Hrsg.), *The Heart of the Puritan. Selections from Letters and Journals*, New York 1917, S. 3.)

101 *World of Anne Bradstreet*, hrsg. von J. H. Ellis, 2. Aufl., New York 1932, S. 5. Anne Bradstreet legte auch dar, wie sehr sie sich Kinder

wünschte. »Eltern setzen ihr Leben in ihren Nachkommen fort«, bemerkte sie einige Zeit später. (Ibid., S. 5, 49.)

102 G. F. Willison, *Saints and Strangers*, New York 1943, S. 133; *The Diary of Samuel Sewall*, hrsg. und gekürzt von Harvey Wish, New York 1967, S. 57; Alice M. Earle, *Child Life in Colonial Days*, New York 1926, S. 16; »Records of the First Church in Boston«, *Colonial Society of Massachusetts Publications*, 39, Boston 1961, S. 287. Obschon es für Tagebuchschreiber üblich war, vom Tag und der Stunde der Geburt eines Kindes zu berichten, wurde das Ereignis gewöhnlich nicht gefeiert. Eine junge Dame schrieb im Jahr 1675: »Heute bin ich fünfzehn Jahre alt geworden ... Meine Mutter hat mich heute geheißen, einen frischen Rock und ein frisches Brusttuch anzuziehen, obwohl es nicht der Tag des Herrn ist, und meine Tante Alice, die hereinkam, schalt mich und sagte, daß einem Geburtstag Aufmerksamkeit zu schenken bedeute, es mit den weltlichen Menschen zu halten.« (»A Puritan Maiden's Diary«, *New England Magazine*, 2. Folge, 11 [1894-1895], S. 20.)

103 Daniel Scott Smith, »Child-Naming Patterns and Family Structure Change: Hingham, Massachusetts 1640-1880«, Vortrag, vorbereitet für die Tagung der Clark University: The Family and Social Structure (27.-29. April 1972), S. 8-9, 11, 17, 20. Zitiert mit Erlaubnis des Autors.

104 Als eine Frau aus Massachusetts einem »ungestalteten Kind« das Leben schenkte, schrieb Reverend John Cotton dies teilweise einer Situation zu, wo »die übrigen Frauen, die während ihrer Wehen kamen und gingen, abwesend waren«. (John Winthrop, *Journal*, hrsg. von J. K. Hosmer, 2 Bde., New York 1908, I, S. 267.) Es überrascht nicht, daß die mit der Fruchtbarkeit verbundene Magie weiterbestand. Winthrop schrieb über eine Hebamme, die »jungen Frauen Alraunöl und andere Stoffe zu geben pflegte, um Empfängnis zu bewirken, und sie geriet unter großen Verdacht, eine Hexe zu sein«. (Ibid., S. 268.)

105 Die Frauen von Thomas Thacher, Pfarrer an der Old South Church in Boston, und John Eliot, Prediger bei den Indianern, waren Hebammen. Beim Tod von Ann Eliot errichtete Roxbury ein Denkmal mit der Inschrift: »Auf diese Weise wurde sie für den großen Dienst geehrt, den sie ihrer Stadt erwiesen hat.« (Kate Campbell Hurd-Mead, *A History of Women in Medicine*, Haddam, Conn., S. 409-10.) Das Problem, an diese Informationen zu gelangen, wird angedeutet in Anne Bradstreets Schriften über die Kindheit (»Wer anfängt, sich seiner Mittel zu schämen, wird dies nicht verbergen können«) und die Geburt von Kindern (»Über solche Qualen zu sprechen, die eigentlich unsagbar sind«). (*Works of Bradstreet*, S. 149.)

106 Die Schätzung der Kindersterblichkeitsrate findet sich bei John Demos, *A Little Commonwealth. Family Life in Plymouth Colony*, New York 1970, S. 131-132. Man beachte, daß sie niedriger liegt als die Schätzungen für England im siebzehnten Jahrhundert. Die Information über Sewall

und Mather wurde entnommen aus: *Sewall Diary and Diary of Cotton Mather*, 2 Bde., New York 1957.

107 Beispielsweise schrieb im neunzehnten Jahrhundert Elizabeth Cady Stanton: »Es ist grausam, ein kleines Kind von der Hüfte bis zu den Achseln einzuschnüren, wie dies gewöhnlich in Amerika getan wird.« (*Eighty Years and More; Reminiscences, 1815-1897*, New York 1971, S. 116.) John Demos, der nach Anzeichen für das Wickeln umfassend gesucht und viele andere sonderbare und intime Details aus dem häuslichen Leben gefunden hat, wundert sich darüber, warum – wenn diese Praktik angewandt wurde – es *keine* Hinweise darauf gibt. (Demos, *A Little Commonwealth*, S. 132-133, und ein Brief an den Autor vom 9. Dezember 1972.) Vielleicht wird man den einzigen Beweis dafür, daß das Wickeln nicht vorkam, in Einstellungen finden, auf die Anne Bradstreets Bemerkung hindeuten könnte: »Eine vernünftige Mutter wird ihr kleines Kind nicht mit einem langen und hinderlichen Gewand bekleiden, sie wird unschwer voraussehen, welche Folgen dies wahrscheinlich nach sich ziehen wird; bestenfalls fällt es lediglich hin und verletzt sich, oder es geschieht vielleicht etwas Schlimmeres; vielmehr wird der allmächtige Gott seine Gaben anteilsmäßig verteilen nach der Größe und der Kraft, die er den Menschen verleiht.« Könnte dies nicht bedeuten, daß das kleine Kind in Gottes Händen war, also nicht nach den Wünschen des Menschen, d. h. durch Wickelkleider geformt werden sollte? (*Works of Bradstreet*, S. 56-57.)

108 Ibid., S. 133; »Autobiography of Thomas Shepard«, Colonial Society of Massachusetts, *Transactions*, 27 (1927-1930), S. 355; *Sewall Diary*, S. 48. In den *Records of the Courts of Quarter Sessions and Common Pleas*, Bucks Co., Pa., S. 391-92 gibt es einen Hinweis auf die Unterlassung der Zahlung für Dienstleistungen, was einschloß, ein Kind zu pflegen, dessen Mutter gestorben war.

109 In »Moving to the New World: The Character of Early Massachusetts Immigration«, *William and Mary Quarterly*, 30 (1973), S. 197, berichten T. H. Breen und Stephen Foster, daß die meisten Einwanderer städtische Handwerker und nur wenige Bauern waren. Eine frühere Studie, die von den einzogenen Dienstboten handelt, die Bristol und London in der Mitte und am Ende des siebzehnten Jahrhunderts verließen, entdeckte ein Überwiegen von Landwirten und Bauern unter den Einwanderern. Siehe: Mildred Campbell, »Social Origins of Some Early Americans«, in: J. M. Smith (Hrsg.), *Seventeenth-Century America: Essays in Colonial History*, Chapel Hill 1959, S. 71-73.

110 Die Enkel von John Winthrop, Zeitgenossen von Sewall, zeigten sicherlich diese Neigung. Siehe: R. S. Dunn, *Puritans and Yankees. The Winthrop Dynasty in New England, 1630-1717*, Princeton 1962, Kap. 9. Ein Kaufmann der ersten Generation äußerte im Unterschied zu Sewall, daß seine Frau stillte. (»Diary of John Hull«, American Antiquarian

Society, *Transactions*, 3 [1857], S. 148.) In England wurde Anne Bradstreet an der Brust ihrer Mutter großgezogen. (*Works of Bradstreet*, S. 150.)

111 *Sewall Diary*. Thomas Shepards Äußerung, daß der Mund seines Sohnes mit zwölf Monaten so entzündet war, daß »er kein Fleisch essen, nur an der Brust saugen konnte«, legt nahe, daß das Kind etwa um diese Zeit hätte entwöhnt werden sollen. (»Shepard Autobiography«, S. 355.) Aber John Hull, ein Zeitgenosse Shepards, erwähnte, daß seine Tochter mit vierzehn Monaten entwöhnt worden war. (»Hull Diary«, S. 149.) Anne Bradstreet schrieb: »Einige Kinder sind nur schwer zu entwöhnen, selbst wenn die Brustwarze mit Wermut oder Senf eingerieben wird, pflegen sie dies entweder wegzuwischen, oder aber Süßes und Bitteres zusammen hinunterzuschlucken . . .« (*Works of Bradstreet*, S. 56.)

112 Demos, *A Little Commonwealth*, S. 133-134. Es sei daran erinnert, daß die englische Literatur über Kindererziehung empfahl, daß Ammen keinen Beischlaf haben sollten, obwohl man eingestand, daß sie sich nicht an diese Empfehlung hielten. Und Ralph Josselins Frau dachte, sie sei schwanger, bevor sie abstillte, was bedeutet, daß geschlechtlicher Verkehr während des Stillens vorkam. (Macfarlane, *Family Life of Josselin*, S. 83.)

113 »Shepard Autobiography«, S. 355-356. Krankheit bedeutete für Shepard immer eine Begegnung mit Gott. Siehe auch S. 381-82.

114 »Diary of Increase Mather«, Massachusetts Historical Society, *Proceedings*, 2. Folge, 13 (1899, 1900), S. 341-42.

115 *Mather Diary*, I, S. 380-82. Weitere Angaben über periodisch auftretende Krankheiten bei: Ernest Caulfield, »Some Common Diseases of Colonial Children«, The Colonial Society of Massachusetts, *Transactions*, 35 (1942-46), S. 4-47. Der größte Teil der Informationen wie auch die Eintragungen in Mathers Tagebuch betreffen das achtzehnte Jahrhundert.

116 *Works of Bradstreet*, S. 50, 404.

117 John Cotton, *Spiritual Milk for Boston's Babes* (1656), S. 2; Bert Roller, *Children in American Poetry, 1610-1900*, Nashville 1930, S. 17, 21-22.

118 Wigglesworth, *Day of Doom* (1662), hrsg. von K. B. Murdock, New York 1966; Allan Ludwig, *Graven Images*, Middletown, Conn. 1966; Earle, *Child Life*, S. 10.

119 »Journal of the Reverend John Pike«, Massachusetts Historical Society, *Proceedings*, 1. Folge, 14 (1875-1876), S. 134; »John Marshall's Diary«, ibid., 2. Folge, 1 (1884-1885), S. 153.

120 Der Pilgerprediger John Robinson sprach von »einer Halsstarrigkeit und Hartnäckigkeit der Seele, die hervorkomme aus dem natürlichen Hochmut«, der den Kindern eigen sei. Was den Willen des Kindes anbelangt, so war es die Pflicht der Eltern, ihn zu bändigen und zu unterdrücken, niederzuschlagen und niederzuhalten, ihn zu brechen und zu zerstören.

»Kinder sollten jetzt wissen, daß sie einen eigenen Willen haben, auch wenn er ihnen vorenthalten werden konnte.« Zitiert in: Demos, *A Little Commonwealth*, S. 135, aus: *The Works of John Robinson*, hrsg. von Robert Ashton, Boston 1851, I., S. 246-47. Demos' Hypothese, die auf der Prämisse beruht, daß die Anmaßung der Kindheit im zweiten Lebensjahr gebrochen wurde (ein Jahr, das durch das Entwöhnen am Beginn und die Ankunft eines Geschwisters am Ende begrenzt wurde), entstammt der Entwicklungstheorie von Erik Erikson, der behauptet, daß die Versagung von Autonomie in diesem Alter zu immerwährender Scham und Zweifel (der negativen Seite der Autonomie) sowie zu einer Zwangsvorstellung von Recht und Ordnung führen kann (der institutionellen Sicherung des »Gesicht-Wahrens« als der Umkehrung der Scham). (Ibid., S. 135-39.) Ich habe keine Briefe gefunden, die dieses Brechen des kindlichen Willens dokumentierten. Samuel Sewalls Mutter, die seinen zweieinhalbjährigen Sohn zeitweise betreute, sorgte sich um dessen körperliche Entwicklung und sein Wohlbefinden: »Dein Sohn Sam kann sehr schön kräftig im Zimmer herumgehen, er würde besser gehen, wenn er ein Paar passende Schuhe hätte, diejenigen, die Du letzthin geschickt hast, sind ein oder mehr Nummern zu groß ... Ich bitte Dich, Sam für diesen Winter eine Mütze für jeden Tag zu schicken; versäume nicht, Sam zu schicken: ein Kleid ... Schicke[?] Sam Lätzchen zum sechsmal Wechseln, denn er trinkt viel[?], er hat zwei Eckzähne oben, mehr wissen wir darüber noch nicht.« (Jane Sewall an Samuel Sewall, 1. Nov. 1860, Robie-Sewall Family Papers, Massachusetts Historical Society.)

121 Zur Antwort der englischen Puritaner auf das Chaos vgl. oben, Anm. 94. Alan Simpson in: *Puritanism in Old and New England*, Chikago 1955, und Kai T. Erikson in: *Wayward Puritanism*, New York 1966, diskutieren das im Vergleich zu England repressive Klima von Massachusetts.

122 Young, *Chronicles of the First Planters*, S. 167, 177; Nathaniel Shrutleff (Hrsg.), *Records of the Governor and Company of Massachusetts Bay, 1628-1686*, 5 Bde., Boston 1853-1854, III, S. 101; J. H. Trumbull und C. J. Hoadley (Hrsg.), *Public Records of the Colony of Connecticut (1636-1776)*, 15 Bde., Hartford 1850-1890, I, S. 515; Nathaniel Burton und andere (Hrsg.), *Documents and Records Relating to the Province of New Hampshire (1623-1800)*, 40 Bde., Concord 1867-1943, I, S. 384. In keiner der übrigen Kolonien habe ich ein vergleichbares Gesetz gefunden außer in New York, das durch die Gouverneursregierung unter dem Herzog von York in Kraft gesetzt wurde. Siehe: Staugthon George und andere, *Charter to William Penn ... preceded by the Duke of York's Laws ...*, Harrisburg 1879, S. 15. Es ist unnötig zu sagen, daß der elterliche Einfluß seine Grenzen in der sexuellen Begegnung hatte. In einem Fall von Inzest, der in Connecticut im Jahr 1672 versucht wurde, wurde die Tochter geschlagen, aber der Vater hingerichtet; von dieser

Zeit an erklärte der Oberste Gerichtshof (General Court) Inzest als Kapitalverbrechen. (Trumbull, *Pub. Recs. of Connecticut*, II, S. 184, 189.) In diese Gesetze war offensichtlich die Annahme eingegangen, daß auch für einige Jahre nach der Pubertät das Kind für sein Betragen nicht voll verantwortlich ist. Daß seine Verantwortlichkeit anders als die Erwachsener gefaßt wurde, zeigt sich an einer Verfügung zur Verhütung von Diebstahl, die im einzelnen vorsah, daß »wenn irgendeine Person, ob Kinder, Dienstboten oder andere, ertappt werden oder dafür bekannt sein sollten, irgendwelche Obstbäume oder Gärten auszurauben ... soll diese das Dreifache hiervon als Schadensersatz für die Eigentümer einbüßen, und es soll sie eine solch strenge Bestrafung treffen, wie sie der Gerichtshof für angemessen hält.« (Ibid., I, S. 514.) Wahrscheinlich bedeutet dies, daß in anderen Fällen Kinder und Dienstboten keine verantwortlichen Parteien waren.

123 *Sewall Diary*, S. 74. Das illustrierte Alphabet aus dem *New England Primer* findet sich in: Robert H. Bremner u. a., *Children and Youth in America. A Documentary History, 1600-1835*, Cambridge, Mass. 1970, das auch die Warnung von Eliot enthält (S. 4, 33). Anne Bradstreet äußerte ihre übliche gedankenvolle Ansicht zu diesem Thema: »Verschiedene Kinder haben ihre verschiedenen Anlagen; einige sind wie Fleisch, das nur Salz vor dem Verderben bewahren wird; andere wiederum sind wie zarte Früchte, die man am besten mit Zucker erhält: jene Eltern sind vernünftig, die ihre Erziehung ihrer Veranlagung anpassen können.« (*Works of Bradstreet*, S. 50.)

124 *Mather Diary*, II, S. 44. Mather vermittelte auch im Interesse seines Sohnes, als der Junge von seinem Großvater Increase gescholten wurde.

125 Ibid., S. 239-40. Darüber, ob Mathers katechetische Disziplin erfolgreich war, kann man geteilter Meinung sein. Er dachte oft über Kinder nach und die Probleme ihrer Erziehung, von denen er selbst eine Menge hatte, als seine eigenen Kinder aufwuchsen – und seine Hoffnungen nicht erfüllten. Er beklagte seine Lage: »Wie wenig *Trost*, ja, wieviel von dessen Gegenteil habe ich durch meine *Kinder* erfahren?« (*Mather Diary*, II, S. 706.) Samuel Sewall fand seine vierzehnjährige Tochter Betty sehr durcheinander vor, weil er ihr aus einer Predigt von Mr. Norton vorgelesen hatte: »Ihr werdet mich suchen, und nicht finden« (Johannes 7, 34); und als sie von Mr. Cotton Mather las »Warum hat Satan Dein Herz erfüllt?«, vergrößerte sich ihre Angst. (Hanscom, *Heart of the Puritan*, S. 85-86.)

126 Und entsprechend pflegte das Kind die Gemeinde anzuerkennen. In John Cottons *Spiritual Milk for Boston Babes* wurde im Zusammenhang mit dem fünften Gebot die Frage erhoben: »Wer ist hier mit Vater und Mutter gemeint?«, auf die die orthodoxe Antwort lautete: »All unsere Vorgesetzten, ob in der Familie, der Schule, der Kirche oder im Common-Wealth.«

127 Einige repräsentative Predigten, die in: Charles Evans (Hrsg.), *American Bibliography: a Chronological Dictionary of All Books, Pamphlets and Periodical Publications Printed in the United States ... 1639 ... 1820*, 12 Bde., Chikago 1903-34, verzeichnet werden, sind: Increase Mather, »Pray for the rising generation« (1678), Nr. 255 und »Solemn Advice to young men, not walk in the wayes of their heart« (1695), Nr. 728; Thomas Bray, »The Necessity of an early religion« (1700), Nr. 904; Cotton Mather, »Things that young people should think upon« (1700), Nr. 934 und »The beste ornaments of youth« (1707), Nr. 1308.

128 Bremner, *Children and Youth in America*, S. 4.

129 Edmund S. Morgan erwähnt in *The Puritan Family*, daß ein Junge die Lehre gewöhnlich zwischen 10 und 14 Jahren antrat, während ein Mädchen diese etwa vier oder fünf Jahre früher zu beginnen pflegte, weil es unwahrscheinlich war, daß sie irgendeine Laufbahn einschlagen würde außer der einer Hausfrau (S. 67-68). John Demos vermutet in *A Little Commonwealth*, daß die Lehrzeit im Alter zwischen sechs und acht Jahren begann, jedoch bezieht er sich auf Jungen und Mädchen, die bei ihren Vätern und Müttern arbeiteten, und nimmt lediglich an, daß einige Kinder mit diesem Alter in die Lehre oder den Dienst eintraten (S. 140-142; über Erziehung im Haus, S. 144). Offensichtlich gab es etliche unterschiedliche Regelungen. Ein Kind konnte zu Hause leben und arbeiten (oder lernen), zu Hause leben und draußen arbeiten (siehe: *Sewall Diary*, S. 77-78), auswärts bei Verwandten leben (siehe: Thomas Hungerford an die »Geliebte Schwester«, 2. Nov. 1657, Lee Family Papers, Massachusetts Historical Society; und auch: H. Saltonstall an Rowland Cotton, 23. Okt. 1702, Mass. Hist. Soc.) oder im Haushalt einer nicht verwandten Familie arbeiten.

130 John Demos erblickt im Alter zwischen sechs und acht Jahren einen Hauptwendepunkt im Leben der Kinder, von dem ab dann die Entwicklung zur Reife schrittweise, jedoch zielgerichtet einsetzte. (*A Little Commonwealth*, S. 140-143.) Ross Beales (»In Search of the Historical Child«, eine Arbeit, die an der kalifornischen Universität Davis im Jahr 1970 entstanden ist und mir vom Autor überlassen wurde) bezweifelt, daß dieser Wandel so stark abgegrenzt war. Wo Demos beipflichtet, daß »viele puritanische Bekehrungen durchaus vor der Pubertät vorgekommen zu sein scheinen«, verweist Beales auf die Ansicht von Thomas Hooker, daß es für ein Kind im Alter von zehn oder zwölf Jahren, »während es wie eine Kreatur dahinlebte«, wohl unmöglich sei, »die Glaubenswahrheiten von Leben und Erlösung zu bedenken«; wohingegen in den mittleren Jahren, wahrscheinlich zwischen zwanzig und vierzig, »sich ein Verständnis in ihren Handlungen zu zeigen beginnt«. Anne Bradstreet bemerkte: »Ein kluger Vater wird einem siebenjährigen Kind keine Last aufbürden, von der er weiß, daß sie für einen genug ist, der zweimal so stark ist, viel weniger wird unser himmlischer Vater (der

unser Wesen kennt) ein solches Leiden seinen schwachen Kindern auferlegen, unter dem sie zusammenbrechen werden...« (*Works of Bradstreet*, S. 57.)
131 David H. Flaherty, »Privacy in Colonial New England, 1630-1776«, (Dissertation, Columbia Univ. 1967), S. 62-64, 66, 71, 89, 95-96, 120-121, 124-127. Sicher schätzten die Menschen Ungestörtheit und glaubten an Bescheidenheit; sie konnten es nicht immer erreichen. Aber Cotton Mather erwähnte, daß seine Frau »ihr eigenes Zimmer« hatte, und Samuel Sewall berichtete von einem Vorfall, als seine Tochter klopfte, bevor sie in das von ihm und seiner Frau bewohnte Schlafzimmer eintrat. (*Mather Diary*, II, S. 9; *Sewall Diary*, S. 136.) Weiterhin gibt es vom Anfang des Jahrhunderts Beispiele, wo ein Kind beim Schlafen von einem der beiden anderen Kinder, die das Bett mit ihm teilten, erdrückt wurde (zitiert in: Demos, *A Little Commonwealth*, S. 132) und wo eine stillende Mutter ein Zimmer mit ihrem anderen Kind, das an einem Fieber gestorben war, teilen mußte (»Hull Diary«, S. 148).
132 »A Christian at His Calling« (1701), in: Evans, *American Bibliography*, Nr. 990.
133 »The Way of Life« wie zitiert in: Perry Miller, The New England Mind: *From Colony to Province*, Cambridge, Mass. 1953, S. 41.
134 John Calvin, *Institutes of the Christian Religion*, hrsg. von B. B. Warfield, 2 Bde., Philadelphia 1936, I, S. 786-787, 790. (Deutsche Ausgabe: Johannes Calvin, *Unterricht in der christlichen Religion. Institutio christianae religionis*, Übers. und bearbeitet von Otto Weber, Neukirchen 1963.)
135 Als John Cotton gebeten wurde, die Schicklichkeit von »Spielen (zu beurteilen), die sie während der Zeit betreiben, von der sie sagen, daß sie sie in Erinnerung an die Geburt Christi feiern... mit Kartenspiel, Tanzen u. ä.« und auch indem sie Valentinsgeschenke aus einem Hut ziehen, verurteilte er Kartenspiel und die Wahl von Valentinsgeschenken als Glücksspiele, befürwortete aber »gemischtes Tanzen«, obwohl sein Schwiegersohn, Increase Mather, sich dagegen aussprach. (Hanscom, *Heart of the Puritan*, S. 88-90, 176-179.)
136 Zitiert aus dem *Boston Almanack of 1693* in: Morgan, *Puritan Family*, S. 121.
137 Diese Beschreibung beruht auf dem Modell, das in Dorchester im Jahr 1645 eingeführt wurde. (G. E. Littlefield, *Early Schools and School-Books of New England*, New York 1965, S. 82-84.)

VIII John F. Walzer
Ein Zeitalter der Ambivalenz: Kindheit in Amerika im achtzehnten Jahrhundert

> Hier ist ein Land, das sie dazu anhält, ihren Körper zu üben und sie vor Müßiggang bewahrt ... Hier gibt es nicht die Versuchungen, die ihre schwachen Gemüter verderben, wie sie in stärker bevölkerten Ländern üblich sind ...[1]
>
> George Whitefield, 1748

Es mag sein, daß der wichtigste Beitrag, den die Psychologie zum Studium der Geschichte bereitstellen kann, darin besteht, die Historiker von einigen Arbeitshypothesen abzubringen, die sie über die menschliche Motivation aufgestellt haben. Für den Historiker ist es ein Gemeinplatz anzunehmen, daß die Menschen sich normalerweise wünschen, erfolgreich und frei zu sein und daß Nationen Kriege gewinnen wollen. Die entgegengesetzten Möglichkeiten werden meist gar nicht in Betracht gezogen. Dieses Kapitel über die Einstellungen von amerikanischen Eltern des achtzehnten Jahrhunderts zu ihren Kindern und über die damals vorherrschenden Erziehungspraktiken geht von der Vorstellung aus, daß Eltern oftmals diametral entgegengesetzte Einstellungen ihren Kindern gegenüber hegen und mehr oder weniger gleichzeitig diesen gegensätzlichen Einstellungen gemäß handeln.

Der Wunsch, überhaupt Kinder zu haben, ist gleichzeitig eine Quelle einander widersprechender Wünsche. Im achtzehnten Jahrhundert gab es in Amerika deutliche ökonomische Vorteile, wenn man viele Kinder hatte, und das klassische Problem der Vererbung war weniger groß, wo es so viel Land, Mobilität und Chancen gab. Darüber hinaus herrschte in der öffentlichen Meinung eine enthusiastische Begeisterung für Nachwuchs – so sehr, daß Zeitungen häufig humorvolle Geschichten über die »lobenswerten Leistungen« alternder Männer veröffentlichten, die das ausgedehnte Reich bevölkern halfen.[2] Schließlich gab es nicht viel, was man tun konnte, oder es scheint jedenfalls so, daß dies allgemein angenommen wurde. Ein Junggeselle, der die Kosten des Ehestands ausrechnete, vermutete, daß die Geburt eines Kindes eine Ausgabe wäre, die alle zwei Jahre auf einen zukäme.[3]

Bei der Ankunft seines dreizehnten Kindes innerhalb von 27 Jahren war Samuel Sewall der unbestimmten Hoffnung, daß »meine geliebte Frau nun mit dem Gebären aufhören möge«.[4] Während wir heute die Vorstellung einer anfänglichen Ambivalenz Kindern gegenüber als etwas Normales anerkennen, schreiben wir gewöhnlich die mehr extremen Ausprägungen einer fortwährenden Ambivalenz dem Bereich des Abnormen, des Ungesunden und Seltsamen zu. Wahre und gute Eltern lieben ihre Kinder, wenn nicht in jeder bewußten Minute, so doch zumindest im Grunde ihres Herzens. Sie können nicht wirklich wollen, sie zu töten oder zu verlassen, viel weniger, ihnen ernstlich Leid zuzufügen. Und gerade solches Verhalten war in der Vergangenheit weder völlig unbegründet noch unüblich. Ganz normale Eltern hegten unbewußte Wünsche von solch extremer Art, daß sie vom bewußten Verstand nicht zugegeben werden konnten. Im kolonialen Amerika waren die Haltungen von Eltern ihren Kindern gegenüber durch die grundlegend ambivalenten Wünsche geprägt, ihre Nachkömmlinge zu gleicher Zeit zu behalten und abzulehnen, an ihnen für immer festzuhalten und sich der lästigen Geschöpfe zu entledigen. Wenn diese sich widerstreitenden Wünsche unterdrückt und ausgeglichen wurden, kann man sagen, daß sie verschwunden waren. Für den Fall, daß sie nicht so gut eingegliedert wurden, waren die Folgen weniger erfreulich.

Ablehnung

Im achtzehnten Jahrhundert war die Praxis, neugeborene Kinder dort auszusetzen, wo sie wahrscheinlich gefunden werden konnten, die in London so üblich war, als ob man sie institutionalisiert hätte, in Amerika fast nicht existent. Im Jahr 1775 berichteten Dixon und Hunter in der *Virginia Gazette*, daß ein Postreiter, während er zwischen Newcastle und Richmond die Post austrug, »ein kleines Kind« auf der Straße fand, »zusammen mit zehn Pfund Bargeld sorgfältig in einen Kasten gelegt« – sowie mit einem Brief, der besagte, daß noch mehr Geld zur Verfügung stände, falls der Finder sich des Kindes annehmen sollte; woraufhin der Postreiter, der die Post besorgte, es auf der Stelle zu sich nahm und Stiefvater wurde.[5] Andere Vorkommnisse dieser Art wurden, sofern sie auftraten, in der Presse nicht häufig erwähnt. Über Fälle von Kindestötung berichtete man im allgemeinen eher, obwohl man nicht sagen kann, daß sie häufig vorkamen. Gewöhnlich, wenn auch nicht ausschließlich, waren die Mörder die Mütter der Opfer und die ermordeten Kinder, obschon auch nicht immer, unehelich. Die vorsätzliche Tat geschah oft als eine Art später Abtreibung kurz nach der Geburt.[6]

Unbewußte Kindestötung ist für den Historiker noch schwieriger abzuschätzen. Wer kann sagen, ob Esther Burr, Frau des Präsidenten vom Princeton College, von zerstörerischen Beweggründen völlig frei war oder nicht, als sie ihr kleines, elf Monate altes Baby Aaron auf eine lange und gefährliche Reise nach Stockbridge in Massachusetts mitnahm, auf der es beinahe gestorben wäre?[7] Sicherlich wußte sie, daß er dort möglicherweise rauhem Wetter ausgesetzt sein würde. Als Grund dafür, Aaron zum Besuch ihrer Eltern mitzunehmen, gab Esther an, daß sie es nicht ertragen könne, ihn zu Hause zurückzulassen. Aber bei all ihrer erklärten innigen Liebe sagte sie kein Wort darüber, wie es dem Baby in dem strömenden Regen ergangen war, den sie sich und ihm zumutete, indem sie darauf bestand, daß der Kutscher, als sie sich dem Ende der Reise näherten, weiterfuhr, obwohl sie das schlechte Wetter aufkommen sah. Zugestandenermaßen war es zu der Zeit äußerst gefährlich in der Nähe von Stockbridge, denn die Wälder waren so voller Indianer, daß Esther Burr in ihrem Tagebuch wiederholt mitteilte, daß sie aus Angst, »sie werden mich ergreifen«, nicht schlafen konnte.[8] Wenn dies auch die Dringlichkeit weiterzufahren erklären hilft, muß man sich doch wundern, wie eine junge Mutter ein kleines Kind in eine so gefährliche Situation bringen konnte. Jedenfalls scheint sie um das Baby nicht besorgt gewesen zu sein, oder zumindest erwähnt sie niemals die Gefahr, in der es sich befand. Nur als es aufgrund all der Strapazen sehr krank wurde, fürchtete sie ernsthaft um sein Leben. Im achtzehnten Jahrhundert setzten Eltern ihre Kinder oft dem Rachen des Todes aus. Zahlreiche Unfälle passierten, bei denen Kinder ums Leben kamen, während sie »in der Nähe eines Apfelweinfasses allein spielten« oder ihre Kleider Feuer fingen, wenn sie allein gelassen wurden.[9]

Während im kolonialen Amerika Fälle ausgesprochener Kindestötung selten waren, galt für das »Weggeben« das Umgekehrte. Im achtzehnten Jahrhundert wurden in Amerika Säuglinge und

Kleinkinder häufig und bereitwillig einer Amme, einer Schule oder einem Verwandten »übergeben« – und die älteren einem Meister. Man könnte sagen, daß die Situation derjenigen in einem primitiven Stamm ähnelte, wo das Kind eher als Kind des Stammes denn als das eines besonderen Paares angesehen wird. Es ist unmöglich zu entscheiden, wie hoch der prozentuale Anteil von Kindern war, die entweder zeitweilig oder auf Dauer aus dem Haus ihrer leiblichen Eltern gegeben wurden. Im achtzehnten Jahrhundert bedienten sich diejenigen Frauen, die irgendeinen Bericht über sich selbst hinterließen (fast immer aus den oberen Klassen), auswärtiger Ammen. Esther Burr stillte ihre beiden Babys selbst, aber Mrs. Robert Carter aus Nomini Hall verließ sich zumindest bei einigen ihrer zahlreichen Nachkommen auf auswärtige Ammen.[10] »Deine Schwester Fanny liegt im Wochenbett mit einer Tochter«, schrieb Anne Tucker aus Virginia im Jahr 1780: »Sie ist zu schwach, um ihr kleines Mädchen zu stillen und ist gezwungen, es in Pflege zu geben.«[11] Auf ähnliche Weise berichtete Gabriel Ludlow von der Geburt seines kleinen Mädchens am 3. April 1700, die »am 19. desselben Monats für 12 Pfund jährlich und 12 Maß Zucker einer Amme in New York übergeben wurde und mit sechs Wochen starb, begraben im Trinity Church Yard«.[12]

Der *New York Mercury* druckte im Jahr 1754 einen Artikel über »die Probleme mit bezahlten Ammen« (erstmals abgedruckt in einer englischen Zeitung) ohne irgendeinen Hinweis darüber, daß dies irgendeine schlechte englische Gewohnheit war, von der die Amerikaner glücklicherweise frei wären.[13] Das übliche Argument, daß Säuglinge unter Bedingungen äußerlicher Unordnung und grober Leidenschaften bei den Ammen gestillt würden, die weit davon entfernt wären, liebevoll zu sein, wurde in der Presse oft mit Beispielen aufgegriffen, die der antiken Geschichte entnommen waren. Im späteren Jahrhundert kam die Amme eher zu dem Säugling, als daß dieser gänzlich von der Mutter getrennt wurde. Im Jahr 1786 beispielsweise schrieb Thomas Leaming jr., Kaufmann aus Philadelphia, an eine Verwandte, daß eine gewisse Abagail Williams, Witwe, herkommen könnte, um den Haushalt zu führen. »Sie ist als gute Amme empfohlen worden, und wenn sie für Dich nicht den Haushalt führen wird, hofft sie, als Amme nach Philadelphia gegen ein viel höheres Entgelt zu gehen, aber in diesem Fall kann sie ihr Kind nicht mitnehmen.«[14]

Vielleicht können wir etwas über diese Angelegenheit erfahren, wenn wir untersuchen, wie Henry Drinker jr. in Pflege gegeben wurde.[15] Im Juli 1771 klagte seine Mutter Elizabeth in ihrem Tagebuch über schlechte Gesundheit und sagte über ihren vier Monate alten Sohn: »Dr. D . . . meint, daß ich meinen kleinen Henry entweder entwöhnen oder eine Amme für ihn bekommen muß. Beides erscheint hart«, fügte sie hinzu, »aber ich muß mich damit abfinden.«[16] Wenn dies die einzigen Anhaltspunkte für den Historiker wären, könnte man versucht sein, Elizabeth zu mißtrauen. »Wenn eine Frau weiß, daß ihr Mann drei oder sechs Schillinge pro Woche sparen kann«, so berichtete eine Zeitung im Jahre 1754, »wird sie . . . den guten Mann überreden, eine Amme zu bekommen, indem sie Unwohlsein vortäuscht.«[17] Aber Elizabeth Drinker scheint sich wirklich mit dem Problem abgequält zu haben. Einige Tage später, nachdem sie den Rat des Arztes erhalten hatte, berichtete sie, daß sie an der Seite und der Brust Schmerzen hatte und sie zu dem Haus einer gewissen Sally Oates ging und »mit ihr übereinkam, meinen süßen kleinen Henry in Pflege zu nehmen«.[18] Sie blieb für ein oder zwei Stunden dort und kam dann am Nachmittag wieder, um ihr Kind zu sehen. »Ich scheine ohne meinen kleinen Liebling verloren zu sein«, vertraute sie an diesem Abend ihrem Tagebuch an.[19] Am nächsten Morgen ging sie vor dem Frühstück mit ihrem Mann fort, um »unseren kleinen Liebling« zu sehen. Am Abend gab es »keinen Ausgang«, jedoch schickte sie einen gewissen Johnny Foulk, der nachsehen sollte, wie es ihrem Sohn gehe. Johnny kam mit »erfreulichen Nachrichten« zurück. Am Tag darauf begab sie sich wieder heiter und in der Frühe auf den Weg zu Sallys Haus.

Am Sonntag ging die ganze Familie zu den Oates' – nicht einmal, sondern zweimal.[20] Tatsächlich war es vom 22. Juli an, als sie das Baby abgab, bis zum 22. August das einzige Mal, wo sie nicht über einen Gang zu den Oates' berichtete, als sie überhaupt keine Eintragung machte – ausgenommen einen Regentag. Gelegentlich nahm sie während ihres Besuchs das Kind auf einen kleinen Spaziergang mit. Im Verlauf der nächsten drei Monate gewinnt man von der geringen Zahl der Eintragungen den Eindruck, daß sie und ihr Mann – wenn auch nicht so regelmäßig – das Kind weiterhin besuchten. Am 1. Februar 1772 wies Elizabeth Sally Oates an, damit anzufangen, Henry zu entwöhnen. Am 8. März brachte Sally das Baby zu den Drinkers zurück, wo es dann blieb.

Sie hatte es ungefähr für siebeneinhalb Monate bei sich gehabt, und es war gerade etwas über ein Jahr alt, als sie es seiner leiblichen Mutter zurückbrachte.
Es ist augenscheinlich, daß Elizabeth einige echte Vorbehalte hegte, ihr Baby in Pflege zu geben. Sie schien sich aber an die Situation gewöhnt zu haben. Zweifellos hätte sie eine Amme anstellen können, die im Haus gewohnt hätte. Die mächtige Haltung des Besitzergreifens schwachen Babys gegenüber, die wir manchmal für selbstverständlich halten, hat nicht immer uneingeschränkt existiert. In der Welt von Elizabeth Drinker war dies nicht die gängige Einstellung; sie verließ ihr Kind nicht und schickte es auch nicht in ein Pflegeheim, wie einige es noch im Jahr 1771 taten. Es wird deutlich, daß Elizabeth ziemlich besorgt war und sich nicht gelegentlich von dem Baby freimachte. Gleichzeitig war sie imstande, um sich zu vergnügen, für einen Monat fortzugehen und das kleine Kind aus ihrem Herzen zu verdrängen, oder zumindest seine Abwesenheit in ihrem Tagebuch nicht zu beklagen.
Eine Methode, »sie zu Hause loszusein«, nachdem sie von der Amme zurück waren, bestand darin, Kinder im frühen Alter zur Schule fortzuschicken.[21] Wo es öffentlich unterstützte Kindergärten gab, schickten Eltern ihre Kinder manchmal bald nach der Entwöhnung dorthin.[22] In Georgia schickten »sehr viele arme Leute, die ihre Kinder nicht unterhalten konnten . . ., ihre Kleinen für einen Monat, zwei oder mehr – je nachdem, wie sie entbehren konnten . . .«, von zu Hause fort.[23] Der schwedische Reisende Peter Kalm gab an, daß in Philadelphia kaum über drei Jahre alte Kinder sowohl morgens als auch nachmittags zur Schule geschickt wurden, obwohl man sich im klaren darüber war, daß sie nicht imstande sein würden, viel zu lesen.[24] In Virginia kam es vor, daß Kinder in ganz jungem Alter weit weg von zu Hause in die Schule geschickt wurden.[25] Tatsächlich hielten einige die Entfernung für wesentlich. »Ich hoffe, daß es zum Vorteil des Jungen sein wird, wenn er in einer Schule in einiger Entfernung von zu Hause untergebracht wird«, schrieb Mary Norris an ihre Tochter.[26]
Manchmal gaben Eltern ihren ambivalenten Gefühlen offen Ausdruck. Richard Smith aus Pennsylvania schickte seinen jungen Sohn zur Schule fort, stellte ihn jedoch unter die Obhut seines erwachsenen Sohnes mit der Anweisung, daß der ältere Sohn den

jüngeren väterlich betreuen solle. »Er scheint mir so zugetan, daß es mir ein wenig schwerfällt, ihn zu verlieren«, fügte er hinzu, »aber ich sehe ein, daß es zu seinem Guten ist, etwas mehr Unterricht zu bekommen...«[27] In ähnlicher Weise schrieb Thomas Frame an John Penne: »Du scheinst zu denken, daß meine Liebe zu meinem Kind sein Verderben sein werde. Ich hoffe es nicht, denn ich versichere Dir, daß ich ihn lieber tot sähe, als einen Dummkopf in ihm zu haben, wenn er erwachsen ist.«[28]

Sein Kind zur Schule fortzuschicken hieß oft, es bei einem Verwandten leben zu lassen. Auch wenn der eine oder andere Elternteil starb, wurde ein Kind oft zu einem Verwandten weggegeben. In vielen Fällen wurden jüngere wie ältere Kinder auch ohne einen solchen Anlaß zu Verwandten fortgeschickt, um vorübergehend oder für immer dort zu bleiben.[29] Es gibt keine Möglichkeit, den prozentualen Anteil von Kindern zu erfahren, die auf diese Weise weggegeben wurden; es scheint jedoch, daß man dies als eine gesunde und normale Praxis für selbstverständlich gehalten hat. »Ich habe eine kleine Schwätzerin, eine Namensschwester von Dir«, schrieb Pamela Sedgwick aus dem Westen Neu-Englands an eine enge Jugendfreundin und Cousine in Boston, »wenn Du Dir, bevor (sie) alt genug ist, ihre Mama zu verlassen, keine Familie aufbürdest, habe ich vor, sie Deiner Obhut anzuvertrauen... Wie Du siehst, meine Liebe«, schrieb sie, »darfst Du ob Deines Alleinlebens nicht erwarten, der Mühe loszusein.«[30] Doch schickte Mrs. Sedgwick die kleine Betsy, als sie zwölf war, nicht für weitere sechs Jahre zu Miss Mayhew. Miss Mayhew war auch nicht begierig, sie zu haben, denn sie gab sie bald weiter. Mrs. Sedgwick, gewöhnlich zurückhaltend, verlieh angesichts dessen ihrem Ärger Ausdruck und machte sich Sorgen um die Tochter, die nun »von all ihren natürlichen Verwandten entfernt« wäre.[31] Andererseits forderte sie Betsy nicht auf, nach Hause zurückzukommen.

Littleton Waller Tazewell aus Virginia[32], dessen Mutter starb, als er zwei Jahre alt war, wurde zu seinen Großeltern mütterlicherseits geschickt; als die britischen Armeen einzumarschieren drohten, übergab man ihn einem gewissen Fanning, der wahrscheinlich ein entfernter Verwandter war. Fanning seinerseits schickte ihn in ein Internat, aber als Fanning dann starb, »mußte mein Vater ein anderes Zuhause für mich finden«, und er ging zu seinem Großvater zurück. Jedoch scheint es kein Hindernis dafür gegeben zu haben, mit dem Vater zusammenzuleben, denn als Großvater Waller starb, kehrte Littleton Waller Tazewell in das Haus seines Vaters zurück, wo er lediglich einen dort lebenden gleichaltrigen Jungen antraf. Der Vater konnte kaum gänzlich unempfänglich sein für die Misere, als Kind von Haus zu Haus hin- und hergeschoben zu werden, denn auch ihn hatte man im Alter von zwei Jahren zu seinem Großvater mütterlicherseits fortgeschickt und dann weiter zu einem anderen Verwandten. Der Familientradition gemäß war es eigentlich vorgesehen, daß Henrys Vater zu einem Verwandten nach England gegeben werden sollte, der keine Söhne hatte; dieses Schicksal wurde ihm durch den Tod seines Vaters und den Schutz seiner Mutter erspart, die den Wunsch des Vaters geheimhielt. Schließlich war Tazewells Großvater mütterlicherseits, Benjamin Waller, auch von zu Hause weggeschickt worden, als er ein Junge war.

Auf der Halbinsel zwischen den Flüssen James und York, im frühen Plymouth nördlich von Jamestown, muß das Herumstreunen kleiner Kinder zu einem Problem geworden sein. »H. D. und John Drinker sind heute morgen in Richtung Trenton gegangen«, schrieb Elizabeth Drinker am 24. Dezember 1771 in ihr Tagebuch, »auf der Suche nach H. D., J. D.'s Sohn, der seit einigen Tagen vermißt wird.«[33] Obwohl über das Problem verlorengegangener Kinder nicht so häufig, wie man erwarten könnte, berichtet wird,[34] wurde im letzten Jahrzehnt des achtzehnten Jahrhunderts eine alte englische Geschichte sehr berühmt, die man in Amerika immer wieder abgedruckt hat, die in Spielen erweitert und ausgeschmückt wurde und von den »fliegenden Händlern« oder Hausierern für den Verkauf billig gedruckt wurde.[35] *The Children in the Woods. Being a True Relation of the Inhuman Murder of Two Children* war in einigen Ausgaben ausdrücklich für junge Leser bestimmt.[36] Andere Auflagen riefen Eltern dazu auf, das Schicksal von *The Two Babes in the Wood* zu bedenken, und ein Angriff aus Salem richtete sich besonders auf Erzieher und Aufseher von vaterlosen Kindern und »schwachen sanften Säuglingen«.[37] Die Geschichte handelte von einer englischen Familie, die mit zwei bewundernswerten Kindern von »unaussprechlicher Lieblichkeit« gesegnet war.[38] Die Wiedergaben unterscheiden sich, aber entweder fühlten die Eltern ihren eigenen Tod nahe bevorstehen, oder sie mußten fortgehen, und sie vertrauten ihre geliebten Kinder, denen sie eine große Summe

Geldes hinterließen, einem Onkel an. Die Hinterlassenschaft war so geregelt, daß beim Tod der Kinder dem Onkel automatisch das Geld zufallen sollte.³⁹ Sobald die Eltern den Schauplatz verlassen haben, heuert der Onkel zwei Schurken an, die die Kinder in einen entfernten Wald bringen und ermorden sollen und verbreitet die Geschichte, daß die Kinder nach London geschickt worden seien, um richtig erzogen zu werden. Auf dem Weg veranlaßt das »jugendliche Geplapper« der Kinder einen der Verbrecher, den dreijährigen Jungen und seine allerliebste Schwester zu besänftigen und zu beschützen; aber der andere Mann, härter und entschiedener, besteht darauf, die Aufgabe auszuführen, weil sie gut bezahlt würden.⁴⁰ Die beiden Männer duellieren sich, und der weichherzigere Schurke gewinnt, der die Kinder dann nicht umbringt, sondern sie verläßt. Alleingelassen sterben die Kinder schließlich. Zwei Rotkehlchen bedecken sie mit Blüten »so zärtlich wie zwei liebevolle Eltern«.⁴¹ Der böse Onkel bekommt seinen Lohn: sein Haus wird durch Feuer vernichtet, sein Vieh stirbt auf den Weiden und »seine beiden Söhne waren so ungehorsam, daß sie seinen Anweisungen nicht die geringste Aufmerksamkeit schenkten ... und seinen Seelenfrieden durch eigensinnige Leidenschaften fortwährend zerstörten.«⁴²

In dieser Wiedergabe des achtzehnten Jahrhunderts ist der angsterfüllte elterliche Wunsch, sich seiner Kinder zu entledigen, die gleichwohl »unaussprechlich« geliebt werden, durch den dramatischen Entwurf vom Elternteil abgetrennt. Ablehnung führt zu erneuter Ambivalenz, die ebenfalls personifiziert und dramatisiert wird. Die elterliche Liebe wird am Ende aufs Neue bestätigt und Schuld rechtmäßig bestraft, während *Ungehorsam*, jenes Verhalten, das die elterliche Feindseligkeit erhöht und das wie nichts sonst die späte Welt des achtzehnten Jahrhunderts bedrohte, von den geliebten, entzückenden Kindern abgetrennt wird. Wenn es wahr ist, daß Menschen beim Lesen von Romanen wie auch im Traum mit ihren Ängsten umgehen, scheint diese Geschichte für Eltern im achtzehnten Jahrhundert besonders geeignet gewesen zu sein; sie entsprach der Tendenz, Kinder immer seltener wegzugeben, sondern sie zu Hause zu behalten.

Behalten

Während Eltern im Amerika des achtzehnten Jahrhunderts zu den verschiedensten, im vorangegangenen Abschnitt beschriebenen Methoden griffen, ihre Kinder »loszuwerden« – wie Per Kalm bissig bemerkte – waren sie gleichzeitig mächtig bestrebt, an ihnen festzuhalten, sogar wenn sie erwachsen waren, und ließen erkennen, daß sie aufrichtiges Interesse an ihnen hatten. Sie beachteten die Geburt ihrer Kinder, und obwohl sie nicht eigentlich ihre Geburtstage feierten, gaben sie manchmal ihrer Freude über das Ereignis Ausdruck. Auch grämten sie sich beim Tod ihrer kleinen Kinder und sogar noch mehr, wenn ältere Kinder starben. Es gibt gelegentliche Hinweise darauf, daß Väter mit ihren Kindern spielten, und einige Eltern wechselten Briefe mit ihren Kindern. Es gab auch ein klares, aber mehr selbstdienliches Interesse. Kinder wurden als Vermittler der wahren Religion des Vaters willkommen geheißen, als Vollstrecker der einzigen Lebensweise, die Gott wohlgefällt. Es hieß, daß Kinder ihre Eltern »entlasten« sollten. Sie wurden eine Möglichkeit, den eigenen Wert in der Welt unter Beweis zu stellen, Erlösung zu erlangen. So wie John Barnard 1737 seine Gemeinde in Neu-England darauf hinwies: »Sind nicht Eure Kinder ein Teil Euer selbst?«[43]

Im achtzehnten Jahrhundert existierte die Institution, den Geburtstag der Kinder zu feiern, in Amerika nicht. Die Geburt eines Kindes wurde nur kurz erwähnt,[44] der Jahrestag der Geburt selten beachtet, und wenn dies geschah, tat man es in einer morbiden Weise: »Heute ist der Geburtstag meines Bruders Hugh, der – falls er lebt – in sein 28. Lebensjahr eintritt.«[45] Indes gaben Eltern aus der oberen oder mittleren Gesellschaftsschicht ihren Kindern manchmal Geschenke. Bezeichnenderweise sorgte die Rückkehr des Vaters nach einer langen Abwesenheit manchmal für die Gelegenheit. Wenn ein Vater nicht nach Hause kommen konnte, schrieb er zuweilen seinen Kindern. Obwohl sie die üblichen gestelzten Ausdrücke von Liebe und Verpflichtung enthalten, veranschaulichen die Briefe von St. George Tucker an seine Stiefsöhne, daß diese Kinder nicht eben nebensächliche Verlassene waren, die zufällig in der Lebensbahn eines vielbeschäftigten Mannes standen.[46] Tatsächlich schalt er seine Frau, weil sie vergessen hatte, eines seiner zahlreichen Kinder besonders zu erwähnen. Mrs. Tucker bereinigte den Fehler in ihrem nächsten Brief mit einer Vielzahl von Einzelheiten über ihre Kinder. »Ich habe mich keiner Auslassung schuldig gemacht in irgendeinem anderen« Brief, betonte sie.[47] Obwohl Kinder in Briefen häufig erwähnt wurden, geschah dies oft als Formalität oder in einer Nachbemerkung.[48] Man ist oft erstaunt darüber, wie selten, kurz, beiläufig und manchmal hartherzig die Bemerkungen über Kinder von Amerikanern aus dem achtzehnten Jahrhundert sind. Doch bekundeten sie ein klares Interesse dafür, was solche Kinder vorhatten und vor allem, was aus ihnen werden sollte.

Die Belege deuten darauf hin, daß die amerikanische Mutter des achtzehnten Jahrhunderts in einer engeren und beständigeren Beziehung zu ihren Kindern stand und sich häufiger und intensiver mit ihnen beschäftigte als die Mütter in Europa. Dienstboten standen sicherlich weniger zur Verfügung. Es entspricht der Wahrheit, wenn Edmund S. Morgan in *Virginians at Home* die Beziehung zwischen Eltern und Kindern in Virginia als »angenehm« charakterisieren konnte, weil oftmals dem Hauslehrer oder der Erzieherin die unangenehme Aufgabe zufiel, die Kinder zu bestrafen.[49] Die Frauen Drinker, Burr, Sedgwick und Tucker aber hatten einen regelmäßigen, engen Kontakt zu ihren Kleinen. Die einzige Bedienstete von Mrs. Burr war ein zwölfjähriges Mädchen, das die gute Frau zu erziehen versuchte und es pflegte, als es krank wurde.[50]

Wenn Väter zu Hause waren, spielten sie gelegentlich mit den kleinen Kindern. »Ich nehme an, daß Du, wenn Du kannst, sehr oft mit Deinen kleinen Söhnen spielst«, schrieb Anne Tucker im Jahr 1780 an ihren Sohn St. George.[51] Pamela Sedgwick erzählte ihrem Mann, daß die Kinder ihn vermißten und sich seine Gesellschaft wünschten, »damit sie an (Deinem) Hals hängen können . . .«[52] Einmal löste es bei Samuel Shoemaker eine körperliche Krankheit aus, als der neunjährige Edward zur Schule zurückging.[53] Der Plantagenbesitzer William Byrd aus Virginia war ein gleichermaßen gefühlsbetonter Vater.[54]

Wie es manchmal echte, wenn auch knappe Äußerungen »großer Freude« bei der Geburt eines Sohnes oder einer Tochter gab, so findet man auch gelegentlich aufrichtigen Kummer beim Tod eines Säuglings, kleinen oder älteren Kindes. Mrs. Brown, eine Frau aus England, die die Auswanderung nach Amerika in Erwägung zog und dort zu Besuch weilte, kehrte beim Tod ihres Kindes Charlotte nicht nach England zurück, jedoch verspürte sie einen starken und langwährenden Kummer, ein Gefühl von Verlust und Trauer, als sie von Charlottes Tod hörte. Etwa eine Woche lang klagte sie in ihrem Tagebuch, daß sie nicht weiterleben könnte.[55] Esther Burr sprach von wirklicher Angst, als ihr Sohn Aaron beinahe gestorben wäre.[56] Andere Eltern legten in ihren Briefen und Tagebüchern Zeugnis echter Trauer und Verzweiflung ab, obwohl solche Berichte auch Abschnitte enthalten, die man etwa so umschreiben kann: »Er starb, Gottes Wille geschehe, ist das Getreide dort angekommen, ohne zu verderben?« Mrs. James Burd schrieb im Jahr 1764 an ihren Mann mit einer kaum glaublichen Beiläufigkeit, daß er zweifelsohne bereits vom Tod eines ihrer Kinder gehört habe.[57]

Am 12. Mai 1710 schrieb William Byrd in das geheime Tagebuch, das er führte, verschlüsselt nieder, daß sein Sohn Parke, etwa 22 Monate alt, an hohem Fieber erkrankt war.[58] Dem Kind ging es weiterhin schlecht, und am 17. schickte Byrd »einen Eilboten« nach einem Mr. Anderson. Anderson war kein Arzt, aber jemand mit einigem ärztlichen Geschick. Am nächsten Tag ging es dem Jungen etwas besser, »dank Gottes«, aber am 21. lag Evie, Byrds zweijährige Tochter, mit einem Fieber danieder. Byrd schickte deshalb Entschuldigungen an Colonel Harrison, mit dem er zum Essen verabredet war. Am 24. blieben Byrd und seine Frau bis Mitternacht mit den Kindern auf und überließen dann die Aufgabe einem Lehrling des Sekretärs bei der Westover-Ansiedlung, der dann von dem Aufseher abgelöst wurde.[59]

Am 3. Juni »stand (Byrd) um 6 Uhr auf, und sobald ich nach draußen kam, wurde die Nachricht überbracht, daß das Kind sehr krank wäre. Wir gingen hin und fanden ihn im Sterben liegen, und er verschied ungefähr um 8 Uhr morgens. Gott gibt und Gott nimmt; geheiligt sei der Name Gottes.«[60] Am nachsichtigsten kann man dieses Zeugnis beurteilen, wenn man annimmt, daß Parke plötzlich sehr viel kränker wurde, als er es gewesen war; doch scheinen sich diese Eltern von denen zu unterscheiden, die jede Nacht abwechselnd bei dem Kind wachten oder Anordnungen gaben, sie aufzuwecken, wenn es dem Kind schlechter gehen sollte.

Die Eintragung für den 3. Juni fährt fort:

Mrs. Harrison, Mr. Anderson und seine Frau und einige andere Begleitpersonen kamen, uns in unserem Schmerz zu sehen. Meine Frau war sehr betrübt, ich aber unterwarf mich Seinem Urteil besser, dennoch war ich sehr betroffen

> von meinem Verlust, aber Gottes Wille geschehe. Mr. Anderson und seine
> Frau aßen hier mit Mrs. B-k-r. Ich aß gebratenen Hammel. Am Nachmittag
> hatte ich sehr starke Bauchschmerzen, aber es wurde gegen Abend besser.
> Am Nachmittag regnete es.

Byrd ist »sehr betroffen von seinem Verlust«, aber er verwendet die für die Tagebucheintragung verbleibende Zeit und Energie nicht dazu, sich hierüber weiter auszulassen. Vielmehr berichtete er, was er aß, wie er es gewöhnlich tat. Auch an diesem Tag und an einigen der folgenden hat er Magenschmerzen und weiß nicht warum, oder sagt, daß er es nicht wisse. Zweimal bemerkt er, daß er »wegen nichts« leide. Es kam ihm nicht in den Sinn, daß er vielleicht leide, weil ihn der Tod seines kleinen Sohns beunruhigt hatte. Im Gegenteil, es scheint besonders wichtig für ihn gewesen zu sein, dies bewußt zu verleugnen. Obwohl er niemals wieder auf den Jungen zu sprechen kommt, scheint es offenkundig, daß sein Tod ihn mehr erregte als er zugeben wollte.[61]

Nach dem Bericht von Mr. Byrd war Mrs. Byrd nicht so gleichmütig. Es mag sein, daß Mr. Byrd mit dem Schmerz, den er den zu seiner Zeit gebilligten Verhaltensweisen gemäß möglichst klein halten mußte, so umging, daß er ihn Mrs. Byrd zuschrieb. »Meine Frau hatte etliche Tränenausbrüche wegen unseres geliebten Sohnes«, schrieb Byrd in einer Eintragung für den nächsten Tag, »hielt sich jedoch in den Grenzen der Ergebenheit. Ich aß gehacktes Hammelfleisch zu Mittag.« Am folgenden Tag »war meine Frau weiterhin sehr schwermütig, obwohl ich sie tröstete, so gut ich konnte.«[62] Wahrscheinlich war es das erste Kind, das Mrs. Byrd verloren hatte. Nach dem Begräbnis, schrieb Byrd, »war meine Frau weiterhin äußerst betrübt über den Verlust ihres Kindes, ungeachtet dessen, daß ich sie tröstete, so gut ich es konnte. Ich aß Kalbskopf zu Mittag.« Er erwähnte besonders, daß seine Frau danach ein oder zwei Wochen schwermütig war. Dann scheint er zu vergessen, warum sie traurig sein könnte, denn in den folgenden Eintragungen erwähnt er ihre Kopfschmerzen und Schwermut und wundert sich darüber, was sie betrüben könnte.[63]

Als das puritanische Experiment in Neu-England in den sechziger und siebziger Jahren des siebzehnten Jahrhunderts aus Mangel an Glaubenseifer in der neuen Generation fehlzuschlagen begann, verfielen die Heiligen gelegentlich in das bekannte Jammern enttäuschter Eltern: »Aber wir taten dies alles für Euch!«[64]

Während sie so sprachen, waren sie für einen Augenblick etwas unlauter, was Mittel und Zwecke anbelangt. Im allgemeinen gestanden Puritaner ziemlich offen zu, daß ihre Kinder Mittel zu einem Zweck waren: die Fortsetzung nämlich des Lebensstils oder der Gesinnung der Eltern. Wenn irgend etwas über das Thema Kinder veröffentlicht wurde, ging es im allgemeinen um diesen besonderen Aspekt. Natürlich hoben sie ihr selbstsüchtiges Interesse nicht besonders hervor; vielleicht sahen sie es auch nicht. Sie zogen ihre Kinder groß, so sagten sie, zur »Ehre und im Interesse Gottes«. Denn »wie sollte das Interesse Gottes gefördert werden«, wenn sie nicht Sorge trügen, »die Religion in ihrer Wahrheit und Reinheit an ihre Nachkommenschaft zu vererben«? Kinder waren »ein heiliger Samen« im Dienst Gottes, wenn die gegenwärtige Generation der Heiligen zu verwesen begänne und von Würmern aufgezehrt würde.[65] Sie würden durch eine »aufsteigende Generation« ersetzt werden, auf die man sich immer wieder als einen göttlichen oder sichtbaren Samen berief, »den Samen der Gesegneten Gottes«.[66] Als solche waren sie »einer neuen Prägung« überlegen, wodurch der richtige Weg beibehalten werden konnte.[67]

Der Charakter des Kindes werfe, so glaubte man, ein Licht auf die »Ehre und den guten Ruf« der Eltern.[68] »Wahrlich, oft können wir vom Verhalten der Kinder auf die Eltern schließen«, so mahnte man Eltern in Neu-England – was Eltern bis heute ihren Kindern sagen. Aber die Idee vom »Samen der Gesegneten« barg noch etwas Ernsteres als Ehre und guten Ruf in sich. Puritanischen Eltern konnte nicht gleichgültig sein, was die anderen wegen des Verhaltens ihrer Kinder über sie dachten. Denn wenn Gottes Gemeinde »letztlich wegen Eurer Vergehen zugrundegeht«, dann, so wurde den Eltern gedroht, werde Gott nicht barmherzig sein. »Widernatürliches, elendigliches Wesen, Du unachtsame Elternperson, wie wird es Dich peinigen, Deine Kinder gegen Dich aufschreien zu hören von dem Ort der ewigen Qual?«[69]

Eltern, die ihren Kindern nicht die nötigen Mittel gaben, das wahre Wort Gottes immerwährend zu erhalten, die ihre Kinder nicht so formten, daß sie das Wort (oder die Welt) nicht umgestalten würden, waren schlimmer als grausame Meeresungeheuer.[70] Daß »eine vollkommene Unterordnung« oder »eine aufrichtige Ergebenheit« zumindest in der Geisteshaltung gefordert wurde, ist sehr deutlich, obwohl die Puritaner im Hinblick auf diese zentrale Angelegenheit tatsächlich zwiespältig waren.[71] Der oft zitierte Text: »Und Du, mein Sohn Salomo, erkenne den Gott Deines Vaters, und diene ihm mit ganzem Herzen«, faßt die Haltung und den Zweck am besten zusammen.[72] Gott, so scheint es, kennt eines Menschen Gedanken so unbedingt, daß keine Abweichung erlaubt ist. »Gottes Auge ist stets über ihnen«, wurden Eltern ermahnt, ihre Kinder zu erinnern. »Er sieht und prüft sie Tag und Nacht in all ihrer jugendlichen Gottlosigkeit und ihren zügellosen Wegen.«[73] Was stand denjenigen Kindern bevor, die sich nicht mehr an das allwissende Auge der allmächtigen Vaterfigur erinnerten und die vom Weg des Herrn in allen Dingen abwichen? Eltern waren im achtzehnten Jahrhundert noch nicht gnädig, oder man nahm dies zumindest nicht von ihnen an, wenn es um die Gesundheit der Gesinnung ging. »Wenn es tatsächlich geschehen sollte, daß es irgendeinen Shimei oder Rabshekah [in der jüdischen Glaubenstradition Bezeichnungen für Dämonen des Teufels] in der Familie gibt, einer, der den lebendigen Gott in Verruf bringt und Dich und Deine Sühneopfer verspottet und verschmäht, wäre es besser, einem solchen die Tür zu weisen, als Gott aus Deinem Hause auszuschließen.«[74]

Die Bemühungen, das Kind vollständig zu unterwerfen, seine Individualität auszulöschen, manifestierten sich manchmal – nachdem sie erfolgreich gewesen waren – in einer paradoxen Form: Kindestötung durch Ersticken. James Janeway, ein Puritaner mit den Zügen einer Mrs. Hennyfalcon, der »Kinder aufrichtig liebte«, erfreute sich daran, die wunderlichen Fälle von Kindern zu erzählen, die schweren Dosen des »allwissenden Blicks» erlagen und sich in einem frühen Alter verzehrten.[75] Von einer Vierjährigen schrieb er, daß sie sich oftmals in »dem einen oder anderen Versteck« aufhielt, wo sie weinend auf ihren Knien lag.[76] Ein anderer »holder« Fünfjähriger »begrub sich selbst« während er betete, die Bibel las und seinen Katechismus aufsagte. Beide wurden dann wirklich früh begraben.[77] Mit anderen Worten wünschten viele Eltern im kolonialen Amerika, vollständig an ihren Kindern festzuhalten, in denen sie ihre eigenen Ziele vereinigt sahen. Während die Eltern zweifellos für den Gedanken empfänglich waren: »je früher sie mit der Welt vertraut werden, um so besser«, waren sie gleichzeitig begierig darauf, ihre Kinder »in das Wissen und den (vollkommenen) Dienst des wahren

Gottes« einzuführen.[78] Diese beiden Zitate könnten als Sinnbilder für zwei einander widersprechende Zustände stehen, in die Eltern ihre Kinder zu zwingen versuchten: Unabhängigkeit und Abhängigkeit.

Kinder zu haben bedeutete auch eine unmittelbarere Entschädigung, was unumwunden zugestanden und sogar betont wurde. Eine schickliche Erziehung »läßt Deine Kinder eine Ehre und einen Trost für Dich sein«, lautete das Versprechen.[79] »Ein weiser Sohn ist seines Vaters Freude«; umgekehrt »ist ein törichter Sohn seiner Mutter Gram.«[80] Im Gegensatz zu »einigen der alten Heiden«, deren »Kinder unter keiner Verpflichtung (standen), irgend etwas zu tun für ... Eltern, wenn ein bedürftiges hohes Alter sie einholte«, würden Kinder, die ihren Eltern mit Anstand verbunden waren, in deren Alter für sie sorgen.[81] Der eigennützige und manipulative Charakter elterlicher Liebe Kindern gegenüber wurde weiterhin in einer gelegentlich unverhüllten Drohung offenkundig, daß sie versagt würde, wenn sie unverdient wäre. »Ich schenke Edward meine Liebe«, schrieb Rebecca Shoemaker an ihren Mann im Jahr 1784, »der er immer versichert sein mag, solange er fortfährt, ihrer so würdig zu sein.«[82] »Ich ... sende meine Liebe und einen Kuß an Mopsey«, schrieb ein Vater zu annähernd derselben Zeit. »Wenn sie aufhört, nachts zu schreien, magst Du ihr dieses Geschenk machen, andernfalls aber meine ich kaum, daß sie ein Recht darauf hat.«[83]

Es ist hinreichend klar, daß Eltern nicht immer erfolgreich darin waren, eine aufrichtige Ergebenheit, eine vollkommene Unterordnung zu erzwingen. Sogar wenn man die ewige Beschwerde von Eltern, daß ihre Kinder sich nicht so benehmen, wie sie es sollten, mit einigem Vorbehalt genießt, ist man über die wiederholte Behauptung erstaunt, daß im Amerika des achtzehnten Jahrhunderts Kinder ungewöhnlich widerspenstig waren.[84] Zu Beginn des achtzehnten Jahrhunderts wurden in New York holländische Kinder getadelt, weil sie »ihre ungewöhnlichen Spiele« sonntags vor den Türen der Kirchen getrieben hätten. Darüber hinaus liefen sogar die Kinder von reichen holländischen Eltern »gewöhnlich ohne Schuhe oder Strümpfe« umher, ein sicheres Zeichen, daß sie nicht unter geeigneter und zivilisierter Zucht standen.[85] »Laß das«-Listen für Kinder vermitteln uns einen gewissen Eindruck von einigen Dingen, die man zu dieser Zeit zu unterlassen hatte und darüber, was von »den wilden

Narren« gefürchtet wurde.[86] »Nage nicht an Knochen«; »tauche Deine Manschetten nicht in Soßen, wenn Du danach greifst«; »renne nicht wild in den Straßen herum«; »geh nicht aufs Eis«; »wirf keine Schneebälle«; »geh nicht mit ungezogenen Jungen Schlittschuh laufen«; »gib anderen Kindern nicht die Hand«; und als allgemeine Vorschrift: »lerne Deine Gefühle zu bändigen.«[87]

Das uns verfügbare Quellenmaterial zeugt indes nicht nur vom häufigen Mißlingen der elterlichen Bemühungen, an ihren Kindern »festzuhalten«; diese Bemühungen waren andererseits auch sehr erfolgreich. Eine Möglichkeit, diesen Erfolg zu »messen«, bieten die Begrüßungs- und Schlußformeln, die man in der Korrespondenz verwandte: »Verehrter Herr«, »Ich bin Dein gehorsamer Sohn«, »Dein stets gehorsamer Sohn«, »Verehrte Eltern«, «Ich bin in jeder Hinsicht Euer ergebener Sohn«, »Ich bin, geliebter Herr, Dein ergebenster gehorsamer (sic) Sohn«, »Meine Ehrerbietung für Papa«, »Meine Liebe und Gehorsam für Papa«. Weitaus seltener findet man: »Mein lieber Herr«, »Lieber Vater« oder ähnliche, eher moderne Begrüßungen.[88] Des weiteren wurde die Verpflichtung, die »Dankbarkeit gegenüber den Eltern fordert«, von den Kindern, die an ihre Eltern schrieben, oftmals erwähnt.[89] »Ich bin mir sehr bewußt, daß ich Euch in vielerlei Hinsicht verpflichtet bin«, schrieb John R. Coombe an seine Großeltern, die ihn aufgezogen hatten.[90] »Ich hoffe, daß ich (...) bis zu einem gewissen Grad, lieber Papa, die Verpflichtung, unter der ich stehe, zurückerstatte, indem ich meinen Studien beständige und fleißige Aufmerksamkeit widme«, schrieb Theodore Sedgwick jr. an seinen Vater.[91]

Die Beharrlichkeit, mit der Erwachsene ihren alternden Eltern gegenüber Nachdruck auf besondere Aufmerksamkeit legten, ist ein weiteres Zeugnis für das Ausmaß, in welchem es den Eltern gelungen ist, bei ihren Kindern einen Sinn für Pflichtgefühl zu erreichen.[92] In der Tat gewinnt man aus den Quellen den Eindruck, daß das Interesse jener Erwachsenen für ihre alternden Eltern größer war als das, das von Eltern für ihre kleinen Kinder an den Tag gelegt wurde. Pamela Sedgwick schrieb nach dem Tod ihrer Mutter nach Boston, um eine Locke vom Haar ihrer Mutter zu erbitten, so wie in unserer Zeit eine junge Mutter oft eine Locke von den goldenen Strähnen ihres Babys aufbewahrt.[93] Mrs. Sedgwick, die, als ihre Mutter starb, nicht nach Boston fahren konnte, äußerte sich in inniger Weise über das Verhalten ihrer Schwägerin, die für sie eintrat. Sie »hätte vielleicht einen ihrer leiblichen Elternteile nicht mit mehr Mitgefühl und unermüdlicher Freundlichkeit pflegen können als meine Mutter«, erzählte Pamela ihrem Mann.[94] Die deutlichste Neubelebung der Abhängigkeitsbeziehung aber, die die zusätzlich interessante Gestalt einer Rollenumkehr aufweist, findet man in Mrs. Morris' am 28. November 1793 verfaßten Brief an ihren Sohn. »Mag der Himmel Dich behüten«, sagt sie ihm und schließt, »um ›die Wiege für das Ruhealter zu schaukeln.‹ Dies ist das inbrünstige und zärtliche Gebet Deiner liebenden Mutter.«[95] Das Kind, an dem aufrichtig festgehalten wird, wird zum Elternteil, und der alternde Elternteil kann in die behagliche Abgeschlossenheit kindlicher Abhängigkeit zurückkehren, »ihrem lang ersehnten Zuhause nahegebracht« und »in die Geborgenheit der letzten Ruhe versetzt« werden.

Ebenso wie es eine lange Geschichte der Mißhandlung, des Verlassens, der Ermordung und Aussetzung von Kindern gibt, so gibt es zweifellos eine lange Geschichte über ungezwungene Liebe und eigennütziges Interesse für Kinder. Puritaner des sechzehnten und siebzehnten Jahrhunderts befaßten sich stark mit der Zukunft und betrachteten ihre Kinder als die sichtbaren Bewohner dieser Zukunft. Eineinhalb Jahrtausende lang nannten Christen ihre Kinder »Samen« und sahen in ihnen die Bewahrer ihrer Lebensweise. Man hat behauptet, daß die Juden als erste diese Idee betonten, obschon es überraschte, wenn dem wirklich so wäre.[96] Diese Tradition von Kindern als den Vermittlern des wahren Wortes des wahren Gottes war es, die die europäischen und amerikanischen Puritaner der frühen Neuzeit wiederbelebten und neu betonten. Winthrop Jordan zieht eine treffende Analogie zwischen zwei angriffslustigen Wandervölkern, den Juden und den elisabethanischen Engländern, die nach Amerika gingen und spürten, daß sie – besonders im Zusammenhang mit ihrem Eifer, die Früchte der Erde zu erringen – gegen Gott gesündigt hatten.[97] Die Analogie ist bedeutsam. Ich halte es nicht für einen Zufall, daß diese beiden Völker einen starken linearen Zeit- und Geschichtssinn, und in ihren Abstammungslinien und ihrem »sichtbaren Samen« ein großes Interesse an der Vergangenheit und der Zukunft hatten. Das Gefühl von Unsicherheit bei den Amerikanern, gepaart mit dem Anwachsen der Bedeutung des Individuellen im Europa der frühen Neuzeit, ist die Grundlage dessen, was wir »das Emporkommen des Kindes« nennen könnten.

Herrschaft über Kinder

> Eltern sollten sehr darauf achten, eine vernünftige Herrschaft über ihre Kinder aufrechtzuerhalten. Eine beständige, milde, doch gewissenhafte und strenge Herrschaft ist die beste.
>
> John Barnard, 1737[98]

Trotz allen Eifers, ihre Kinder einerseits zurückzuweisen und andererseits vollständig an ihnen festzuhalten, erlaubten die Eltern im Amerika des achtzehnten Jahrhunderts natürlich den Kindern zu überleben und sogar zu gedeihen. Es mag sein, daß die Amerikaner aus noch zu erforschenden Gründen den Extremen dieser beiden entgegengesetzten Wünsche in einem Maße widerstanden, in dem das ihre Vorfahren in England nicht taten. Die überlebenden Kinder wurden für den Fall, daß man sie richtig »beherrschte«, einer Lebensweise unterworfen, die sie im Rahmen der Geborgenheit der Familie beschützte, bis sie »zu einer Fähigkeit, für sich selbst zu wählen«, gelangt waren, zu welcher Zeit man dann hoffte, daß sie den Lebensstil ihrer Eltern wählten, gleichzeitig aber irgendwie unabhängig wären.[99] Ob sie nun von ihren leiblichen Eltern, einem Verwandten oder einem Lehrmeister aufgezogen wurden, Kinder waren in Amerika vor allem einer Herrschaft ausgesetzt, die sie zivilisieren und bändigen sowie ihre natürliche Neigung »auszuarten« unterdrücken sollte. Im siebzehnten Jahrhundert hielt man Kinder sowohl für von Geburt an bösartig als auch für vollkommen unschuldig: Engel, die von der Schlechtigkeit der irdischen Welt noch nicht verdorben waren. Amerikaner des achtzehnten Jahrhunderts hatten ähnliche Vorstellungen. Obwohl kleine Kinder von ihren Eltern selten Engel genannt wurden, bezeichnete man sie manchmal als »Fremde«, die nicht sofort als vollentwickelte menschliche Wesen akzeptiert wurden.[100] Nach diesem Stadium betrachtete man sie eher als formbar denn als von Geburt an boshaft. Man glaubte indessen, daß sie leicht und schnell in die Sündhaftigkeit hineingezogen werden könnten.[101] Im Briefwechsel der

oberen Klassen wurden Kinder sehr oft in einer optimistischen Art »hübsch« und »kräftig« genannt. Man nannte sie auch »lieblich« und »zart«, kleine »Lämmer« und in einem Fall »ein dickes Schweinchen«.[102] Vergleiche wurden der Pflanzen- wie auch der Tierwelt entnommen. Als »zarte Pflanzen«, »meine ausgesuchten Pflanzen«, »mein kleiner Weingarten« sollten Kinder sorgsam behütet, beschützt und vor allem »gezüchtet« werden.[103] »Wären Eure Kinder Idioten, könntet Ihr entschuldigt werden«, aber »Gott hat Euch Kinder gegeben, die ... fähig sind zu lernen (und) Ihr solltet sie bilden.«[104] Kinder konnten wie junge Pflanzen ausgerichtet und großgezogen werden.[105]
Aber schwerer als der positive Gesichtspunkt ihrer »Empfänglichkeit« wog die Gefahr ihrer Fehlentwicklung, wenn sie nicht richtig unterwiesen, kontrolliert oder gezügelt wurden. Wie die Pflanzen, mit denen man sie verglich, würden sie ausarten, wenn man sie nicht züchtete. Diese natürliche Neigung auszuarten, wurde im achtzehnten Jahrhundert von denjenigen Amerikanern betont, die sich über das Wesen der Kinder ausließen. Ein Kind war »ungehemmten Begierden und Leidenschaften« ausgesetzt, weil es ein Kind und ohne Disziplin geboren war.[106] Solchem »Füllen eines wilden Esels« mußten »die Zügel ... um den Nacken (seiner Begierden) gelegt« werden.[107] Kinder mußten gezähmt werden oder »es wird die äußerste Gefahr sein, daß sie den Lebensgeist ihrer Eltern und auch ihre Herzen zugrunde richten.«[108] »Eltern sollten sorgfältig den Willen ihrer Kinder meistern und sie an Gehorsam und Unterwerfung gewöhnen«, bekundete ein relativ liberaler Amerikaner.[109]
Die wirkliche Erfahrung, im Amerika des achtzehnten Jahrhunderts ein Kind zu sein, ist weitaus schwieriger einzuschätzen als die Vorstellungen von Eltern und Geistlichen über die natürliche Veranlagung des Kindes. Wir können weit mehr über die Züchtung von Flachs in den Kolonien erfahren als darüber, wie Mütter ihre Kinder großzogen. Handbücher über die richtige Erziehungsmethode waren, als sie in der zweiten Jahrhunderthälfte aufkamen, alle englischer Herkunft, wie auch ein Großteil der Zeitungsartikel, die sich mit dem Thema befaßten. Eine Darstellung der Kindheit auf dem Hintergrund der Gefühle und Erfahrungen derer, die sie gerade erlebt haben, ist bisher außerhalb unserer Reichweite. Sogar von den grundlegenden Ängsten der Kinder kann man nur durch zufällige Belege und Berichte aus

zweiter Hand wissen, wie etwa den über den dreijährigen Dan Bradley, der angeblich fürchtete, daß er sterben und von Würmern gefressen würde, und fragte, wie denn der Himmel ein solch wundervoller Ort sein könnte, wenn seine Eltern nicht dort wären.[110] Bestenfalls ist unsere Darstellung stark an »guten« Kindern ausgerichtet und nicht an denjenigen, die die Reihen der »schlechten Gesellschaft« ausfüllten, vor der man so oft warnte. Nach Barnard sind »Kindheit und Jugend (...) natürlicherweise voller Heftigkeit und Ungestüm ... Unanständigkeiten und Untaten«, aber wieviel können wir darüber erfahren?[111]

Säuglinge wurden wahrscheinlich fast alle an der Brust ernährt. Das Aufziehen mit der Flasche, verurteilt durch englische Handbücher in Amerika, scheint nicht »in Mode« gewesen zu sein, obschon wir nicht wirklich wissen, ob nicht arme Frauen, insbesondere jene, die sich als Ammen verdingten, doch die Flasche verwendeten.[112] Und was war mit dem Fünftel der Bevölkerung, das schwarz war? Die Frage, wie oft Kinder in Pflege gegeben wurden, ist noch nicht untersucht worden. »In Amerika gibt es vergleichsweise wenig Mütter, die so unnatürlich sind, ihre Kinder in Pflege zu geben«, verkündete eine adelige Engländerin im Jahr 1790, aber dies ist kaum ein vertrauenswürdiger Beweis.[113] Um das Jahr 1790 sind Amerikaner sicher für das »Natürlichkeits«-Argument empfänglich gewesen, zu Beginn des Jahrhunderts jedoch waren sie dafür bekannt, sich eifrig bemüht zu haben, »den letzten Moden aus London und dem Kontinent« zu folgen.

Das Alter, mit dem ein Kind entwöhnt wurde, kann gelegentlich ermittelt werden, wie im Fall des kleinen Henry Drinker (13 Monate).[114] Entwöhnung mit Rücksicht auf einen Aberglauben war am Verschwinden, wurde aber nach *Poulson's Town and Country Almanac* noch im Jahr 1793 praktiziert.[115] »Sogar Tante Deborah (wahrscheinlich irgendein fiktiver Charakter) vergaß, obwohl sie doch ihre Vorstellungen hatte, nach dem Zeichen zu sehen, als man sie um Rat fragte wegen ... der Entwöhnung eines Kindes.« Alte Frauen empfahlen Mütter noch, mit der Entwöhnung in Übereinstimmung mit den Vorschriften der Sternbilder zu beginnen, auch wenn das Zeichen mitten in den Hundstagen erscheinen konnte oder während das Kind zahnte. Eine Folge davon war das »Opfern hilfloser Unschuld«.[116]

Über die Sauberkeitserziehung habe ich kein einziges Wort gefunden; vom existierenden Quellenmaterial aus wäre es demnach schwer zu beweisen, daß Amerikaner im achtzehnten Jahrhundert überhaupt urinierten und defäkierten. Die Leistungen sich entwickelnder Kinder: das Erkennen von Erwachsenen, Zahnen, Laufen und Sprechen wurden von kolonialen Eltern begrüßt und besonders beachtet. »St. George (jr.) ist ein lieblicher kleiner Bursche«, schrieb Frances Bland Randolph Tucker an ihren Mann. Er »beginnt, mich zu erkennen«. (Er war annähernd vier Jahre alt.)[117] »Robert kann leidlich gut laufen und wünscht jedem zu zeigen, wie flink er sich fortbewegen kann«, berichtete seine Mutter.[118] »Mopsy ... spricht *großartig*. Sie wird in vierzehn Tagen laufen.«[119] Aber »sogar bevor sie sprechen können« entdecken Kinder »die Stärke der Begierden und den Ungestüm ihres Willens«.[120] Die junge Esther Burr, zum erstenmal Mutter, unternahm Schritte, um dem Problem zu begegnen. »Ich hatte fast vergessen, Dir zu erzählen«, schrieb sie im Jahr 1755 an eine Freundin,

daß ich damit begonnen habe, Sally zu zügeln. Sie wurde einmal um des *alten Adam* willen geschlagen, und sie kennt den Unterschied zwischen einem Lächeln und einem finsteren Blick ebensogut wie ich. Wenn sie irgend etwas getan hat, von dem sie ahnt, daß es falsch sei, pflegt (sie) interessiert zu gucken, um zu sehen, was ihre Mama sagt, und wenn ich nur meine Stirn runzele, schreit sie bis ich lächele, und obschon sie noch nicht ganz zehn Monate alt ist, denke ich jetzt – wenn sie doch so viel weiß –, daß sie unterrichtet werden sollte.[121]

Gemessen an den Standards ihrer Zeit handelte Esther Burr nicht vorzeitig. Eltern sollten eine Herrschaft über ihre Kinder errichten, sobald »die ersten Anzeichen von Vernunft und Verstehen« sich bemerkbar machten und »selbst wenn sie gerade eben von der Milch entwöhnt oder von der Brust genommen sind«.[122] Jede Gelegenheit sollte genutzt werden, ihren Eigenwillen zu zügeln und sie Respekt und Gehorsam zu lehren. Die Ermahnung, unaufhörlich wachsam zu sein, galt für die Elternschaft: sieh zu, daß Du ihnen immer eine kleine Lektion nebenbei erteilst, »wenn Du in Deinem Hause sitzest oder auf dem Wege gehst, wenn Du Dich niederlegst und wenn Du aufstehst.«[123] Cotton Mather ermahnte sich fortwährend selbst dazu, auf die »Erziehung« seiner Kinder »zu achten«.[124]

Eine richtige Herrschaft umfaßte nicht nur beständige Lektionen in Gehorsam, Sitten und Religion, sondern auch in Fleiß. Wenn

Kinder für harte Arbeit zu klein waren, sollten Eltern »sie eher im Hause über einem Buch oder bei einem anderen kleinen Dienst halten, als sie faul sein lassen, damit sie später zu jeglicher Beschäftigung imstande sind«.[125] Eine solche Ermahnung traf Mütter ohne Kindermädchen am härtesten. Esther Burr, die irgendeine junge Hilfe hatte, klagte: »Du wirst nicht glauben können, wie sehr meine Zeit beansprucht ist. Manchmal setze ich mich außer zu dem Allernotwendigsten niemals nieder.«[126] Pamela Sedgwick äußerte eine ähnliche, aber verbittertere Beschwerde gegenüber ihrer »glücklichen« alten Jungfer, einer Brieffreundin: »Ich entferne mich für einen Augenblick von einem schreienden Säugling und dem Lärm von zwei oder drei unbeherrschten Kindern, der für den Geist so qualvoll ist wie das wirre Getöse von Waffen für einen furchtsamen Soldaten.«[127] An ihren abwesenden Mann schrieb sie: »Ich bin es müde, als Witwe zu leben und gleichzeitig eine Kinderfrau zu sein.«[128] Ein Jahr zuvor hatte sie ihrem Mann gesagt, daß »ich mich so glücklich und groß fühle wie eine Kaiserin«, wenn sie »einen schreienden Säugling beruhigen und eine große Streitigkeit unter einer Gemeinschaft aufsässiger Jungen beilegen« könnte.[129] Margaret Lynn Lewis, eine Frau aus Virginia, hielt es für schwierig, sich in ihren privaten Salon zurückzuziehen und »meine lärmenden Kleinen« auszusperren, aber dies war so, weil sie zeitweilig in engeren Räumen wohnte, als sie es gewohnt war.[130] Im Rahmen einer für ihn seltenen Bezugnahme auf Kinder beschwerte sich der Marquis de Chastellux darüber, daß amerikanische Frauen wenig mehr täten, als für ihre Kinder zu sorgen und das Haus in Ordnung zu halten – kaum genug, beklagte er unschuldig, um eine Frau zu beschäftigen.[131]

Kinderpflege stellte an jene rechtschaffenen Mütter der Mittelklasse wie Mrs. Sedgwick, Mrs. Burr und Mrs. Tucker noch höhere Anforderungen, wenn eines oder mehrere ihrer Kinder krank waren, was oft vorkam. »Fast die ganze letzte Nacht aufgewesen«, klagte Esther Burr im Januar 1757; und in der folgenden Nacht: »sehr wenig Schlaf«. In der dritten Nacht war sie wieder »die ganze Nacht auf«.[132] Als es Sally ein wenig besser ging, fand ihre Mutter sie »äußerst übelgelaunt, während sie den ganzen Tag über Mama, Mama schrie, wenn ich sie nicht in meinen Arm nahm«. Sie war »lästiger als zu der Zeit, da sie kränker war«.[133] »Ich fange an, mich fast gequält zu fühlen, denn

sie will zu niemandem gehen außer mir«, beschwerte sich eine ermüdete Mrs. Burr, nachdem Sally sechs Monate lang krank gewesen war. »Ich fürchte, diese Krankheit wird Anlaß zu einem erneuten Prügelanfall sein«, gab sie zu.[134]
Aller Wahrscheinlichkeit nach waren nicht alle Mütter so aufmerksam wie Esther Burr, obwohl wenige Häuser in Amerika geräumig genug waren, daß die Eltern viel Abstand hatten, um sich von kranken oder schreienden kleinen Kindern abzusondern. Sogar der wohlhabende Plantagenbesitzer William Byrd stand einmal ziemlich spät auf, »weil das Kind mich in der Nacht gestört hatte«.[135] Und eine Durchsicht des elterlichen Briefwechsels im achtzehnten Jahrhunderts hinterläßt den starken Eindruck, daß in dem kolonialen Heim zumindest immer ein Kind krank war.
Etwas von der Last elterlicher Pflichten griff auf amerikanische Väter über, und es gibt einige Belege, daß dies nicht gänzlich ungewollt geschah. Obwohl Fanny Tucker und Pamela Sedgwick sich beschwerten, daß ihre politisch aktiven Männer zu oft von zu Hause fort waren, bestand die eigentliche Bedeutung ihrer Klagen und der von den Männern bei ihrer Rückkehr vorgebrachten Entschuldigungen darin, daß sie liebevolle Eltern waren, wenn sie sich zu Hause aufhielten.[136] Der geschäftige William Byrd und der Kaufmann Henry Drinker nahmen sich Zeit, sich mit den Problemen zu befassen, die mit ihren kleinen Kindern zusammenhingen, und Byrd scheint seine kleine dreijährige Tochter besonders geliebt zu haben. Kindern wurde beigebracht, ihren Vätern Ehrerbietung zu erweisen, aber die Distanz scheint in einigen Fällen aufgehoben worden zu sein. Das Beispiel von David, der seinem Kind ein Lehrer zu sein pflegte, wurde von kolonialen Vätern als eines hochgehalten, dem nachzueifern war.[137] Im Gegensatz dazu übertrug Robert Carter seine Vaterpflichten ganz dem Erzieher Phillip Vickers Fithian. Als Fithian mit dem zweiten Sohn, dem eigensinnigen Ben, nicht fertig werden konnte, gab er die Pflicht der Züchtigung durch die Rute an den starken Mann in dem großen Haus zurück. Ben war gehörig erschreckt und benahm sich ein paar Tage lang »gut«.[138]
Das Sinnbild der Herrschaft über Kinder war das Buch. Kinder sollten immer »bei ihren Büchern gehalten« werden. Das Buch symbolisierte Kultur. Das Lernen aus Büchern konnte zu Hause

durch einen Elternteil, der Zeit und die Fähigkeit dazu hatte, vermittelt werden. »Die Schulen hier sind nicht so, wie ich sie bevorzuge, so daß ich keines meiner Mädchen dorthin geschickt habe«, bekundete Isaac Morris im Jahr 1748.[139] Nur wenige Eltern konnten sich einen Hauslehrer leisten. Aber die Betonung von Büchern, Lesen und besonders »einer guten Hand« trug sicher einiges zur Ausbreitung des Schulunterrichts bei. Väter hatten wenig Muße, sich um diese Angelegenheit zu kümmern, und die Mütter trauten sich meist nicht genug zu, besonders was die Rechtschreibung und den Stil anbelangte.

Wir haben bereits erwähnt, daß das frühe In-die-Schule-schicken der Kinder eine Form des Weggebens war. Aber Schulen waren auch ein Mittel festzuhalten, ein bedeutsamer Ort, die richtigen Verhaltensweisen und Ideale einzuprägen und gleichzeitig ein Ort der Vervollkommnung und des Schutzes. Schutz, »weil sie die Hindernisse einer ungünstigen Umgebung entfernte« und sie fest einfügte in Bildung und Zucht.[140] Wovor Kinder in der Schule beschützt wurden, war eine Welt, die zuviel Freiheit anbot. Als George Whitefield das Waisenhaus in Georgia besichtigte (das auch für Kinder mit Eltern offen war), bemerkte er: »Hier gibt es keine Versuchungen, die ihre zarten Gemüter verderben könnten.«[141] Ein früher Befürworter von öffentlich unterstützten Pflichtschulen in New Jersey und Pennsylvania unterstrich, daß auf solchen Schulen »unsere Kinder daran gehindert werden, jenem Übermaß an Zügellosigkeit und Verderbtheit zu verfallen, das mit der Jugend verbunden ist . . .«[142]

Schutz vor der Schlechtigkeit der Welt konnte natürlich nicht vollständig sein. Falls das Kind verleitet worden war, kam es darauf an, den Fehler schleunigst zu korrigieren. Wie von altersher war die Rute das große Symbol solch einer Verbesserung. Wir haben schon gesehen, daß körperliche Züchtigung früh eingesetzt werden konnte. Sogar Sally Burrs ernsthafte Erkrankung befreite sie nicht davon. Eine Mutter, deren Kind zeitweilig außer ihrer Reichweite war, faßte die damals herrschende Einstellung unmißverständlich zusammen: »Sag Tommy, ich erlaube, daß man ihn schlägt, denn ich will, daß er sehr artig ist«, schrieb sie.[143]

In der Schule wie zu Hause wurde oftmals der Weg des unmittelbaren Vollzugs eingeschlagen. Als er einen Jungen bei einer Lüge ertappte, berichtete ein Schullehrer: »Ich nahm meinen Zeigestock, . . . einen großen runden Stock aus Kirschbaumholz . . .

und betätigte ihn wiederholt gegen seine Hand, bis er das Verbrechen gestand.«[144] Die Hand des Jungen lief blau an und schwoll ziemlich stark, worauf ein zorniger Vater eine Gerichtsverhandlung androhte. Schulmeister Felton suchte deswegen die Unterstützung der Magistratspersonen. »Colonel Barnes sagte mir, daß das Gesetz sehr vorteilhaft für Schulmeister sei«, beruhigte er sich selbst. Robert G. Livingston berichtete in seinem Tagebuch, daß er James Powers geprügelt und ihm ein blaues Auge geschlagen hatte.[145] William Byrd griff bei seiner »kleinen Evie« niemals zum Stock, jedoch schlug er seine Nichte Sue Brayne, und einmal übte er gegen einen Abhängigen eine andere und ungewöhnliche körperliche Züchtigung aus.[146] »Habe Eugen dazu veranlaßt, einen Schoppen Pisse zu trinken«, berichtete er in seiner Tagebucheintragung für den 3. Dezember 1709. Aber Eugen hörte nicht auf, sein Bett einzunässen, also gab Byrd ihm eine Woche später eine weitere Dosis.[147] Dies mag dem Jungen Einhalt geboten haben, denn am 16. schrieb Byrd nieder, daß er Eugen »für nichts« geschlagen habe.[148] Eine derartige Verantwortungslosigkeit bei seiner Frau konnte der wohlhabende Virginier indessen nicht dulden, und er befragte sie eingehend, als sie veranlaßte, daß ihr Dienstmädchen wegen irgendeines kleinen Fehltritts gebrannt werde, von dem Byrd nicht meinte, daß er körperliche Bestrafung erfordete.[149] Wenn man die Definition für Kinder auf alle vollkommen abhängigen Personen erweiterte – was man wahrhaftig tun sollte –, dann steht es außer Zweifel, daß der Stock und die Peitsche im achtzehnten Jahrhundert ausgedehnte Anwendung fanden.

Wir empfindlichen Leute von heute mögen uns bei der Vorstellung, Urin zu trinken, krümmen, aber viele Heilmittel aus der Kolonialzeit, die durch die Kehlen von Säuglingen und kleinen Kindern gezwungen wurden, waren nicht viel lieblicher. Ohne es zu stark zu betonen, sollte man doch bemerken, daß widerlich schmeckende Arzneien manchmal eine Form körperlicher Bestrafung sind. Selbstverständlich wurden Kindern regelmäßig andere schmerzhafte Arten von Heilmethoden, wie etwa der Aderlaß oder die »Schröpfköpfe« zugemutet.[150]

Auf der subtileren Ebene setzten Eltern in zunehmendem Maß die Scham ein, um ihre Kinder auf dem geraden und schmalen Weg zu halten. »Mein liebstes holdes Kind«, schrieb Theodore Sedgwick an seinen ersten Sohn, Theodore jr., im Jahr 1790,

»hast Du es gern, wenn ich Dir schreibe? Ich weiß, daß Du es gern magst. Um wieviel mehr freue ich mich, wenn meine Kinder an mich schreiben? . . . Nebenbei, mein lieber Bursche, wenn Du mir schreibst, wirst Du lernen und Dich schämen, in einer schlampigen Weise zu schreiben.«[151] Die relativ aufgeklärten puritanischen Geistlichen Josiah Smith und John Barnard teilten mit ihren altmodischeren Kollegen die Überzeugung, daß das Beschämen von Kindern eine rechtmäßige und wirksame Weise sei, wünschenswertes Verhalten bei ihnen durchzusetzen.[152] Sogar die noch liberalere Schrift *Advice on Children,* veröffentlicht von Quäkern aus Pennsylvania, nannte die Einprägung eines »Sinns für Scham« ein »wohltätiges Mittel der Belehrung«.[153]
Zusätzlich zum Beschämen schritten Eltern dazu, sich die größten Ängste eines Kindes zunutze zu machen als einer wirksamen Methode, es zu zwingen, sich anständig zu benehmen. In den empfindsameren Tagen des frühen neunzehnten Jahrhunderts begann man, die dunkle Kammer zusammen mit dem »Anbinden an Bettpfosten«, grober Behandlung und der Rute aus der Kinderstube zu verbannen; also kann man annehmen, daß es sich um vorher übliche Methoden handelt. Die Kammer war ein bevorzugter Ort, wenn man Kinder zum Beten schickte. Es gibt einen ungewöhnlich direkten Beleg dafür, daß im Amerika des achtzehnten Jahrhunderts zumindest ein Kind die Art von Ängsten hatte, die mit dunklen Plätzen verbunden ist. Im Jahr 1780 schrieb St. George Tucker an seine Frau, daß er hoffe, daß sein Stiefsohn Theodore »sein Grauen vor dem doppelleibigen Ungeheuer überwunden« habe.[154]
Während im neunzehnten Jahrhundert Handbücher für Eltern über die richtige Erziehungsmethode vor den Gefahren warnten, »Kindern furchterregende Geschichten zu erzählen«, ist es bezeichnend, daß die Leitbücher, die in Amerika gelesen wurden, dies nicht taten.[155] Die überkommenen Drohtechniken des krankhaften James Janeway wurden von den späteren Geistlichen, wie etwa Samuel Phillips wiederholt. Phillips warnte unartige Kinder, die »ihre Zeit eher beim Spielen verbracht hatten als dazu, in ihren Büchern zu lernen«, daß Gott wisse, wo diese Kinder wohnten und wie sie hießen.[156] Sogar Josiah Smith, im allgemeinen sehr »aufgeklärt« im Vergleich zu anderen Pseudoratgebern von Eltern, erinnerte Kinder an ihre Nähe zum Tod.[157] Das Verfahren, Kinder dadurch in Schrecken zu versetzen, daß

man das Zepter des Todes über ihnen schwang, erscheint uns fast unverzeihlich, aber damals sahen Eltern sich außerstande, mit ihren eigenen Ängsten ohne dieses Verfahren umzugehen. Noch im Jahr 1790 schickte die gute Mrs. Sedgwick ihre vierzehnjährige Tochter zur Beerdigung eines Mädchens, das bald hätte verheiratet werden sollen, aber statt dessen verstorben war. »Ich hoffe, daß diese betrübliche Fügung einen guten und bleibenden Eindruck auf ihr zartes Gemüt hinterlassen wird«, schrieb die Mutter ohne bewußte Grausamkeit. »Es gibt sicher etwas ... ungewöhnlich Eindrucksvolles am Tod einer jungen Person, dahingerafft in der Blüte der Jugend ...«[158] Warnungen, die Kindern am Anfang des Jahrhunderts erteilt wurden, erschreckten die Kinder in ihren extremsten Formen mit ihrem bevorstehenden Ableben, damit sie sich in acht nähmen. James Janeways kleine Mary A. ging ebenso freudig in den Tod wie in die Schule, glücklich darüber, daß sie im Sterben lag »auch (wegen) des Tadels und der Strafen« ihrer Mutter.[159] In den vierziger Jahren des siebzehnten Jahrhunderts betonte Benjamin Bass die zusätzliche Gefahr, für immer an »einen dunklen Ort« zu gehen.[160] Janeway bot statt dessen den Trost an, daß gute Kinder, wenn sie plötzlich starben, an einen Ort kämen, wo »sie niemals mehr geschlagen werden«.[161]

Die frühesten Zeugnisse einer Fürsprache für eine sorgfältige und wohlüberlegte »vernünftige Herrschaft« – abgestimmt auf die Bedürfnisse individuell verschiedener Kinder – haben wir in Massachusetts Bay, in Pennsylvania und in South Carolina gefunden; sie stammen aus dem Jahre 1727. Zweifellos hat es damals Eltern gegeben, die spürten, daß Kinder dabei waren, »ihren Eltern zu entgleiten«.[162]

»Seid nicht überstreng in Eurer Herrschaft«, »mäßigt ... Eure Familienherrschaft durch einen angemessenen Grad von Milde«, »achtet darauf, eine vernünftige Herrschaft aufrechtzuerhalten über ... Kinder« – dies waren die Worte, die John Barnard, ein Geistlicher in Marblehead in Massachusetts, 1737 benutzte.[163] Sie kennzeichnen das, was vielleicht eine neue Einstellung gegenüber Kindern war, die man seit etwa dieser Zeit beizubehalten begann. Mit Kindern sollte »milde umgegangen werden, mit Liebe, ohne sie einzuschüchtern oder sie in Schrecken zu versetzen«, so belehrte man Pennsylvanianer im Jahre 1732.[164] »Du Vater, rufe nicht den Zorn Deiner Kinder hervor«, verkündete Josiah Smith im Jahre 1727 seiner Zuhörerschaft in Carolina.[165] »Zügele Deine Leidenschaften mit Geduld.« Sei nicht zu voreilig, Deinen Groll zu enthüllen. Achte geduldig auf ihre Unvollkommenheit. Lehre durch das Beispiel,

> sie haben Augen zu sehen wie Ohren zu hören und werden durch das Leben und das Verhalten ihrer Eltern stark bestimmt.[166]

Eine vernünftige Herrschaft stellte höhere Anforderungen an die Eltern als ein strenges Regiment und ließ auch die »Benutzung« der Kinder nicht mehr ohne weiteres zu. Insbesondere mußte die Rute besonnen eingesetzt werden. Wo ein mäßiger Tadel und eine sanfte Ermahnung genügen, »bediene Dich ihrer, denn ein Tadel findet eher Eingang bei einem Weisen als hundert Hiebe bei einem Narren«.[167] Manche Kinder sind widerspenstig und müssen mit Strenge behandelt werden. Einige »zeigen eine weichere und edlere Veranlagung, und ein Wort an diese bewirkt mehr als eine Züchtigung bei den anderen«.[168] Sie sollten eher ermutigt als getadelt werden. Eltern sollten unter Berücksichtigung des Alters, der Fähigkeit und der Veranlagung ihrer je individuell verschiedenen Kinder Besonnenheit walten lassen; denn Kinder seien nicht alle gleich, wie die Nachkommen von Tieren.[169]

Darüber hinaus sollte alles »mit Ruhe« getan werden. Der große Irrtum von Eltern bestand darin, »Strafen eher aus ihrer eigenen Leidenschaft heraus zu erteilen als von der Bedeutung oder der Folge des Fehlers her«.[170] Nur wenige Dinge erforderten bei Kindern körperliche Züchtigung.[171] Sogar der mehr altmodische Samuel Phillips stimmte im Jahre 1739 damit überein, daß »es für jeden gewagt sei, mit ihnen Mißbrauch zu treiben ... Kinder sind zerbrechlich und wir müssen sie so lenken, wie sie es auszuhalten vermögen«.[172]

»Freundlichkeit« war die Empfehlung von Thomas Coombe an seinen Sohn, als letzterer seinen kleinen Johnny im Jahre 1781 zurückerhielt. Der Junge hatte »eine zarte und sanfte Veranlagung«, erklärte der Großvater und »Strenge der Disziplin« wäre ein großer Fehler. »Erlaube mir, Dich daran zu erinnern, daß auf Freundlichkeit in jeder Form (bei der Behandlung des kleinen Knaben) geachtet werden muß.«[173] Nachdem Esther Burr Sally bestraft hatte, gestand sie ihrer Freundin ein: »Nur ein Vater oder eine Mutter kann sich vorstellen, wie schwer es ist, das eigene überaus zarte Selbst zu züchtigen. Ich bekenne, daß ich niemals vorher eine richtige Vorstellung vom Herz einer Mutter zu solch einem Zeitpunkt hatte.«[174] Der fröhliche Schullehrer Silas Felton, der einen Jungen bei einer Lüge »ertappte«, »Zeugen sorgfältig verhörte« und »ihn dazu brachte zu gestehen«, gestand seinerseits: »Ich wählte einen falschen Weg, ihn zu bestrafen.«[175] William Byrd zeigte starke Anzeichen von Zweifel und Zwiespältigkeit im Hinblick auf das Schlagen.

Wenn die Bestrafung dem Kind angepaßt werden sollte, so galt dies auch für die Erziehung, besonders den Lesestoff. Im Jahre 1727 riet Josiah Smith Eltern, wenn sie Kinder unterrichteten, eine Sprache zu gebrauchen, die sie verstehen konnten, eine Sprache, die »ungezwungen und leicht«, aber nicht »gemein« sei.[176] Während der zweiten Hälfte des achtzehnten Jahrhunderts begannen Bücher, die in Umfang, Sprache und Format Kindern angepaßt waren, aus amerikanischen Druckereien zu strömen. Diese Anpassung war sowohl für England als auch für Amerika relativ neu. Ein Historiker sieht im Jahre 1744 die Wende.[177] Eines der frühesten solcher Werke, *A Child's New Plaything*, war »darauf gerichtet, das Lesenlernen zu einem Zeitvertreib anstatt zu einer Aufgabe zu machen«.[178] »Junge Menschen wünschen Sprache, Pathos und anschauliche Darstellungen, oder sie werden nicht lesen«, rationalisierte ein Autor. »Ein wenig Herablassung ist ihrer Unvollkommenheit angemessen.«[179]

Bücher, die der angenommenen »Fähigkeit von Kindern« angepaßt waren, wie etwa *The Protestant Tutor for Children*, zeigten – obwohl in der Sprache vereinfacht – nicht viel wirkliches Verständnis für Kinder.[180] Ein hohes Maß an Beschönigung war kein Ersatz für wirkliches Einfühlungsvermögen.[181] Im Gegensatz dazu gelang dies einem Fürsprecher von Kindern, der mit der frühen Geschichte Pennsylvanias verbunden war, indem er sich »an die Stelle des Kindes« setzte. Graf Zinzendorf, der das Herrnhuter Experiment in Bethlehem unterschrieb, glaubte an eine freie Entwicklung, bei der »Vorschriften größtenteils unnötig sind«.[182] Ein weniger einfühlsamer europäischer Besucher in den Kolonien beklagte sich, man habe über ihn getuschelt, »daß ich nicht zu Kindern sprechen kann«.[183] Solch eine Bemerkung läßt zumindest vermuten, daß dies als unerwünscht betrachtet wurde. Der betreffende Engländer war für seinen Teil nicht begierig, »mit den Unverschämtheiten albernen Geplappers geplagt« zu werden und war ziemlich sicher, daß Amerikaner nicht mehr Verständnis hätten als seine Gastgeberin, die glaubte, daß andere »genauso an ihren eigenen Kindern interessiert sein könnten wie sie selbst«. Er warnte: »Frühe Zügellosigkeit wird schließlich jenes väterliche Gefühl verhöhnen, aus dessen unangebrachter Nachsicht sie entsprang.«[184]

Es gibt noch weitere Belege dafür, daß in Amerika eine neue Nachsicht Kindern gegenüber schon im achtzehnten Jahrhundert aufkam. Die verschiedenartigsten Abhandlungen, die den Eltern *Rat und Warnung* anboten, sprachen alle von einer »wachsenden Entartung« unter den jungen Leuten, wie sie schon von Peter dem Eremiten 1274 festgestellt worden war. Einer warnte vor »zu großer Nachlässigkeit bei Eltern und Familienoberhäuptern« und schloß daraus, daß »das meiste Übel, das unter uns reichlich vorhanden ist, von den Fehlern (der) Familienherrschaft herrührt«.[185] Der kleine Edward Shoemaker, der zeitweise mit seinem Vater, einem Königstreuen, in England war, wurde mit »Deinen Lieblingshummern, süßen Orangen, usw.« verwöhnt.[186] Den Eigenwillen von kleinen Kindern in Virginia hat Morgan in seinem Buch *Virginians at Home* bestätigt.[187] Edward Shippen jr. aus Lancaster und Philadelphia in Pennsylvania war unfähig, dem Rat, »die Kinder an Unterwerfung zu gewöhnen«, zu folgen, der von den meisten Fachleuten erteilt wurde. »Vor einiger Zeit gab ich meiner kleinen Betsy ein halbes Versprechen, sie nach Lancaster mitzunehmen«, gab er gegenüber seinem Vater 1748 zu.[188] »Jetzt bedrängt sie mich so heftig, mein Wort zu halten, daß ich daran denke, mit ihr aufzubrechen, wenn das Wetter es erlauben sollte ...«[189] Henry Tucker jr. räumte gegenüber seinem Bruder ein, daß Nan, »der unverschämte Fratz einige Gefahr läuft, verdorben zu werden«. Im Jahr 1774 bemerkte Phillip Vickers Fithian, daß seine Schützlinge sich alle »in bemerkenswertem Gehorsam ihren Eltern gegenüber« verhielten, was eine mächtige Übertreibung war, vielleicht das Resultat eines Vergleichs mit seinem eigenen Versagen, die Carter-Kinder unter Kontrolle zu halten.[190]

Wir wenden uns nun einem letzten Gesichtspunkt der Kindheit im achtzehnten Jahrhundert zu: dem Spiel. Eine detaillierte Beschreibung der Spiele und Vergnügungen von Kindern der Kolonialzeit findet sich in Jane Carsons Buch über dieses Thema.[191] Im achtzehnten Jahrhundert war spielen noch äußerst verdächtig.« »Von der Faulheit kommt nichts Gutes, hingegen gibt es bei jeder Anstrengung einigen Nutzen«, verkündete der liberale John Barnard seiner Gemeinde im Jahre 1737. »Haltet die Kinder zu Hause bei ihrem Buch, bei irgendeiner kleinen Beschäftigung«, anstatt ihnen zu erlauben, zum Spielen hinauszugehen.[192] Spiel, von dem man zugab, daß es Kindern Freude machte, war mit Sünde und dem Verlangen des Fleisches verbunden.[193] Besonders böse war das Spiel dann, wenn es stattfand, während Kinder zuhören sollten, oder am Sonntag.[194] Im achtzehnten Jahrhundert wurde in Amerika allerdings auch erkannt, daß »es Zeit gibt für alle Dinge unter der Sonne und daß Kinder ihre Unterrichtszeiten haben, die Eltern und Lehrer nicht überschreiten sollten«. Josiah Smith zufolge »muß Zeit für Erholung und harmlose Zerstreuungen gestattet werden, um den Geist zu entspannen und die Gesundheit zu erhalten«.[195] Sam Moody sagte, daß artige Kinder »manchmal ein bißchen spielen, und darin ist kein Schaden; denn auch beim Spiel denken sie oft an Christus«.[196]

Schluß

Dieses Kapitel ist von der Prämisse ausgegangen, daß Eltern eine grundlegende Ambivalenz ihren Kindern gegenüber hegen. Jetzt müssen wir hinzufügen, daß Kinder durch eine grundlegende Ambivalenz motiviert werden, die der ihrer Eltern ihnen gegenüber – nämlich, abgelehnt und behalten zu werden – entspricht. Oder, um es genauer zu fassen: Kinder, so wie sie von ihren Eltern aufgezogen werden und Erwachsene werden, wollen beides: unabhängig werden und abhängig bleiben. Vielleicht existiert der zweite Wunsch zuerst und bleibt der stärkere von den beiden. Aber es scheint, als ob – beginnend mit dem achtzehnten Jahrhundert – Männer und Frauen im Westen weniger bereit gewesen sind, einen Zustand fortwährender Abhängigkeit zu akzeptieren und mehr darum bemüht waren, Unabhängigkeit und Überlegenheit zu erwerben.
Diese Verschiebung von Einstellungen in Richtung auf Unabhängigkeit ist wahrscheinlich die Folge einer Veränderung der elterlichen Einstellung Kindern gegenüber und verursachte gleichzeitig einen bedeutsamen Wandel bei diesen. Ein Großteil unnötigen

Streits entsteht manchmal über die Frage, welche jener in wechselseitiger Beziehung stehenden Erscheinungen die andere hervorgebracht hat. In diesem Fall mag die eine der anderen vorhergegangen sein, aber sehr schnell wurden die beiden Entwicklungen »kausal reziprok«. Die Veränderung in den Einstellungen von Eltern ihren Kindern gegenüber und die Verschiebung in den Einstellungen der Kinder im Hinblick auf Abhängigkeit und Unabhängigkeit, die im achtzehnten Jahrhundert zum Vorschein kamen, hingen wahrscheinlich eng mit den Revolutionen jenseits des Atlantik am Ende des Jahrhunderts zusammen. Beides – die Veränderungen in den Einstellungen und die Revolutionen – waren auch mit zwei der zentralsten Entwicklungen der modernen westlichen Geschichte eng verknüpft: mit dem Anwachsen der Bedeutung des Individuums als einem zunehmend unabhängigen und verantwortlichen Wesen, das nicht länger zuallererst Mitglied einer vereinigten Körperschaft war und mit der Ersetzung des Ideals hierarchischer Beziehungen durch das Ideal egalitärer Beziehungen.

Was kann Männer und Frauen der frühen Neuzeit so beeindruckt haben, daß es die Formen ihrer grundlegenden Wünsche, die mit der Ablehnung und dem Behalten ihrer Kinder zusammenhingen, veränderte und am Gefüge der amerikanischen Gesellschaft des achtzehnten Jahrhunderts rüttelte? Jeglicher Versuch, diese grundlegende Frage zu beantworten, muß heute noch sehr vorläufig und hypothetisch sein. Und doch ist man versucht, eine eindrucksvolle Theorie aufzustellen, die im Rahmen dieser Studie freilich nur psychologisch und stark verallgemeinernd sein kann. Melanie Klein hat einmal behauptet, daß es in vorhellenischen Zeiten kein Überich gab. Ob nun diese Behauptung Berechtigung haben mag oder nicht, sie gibt Raum für die Annahme, daß diese wie auch immer definierte Instanz etwas ist, das sich in der menschlichen Gattung zu irgendeiner Zeit entwickelt haben muß. Dies wiederum legt die Vorstellung einer psychologischen Entwicklung nahe. Wenn der Mensch sich biologisch entwickelt hat, folgt daraus nicht, daß er sich auch psychologisch entwickelt haben muß? Und ist es nicht möglich, daß diese Entwicklung eine sehr allmähliche gewesen ist?

Ein Sinn für die Vergangenheit und eine lineare Auffassung der Geschichte implizieren eine Antizipation der Zukunft. Jeder Entwurf einer psychischen Evolution ordnet uns heute einem

Zeitabschnitt zu, in dem eine stark besitzergreifende Haltung unseren leiblichen Nachkommen gegenüber, gepaart mit dem scheinbar entgegengesetzten Wunsch nach ihrer Unabhängigkeit, weiterhin vorherrscht. Gleichwohl könnte diese Situation der Ausgangspunkt eines neuen Entwicklungsstadiums sein, das durch wechselseitige Abhängigkeit oder wechselseitige Anerkennung der reifen Abhängigkeit von gleichen und voll entwickelten Individuen charakterisiert ist. Man muß indes sehen, daß der Entwurf einer psychischen Evolution auf einigen der Vorstellungen basiert, die im achtzehnten Jahrhundert die Einstellungen amerikanischer Eltern ihren Kindern gegenüber beeinflußt haben; das heißt: dieser Entwurf ist durch eine lineare Auffassung von Zeit und Geschichte geprägt.

Anmerkungen

1 George Whitefield (1714-1770), *A Brief Account of the Orphan House in Georgia,* Philadelphia 1746, S. 61.
2 *New York Mercury,* 4. Aug. 1775: Schwester einer Frau, die Drillinge zur Welt gebracht hatte, »zweifelt nicht daran, daß sie mit einem derartig aktiven Mann dasselbe vollbringen könnte«; 4. Febr. 1754: lobender Bericht über vier Frauen in einer Nachbarschaft, die zehn Kinder hervorgebracht haben; 31. Aug. 1752: lustiger Bericht über eine fünfzigjährige Frau aus Plymouth, die beteuerte, ein Kind von einem Mann empfangen zu haben, der zwischen 70 und 80 Jahren alt war; 12. Nov. 1739: Bekanntmachung einer Geburt von Drillingen und Vorhersage einer Unzufriedenheit unter verheirateten Frauen darüber, »daß ihre Männer nicht dasselbe Beispiel von Männlichkeit vollbringen können«; 7. Juni 1754: Witwer mit 132 lebenden Nachkommen heiratet wieder und »angesichts der Kraft und Lebhaftigkeit, die er bei der Hochzeit und anschließend erkennen ließ«, wird weiterer Nachwuchs prophezeit.
3 *New York Mercury,* 7. Jan. 1754, »was Kinder anbelangt ... so können wir vernünftigerweise alle zwei Jahre eines erwarten, wenn nicht öfter ...«; *Virginia Gazette,* 12. März 1767, über eine Frau aus Virginia: »Sie bewahrt das Vorrecht, oft schwanger zu sein und ist fortwährend dabei, Nachkommenschaft hervorzubringen«; William und Avis Andrews aus Bristol Parish in Virginia hatten ein Kind am 14. Januar 1723, am 1. Juni 1724, am 7. Dezember 1727, am 7. Juli 1729 und am 9. September 1731, oder in Intervallen von 17 Monaten, 3½ Jahren, 19

Monaten und 26 Monaten, Kirchenbuch von Bristol Parish, Colonial Williamsburg, amtlich registriert.
4 Siehe die Eintragung vom 2. Januar 1702, »The Diary of Samuel Sewall«, *Massachusetts Historical Society Collections*, 5. Folge, 4 (1879), S. 49.
5 *Virginia Gazette*, 4. März 1775.
6 11. Sept. 1710, »Sewall Diary«, S. 288; *Boston Gazette*, 30. April 1722; im Obstgarten begraben, *Boston Evening Post*, 8. September 1734; *New York Mercury*, 24. Dez. 1753; in einen Brunnen geworfen, *New York Mercury*, 21. April 1755; »für den Mord am Kind ihres Mannes«, *New York Mercury*, 9. Mai 1757; Vater entreißt Baby den Armen seiner Mutter und wirft es in einen Fluß, *New York Mercury*, 22. Juli 1754, 6. Okt. 1755, 1. Okt. 1753 und 17. Juni 1754; *Boston Evening Post*, 19. Aug. 1765; *Boston Gazette*, 10. März 1740; *Virginia Gazette*, 25. Juni 1752.
7 Siehe die Eintragungen vom 16. August bis Oktober 1756 in: *Journal of Esther Burr*, The Beinecke Rare Book and Manuscript Library, New Haven, Connecticut.
8 *Ibid.*, 13. Sept. 1756.
9 Viele Unfälle mit tödlichem Ausgang passierten kleinen Kindern, »die allein gelassen waren«: Kleider fingen Feuer, *Boston Evening Post*, 8. März 1736; ähnlicher Vorfall, *New York Mercury*, 25. Febr. 1754; 18 Monate altes Kind in einem Apfelweinfaß, *Boston Evening Post*, 20. Okt. 1735; ähnlicher Vorfall, *New York Mercury*, 17. Juli 1710; »Sewall Diary«, S. 284.
10 24. Dez. 1773, *The Journal and Letters of Philip Vickers Fithian, 1773-1774*, Williamsburg, Va. 1943, S. 52.
11 Anne Tucker an ihren Sohn, St. George Tucker, 13. April 1780, Tucker-Coleman Collection, Earle Gregg Swem Memorial Library, College of William and Mary.
12 3. April 1700, *Gabriel Ludlow Memorandum Book 1693-1745*, New York Historical Society.
13 *New York Mercury*, 6. Mai 1754.
14 Thomas Leaming jr. an einen nicht identifizierbaren Verwandten, 1. März 1786, Spicer Leaming Papers, Historical Society of Pennsylvania. Man konnte Anzeigen finden, wie etwa eine in der *Virginia Gazette* vom 25. Febr. 1773: »Eine Frau als Amme gesucht«. Im Jahre 1793 wurden für sechzehn kleine Kinder Ammen gefunden, die infolge einer Pockenepidemie in Philadelphia verwaist waren. Margaret Morris an Richard Morris, 12. Oktober 1793, *Copybock of Margaret Morris 1737-1793*, Quaker Collection, Haverford College Library (Haverford, Pa.).
15 Dieser Bericht basiert ausschließlich auf *Elizabeth Drinker's Journal*, Eintragungen vom Juni 1771 bis März 1772.
16 *Drinker Journal*, 13. Juli 1771.

17 *New York Mercury,* 6. Mai 1754.
18 *Drinker Journal,* 17. Juli 1771.
19 *Ibid.,* 22. Juli 1771.
20 *Ibid.,* 28. Juli 1771.
21 Die Ausdrucksweise stammt von Peter Kalm, hrsg. Adolph Benson, *Travels into North America,* 2 Bände, New York 1937, Bd. 1, S. 204, Herbst 1748.
22 Gillian L. Gollin, *Moravians in Two Worlds,* New York 1967, S. 81.
23 George Whitefield, *Orphan House,* S. 52.
24 Kalm, *Travels,* Bd. 1, S. 204.
25 Edmund S. Morgan, *Virginians at Home: Family Life in the Eighteenth Century* (Charlottesville, Va. 1852), S. 9-11.
26 Marry Norris an Deborah Norris Logan, 16. Sept. 1799, Logan Collection, Hist. Soc. Pa.
27 Richard Smith an John Smith, *John Smith Correspondence, 1740-1770,* Hist. Soc. Pa. Isaac Norris aus Philadelphia entschuldigte sich bei seinem Onkel Charles dafür, daß er seine Töchter im Hause behielt, erklärte jedoch, daß »unsere Schulen hier mich nicht zufriedenstellen« und weiterhin, daß die jüngste sehr krank gewesen war. Wenn anstelle von Krieg Frieden herrschte, würde er »gern eine Reise nach England unternehmen«, um dafür zu sorgen, daß sie eine ordentliche Schulausbildung erhielten. Isaac Norris an Charles Norris, 25. März 1748, *Isaac Norris Letterbook,* 1735-1755, Logan Collection, Hist. Soc. Pa.
28 Thomas Frame an John Penn, 19. August 1737, *Penn Papers,* Hist. Soc. Pa.
29 »Mutter war gestern in der Stadt und brachte das liebe kleine Mädchen mit heraus, damit es uns sehen könnte«, John Smith an James Logan jr., 2. Febr. 1751, Logan Collection. Smith spricht in diesem Brief von seiner Frau, also wissen wir, daß sie am Leben ist. »Mr. William Reat aus Fredericksburgh sprach heute morgen vor, um darum zu bitten, ob wir eine seiner Töchter für drei Jahre nehmen könnten«, *John Boyce Diary,* Huntington Library, San Marino, Ca. »Was ist aus unserem lieben Bruder Tommy geworden? Wenn er bei . . . Dir ist, sage ihm, daß es seinen Kindern gutgeht«, Elizabeth Tucker an St. George Tucker, Tukker-Coleman Collection. Thomas war verwitwet.
30 Pamela Sedgwick an Betsy Mayhew, 25. Mai 1782. Sedgwick Papers.
31 Pamela Sedgwick an Betsy Mayhew, 25. Dez. 1788.
32 Dieser Bericht basiert auf einem unveröffentlichten Manuskript von Littleton Waller Tazewell, *Sketches of his own Family* (Virginia 1823), o. S., Tazewell Papers, Colonial Williamsburg. Von Fällen europäischer Kinder, die in die Sklaverei verkauft wurden, ist gelegentlich berichtet worden, *Virginia Gazette,* 24. Sept. 1767, »nach Amerika gehen«; 18. Aug. 1774, »in erniedrigende Sklaverei nach Ost-Indien«. Die *Boston Gazette* vom 10. Juli 1750 machte einen Aufruf bekannt, der verbot, daß

noch weitere Indianerkinder als Bürgschaften für Schulden benutzt würden. Selbstverständlich wurden schwarze Kinder gekauft und verkauft, und arme Kinder (und Erwachsene) »vermietete« oder verpachtete man außerhalb der Städte; siehe zum Beispiel: Townbook of Dover, New Jersey 1794, New York Historical Society.

33 *Drinker Journal,* 24. Dez. 1771.

34 In der Nähe von Reading, Pennsylvania »verirrten sich« zwei kleine Kinder, die ausgesandt waren, einige Schafe heimzubringen, »in den Wäldern« und wurden am nächsten Tag, zu Tode erfroren, aufgefunden; *New York Mercury,* 4. Febr. 1754. Die *Boston Evening Post* vom 23. Febr. 1736 brachte einen langen Bericht über zwei kleine Mädchen, die in den Wäldern verlorengegangen waren. Die Mädchen waren ausgeschickt worden, um Beeren zu pflücken. 500 berittene Männer suchten die Wälder nach ihnen ab. Das jüngste wurde gefunden »unter einem Busch, Kopf, Hände und Füße sorgfältig eingehüllt in ihre eigene Reitkapuze und die der ältesten«. Dieser Bericht wurde noch in einer anderen Bostoner Zeitung veröffentlicht, erschien jedoch nicht in der Presse von New York oder Philadelphia.

35 Möglicherweise wurde die Geschichte im Jahr 1640 erstmals veröffentlicht. Clifford Shipton, *National Index of American Imprints Through 1800: The Short-Title Evans,* 2 Bde., Worcester, Mass. 1969, Bd. 1, S. 146-147 führt zwanzig amerikanische Abdrucke auf. Der früheste wurde versuchsweise auf 1768 datiert, ein zweiter auf 177? (sic). Eine Bostoner Auflage für das Jahr 1785 ist die erste genaue Datierung. Von 1790 an gab es mindestens eine Auflage pro Jahr, mit dem Höhepunkt der Popularität, die 1795 einsetzte, fünf verschiedene Ausgaben (darunter 3 Singspielstücke und eine »für die Fliegenden Händler«). Die Geschichte wurde in Albany, Poughkeepsie, Newport, Hartford und Salem gedruckt, ebenso wie in Boston und New York.

36 *Children in the Wood,* Hartford 1796. Diese Ausgabe war annähernd vier mal sechs Zoll groß.

37 *Children in the Wood,* Salem 1792, eine Kritik.

38 *The Affecting History of the Children in the Wood,* Hartford 1796, S. 7.

39 *Ibid.,* S. 8.

40 *Ibid.,* S. 12-13.

41 *Ibid.,* S. 15.

42 *Ibid.,* S. 18.

43 John Barnard (1681-1770), *A Call to Parents and Children,* Boston 1737, S. 38.

44 Elizabeth Drinker unterließ es, die Geburt des Babys Henry zu vermerken; *Drinker Journal,* Eintragungen: Januar, Februar und März 1771. Dr. Samuel Adams schrieb in sein Tagebuch für den 20. Juni 1764: »heute nachmittag ist uns eine Tochter geboren worden« und am 5. Sept. 1764: »unser Kind starb heute morgen an Keuchhusten, der Krämpfe

nach sich zog, im Alter von elf Wochen und wurde am 6. nachmittags beerdigt«. Das war der Umfang seiner Bemerkungen. Siehe: *Diary,* New York Public Library. Der einzige Kommentar von Alexander Coventry war: »Mir ist heute ein Mädchen geboren worden, es ist eine Tatsache, ich bin ein Vater.« (28. Sept. 1788, *Journal of Dr. Alexander Coventry,* New York Historical Society.) Robert G. Livingston schrieb an seinen Bruder Henry Livingston am 22. Juni 1745: »Ich bin sehr betrübt, vom Verlust Deiner drei Babys zu hören, jedoch froh darüber, daß sich Deine Frau wahrscheinlich wohl befindet...« Eine halbe Stunde nachdem Robert die schlimmen Nachrichten seines Bruders erhalten hatte, verlor er selbst einen seiner Söhne, was »sehr großen Kummer« hervorrief, aber Gottes Wille war. »Der Tee steht bei 9 Schillingen.« (*Journal of Robert G. Livingston,* New York Hist. Soc.) Charles Carter schrieb seinem Bruder Landon am 4. August 1766 (Carter Papers, Earle Gregg Swem Memorial Library, Coll. of Wm. & Mary, Williamsburg, Va.): Wenn Deine Tochter Judy stirbt, »darf ich wohl sagen, daß es Dir zu gut geht, als daß Du über die Fügung der göttlichen Vorsehung lange murren wirst« und daß Du Dich stillschweigend beruhigen und freudig unterwerfen wirst. Ich gestehe, daß ich selbst »zu sehr dazu neige, über jede unbedeutende Gelegenheit zu klagen...« Siehe auch: Anne Tucker an St. George Tucker, Datum unbekannt, vielleicht Januar 1780, Tucker-Coleman Collection; Robert Smith jr. an John Smith, 26. Dez. 1750, *John Smith Correspondence;* Henry Livingston an William Alexander, 28. April 1747, William Alexander Papers, N.Y. Hist. Soc. Henry Livingstons Glückwünsche waren mit dem Wunsch verbunden, daß seine Schwester danach »männliche Nachkommen hervorbringen und die Familie nicht verderben (würde) mit solchen Winzlingen wie Deine Tochter einer ist«.

45 17. Mai 1748, *Diary of Rev. Robert Rose,* Huntington Library. Mrs. Sedgwick erwähnt Weihnachten und Neujahr; Pamela Sedgwick an Theodore Sedgwick, 25. Dez. 1794, 1. Januar 1794, aber keine Geburtstage. Reverend Rose erwähnt den Geburtstag seines Sohnes Patrick, 11. Juli 1747, *Rose Diary.*

46 John Randolph an seinen Stiefvater, St. George Tucker am 9. Juli 1781, Tucker-Coleman Collection; Theodore Sedgwick an Theodore Sedgwick jr., 20. Febr. 1790; Theodore Sedgwick jr. an Theodore Sedgwick, 9. März 1794; entschuldigt sich, nicht an die Tochter zu schreiben, Theodore Sedgwick an Mr. Williams, 29. April 1794; Pamela Sedgwick erörtert das Schreiben von Kindern an ihren Vater gegenüber Theodore am 15. Dezember 1793; »die Kinder waren voller Freude beim Empfang Deiner Briefe«, Pamela Sedgwick an Theodore Sedgwick, 25. Dezember 1794. Sedgwicks zweitälteste Tochter war bekümmert darüber, wenn ihr Vater an sie weniger schrieb als an seine älteste Tochter. Pamela Sedgwick an Theodore Sedgwick, 5. März 1790.

47 Frances Tucker an St. George Tucker, 22. März 1781.
48 Robert G. Livingston erwähnt seinem Vater, Gilbert Livingston, gegenüber Kinder und etliche Familienmitglieder am Schluß oder in Nachschriften. Siehe zum Beispiel den Brief an Gilbert vom 9. Dez. 1742, *Robert G. Livingston Journal*. Familienbriefe scheinen jedoch eine zentripetale Kraft repräsentiert zu haben, um dem zentrifugalen Effekt entgegenzuwirken, den die Mobilität im achtzehnten Jahrhundert auf Familien ausübte. »Welch ein Segen ist die Kunst des Schreibens«, äußerte Rebecca Shoemaker ihrem Mann gegenüber im Jahr 1784, »in der Lage zu sein ... mit den liebsten Freunden zu sprechen«. Ihre Briefe, wie auch diejenigen der Sedgwicks, Tuckers und anderen, waren voll von Familienneuigkeiten und gelegentlichen Klagen darüber, getrennt zu sein. »Der Himmel möge es bewilligen, daß wir uns alle dort begegnen mögen, wo man uns niemals wieder trennen kann«, schrieb Anne Tucker von Bermuda aus an ihren Sohn in Virginia. (Anne an St. George Tucker, 8. Mai 1778.)
49 Morgan, *Virginians at Home*, S. 20-21. Die Carters aßen zusammen, oder zumindest bei einer Gelegenheit »saßen Mrs. Carter und ihre fünf Töchter zu Tisch, die bei mir in der Schule sind«. (*Journal of Fithian*, 25. Dez. 1773.)
50 Sowohl Esther Burr als auch Pamela Sedgwick beklagten sich ziemlich regelmäßig darüber, daß die Sorge für ihre Kinder und Kleinkinder ihre meiste Zeit beanspruchte. *Burr Diary*, S. 86, 131, 132; Pamela Sedgwick an Betsy Mayhew, 31. Januar 1789. Im Haus von Mr. Thomas Duncan, einem Kaufmann in New York, gab es eine »Kinderstube«. Vier Kinder, die an Pocken erkrankt waren, kamen dort in einem Feuer ums Leben. (*New York Mercury*, 7. Febr. 1757.)
51 Anne Tucker an St. George Tucker, 13. April 1780.
52 Pamela Sedgwick an Theodore Sedgwick, 12. Nov. 1791.
53 5. Okt. 1784, *Samuel Shoemaker Diary, 1784-1785*, Shoemaker Letters and Diaries, Hist. Soc. Pa. Samuel ging ein Stück des Wegs mit seinem Sohn zur Schule zurück, beklagte sein Fortgehen und hatte am 6. Oktober den ganzen Tag über Kopfschmerzen; am 8. Oktober erwähnt er, daß er drei Tage lang ein Darmleiden gehabt hatte.
54 Ein Urteil, das auf dem Ganzen von Byrds Tagebuch von 1709 bis 1712 beruht; aber siehe zum Beispiel die Eintragungen für den 6. Juli und den 30. August 1710 über die Beziehungen zu dem Neffen Billy Braine. (Louis B. Wright und Marion Tinling (Hrsg.), *The Secret Diary of William Byrd of Westover, 1709-1712*, Richmond 1941.)
55 11., 12., 14. August 1755, *Journal of Mrs. Browne, 1754-1757*, New York Hist. Soc.
56 8. Okt. 1756, *Burr Diary*, Beinecke Library.
57 Sarah Shippen Burd an James Burd, 28. August 1760, Shippen-Burd Family Letters.

58 12. Mai 1710, *William Byrd Diary.*
59 *Ibid.*, 17., 18., 21. und 24. Mai 1710.
60 *Ibid.*, 3. Juni 1710.
61 Byrd hatte »leichte Bauchschmerzen« am 4. und war »so unpäßlich, daß ich nichts erledigen konnte«. Nichtsdestoweniger hatte er »gute Gedanken und gute Laune«. Parkes Tod verursachte wenig Veränderung in den gewohnheitsmäßigen Tagebucheintragungen. Am 7. »kehrten meine Bauchschmerzen wieder und machten mich unbehaglich«. Er schrieb dies nicht dem Tod seines Sohnes zu, den er niemals wieder erwähnte. Er bezog sich auf ihn in seinem Tagebuch nicht ein einziges Mal mit seinem Vornamen. Im August wurde seine zweijährige Tochter krank, die er nicht nur mit Vornamen, sondern auch mit einem zärtlichen Kosenamen erwähnte, und man schickte auch nach einem Arzt und nach Mr. Anderson. Siehe die Eintragung vom 4. August 1710. Wenn man dem Tagebuch folgt, wurde der Arzt im Mai und Juni, als Parke starb, nicht geholt. Am 6. August ging es Evie »viel besser« und dem Arzt wurden vier Goldstücke gegeben.
62 *Wm. Byrd Diary,* 4. Juni 1710.
63 Siehe zum Beispiel die Eintragung für den 24. Juli 1710, *Wm. Byrd Diary.*
64 Edmund S. Morgan, *The Puritan Family,* New York 1944, S. 168-69.
65 Barnard, *Call to Parents,* S. 37.
66 *Ibid.*, S. 6; Peter Clark, *The Scripture-Grounds of the Baptism of Christian Infants,* Boston 1735, S. V-VI ff.
67 Clark, *Baptism of Infants,* S. VIII. Morgan, *Puritan Family,* Kapitel 7; die »Puritanische Stammesorganisation« verdeutlicht, daß auch im siebzehnten Jahrhundert die Fortführung des Systems durch die Kinder der Heiligen einer neuen Prägung vorgezogen wurde.
68 Smith, *Duty of Parents,* S. 16.
69 Barnard, *Call to Parents,* S. 41.
70 Cotton Mather, *Cares about Nurseries,* Boston 1702, S. 33.
71 Barnard, *Call to Parents,* S. 26-28. Seine Predigten im Jahr 1737 weisen auf die Notwendigkeit hin, »ihren Willen zu unterwerfen«. In anderen Hinsichten war er nicht übermäßig streng. Die grundlegende Weise aber, in der die puritanischen Vorstellungen Macht und Autorität *einschränkten,* kam in den Verkündungen von Josiah Smith, dem Sektengeistlichen von South Carolina zum Ausdruck. Die Schranken elterlicher Macht über Kinder »sollten deutlich sein, einige haben sie über ihre Grenzen hinausgezogen«. Sie sollte sich nicht auf das Gewissen der Kinder erstrecken, damit sie nicht »in blindem Glauben leben und handeln – und nicht in Unwissenheit, der Mutter der Ergebung«. (Smith, *Duty of Parents,* S. 18.) Dies ist ein äußerst wichtiger Punkt. Wenn Smith hervorhebt, daß »jeder von und für sich *selbst*« (Hervorhebung von mir) Gott gegenüber Rechenschaft ablegen muß und darum Kinder schließ-

lich mit ihren eigenen Augen sehen und ihre eigene Wahl treffen müssen, hätten die meisten puritanischen Eltern aufrichtig zustimmen können, indessen sie alles zu tun versuchten, was sie nur konnten, um an den Gemütern ihrer Kinder festzuhalten.

72 1. Chronik 28. 9., Barnard, *Call to Parents*, S. 1; Bass, *Parents and Children Advised and Exhorted to their Duty*, Newport 1730, Vorwort.
73 Smith, *Duty of Parents*, S. 6; Samuel Moody, Discourse to Little Children, New London 1769, entnommen aus einer Predigt, die ursprünglich 1721 gehalten wurde, S. 3, 6 und 8.
74 Barnard, *Call to Parents*, S. 17.
75 James Janeway, *A Token for Children*, Philadelphia 1749. Dies war offensichtlich eine oftmals wieder abgedruckte Abhandlung. Janeway lebte von 1636 bis 1674. Mrs. Hennyfalcon (Falkenweibchen) ist eine erfundene Amme, deren Name ihre Einstellungen zu Kindern erklärt. In einer beeindruckenden Kurzgeschichte von Graham Greene, die *Party*, erreichte sie es, eines von denen, die sie aufzog, zu töten, indem sie ein besonders furchtsames Kind dazu zwang, Verstecken im Dunkeln zu spielen.
76 Janeway, *Token for Children*, S. 14.
77 *Ibid.*, S. 61-66.
78 Margaret Penn Frame an John Penn, Penn Manuscripts, Hist. Soc. Pa.; Barnard, *Call to Parents*, S. 3.
79 Smith, *Duty of Parents*, S. 32.
80 Barnard, *Call to Parents*, S. 41 (Sprüche Salomos 10,1.)
81 Mather, *Cares abt. Nurseries*, S. 11.
82 Rebecca an Samuel Shoemaker, 29. Dez. 1784, Shoemaker Letters.
83 St. George Tucker an Frances Tucker, 28. Febr. 1780.
84 Siehe zum Beispiel die Präambel zur Verfassung von Connecticut von 1702, *Acts and Laws 1702*, S. 15; Barnard, *Call*, S. 28-29; Bass, *Parents and Children*, S. 3; *Advice and Caution from Our Monthly Meeting*, S. 3-4; *Burr Diary*, S. 205.
85 *The Life and Works of Christopher Dock*, Philadelphia 1908, S. 103.
86 Mather, *Cares abt. Nurseries*, S. 32; *Christopher Dock*, S. 104.
87 *Dock*, S. 104.
88 Siehe die Korrespondenz, die im Verlauf dieser Studie zitiert wird, besonders Isaac Norris jr. an den Vater, Norris of Fairhill Mss., Family Letters, Hist. Soc. Pa.; und Briefe von Ebenezer Huntington an seinen Vater, Jabez Huntington 1775 und 1776, Huntington Collection, Huntington Library.
89 Diese Redewendung gebraucht Josiah Smith, *Duty*, S. 43.
90 John R. Coombe an Thomas Coombe sen., 19. Febr. 1793, Coombe Papers, Hist. Soc. Pa.
91 Theodore Sedgwick jr. an Theodore Sedgwick, 27. Nov. 1791.
92 Anna an Rebecca Shoemaker, 7. u. 30. Juni, 29. Juli 1780. Shoemaker

Letters; Deborah Norris an den Bruder Isaac Norris jr., 3. Nov. 1733, Norris of Fairhill Mss.; Benjamin Smith an John Smith, 10. Nov., 12. Nov. 1793, Margaret Morris Copybook.
93 Pamela Sedgwick an Betsy Mayhew, 13. Febr. 1791.
94 Pamela Sedgwick an Theodore Sedgwick, 13. Febr. 1791.
95 Margaret Morris and Richard Morris, 28. Nov. 1793.
96 Page Smith, *The Historian and History*, New York 1960, S. 5.
97 W. D. Jordan, *White Over Black*, S. 42-43.
98 Barnard, *Call*, S. 26.
99 *Ibid.*; Smith, *Duty*, S. 17-19.
100 Rebecca Shoemaker an Edward wshoemaker, 29. Sept., 26. Okt. 1784, Shoemaker Letters. Fast scheint es, als ob neugeborene Kinder unbewußt eher so wie die Embryonen von Beuteltieren angesehen wurden, denn als vollentwickelte menschliche Wesen: außerhalb des Mutterleibs, aber noch nicht wirklich »geboren«. Dies könnte die Einstellungen von Byrd gegenüber Parke im Vergleich zu Evie erklären helfen und ebenso die Wiederverwendung der Namen von Säuglingen, die ziemlich jung starben.
101 Smith, *Duty*, S. 9; Barnard, *Call*, S. 29.
102 Dr. James an George Tucker, 4. März 1780; Francis Tucker an St. George Tucker, 22. März 1781; Pamela Sedgwick an Theodore Sedgwick, 14. März 1792; Phillips, *Children Well Employed*, S. 36; Janeway, *Token*, S. IV und IX; Barnard, *Call*, S. 26.
103 Margaret Morris an Richard Morris, 22. Dez. 1793; Barnard, *Call*, S. 26.
104 Smith, *Duty of Parents*, S. 39.
105 Nach »Und Du, mein Sohn Salomo, erkenne den Gott Deines Vaters« war der beliebteste Text der Elternratgeber-Priester: »Wie man einen Knaben gewöhnt, so läßt er nicht davon, wenn er alt wird.« (Sprüche Salomos 22,6), Mather, *Cares*, S. 26; Barnard, *Call*, S. 1; Bass, *Parents and Children*, Vorwort.
106 Barnard, *Call*, S. 28.
107 *Ibid.*, Mather, *Cares*, S. 4.
108 Barnard, *Call*, S. 28.
109 *Ibid.*, Barnard wird als »relativ liberal« bezeichnet, weil er die Vorstellung einer »vernünftigen Herrschaft« entwickelt, welche die Veränderung der Härte der Einstellung von Janeway aus dem siebzehnten Jahrhundert repräsentiert, obwohl zweifellos Autoritäten des späten siebzehnten Jahrhunderts, wie etwa Locke, dasselbe sagten. Barnard erscheint auch weniger streng als seine Zeitgenossen Samuel Moody und Samuel Phillips.
110 Janeway, *Token*, S. 96.
111 Barnard, *Call*, S. 29.
112 Cadogan, *Nursing and Management*, S. 16-18; Hugh Smith, *Letters to Married Women* (1. amerik. Auflage Philadelphia 1792), S. V-VIII.

113 Enos Hitchcock, *Memoirs of the Bloomsgrove Family*, Boston 1790, S. 82.
114 *Drinker Diary*, 1. Febr. 1772.
115 *Poulson's Town and Country Almanac*, 1793, enthalten in: Hannah Thompson's Memorandum Book, Hist. Soc. Pa.
116 *Ibid.*
117 Frances Tucker an St. George Tucker, 22. März 1781.
118 Pamela Sedgwick an Theodore Sedgwick, 16. Juli 1790.
119 Frances Tucker an St. George Tucker, 22. März 1781.
120 Barnard, *Call*, S. 22.
121 28. Febr. 1755, *Burr Journal*.
122 Barnard, *Call*, S. 22.
123 *Ibid.* (5. Buch Moses 11,19.)
124 12. Febr. 1711, Wm. R. Manierre (Hrsg.), *The Diary of Cotton Mather for the Year 1712*, Charlottesville 1964.
125 Barnard, *Call*, S. 28.
126 *Burr Journal*, S. 132, etwa am 1. Juni 1756.
127 Pamela Sedgwick an Betsy Mayhew, 31. Jan. 1789.
128 Pamela Sedgwick an Theodore Sedgwick, 28. Mai 1790.
129 *Ibid.*, 26. Febr. 1790.
130 Diary of Margaret Lynn Lewis, Virginia, Augusta Box, N.Y. Hist. Soc.
131 Francois Jean Chastellus, *Travels in North America*, Chapel Hill, N.C. 1963, Bd. 1, S. 81.
132 *Burr Journal*, 9. Jan. 1757.
133 *Burr Journal*, S. 95, etwa am 30. April 1757.
134 *Ibid.*, S. 85, 7. April 1755.
135 Wright (Hrsg.), *Byrd Diary*, 1. Mai 1711, S. 338.
136 Pamela Sedgwick an Theodore Sedgwick, 20. Jan. 1791, 20. Nov. 1794, 26. Juni 1790.
137 Mather, *Cares*, S. 5.
138 *Fithian Journal*, 5. Jan. 1774.
139 Isaac Norris an den Onkel, 17. Juni 1758, Isaac Norris Letterbook, 1735-1755, Logan Collection.
140 Zitiert nach einer deutschen Autorität, die sich für Schulen interessierte. Henry E. Meyer, *Child Nature and Nurture, According to Nicolaus Ludwig von Zinzendorf*, New York 1928, S. 104.
141 George Whitefield, *Orphan House*, S. 61.
142 Thomas Budd, *Good Order Established in Pennsylvania and New Jersey in America*, Philadelphia 1685, S. 16.
143 Wahrscheinlich Pennsylvania, siehe Band R7/1/c.15.
144 Rena L. Vassar (Hrsg.), *The Life or Biography of Silas Felton Written by Himself*, Worcester, Mass. 1960, S. 27.
145 23. März 1783, *Robert G. Livingston Journal*, N.Y. Hist. Soc.
146 8. Okt. 1710, *Wm. Byrd Diary*.

147 *Ibid.*, 3. und 10. Dez. 1710.
148 *Ibid.*, 16. Dez. 1710. Weitere Schläge an den Neffen und an Abhängige; 6. Juli, 30. Juli (Neffe von irgend jemand anderem verprügelt, Byrd schilt den Schläger aus); 31. Aug., 8. Okt. 1710 (2 Abhängige und Nichte von Byrd geschlagen).
149 *Ibid.*, 15. Juli 1710.
150 »Die Schröpfköpfe« wurden Robert Sedgwick aufgelegt. Pamela Sedgwick an Theodore Sedgwick, 13. Mai 1790.
151 Theodore Sedgwick an Theodore Sedgwick jr., 19. Juni 1790.
152 Barnard, *Call*, S. 27.
153 *Advice and Caution*, S. 7.
154 St. George Tucker an Frances Tucker, 7. Febr. 1780.
155 Ein Vater, Lawrence Growden, sah sich im Jahr 1747 einem ungewöhnlichen Problem gegenüber, als er wollte, daß, nachdem seine Frau gestorben war, seine Töchter nach Pennsylvania kämen. Die Mädchen hatten, herrührend von Geschichten, »die man euch als Kinder erzählte, um euch zu erschrecken«, »seltsame Vorstellungen über Pennsylvania im Kopf«. (Lawrence Growden an Elizabeth Growden, 1747, Growden Family Papers.)
156 Samuel Phillips, *Children Well Employed*, Boston 1739, S. 34.
157 Smith, *Duty*, S. 7.
158 Pamela Sedgwick an Theodore Sedgwick, 28. Dez. 1794.
159 Janeway, *Token*, S. 18.
160 Bass, *Parents and Children*, S. 8.
161 Janeway, *Token*, S. VII.
162 Barnard, *Call*, S. 28.
163 *Ibid.*, S. 33-34.
164 *Advice and Caution*, S. 5.
165 Smith, *Duty*, S. 11.
166 *Ibid.*
167 Barnard, *Call*, S. 32.
168 Smith, *Duty*, S. 10.
169 *Ibid.*, »Ein zehnjähriges Kind muß von einem siebenjährigen unterschieden werden, und dies wiederum von einem fünfjährigen.«
170 *Advice and Caution*, S. 6.
171 *Ibid.*
172 Phillips, *Children Well Employed*, S. 37.
173 Thomas Coombe an seinen Sohn, 16. Nov. 1781, enthielt inwendig einen Brief, Sarah Coombe an Thomas Coombe, ohne Datierung, Coombe Family Papers.
174 *Burr Journal*, S. 114, etwa am 15. April 1756.
175 Vassar (Hrsg.), *Life of Felton*, S. 27.
176 Smith, *Duty*, S. 15.
177 Rosalie V. Halsey, *Forgotten Books of the American Nursery*, Boston

1911, S. 51. Schon 1702 erklärte Cotton Mather, daß der Unterricht an die Fähigkeit von Kindern angepaßt werden sollte, »auch die Ammen schneiden kleine Bissen für kleine Kinder«. Mather, *Cares*, S. 28.

178 *The Child's New Play Thing*, London 1743; Boston 1750, Titelseite.
179 John Bennet, *Letters to a Young Lady*, 2 Bde., London 1716; amerikanische Ausgabe 1796, Band 1, S. 29.
180 *The Protestant Tutor for Children*, Boston 1685, war vermutlich »für Kinder entworfen«, siehe: die Titelseite.
181 Janeway, *Token*, war für geheuchelte Sanftheit besonders tadelnswert.
182 Meyer, *Child Nature According to Zinzendorf*, S. 98, 102-104. Die angegebenen »Regeln« entstammen den Herrnhuter Archiven, 20. Juni 1758. Zinzendorf wird auch zitiert, wie er im Jahr 1740 schrieb: »Wir setzen nicht voraus, von einem Sohn zu fordern, daß er denselben Maximen folgen sollte wie sein Vater.« (S. 102) Ich glaube, daß Meyer ein wenig unkritisch Zinzendorf gegenüber ist und das Ausmaß, in welchem diesem sein Einfühlungsvermögen gelang, überschätzt.
183 *Virginia Gazette*, 12. März 1767.
184 Ibid.
185 Clark, *Baptism of Infants*, S. XXXI.
186 Rebecca an Edward Shoemaker, 19. Sept. 1784.
187 Morgan, *Virginians at Home*, S. 7-8.
188 Edward Shippen jr. an Edward Shippen, 30. April 1761.
189 Ibid.
190 *Fithian Journal*, 4. Jan. 1774.
191 Jane Carson, *Colonial Virginians at Play*, Charlottesville, Pa. 1911, S. 51.
192 Barnard, *Call*, S. 28.
193 Phillips, *Children*, S. 22.
194 Samuel Moody, *Discourse to Little Children*, New London 1769, S. 2.
195 Smith, *Duty*, S. 11-12.
196 Moody, *Discourse*, S. 9.

IX Patrick P. Dunn
»Der Feind ist das Kind«: Kindheit im zaristischen Rußland

> Und zur Zeit interessiert mich besonders die jüngere Generation und die damit verbundene Frage nach dem russischen Familienleben, das meines Erachtens heute ganz anders ist als noch vor zwanzig Jahren.
>
> Dostojewski, 1876

Viele Historiker, die sich mit Rußland beschäftigt haben, heben die Bedeutung der Kindheit hervor. Fast immer werden in Biographien »bedeutender Männer« einige Seiten dem Vater des Betreffenden, seiner Familie oder »frühen Einflüssen«, denen er ausgesetzt war, gewidmet. Alle Zusammenfassungen umfangreicher Epochen der russischen Geschichte enthalten Abschnitte über die Erziehung der heranwachsenden Generation, über die Geschichte von Findelheimen und über die Entwicklung der Familie. Dabei geht man davon aus, daß ein strenger Vater, ein freundlicher Lehrer, eine beschützende Mutter oder deren jeweiliges Fehlen einen Einfluß auf das Verhalten des späteren Erwachsenen ausübte. Dasselbe nimmt man von einer bestimmten Regierungspolitik oder einer Veränderung in der Familienstruktur an. Dennoch ist es äußerst schwierig, Literatur über die Kindheit in Rußland zu finden, und zwar solche, mit der man die Kindheit der in den Biographien beschriebenen Personen vergleichen oder mit deren Hilfe man den Einfluß von Regierungsmaßnahmen oder kulturellen Bewegungen messen könnte. Dieses Kapitel soll einerseits die wesentlichen Züge der Kindheit in Rußland im achtzehnten und neunzehnten Jahrhundert darstellen und zum anderen an Einzelpersonen zeigen, wie Kindheitserfahrungen das Verhalten von Erwachsenen beeinflußt haben. Dabei kann es durchaus sein, daß unsere Schlußfolgerungen noch Änderungen erfahren, wenn Irrtümer korrigiert oder neue Fakten hinzugewonnen werden können. Die Untersuchung der die Kindheit in Rußland prägenden Bedingungen hat gerade erst begonnen.

Es ist schwer, sich in diesem Kapitel an eine klare zeitliche Abgrenzung zu halten. Zunächst erschien der Zeitraum von 1760 bis 1860 als der wichtigste. Nach 1760 begannen russische Autoren – beeinflußt durch westliche Literatur und aufgeschreckt durch die hohe Säuglingssterblichkeit – die Kindheitsbedingungen zu überprüfen. Der bekannte Wissenschaftler Michail Lomonossow schätzte, daß die Hälfte der 500 000 jährlich in Rußland geborenen Kinder vor dem dritten Lebensjahr starb. In Briefen, in denen er Anfragen von Iwan Schuwalow, einem maßgebenden Berater Katharinas der Großen, beantwortete, schlug er eine Reihe von Regierungsmaßnahmen vor, um die Sterblichkeitsrate bis zu 90% zu senken. Unter anderem schlug er vor, Heime für verwaiste und uneheliche Kinder einzurichten, ein Handbuch für Hebammen herauszugeben sowie stillende Mütter und Kinder von den strengen Fastenvorschriften der orthodoxen Kirche zu befreien. 1761 veröffentlichte Lomonossow seine Gedanken und Vorschläge in einem Essay »Zur Fortpflanzung und Erhaltung des russischen Volkes«.[1] Im gleichen Jahrzehnt veröffentlichte Katharinas Günstling I. I. Betskoi Bücher und Streitschriften, die Lockes und Rousseaus Ideen zur Kinderaufzucht ausführlich erläuterten. In den Jahren nach 1760 wurde deutlich, daß erstmals ein Bewußtsein über die Bedeutung von Methoden der Kinderaufzucht entstand. Für das Verständnis dieses Bewußtseins hielt ich es aber für notwendig, zeitlich weiter auszuholen, um die Maßnahmen aufzudecken, gegen die Lomonossow und Betskoi sich wandten.

Andererseits erschienen auch die Reformen nach 1860, die die russische Gesellschaft von Grund auf ändern sollten, als Beginn einer neuen Ära. Doch die beabsichtigten Veränderungen hinsichtlich der Kindheitsbedingungen vollzogen sich nicht sehr schnell. So wurde z. B. die traditionelle Autorität des Oberhauptes einer bäuerlichen Familiengemeinschaft durch die Gesetze von 1861, die eigentlich die Leibeigenen hätten befreien sollen, noch verstärkt.[2] Auch Maßnahmen der Säuglingspflege wie das Wickeln hielten sich noch bis ins zwanzigste Jahrhundert hinein.[3] Zwar befasse ich mich hauptsächlich mit dem Zeitraum von 1760 bis 1860, aber die Methoden und Einstellungen, die ich hier beschreiben und analysieren will, gab es natürlich schon vor 1760 und auch noch lange nach 1860.

Als zweites möchte ich vorausschicken, daß sich dieser Aufsatz vor allem auf die »Großrussen« beschränkt, die gegen Ende des neunzehnten Jahrhunderts etwa 45% der insgesamt 120 Millio-

nen Einwohner Rußlands ausmachten.⁴ Es ist fast unmöglich, die unterschiedlichen Kindheitsbedingungen bei den vielen Völkern des Zarenreiches zu beschreiben; die Unterschiede sind in jedem Fall beträchtlich. Der Taufritus mit vollem Eintauchen wurde von den Ukrainern beispielsweise nicht durchgeführt.⁵
In der Zeit von 1760 bis 1860 in Rußland ein Kind zu sein, war eine Qual, ein ungesichertes Dasein voll von Hindernissen für die körperliche wie für die seelische Entwicklung. Vielleicht weniger als die Hälfte der Kinder erreichte das Erwachsenenalter. Um 1760 schätzte Lomonossow, daß gut die Hälfte der russischen Kinder vor dem dritten Lebensjahr starb. Von 4600 Jungen, die 1832 in Moskau geboren wurden, starben 1300 innerhalb des ersten Lebensjahres. 1844 schätzte E. A. Pokrowski, daß ein Drittel der russischen Kinder ihren ersten Geburtstag nicht erlebten.⁶ Nur wenige von denen, die trotz allem körperlich überlebten, wurden in unserem heutigen Sinn erwachsen, nämlich autonome eigenverantwortliche Persönlichkeiten.
Natürlich kann man die hohe Säuglingssterblichkeit teilweise auf solche Ursachen wie unzureichende Ernährung, klimatische Bedingungen, mangelhafte medizinische Versorgung oder die Fesseln der Tradition zurückführen. Doch diese Faktoren allein reichen als Erklärung nicht aus. In Norwegen z. B. betrug die Säuglingssterblichkeit im neunzehnten Jahrhundert nur ein Drittel der russischen, und das trotz des rauheren Klimas.⁷ Wichtig ist meiner Meinung nach die Tatsache, daß russische Eltern Kinder und Kinderaufzucht für unwichtig hielten. Zwar mußte man sich um Kinder kümmern, doch im Grunde genommen vernachlässigten die Eltern ihre Kinder, ja, waren ihnen gegenüber sogar feindlich gesonnen. Die Bequemlichkeit der Eltern rangierte vor dem Wohlergehen der Kinder. Um diese These zu untermauern möchte ich vier Aspekte des Problems betrachten: die Einzelheiten der Säuglingspflege, die Einstellungen der Eltern zu ihren Kindern, den psychologischen Hintergrund der Kinder in Rußland sowie die Kräfte, die die Kindheitsbedingungen ändern sollten.

Es galt, die ersten Jahre zu überleben

Obwohl die meisten russischen Kinder in der feuchten, umhüllenden Wärme des Dampfbades geboren wurden, konnte es auch vorkommen, daß sich die Geburt in einem Viehstall, einem Hinterzimmer der Küche oder gar im Freien abspielte. In adligen Familien fand die Geburt wahrscheinlich in einem besonderen Raum, dem privaten Badehaus, statt. Doch für die große Mehrheit der Russen, die Bauern, diente das öffentliche Badehaus als Kreißsaal. Die Bauern nannten sogar das Gebet, das der Priester kurz nach der Geburt sprach, das »Badegebet« *(bannaia molitwa)*. In Dörfern ohne Badehaus entbanden die Mütter an den verschiedensten Orten: in Schuppen, Speise- oder Vorratskammern, ja sogar auf dem Feld oder im Wald. Die Hauptsache war, daß der Geburtsort abgeschieden war. So kam es sogar vor, daß Mütter selbst in Gegenden, wo es Badehäuser gab, um der Intimität willen einen Viehstall oder einen Vorratsraum vorzogen.[8]

Die Hebammenkunst hatte im achtzehnten und neunzehnten Jahrhundert immer größere Bedeutung gewonnen. Lomonossow empfahl eine geregelte Ausbildung für Hebammen und die Herausgabe eines Handbuches, in dem alle Erfahrungen über Geburtsvorgänge gesammelt werden sollten.[9] 1776 wurden die ersten Schulen für Geburtshilfe gegründet. Im folgenden Jahr erließ die Regierung Anweisungen an die Gesundheitsämter – die es im Prinzip in den größeren Städten jeder Provinz geben sollte –, die besagten, daß wenigstens einer der dort tätigen Ärzte in Geburtshilfe ausgebildet sein solle.[10] Im frühen 19. Jahrhundert konnten interessierte Eltern Maksimowitsch-Ambodiks »Physiologie oder die Naturgeschichte des Menschen«[11] oder die russische Übersetzung (1790) der »Hausmedizin« des englischen Arztes William Buchan kaufen. Man konnte auch einen Arzt aufsuchen, der an der Medizinisch-Chirurgischen Akademie unter S. F. Chotovizki, Professor für Geburtshilfe sowie Frauen- und Kinderkrankheiten, studiert hatte. Trotz spärlicher Zeugnisse wird man annehmen dürfen, daß ein Teil der gebildeten und reichen Klassen diese Möglichkeiten nutzte.[12] Doch die Bauernfrauen zogen noch spät im neunzehnten Jahrhundert die Hilfe der *babka povitucha*, einer erfahrenen alten Frau der ausgebildeten Bezirks-*akusherka*[13] vor.

Man ließ die Hebamme gewöhnlich zwei bis drei Stunden vor der Entbindung kommen. Die Mutter ging während der Wehen im allgemeinen umher, konnte sich aber bei starken Austreibungswehen auf die Knie ihres Mannes setzen. Wenn die Geburt nahte,

kehrte sie ins Bad, einen abgeschlossenen Raum oder in den Viehstall zurück. Der Wunsch nach Intimität während der Entbindung war so groß, daß einige Frauen sich sogar dann allein zurückzogen, wenn eine Hebamme zur Verfügung stand. Während die Frauen des Landadels und des Mittelstandes bei der Geburt auf einem Bett lagen, zogen die Bäuerinnen die Entbindung in kniender Stellung vor. Die Arme stützten sie dabei auf ein quer durch den Raum gespanntes Seil oder auf einen Tisch. Gleich nach der Geburt übernahm die Hebamme die Hauptverantwortung für das Neugeborene. Schien der Säugling schwach, so bekam er einen Klaps auf das Hinterteil oder ihm wurde Luft in Ohren, Mund und Nase geblasen. Die Hebamme badete das Baby im allgemeinen sofort nach der Geburt, meist gleich im heißen Badehaus. Direkt nach dem ersten Bad wickelte sie das Kind. Die Russen wickelten ihre Babys mit drei verschiedenen Tüchern. Man nahm hierfür weiches Leinen, sofern man es hatte; doch häufiger nähte man Baumwollstoff und andere Flicken aneinander. Das *izgolovnik* oder Kopfband war ein dreieckiges Tuch, in das der Kopf fest eingebunden wurde. Zwei Enden des Tuches wurden hinuntergezogen, über der Brust des Säuglings gekreuzt, dann unter den Armen hindurch nach hinten geführt und schließlich auf dem Rücken verknotet. Das Kopfband ließ man gewöhnlich nach sechs Monaten weg, wenn man meinte, daß das Kind seinen Kopf selbst hochhalten könnte. Den Unterleib wickelte man in ein anderes Dreieckstuch, das *podguznik* hieß. Es wurde unter das Gesäß des Kindes geschoben, mit seinen zwei Enden um die Taille gewickelt und dann in die Leistenbeugen hinuntergezogen. Das dritte Ende wurde dann unter dem Hinterteil zwischen den Beinen hindurch bis zum Nabel hochgezogen. Schließlich wurde der Rumpf mitsamt den Armen fest in ein drittes Tuch gewickelt, das *pelenka* hieß. Natürlich gab es Abweichungen von dieser Methode. In einigen Gegenden wurden die Kinder nicht gewickelt, sondern einfach lose in ein großes Tuch eingeschlagen. In anderen Fällen benutzte man das *izgolovnik* nicht, sondern wickelte den Kopf einfach in einen Teil der *pelenka* ein. Theoretisch könnten die Wickel wohl drei- bis viermal täglich ausgewechselt worden sein, was im allgemeinen beim Baden oder Füttern geschah. Insgesamt wickelte man die Kinder sechs bis zwölf Monate lang.[14]
Während der ganzen von uns hauptsächlich betrachteten Zeit

kritisierten sowohl Journalisten als auch Mediziner das Wickeln. Um 1760 schrieb Betskoi, daß das Einbinden nur bei einem verletzten Glied vorteilhaft sei und daß es bei gesunden Kindern »völlig abgelehnt« werden sollte.[15] 1783 setzte sich der Publizist Nikolai Nowikow dafür ein, diesen Brauch abzuschaffen. Das Wickeln verforme nicht nur den kindlichen Körper, sondern, so schrieb Nowikow, »es hat sogar einen Einfluß auf das moralische Verhalten des Kindes, da sein erstes Selbsterleben in einem Gefühl, krank oder leidend zu sein, entsteht, was, verbunden mit dem Gefühl, in seinen Bewegungen eingeengt zu sein, in ihm die Saat des Zornes sät«.[16] Das Thema wurde in der ersten Hälfte des neunzehnten Jahrhunderts immer wieder von Schriftstellern aufgegriffen. Doch hielt Pokrowski es noch 1844 für nötig, vor dem Wickeln zu warnen, das wohl immer noch praktiziert wurde, weil es häufig Striemen, Quetschungen und Geschwüre verursachte. Die Eltern verteidigten das Wickeln aus verschiedenen Gründen: beim nicht gewickelten Kind bestünde Verletzungsgefahr, das gewickelte Kind würde von eigenen plötzlichen Bewegungen weniger leicht erschüttert oder erschreckt werden. Doch Maksimowitsch-Ambodik scheint die Meinung der meisten Forscher über dieses Thema zusammengefaßt zu haben, als er schrieb, daß »neugeborene Kinder mehr aus Gewohnheit als aus Notwendigkeit gewickelt werden« – trotz der Tatsache, daß diese Gewohnheit der Gesundheit des Kindes abträglich war.[17]

Bis ins späte neunzehnte Jahrhundert hinein wurden bei weitem die meisten russischen Säuglinge gestillt. Um 1870 z. B. wurden einer Erhebung in Petersburg zufolge von 8000 Kindern nur ein Drittel mit der Flasche ernährt. In der Landbevölkerung stillten die Mütter ihre Kinder selbst, während beim Adel überwiegend Ammen damit beauftragt wurden. Außerdem bekamen die Babys vom ersten Tag an einen Schnuller in Form eines zusammengebundenen Beutelchens, der mit Speise gefüllt war. Man ging davon aus, daß der Säugling von der fünften Woche an Brotstückchen und Buchweizen- oder Gerstengrütze vertrug. Wurde ein Bauernbaby kurz vor der Ernte geboren und seine Mutter dringend auf dem Feld gebraucht, hat man es wohl mit Kuhmilch und beinahe von Anfang an auch mit fester Nahrung gefüttert. Mit zwölf bis sechzehn Monaten mußte das Kind gewöhnlich die gleiche Nahrung essen wie seine Eltern.[18]

Die Säuglingsernährung war ebenso wie das Wickeln schon lange

Gegenstand der Kritik von Medizinern und Journalisten gewesen. In den Jahren nach 1760 setzte sich Lomonossow dafür ein, stillende Mütter und Kinder von den strengen religiösen Fastenvorschriften oder orthodoxen Kirche zu befreien.[19] Betskoi legte seinen Lesern nahe, sich um eine gute Amme zu bemühen und den Kindern während des ersten Lebensjahres keine feste Nahrung zu geben.[20] Um 1780 empfahl Maksimowitsch-Ambodik, erst ab dem sechsten Monat Breinahrung zu füttern[21], während Nowikow ausführliche Ratschläge für das Stillen veröffentlichte, so auch den Vorschlag, die Mutter- oder Ammenbrust mit Knoblauch einzureiben, um die Entwöhnung zu erleichtern.[22] 1837 veröffentlichte Mark Netschajew, der an der Medizinisch-Chirurgischen Akademie studiert hatte, in St. Petersburg ein Werk: »Über die Möglichkeiten bei der Landbevölkerung, den Tod von Kindern im ersten Lebensjahr zu verhüten«. Er beanstandete sowohl die Gewohnheit, Neugeborene mit Brot zu füttern, ihnen außer im Krankheitsfall der Mutter die Flasche zu geben, wie auch den Brauch, feste Nahrungsteile in den Babyschnuller zu tun, weil diese bekanntlich zerrissen, und das Kind den Inhalt dann schlucken mußte. 1874 erzählte man Katherine Blanch Guthrie, daß bei den Bauernfamilien – die durchschnittlich 17 Kinder hatten – die Hälfte der Kinder im Säuglingsalter starb; einige an Kälte, andere durch den Gebrauch der *saska*. Das war ein mit Milchbrei gefülltes Säckchen, an dem die Säuglinge, wenn sie stundenlang allein gelassen wurden, »so heftig saugten, daß sie die *saska* in ihren Hals hineinzogen und daran erstickten«.[23] Noch 1888 führte die Petersburger Gesellschaft der Kinderärzte den »auffälligen« Wissensmangel bezüglich der Gesundheit und Ernährung von Kindern als Hauptursache für die Säuglingssterblichkeit in Stadt und Land an.[24] Aus Statistiken, nach denen die Säuglingssterblichkeit in den letzten neun Monaten des ersten Lebensjahres höher war als in den ersten drei Lebensmonaten, schloß Pokrowskij im gleichen Jahr, daß eine Hauptursache der Säuglingssterblichkeit im Brauch der gewohnheitsmäßigen Umstellung von Muttermilch auf feste Nahrung zu suchen sei.[25] Und dies nach hundertjährigen Bemühungen durch Ärzte und Journalisten!
Zusätzlich zu den Gefahren, in denen der russische Säugling bei der Geburt, beim Wickeln und Füttern schwebte – ganz abgesehen von Krankheit und anderen äußeren Faktoren – konnte es

ihm passieren, daß er von seinen Eltern extremer Hitze und Kälte ausgesetzt wurde, sei es als Teil herkömmlicher »Abhärtungs«-maßnahmen, sei es aus Rücksicht auf überkommene Rituale. In einem Reisebericht aus der Mitte des achtzehnten Jahrhunderts heißt es:

> Auch die Einwohner Moskaus kennen Mühsal vom Mutterleibe an. Sie gewöhnen ihre Kinder daran, extreme Hitze und Kälte, Hunger, Durst und Arbeit zu ertragen. Sie waschen die Neugeborenen in kaltem Wasser und rollen sie auf Eis und Schnee; und wenn sie das nicht überleben, weinen ihnen ihre Mütter keine Träne nach.[26]

In seinem Buch über die Kindheit von 1761 wandte sich Lomonossow gegen die Sitte, die Kinder im Winter in ungeheizten Kirchen zu taufen und dabei das Neugeborene wie vorgeschrieben dreimal in das Wasser, so wie es aus dem Brunnen kam, zu tauchen. Diesen kirchlichen Brauch verglich er mit winterlichen Bädern im kalten Wasser und bezeichnete Priester, die an diesen Bräuchen festhielten, als »Henker«. Doch Robert Pinkerton, der über diese Sitten noch im frühen neunzehnten Jahrhundert berichtet, sagt, daß »die Leute so abergläubisch sind, daß sie wahrscheinlich die Gültigkeit der heiligen Handlung bezweifeln würden, wenn man das Wasser erwärmt hätte«.[27] Um die Mitte des neunzehnten Jahrhunderts waren Taufen im kalten Wasser schon ungewöhnlich. Dennoch hatte Pokrowski noch im Januar 1888 Gelegenheit, Zeuge einer solchen Taufe und ihrer tödlichen Folgen zu sein.

> ... in einer konservativen Familie wurde ein ganz gesundes Kind reicher, junger und völlig gesunder Eltern geboren. Kurz nach der Geburt wurde es einer gesunden Amme übergeben, an deren Brust es seine ersten Tage friedlich verbrachte. Nach einigen Tagen beschloß man, das Kind nach dem überkommenen Ritual zu taufen. Dieses ging folgendermaßen vor sich: draußen herrschte eine Temperatur von $-23°$ C; trotzdem wurde auf Anweisung des konservativen Priesters die große Halle des elterlichen Hauses, in der die Taufe stattfinden sollte, 24 Stunden vorher nicht geheizt. Nach Meinung des Priesters war es nur so möglich, für die Taufe des Kindes die Atmosphäre einer alten Kirche zu schaffen. Am Tauftage holte man Wasser direkt aus dem Brunnen, ohne es irgendwie zu erwärmen. Als man das leichtgewickelte Kind in den Saal trug, begann es nach Aussagen der Amme gleich zu frieren, zu zittern und unruhig zu werden. Die Taufzeremonie nach dem alten Ritual dauerte sehr lang, nämlich über eine Stunde. Als der Priester mit seinen kalten Händen das Kind auszuwickeln begann, schrie es erbärmlich und hörte nicht auf, lauthals zu schreien, es sei denn, es mußte nach

völligem Untertauchen im Wasser kurz Luft holen. Jedes Untertauchen wurde nach dem alten Ritus langsam vollzogen. Alle Aufmerksamkeit war auf die heilige Handlung gerichtet. Als das Kind nach der Taufzeremonie wieder in seine Windeln gepackt wurde, wurde es bewußtlos, wollte nicht mehr an der Brust seiner Amme trinken und hatte am nächsten Morgen Krämpfe und Fieber. Am folgenden Tag hielten sowohl Krämpfe als auch Fieber an . . .

Drei Tage nach der Taufe wurde Pokrowski gerufen, doch das Kind starb einen Tag später.[28]

Nach einem anderen unter der Landbevölkerung in Nord- und Mittelrußland verbreiteten Brauch setzte man die Neugeborenen der Hitze und den Anstrengungen, die ein Dampfbad mit sich brachte, aus. Mit vom Dampf weichen Birkenzweigen schlug man vorsichtig den Körper, um die Poren für den reinigenden Dampf zu öffnen. Die Temperatur in den Bädern stieg auf 50-55° C (oder noch höher), wenn das Wasser eimerweise auf die erhitzten Steine gegossen wurde, damit sich Dampf entwickelte. Pokrowskij warnte davor, Säuglinge einer so großen Hitze auszusetzen, da sie schwere Verbrennungen oder sogar den Tod verursachen könnte. Doch noch im neunzehnten Jahrhundert soll man Berichten zufolge bei Taufen Birkenblätter auf dem Körper der Kinder gesehen haben.[29]

Die ersten Lebensjahre waren für ein Kind in einem staatlichen Findelheim noch gefährlicher als für Kinder, die in Familien aufwuchsen. Tooke erfuhr, daß zwischen 1766 und 1786 etwa 37 000 Kinder in das Moskauer Findelhaus aufgenommen wurden. Nachdem etwa 1000 von ihnen entlassen worden waren, wurden 1786 noch ca. 6100 lebende Kinder dort gezählt. Das bedeutet, daß etwa 30 000 Kinder umgekommen waren! Tooke schränkt das Ergebnis dieser erschreckenden Schätzung natürlich zu Recht ein, indem er einräumt, es sei unmöglich festzustellen, wieviele dieser Todesfälle Folge einer bereits vor der Aufnahme bestehenden Krankheit oder Behinderung gewesen seien. Trotzdem bot sich einem Besucher 100 Jahre später ein »merkwürdiger Anblick«, als er zufällig ein Zimmer im Moskauer Findelheim betrat: »Am Ende des Zimmers befand sich ein großer Haufen von einigen hundert nackten Babykörpern, die wie Sardinen übereinandergelegt auf ihre Beerdigung im Frühling warteten.« Man kann nur vermuten, was sich alles in den staatlichen Säuglingsheimen abgespielt hat.[30]

Es gibt wenig gesicherte Informationen über die körperliche Entwicklung in den späteren Kindheitsphasen. Mit Hilfe von Eltern und Geschwistern und einer Vielzahl von Gerätschaften, die von Bänken mit eingeschnittenen Löchern bis zu rollenden Holzlaufstühlchen reichten, konnten russische Kinder gewöhnlich mit elf bis dreizehn Monaten, vielleicht sogar schon mit neun oder zehn Monaten laufen.[31] In diesem Alter waren sie ihren Wiegen, die es in unzähligen Ausführungen gab, schon entwachsen. Meist waren diese Wiegen an einem Brett oder Pfosten aufgehängt, die zum Schaukeln hinabgebogen werden konnten. John Quincy Adams schrieb 1810 über die russische Wiege, sie sei »eine schwerfällige Fehlkonstruktion, und das Kind befände sich in steter Gefahr, auf den Boden zu fallen, was in vier von fünf Fällen tödlich enden muß«.[32] Am Ende des ersten Lebensjahres war das Baby auch den Wickeltüchern entwachsen. Die russischen Kinder trugen im allgemeinen dann weite Hemden und wahrscheinlich enge Hosen; bei Adligen mag es Abweichungen gegeben haben. Pokrowski bemerkte jedoch, daß »einige dumme Kinderfrauen« die Kinder tatsächlich in so enge Hosen steckten, daß eine Reibung an den Genitalien erfolgte. Dies geschah bewußt in der wohlüberlegten Absicht, »den Kindern lustvolle Erlebnisse oder schöne Träume zu verschaffen«.[33] Außer diesen wenigen allgemeinen Bemerkungen weiß man wenig über die Kinderpflege, besonders über so kritische Themen wie Sauberkeitserziehung und den Umgang der Eltern mit der kindlichen Sexualität. Die Handbücher berücksichtigen diese Themen nicht, und Aufzeichnungen in Briefen und Erinnerungen sind selten.[34]

Die Einstellung der Eltern zu ihren Kindern

> Zwischen Eltern und Kindern herrschte ein Geist von Sklaverei ...
>
> Kostomarow

Die Gesellschaft in Rußland war mindestens bis 1890 vorwiegend traditionsorientiert. Zwar kann hier nicht ausführlich dargelegt werden, was das im einzelnen bedeutet, aber wenn wir einige Grundzüge im sozialen Kontext verstehen, können wir auch die Eltern-Kind-Beziehung leichter begreifen. Zunächst ist für das Verständnis wichtig, daß Rußland damals ein Agrarstaat war, in welchem man – in jahrhundertalter Routine erstarrt – keine modernen naturwissenschaftlichen Erkenntnisse anwandte und dadurch pro Morgen einen konstanten oder gar rückläufigen Ertrag erzielte. Deswegen verhieß Bevölkerungszuwachs keine erhöhte Produktion, sondern brachte die Belastung, zusätzliche Münder von einer gleichbleibenden oder ständig abnehmenden Nahrungsmenge ernähren zu müssen. Da russische Eltern außerdem wenig über wirksame Methoden der Geburtenkontrolle wußten, hatten sie, wenn überhaupt, nur geringen Einfluß auf die Zahl der hinzukommenden Esser. Auch war im traditionellen Rußland nicht das Individuum oder die Position, die es erreichte, das Entscheidende, sondern das Ansehen der Familie, in die einer hineingeboren wurde. Das Wohl der Familie rangierte vor dem jedes ihrer einzelnen Mitglieder. Nicht zuletzt war das Autoritätsgefüge des traditionellen Rußlands patriarchalisch. Wilson R. Augustine meint:

Für den russischen Adligen war die »gute Autorität« (auf dem Thron oder sonstwo) ein Inbegriff des »guten Vaters«: streng, liebevoll und in patriarchalischer Machtausübung über eine große Familie. In einem solchen Gesellschaftssystem beurteilte man Wert und Ansehen eines Menschen nicht danach, inwieweit es ihm gelang, abstrakten Verhaltensnormen zu entsprechen (wie in der westlichen Welt), sondern nach seiner am Familienmodell orientierten Bindung an seine Herrschaft. Schließlich sollte man beachten, daß sich dieses Modell nicht nur auf die Politik, sondern auf alle sozialen Verhältnisse erstreckte. Im gleichen Maße wie der Adel dem Monarchen untertan war, war er wiederum Herr über seine Leibeigenen. Die Art der Autorität war in beiden Fällen die gleiche. Was immer einzelne Herren ihren Bauern angetan haben mögen, das gesellschaftliche Ideal des Großgrundbesitzers war das eines strengen und weisen Vaters, der seine unbegrenzte Macht zum Wohl seiner Untertanen ausübte.[35]

In Bauernfamilien wiederum übte der älteste Mann eine ähnliche Herrschaft über die übrigen Angehörigen des Hauswesens aus.[36]
Will man das Verhältnis der Eltern zu ihren Kindern im Rußland des achtzehnten und neunzehnten Jahrhunderts beschreiben, so waren sie wohl eher gleichgültig als interessiert, eher feindlich als warmherzig, und die spontanen Handlungen ihrer Kinder schränkten sie eher ein, als daß sie sie tolerierten. Das Leben eines Kindes wurde einerseits von einem gleichgültigen, feindseligen, manchmal gewalttätigen Vater beherrscht, der den Lebensweg

seines Kindes bestimmte, und andererseits vom Fehlen einer warmherzigen Mutterbeziehung.
Die Gleichgültigkeit russischer Eltern zeigt sich in Einzelheiten der Säuglingspflege. Das Einsetzen von Ammen und im späteren Leben von älteren Kindern, alten Frauen und beim Adel auch Leibeigenen als Aufpasser und Spielgefährten der Kinder schränkte die mütterliche Anteilnahme ein. Aufgrund dieser Art von körperlicher Betreuung sind die Beziehungsstrukturen im ersten Lebensjahr, wie Ruth Benedict schreibt, »viel breiter angelegt als in Gesellschaften, in denen der Kontakt des Kindes mehr auf den mit der eigenen Mutter beschränkt bleibt«.[37] Die aufreibende Arbeit der Bäuerinnen daheim und auf dem Feld war der Eltern-Kind-Beziehung ohnehin nicht förderlich. Doch sogar bei gebildeten und adligen Russen war die Anteilnahme der Mutter äußerst gering. Die Aufzucht durch Leibeigene, Kindermädchen, Hauslehrer und Bedienstete gehörte im achtzehnten Jahrhundert zum Alltag eines adligen Vorschulkindes.[38] Als um 1780 Sergei Aksakows Mutter ihre kleines Töchterchen persönlich an die Brust der Amme legte und selbst in den Schlaf wiegte, warnte eine Verwandte, daß »solch eine übertriebene Liebe ein Verbrechen gegenüber Gott sei und daß er es sicherlich bestrafen werde«. Als das Kind später starb, schien diese Prophezeiung nur bestätigt, und die Mutter kümmerte sich selbst nicht mehr um die Kinder, die sie anschließend zur Welt brachte.[39] 1833 bat der junge Nikolai Gogol seine Mutter in einem Brief, ihre Erziehungsmethoden zu ändern und insbesondere darauf zu achten, die Kinder in ihrer eigenen Nähe zu lassen.[40] Sonja Kowalewski erinnerte sich daran, wie sie mit Bruder und Schwester mit ihrem Kindermädchen in ihrem eigenen Wohntrakt schliefen, frühstückten und zu Mittag aßen. Sie sahen ihre Mutter fast nur, wenn irgendein Gast die Kinder sehen wollte.[41] 1850 schrieb Aksakow, daß »die ersten Eindrücke, die im verblaßten Bild der Vergangenheit in mir sind, ... sind meine Amme, meine kleine Schwester und meine Mutter«.[42] Die Reihenfolge spricht für sich. Russische Kinder entwickelten tiefe Gefühlsbindungen an ihre Kinderfrauen und an die anderen Kinder im Haushalt; die Mütter dagegen blieben im Hintergrund.[43] Auch die Väter verhielten sich gleichgültig gegenüber ihren Kindern. Der *Domostroj*, ein im sechzehnten Jahrhundert von Klerikern zusammengestellter Ratgeber zur Familienführung, gab Vätern zum Umgang mit einem

Sohn folgende Ratschläge: »lächle ihn nicht an, spiel nicht mit ihm; bist du schwach in kleinen Dingen, wirst du es später in großen zu büßen haben...«[44] Der Adel des achtzehnten Jahrhunderts lebte immer noch nach den althergebrachten Unterweisungen des *Domostroj*[45]. Wladimir Polunin erinnerte sich 1840 in Kursk, daß »die im Domostroj niedergelegten Vorschriften damals als Inbegriff ehelichen Glücks angesehen wurden und jegliches Abweichen von ihnen zum Familienstreit führte – eine schwere Sünde«.[46] 1849 empfahl Gogol diesen traditionellen Ratgeber als ein Buch, das »einen mit dem Besten im russischen Menschen vertraut machen« könne.[47] Nowikow bat die Väter in einem Buch von 1783 zu versuchen, wenigstens eine Stunde täglich bei ihren Kindern zu verbringen.[48] Aber Sonja Kowalewski erinnert sich, daß sich in ihrer Kindheit im neunzehnten Jahrhundert »die Beziehung unseres Vaters zu uns darauf beschränkte, das Kindermädchen zu fragen, ob es uns gut ginge, wenn er uns zufällig traf... und uns gelegentlich auf den Arm zu nehmen und uns in die Luft zu werfen«.[49] Der bedeutende Graf Witte umriß das elterliche Desinteresse genau, als er in seinen Erinnerungen schrieb: »Spreche ich von meiner frühen Erziehung, muß ich sagen, daß meine Eltern, obwohl sie für uns, ohne auf Geld zu achten, Jungen, Erzieherinnen und Lehrer einstellten, es versäumten, uns genügend persönliche Aufmerksamkeit zu schenken.«[50]

Das zweite Merkmal russischer Eltern im achtzehnten und neunzehnten Jahrhundert ist, sich ihren Kindern gegenüber eher feindselig zu verhalten und sie im Bewußtsein ihrer Macht zu bestrafen, anstatt durch Warmherzigkeit, Verständnis und Liebe bestimmte Erziehungstechniken anzuwenden. Auch dieses Merkmal spiegelt sich in den Einzelheiten des Umgangs mit Kindern wider. Soziologische Untersuchungen haben die Abneigung der Eltern, sich persönlich um ihre Kinder zu kümmern, mit ihrer Feindseligkeit diesen gegenüber in Verbindung gebracht.[51] Russische Eltern neigten dazu, ihre Kinder mit körperlichen Züchtigungen zu strafen und zu leiten. Auch dies geschah in Übereinstimmung mit dem *Domostroj,* der den Vätern riet:

Strafe deinen Sohn, solange er klein ist, und er wird dich erfreuen und die Zierde deiner Seele sein, wenn du alt bist. Erspare deinem Kind keine Schläge, denn der Stock wird ihn nicht töten, sondern ihm gut tun. Wenn du den Körper schlägst, rettest du die Seele vorm Tode... Wenn du deinen Sohn liebst, strafe ihn oft, damit er später deine Seele erfreuen kann. Strafe deinen Sohn in seiner Jugend; und wenn er ein Mann ist, wird er dein Trost sein, und du wirst unter den Gottlosen gepriesen werden und deine Feinde werden dich beneiden. Erziehe dein Kind in Furcht und du wirst Frieden und Segen in ihm finden.[52]

1783 warnte Nowikow Väter davor, sich bei der Kindererziehung »rauher Worte, strenger Vorschriften, schwerer Strafen, Befehle, mürrischen Verhaltens und unbeherrschter Handlungen« zu bedienen. Dann dürften die Kinder ihre Eltern zwar fürchten, aber ihre Furcht sei eher Verachtung als Respekt.[53] Alexander Herzens Erinnerungen aus seiner Kindheit im ersten Viertel des neunzehnten Jahrhunderts bestätigen Nowikow:

> Spott, Ironie und kalte, bissige äußerste Verachtung waren die Instrumente, die er (sein Vater) wie ein Künstler handhabte. Er gebrauchte sie gleichermaßen gegen uns wie gegen die Dienerschaft . . . Bis zu der Zeit, wo ich ins Gefängnis mußte, war ich meinem Vater wirklich entfremdet und verbündete mich mit den Dienerinnen und Dienern in einem ständigen Kleinkrieg gegen ihn.[54]

Baron v. Wrangel, der Mitte des neunzehnten Jahrhunderts aufwuchs, glaubte, daß die harte Disziplin einschließlich der Prügel, die der Vater anwandte, nur eine Gesellschaft widerspiegelte, in der »Härte ein moralisches Prinzip geworden war. Wohlwollen zu zeigen, bedeutete Schwäche, Grausamkeit Stärke«.[55] Die Kinder im Bewußtsein der eigenen Macht zu bestrafen, wie auch die Abneigung, für die eigenen Kinder zu sorgen, korrelieren stark mit elterlicher Feindseligkeit gegenüber ihren Nachkommen.[56]

Auch das Vorkommen von Kindesmord ist ein Gradmesser für die Feindseligkeit der Erwachsenen Kindern gegenüber. Tolstois Stück »Die Macht der Dunkelheit«, das um den schrecklichen Mord an einem neugeborenen Kind kreist, beruhte auf einem Gerichtsverfahren aus dem Jahre 1880 gegen einen Bauern, der dieses Verbrechen begangen hatte. Im »Tagebuch eines Schriftstellers« berichtet Dostojewski aus Zeitungsberichten zusammengetragene Einzelheiten, die ein Verfahren gegen einen Vater betrafen, der seine siebzehnjährige Tochter »zu grausam« verprügelt hatte, sowie die Verurteilung einer Stiefmutter, die ihre sechsjährige Stieftochter aus einem Fenster im vierten Stockwerk geworfen hatte.[57] Besonders aufschlußreich in diesem Zusammenhang ist Anton Tschechows Kurzgeschichte »Schlafen, nur schlafen«, die sich um ein dreizehnjähriges Kindermädchen dreht. Überwältigt von Erinnerungen an die eigene schmerzvolle Kindheit sucht sie Linderung im Schlaf. Doch das Weinen des Babys läßt sie immer wieder aufschrecken. Und wenn es mal ruhig ist und vor sich hindöst, wecken sie der Hausherr oder die Hausfrau unweigerlich mit Schreien und Schlägen. Schließlich »begreift« sie, daß der Feind, der sie am Leben hindert, weder ihr Hausherr, noch die Gesellschaft, noch die Erinnerungen sind, sondern: »Der Feind ist das Kind.«

Lachend, dem grünen Fleck zublinzelnd und ihm mit dem Finger drohend, schleicht sich Warka zu der Wiege und beugt sich über das Kind. Nachdem sie es erwürgt hat, legt sie sich schnell auf den Fußboden, lacht vor Freude, daß sie nun schlafen kann, und schon nach wenigen Augenblicken schläft sie fest wie eine Tote...[58]

Auch wenn es sich bei diesen Beispielen um erdichtete oder besonders krasse Vorfälle handeln mag, waren sie doch keineswegs selten. Statistiken über Kindesmorde in Rußland sind rar, auch die Zuverlässigkeit der Daten ist fraglich. Dennoch geben sie uns einen allgemeinen Hinweis auf die Existenz dieses Phänomens. Die Untersuchung eines Arztes in der Provinz Poltawskaja hielt in den Jahren von 1855 bis 1864 in diesem Gebiet 343 Fälle von Kindesmord fest. In derselben Zeit wurden 28 000 Kinder geboren, d. h. eins von achtzig Kindern wurde umgebracht. Ein Viertel aller gewaltsamen Tode in dieser Provinz betraf Kinder. Pokrowski schrieb, daß das Gesundheitsministerium um 1870 die jährliche Rate von Kindesmorden in Rußland mit 400 ansetzte.[59] Aber diese Zahlen beziehen sich nur auf die Fälle, die gerichtlich verfolgt worden waren; und es ist unklar, welcher Prozentsatz der Bevölkerung von der Statistik erfaßt wurde. Die Justizreformen von 1864, die das russische Gerichtswesen einführten, wurden nur allmählich im ganzen europäischen Teil Rußlands wirksam. Wären die Zahlen im ganzen europäischen Teil Rußlands gesammelt worden – und nur dort – fiele auf 200 000 Einwohner ein Kindesmord. Unter anderem haben zwei der bedeutendsten Zaren der russischen Geschichte, nämlich Iwan der Schreckliche und Peter der Große, ihren ältesten Sohn ermordet.

Das dritte Merkmal russischer Eltern war die restriktive Haltung gegenüber dem spontanen Verhalten ihrer Kinder. Sie schienen nicht zu verstehen, daß das Kind Probleme und Gefühle haben kann, die ihm wichtiger sind als die Gebote der Erwachsenen. Es gibt allerdings auch Berichte, nach denen Kinder in Adelskreisen in einer gewährenden Atmosphäre aufgewachsen sind, solange sie von Erziehern und Dienern betreut wurden. Ein Adliger des achtzehnten Jahrhunderts schrieb z. B., daß

> Kinderfrauen dem Kind das Gefühl geben, sein Wille müsse widerspruchslos ausgeführt werden. Daran gewöhnt es sich und wenn es älter wird und seine Leidenschaft wächst, hat dies zur Folge, daß das Kind, das solchen Frauen anvertraut war, Sklave seiner Leidenschaften wird. Denn hätte die Kinderfrau dieses Verhalten nicht gebilligt, hätten sich seine Leidenschaften nie so leicht und so stark ausbilden können.[60]

1833 beklagte sich Gogol über die »Wildheit, die Kinder durch den Umgang mit Kindermädchen entwickeln«[61], und Herzen erinnert sich an seine Kindheit eine Generation früher:

> Nur im Aufenthaltsraum der Diener und in den Zimmern der Hausmädchen fand ich noch wirkliches Vergnügen. Dort hatte ich völlige Freiheit. Ich ergriff Partei, diskutierte mit meinen Freunden ihre Angelegenheiten und sagte meine Meinung dazu. Ich kannte alle ihre Intimgeschichten; aber im Wohnzimmer ließ ich nie ein Wort über die Geheimnisse der Dienstbotenräume fallen.[62]

In der Eltern-Kind-Beziehung war die strenge Durchsetzung von Disziplin die allgemeine Regel. Bei adligen Kindern hielt sich das für das achtzehnte Jahrhundert charakteristische Muster von »fast anarchischer Freiheit und kürzeren Perioden von strengster Disziplin und Kontrolle« bis weit in das neunzehnte Jahrhundert hinein.[63] Ferner taucht in den Memoiren des neunzehnten Jahrhunderts immer wieder als Thema auf, daß Eltern, insbesondere Väter, ihre Kinder als Wesen betrachten, die man ernähren und leiten, aber nicht verstehen müsse. 1783 beklagte sich Nowikow, daß »Eltern sich unter dem Aufziehen von Kindern nicht mehr vorstellen, als sie gut zu ernähren«. Ironischerweise glaubte Pokrowski hundert Jahre später – wie oben schon erwähnt –, daß Ernährungsgewohnheiten eine Hauptursache für die Säuglingssterblichkeit sei.[64] Sonja Kowalewski war überzeugt, daß ihr Vater nicht einmal ahnte, »über was für ein vielschichtiges Innenleben« seine Tochter verfügte, und daß er ihr Verhalten deswegen auch niemals begriff. Auf die Nachricht ihres »Fehltrittes« reagierte er nur mit der Feststellung, sie sei »ein schreckliches kleines Mädchen«.[65] Von Wrangel schloß aus seinen Kindheitserfahrungen, daß man Kindern keine Seele zugestand. Sein Vater »bemitleidete mich nur bei körperlichen Krankheiten und konnte sich wahrscheinlich noch nicht einmal vorstellen, daß es noch andere Leiden gibt«.[66] Herzen beschrieb seine Kindheit als »bedrückend«, mit unzähligen Einschränkungen, die ihm aus gesundheitlichen und moralischen Gründen auferlegt worden waren. Er gesellte sich lieber den Dienstboten zu, weil diese ihn wie eine eigene Persönlichkeit behandelten.[67] Da die Eltern in Adelskreisen nicht in der Lage waren zu verstehen, daß Kinder eigene Gefühle und Bedürfnisse hatten, war es für sie folgerichtig, für ihre erwachsenen Kinder Berufsweg und Ehegatten auszuwählen. Bei den Bauern war es nicht anders, es sei denn, der Gutsbesitzer griff ein.

Der Kampf um Selbständigkeit

Bisher habe ich die Einzelheiten der Säuglingspflege geschildert und versucht, die Einstellung der Eltern zu beschreiben. Während ich die Bedingungen der russischen Kindheit auswertete, konnte ich mich von der Richtigkeit der Annahme des Historikers David Hunt überzeugen, daß die zweite psychosoziale Phase von Erik Eriksons Modell für Historiker besonders wichtig ist.[68] Gerade in dieser Phase, wenn es die Kontrolle über Motorik und Sprache erlangt und lernt, Objekte voneinander zu unterscheiden, konzentriert sich das Bedürfnis des Kindes auf das Streben nach Autonomie, nach Selbständigkeit. Entscheidend für diesen Prozeß ist die Handhabung der Kontrolle durch die Eltern. Kinder müssen lernen, ihre Funktionen selbst zu regulieren, wenn sie ein Gefühl von Stolz und Selbständigkeit entwickeln sollen. Zuviel Kontrolle der Eltern führt zu einem dauernden Gefühl von Selbstunsicherheit. Andererseits müssen die Eltern das Kind davor schützen, seine noch unerprobten Kräfte zu überschätzen, damit es nicht ständig versagt und ein bleibendes Schamgefühl zurückbehält. In modernen Gesellschaften ist wahrscheinlich die Sauberkeitsgewöhnung das zentrale Ereignis dieser Phase. Gerade gegenüber der Shinkterkontrolle waren die Russen jedoch gleichgültig.[69] Der »Kampf um Selbständigkeit« – wie Erikson ihn nennt – spielte sich hier eher im Gesamtkontext aller Entwicklungsschritte während der Kindheit ab.
Die russische Kindheit kann verstanden werden als Versuch der

Eltern, die Entwicklung ihrer Kinder zur Selbständigkeit zu verhindern. Die herkömmlichen Methoden der Kinderaufzucht sorgten dafür, daß die Kinder kaum in das Erleben der Erwachsenen eindrangen. Weil Kinder aber manchmal einfach in die Welt der Erwachsenen eindringen müssen, mußten sie in ihrem Verhalten streng kontrolliert und in ihrer Selbständigkeit unterdrückt werden. Auf individuelle Autonomie wurde in der russischen Gesellschaft üblicherweise kein Wert gelegt, und bereits in der Familie wurde die Selbständigkeit des einzelnen zukünftigen Staatsbürgers unterdrückt. Um den Willen eines Sohnes zu brechen, riet der aus dem fünfzehnten Jahrhundert stammende *Domostroj* einem Vater: »Lasse ihm in seiner Jugend nicht seinen Willen, sondern brich sein Rückgrat, solange er noch klein ist; sonst wird er sich verhärten und aufhören, dir zu gehorchen. Dann wird deine Seele Kummer und Sorge haben...«[70] Diese Einstellung wurde noch durch solche Sprichworte bestärkt wie: »Wenn Gott dir Söhne schenkt, sei nicht faul, lehre und züchtige sie«, und »wenn er seinem Vater nicht gehorcht, wird er der Peitsche gehorchen«.[71] Der Historiker Kostomarow schrieb, daß im siebzehnten Jahrhundert »zwischen Eltern und Kindern ein Geist von Sklaverei herrschte, und zwar unter dem Deckmantel heiliger patriarchalischer Beziehungen... Der Gehorsam des Kindes war eher sklavisch als kindgerecht, und die elterliche Macht wurde – bar jeden ethischen Wertes – zu blindem Despotismus.«[72]

Beim großen Adelskonvent, der von Katharina II. 1767 einberufen wurde, war eine der Forderungen die nach zusätzlicher Macht über die Söhne. Die Analyse einer Reihe von Forderungen nach freier Verfügung über das Erbe zeigt, daß »offenbar kein Gedanke an wirtschaftliches Wachstum vorhanden ist, sondern nur der Wunsch, Väter dazu zu ermächtigen, Gehorsam und Dankbarkeit zu belohnen und unwerte Söhne zu bestrafen«.[73] Der Erlaß von 1775, der die Einrichtung von Armenhäusern in jeder Provinz anordnete, sah als mögliche Bewohner u. a. »Personen beiderlei Geschlechts« vor, »die nutzlos oder hilflos sind, wie z. B. ungehorsame Söhne und Töchter oder solche, die ein schlechtes Leben führen...«[74] Bei den Bauern war die elterliche Autorität nahezu grenzenlos. Mehrere Reisende beschrieben, wie Bauernväter beispielsweise ihren Sohn an irgendein Mädchen aus dem Dorf verheirateten; der frischgebackene Ehemann wurde dann zur Arbeit in die Stadt oder aufs Feld geschickt und die Schwiegertochter blieb zu Hause – den Launen ihres Schwiegervaters ausgesetzt:

Väter verheiraten ihre Söhne schon sehr früh an ein blühendes Dorfmädchen. Dann schicken sie die jungen Männer, die ihre Bräute schon wenige Tage nach ihrer Hochzeit in der Obhut der Schwiegereltern zurücklassen müssen, zur Arbeitssuche nach Moskau oder Petersburg. Wenn der Sohn nach Ablauf einiger Jahre ins Elternhaus zurückkehrt, findet er sich nach dem Gesetz als Vater einer Reihe von Kindern, den Abkömmlingen seines eigenen Vaters, der es als eine Pflicht betrachtet hatte, der jungen Frau auf diese Weise den Ehemann zu ersetzen. Das ist in ganz Rußland üblich und wird von den Betroffenen nicht als Unrecht angesehen...[75]

Leroy-Beaulieu, der im neunzehnten Jahrhundert durch Rußland reiste, beobachtete, wie ein älterer Bauer einen jungen Mann mit Schimpfworten und Schlägen überschüttete. Als man versuchte, die beiden zu trennen, widersprach der jüngere Bauer mit den Worten: »Laßt uns in Ruhe; er ist mein Vater.«[76] Eine juristische Autorität aus dem neunzehnten Jahrhundert schreibt: »Die Pflicht, sich seinen Eltern zu unterwerfen, erlischt erst mit deren Tod... deshalb nehmen gewöhnlich erwachsene, ja sogar verheiratete Kinder häusliche Strafen (wie Stockschläge) hin.«[77] Ein Sprichwort trifft den Kern der Sache noch besser: »Wenn die Erde die Eltern empfängt, empfangen die Kinder ihre Freiheit.«[78] Auf diese Weise stärkten Staatsgewalt und überlieferte Sitte bei Bauern und Adligen die elterliche, besonders die väterliche Autorität.

Viele adlige Kinder erkannten klar, daß sie in ihrer persönlichen Selbständigkeit dem elterlichen Willen genauso unterworfen waren wie die Leibeigenen. Deshalb sympathisierten sie mit ihnen und handelten wie sie. Im Haus des künftigen Romanschriftstellers Turgenjew verbündeten sich die Kinder mit den Leibeigenen, um den Befehl der Hausherrin zu vereiteln, die Kinder der Magd ins Waisenhaus zu schicken.[79] Herzen führte mit der leibeigenen Dienerschaft einen Kleinkrieg gegen seinen eigenen Vater.[80] Der junge v. Wrangel gelobte mit seiner Schwester, daß sie, wenn sie groß wären, alle Leibeigenen freilassen und sie und ihre eigenen Kinder nie ungerecht behandeln würden.[81]

In einer Gesellschaft mit solcher Tradition war die Verhinderung von Selbständigkeit Mittel zum Zweck; denn der Zar war das Inbild einer guten Autorität, ein strenges, furchterregendes »Väterchen«, der seine väterliche Gewalt über seine Familie von Untertanen ausübte; es war eine Gesellschaft, die darauf bedacht war, individuelle Initiative zu entmutigen und persönliche Rechte zu ignorieren. Und in vielen Fällen wurden der kindliche Ärger über den Vater und die Sympathie mit den Leibeigenen von Erwachsenen in gegen die Regierung gerichtetes Handeln umgesetzt.[82]

Aber Hunts Erklärung,[83] daß die Väter die Selbständigkeit ihrer Söhne behinderten, weil die Gesellschaft auch die Selbständigkeit der Erwachsenen einschränkte, ist unzureichend. Dabei bleibt nämlich offen, warum sich die Gesellschaft in dieser Weise entwickelte. Meines Erachtens liegt dies in den Abwehrmechanismen begründet, die das Ich im Konflikt zwischen dem Drang nach Selbständigkeit und der niederdrückenden übermäßigen Kontrolle der Eltern entwickelt. Könnte beispielsweise die übertriebene Ergebenheit von Söhnen gegenüber Vätern, von Leibeigenen gegenüber Herren und von Adligen gegenüber dem »Väterchen« eine Reaktionsbildung im Dienste des Ichs bzw. der Verdrängung der Selbständigkeitsbestrebungen sein? Könnte andererseits der »blinde Despotismus« – mit Kostomarow gesprochen –, mit dem Eltern über Kinder und Adlige über Leibeigene herrschten, der verstärkte und direkte Ausdruck des ursprünglichen Dranges nach Selbständigkeit sein, der sich in begrenzten Tätigkeitsfeldern äußerte? Diese Interpretation stützt eher die These, daß die Gesellschaft sich nach der Prägung in der Kindheit entwickelt und nicht umgekehrt. Für dieses Kapitel können wir jedoch als wesentlichen Punkt festhalten, daß die Entwicklung zur Selbständigkeit des Kindes behindert wurde und die soziale und politische Umwelt diese Behinderung unterstützte.

Veränderungen in der Kindheit

> Ich habe mich mehr als üblich um dich gekümmert,
> weil ich einfach der Stimme meines Herzens folgte.
> Radischtschew

Im achtzehnten und neunzehnten Jahrhundert änderte sich das traditionelle Muster der Kindheit in Rußland. Der Wunsch von Adligen, bei Katharina das Recht zu erwirken, in ihrem Testament nach eigenem Ermessen über die Aufteilung ihres Erbes verfügen zu dürfen – ein Recht, mit dem sie ihre Söhne kontrollieren wollten – zeigt, daß es in der Ausübung der herkömmlichen väterlichen Autorität Probleme gab. In seinen Memoiren beschrieb Polunin den Despotismus seines Großvaters, eines Kaufmannes um 1850, als Eckpfeiler des Familienlebens. Demgegenüber war sein eigener Vater 30 Jahre später sanft und liebevoll und gestattete seinem Sohn, eine eigene Meinung zu haben.[84] In dem Zündstoff liefernden Buch »Eine Reise von Petersburg nach Moskau« (1790) beschrieb Alexander Radischtschew einige Szenen, die mit den herkömmlichen Methoden der Kinderaufzucht übereinstimmten. Über den Verkauf einer Gruppe Leibeigener schreibt er z. B.:

Die vierzigjährige Frau ist eine Witwe, die Amme des jungen Herren. Bis heute empfindet sie ihm gegenüber eine gewisse Zärtlichkeit. Ihr Blut fließt in seinen Adern. Sie ist seine zweite Mutter, und er verdankt sein Leben mehr ihr als seiner wirklichen Mutter, die zwar den Augenblick der Empfängnis genossen, sich aber in seiner Kindheit nicht um ihn gekümmert hatte. Seine Amme war seine wahre Mutter.[85]

In einem anderen Teil des Buches entwirft Radischtschew ein literarisches Porträt eines unkonventionellen Vaters, der sich von seinen zwei erwachsenen Söhnen verabschiedet, die in den Staatsdienst treten wollen. Der alte Edelmann erklärt seinen Söhnen, daß sie nicht bei Kindermädchen und Hauslehrern, sondern unter den Augen ihres Vaters aufgewachsen seien, die der Autor als Augen voll »freundlicher Vernunft« beschreibt. Dann erzählt der Edelmann seinen Söhnen:

Von eurer Kindheit an habt ihr von mir niemals einen Zwang erfahren. Ihr solltet euch weder durch Schüchternheit noch durch blinden Gehorsam eingeengt fühlen ... Wenn ich meinte, daß ihr in eurer Kindheit von dem Weg, den ich euch bereitet hatte, kraft eines Zufalls abgebracht wurdet, dann hielt ich euch an, oder besser, dann führte ich euch unmerklich auf den alten Weg zurück, genauso wie ein Strom, der die Deiche durchbricht, von einer geschickten Hand wieder zurückgeleitet wird.[86]

Das Bild allein zeigt schon, worum es geht: keine Behinderung, sondern frei fließende Entwicklung unter geschickter Führung, aber innerhalb weitgesteckter Grenzen.

Doch es bleibt die Frage, wie ein Mensch, dessen Selbständigkeit in der Kindheit durch die üblichen Erziehungsmethoden unterdrückt worden war, als Erwachsener entweder die väterliche Autorität herausfordern konnte (wie die Söhne Adliger um 1760) oder als Eltern die Entwicklung seiner Kinder zur Selbständigkeit zulassen konnte. Von einem Erwachsenen, der in seinem Leben wenig Erfahrung im Umgang mit Selbstbestimmung hatte, kann man kaum erwarten, daß er die Bemühung seiner Kinder, eigenständig zu handeln, toleriert. Außerdem fordert ein solches Kind die Eltern geradezu heraus, da die Familie der einzige Ort war, an dem die Eltern selbst freie Macht ausüben konnten. Das Grundbedürfnis des Kindes nach Eigenständigkeit war eine Bedrohung für die geringe Selbständigkeit der Erwachsenen und mußte deswegen unterdrückt werden. Wurde das Kind selbst Vater oder Mutter, erlebte es das gleiche Gefühl eingeschränkter Autonomie und die gleiche damit verbundene Bedrohung durch seine Kinder. So begann der Kreislauf immer von neuem. Meines Erachtens liegt der Ansatz für die Veränderung in der Eltern-Kind-Beziehung in einem äußeren Einfluß, der es dem einzelnen – Eltern und Kind – ermögliche, außerhalb der Familie mit der Entwicklung von Autonomie zu beginnen.

In der traditionellen russischen Familie – und Gesellschaft –, in der das herrschende Wertsystem Gehorsam und Unterdrückung der individuellen Autonomie verlangte, hatte der einzelne kaum eine andere Wahl, als seinen Drang nach Selbständigkeit zu verdrängen und abzuwehren. Doch verdrängte Triebe können wieder an die Oberfläche gelangen, wenn die sozialen Bedingungen es zulassen. Das ist es, was meiner Meinung nach im achtzehnten und neunzehnten Jahrhundert in einzelnen Russen vor sich ging, die – entweder durch bestimmte Veränderungen oder durch Maßnahmen der Regierung – in neue Situationen gestellt wurden. Dann wurden sie dazu fähig, die in der Kindheit verhinderte Selbständigkeit zu erfahren. Und von einem Vater, der infolge eines plötzlichen Wandels kultureller Bedingungen erstmalig ein eigenes Gefühl von Selbständigkeit erlebte, kann man wohl erwarten, daß er eher bereit war, auch die Eigenständigkeit seiner Kinder zuzulassen, eine Haltung, die wahrscheinlich zu schweren Konflikten mit den eigenen Eltern und den überlieferten sozialen Werten führte.

Der Einfluß von schicksalhaften Ereignissen zeigt sich in den Familien von Wladimir Polunin und Nikolai Tschernyschewski, dem bekannten Literaturkritiker. Polunins Großvater Achim, ein wohlhabender Fischgroßhändler in Kursk in der Mitte des neunzehnten Jahrhunderts, hielt seine Familie getreu dem *Domostroj* am kurzen Zügel. Er führte seinen Sohn Jascha in das Familien-

unternehmen ein und suchte auch eine Frau für ihn aus (natürlich nach Geschäftsinteressen). Aber dann wurde der Tod des Fischlieferanten zum Schicksalsschlag für das Familienunternehmen. Achims Schuldner weigerten sich, ihre Rechnungen zu bezahlen mit der Behauptung, das Geld würde nur den Erben des Verstorbenen zugute kommen, die es mit Sicherheit verschwenden würden. Achim dagegen fühlte sich moralisch verpflichtet, seine Verbindlichkeiten gegenüber dem Nachlaßvermögen zu begleichen. Beides zusammen stürzte die Familie in den Bankrott. Jascha wurde dadurch gezwungen, Teehändler zu werden, schließlich nach Moskau zu ziehen und dort eine Verwaltungsposition in der Teefirma der Gebrüder Perlow zu übernehmen.[87]
Tschernyschewskis Vater Gabriel war der Sohn eines Dorf-Diakons und wurde, wie es dem Brauch entsprach, in das örtliche Seminar geschickt, um denselben Beruf wie sein Vater zu erlernen. »Doch 1880 wurde seine Karriere plötzlich durch einen ungewöhnlichen Umstand unterbrochen.«[88] Der Priester an einer der bestsituierten Kirchen in Saratow starb und hinterließ eine fünfzehnjährige Tochter. Der Bischof von Penza beschloß, den jungen Gabriel nach Saratow zu schicken, damit er das Mädchen heiratete und auch das Kirchenamt übernahm. In beiden oben beschriebenen Fällen entfernte ein zufälliges Ereignis den Sohn aus dem herkömmlichen Familienrahmen und brachte ihn in eine Situation, in der er auf sich selbst gestellt war und die seiner traditionellen Erziehung nicht entsprach. Die neue Situation erlaubte ihm, ja zwang ihn sogar, andere Verhaltensmuster zu entwickeln als die, die er sich unter der väterlichen Weisung angeeignet hatte; kurz, Polunin und Tschernyschewski konnten die Selbständigkeit entwickeln, die ihnen in ihrer Kindheit vorenthalten worden war. Beide wurden unkonventionelle Väter. Polunin war ein freundlicher, liebevoller Mann, der seinem Sohn seine eigene Meinung ließ. Tschernyschewski wurde beschrieben als ein Mann, der »seinen Sohn auf weise Art zur Selbsterziehung anleitete«; er war ein Mann, der dem jungen Nikolai Wertvorstellungen eher durch Beispiel als durch körperliche Strafe vermittelte.[89]
Aus den Maßnahmen der zaristischen Regierung ergaben sich weitere Einflüsse auf die Veränderungen der Eltern-Kind-Beziehung. Besonders einschneidend war, daß man die Erziehung adliger Kinder dem Einfluß und Umfeld der Familie entzog.

Peter I. (1689-1725) hatte zwar schon eine Pflichterziehung für alle zehnjährigen Söhne des Adels verordnet, mußte diesen Erlaß jedoch 1716 aufheben. 1722 wurde der Staatsdienst für alle Söhne des Adels zur Pflicht; und in dem Maße, wie die Ausbildung zur Voraussetzung für eine erfolgreiche Karriere im Staatsdienst wurde, wurde es für die Zehn- bis Zwölfjährigen üblich, das Elternhaus zu verlassen, eine Schule zu besuchen und später in den Staatsdienst einzutreten. Wie Peter I. sah auch Katharina II. (1762-1796) in der Familie den Ursprung der Traditionen, die Rußlands Entwicklung zu einem »aufgeklärten« Staat aufhielten. Der Wunsch, durch Erziehungseinrichtungen, einen »neuen Menschentyp« zu schaffen, war einer ihrer Beweggründe, das Schulsystem zu entwickeln und auszubauen. Katharina hatte sogar geplant, die Kinder mit fünf Jahren aus der Familie zu nehmen,[90] setzte diese Absicht jedoch nie in die Tat um. Es ist schwer abzuschätzen, welche Auswirkungen die Trennung von der Familie aus Erziehungsgründen auf die Eltern-Kind-Beziehung hatte. Das Ausmaß, in dem ein junger Russe in der Schule seine Autonomie entwickeln konnte, hing wohl von der Haltung seiner Erzieher und von seinen eigenen Fähigkeiten und Erfahrungen ab. Peter Kropotkin kann als Beispiel dafür angeführt werden, was die Schule für diese Entwicklung bedeuten konnte. 1862 beendete Kropotkin im Alter von 20 Jahren seinen fünfjährigen Dienst im Pagenkorps, in das sein Vater ihn eingeschrieben hatte, und entschied sich dann, seinen Militärdienst in Sibirien abzuleisten. Sein Vater verbot es; aber Großherzog Michael intervenierte, und Kropotkin bekam seinen Willen.[91] Das ist ein typisches Beispiel dafür, wie Schule und öffentlicher Dienst gemeinsam die Entscheidungsgewalt des adligen Vaters über die Zukunft seines Sohnes einschränkten und es dem Sohn ermöglichten, eigene Entscheidungen über seinen Lebensweg zu treffen.

Das Leben von Grigori Belinski, Vater des bekannten Kritikers Vissarion, liefert ein anschauliches Beispiel für die Auswirkungen, die der Staatsdienst auf den einzelnen haben konnte. Grigori Belinski wurde 1784 als Sohn eines armen Dorfpriesters geboren. Da die Söhne traditionsgemäß auch im Priesterberuf das Erbe ihres Vaters antraten, wurde Grigori Belinski 1798 im Seminar von Tambow eingeschrieben. Im gleichen Jahr verabschiedete Zar Paul einen Erlaß, nach dem sich Seminaristen mit guten

Lateinkenntnissen in die neueröffnete Medizinisch-Chirurgische Akademie von Petersburg einschreiben konnten; der Zar brauchte nämlich mehr Militärärzte. Mit der Aufnahme in die Akademie wurde der Student von allen kirchlichen Verpflichtungen befreit. Für die Verpflichtung zu einem anschließenden befristeten Militärdienst erhielt er gewöhnlich ein Stipendium. 1804 tauchte der Name Grigori Belinski in der Immatrikulationsliste der Akademie auf. Hier zeigt sich ein entscheidender Bruch mit der Tradition. Die sozialen Begleitumstände des Krieges hatten eine konfliktfreie Wahlmöglichkeit geschaffen, die mit der traditionellen Lebensform brach. Vorbei war es nicht nur mit der üblichen Karriere in der Familie Belinski, sondern auch mit der Entscheidungsgewalt der Eltern, die das Leben eines jungen Russen herkömmlicherweise beherrschte. Man weiß wenig über Belinskis medizinische Ausbildung und die folgende militärische Laufbahn. Doch was bekannt ist, deutet klar auf eine ständig zunehmende Autonomie seines Handelns hin. So heiratete er z. B. in Petersburg das Mädchen seiner Wahl und wurde im Krieg für persönlichen Mut ausgezeichnet. Als er wieder zu medizinischen Aufgaben in die Provinzstadt Chembar zurückkehrte, zog er sich bald zurück und verbitterte. Als Vater kümmerte sich Belinski jedoch äußerst sorgfältig um seinen Sohn. Er erzog ihn zu Hause und ließ ihn an der Universität von Moskau seine eigene Laufbahn wählen.

Kurz, der Schlüssel für die Veränderung in der Eltern-Kind-Beziehung in der russischen Familie des achtzehnten und neunzehnten Jahrhunderts scheint in den zufälligen Ereignissen und den Maßnahmen der Regierung zu liegen, die den einzelnen in Situationen stellten, die es ihm bis zu einem gewissen Grad ermöglichten, außerhalb der Familie individuelle Autonomie zu entwickeln. War dieses einzelnen gelungen, so wurden sie oft aus dem Konflikt mit der Gesellschaft und ihren Wertvorstellungen heraus zu Außenseitern. Das stand vielleicht hinter den Bemühungen der Adligen, bei Katharina zusätzliche Kontrolle über ihre Erben zu erreichen. Denn ihre Söhne akzeptierten vielleicht nach Schul- und Militärdiensterfahrungen die absolute Herrschaft ihrer Väter nicht länger. Besonders deutlich zeigt sich der Konflikt mit den traditionellen Wertvorstellungen bei Kropotkin, der Anarchist wurde, wie auch bei Grigori Belinski und Gavriil Tschernyschewski, die innerhalb ihrer Umgebung bald zu Außenseitern wurden.[92] Doch als Väter kümmerten sich Belinski und Tschernyschewski liebevoll um ihre Söhne und förderten aufgrund der Erfahrung eigener Autonomie die Selbständigkeit ihrer Söhne. Beide Söhne Wissarion Belinski und Nikola Tschernyschewski wurden wie ihre Väter in der Auseinandersetzung mit den traditionellen Wertvorstellungen der russischen Autokratie zu Außenseitern.

Die Veränderungen in den Kindheitsbedingungen hatten vermutlich tiefen Einfluß auf die russische Gesellschaft. Seit Anfang des achtzehnten bis ins neunzehnte Jahrhundert hinein beherrschte die russische »Intelligenz« *(intelligencija)* das kulturelle Leben und brachte revolutionäre Bewegungen hervor. Diese »Intelligenz« kann als eine Gruppe einzelner Gebildeter definiert werden, die individuelle Werte über die traditionellen stellte. Wenn man die ersten Lebensjahre von Angehörigen der »Intelligenz« gründlich untersucht, findet man, daß die Kindheit meist unkonventionell verlaufen war. Es gab zwischen Eltern und Kindern zwar Auseinandersetzungen, auffälliger ist jedoch die enge Beziehung zwischen ihnen und die Aufmerksamkeit und Hilfestellung, die dem Kind vom Erwachsenen zuteil wurde. Bei Männern war dieser Erwachsene meist ihr Vater, wie bei Belinski und Tschernyschewski. Das gleiche gilt auch für den Anarchisten Michail Bakunin, dessen Vater »seine Kinder mit weiser und weitsichtiger Liebe verwöhnte und, nach Aussagen seines ältesten Sohnes, stets nachsichtig und freundlich war«.[93] Bei Frauen übernahm die Mutter gewöhnlich die Rolle des liebevollen Erwachsenen. In einer kürzlich erschienenen Untersuchung über Wera Figner, Sofia Perowskaja und andere herausragende Frauen der revolutionären Bewegungen um 1870 bemerkt Barbara Engel: »Wenn wir nach einem Generationskonflikt zwischen diesen Töchtern und ihren Müttern suchen ... entdecken wir, daß es im großen und ganzen keinen gab. Viel auffälliger ist das große Maß offener oder stillschweigender Unterstützung, die diese und andere Frauen von ihren Müttern erfahren haben.«[94]

Demnach scheinen die Ursprünge wenigstens eines Großteils der »Intelligenz« in veränderten Kindheitsbedingungen zu liegen. Unkonventionell aufgewachsen und liebevoll unterstützt und gefördert, fanden diese jungen Männer und Frauen die russische Gesellschaft mit ihren Wertvorstellungen unerträglich. Sie trachteten danach, sie durch kulturelle Umwälzungen oder Revolution zu ändern. So wissen wir auch von Lenins Vater, daß er »seinen Kindern die Kunst des Schachspiels beibrachte und regelmäßig mit seinen Söhnen spielte«.[95]

Anmerkungen

1 *O razmnošenii i sochranenii rossijskogo naroda.* Zu Lomonossows kinderheilkundlichen Interessen siehe E. M. Konius, *Istoki russkoj pediatrii,* Moskau 1946, S. 73-76, und V. S. Vail', *Očerki po istorii russkoj pediatrii vtoroj poloviny XIX veka,* Stalingrad 1959, S. 3-5.
2 William T. Shinn, Jr., »The Law of the Russian Peasant Household«, *Slavic Review,* XX, 4 (1961), S. 605.
3 Geoffrey Gorer und John Rickman, *The People of Great Russia,* New York 1962, S. 98.
4 Richard Pipes, *The Formation of the Soviet Union. Communism and Nationalism. 1917-23,* New York 1968, S. 2.
5 Aleksandr V. Terešechenko, *Byt russkogo naroda,* 7 Bde. in 2, St. Petersburg 1848, III, S. 46.
6 Die Untersuchung wird erwähnt bei Vail', *Očerki,* S. 67. (E. A. Pokrowski, *Pervonačal'noje fizičeskoje vospitanije detej,* Moskau 1888, S. 3.)
7 Ebd. in einem früheren Werk, *Fizičeskoje vospitanije detej u raznych narodov preimyščestvenno Rossii,* Moskau 1884, S. 272, führt Pokrowski die Säuglingssterblichkeitsquote mehrerer europäischer Länder zum Vergleich an: Von 100 Säuglingen starben in Norwegen 10,4, in Dänemark 14,4, in England 15,4, in Frankreich 17,3 und in Rußland 32,6.
8 Ebd., S. 41-48.
9 Konius, *Istoki,* S. 73.
10 Gavriil P. Uspenskii, *Opyt' povestvovanija o drevnostijach ruskich,* 2 Bde. in 1; Charkov 1818, I, 129.
11 Nestor Maksimowitsch-Ambodik, *Fiziologija ili jestjestvennaja istorija o čeloveke,* St. Petersburg 1787.
12 Über den Gebrauch von Buchan, siehe z. B. Sergej Aksakov, *Years of Childhood,* übers. von Alec Brown, New York 1960, S. 10.
13 Pokrowski, *Fizičeskoje vospitanje,* S. 41.
14 Die letzten beiden Absätze stützen sich auf ebd., S. 42-48, 135-36. Siehe auch Robert Pinkerton, *Russia, or Miscellaneous Observations,* London 1833, S. 153-56.
15 Konius, *Istoki,* S. 97.
16 Nikolai I. Nowikow, *O vospitanii i nastavlenii detej, Izbrannyje pedagogičeskije sočinenija,* hrsg. von M. F. Šabaeva, Moskau 1959, S. 111.

17 Maksimowitsch-Ambodik, *Fiziologija*, S. xx.
18 Pokrowski, *Fizičeskoje vospitanije*, S. 41.
19 Konius, *Istoki*, S. 73-74.
20 Ebd., S. 97-98.
21 Maksimowitsch-Ambodik, *Fiziologija*, S. xxiv.
22 Nowikow, *O vospitanii*, S. 114.
23 *O sposobach otvraščat' smertonost' mladencev na pervom godu žizni v bytu krest'ianskom*, in Vail', *Istoki*, S. 238; Guthrie, *Through Russia*, 2 Bde. in 1; New York 1970, I, S. 259-60.
24 *Otvet peterburgskogo obščestva detskich vrachej na zapros S. P. Botina o pričinach vysokoj detskoj smertnosti*, in: E. M. Konius, *Očerki po istorii russkoj pediatrii, Puti razvitija sovetskoj ochrany materinstva i mladenčestva*, Moskau 1954, S. 18.
25 Pokrowski, *Fizičeskoje vospitanije*, S. 271-72.
26 Anon.: *The Common Errors in the Education of Children and their Consequences*, London 1744, S. 10.
27 Vail', *Očerki*, S. 4; Konius, *Istoki*, S. 73-74 (auf Seite 29 befindet sich auch ein Bild mit einem Kaltwasserbad); Pinkerton, S. 153.
28 Pokrowski, *Fizičeskoje vospitanije*, S. 100.
29 Ebd., S. 77-78.
30 Guthrie, S. 57.
31 Pokrowski, *Fizičeskoje vospitanije*, S. 244.
32 Aus seinen Erinnerungen in *Russia Under Western Eyes*, hrsg. von Anthony Cross, New York 1971, S. 290.
33 Pokrowski, *Pervonačal'noje fizičeskoje vospitanije*, S. 255.
34 Einige Materialien dazu, wie Bräuche bis ins 20. Jh. heinein bestanden, finden sich bei Gorer, *Great Russia*, S. 106-07, 142.
35 Wilson R. Augustine, »Notes Toward a Portrait of the Eighteenth Century Russian Nobility«, *Canadian Slavic Studies*, IV, 1970, S. 384.
36 Shinn, »Russian Peasant«, S. 601-05; Dinko Tomasic, *The Impact of Russian Culture on Soviet Communism*, Glencoe 1953, S. 82-85.
37 »Child Rearing in Certain European Countries«, *American Journal of Orthopsychiatry*, XIX (1949), S. 345.
38 Marc Raeff, »Home, School, and Service in the Life of the Eighteenth-Century Russian Nobleman«, *The Structure of Russian History*, hrsg. von Michael Cherniavsky, New York 1970, S. 215.
39 Sergei T. Aksakov, *Chronicles of a Russian Family*, übers. von M. C. Beverly, London und New York 1924, S. 205.
40 *Letters of Nikolai Gogol*, übers. und hrsg. von Carl R. Proffer, Ann Arbor 1967, S. 44-45.
41 Sonja Kowalewski, *Her Recollections of Childhood*, übers. von Isabel F. Hapgood, New York, 1895, S. 3-8.
42 Aksakov, *Years*, S. 3.
43 Siehe z. B. *My Past and Thoughts. The Memoirs of Alexander Herzen*,

übers. von Constance Garnett, rev. von Humphrey Higgins, New York 1968, I, 23.
44 Zitiert bei Marthe Blinoff, *Life and Thought in Old Russia*, University Park, Pennsylvania 1961, S. 35.
45 Reaff, *The Origins of the Russian Intelligentsia. The Eighteenth-Century Nobility*, New York 1966, S. 123.
46 Vladimir Polunin, *Three Generations, Family Life in Russia, 1845-1902*, übers. v. A. F. Birch-Jones, London 1957, S. 5.
47 *Letters*, S. 199.
48 Nowikow, *O vospitanii*, S. 95.
49 Kowalewski, *Recollections*, S. 34.
50 Sergei I. Witte, *The Memoirs of Count Witte*, übers. von Abraham Yarmolinskiy, Garden City 1921, S. 10.
51 Bettye Caldwell, »The Effects of Infant Care«, *Review of Child Development Research*, hrsg. von M. L. und Lois Hoffmann, I, New York 1964, S. 61-62.
52 Blinoff, *Old Russian*, S. 35.
53 Nowikow, *O vospitanii*, S. 169-70.
54 Herzen, *My Past and Thoughts*, I, S. 77-78.
55 Nikolai E. Wrangel, *Memoirs of Baron N. Wrangel, 1847-1920*, übers. von Brian und Beatrice Lunn, Philadelphia 1927, S. 14.
56 Wesley C. Becker, »Consequences of Different Kinds of Parental Discipline«, *Review of Child Development Research*, I, S. 176-77.
57 Fodor Dostojewski, *The Diary of a Writer*, übers. v. Boris Brasol, New York 1949, I, 211, 459 [deutsch: *Tagebuch eines Schriftstellers*].
58 Anton Tschechow: »Schlafen, nur schlafen« aus *Erzählungen der Mittleren Jahre 1887-1892*, München (1968).
59 Pokrowski, *Fizičeskoje vospitanije*, S. 36.
60 Zitiert bei Raeff, »Home, School, and Service«, S. 215.
61 Gogol, *Letters*, S. 46.
62 Herzen, *My Past and Thoughts*, S. 23.
63 Raeff, »Home, School, and Service«, S. 213.
64 Nowikow, *O vospitanij*, S. 95.
65 Kowalewski, *Recollections*, S. 47-49.
66 Wrangel, *Memoirs*, S. 14-15.
67 Herzen, *My Past and Thoughts*, S. 37, 27.
68 David Hunt, *Parents and Children in History*, New York 1970.
69 Gorer, *Great Russia*, S. 100.
70 Zitiert bei Blinoff, *Old Russia*, S. 35.
71 Tomasic, *Impact of Russian Culture*, S. 81.
72 N. I. Kostomarow, *Očerk domašnej žizni i nravov velikorusskogo naroda*, St. Petersburg 1860, S. 408.
73 Augustine, »Notes«, S. 408.
74 I. Gurevič, *Roditeli i deti*, St. Petersburg 1896, S. 44.

75 Robert Ker Porter, *Travelling Sketches in Russia and Sweden, 1805-08*, in: *Seven Britons in Imperial Russia*, hrsg. v. Peter Putnam, Princeton 1952, S. 327-28. Siehe auch Tomasic, *Impact of Russian Culture*, S. 82; Georg Brandes, *Impressions of Russia*, New York 1966, S. 44.

76 Anatole Leroy-Beaulieu, *The Empire of the Tsars and the Russians*, übers. v. Zenaide Radozin, New York 1893, I, S. 489.

77 Gurevič, *Roditeli*, S. 44.

78 Tomasic, *Impact of Russian Culture*, S. 93.

79 V. Zhitova, *The Turgenev Family*, übers. v. A. S. Mills, London 1947, S. 42-43.

80 Herzen, *My Past and Thoughts*, S. 77-78.

81 Wrangel, *Memoirs*, S. 44.

82 Siehe beispielsweise Marin Malia, *Alexander Herzen and the Birth of Russian Socialism*, Cambridge 1961, S. 32; Peter Kropotkin, *Memoirs of a Revolutionist*, Garden City 1962, S. 38-39, 204-07.

83 Hunt, *Parents and Children*, S. 153.

84 Polunin, *Three Generations*, S. 141-42.

85 Alexander Radishchev, *A Journey from St. Petersburg to Moscow*, übers. v. Leo Wiener, Cambridge 1958, S. 188-89.

86 Ebd., S. 113.

87 Polunin, *Three Generations*, S. 141-42.

88 William F. Woehrlin, *Chernyshevskii: The Man and the Journalist*, Cambridge 1971, S. 13.

89 Ebd., S. 18-19.

90 Konius, *Istoki*, S. 91; siehe auch Elaine Elnett, *Historic Origin and Social Development of Family Life in Russia*, 2. Aufl., New York 1927, S. 54.

91 Kropotkin, *Memoirs*, S. 124-28.

92 Über Tschernyschewski siehe Woehrlin, *Chernyshevskii*, S. 23-25; über Belinski siehe Patrick P. Dunn, »V. G. Belinskii: The Road to Reality, 1811-41« (Unveröffentlichte Dissertation, Duke University, 1969), S. 4-6, und »Perepiska Belinskogo s rodnymi«, hrsg. v. A. Akskariats, et al. *Literaturnoje nasledstvo*, Bd. 57; V. G. Belinskij, III, Moskau 1959, S. 30, 60-62.

93 E. H. Carr, *Michael Bakunin*, New York 1961, S. 7.

94 Barbara Engel, »Mothers and Daughters. A Model for Feminine Solidarity in the Revolutionary Movement of the 1870's« (ein unveröffentlichter Vortrag, der 1973 vor dem Kongreß der American Association for the Advancement of Slavic Studies gehalten wurde), S. 1, 3.

95 Nikolai Valentinov (N. V. Volski), *The Early Years of Lenin*, übers. v. Rolf H. W. Theen, Ann Arbor 1969, S. 33.

X Priscilla Robertson
Das Heim als Nest: Mittelschichten-Kindheit in Europa im neunzehnten Jahrhundert

> Christoph Kolumbus hat nur Amerika entdeckt; ich habe das Kind entdeckt.
>
> Victor Hugo

Bescherte die Philosophie der Aufklärung dem Europa des achtzehnten Jahrhunderts ein neues Vertrauen in die Möglichkeit menschlichen Glückes, so gebührt Rousseau das besondere Verdienst, die Aufmerksamkeit auf die Bedürfnisse der Kinder gelenkt zu haben. Er erreichte, daß zum erstenmal in der Geschichte eine große Gruppe von Leuten zu der Überzeugung gelangte, die Kindheit sei der Beachtung intelligenter Menschen wert. Dadurch wurde ein Interesse am Prozeß des Aufwachsens, statt bloß an dessen Produkt, geweckt. Die Erziehung der Kinder bildete einen Bestandteil des für die geistigen Strömungen der damaligen Zeit so charakteristischen allgemeinen Interesses am Fortschritt.

Die Sterblichkeitsquote der Kinder im achtzehnten Jahrhundert war erschreckend hoch für ein Zeitalter, das sich durch sein Interesse am menschlichen Wohlergehen auszeichnete und überzeugt war, dieses durch rationale Mittel erreichen zu können. Da die besten Ideen jener Zeit individuelle Initiativen befürworteten, bestand der erste Schritt zur Kindererziehung darin, die Aufmerksamkeit der Eltern auf ihr eigenes Kind zu richten. Die Mütter wurden aufgefordert, sich statt an gesellschaftlichen Vergnügungen an Spielen im Kinderzimmer zu erfreuen, und die Väter wurden ermutigt, es nicht als unter ihrer Würde liegend zu empfinden, mit Kindern umherzutollen und ihre Entwicklung zu beobachten.

Dieses Ideal der Häuslichkeit wurde im kontinentalen Europa durch verschiedene Umstände im Gefolge der Französischen Revolution und der napoleonischen Kriege verstärkt. In Frankreich machten die revolutionären Unruhen das öffentliche Leben so unsicher, daß viele Personen sozusagen ins Haus getrieben wurden, während gleichzeitig viele der – zumeist religiösen – Institutionen, die früher ein Monopol auf die Kindererziehung gehabt und sich um verwaiste und verlassene Kinder gekümmert hatten, geschlossen wurden. Nach den Beobachtungen von Mary Berry führte das zu einer »Regeneration« im Leben der französischen Oberschicht, da die Kinder nach der Geburt nicht mehr von ihren Eltern getrennt wurden und in der Adoleszenz nicht mehr als Fremde in ihr Vaterhaus zurückkehrten.[1] Als in Deutschland unter der napoleonischen Herrschaft die verschiedenen Fürstentümer verschwanden und die nationale Stimmung einen Tiefpunkt erreicht hatte, spielte sich das Wiedererwachen der Kräfte zunächst innerhalb der Familie ab. Am häuslichen Herd erwachten von neuem Patriotismus, Loyalität und die Entschlossenheit, wieder eine eigene Nation zu schaffen, die es den Deutschen ermöglichen würde, die französischen Eindringlinge zu vertreiben. In England gab es keine politische Revolution und keine ausländische Invasion, aber infolge der industriellen Revolution mußten immer mehr Menschen ihre Heime verlassen, um irgendwo Arbeit zu finden. Eine Flut religiöser und sentimentaler Propaganda ergoß sich über die allein zu Hause gebliebenen Frauen, um sie davon zu überzeugen, daß ihre Arbeit für die Gesellschaft genauso nützlich, ja sogar noch »heiliger« sein könnte als die der Männer; und über enge Wände brauchten sie nicht unglücklich zu sein, da sie ja innerhalb ihrer Wände ein Himmelreich erschaffen könnten.

Ein großer Teil der Fürsorge für das Kind lag im neunzehnten Jahrhundert natürlich in den Händen von Eltern und Dienern, die ganz auf konventionelle Ansichten, Bräuche und Aberglauben bauten. Gleichzeitig führten jedoch eine neue geistige Basis und ein neues Gefühl der Verantwortung beim europäischen Mittelstand zu einer Form der Kindheit, die in Geist und Wirkung etwas völlig Neues darstellte.

Säuglingspflege

Die Geburt selber blieb im neunzehnten Jahrhundert gefährlich und schmerzhaft, wenn auch um die Jahrhundertmitte Chloroform in Gebrauch kam, um die schlimmsten Schmerzen der Mütter zu mildern; die Ärzte pflegten es mit den Worten zu verabreichen, es sei »der süßeste Duft, den man je gerochen« – wie meine Schwiegermutter mir einmal erzählte.

Die Praxis, männliche Geburtshelfer heranzuziehen, die in den oberen Schichten Kontinentaleuropas im achtzehnten Jahrhundert üblich geworden war, griff sehr langsam auf England und die armen Bevölkerungsschichten über. William Cobbett beklagte diesen Wandel und hatte das Gefühl, in den neunziger Jahren des achtzehnten Jahrhunderts einen Fehler gemacht zu haben, als er einen männlichen *accoucheur* gerufen hatte, nachdem sein zweites Kind tot zur Welt gekommen war.[2]

Um 1860 halfen in Paris männliche Ärzte bei etwa 35 Prozent der Entbindungen, meist bei reichen Frauen; 12 Prozent kamen in Krankenhäusern nieder, und 53 Prozent zogen eine Hebamme zu Hilfe.[3] Es waren auch hauptsächlich Hebammen, die Abtreibungen durchführten, und ihre Wartezimmer waren immer voll.[4] Mme. Millet-Robinet, deren Ratgeber in Frankreich sehr verbreitet waren, empfahl 1889, Ärzte aufzusuchen, wies aber darauf hin, daß *sages-femmes* ebenfalls die ärztliche Zulassung besäßen. Einen männlichen Arzt hielt sie für vorteilhafter, weil er ihrer Meinung nach mehr Gelassenheit besaß.[5]

In England fand die Entbindung im allgemeinen im Verborgenen statt; sie wurde nur selten in der Literatur beschrieben. Die Geschwister wurden weggebracht, und man erwartete, daß sie, wenn sie am nächsten Tag der Reihe nach hereinkommen durften, um das Neugeborene zu sehen, ganz erstaunt waren. In Frankreich war die Geburt nicht mit soviel Geheimnissen umgeben. Es gibt einen Bericht über eine Geburt in einer Familie der Mittelschicht, den man als klassisch bezeichnen könnte. Er erschien in dem populären Buch *Monsieur, Madame et Bébé* von Gustav Droz,[6] das offensichtlich mit dem Ziel geschrieben worden war, bei Männern ein Interesse am Prozeß des Vaterwerdens zu wecken – und dadurch möglicherweise die sinkende Geburtenzahl zu erhöhen.

In Droz' Darstellung war alles zu finden: die junge Frau im Bett, die »Oh Doktor, mein Gott, Doktor« jammert, und das immer lauter, bis ihrem Mann kalte Schauer über den Rücken liefen und er sicher war, daß etwas nicht in Ordnung war; der gute Arzt lächelte gelassen; er lieh sich einen Bademantel und Pantoffeln, um es sich für die lange Nacht gemütlich zu machen; die Mutter der jungen Frau kämpfte mit den Tränen, während sie sagte: »Nur Mut, mein Liebling, wir haben für unser Glück zu zahlen«; die Amme döste mit steifen Gliedern im Vorzimmer neben dem

Kinderbettchen, das für das Baby bereitstand; die beiden Tanten, zwei Jungfern, saßen im Salon, die eine Voltaire lesend, die andere ihren Rosenkranz betend, und von Zeit zu Zeit murmelten sie: »schrecklich«. Bei einem der schlimmsten Schreie machte der Arzt einen kleinen Scherz. »Das kleine Mädchen«, meinte er, »wird in einer halben Stunde da sein.« Diese Worte brachten den Gatten fast noch mehr aus der Fassung als die Schmerzen seiner Frau. »Scherzen Sie nicht mit mir, Herr Doktor«, bat er, »Sie wissen genau, daß es ein Junge werden soll.« Und natürlich wurde es dann ein Junge, denn bei seinem Bestreben, zur Vaterschaft zu ermutigen, schien M. Droz allein an männlichen Nachkommen interessiert zu sein.

Der erste Schrei des Kindes erzeugte eine triumphale Stimmung und alle strömten in das Gemach. Die neue Mutter preßte die Hand ihres Gatten und flüsterte: »Bist du zufrieden mit mir? Ich tat mein Bestes für dich«, während der Arzt das glitschige Baby in Windeln wickelte, ihm eine Haube aufsetzte und der Amme genaue Vorschriften gab, was sie in Zukunft zu tun habe.

In jedem Zeitalter und in jedem Land wurden – in welch subtiler Form auch immer – Jungen stets den Mädchen vorgezogen. In England wurde das oft verschleiert, und in den großen Familien schien es gleichgültig zu sein, ob ein bestimmtes Kind nun männlichen oder weiblichen Geschlechts war; doch war Mme. de Ségur, die ihre verheiratete Tochter in London besuchte, darüber schockiert, daß der Geburtshelfer für ein Mädchen fünfzehn und für einen Jungen zwanzig Pfund in Rechnung stellte.[7] In Deutschland verlangte der Dorfpfarrer vier Kreutzer für einen Danksagungsgottesdienst; der Vater bezahlte aber bereitwillig zehn, wenn es für einen Jungen war, während er das Kleingeld aus seinen Taschen zusammenkratzte, wenn es um ein Mädchen ging.[8] In Frankreich hing die Bevorzugung von Jungen mit dem dringenden Bedarf nach einer großen Armee zusammen. »Ein neuer Verteidiger des Vaterlandes«, pflegte der Bürgermeister gegenüber den Zeugen zu äußern, die die Geburt eines Jungen ins Geburtsregister eintragen ließen, und die französischen Bauern waren bekannt für die Äußerung: »Ich habe keine Kinder, Monsieur, ich habe nur Mädchen.« Frances Power Cobbe berichtete 1862, daß es in Neapel »bis vor kurzem« Brauch gewesen sei, eine kleine schwarze Fahne herauszuhängen, wenn ein Mädchen geboren worden war, um den Nachbarn die peinliche Frage danach zu ersparen.

Es ist bekannt, daß Rousseau dafür eintrat, daß die Mütter ihre Kinder selbst säugten. Zu seiner Zeit war es fast allgemein Brauch in Frankreich, die Kinder, die in Städten geboren wurden, zu einer Säugamme aufs Land zu schicken. Mehr als achtzig Prozent der 21 000 Babys, die in den 80er Jahren des achtzehnten Jahrhunderts in Paris geboren wurden, wurden zu professionellen Säugammen geschickt. Im Laufe der nächsten hundert Jahre hörte diese Praxis fast völlig auf; in den siebziger Jahren des neunzehnten Jahrhunderts betraf sie nur noch die Kinder von kleinen Kaufleuten und Handwerkern, deren Frauen im Geschäft benötigt wurden. Statt dessen bildete sich bei den Familien, die es sich leisten konnten, der Brauch heraus, Säugammen in die Familien aufzunehmen, wobei die verheirateten eine höhere Bezahlung fordern konnten als die unverheirateten, weil man jene in moralischer Hinsicht höher einstufte.

Im Gefolge Rousseaus wurde in den meisten Büchern den Müttern empfohlen, ihre Kinder, wenn irgend möglich, selber zu säugen, und man hielt das auch nicht mehr für geschmacklos. 1824 meinte Mme. de Rémusat, daß das Säugen unter Umständen für ein Mädchen aus der Oberschicht vielleicht zuviel sein könnte, daß es aber zumindest selbst für das Baby sorgen und die Säugamme nur für ihre eigentlichen Zwecke benutzen sollte.[9] Ihren Ratschlägen bezüglich des Familienlebens fügte Michelet noch die interessante Beobachtung hinzu, daß ein Kind, das gestillt wird, den Beginn der Zärtlichkeit erfährt, wenn es versucht, sich durch das Zusammenziehen seines kleinen Körpers ganz der Mutter hinzugeben.[10] Mme. Breton, eine Hebamme, erfand eine populäre Art von künstlichen Schnullern und Flaschen, die sie in Paris verkaufte. In den dreißiger und vierziger Jahren waren sie sehr gefragt, aber leider waren sie nur in der Stadt erhältlich; daher beschrieben einige der Handbücher für Mütter, wie man einen Schnuller selber dadurch herstellen könne, daß man die Zitzen einer Kuh oder Ziege in einer Kalklösung kochte.[11]

Allgemeiner Wohlstand und eine größere Unabhängigkeit der Frauen führten gegen Ende des Jahrhunderts wieder zu einer Zunahme der Verwendung von Säugammen. Es entstand ein widerwärtiger Handel mit jungen Frauen, der u. a. in Brieuxs

Drama *Les Remplaçantes* dargestellt wurde, dessen Titel auf die Verwendung militärischer Ersatzmänner (remplaçants) anspielt. Die Dritte Republik verlangte nach der Ansicht von Brieux von beiden Geschlechtern, daß sie ihre Pflichten selbst erfüllten, und er verlieh seinem Stück dadurch zusätzliche Überzeugungskraft, daß er auf das harte Schicksal der Kinder der Säugammen hinwies, die bei künstlicher Ernährung in den Provinzen zurückgelassen wurden. Er karikierte das modische Leben der Pariser Mütter mit ihren Teegesellschaften, ihrem Fahrradfahren in knielangen Hosen und ihrer Angewohnheit, Vorlesungen am *Collège de France* zu hören.

In England waren die Säugammen auch nicht annähernd so in Mode wie auf dem Kontinent, und in der hier behandelten Periode wurde den Frauen der Mittel- und Oberschicht der Ratschlag gegeben, ihre Kinder selber zu säugen, und die meisten Mütter bemühten sich, das auch zu tun. In ihrem bekannten *Handbook of Domestic Management* ging Mrs. Buton davon aus, daß ihre Leserinnen ihre Kinder neun bis fünfzehn Monate säugten. Lady Auckland, die Mutter von Emily Eden, war stolz darauf, daß sie dreizehn von ihren vierzehn Kindern selbst gestillt hatte. Die Einsicht, daß das Stillen für die Mutter gut ist – was Ärzten seit langem bekannt war –, wurde durch die Vorstellung ergänzt, daß die Milch einer »groben« Frau keine angemessene Diät für ein Kind aus der Oberschicht sein könne.[12] Als jedoch die Flaschen aufkamen, wurden sie schnell allgemein benutzt. Mrs. Panton, die Babys haßte und ein Handbuch für Mütter schrieb, in dem sie darlegte, wie diese mit ihrer schlimmen Situation fertig zu werden versuchen sollten, erklärte ihren Leserinnen, daß das Stillen eines Kindes – abgesehen davon, daß es schmerzhaft sei – im mittleren Alter zu Verzweiflung und schließlich zu einem frühen Tod führte, ja, daß es sogar zum Trinken treiben könne. Sie betonte, wieviel einfacher es doch sei, einem kleinen Kind gute Gewohnheiten beizubringen, wenn es die Flasche bekomme.[13]

In Deutschland war während dieser Zeit in der Mittel- und Oberschicht die Verwendung von Säugammen sehr verbreitet, und es kam nur selten vor, daß eine Mutter ihre Kinder selber säugte.[14] In Italien hielt sich der Brauch, die Kinder wegzuschikken, sehr viel länger als in Frankreich; sogar im Elternhaus selber scheinen sie weitgehend der Fürsorge des allgemeinen Dienstper-

sonals überlassen worden zu sein, statt einer speziell für sie verantwortlichen Person.
Ein anderer von Rousseau kritisierter Brauch war das Wickeln; dennoch starb diese Gewohnheit in Frankreich so langsam aus, daß im Jahre 1891 in einem Buch über Kinderpflege der Verwunderung darüber Ausdruck verliehen wurde, daß es ein Jahrhundert nach Rousseau noch notwendig sei, vor jener Praxis zu warnen.[15] Viele Ratgeber für Eltern drückten sich vorsichtig aus; obgleich in diesen Büchern fast niemals das alte feste Wickeln, das die Arme mit einbezog, empfohlen wurde, ließen doch viele den Müttern die Wahl zwischen einer abgeschwächten Form des Wickelns mit Bändern und einer Bekleidung nach »englischer« Art, die Befestigungsvorrichtungen im Hosenzwickel aufwies und die *culottes* genannt wurde. Ein Vorteil dieser Methode bestand darin, daß sie die Gewöhnung ans Nachttöpfchen erleichterte. Das feste Wickeln hatte das Baby oft so steif gemacht, daß es ihm weh tat, wenn man seine Windeln wechselte, was wiederum – wie in einem Teufelskreis – dazu führte, daß das Kindermädchen wenig Lust hatte, die Windeln zu wechseln.[16]
Deutsche Babys wurden fester und länger gewickelt als französische; man nannte sie »Wickelkinder«.[17] Im Jahre 1877 wurde in *Fraser's Magazine* ein deutsches Baby als ein »klägliches Objekt« geschildert, das wie eine Mumie in meterlange Bandagen gefesselt und eingebunden sei, von denen es ein- oder höchstens zweimal pro Tag befreit würde. Das Kind wurde selten gebadet. Es wurde in Windeln gewickelt, bis es etwa sechs Monate alt war; dann erlaubte man ihm, über den Fußboden zu kriechen, wobei man ihm eine kalte Kartoffel in die Faust steckte, damit es nicht schrie. Der englische Autor weist darauf hin, daß es schwierig sei, ein gewickeltes Kind zu liebkosen, und daß es dem Kind unmöglich sei, seine Ärmchen um die Mutter zu schlingen. Selbst bei einem erwachsenen deutschen Mädchen, so hieß es, sei die Haltung ganz anders als die eines englischen Mädchens, weil es im frühen Kindesalter gewickelt worden sei.[18] 1908 beschrieb ein Deutschland bereisender Engländer das »Steckkissen«, einen verhältnismäßig jungen Nachfolger der Wickelbänder, bei dem es sich um eine Art langen Sack handelte, der die Beine und den Körper, nicht aber die Arme fesselte. Es war mit einer Polstereinlage gefüttert. Den Kindermädchen wurde gesagt, daß es gefährlich sei, ein Baby aus diesem Steckkissen herauszunehmen, solange

seine Knochen noch weich seien; so lag das Kind acht Wochen lang Tag und Nacht in diesem Sack. Luft, Licht und Seife wurden allesamt als gleichermaßen gefährlich für das Kind angesehen, und es wurde nicht zugelassen, daß ein Kind im Freien schlief.
In Italien, so berichtete Lady Morgan, würden die Babys so fest eingewickelt, daß ihnen durch den Druck das Blut in den Kopf stieg und die kleinen Gesichter sich purpurn färbten, und wenn Mitglieder der aufgeklärten Mittelschichten Zweifel an dieser Praxis äußerten, stießen sie auf den Widerstand des Klerus. Selbstgefällig bemerkte Lady Morgan, daß man in England vom Wickeln seit vielen Jahren nichts mehr gehört habe.[19]
Das Waschen war ein ernstes Problem, besonders auf dem Festland, wo die Kindermädchen lange dem arbeitssparenden Aberglauben angehangen hatten, es sei gefährlich, Kinder zu waschen, und in manchen Fällen sogar dem Aberglauben, es sei schädlich, Kinder vor einem Alter von zwei Jahren zu kämmen. In England galt dagegen kaltes Wasser als stärkend. William Cobbett, ein großer Do it yourself-Vater, bestand darauf, daß man jedes Kind täglich gründlich wasche; das bedeute zwar eine gute Stunde harte Arbeit, aber während das Kind sich mit Händen und Füßen wehre, könne man singen. Mit Kindern zu singen, mit ihnen zu sprechen und sie herumzurollen sei sehr gut für sie; und Rachitis hielt er für die Folge einer stumpfsinnigen Umgebung.[20] Es stimmt, daß erwachsene Engländer kaltes Baden bevorzugten, aber für die Kinder war es eine Tortur. In Elizabeths Grants Londoner Zuhause war es üblich, daß die leicht bekleideten Kinder von ihrem Kinderzimmer oben im Haus zum Hof neben der Küche gebracht wurden, wo das Wasser in der Badewanne unter Umständen eine Eisdecke hatte. Elizabeth schrie, flehte, bat darum, vor dem Untertauchen verschont zu werden – aber vergeblich. Nach dem Eintauchen wurde sie in ein Baumwollkleid mit kurzen Ärmeln gesteckt – ohne Flanell-Unterwäsche darunter – und bekam ein kaltes Frühstück. Ihr Vater stand über ihr, und wenn sie klagte, bekam sie seine Peitsche zu spüren.[21]
Auch das Baden im Meer wurde für gesund gehalten: August Hare wurde in die Wellen getaucht, bevor er verständlich sprechen konnte.[22] Marianne Gaskell »mußte« im Alter von zwei Jahren »baden«. Mrs. Gaskell hatte Angst um sie, aber ihre Tante Anne war »eine ausgezeichnete Baderin« und übernahm die Verantwortung.

Elizabeth Grant war zwar ziemlich leicht bekleidet, aber viele viktorianische Kinder hatten eher zuviel als zuwenig an. Nur wenige Eltern erkannten, worauf Charles Kingsley hinwies – nämlich das instinktive Verlangen der Kinder, sich von den Kleidern zu befreien und sich an Fleisch zu schmiegen.[23] Statt dessen wurden sie von Kindheit an dazu erzogen, sich niemals zu entblößen. Wenn kleine Mädchen zu gehen begannen, wurden sie in ein Leibchen, ein Unterhemd – ohne das zu gehen nicht »schicklich« war – und ein Korsett gesteckt. Beide Geschlechter trugen Korsetts. Jungen trugen sie bis zu einem Alter von ungefähr sieben Jahren, Mädchen ihr Leben lang. Es gab Knöpfe, um Strumpfbänder, Schlüpfer, den Flanellpetticoat, den weißen Petticoat mit dem Mieder, schwarze Strümpfe, ein Kleid und eine Schürze zu halten. Die Jungen wurden zunächst genauso gekleidet wie die Mädchen; später kam aber der große Tag, an dem sie ihre erste Hose bekamen (was für die Mütter angeblich ein Trauma darstellte).

> Welche Freude für Philipp! Heute
> Hat er seine langen Kleider fortgeworfen
> Und zieht (vorbei ist die Kinderzeit)
> Die Männer-Hosen an ...
> Schärpen und Kleider sollen die tragen, die sie brauchen,
> Philipps Glieder sind endlich frei.
> Er kann laufen oder reiten
> Und zwanzig Dinge nebenher tun,
> An denen ihn seine Unterröcke hinderten –
> Ist er nicht ein glücklicher Bursche?[24]

Man fragt sich sofort, ob Mädchen jemals einen solchen Augenblick der Freude erlebten.

Der beste – mir bekannte – Bericht über die Gefühle und die Fürsorge einer aufgeklärten Mutter für ihr kleines Kind ist das Tagebuch, das die Romanschriftstellerin Mrs. Gaskell über die ersten Jahre ihrer Tochter Marianne führte.[25] Marianne wurde im September 1834 geboren. Das Tagebuch beginnt wenige Monate später.

Im Alter von sechs Monaten lächelte und strampelte das Baby, wenn sein Vater hereinkam, und zeigte so, daß es ihn erkannte. Die Eltern versuchten, seine Aufmerksamkeit zu trainieren, indem sie es anspornten, solange wie möglich auf in seinem Blickfeld liegende Gegenstände zu schauen, und sie waren erfreut darüber, daß sein Sinn für Entfernungen sich verbesserte, so daß es nicht länger Sonnenstrahlen zu fangen versuchte. Sie waren verärgert über seine kleinen Ausbrüche von Ungeduld, »ja von Eigensinn, wenn ein solches Wort auf ein so liebes Wesen anzuwenden nicht zu hart wäre«. In diesem Alter hörte Marianne gerne Gesang, hatte aber Angst vor dem Piano. Fremden gegenüber war sie mißtrauisch. Sie lag auf dem Flur und strampelte viel, was ihr ungeheuren Spaß machte. Ihre Mutter war aber entschieden der Ansicht, sie sollte gehen lernen, wenn sie selbst es wolle; weder selbst half sie ihr, noch erlaubte sie den Dienern, ihr zu helfen.

Fünf Monate später glaubte ihre zärtliche Mutter, gehört zu haben, wie sie »Mama« sagte. Zu dieser Zeit konnte sie, sich an irgend etwas festhaltend, sicher auf den Beinen stehen. Sie klatschte in die Hände, schüttelte Hände und verstand Sätze wie »Wo sind die Kühe?«. Sie hatte es jedoch nicht gern, wenn man sie Fremden vorführte. Mrs. Gaskell pflegte Marianne niemals etwas zu versprechen, ohne es zu halten, und verwirrte sie niemals dadurch, daß sie ihre Aufmerksamkeit auf Dinge lenkte, die gar nicht da waren.

Zwei Monate später, als Marianne dreizehn Monate alt war, hatte die Mutter in Combes *Physiology* gelesen, daß physische Zustände wie Hunger und Erschöpfung einen Menschen mürrisch machen können. Sie wollte gerne alle berechtigten Wünsche Mariannes erfüllen, überlegte aber, wie auf deren Gefühle am besten einzugehen sei – denn diese konnten schön sein, wenn sie gesund, und quälend, wenn sie morbide waren. Um diese Zeit konnte das Kind unter anderem wie ein Hund bellen, miauen, küssen und auf verschiedene Gegenstände zeigen.

Mit sechzehn Monaten krabbelte Marianne noch nicht hinter Spielsachen her, die wegrollten, so daß Mrs. Gaskell sich Sorge wegen ihrer schwachen Glieder machte. Aber im Februar 1836 begann sie endlich unter Zuhilfenahme von Stühlen zu gehen, ihre Beine wurden kräftiger, und das Zahnen ging bei ihr verhältnismäßig problemlos.

Obgleich Mrs. Gaskell wollte, daß ihr Kind gehorchte, und ihre kleinen Ungehorsamkeiten beklagte, schrieb sie auf derselben Seite: »sie ist nicht so unabhängig, wie sie sein sollte und wie ich es gern sähe«. Marianne war achtzehn Monate alt. Sie mochte jedoch andere Kinder sehr gern, was ihre Mutter sehr freute.

Erst mit zweiundzwanzig Monaten, als ihre Eckzähne schon da waren, begann Marianne plötzlich, selbständig, ohne sich an irgendwelchen Gegenständen festzuhalten, zu gehen. Sie liebte Geschichten und war ein Plappermaul; da die Gaskells aber von einem Mediziner gehört hatten, daß bis zum Alter von drei Jahren das Gehirn eines Kindes ständig zur Erregung neige, versuchten sie nicht, ihr irgend etwas beizubringen. Sie hatten vor, wenn sie vier Jahre alt war, mit Lektionen zu beginnen, und sie bis dahin in ihrem Beobachtungsvermögen, ihrer Aufmerksamkeit und ihrer Beharrlichkeit zu unterstützen.
Als sie drei Jahre alt war, wurde eine Schwester geboren, und Marianne wurde deshalb in das Haus ihrer Tante Lamb gebracht. Eines Nachts hatte Tante Lamb einen Schlaganfall und konnte nicht antworten, als das Kind zu ihr ins Bett wollte. Sie blieb noch acht Wochen bei der Tante – eine unangenehme Erfahrung.
Wieder zu Hause wurde sie sehr nützlich und unabhängig (endlich) und pflegte kleine Dienste zu verrichten wie zum Beispiel Papas Pantoffeln zu holen. Mit großen Bedenken entschlossen sich die Eltern, sie mit dreieinhalb Jahren auf eine Schule für kleine Kinder zu schicken. Sie meinten, dadurch würde ihr Sinn für Gehorsam und Ausdauer vervollkommnet, aber vielleicht auch ihre Freude am Zuhause geschwächt, und möglicherweise würde sie auch mit Kindern zusammenkommen, die ihr Dinge erzählten, von denen sie nichts erfahren sollte. Sie entschlossen sich zu einem Kompromiß: Marianne sollte die Schule nur halbtags besuchen, und Mrs. Gaskell würde sie selbst abholen, um zu verhindern, daß sie herumspielte; die Nachmittage sollte Marianne zusammen mit der Familie verbringen. Mrs. Gaskell hoffte, auf dem Nachhauseweg werde sie dann immer hören, was passiert sei – unter anderem natürlich Berichte über die unerwünschten Mitteilungen fremder Kinder.

Disziplinierung der Kinder

Der englische Geistliche Dr. George Moberly sagte 1840, daß ein Kind mit drei Jahren wissen sollte, daß es sich, wenn es ungehorsam sei, auf ein aussichtsloses Spiel einlasse.[26] Der Beweis für die Richtigkeit seiner Auffassung habe sich, so meinte er, ergeben, als seine kleine Tochter an Scharlach erkrankte. Obgleich ihr das Schlucken von Arzneimitteln zuwider war, nahm sie sie doch, wenn die Eltern sagten »Nun mal zu, Alice« – und das, so meinte er, hätte ihr Leben gerettet.

Die Arbeit über Moberly ist zum Teil darum interessant, weil sich darin eine Parallele zum Fall des bekannten deutschen Arztes Dr. Daniel Gottlieb Moritz Schreber zeigt, der sich nur wenige Jahre früher selber zum Fachmann der Kinderpsychologie ernannt hatte.[27] Dr. Schreber war ein überzeugter Anhänger der totalen Kontrolle über Geist und Handlungen eines Kindes. Die beste Methode, diesen Zustand zu erreichen, bestand seiner Ansicht nach nicht im Schlagen, vielmehr meinte er, ein gut erzogenes Kind könnte dadurch kontrolliert werden, daß die Eltern es beobachteten, denn ein gutes Kind hätte nicht den Wunsch, sich anders zu benehmen, als die Eltern es wünschten. Er glaubte, das Kind empfinde echte Liebe und Freiheit, und wenn es wirklich einmal geschlagen worden sei, solle es einem anschließend freundlich lächelnd die Hand schütteln, um zu zeigen, daß es keine bitteren Gefühle habe. Das Resultat dieser Erziehung war, daß Schrebers Sohn zu einem der berühmtesten Geisteskranken des neunzehnten Jahrhunderts wurde. Er schrieb eine Autobiographie über seine Geisteskrankheit und wurde zum Gegenstand einer Arbeit von Freud, der den »Fall Schreber« einer Analyse unterzog.

Die meisten Fälle von Kinderkontrolle waren weniger ausgefallen. Als Augustus Hare drei Jahre alt war, schrieb seine Mutter in ihr Tagebuch, daß er weiterhin *warum* fragte, doch sie legte Wert darauf, seine Fragen niemals zu beantworten, ausgenommen in den Fällen, in denen es ihr ausdrücklicher Wunsch war, daß er Fragen stellte.[28] Mit fünf Jahren wurde Augustus zwei Tage lang von einer Tante bei Brot und Wasser in sein Zimmer eingesperrt, um seinen Geist zu brechen; der kleine Sohn der Tante hatte ihn gebissen und geschlagen, und Augustus wurde nicht erlaubt, sich zu rächen. Später, als Junge, wurde er schwer bestraft, weil er den Wunsch geäußert hatte, einige Kinder zu seinem Geburtstag einzuladen, um mit ihnen zu spielen.

Obgleich diese Art von Brutalität offensichtlich eine Ausnahme darstellte, waren doch sogar die aufgeklärtesten Philosophen davon überzeugt, daß es das wichtigste für Kinder sei, daß sie auf ihre Eltern »hörten«. Ihr Geist müsse gezügelt werden, schrieb

Ann Taylor, obgleich sie ausdrücklich hinzufügte, daß er nicht gebrochen zu werden brauche; es könnte sogar Situationen geben, in denen Kinder ihren Eltern etwas vorschreiben dürften, ohne daß diese »Gefahr liefen«, ihre elterliche Autorität zu verlieren. So wurde Mrs. Gaskell zum erstenmal mit dem Problem der Disziplinierung ihres Kindes konfrontiert, als Marianne noch in der Wiege lag. Wenn das Baby schrie und sich herausstellte, daß das, was es wünschte, gut für es war, gab Mrs. Gaskell ihr das Gewünschte ohne weiteres, selbst wenn das für sie selber sehr unbequem war. Eine Mutter sollte eine Menge tun, um ihr Kind nicht unnötig zu frustrieren. Wenn sich aber herausstellte, daß das Baby etwas haben wollte, was es nicht haben sollte, sollte man es ihm auch niemals geben. Dann würde es bald von selbst aufhören, wegen solcher Dinge zu weinen.
Nur wenige Eltern beobachteten so aufmerksam wie Mrs. Gaskell, was sich im Geist ihres Kindes eigentlich abspielte, und nur wenige waren in ihren Vorstellungen so hartnäckig wie Mrs. Hare. Natürlich waren die Mütter, als ihre Kinder noch in der Obhut von Kindermädchen waren, weniger aufmerksam und mischten sich weniger ein. Es könnte sein, daß die größere emotionale Distanz der Kindermädchen die emotionale Entwicklung der Kinder verzögerte.
Den Wechsel von der körperlichen zur psychischen Bestrafung setzt C. W. Cunnington[29] in den vierziger Jahren des neunzehnten Jahrhunderts an. Dafür habe ich aber keine ausreichenden Beweise gefunden. Auf die Prügelstrafe ist in den englischen Internatsschulen nie verzichtet worden, und erst Ende des neunzehnten Jahrhunderts hörten die aufgeklärtesten Eltern auf, ihre Kinder zu Hause mit der Rute zu züchtigen. Schließlich nahmen die Eltern der damaligen Zeit die Bibel viel wörtlicher, als wir das heute tun, und sie waren der Meinung, der biblische Befehl über den Umgang mit der Rute könnte einfach nicht falsch sein. Edmund Gosse wurde, als er (um 1855) sechs Jahre alt war, von seinem Vater wegen Ungehorsams mit dem Stock geschlagen. Als er später darüber nachgrübelte, meinte er, daß es gewiß Kinder gebe, die durch eine Tracht Prügel klüger würden; in seinem Fall habe sie aber nur zu einer mörderischen Wut geführt. »Es handelt sich dabei weitgehend um eine Sache der Konvention. Eine solche Lektion würde (so hörte ich) von den Kindern unserer Aristokratie mit Stolz erduldet, von den unteren Klassen aber nicht ertra-

gen.«³⁰ Augustus Hare wurde auf Verlangen seiner Stiefmutter von seinem Onkel bestraft – einem Geistlichen der anglikanischen Kirche, der ein Buch mit dem Titel »The Mission of the Comforter« (»Die Mission des Trösters«) geschrieben hatte. Das dabei verwendete Instrument war eine Peitsche. Als Augustus Hare erwachsen war und eine unverhüllte Darstellung seiner schmerzvollen Kindmeit gab, wurde er wegen mangelnder Ehrfurcht scharf kritisiert. Als er später für das *Dictionary of National Biography* das Leben seines Onkels schilderte, paßte er sich der allgemeinen Sitte an und schrieb einen schmeichelhaften Bericht.

J. A. Froude war seiner Erinnerung nach im Alter von zwei Jahren zum erstenmal geschlagen worden, weil er sein Kinderkleidchen beschmutzt hatte.³¹ Ann Taylor erhielt ihre erste Tracht Prügel, weil sie sich nicht daran erinnern konnte, was T-H-Y hieß. Man warf ihr bewußten Eigensinn vor. Ruskin wurde verprügelt, wenn er schrie oder nicht gehorchte oder die Treppe hinunterstolperte; auf diese Weise lernte er früh »gelassene und sichere Formen des Lebens und der Bewegung« und die Freude am »Anschauen von Dingen«, obgleich sein späteres emotionales Leben deformiert war.³²

Mrs. Gaskell, die auf die Stimmungen ihrer Tochter achtete, war »verpflichtet«, dem Kind, als es dreieinhalb Jahre alt war, »traurig und freundlich leichte Hiebe zu geben«. Eine solche Behandlung machte, so stellte sie fest, Marianne in der Tat gehorsamer, ohne daß sie Unmut gezeigt hätte.

Die Frage der körperlichen Bestrafung von Mädchen im Elternhaus wurde in den Leserbriefspalten des *Englishwomen's Domestic Magazine* während der Jahre 1867-69 ausführlich erörtert. Die Hälfte der Eltern, die sich, ratsuchend oder -gebend, zu diesem Thema äußerten, war schon bei der bloßen Vorstellung entsetzt und hielt solche Praktiken für unnötig, falsch und gefährlich für Schamgefühl und Sittsamkeit der Mädchen. Die dramatischsten Briefe kamen allerdings von denen, die, stets mit größter Befriedigung, von erfreulichen Resultaten der Prügelstrafe berichteten. Sie debattierten darüber, ob man in der Kindheit anfangen oder bis zum Alter von fünf oder sechs Jahren warten solle; ob man bis zum Alter von vierzehn oder fünfzehn Jahren damit fortfahren solle; ob man die Züchtigung auf den nackten Hintern vornehmen solle; welches Instrument am geeignetsten sei – ein Pantoffel (unwirksam), eine Rute (das beliebteste Mittel) oder speziell für solche Zwecke konstruierte Lederriemen (das schmerzhafteste Instrument). Einige meinten, rasches Verprügeln sei die sauberste Lösung und gehe am schnellsten vorüber; es erzeuge weniger Unwillen als lange Isolation oder Brot und Wasser. Andere waren überzeugt, Schlagen sei ein sicheres Mittel, Kinder nicht nur ihren Eltern, sondern ihrem eigenen Gefühl für persönliche Würde und Identität zu entfremden.

Wo zu anderen Bestrafungsmethoden als dem Schlagen gegriffen wurde, hingen sie oft mit dem Essen zusammen. Die Nahrung, die die englischen Kinder erhielten, war im günstigsten Fall äußerst einfach und monoton. Das übliche Abendgericht für Kinder bestand aus trockenem Brot und Milch. Einfallsreichere Nahrung galt als schlecht für die Verdauung und die Moral des Kindes. Ein fast allgemein verbreiteter Grundsatz war, daß man Kindern niemals erlauben solle, um etwas zu bitten oder eine Vorliebe zum Ausdruck zu bringen; sie sollten vielmehr einfach essen, was ihnen vorgesetzt wurde.[33] So wurde Elizabeth Grants Schwester, die eine Abneigung gegen Spinat hatte, bei jeder Mahlzeit wieder der Spinat vorgesetzt, bis sie ihn – nach dreißig Stunden – aus lauter Hunger aß.[34] Mrs. Hare bestrafte Augustus dafür, daß er ein Bonbon gelutscht hatte, mit der Verabreichung einer großen Portion Rhabarber und Soda. Selbst wo die Strafe dem Vergehen gar nicht angemessen war, wurde oft zum Nahrungsentzug gegriffen. James Mill verurteilte seine beiden jüngeren Kinder, die sich bei einem Wort in ihren Übungen geirrt hatten, und John Stuart, der das hatte durchgehen lassen, zum Verzicht auf ihr Essen.[35]

Eine der hartherzigsten Maßnahmen in England bestand darin, daß Kindern in einem bestimmten Alter erlaubt wurde, zum Dessert herunterzukommen und im Eßzimmer zu erscheinen, wenn die Erwachsenen gerade ihre zweifellos üppigen Mahlzeiten beendeten. Manchmal wurde den Kindern derselbe reichhaltige Nachtisch zugeteilt wie den Erwachsenen; häufiger aber erhielten sie nur ein Stückchen Apfelsine oder Apfel, oder sie wurden, wie zum Beispiel Ruskin, gezwungen, Nüsse für die Gäste zu knacken, ohne selber etwas davon nehmen zu dürfen. Seinen ersten Eierkrempudding probierte Ruskin, als er einmal den Rest des von seinem Vater nicht aufgegessenen Essens erhielt.[36] Charlotte Yonge hob hervor, daß ihre Mutter sie dazu erzog, es nicht als Härte zu empfinden, wenn sie zusehen mußte, wie andere Speisen aßen, die sie selber nicht essen durfte.[37] Aber wiederum ist es Augustus Hare, der die allergrößten Qualen erlitt. Seine Mutter und seine Tante hatten extra wunderbar feine Kuchen und Puddings gemacht und präsentierten sie dem Jungen, als ob er sie essen könnte; dann ließen sie sie unangerührt verschwinden und sagten, sie seien für die Armen des Dorfes bestimmt.

Ein anderes allgemein übliches Mittel der Bestrafung war psychologischer Art. Wenn die Geschichte in *The Fairchild Family*, in der zwei Kinder mit zum Galgen genommen wurden und sich die gehängten Verbrecher ansehen mußten, auch erfunden war und aufgrund öffentlichen Protestes aus späteren Auflagen sogar entfernt wurde, so hielt man doch weniger drastische Formen der Angst und der Beschämung durchaus für sinnvoll und wirksam.[38] Zum Beispiel mußte Milly Aclands kleiner Bruder ein Schildchen mit der Aufschrift »Georgina, sie tritt« tragen, das er haßte und das Milly in ihrer Ansicht bestärkte, daß es zwischen einem Verstoß und seiner Bestrafung keine rationale Verbindung gebe.[39]

Ein besonders kluges Kind wie Fanny Kemble war unangreifbar. »Ich weinte nie, war niemals trotzig, niemals nachtragend, klagte nie und bereute weder meine Missetaten noch ihre Folgen, sondern akzeptierte sie gleichermaßen mit einer philosophischen Heiterkeit des Geistes, die meine armen verwirrten Ausbilder zur Verzweiflung brachte.« Mit vier Jahren wurde ihr einmal eine Narrenkappe gegeben, die sie zu Hause tragen sollte, aber sie tanzte damit die Einfahrt hinunter und rief den Vorbeigehenden zu, sie möchten sie bewundern. Als sie nichts als Brot und Wasser bekam, erklärte sie, daß es ihr nun wie den armen französischen Gefangenen erginge, die jederman so bedauerte. Und als ein Freund von Mrs. Siddons, ihrer Tante, sie fragte: »Fanny, warum betest du nicht zu Gott, daß er aus dir einen besseren Menschen mache?«, antwortete sie: »Das tu ich ja, aber er macht mich immer schlechter.«[40]

Manchmal waren es auch die Eltern, die beschämt waren. In einem Gedicht, *The Toys*, beschrieb Coventry Patmore, wie ein Vater sein Kind schlug und es ohne Gutenachtkuß ins Bett schickte, weil es siebenmal ungehorsam gewesen war. Als er aber in das Schlafzimmer kam, um noch einmal im Bett nach ihm zu sehen, bemerkte er die nassen Augenwimpern und sah, daß das Kind seine Spielsachen um sich herum versammelt hatte, um sich zu trösten. Da war es der Vater, mit dessen Gelassenheit es vorbei war.[41]

Es gab immer einige, die bei der Erziehung ihrer Kinder ohne körperliche Strafen auskamen. William Cobbett zum Beispiel, der wegen seines Protestes gegen die an einigen britischen Soldaten vollzogene Prügelstrafe ins Gefängnis gesperrt wurde, zog seine Kinder groß, ohne je mit ihnen zu schimpfen, ja sogar ohne ihnen Befehle zu erteilen.[42] Er schickte sie weder in die Schule, noch gab er ihnen Lehrer, bot ihnen aber alle möglichen Chancen, wie zum Beispiel Bücher, Schreibzeug, Papier. Das Kind, das morgens als erstes unten war, nannte er an dem betreffenden Tag »die Lerche«. Er behauptete, um Kinder auf diese Art erziehen zu können, müsse man ihnen das Gefühl vermitteln, daß man dies allem, was man sonst tun könnte, vorzöge. Vielleicht ist das ein Grund dafür, warum eine solche Erziehung so selten war, wenn sich auch Charles Kingsley und Charles Darwin später ausschließlich auf die guten Empfindungen ihrer Kinder stützten und die althergebrachte Disziplinierung für unnötig hielten.

In Frankreich scheint die körperliche Bestrafung viel seltener praktiziert worden zu sein als in England. Philip Hamerton berichtete, daß die Kinder der Mittelschicht niemals geschlagen wurden. Die übliche Bestrafung bestand in diesem Kreise darin, die Kinder einzusperren oder ihnen nur noch trockenes Brot zu geben.[43] Bei den Bauern, so gab er zu, war das Schlagen von Kindern durchaus üblich, und es herrschte patriarchalische Gehorsamspflicht. (Meine französische Informantin, die im Jahre 1900 geborene Tochter eines Postmeisters, erzählt mir allerdings, daß sie von Zeit zu Zeit verhauen wurde und das für völlig normal hielt.)

Französische Ratgeber-Bücher vermitteln den Eindruck der Milde. Das halboffizielle *Manual des Jeunes Mères* (1884) von Mme. Millet-Robinet forderte die Eltern auf, Kinder niemals zu schlagen, obgleich schlechte Gewohnheiten früh bekämpft werden sollten und das Kind begreifen müsse, daß es »einen Willen gibt, der stärker ist als seiner«. Um das Kind von dieser Tatsache zu überzeugen, empfahl sie Methoden wie zum Beispiel das Wegnehmen von Spielzeug oder das Vorenthalten des Nachtischs – niemals sollte man aber das Kind einsperren oder ihm nur Brot und Wasser geben.⁴⁴ Das populäre *Livre de Famille,* dessen Ansichten über Leben und Disziplinierung viel strenger sind, empfiehlt Prügel, aber nur für die über Fünf- oder Sechsjährigen. Auch der Autor dieses Büchleins weist ausdrücklich darauf hin, daß man Kinder sowohl durch Härte als auch durch Schwäche zugrunde richten könne.⁴⁵

Ein voraussagbares Resultat war, daß ausländische Beobachter meinten, die Kinder der französischen Mittelschicht seien verwöhnt. Miss Metham sagt, die Säugammen seien beauftragt, die Kinder niemals weinen zu lassen, und daß man den Kindern später alles gebe, wonach sie verlangten. Wenn sie alt genug seien, um im Kreise der Familie zu essen, würden sie immer zuerst bedient, und, gemessen an deutschen und englischen Standards, fehle es an Disziplin. Die Franzosen selber waren indessen der Ansicht, daß für die Kinder das gemeinsame Essen mit ihren Eltern ein unschätzbarer Gewinn sei, und zwar sowohl in bezug auf ihren Geschmack für gutes Essen als auch hinsichtlich ihrer Fähigkeit, Konversation zu betreiben.⁴⁶

Franzosen, die das deutsche Familienleben kennenlernten, waren ihrerseits erstaunt darüber, daß deutsche Kinder schon so frühzeitig diszipliniert wurden. Henri Didon – der, wie man zugeben muß, die Deutschen haßte – meinte, Gewalt und Brutalität, auf die ein französisches Kind nur mit Entrüstung reagieren würde, führten in Deutschland zur erfolgreichen Kontrolle über die Kinder. Otto Corvin berichtet, daß er unter den Peitschenhieben seines Vaters mehrere Male das Bewußtsein verloren habe, und glaubte, daß sein Bruder durch solche Maßnahmen für immer geschädigt worden sei.⁴⁷ Als Corvin auf die Kadettenschule kam, hörte er von zwei Selbstmorden von Schülern, die nicht die Schande ertragen konnten, aus Gründen der Disziplin geprügelt worden zu sein – im Unterschied zu der allgemeinen Akzeptierung dieser Praxis in den englischen public schools. Als sie schon größer war, fragte Adelheid Mommsen ihren Vater Theodor Mommsen, den großen Historiker der römischen Geschichte, warum Kinder niemals zuerst sprechen und nie ihre Eltern oder älteren Geschwister kritisieren sollten. Diese Sitte, so meinte sie, mache sie schüchtern und ungeschickt, und ihr Vater räumte ein, damit habe sie möglicherweise recht.⁴⁸

Bei zumindest zwei Themen waren die Menschen des Viktorianischen Zeitalters ebenso verbohrt wie zurückhaltend: Verstopfung und Masturbation. Sie hatten einen Abscheu davor, Worte, die in ihren Augen schmutzig waren, zu Papier zu bringen, so daß Handbücher für den Umgang mit Kindern, die im übrigen auf alles eingingen, das Thema der Reinlichkeitserziehung gewöhnlich aussparten. Nichtsdestoweniger stand ein regelmäßiger Stuhlgang im neunzehnten Jahrhundert an erster Stelle unter den Gesundheitsregeln, und ihm galt die erste Frage, die ein Arzt im Krankheitsfalle stellte. Die Behandlung des kleinen Kindes, soweit sie sich auf jenen Bereich bezog, blieb der Volksweisheit und der mündlichen Überlieferung überlassen. Der Autor von *The Rise and Fall of the British Nanny* kam aufgrund von Gesprächen mit Personen, die noch das Kindermädchen-System miterlebt hatten, zu der Schlußfolgerung, daß die Ammen die Kinder oft schon im Alter von einem Monat an den Topf zu gewöhnen begannen und das Kind, wenn es älter war, auf seinem Topf jeden Morgen allein »versuchen« ließen. Falls das nicht klappte, wurde ein unangenehmes Abführmittel verabreicht.[49]

In einer kleinen französischen Erzählung aus dem Jahre 1895: *Carrots*, die Autobiographie eines schlimmen Jungen, wird berichtet, wie der junge Held eines Nachts zu der Überzeugung kam, es sei zu kalt, um in den Hinterhof hinauszugehen, wo das Klo war, und es sei bequemer, seine Fäkalien in den Kamin zu entleeren. Seine Mutter hatte vergessen, ihm einen Nachttopf zu geben; am Morgen kochte sie eine besondere Suppe, die ein wenig von seinen eigenen Exkrementen enthielt, und zwang ihn, das Gericht zu essen.[50] Aus dieser Geschichte lernen wir sicher mehr über das Fehlen von Hemmungen angesichts von den Körper betreffenden Vorgängen bei den Franzosen und über ihren strengen logischen Sinn als über die übliche Reinlichkeitserziehung.

Führte Verstopfung zu allen möglichen üblen Zuständen des Körpers, so galt von der Masturbation, daß sie unmittelbar zur Geisteskrankheit führe, was von den Eltern verlangte, alles in ihrer Macht Stehende zu tun, um jene Praktik einzudämmen. Ihre Anstrengungen in dieser Hinsicht waren sonderbar, hart und wirkungslos.

Obgleich die schwerwiegendsten Maßnahmen sich oft gegen die Selbstbefleckung von Jungen im Pubertätsalter richteten, wurde häufig auch ein subtiler Druck ausgeübt, um jüngere Kinder von Anfang an davon abzuhalten – er war oft so subtil, daß er sein

Ziel verfehlte. So berichtet Gathorne-Hardy von Leuten, die sich erinnerten, einfach durch die Ermahnung verwirrt worden zu sein, sich »nicht selbst zu berühren«. Auch die kalten Bäder, zu denen so dringend geraten wurde, bildeten wahrscheinlich einen Bestandteil dieser Kampagne, da sie oft Heranwachsenden empfohlen wurden, die darauf bedacht waren, jene schlechte Gewohnheit einzudämmen – obgleich kaltes Baden in den Augen der Leute des Viktorianischen Zeitalters andere Vorzüge hatte.

Zu den ernsteren Maßnahmen gehörte, daß man die Hände der Kinder im Bett festband. Dr. Maeve Marwick, eine Edinburgher Ärztin, erinnerte sich zum Beispiel daran, daß ihr Klavierlehrer sie fragte, warum ihre Handgelenke so verschrammt seien. Die drastischste Maßnahme bildete der chirurgische Eingriff. Für Jungen, die beim Onanieren ertappt wurden, wurde gewöhnlich die Beschneidung empfohlen, und zumindest ein Arzt sprach sich Mitte des Jahrhunderts auch für die Klitoridektomie bei Mädchen aus. Glücklicherweise wurde er jedoch fast umgehend aus der British Medical Association ausgeschlossen.

Der unbeschreibliche Dr. Schreber erwähnte in seinen Ausführungen zur totalen Kontrollierung der Kinder an keiner Stelle die Masturbation, jedoch legen viele der von ihm empfohlenen Maßnahmen – von kalten Bädern von einem Alter von vier oder fünf Jahren an bis zu seinem ausgefeilten System von Gurten und Stützen, die angeblich für eine gerade Haltung des Kindes sorgen sollten – den Gedanken nahe, daß er dabei die Vermeidung der Masturbation im Sinn hatte.

Besonders in Deutschland kursierten hartnäckige Gerüchte, daß Kindermädchen die ihnen anvertrauten Kinder masturbierten, um sie ruhig zu halten. Solche Gerüchte erhielten immer dann frische Nahrung, wenn irgendein Kind autistisch oder physisch krank wurde. (Von den gleichen Unterstellungen habe ich auch in Louisville, Kentucky, gehört. Sie gingen bis auf ungefähr die Jahrhundertwende zurück.) Glücklicherweise waren einige Leute in der Lage, die Dinge klar zu sehen. Von heilsamem Einfluß war unter anderem Dr. Albert Moll, dessen auf lebenslanger Forschung und sympathetischer Beobachtung beruhendes Buch *Das Sexualleben des Kindes* in den ersten Jahren des zwanzigsten Jahrhunderts erschien.[51] Als junger Arzt war er, wie er berichtet, in Übereinstimmung mit dem, was man ihm beigebracht hatte, der Überzeugung, die Masturbation könne ungeheure Schäden verursachen. Er stellte aber fest, daß praktisch alle Jungen und ein großer Teil der Mädchen masturbierten, ohne daß es zu erkennbaren schlimmen Folgen kam. Er erwähnte besonders einen achtjährigen Jungen, der von seiner Mutter und seiner Amme zu ihm gebracht wurde, weil sie glaubten, daß er jede Nacht masturbiere. Zufällig konnte der Arzt bei demselben Patienten im Alter von vierundzwanzig Jahren eine Nachprüfung vornehmen, bei der er feststellte, daß er völlig gesund und hinsichtlich seiner sexuellen Potenz absolut normal war. In seinem Buch warnte er die Eltern, in oszillatorischen Bewegungen bei einem Baby oder einem kleinen Kind schon einen Beweis für Masturbation zu sehen; vielleicht drücke das Kind damit nur sein allgemeines Wohlbefinden aus.

Die Ideale: Kindheit, Heim und Familienleben

Rousseau – obgleich von vielen als das *enfant terrible* des achtzehnten Jahrhunderts angesehen – lieferte Gründe für die Auffassung, daß Kinder von Natur aus gut und mit der Fähigkeit zur Vernunft ausgestattet seien und ihre natürlichen Tugenden nur freigesetzt zu werden brauchten. Die entgegengesetzte Auffassung, daß Kinder von Geburt an schwierig, wenn nicht sogar verdorben seien, impliziert, daß das einzige Mittel dagegen Gewalt sei. Zu Beginn des neunzehnten Jahrhunderts waren Rousseaus Gedanken sehr modern, und es gab eine Reihe von Schriftstellerinnen, die seine Theorien in praktischen Ratgebern verbreiteten. Viele von diesen sind sehr erfreulich, wie zum Beispiel Maria Edgeworths Buch *Practical Education,* das zu lesen wegen ihrer Respektierung des kindlichen Geistes auch heute noch nützlich ist und dessen Lektüre wegen der betörenden Beispiele Freude macht. Maria, die zusammen mit ihrem Vater, Richard Lovell Edgeworth, sechzehn jüngere Schwestern und Brüder aufzog, wurde einmal gefragt, woher es denn komme, daß sie soviel über Kinder wisse. »Nun, ich weiß nicht«, gab sie zur Antwort, »ich lege mich hin und lasse sie über mich krabbeln.« Sie war von einer ihrer Stiefmütter, Honoria Edgeworth, beeinflußt, die der Überzeugung war, daß die Erziehung »eine experimentelle Wissenschaft« sei, und Notizbücher über das Verhalten ihrer Kinder führte.[52] Eine der großartigsten Einsichten Marias war, daß man weder aus Weisheit noch aus Torheit Vorurteile gegen die Aussagen der Kinder über ihre eigenen Werte haben solle.

In Deutschland schrieb Karoline Rudolphi, eine Zeitgenossin Marias, die denselben Grundsätzen anhing, ein Buch in Form einer Reihe von Briefen, die eine erfahrene Mutter an eine jüngere Mutter richtete[53] und die in fiktiver Form die Erfahrungen eines kleinen Mädchens vom achten Tag seines Lebens bis zu seiner Heirat schilderte und die jeweils dazu passenden Ratschläge gab. Die Autorin hebt bei jedem Stadium die Notwendigkeit von Freundlichkeit, Vernünftigkeit und Ermutigung der natürlichen Regungen auf konstruktive Weise hervor. Mme. Guizot, die Frau des französischen Politikers, leistete dasselbe für französische Mütter mit »Briefen« einer Mutter, die ihren als Diplomaten fern von zu Hause weilenden Mann über die Fortschritte ihrer Kinder auf dem laufenden zu halten sucht.[54] Bei den erwähnten Autorinnen geht es mehr um die Erziehung der Mädchen als um die der Jungen, da man der Auffassung war, die Mütter hätten ihre Töchter bis zu deren Verheiratung zu betreuen, während die Jungen zur Schule gingen – aber jede gibt auch Ratschläge und Beispiele in bezug auf kleine Jungen mit Bemerkungen über die notwendigen Unterschiede zwischen den Geschlechtern.

Das beste Beispiel für die entgegengesetzte Theorie bietet Hannah More, die, obgleich ein wenig älter als Maria Edgeworth, diese in den zwanziger Jahren des neunzehnten Jahrhunderts an Popularität übertraf. Für sie waren Kinder von Geburt an schlecht, und ihr Wille mußte, bevor sie akzeptable Erwachsene werden konnten, gebrochen werden. »Ist es nicht ein fundamentaler Irrtum, Kinder als unschuldige Wesen zu betrachten, deren kleine Schwächen möglicherweise ein paar Korrekturen erforderlich machen, statt sie als Wesen anzusehen, die eine verderbte Natur und schlechte Veranlagungen mit auf die Welt bringen, die zu verbessern das große Ziel der Erziehung sein sollte?«[55] In einer ihrer didaktischen Dichtungen tritt eine philosophische Figur auf, die darüber erfreut ist, daß ihr einziger Sohn als Kind starb, weil er nämlich sonst ein großes Vermögen geerbt hätte und Gott offensichtlich seine Seele davor bewahrt hatte, in Versuchung geführt zu werden.

Auch in Frankreich kam die pejorative Auffassung der Kindheit, obgleich sie hier weniger verbreitet war, manchmal zum Aus-

druck. Das *Livre de Famille,* ein billiges Handbuch im Pappeinband, das Ende des Jahrhunderts erschien, stellte das Kind als Personifizierung von Grausamkeit und Egoismus hin. Nur wenn es schlief, war es ein Engel. Sobald es wach war, sollte es einem absoluten Gehorsam unterworfen werden.
Ungeachtet solcher hartherzigen Auffassungen trifft doch zu, daß die Kindheit zu etwas Interessantem und Ernstzunehmendem geworden war und die gewöhnliche Gleichgültigkeit oder Brutalität früherer Jahrhunderte im neunzehnten Jahrhundert durch größeres Verständnis gemildert wurde. Obgleich Hannah More unnachgiebig wirkt, war sie doch keine grausame Frau. Zwar vertrat sie die alte christliche Vorstellung, daß der Mensch von Natur aus böse sei; nichtsdestoweniger glaubte sie aber, daß man damit am besten fertig würde, wenn man Milde walten ließ und in einer steten sanften Weise auf Gehorsam beharrte.
Die beiden eben skizzierten Auffassungen standen sich im Verlauf des neunzehnten Jahrhunderts gegenüber: auf der einen Seite die, die Kinder liebten, auf der anderen jene, die sie nicht liebten; auf der einen Seite die, die auf die Natur vertrauten, auf der anderen jene, die Gott fürchteten; auf der einen Seite die, die für eine sanfte Erziehung eintraten, auf der anderen jene, die der Überzeugung waren, Schmerz sei für Kinder gut; auf der einen Seite das Zeitalter der Aufklärung, auf der anderen puritanische Ethik. Sorgte der Nachhall der Aufklärung in der Zeit bis um etwa 1820 noch für ein gewisses Maß an Freiheit, so gab die Reaktion mit ihrem Eintreten für Konventionalität und Respektabilität jenen Publikationen Auftrieb, die in den dreißiger, vierziger und fünfziger Jahren Hannah Mores Auffassung vertraten. Gegen Ende des Jahrhunderts gelangte jedoch wieder eine neue Bewegung für mehr Freiheit zur Geltung, als Ellen Key prophezeite, das zwanzigste Jahrhundert werde »das Jahrhundert des Kindes« sein. In Frankreich wurde Rousseaus Einfluß schwächer, hörte jedoch niemals ganz auf. In Deutschland zeigte sich kaum ein theoretisches Interesse für die Kindheit, bis es in den achtziger Jahren des neunzehnten Jahrhunderts mit wissenschaftlicher Gründlichkeit hervortrat und Institute für experimentelle Forschungen auf dem Gebiet der Kinderpsychologie und Zeitschriften zur Verbreitung der Forschungsergebnisse gegründet wurden.
Die Kinder mußten natürlich erzogen werden, ohne daß man auf

die theoretische Lösung der Probleme hätte warten können, aber die Mütter verfielen doch, ob nun bewußt oder nicht, in die eine oder die andere der beiden erwähnten Verhaltensweisen und mußten ihre natürlichen Regungen mit ihrem starken Pflichtgefühl ins Gleichgewicht bringen. Es gab immer Mütter, die in ihren Kindern einen Quell der Freude sahen, und andere Mütter, für die Kinder in erster Linie eine entsetzliche Last von Verantwortung waren. Die Literatur lieferte Gründe, mit denen sich jede dieser beiden Haltungen rationalisieren ließ.

Zu Beginn des neunzehnten Jahrhunderts begründete eine bemerkenswerte englische Familie, die Taylors of Ongar, einen neuen Familientyp, und ihre Schrift darüber hatte eine beachtliche Wirkung. Das Heim, so erklärten sie, ist das große Kinderzimmer der Tugend. Man solle die Kinder nicht in getrennten Zimmern unterbringen, vielmehr sollten Eltern und Kinder gemeinsam einen großen Kreis im Salon des Hauses oder in der Küche bilden. Durch lautes Vorlesen – eine Sitte, zu deren Popularität sie wesentlich beitrugen –; dadurch, daß sie ihre Kinder selber unterrichteten; dadurch, daß sie die Kinder an den Entscheidungen der Familie teilnehmen ließen; und durch die Anregung der Kinder zu handwerklichen Tätigkeiten (den Mädchen wurde die Gravierkunst beigebracht) hofften sie unverdorbene junge Menschen zu erziehen. Zu ihren wesentlichen Grundsätzen gehörte die Wechselseitigkeit in den Familienbeziehungen. In ihren Augen begann »das Kind bereits zu schenken, wenn es nichts weiter zu geben hat als seine Zuneigung«. Allerdings fehlte bei dieser Familie bemerkenswerterweise unsere heutige Auffassung, daß es gut sei, wenn Kinder aus verschiedenen Familien und Schichten miteinander spielen. Die Taylors waren der Meinung, die Armen seien unwissend und verdorben und die Reichen ausschweifend und grausam. Daher könnten die Kinder nur durch Isolierung von schlechter Gesellschaft und falschen Vorstellungen ferngehalten werden.

Mrs. Taylor war der festen Meinung, Mütter seien dazu bestimmt, die Lehrer ihrer eigenen Kinder zu sein, und diese Aufgabe sei »eine der vernünftigsten und erfreulichsten Beschäftigungen, denen der menschliche Geist nachgehen kann«.[56] Später schrieb Mrs. Beeton, deren Buch über Haushaltsführung ein universales Nachschlagewerk für mehr als eine Generation englischer Haushälterinnen war: »Es sollte zur häuslichen Politik aller

Eltern gehören, ihren Kindern das Gefühl zu vermitteln, daß das Zuhause der glücklichste Platz in der Welt ist; daß es eines der auserlesensten Geschenke, die Eltern gewähren können, ist, sie mit der kostbaren Empfindung des Sich-zu-Hause-Fühlens zu erfüllen.«[57] Im gleichen Sinne erklärte Mrs. Ellis, die in der Popularität mit Mrs. Beeton konkurrierte, den Müttern, daß eine glückliche Kindheit die bestmögliche Vorbereitung für die Realitäten und Härten des späteren Lebens sei.[58]
Trotz der zahllosen guten Ratschläge gibt es jedoch zahlreiche unmittelbare Beweise dafür, daß die englischen Mütter in der Praxis dazu tendierten, kühl und distanziert zu sein. Flora Tristan, die sich in den französischen Verhältnissen auskannte, hatte in den dreißiger Jahren den Eindruck, daß englische Kinder nicht wußten, was es eigentlich hieß, von der Mutter liebkost zu werden, so daß sich ihre eigenen Liebesfähigkeiten nicht entwickeln konnten und die jungen Mädchen zu intimen Beziehungen unfähig wurden.[59] In einem frühen Entwurf zu seiner *Autobiography* sprach John Stuart Mill davon, daß »in England eine wirklich warmherzige Mutter eine große Seltenheit« sei, ein Abschnitt, der später gestrichen wurde.[60] Harriet Martineau erinnerte sich, daß Zärtlichkeiten seitens ihrer Mutter so selten waren, daß sie, als eines Tages ein Fremder sie liebkoste, in Tränen ausbrach, und Mrs. Asquith äußerte, daß es ihr fast unmöglich sei, die Kluft zu beschreiben, die sie als Kind zwischen sich selbst und den Erwachsenen gespürt habe; ihr erster emotionaler Eindruck sei gewesen, daß sie ausgelöscht werden sollte, ja daß sie überhaupt nicht hätte geboren werden sollen. Als ihre Mutter anfing, ihr Lesen und Schreiben beizubringen, endeten die Stunden immer mit einer Bestrafung, und sie erhielt niemals ein Lob.[61]
E. E. Kellett stellte anläßlich der Analyse seiner eigenen Kindheit fest, daß viele viktorianische Familien ihren Despotismus dadurch verbargen, daß sie die Pflicht zur Liebe genauso betonten wie die Liebe zur Pflicht – so daß sich die Kinder gar nicht richtig ihrer Situation bewußt wurden. Er schrieb sein Gefühl teilweise der Tatsache zu, daß die Mütter von ihren Kindern so selten gesehen wurden, daß sie ihnen wie besondere Gäste erschienen.[62]
Kinder wurden in England im allgemeinen in einem besonderen Kinderzimmer unter Aufsicht einer besonderen Person, des Kindermädchens, der englischen Amme, aufgezogen, die in der Regel

unverheiratet, sehr eigen und keineswegs eine Säugamme war. Sie war eine Bade-, An- und Auszieh- und Aufpaßamme. Die Sitten in England und auf dem Kontinent unterschieden sich dadurch, daß – obgleich das Charakteristikum für eine Familie der Mittelschicht darin bestand, zumindest einen Diener zu haben – das Dienstpersonal in Frankreich und Deutschland nicht spezialisiert war. Die Bediensteten wurden angestellt, um zu helfen, wo sie gerade gebraucht wurden, nicht aber, um eine besondere begrenzte Anzahl von Aufgaben auszuführen. Französische Babys waren nicht nur sehr viel häufiger mit ihren Eltern zusammen und ohne ein spezielles Kindermädchen, zu dem sie sich hätten zurückziehen müssen, sondern es wurden die Spaziergänge sogar häufig von der Mutter und der Bonne zusammen gemacht, so daß es kaum passieren konnte, daß dem Kind etwas wirklich Schlimmes widerfuhr, ohne daß die Mutter es merkte.

In England führten der Brauch, Diener sehr reserviert zu behandeln, und die Ansicht, man sollte sie bei der Erfüllung ihrer Aufgaben allein lassen, häufig zu für die Kinder schlimmen Situationen. Was das Silber betraf, so konnte die Herrin sehen, ob es glänzte oder nicht, und das Dienstmädchen gegebenenfalls hinauswerfen; wenn aber das Kindermädchen einen kleinen Jungen schwarz und blau kniff und schlimme Dinge androhte für den Fall, daß er seiner Mutter nicht vorsang: »Ich liebe Julia, ich liebe sie, ich liebe sie« (ein Fall, der sich tatsächlich ereignete), dann konnte dieses Problem jahrelang unentdeckt bleiben. Sogar Lady Amberley, die Mutter von Bertrand Russell, die außerordentlich gewissenhaft und interessiert war, mußte von anderen Bediensteten darüber informiert werden, daß man ihr erstes Kind (nicht Bertrand) hungern ließ, vernachlässigte und belog – woraufhin sie das betreffende Dienstmädchen innerhalb von drei Stunden entließ.[63] Als sie schon viele Jahre kein Kindermädchen mehr hatte, überlegte Milly Acland, warum ihre Mutter wohl niemals bemerkt hatte, daß Barley, ihr ehemaliges Kindermädchen, in ihrer Kindheit eine Art böser Geist gewesen war. Sie kam zu dem Schluß, daß die Kinderzimmer so separat waren, daß ein Kind nur selten gleichzeitig mit der Mutter und dem Kindermädchen zusammen war und das intensive Studium des Kindes damals noch nicht in Mode gewesen war.[64]

In seiner besten Erscheinungsform schuf das englische System – so zeigt ein gutes Hundert Autobiographien – eine lebensläng-

liche Anhänglichkeit zwischen Kindern und ihren Kindermädchen, und den Eltern, die einen Beitrag zu den höheren Freuden des Lebens leisteten, verlieh es einen gewissen Extraglanz. Hinzu kam, daß, während die Familienstruktur und das Kindermädchen Schutz vor Gefahr boten und für einen gewohnheitsmäßigen Gang im Hinblick auf Essen und Schlafen sorgten, immer genügend Zeit zu bleiben schien, um individuellen Interessen nachzugehen, um an vielen Nachmittagen mit zahlreichen Geschwistern kunstvolle Scharaden zu spielen, um Familienzeitungen herauszugeben, um Blumen oder Mineralien zu sammeln. Manche Autobiographen erinnerten sich an Langeweile, aber die weitaus meisten waren ihr ganzes Leben lang dankbar für diese ihnen in ihrer Jugend zuteil gewordene unstrukturierte Zeit.
Es ist interessant, daß die frühen Reformer zwischen den Rollen von Mutter und Vater nicht so stark unterschieden, wie das später geschah. Einer der enthusiastischsten Väter, die es je gab, war zweifellos der Journalist William Cobbett, der erklärte, er kenne keinen Mann, der etwas taugte, der eine Antipathie gegen kleine Kinder hätte. »Wieviele Tage, wieviele Stunden habe ich insgesamt mit Babys auf dem Arm verbracht! Wenn ich zu Hause war und kleine Kinder da waren, war meine Zeit vorwiegend aufgeteilt zwischen der Feder und dem Baby. Hunderte von Malen habe ich sie gefüttert und zu Bett gebracht, obgleich es Diener gab, denen man diese Aufgabe hätte übertragen können.« Er sagte, er habe viele Rechnungen bei lautem Kinderlärm geschrieben und die Kleinen niemals gebeten, ruhig zu sein.[65]
Obgleich soviel physische Fürsorge in der Mittelschicht ungewöhnlich war, entwickelte sich doch bei vielen englischen Vätern die Bereitschaft, Störungen in Kauf zu nehmen und die Arbeit inmitten des Lärms fortzusetzen. John Stuart Mill lernte zu einer Zeit, als es noch keine zweisprachigen Wörterbücher gab, am Arbeitstisch seines Vaters Griechisch, und James Mill, der ungeduldigste Mensch, den man sich vorstellen kann, blickte von seiner eigenen Schreibarbeit auf, um auf die Fragen des kleinen Jungen zu antworten. Es gibt auch einen ganz ungezwungenen Bericht von Dr. Arnold, wie er abends zu Hause inmitten seiner Nachkommen liest und studiert. Als die Familie 1832 in Ferien fuhr, hatte sie vier Wochen »ein fast schreckliches Glück, ohne jede Wolke, und wir genossen es alle gleichermaßen – Mutter, Vater und die ganze Kinderschar«.

Thackerays Tochter Ann wurde schon sehr früh am Morgen zu ihrem Vater gebracht und hatte das Privileg, ihm beim Rasieren zusehen zu dürfen oder, was noch besser war, ihn dabei zu beobachten, wie er Papier zerriß und Prozessionen von kleinen Schweinen mit Kringelschwänzchen herstellte oder wie er Bilder zeichnete.[66] Eleanor Fargeons Vater, ein Romanschriftsteller, nahm seine Kinder auf lange Spaziergänge mit, auf denen er ihnen lange Geschichten erzählte. Die Fähigkeit zum Fabulieren und Geschichtenerfinden war in jener Generation weit verbreitet. Heutzutage scheint sie verlorengegangen zu sein. Damals war Lewis Carroll lediglich ein Genie auf einem Gebiet, auf dem Talente reichlich vorhanden waren.

Auf der anderen Seite stößt man auf viele Beispiele für tyrannische und beschränkte Väter. E. E. Kellett berichtet, daß viktorianische Kinder ihre Väter auch dann haßten, wenn sie ihnen in der lächerlichsten Weise Ehrerbietigkeit erwiesen, und daß die Väter sehr erstaunt gewesen wären, wenn sie das erfahren hätten.[67] Das berühmteste Beispiel für diesen Typ ist Theodore Pontifex, eine Figur in *The Way of All Flesh*, die Samuel Butler seinem eigenen Vater nachgebildet hatte. Dafür wurde er allerdings von anderen Familienmitgliedern, die den alten Mann kannten und ihn ganz anders sahen, heftig kritisiert. Doch stimmt es sehr wahrscheinlich, daß es die meisten viktorianischen Väter haßten zuzugeben, daß sie nicht auf alle Fragen die richtigen Antworten wußten. Nicht umsonst wurden sie im allgemeinen als »der Gouverneur« bezeichnet.

Dieser Eindruck wird noch verstärkt durch ausländische Beobachter, wie zum Beispiel den Franzosen Emile Boutmy, der in England nicht die Unehrerbietigkeit und das Fehlen von Zwang vorfand, wie er es in seiner Heimat gewöhnt war,[68] während Dr. Wiese, ein Deutscher, das Gefühl hatte, in englischen Familien fehle jegliche Intimität.[69] Selbst Dr. Arnold meinte, daß Familienbeziehungen auf dem Kontinent vertrauensvoller waren.

Der entzückendste Anblick in Paris waren nach Meinung fast aller Besucher die Scharen von Kindern mit ihren Eltern in den Tuilerien oder im Jardin du Luxembourg an Sonn- oder Ferientagen und die außerordentliche Freundlichkeit und Aufmerksamkeit der Eltern.[70] Guizot, der die Formen der ehelichen Liebe im Laufe der Geschichte untersuchte, meinte, daß Eltern niemals zuvor so liebevoll mit ihren Kindern verkehrt hätten[71] – oder mit

den Worten Taines: in der französischen Familie ist jede Seele offen für den Tag.[72]
All das, sofern es stimmt, galt jedoch nur für die nicht sehr zahlreichen Familien der französischen Mittelschicht. Der Pariser Bürger wünschte zwar Kinder, wollte aber gewöhnlich nicht mehr als zwei, und diese Absicht legte er auch oft schriftlich in seinem Heiratsvertrag nieder. Wie Adeline Daumard hervorhob, ermöglichte die bewußte Geburtenkontrolle, daß »Liebe« anstelle von »Autorität« zum Familienband wurde.
Es ist heute schwer zu sagen, wie viele französische Väter sich um das physische Wohl ihrer Kinder kümmerten; die Literatur zu diesem Thema riet ihnen jedenfalls, eine Menge dafür zu tun. Man spürte, daß die neue Vorstellung von einem Volksstaat eine neue Art des väterlichen Gefühls erforderlich machte. Man war der Ansicht, daß die Vaterschaft in der Feudalgesellschaft durch die Konzentration auf den ältesten Sohn zu etwas Unnatürlichem geworden sei. Das neue französische Gesetz, das alle Kinder zu gleichberechtigten Erben machte, ließ dagegen jedes Kind zu seinem Recht kommen.
Wenn die Jungen den Mädchen vorgezogen wurden, so deshalb, weil Frankreich dringend Soldaten benötigte. Im übrigen machten die auf Gleichberechtigung beruhenden Erbgesetze und die Kleinheit der meisten Familien die Mädchen genauso zu einem Gegenstand finanzieller und emotionaler Fürsorge wie ihre Brüder. Dennoch gab es latente Vorurteile. Eine Schriftstellerin, die unter dem Pseudonym Gyp veröffentlichte, wurde im Alter von drei Jahren oft von ihrem Großvater spazierengeführt. Er erzählte ihr gerne vom Kaiser. »Ich will den Kaiser sehen«, erklärte sie. »Kleine Mädchen sagen nicht ›Ich will‹«, bekam sie daraufhin zu hören. Sie stellte sich vor, daß der Krieg herrlich sein müsse und fragte, ob sie Soldat werden könnte; natürlich erhielt sie zur Antwort, daß das für ein Mädchen unpassend sei. »Was für ein Unglück, daß ich kein Junge bin.« »Ja, was für ein Unglück!« sagte der Großvater.[73]
In Deutschland gab es einen regelrechten Kult um die »organische« Familie, die am besten von Dr. W. H. Riehl in seiner soziologischen Studie *Die Familie*[74] beschrieben worden ist. Riehl forderte einen streng hierarchischen Aufbau, bei dem der Vater an der Spitze stand und die anderen Familienmitglieder ihm untergeordnet waren nach Maßgabe der von ihm für »natürlich«

gehaltenen Gesetze der Unterwürfigkeit und der Gruppenidentifikation. Zu der einfachen, gesunden Kindheit, wie sie von Schriftstellern wie Gustav Freytag gerühmt wurde, gehörten Kinder mit rosigen Wangen und wenig Intelligenz, dafür aber mit tiefer Ergebenheit gegenüber den Idealen der Pflicht – und dem Staat.[75]

Die Sorge für fremde Kinder

Im neunzehnten Jahrhundert begann die Öffentlichkeit sich immer mehr für jene Kinder verantwortlich zu fühlen, die nicht die eigenen waren. Seit der Französischen Revolution wurde der Staat zunehmend als das Organ aller seiner Bürger betrachtet, und seine Ordnungsfunktionen wurden dahingehend verändert, daß sie auch ein paternalistisches Interesse einschlossen. Die Nation verstand sich als die große Mutter oder der große Vater. »Allons, *enfants* de la patrie«, wurde der Ruf mit dem man die Massen anfeuerte, und in Deutschland hieß es: »Lieb *Vaterland,* magst ruhig sein.«
Auf dem Kontinent gab es eine große Anzahl von staatlich geleiteten Waisenhäusern, in denen man sich um die Kriegswaisen kümmerte, und diese Fürsorge wurde bald auch auf Kinder ausgedehnt, die aus anderen Gründen elternlos waren: auf illegitime oder ausgesetzte Kinder, von denen es zum Beispiel 1825 in Frankreich 117 000 gegeben haben soll. Das erste Fabrikgesetz in England im Jahre 1802 galt nur für verwaiste Lehrlinge, die Schützlinge des Staates waren, aber immerhin wurde hier zum erstenmal in der Gesetzgebung die Absicht bekundet, das Wohlergehen einer Gruppe von Bürgern einzig deshalb zu sichern, weil sie jung waren. Die britische Regierung erweiterte dann ihren Aufgabenbereich und machte sich auch den Schutz von Kindern gegen Mißhandlungen durch die eigenen Eltern und Vormünder zur Pflicht. So griff sie ein, um den schlimmsten Praktiken bei der Kinderversicherung Einhalt zu gebieten (die in Großbritannien oft als Anreiz diente, ein Kind sterben zu lassen oder den Prozeß des Sterbens zu beschleunigen) oder die schlimmsten Praktiken beim In-Pflege-Geben der Kinder zu beenden (wobei habgierige Leute anboten, ein Kind gegen eine Gebühr zu »adoptieren«, aber allzu häufig Aufsicht und Pflege

vernachlässigten und die Kinder mit Opium betäubten und unter Schmutz und Unterernährung leiden ließen). In dieselbe Kategorie fallen auch die verschiedenen die Kinderarbeit betreffenden Gesetze, die jedes europäische Land erließ, um die Kinder vor Überarbeitung und Analphabetentum zu schützen.
Erst viel später kam die Überzeugung auf, daß der Staat auch gegenüber Kindern guter Eltern Verantwortung trage und für Ausbildung und medizinische Versorgung zu sorgen habe.
Natürlich war das Interesse der Regierung nicht ausschließlich humanitärer Art. Den Ökonomen und besonders den Militärstrategen blieb nicht verborgen, daß die Prosperität und die Sicherheit des Staates davon abhingen, daß es gesunde Bürger gab. Rousseau wurde nun als jemand verstanden, der dafür eingetreten war, »dem Land Bürger zu geben, während er doch nur daran zu denken schien, den Kindern ihre Mütter zu geben!«. Das autoritäre *Livre de Famille* betonte sowohl den Militarismus als auch den Nationalismus; sogar Gustav Droz erklärte, daß eine genügende Zahl von Familien wie die, die er in *Monsieur, Madame et Bébé* beschrieb, »eine Nation bilden« würden.
Manchmal hatten sogar Gesetze, die gar nicht auf das Wohlergehen der Kinder abzielten, Auswirkungen auf die Familienstruktur und das Wohlbefinden der Kinder. So hatte zum Beispiel das französische revolutionäre Prinzip, daß alle Kinder in einer Familie gleichberechtigte Erben seien, den Effekt, daß kleinere und eng um die Kinder – statt, wie unter dem Ancien Régime, um das Vermögen – zentrierte Familien entstanden. Parallel zu dem wachsenden Interesse der Regierung am Wohlergehen der Kinder – oder häufig genug, ihm vorangehend – gab es ein hohes Maß an privater Wohltätigkeit, ein Interesse von Gruppen privater Bürger an fremden Kindern. Lange bevor Staaten es für ihre Pflicht hielten, Kinder auszubilden, hatten solche Gruppen bereits Kleinkinderschulen für die Kinder arbeitender Mütter gegründet oder »Armenschulen«, auf denen arme Jungen und sogar Mädchen lesen und manchmal auch schreiben lernen konnten.
Etwa zu der Zeit, als Viktoria den Thron bestieg, nahm Flora Tristan an einer Vorstandssitzung für eine Kleinkinderschule in England teil, deren Vorsitzender ein Pair war.[76] Sie amüsierte sich darüber, daß die Beratungen scheiterten, weil die der Oberschicht angehörenden Ausschußmitglieder zu fürchten schienen, daß die Schule so förderlich sein könnte, daß die Kinder der Armen die

der Reichen überrundeten. Es kam ihnen allerdings gar nicht in den Sinn, ihre eigenen Kinder in irgendeine Art von Schule zu schicken. Flora Tristan nahm an, sie hätten Angst vor einer Vermischung der Klassen, die sie als Sozialistin nur für gut hielt.

Andererseits meinte Florence Nightingale ein Vierteljahrhundert später, daß, wenn es nach ihr ginge, keine Mutter ihr Kind selber aufzuziehen brauchte; vielmehr gäbe es dann Kleinkinderschulen für alle Kinder, und wenn sie selber ein Kind hätte, würde sie es in eine solche Schule schicken.

Als Laura Solera in Italien Kindertagesstätten für die Kinder von Fabrikarbeitern einrichtete, stieß sie auf heftigen Widerstand, weil diese Einrichtung das Arbeiten der Mutter außerhalb des Hauses zu fördern schien. Später rückte Italien jedoch, was die Sorge um die Kinder betrifft, an die erste Stelle, als Maria Montessori ihre Prinzipien der freien Entfaltung entwickelte, zuerst für behinderte, später auch für normale Kinder.

Die private Wohltätigkeit konnte aber niemals alle Kinder erreichen – das konnte nur die Regierung. So wurden privat betriebene Schulen durch kostenlose Schulen ersetzt, deren Besuch für alle Pflicht war; und private Bemühungen, Kindesmißhandlungen zu mildern, wurden durch entsprechende Gesetze ergänzt. 1889 verabschiedete das britische Parlament ein Gesetz, das Kinder vor Mißhandlungen schützen sollte; das geschah aber erst, nachdem die Gesellschaft zur Verhütung von Tiermißhandlungen Klagen erhalten hatte und zu der Überzeugung kam, daß sie sich nicht mit dem Tierschutz begnügen dürfe. 1895 erhielt die Gesellschaft zur Verhütung von Kindesmißhandlungen ihre königliche Gründungsurkunde.

Die Hauptfeinde der Kinder waren Armut und Unwissenheit. Es wurden so viele Kinder ausgesetzt, und es starben so viele in den Armen ihrer Mütter, daß Graf Pellegrino Rossi sich veranlaßt sah, in einer Vorlesung am Collège de France zu erklären, daß »die Tötung von Kindern bei uns offiziell nicht akzeptiert wird, aber vielleicht noch viel furchtbarer ist« als im Altertum, in dem Kinder systematisch ausgesetzt wurden.

Die Sorge um die Kinder erschien in der Tat als eine Tugend der Moderne, aber sie konnte zunächst nicht wirklich aufgeklärt sein. Das neunzehnte Jahrhundert war jedoch zumindest die Zeit, in der öffentliche Institutionen anfingen, Kinder als Kinder zu sehen, die wegen ihrer Hilflosigkeit und Verletzlichkeit besonderer Fürsorge bedurften, statt als kleine Erwachsene, die das Recht hatten, sich für sechzehn Stunden am Tag zu verdingen, oder als bewegliches Eigentum ihrer Eltern. Die veränderte Einstellung zum Kind, die ihren Ursprung in der Familie hatte, brachte noch vor dem Ende des Jahrhunderts große Veränderungen in der Gesellschaft als ganzer hervor.

Anmerkungen

1 Mary Berry, *Social Life in England and France, from the French Revolution in 1789 to that of July 1830*, London 1831, S. 152.
2 William Cobbett, *Advice to Young Men and (Incidentally) to Young Women in the Middle and Higher Ranks of Life in a Series of Letters Addressed to a Youth, a Bachelor, a Lover, a Husband, a Father, a Citizen or a Subject* (ursprünglich veröffentlicht 1830), London 1926, S. 221.
3 Jeanne Daubié, *L'Emancipation de la Femme*, Paris 1871, S. 362.
4 Madeleine Pelletier, *L'Emancipation Sexuelle de la Femme*, Paris 1911, S. 44.
5 Cora Elisabeth Millet-Robinet und Dr. Emile Allix, *Le Livre des Jeunes Mères*, Paris 1884, S. 64.
6 Gustav Droz, *Monsieur, Madame et Bébé*, 131. Aufl., Paris 1886, S. 243 ff.
7 Marthe de Hédouville, *La Comtesse de Ségur et les Sliens*, Paris 1953, S. 182.
8 Theodor von Hippel, *Über die Ehe, Sämtliche Werke*, Einleitung.
9 Claire, Comtesse de Rémusat, *Essai sur l'Education des Femmes. Précédé d'une Etude par Ocatave Grèard* (ursprünglich veröffentlicht 1824), Paris 1903, S. xciii.
10 Jules Michelet, *Woman (La Femme)*, übers. von J. W. Palmer, New York 1867, S. 61.
11 Siehe *Gazette des Femmes*, (28. Mai 1842). Ferner Mme. Celnart (Pseud. von Elisabeth Bayle-Mouillard), *Manuel Complet de la Maîtresse de Maison*, 3. Aufl., 1834.
12 Sarah Ann Sewell, *Woman and the Times We Live In*, Manchester 1869, S. 45.
13 Jane Ellen Panton, *The Way They Should Go: Hints to Young Parents*, London 1896, *passim*.
14 Sabine Baring-Gould, *Germany: Present and Past*, 2 Bde., London 1879, II, S. 274.

15 Millet-Robinet, *Jeunes Mères*, S. 17.
16 J. Sevrette, *La Jeune Ménagère: Soins Domestiques*, Paris 1904, ein Text für Grundschulen, S. 180. Siehe auch Celnart, 37, und Sophie, Comtesse de Ségur, *La Santé des Enfants*, Paris 1857.
17 Henry Mayhew, *German Life and Manners as Seen in Saxony at the Present Day: with an Account of Village Life, Town Life, Fashionable Life, Domestic Life, Married Life, School and University Life etc. of Germany at the Present Time*, 2. Aufl., London 1865, S. 140.
18 William Howitt, *The Rural and Domestic Life of Germany*, Philadelphia 1843, S. 30.
19 Lady Morgan, *Italy*, 3 Bde., London 1821, II, S. 225.
20 Cobbett, *Advice*, S. 240.
21 Elizabeth Grant Smith, *Memoirs of a Highland Laby: the Autobiography of Elizabeth Grant of Rothiemurchus, afterwards Mrs. Smith of Baltiboys, 1797-1830*, hrsg. von Lady Strachey, London 1911.
22 Walter de la Mare, *Early One Morning in the Spring. Chapters on Children and on Childhood as it is Revealed in Particular in Early Memoirs and in Early Writings*, New York 1935, S. 242.
23 Fanny E. Kingsley, *Charles Kingsley: His Letters and Memories of his Early Life* (ursprünglich veröffentlicht 1877), 2 Bde., Leipzig 1881, S. 260.
24 de la Mare, *Early One Morning*, S. 180.
25 Elizabeth Cleghorn Gaskell, »*My Diary*«*; the Early Years of my Daughter Marianne*, Privatdruck, London 1923.
26 C. A. E. Moberly, *Dulce Domum: George Moberly, his Family and Friends*, London 1916, S. 71 ff.
27 Morton Schatzmann, *Soul Murder: Persecution in the Family*, New York 1973.
28 Augustus Hare, *The Years with Mother: Being an Abridgment of the First Three Volumes of The Story of My Life*, hrsg. von Malcolm Barnes, 1952.
29 Cecil Willett Cunnington, *Feminine Attitudes in the Nineteenth Century*, New York 1936, S. 129.
30 Edmund Gosse, *Father and Son: Biographical Reflections*, New York 1908, S. 50.
31 Waldo Hilary Dunn, *James Anthony Froude, a Biography: 1818-1856*, enthält Froudes *Autobiography*, Oxford 1961, S. 17.
32 John Ruskin, *Praeterita. Outlines of Scenes and Thoughts Perhaps Worthy of Memory in My Past Life*, mit einer Einleitung von Kenneth Clark, London 1949, S. 12.
33 Ann Hinton Taylor, *Practical Hints to Young Females on the Duties of a Wife, and a Mother, and a Mistress of a Family*, 3. Aufl., London 1815, S. 51.
34 de la Mare, *Early One Morning*, S. 232.

35 Graham Willas, *The Life of Francis Place, 1771-1854*, 3. Aufl., New York 1919, S. 74.
36 Ruskin, *Praeterita*, S. 17.
37 de la Mare, *Early One Morning*, S. 231.
38 F. J. Harvey Darton, *Children's Books in England: Five Centuries of Social Life*, Cambridge 1958, S. 177.
39 Eleanor Acland, *Good-bye for the Present: The Story of Two Childhoods: Milly, 1878-1888, and Ellen, 1913-1924*, New York 1935, S. 31.
40 Frances Ann Kemble, *Records of a Girlhood*, New York 1879, S. 9.
41 Derek Patmore, *Portrait of my Family, 1783-1896*, New York und London 1935, S. 120.
42 Cobbett, *Advice*, S. 275 ff.
43 Philip Hamerton, *Round My House: Notes of Rural Life in France in Peace and War*, 3. Aufl., London 1876, S. 275.
44 Millet-Robinet, *Jeunes Mères*, S. 337.
45 *Livre de Famille*, S. 188.
46 Matilda Betham-Edwards, *Home Life in France*, 6. Aufl., 1913, S. 44.
47 Otto von Corvin, *Ein Leben voller Abenteuer*, herausgegeben von Hermann Wendel, Frankfurt 1924, S. 36.
48 Adelheid Mommsen, *Theodor Mommsen im Kreise der Seinen*, Berlin 1936, S. 48.
49 Jonathan Gathorne-Hardy, *The Rise and Fall of the British Nanny*, London 1972.
50 Jules Renard, *Carrots*, übers. von C. W. Stonier, London 1946 (französische Originalausgabe 1895).
51 Dr. Albert Moll, *The Sexual Life of the Child*, übers. von Dr. Eden Paul, New York 1913 (dt. Originalausgabe: *Das Sexualleben des Kindes*, Berlin 1909).
52 Maria Edgeworth und Richard Lovell Edgeworth, *Practical Education*, Amerikanische Ausgabe, 2 Bde., New York 1801, II, S. 301.
53 Karoline Rudolphi, *Gemälde Weiblicher Erziehung*, 4. Aufl., Heidelberg und Leipzig 1857.
54 Elisabeth Charlotte de Guizot, *Lettres de Famille sur l'Education*, 4. Aufl., 2 Bde., Paris 1852.
55 Hannah More, *Strictures on the Modern System of Female Education*, in *Works*, New York 1835, Bd. VI, S. 36.
56 Isaac Taylor of Ongar, *Advice to the Teens*, aus der 2. Londoner Ausgabe, Boston 1820, S. 64.
57 H. Montgomery Hyde, *Mr. and Mrs. Beeton*, London 1951, S. 98.
58 Sara Ellis, *The Mothers of England: Their Influence and Responsibility*, New York 1844.
59 Flora Tristan, *Promenades dans Londres*, Paris und London 1840, S. 303.
60 Michael St. John Packe, *The Life of John Stuart Mill*, London 1954, S. 33.

61 Margot Asquith (Hrsg.), *Myself When Young: By Famous Women of To-Day*, London 1938, S. 45.
62 E. E. Kellett, *As I Remember*, London 1936, S. 238.
63 Eleanor Farjeon, *A Nursery in the Nineties*, London 1935, S. 183.
64 Acland, *Good-Bye*, S. 25, 196.
65 Cobbett, *Advice*, S. 176.
66 Anne Ritchie, *Introduction to The Sketch Book by W. M. Thackeray in Works*, New York und London 1899.
67 Kellett, *As I Remember*, S. 227.
68 Emile Boutmy, *The English People: A Study of their Political Psychology*, übers. von E. English, New York und London 1904.
69 Ludwig A. Wiese, *German Letters on English Education*, übers. von W. D. Arnold, London 1854, S. 36 (dt. Originalausgabe: *Deutsche Briefe über englische Erziehung*, Berlin 1852).
70 Arnold Ruge, *Studien und Erinnerungen aus den Jahren 1843-45*. Ferner Harriet Beecher Stowe, *Sunny Memories of Foreign Lands*, Boston 1854, und Thackeray, *The Paris Sketch Book* (datiert 1840).
71 Karl Hillebrand, *France and the French in the Second Half of the Nineteenth Century*, übers. nach der 3. deutschen Aufl., London 1881 (dt. Originalausgabe: *Frankreich und die Franzosen in der zweiten Hälfte des XIX. Jahrhunderts*, Berlin 1873).
72 Taine, *England*, S. 91.
73 Gyp (Sibylle Gabrielle Mirabeau), *Souvenirs d'une Petite Fille*, 2 Bde., Paris 1927.
74 W. H. Riehl, *Die Familie*, Stuttgart 1856.
75 Gustav Freytag, *Erinnerungen aus meinem Leben*, Leipzig 1887.
76 Tristan, *Londres*, S. 352.

Register

Abaelard, Peter, 174, 185, 208 Anm. 30, 227 Anm. 103
Aberglaube, 335
Abführmittel, 65
Abhärtungspraktiken, 55, 64, 67, 68, 542
Abtreibung, 136, 173, 399, 426, 567
Acarie, Marie-Marguerite, 392, 409
Acco, 27
Acland, Milly, 580, 590
Adair, Carol, 482 Anm. 98
Adalbert von Prag, 482 Anm. 92
Adam, 441, 448, 455
Adamic, Louis, 52
Adams, John-Quincy, 544
Adams, Samuel, 526 Anm. 44
Adelard von Bath, 171, 220 Anm. 83, 221 Anm. 87
Adelsfamilien (Aristokratie)
  in England, 333, 342, 452, 462-463 Anm. 7
  in Frankreich, 373, 394
  in Rußland, 538-540, 546-547, 557-560
  im Mittelalter, 167-170, 176, 179, 180, 181, 185, 186, 195, 200, 201
  siehe auch Oberschicht, Familie
Adoption von Kindern, 176, 177, 232 Anm. 122, 594-595
Adriani, Messer Virgilio, 269, 279
Advice on Children, 516
Ägypten
  altes, 43, 49, 63, 123
  Flucht nach –, 255 Anm. 209, 311
Aelfric, 252 Anm. 196
Aesop, 445
Aesops Fabeln, 445
Aetius Amenidus (Aetius von Amida), 119, 211 Anm. 42
Ailred von Rielvaux, 183, 186, 191, 242 Anm. 154

Aischines, 73
Aksakow Sergei, 546
Albani-Psalter, 237 Anm. 137
Alberic, 222 Anm. 93
Alberti, Leon Battista (Familie der), 267, 268, 271, 273, 280, 284, 285, 289, 295, 298, 300, 301
Aldobrandino von Siena, 198, 208 Anm. 31, 214 Anm. 47, 215 Anm. 50, 51; 218 Anm. 67, 69, 73; 219 Anm. 76
Aleth, 180
Alis, 46
Alkuin, 68, 138, 250 Anm. 192
Allestree, Richard, 24, 481 Anm. 93
Amberley, Lady, 590
Ambisexualität, 75
Ambivalenz der Eltern-Kind-Beziehungen, 83, 498, 521
Ammen, 25, 190
  in England, 589-590
  in Frankreich, 401-402
  »tötende Ammen«, 51
  sexueller Mißbrauch der Kinder durch –, 76, 79
Ambrosius, Hl., Bischof von Mailand, 117, 127
Amerika, siehe Vereinigte Staaten
Ammoniter, 49
Amorini (putti), 284, 292-293
Amulett, 53, 335, siehe auch Zauber
Analverkehr, 77
Ancren Riwle, 221 Anm. 90
Angelsachsen, 56, 69, 233 Anm. 124
Angst, 15, 129, 306
Anna von Österreich, 404
Anne von Dänemark, 81, 330
Antella (Familie der), 269-270
Antonino von Florenz, 287
Apachen, 32
Araber, 43, 282

Aragon, Katharina von, 335
Aretino, Pietro, 295
Ariès, Philippe, 17, 18-19, 358 Anm. 9, 366, 408, 478 Anm. 79
Aristippus, 47
Aristokratie, siehe Adelsfamilien
Aristoteles, 47, 72, 73, 75, 119, 213 Anm. 42
Arme Familien, 354
   in England, 446, 475 Anm. 67, 588
   in Frankreich, 373, 387, 394, 400
   in den Vereinigten Staaten, 510, 526 Anm. 32
   im Mittelalter, 173, 176-178
Arme Heinrich, Der, 201
Armenhäuser, 552
Armenschulen, 595
Arnauld, Angélique, 392, 400, 405, 407
Arnauld D. Andilly, R., 404, 405
Arnold, Thomas, 591, 592
Arnulf, Hl., 232 Anm. 121
Ascham, Roger, 68, 351
Askese, Christliche, 126, 130
Asquith, Margot, 589
Astrologen, 338, 339, 462 Anm. 6
Athener, 55, 71, 72
Aubry, John, 434
Auckland, Lady, 570
Auerbach, Erich, 237 Anm. 136
Aufklärung, Die, 365, 403, 565, 585
Augustinus, Hl., 12, 25, 62, 113, 129-131, 139, 304, 306
Augustine, Wilson R., 545
Aulus Gellius, 59
Ausonius, 115, 135, 136
Aussegnung, 345-346
Aussetzen von Kindern, 173
   im Altertum, 56-57
   im Mittelalter, 50, 132, 172, 175, 176, 202
   im 19. Jahrhundert, 57
   in England, 57, 432, 491
   in Frankreich, 398-491

   in den Vereinigten Staaten, 57
   siehe auch Findlinge, Vernachlässigung
Autobiographien von Kindern, 18, 154
   siehe auch Tagebücher
Autonomie von Kindern, 486 Anm. 120
   Kampf um –, in Rußland, 550-560
Auvergne, 399
Ava, Frau, 159, 399
Avicenna, 60, 212 Anm. 42, 223 Anm. 97, 346

Babylon, 56
Bacon, Francis, 437
Baden von Kindern (waschen)
   mit kaltem Wasser, 55, 572, 584
   im Mittelalter, 165, 169, 198
   in England, 342, 361 Anm. 82, 430, 471 Anm. 49, 572
   in Frankreich, 380
   in Deutschland, 571
   in Italien, 312 Anm. 34
   in Rußland, 538-539
Bagellardo, Paolo, 334
Bakunin, Michail, 560
Balaunt, 394
Balduin von Jerusalem, 217 Anm. 64
Balia (Italienische Säugamme), 264, 265-280, 282, 283, 285, 288, 289, 296, 298, 299, 303, 306, 307, 308
Balzac, J.-J. Guez de, 404
Barberino, Francesco da, 61, 266-268, 272, 277, 279, 288
Bagrave, Dr. John, 335
Bark, William C., 140 Anm. 2
Barnabas, 132
Barnard, John, 499, 508, 510, 516, 517, 521, 529 Anm. 71
Bartholomäus von England (Bartholomäus Anglicus), 26, 164-165, 167, 198, 212 Anm. 42, 220 Anm. 83

Barton, Clara, 57
Bass, Benjamin, 517
Bastarde siehe Illegitime Kinder
Bateson, Gregory, 22
Batty, Bartholomäus, 70
Bauernfamilien (oder Kinder), 201
    in Frankreich, 394, 569, 581
    in Rußland, 538-542, 544, 546
Baulant, Micheline, 397
Bayern, 58
Baxter, Richard, 57, 62
Beales, Ross, 350
Beatrix von Tienen, 263 Anm. 133
Beaufort, Margaret, 342
Beda, 115
Beerdigungen von Kindern 330
Beethoven, Ludwig van, 68
Beeton, Mrs., 588, 589
Belinski, Grigori, 558
Belinski, Wissarion, 560
Bellini, Giovanni, 316 Anm. 102
Benedict, Hl., 172
Benedict, Ruth, 546
Benton, J. F., 204 Anm. 1, 206 Anm. 16
Benzi, Ugo, 299
Beowulf, 137
Berenson, Bernard, 323 Anm. 192
Bernard von Clairvaux, Hl., 180, 182-183, 184, 186, 191-192
Bernard von Tiron, 230 Anm. 113
Bernardino von Siena, San, 266-267, 286, 287, 289, 295
Bernart de Ventadour, 256 Anm. 214
Bernis, Cardinal, 79
Berry, Mary, 566
Berthold von Regensburg, 214 Anm. 44, 223 Anm. 95, 227 Anm. 104, 229 Anm. 110
Berufung, Idee der, 459, 481 Anm. 93
Bescheinung, 43, 44-45, 79, 584
Bestiarium, 330-331
Bestrafen, 304-305
Betskoi, 536, 540, 541

Bett, 382
    Kinder in das – der Eltern nehmen, 170, 174, 227 Anm. 104, 403
Bettnässen, 382, 431, 515
Bettler, 401
Bibel, 34-35, 58, 135, 445
Bier, E. S., 478 Anm. 73
Binden siehe auch Wickeln
Biographien, 408
    von Kindern, 158
    von Heiligen (Hagiographien), 116, 117, 134, 158, 163, 171, 241 Anm. 152
Bissolo, Bellino, 200, 216 Anm. 60
Blanche von Navarra, Königin von Frankreich, 371
Blaubart, 27
Bloch, Marc, 158, 403
Block, Dorothy, 45
Blount, Elizabeth, 340
Blundell, William, 462 Anm. 7, 470 Anm. 38
Boase, T.S.R., 140 Anm. 6
Boccaccio, 299, 301
Bodin, Jean, 365, 395
Böotien, 71
Boguet, H. 303, 364
Boleyn, Anna, 335-336
Boney (Bonaparte), 27
Bonner, Edmund, 339
Book of Kells, 116
Bossard, James, 13
Bouchard, Jean-Jacques, 383
Bouchet, Guilleaume, 398
Bourdaloue, 400
Bourgeois, Louise, 371, 378
Bourignon, Antoinette, 405
Bouterwek, 30
Boutmy, Emile, 592
Boyer, L. Bryce, 32-33
Boyle, Robert, 465 Anm. 24, 473 Anm. 55, 478 Anm. 81
Bradford, William, 482 Anm. 99
Bradstreet, Anne, 451, 455, 482 Anm.

101, 483 Anm. 105, 487 Anm. 123, 488 Anm. 130

Bramston, Sir John, 466 Anm. 25

Breen, T. H., 484 Anm. 109

Bregwine, Erzbischof von Canterbury, 250 Anm. 191

Brei, 58, 60, 139

Breteun, Eustace de, 56

Breton, Mme. 569

Brewster, William, 482 Anm. 100

Brieux, Eugène, 569-570

Briefwechsel zwischen Eltern und Kinder in den Vereinigten Staaten, 506-507

Brinsley, John, 447, 449

Brissaud, Yves, 224 Anm. 98, 228 Anm. 108

Brooke, Christopher, 209 Anm. 35

Brown, Mrs., 500

Brownell, Mark, 473 Anm. 55

Brueghel, 356

Brutalität zu Kindern, 115, 132 siehe auch Schlagen

Buchan, William, 55, 538

Buckingham, Herzog von (John Sheffield), 468 Anm. 33

Buffon, 379

Burkard von Worms, 213 Anm. 44, 227 Anm. 102, 230 Anm. 111

Burd, Mrs. James, 501

Burgunder, 331

Burke, Edmund, 57

Burr, Aaron, 492, 500, 501

Burr, Anna, 18

Burr, Esther, 492, 493, 500, 501, 511-512, 513, 518

Burr, Sally, 514, 518

Bussy-Rabutin, Fürst, 405

Butler, Alice, 350

Butler, Samuel, 592

Buton, Mrs. 570

Butzbach, Johannes, 57

Byrd, Mrs. William, 502

Byzantinische Medizin, 211 Anm. 42, 223 Anm. 97

Cadogan, William, 61

Caelius Aurelianus, 211 Anm. 42

Caesarius von Heisterbach, 171, 230 Anm. 110, 112; 237 Anm. 135

Calvin, 459

Cambers, Marie, 433

Canida, 26

Carcopino, Girolamo, 142 Anm. 26

Cardano, Girolamo, 57, 275, 299, 304, 318 Anm. 128, 129

Carmeliterinnen, 392, 400

Carroll, Lewis, 592

Carson, Jane, 520

Carter, Charles, 527 Anm. 44, 528 Anm. 49

Carter, Robert, 513

Carter, Mrs. Robert, 493, 528 Anm. 49

Catena, Vincenzo, 318 Anm. 122

Cellier, Elizabeth, 425

Cellini, Benvenuto, 273, 280, 318 Anm. 123

Celsus, 119

Ceres, 133, 134

Chamberlain (Familie der Ch.), 239, 339

Chantal, Lh., 392

Chantelauze, R., 401

Charcot, Jean Martin, 391

Charles II., 437

Charlotte Elisabeth, Herzogin von Orleans, 372, 386

Charron, Peter, 38

Chartres, Kathedrale von, 253 Anm. 204, 254 Anm. 207

Chastellux, Herzog von, 512

Child, I. R., 78

Chotovizki, 538

Chrétien de Troyes, 235 Anm. 136, 256 Anm. 213

Christus siehe Jesus Christus

Christian de l'Aumone, 200
Christentum, 114, 451, 507
  Kindesmord und –, 50, 124, 128, 135
  Unschuld der Kinder als Vorstellung des –, 76, 128, 129
  siehe auch Kirche
Christina von Markyate, 181-182, 241 Anm. 152
Chrysosthomos, Dion, 27, 29
Cicero, 119
Clarendon, Lord (Edward Hyde), 440, 470 Anm. 39
Clarke, Samuel, 470 Anm. 38
Claudian, 133
Cleaver, Robert, 441
Clemens von Alexandrien, 76, 126
Clifford, Lady Anne, 81, 480 Anm. 88
Cobbe, Frances Power, 568
Cobbe, Margaret, 339
Cobbett, Thomas, 440
Cobbett, William, 567, 572, 581, 591
Codex Hammurabi, 58
Coleman, Emily, 140 Anm. 4, 204, 224 Anm. 98
Coleridge, Samuel T., 61
Colet, John, 348
Columelia, 122
Combe, George, 574
Comenius, Johann Amos, 68
Connecticut, 456
Constane Fritz Gilbert aus Lincolnshire, 237 Anm. 136
Constantinus Africanus, 212 Anm. 42
Coombe, John R., 506
Coombe, Thomas, 50, 518
Cooper, Anthony Ashley (Erster Earl of Shaftesbury), 467 Anm. 30
Coram, Thomas, 51
Corps (Korsett), 378-379
Corti, Gino, 308
Corvin, Otto, 582
Cotton, John, 451, 455, 459

Couche (Kinderaufbewahrungsstätte), 401-402
Coustel, Pierre, 376, 399, 419 Anm. 166
Coventry, Alexander, 527 Anm. 44
Cox, Dr. Richard, 350
Culpepper, Nicholas, 61
Cunnington, C. W., 577
Cupido, 115, 135

Da Certaldo, Paolo, 266, 268, 287, 293, 295, 296
Da Feltre, Vittorino, 293
Dames de Charité, 401
Damian (Bruder von Hl. Peter Damian), 152
Damian (Neffe von Hl. Peter Damian) 153
Damian, Hl. Peter, 147, 149-153, 157, 159, 162, 172, 174, 177, 181, 190, 202, 203
Darwin, Charles, 581
Datheus, Erzbischof von Mailand, 50, 132, 176, 231 Anm. 116
Dati, Gregorio, 273, 282, 300
Datini, Francesco, 271-273, 278, 296, 297, 299,
Datini, Margherita, 271, 294, 296, 300
Daumard, Adeline, 593
Daumenlutschen, 467 Anm. 27
David, König von Juda und Israel, 329
Davies, Godfrey, 478 Anm. 79
Da Vinci, Leonardo, 283, 317 Anm. 102
Dearborn, 81
Dee John, 61
Delaney, Thomas, 342
Deloney, Thomas, 355
Delphi, 47
Demographisches Muster in Frankreich (17. Jahrhundert), 393-396, 407-408
Demos, John, 488 Anm. 130

Depraviertes Kind (böse oder teuflische Natur von Kindern), 25, 289, 441, 446, 448-449, 507, 586, 587
Der Stricker, 230 Anm. 110
Desiderio da Settignano, 316 Anm. 102, 320 Anm. 150
Despert, J. Louise, 19
D'Este, Federico, 81
D'Este, Sir Simond, 59, 432, 464 Anm. 13
Dhuoda, 208 Anm. 30
Dichtung
  römische, 119-123
  mittelalterliche, 133-138, 193-194, 219 Anm. 74
Didon, Henry, 582
Diener, 500, 550, 570
  Kinder als Diener, 57, 177, 282, 295, 447
  sexueller Mißbrauch von Kindern durch –, 77, 79
Dio, 49
Diodorus, 141 Anm. 25
Dionys, 382
Disziplin
  Geschichte der Kindheit und –, 66-71, 83-84
  im Altertum, 69
  im Mittelalter, 68, 127, 189, 195-201
  in Europa im 19. Jahrhundert, 575-585
  in England, 350-351, 353, 357, 436, 444, 448, 575-580
  in Frankreich, 385, 387, 407
  in Deutschland, 67, 584
  in Italien, 302-306
  in Rußland, 548-561
  in den Vereinigten Staaten, 456-461, 508-521
Disraeli, Benjamin, 57
Dixon, 491
Dod, John 441

Domenici, Giovanni, 68, 83, 289, 291, 297, 302, 305
Domitian, 75
Domostroj, 546, 547, 552, 556
Donatello, 292, 293, 323 Anm. 192
Donne, John, 332, 440
Dostojewski, Fjodor, 535, 548
Double bind, 22
Doppelvorstellung, 21, 40
Douglas, William, 57
Drax, Frances, 424
Drinker, Elizabeth, 494-495, 497, 500
Drinker, Henry, 513
Drinker, Henry jr., 494, 510
Droz, Gustave, 567, 568, 595
Dubois, Pierre, 258 Anm. 228
Du Boulay, F. R. H., 331, 332
Duby, George, 205 Anm. 3
Duccio, Agostino di, 292
Dudley, Robert, 351
Du Maurier, George, 35
Du Maurier, Tricksy, 81
Dunstan von Prag, Hl., 222 Anm. 92, 250 Anm. 190
Dunton, John, 474 Anm. 63
Duplessis-Mornay, Mme, de, 268
Durkheim, Emile, 87

Eadmer von Canterbury, 179, 191, 242 Anm. 156
Earle, John, 441
Ebers Papyrus, 61
Ecbert von Lüttich, 250 Anm. 191
Ecclesiastes (Prediger Salomon), 328, 329
Eckehard IV. von Sankt Gallen, 166
Eden, Emily, 570
Edgeworth, Honoria, 585
Edgeworth, Maria, 585
Edgeworth, Richard Lowell, 585
Edward (Lord Herbert ovn Cherbury), 465 Anm. 24
Edward IV., König von England, 340

Edward V., König von England, 328, 339, 340
Edward VI., König von England, 328, 336, 340, 349, 350, 351
Eilhart von Oberge, 221 Anm. 84
Einhard, 138
Eliot, John, 457
Elisa, 127
Elisabeth, Prinzessin (Schwester Ludwig XIII), 386
Elisabeth, Heilige, 332
Elisabeth von Ungarn, Hl., 170
Elisabeth von Thüringen, Hl., 219 Anm. 75
Elizabeth, Gemahlin Edwards IV. von England (Elizabeth Woodville), 339
Elizabeth, Gemahlin von Heinrich VII. von England, 346
Elizabeth I., Königin von England und Irland, 327, 328, 338, 346, 351
Ellis, Mrs., 589
Ely, Bischof von, 69
Emmison, Dr., 346
Empathische Fürsorge, 20, 21, 32-35, 83-84, 131-132
Empathische Reaktion, 20, 21, 32
Empfängnis, 163-164
Empfängnisverhütung, 223-4 Anm. 97, 422, 453
siehe auch Geburtenregelung
Empusa, 27
Engel, Barbara, 560
Engel, Kinder als 331
siehe auch Amorini
England, 19, 51-52, 57, 59-60, 63, 66, 175-176, 222 Anm. 94, 234 Anm. 126, 239 Anm. 144, 255 Anm. 203
15.-16. Jahrhundert, 326-357
17. Jahrhundert, 422-449
19. Jahrhundert, 565-597
Englishwoman's Domestic Magazine, 578
Eltern-Kind-Beziehungen, 82-85

Eltern
  Absonderung der -, in Rußland, 548
  als Vorbilder (Locke), 445, 446
  Stiefeltern, 447
Entbindung, 336, 342
  siehe auch Geburt, Hebamme
Entrapilus, 336
Entwöhnen, 60, 61, 126, 147, 169, 386-387
  in England, 346, 430
  in Frankreich, 375, 385
  in Italien, 227
  in den Vereinigten Staaten, 453, 510
Ephilates, 27
Epiktet, 53
Erasmus, 336, 352
Erbe, Erbteil, 123, 173, 185, 403, 405, 490, 554, 595
Erbgesetze in Frankreich, 394
Erbsünde, 25, 143 Anm. 42
Erdrücken von Kindern, 227 Anm. 102, 174, 175
  siehe auch Kindermord, Ersticken
Erfrieren von Kindern, 55
Erikson, Erik, 446, 486 Anm. 120, 551
Ermorden von Kindern, 507
Ernährung von Kindern
  historische Quellen über -, 61, 62
  im Mittelalter, 171, 180, 190, 218 Anm. 73
  in England, 346, 430, 444, 579
  in Italien, 290, 293
  in Rußland, 540, 541
Erschrecken von Kindern, 27-32, 389, 516, 517, 580
Erstgeburtsrecht, 246 Anm. 176
Ersticken von Kindern, 40, 170, 172, 174, 279, 346-347, 429, 430
Ertränken, 53
Erziehung
  im Mittelalter, 180, 181, 182-183, 196-201

im Kloster, 251 Anm. 195, 196
in England, 328, 349-353, 432-434, 441-442, 588-590
in Frankreich, 390, 407, 478 Anm. 79
in Italien, 292, 293, 294, 295, 302-308
von Töchtern, 182-183, 198, 200, 351-353, 407
Eucharistie, 255 Anm. 208
Eudes von Sully, 216 Anm. 57
Eunuchen, 57
siehe auch Kastration
Euphémie, Schwester (Jacqueline Pascal), 406
Euripides, 46
Europa
Osteuropa, 26, 52-53
19. Jahrhundert, 565-597
Eustace von Boulogne, Graf, 217 Anm. 64
Eustochium, 127
Eva, 167, 332, 435, 441
Evangeliengeschichte, 192
Evelyn, John, 61, 434, 435, 441
Exkremente von Kindern
Untersuchung der –, 65-66
siehe auch Reinlichkeitserziehung
Exorzismus, 25, 34-35, 52

Fabulla, 336
Fabrikgesetz (England, 1802), 594
Falkland, Lady, 496 Anm. 38
Fallopius, Gabriel, 78
Familie
in Frankreich, Größe und Beziehungen (17. Jahrhundert), 393-395, 400, 403-404
in Italien, Größe und Zusammensetzung (14.-16. Jahrhundert) 280-282
natürliche, d. h. wahre christliche Sicht, 128
Kernfamilie, 422

Veränderungen im 17. Jahrhundert, 422, siehe auch Adelsfamilien, Arme, Bauernfamilien
Fehlgeburt, 335-336
Félibien, M., 401
Felton, Silas, 515, 519
Feltre, Vittorino da, 293-294
Fénelon, Francois de, 53
Fest der Unschuldigen Kinder, 330
Ferenczi, S., 80
Ficino, Marsiglio, 280
Figner, Wera, 560
Filatete, 293
Findlinge, 402
Findelhäuser, 176, 278-279, 401-402, 411 Anm. 15, 543
Firmung, 255 Anm. 208
Fithian, Philipp Vickers, 513, 520
Fitzpatrick, Barnaby, 351
Flandrin, Jean-Louis, 224 Anm. 97
Flasche geben, 540-541, 570
Fleiss, Robert, 80
Fleiß, 511
Fletscher, 399
Florenz (Florentiner), 177, 264, 286, 313 Anm. 48, 54, 67; 314 Anm. 74; 323 Anm. 192; 325 Anm. 214
Fluchen, 456
Fontenay-Mareuil, Mme. de, 404
Fortunatus, 138
Fossiers, R., 240 Anm. 145, 262 Anm. 248
Foster, Stephen, 484 Anm. 109
Foulk, Johnny, 494
Foulques de Neuilly, 176
Fourier, Pierre, 367
Fra Angelico, 322 Anm. 191
Frame, Thomas, 496
Frankreich, 60, 64, 169, 176, 228 Anm. 108
17. Jahrhundert, 364-403
19. Jahrhundert, 565-570, 581-582, 586-587, 590-592
Franz, König von Frankreich, 57

Fraser, Antonia, 363 Anm. 104
Fraser's Magazine
Fremyot, Jeanne, 388
Freud, Sigmund, 13, 80, 84, 576
Freytag, Gustav, 594
Friedrich II, 171
Froissard-Boissia (Familie der F.-B.), 373, 378
Froude, J. A., 578
Funktionalismus, 85
Fytche, William, 347

Gaiffier, Baudouin de, 225 Anm. 100
Gängelbänder, 42, 64, 434
Galen, 58, 119, 213 Anm. 42, 335
Gallier, 49, 132
Gaon, Saadia, 260 Anm. 238
Garzone, Tomaso, 324 Anm. 214
Gaskell, Elizabeth Cleghorn, 572, 573-575, 577, 578
Gaskell, Marianne, 81, 572, 574, 575, 577, 578
Gaston (Bruder Ludwigs XIII), 389
Gathorne-Hardy, Jonathan, 584
Gebetbücher, 439
Geburt, 164
 Arbeiten beim Geburtsvorgang, 164, 335, 338, 424, 426, 538
Geburtenzange, 339
Geburtenregelung, 173
 siehe Empfängnisverhütung
Geburtstage, 499, 483 Anm. 102
Gehorsam, 351, 509
Geisel, Kinder als, 56
Gemälde von Kindern, 319-320, Anm. 150
Genicot, Leopold, 235 Anm. 129
Georgia (Vereinigte Staaten), 495
Gerald von Aurillac, Hl., 163, 222 Anm. 92, 243 Anm. 163
Gerald von Wales (Geraldus Cambrensis), 56, 165-166, 233 Anm. 124, 241 Anm. 152
Gerson, Jean, 78

Geschichte der Kindheit
 Fehlen einer, Gründe, 12-14
 frühere Werke über eine, 13, 16-19
 psychische Realität von Kinderleben und, 148, 194-195
 psychogenetische Theorie einer, 14-15
 Quellenmaterial einer, 114-115, 147-149, 158
 Voraussetzungen einer, 12-14
Gesellschaft zur Verhütung von Kindermißhandlungen, 596
Gesetze zum Wohlergehen der Kinder, 595
Gespenster (Buhmänner), 26-30, 291, 388
Gewohnheitsrecht, 188
Ghirlandaio, 283
Gibbon, Edward, 140 Anm. 2
Gilbertus Anglicus, 259 Anm. 231
Giraldus Cambrensis (Gerald von Wales), 56, 156-157, 233 Anm. 124, 241 Anm. 152
Giselbertus von Autun, 193
Glisson, Francis, 437
Godelieve, Hl., 239 Anm. 145
Goeurot, Jean, 333
Gogol, Nikolai, 546, 547, 550
Goldküste, 443
Goodwin, Thomas, 468 Anm. 30
Gorgo, 27
Gormlaith, 208 Anm. 30
Gosse, Edmund, 577
Gottfried von Boullion, 217 Anm. 64
Gottfried von Straßburg, 195
Gottlosigkeit von Kindern, 442, 446, 507
Goubert, Pierre, 394, 400
Goussalt, L., 403
Gozzoli, Benozzo, 304
Grandier, Urbain, 391
Grant, Elizabeth, 55, 572, 573, 579
Gratian, 238 Anm. 143
Greene, Graham, 530 Anm. 75

611

Greene, John, 61
Gregor I., Papst, der Große, 136
Gregor IX., Papst, 226 Anm. 101
Grendel, 137
Grey, Lady Jane, 61, 69, 330, 351-352
Griechenland
  Altertum, 43-49, 53, 56, 58, 71-73, 335
  Neuzeit, 51
Grignan, Mme, de, 283
Griselda, 83
Großeltern, 36, 53, 282, 403
Großer Adelskonvent, 552
Grosseteste, Robert, 175
Guarino von Vernona, 305, 309 Anm. 10
Guibert de Nogent, 25, 77, 147, 149, 153-161, 167
  Beschreibung der Mutter von –, 154-157, 159, 160, 161, 163, 164, 177, 179, 180, 182, 186, 191, 203
Guetté, Mme. de la, 372, 376
Guidini, Cristofano, 269, 273, 275, 287
Guillemeau, M., 375
Guillimeau, Jacques, 59, 371, 379, 382, 387, 426-430, 433, 437
Guizot, Elisabeth Charlotte, 586
Guizot, Francois Pierre, 592
Gunsberg, Amos, 35
Guthlac, Hl., 118
Guthrie, Katherine Blanch, 541
Guy de Montpellier, 177
Gynäkologie, 119, 164, 212 Anm. 42, 213 Anm. 43
Gyp (Sibille Gabrielle Mirabeau), 593

Hadrian, 142 Anm. 26
Hafwig, 237 Anm. 135
Hagiographie (Biographien von Heiligen) 115, 134, 158, 163, 172, 24 Anm. 152
Hali ibn Abbas, 212 Anm. 42
Halifax, Lord 448-449

Hall, Joseph, 472 Anm. 53
Halluzinationen von Kindern, 80, 81, 189, 299, 391
Hamerton, Philip, 581
Hamilton, Alexander, 37
Hamilton, John, 81
Handbücher für Eltern (Ratgeber)
  Englisch, 567-568, 582, 588
  Französisch, 567, 581, 587
  Russisch, 538, 542
  Vereinigte Staaten, 509, 516
Hare, Augustus, 57, 81, 572, 576, 577, 578, 580
Harpsfield, Nicholas, 356
Harte, Richard, 347
Hartmann von Aue, 201, 258 Anm. 220
Harvey, William, 437
Hatton, Lady Frances, 423, 424, 432, 436
Haustiere, 381, 384-385, 392-393
  Sodomie mit –, 393
Hebammen, 63, 164-166
  in England, 338, 339, 342, 425-426
  in Frankreich, 367-368, 398, 567
  in Rußland, 538-539
  in den Vereinigten Staaten, 452-453
Heimskringla Saga 219 Anm. 75
Heinrich III., König von Frankreich, 336
Heinrich IV., König von Frankreich, 327, 350, 365, 388, 392
Heinrich I., König von England, 56
Heinrich VI., König von England, 328, 338
Heinrich VII., König von England, 336, 337, 356
Heinrich VIII., König von England, 327, 328, 330, 334, 335, 336, 337, 340, 341, 342, 350, 356
Heinrich von Lausanne, 230 Anm. 113
Heirat
  arrangierte, 181-186, 393

Konkubinate, 72
Heloise, 208 Anm. 30
Hennyfalcon, Mrs., 504
Herbert, George, 473 Anm. 56
Herlihy, David, 173, 195, 209 Anm. 35, 235 Anm. 130
Hermann von Reichenau, 235 Anm. 130
Hermann von Scheda, 232 Anm. 123
Hermann von Tournai, 244 Anm. 170
Heilige Familie, 116
Heiliger Geist, 340
Heilige, 367
  Biographien von –, (Hagiographien), 117-118, 135, 158, 172, 242 Anm. 164
Héroard, Jean, 19, 36, 41-43, 65-66, 331, 365, 366, 368, 369, 370, 372, 375, 383, 385, 386, 389
Herodas, 56
Herodes, 329
Herrschaft über Kinder, 508-523
Hervey, John (Erster Graf von Bristol), 473
Herzen, Alexander, 548, 550, 551, 553
Hewitt, Margaret, 357, 462 Anm. 4, 468 Anm. 33, 474 Anm. 63
Hexe, 27, 80, 327
Hexerei, 81, 426, 437
Heywood, Rev. Oliver, 448, 473 Anm. 58
Hierarchisches System, England, 349, 350
Hieronymos, Hl., 76, 112, 127
Highet, Gilbert, 121
Hilarion, 46
Hildegard von Bingen, 171, 213 Anm. 43, 218 Anm. 66, 256 Anm. 212
Hinrichtungen, öffentliche, 392
Hippokrates (Hippokratischer Eid), 63, 119, 212 Anm. 42

History of Childhood Quarterly: The Journal of Psychohistory, 86
Hobbes, Thomas, 364
Hoby, Lady Margaret, 465 Anm. 21
Holland, 482 Anm. 99
Holländische Kinder in New York, 505
Homer, 35
Homosexualität, 71-79, 248 Anm. 186
Hopkins, Elizabeth, 451
Horus, 116
Hotel Dieu (Paris), 401, 402
Howard, Katherine, 334
Hubert, Hl., 227 Anm. 102
Hugo von Canterbury (Erzbischof), 234 Anm. 125
Hugo von Lincoln, Hl., 171, 178, 185-186, 191, 203
Hugo, Victor, 565
Hull, John, 484 Anm. 110
Humanisten, 446
Hume, Dr., 61
Hungerperioden, 400, 407
Hunnen, 53
Hunt, David, 19, 66, 551, 554
Hunter, 491
Hutchinson, Lucy, 463 Anm. 7, 480 Anm. 88, 481 Anm. 91
Hyde, Edward (Lord Clarendon), 470 Anm. 39
Hygiene, 438
Hysterie, 391

Ida von Boulogne, Gräfin, 168, 180
Illegitime Kinder (Bastarde), 594
  in England, 345, 433
  in Frankreich, 399, 595
  in Italien, 270, 279, 281
  Töten von –, 46, 47, 51, 174, 175, 433, 455-456, 492
Inzest, 166, 486 Anm. 122
Indianer, Amerikanische, 449, 526 Anm. 32

Individualismus, 407
Industrielle Revolution, 566
Infibulation, 44, 79
Ingeborg-Psalter, 255 Anm. 209
Innozenz III., Papst, 51, 177, 231 Anm. 117, 118
Innungen, 449
Intelligencija, Russische, 560
Intrusive Eltern-Kind-Beziehung, 84
Irland (Irisch, Kelten), 56, 57, 165, 222 Anm. 94, 246 Anm. 175
Isis, 116
Island, 225 Anm. 99
Israeliten, 49
Italien (Italiener), 53, 122, 124, 132, 211 Anm. 42, 329, 568, 570
 Mittelklasse-Kinder in –, (14.-16. Jhdt.), 263-308
Ivo von Chartres, 213 Anm. 44
Iwan der Schreckliche, 549

Jakob, 332
James IV., König von Schottland, 81, 330, 350
Jane Seymour, Gemahlin Heinrich VIII. von England, 332, 336
Janeway, James, 442-443, 504, 516, 517
Japanische Kinder, 99 Anm. 157
Jean Paul, 30
Jeanne des Anges, 391
Jericho, 49
Jesuiten, 406
Jesus Christus, 34, 76, 83, 116, 125, 171, 193, 194, 343, 449
 in England, 329, 337, 348
 in Italien, 290-292, 316 Anm. 101
Jocelyn von Furness, 252 Anm. 198
Johannes, Buch des, 333
Johannes, Hl., 292
Johannes Chrysosthomos, 128
Johannes von Lodi, 147, 149-153, 159, 160, 171, 202
Johannes von Salerno, 217 Anm. 62

Johannes von Soisson, Graf, 240 Anm. 145
Johnson, Sabine, 61
Jonas, Richard, 334, 339, 342
Jones, Dr. John, 343, 345
Jonson, Ben, 479 Anm. 86
Jordan, W. D., 507
Josselin, Rev. Ralph, 61, 447, 468 Anm. 30, 472 Anm. 54
Joubert, Laurent, 370, 387
Journal of Psychohistory, The, 86
Jouvenel, Bertrand de, 410
Juden (Jüdische Kinder), 27, 43, 45, 177-178, 260 Anm. 238, 507
Judith, Königin, 236 Anm. 135
Julian, 49
Jungfrauengeburt, 125, 138
Jungfräulichkeit, 126, 297
Justinus, Hl., 50
Justinian, 50
Juvenal, 76, 119, 121-122

Kalm, Per, 495, 499
Kardiner, Abraham, 13
Karl der Große, 138
Karl V., 57
Karnevalslieder, 276
Kartäuser, 251 Anm. 194
Karthago, 48
Kastration von Knaben, 75-76, 389
Katchinas, 28
Katharina von Aragon, 335
Katharina die Große, 536, 552, 554
Katzenellenbogen, Adolf, 140 Anm. 7
Kellett, E. E., 589, 592
Kells, Book of, 116
Kemble Frances Ann, 64, 580
Key, Ellen, 587
Kinder
 Kleinkinder, 63-64, 171-172, 377, 384, 441, 446
 Kinderarbeit, 39, 57, 353-355, 594-595

Kinderehe, 182
Kinderfrau, englische, 589-591
Fürsorge um Kinder
  empathische Reaktion, 32, 84, 132
  projektive Reaktion, 32, 62
Geburt, 163-165
  Christentum und –, 117, 121-122
  Tod der Mutter bei –, (Müttersterblichkeit), 163, 164, 202, 394, 425, 453, 210 Anm. 35, 211 Anm. 42
Kindheit, 114, 115
  Konzept von –, 19
  Geschichte der –, siehe Geschichte der Kindheit
  Definition von –, 160
  in England, 334-341, 424-427, 442, 566, 567, 568
  in Frankreich, 566-568
  in Rußland, 537
  in den Vereinigten Staaten, 451, 499, 501
Kinderheilkunde, 82, 164, 268, 289, 333, 335, 343, 373
Kinderkrankheiten, 210 Anm. 35, 466 Anm. 25
Kinderkreuzzüge, 81
  Liebe der Eltern zu ihren –, 35
  Lektüre von –, 237 Anm. 136, 137, 138; 445, 446
Kinderkleidung
Kindesmißhandlung, 142 Anm. 26
Kindesmord, 40, 45, 55, 113, 152, 224 Anm. 98, 226 Anm. 102, 227 Anm. 103, 228 Anm. 108
  in der Antike, 46-50, 82
  Katholische Kirche und –, 50-51, 124, 127, 132
  von Töchtern, 45, 51, 174
  in England, 346, 429, 433
  in Frankreich, 395-400
  Geschichte der Kindheit und –, 19, 21, 45-55
  von illegitimen Kindern, 46, 47, 51, 174, 175, 433, 456, 491
  im Mittelalter, 173, 174
  Verbot von –, 49, 50, 173, 175
  in Rußland, 548-549
  in den Vereinigten Staaten, 456, 491-492
  und Eltern-Kind-Beziehungen, 82
Kindesopfer, 49, 201
Kinderspiele, 355-357, 477 Anm. 72, 74; siehe auch spielen
Kindersterblichkeit siehe Sterblichkeit
Kindertagesstätten, 596
Kinderversicherung, 594
Kleinkinderschulen, 595-596
Kingsley, Charles, 573, 581
Kirche
  von England, 425, 451
  Katholische –, 203
    Geburt und –, 118, 125, 126-127
    Kirchenväter, 125-133
    Kindsmord und –, 50, 132, 175
    Verkauf von Kindern und –, 56, 132
    siehe auch: Taufen, Firmung
  Russisch-Orthodoxe, 536
Klapisch, Christiane, 314 Anm. 74
Klein, Melanie, 522
Klistier, 66, 83, 382, 383
Klitoridektomie, 79, 584
Klostererziehung, 253 Anm. 201, 254, 251 Anm. 194, 196; 237 Anm. 35
Klosterleben von Kindern, 185-193, 400
Knowles, Dom David, 187, 247 Anm. 180
Knox, John, 328
König Tyrol, 221 Anm. 84
Konkordanz der Bibel, 35
Konstantin, 76, 113, 132
Konstanze, Königin von Frankreich, 256 Anm. 213

Kontrolle, elterliche in Rußland, 551-554
Konzil von Vaison, 50
Korsette (von Kindern), 64, 378-379, 465 Anm. 20
Kostomarow, Nikolai Iwanowitsch, 544, 552, 554
Kowalewski, Sonja, 546, 547, 550
Kreta, 71
Kropotkin, Peter, 558
Kunst (Gemälde),
  Antike, 29, 45
  Mittelalter, 18, 116, 193-196
  Renaissance, 78, 83
  Frankreich, 17. Jahrhundert, 366, 384
  Italien, 14.-16. Jahrhundert, 285, 292, 311

Labarge, Margaret, 217 Anm. 63
Lactantius, 132
Ladurie, LeRoy, 392
La Guette, Catherine de, 372, 376, 408
La Hoguette, 404
Laios, 69
Lamia, 26
Lamb, 575
Lanfranc, 185
Lanzoni, 211 Anm. 40
La Salle, Jean-Baptiste de, 388
Laslett, Peter, 13, 17, 422, 462 Anm. 4
Latimer, Bischof, 342
La Tour, Georges de, 377
Laufenlernen, 81, 171, 289, 384-385, 434, 443, 573
Lauffenberg, Heinrich von, 334
Laurens, Jeanne du, 398
Laver, A. B., 359 Anm. 34
Laxative, 582
Lazareff, Victor, 316
Leaming, Thomas, 493
Lebensalter des Menschen, 327
Lebrun, Francois, 398, 408

Leclerc, Jean, 204
Leclerc, H., 141 Anm. 15
Leechbook of Bald, 211 Anm. 42
Le Goff, J., 209 Anm. 33, 210 Anm. 36, 222 Anm. 92, 243 Anm. 158
Lehrer, 250 Anm. 190, 191; 72, 134
Lehrzeit, 56, 177, 307, 354-355, 446, 449, 458-460, 595
Leibeigene, 178
  Russische, 545, 546, 553, 554
Le Nain, 384
Lenin, Wladimir I., 560
Leo I., Papst, 143 Anm. 35
Leonardo da Vinci, 283, 317 Anm. 102
Leopardi, Graf Giacomo, 53
Leroy-Beaulieu, Anatol, 553
L'Estrange, Robert, 477 Anm. 75
Lewis, Margaret Lynn, 512
Leyser, K., 255 Anm. 212
Lebenserwartung von Kindern (England), 433
Lieder, 171, 276-277, 466 Anm. 27, 572
Lilith, 26
Lilly, William, 348, 474 Anm. 62
Linacre, Thomas, 334
Lincoln, Gräfin von, 430
Lindsay, Jack, 47
Lippi, Fra Fillipo, 316 Anm. 101
Lieselotte von der Pfalz, Prinzessin, 405
Literatur, Haupttendenzen und Themen über Kinder, 478 Anm. 79, 519
  Frankreich, 367
  Vereinigte Staaten, 498, 519
  Mittelalter, 115-116, 153-196, 201, 219 Anm. 74, 75
Little, Lester K., 204
Liudger von Freidland, Hl., 219 Anm. 75, 224 Anm. 99
Livingston, Robert G., 515, 527 Anm. 44

616

Livre de Famille, 582, 587, 595
Livres de raison, 366, 373, 377, 396
Locke, John, 17, 83, 437, 443-446, 461, 536, 460 Anm. 26, 479 Anm. 86
Lomonossow, Michail, 536-541, 542
London, 51, 59
Lotto, Lorenzo, 323 Anm. 192
Ludlow, Gabriel, 493
Ludwig, Hl., 371, 259 Anm. 236
Ludwig XIII., König von Frankreich, 36, 61, 74, 331, 365, 368-369, 377, 380, 382, 383, 384, 391, 404, 406
   anale Erfahrungen, 382-383
   Tiere und –, 392
   Schlagen, 68
   Geburt, 41
   Doppelvorstellung bei Héroard, 41
   Furcht als Mittel der Kontrolle, 388
   stillen, 372, 377
   Sexualleben von –, 36-37, 41, 42, 43, 74, 78, 331, 368-369
   artikuliertes Sprechen von –, 368
   Entwöhnen, 61, 385-387
Ludwig XIV., König von Frankreich, 365, 372, 380
Lukrez, 119-121
Luther, Martin, 25, 65, 339

McDougall, Joan, 75
Macfarlane, Alan, 478 Anm. 82, 480 Anm. 89
Machiavelli, Niccolò, 317 Anm. 102
Macrobius, 61, 81
Madelaine, Kirche, Hl. in Vezelay, 172
Madonna und Kind, Thema der, 192, 283, 333
Maimonides, Moses, 44, 159, 199
Mairot, (Familie der), 385
Maksimowitsch-Ambodik, Nestor, 538-540, 541
Mallard, Mary, 61
Manchester, Lady, 436

Mantegna, 320 Anm. 150
Marbod von Rennes, 217 Anm. 62, 230 Anm. 113
Margaret, Königin von Schottland (Hl. Margaret), 180, 244 Anm. 169, 258 Anm. 228
Margaret von Anjou, 338
Maria (Jungfrau Maria), 83, 116, 191-192, 329, 332, 333, 335, 337
Marie Antoinette, Königin von Frankreich, 465
Marie de France, 168, 226 Anm. 100, 257 Anm. 220
Marie de Gonzague, Königin von Polen, 400
Marie Thérèse, Gemahlin von Ludwig XIV. von Frankreich, 405
Marillac, St. Louise de (Mlle. le Gras), 402, 409
Markus, 130
Marle, Graf von, 54
Marshall, John, 56, 468 Anm. 35
Marshall, William, 56
Martial, 35, 75, 141 Anm. 25
Martin, Daniel, 375, 377, 378, 398
Martin, Hl. (Bischof von Tours), 117
Martindale, Adam, 475 Anm. 63, 480 Anm. 89
Martineau, Harriet, 589
Martini, Simone, 314 Anm. 69
Marwick, Dr. Maeve, 584
Mary, Königin von Schottland (Mary Stuart), 328
Mary I., Königin von England (Mary Tudor), 328, 331, 350
Massachusetts Bay Company, 451, 456
Massaker der Unschuldigen, 193, 301
Masturbation, 75, 78, 83, 248 Anm. 186, 393, 584
Mather, Cotton, 453, 460, 511, 534 Anm. 177
Mather, Increase, 454
Mather, Nathaniel, 454

Mauriceau, Francois, 370, 374, 380, 399, 423-424, 427, 429, 431, 432, 437
Mazarin, Kardinal, 38-39
Mazzei, Lapo, 273, 299, 300, 306, 321 Anm. 171
Meade, Sarah, 435-436
Medea, 36, 82
Medici, Lorenzo de, 291, 325 Anm. 214
Medici, Piero de, 291
Medici (Familie der), 282, 286, 297
Medicis, Catherine de, 379
Medicis, Marie de, 378, 383, 385, 386, 387, 388
Medizin, 298
  Englische, 435-438
  Französische, 367-368
  Islamische, 211-212 Anm. 42, 223 Anm. 97, 334
  Vereinigte Staaten, 515
Meier Helmbrecht, 201, 219 Anm. 74
Meiss, Millard, 316 Anm. 101
Menander, 48
Mercurialis, H., 61
Metham, Mrs., 582
Metlinger, Bartholomäus, 61, 334
Metz, René, 238 Anm. 139
Meyer, Henry E., 534 Anm. 182
Mibach, Joan, 482 Anm. 98
Mical, 329
Michael, Großherzog, 401
Michelangelo, 270
Michelet, Jules, 569
Militärleben, 187, 195
Milch, 173
  Tier-, 169, 268, 370, 540
  Mutter-, 126, 167, 168, 269, 344, 370-371, 374, 375
  Säugammen-, 269, 270, 345, 370, 375, 429
Mill, James, 579, 591
Mill, John Stuart, 87, 579, 589, 591

Millet-Robinet, Cora Elisabeth, 567, 581
Milon, 169
Milton, John, 68
Mißgestaltete Kinder, 251 Anm. 194, 174, 214 Anm. 44
Mißhandlung, 507
Mitgift, 288, 294
Mittelschicht-Kinder (Bourgeoisie), 200
  Europa, 19. Jahrhundert, 567-597
  in England, 446, 447, 452, 566-597
  in Frankreich, 373-374, 394, 397, 566-570, 581-582, 586-587, 590-593
  in Deutschland, 566, 567, 570-572, 582-585, 590, 593-594
  in Italien, 263-308, 570, 572
  in Rußland, 538
  in den Vereinigten Staaten, 500, 514, 515
Moabiter, 49
Moberly, George, 575-576
Moffatt, Ruth, 477 Anm. 75
Moll, Dr. Albert, 584
Moller, Herbert, 194
Mols, Roger, 398
Mommsen, Adelheid, 582
Mommsen, Theodor, 582
Montaigne, Michel Eyquem de, 67, 433
Montesquieu, 365
Montessori, Maria, 596
Montmort, Henri-Louis Hubert de, 379
Moody, Sam, 521
Morasmus, 372
More, Hannah, 586, 587
More, Margaret, 352
Morelli, Giovanni di Pagalo, 35, 263, 279, 282, 283, 287, 291, 299
Morgan, Edmund S., 488 Anm. 130, 500, 520
Morgan, Lady, 572

Mormo, 26
Morris, Isaac, 514
Morris, Mrs., 507
Morus, Thomas, 329, 348, 349, 352, 356-357
Morvillier, Mme. de, 376
Moses, 73
Mutter (Mutterschaft)
  Augustinus über –, 151
  frühe christliche Autoren über –, 125-127
  mittelalterliches Idealbild, 179-185, 193-196
  Sterblichkeit der –, 162, 166, 202, 210 Anm. 35, 336, 394, 424
  in Rußland, 546
  unverheiratete –, 468 Anm. 35
  verwitwete –, 155, 183, 286-287
  »Kind als Mutter«, 37-40
  »Wiedergeburt«, 36
Mousnier, Roland, 397
Muret, Stephen, 222 Anm. 92
Musonius Rufus, 47, 72
Music, 171
Mustio (Muscio), 211 Anm. 42, 215 Anm. 48

Namen von Kindern, 340, 451, 452
Napoleonische Kriege, 566
Neapel, 568
Nelson, James, 61
Nepotian, 127
Netschajew, Mark., 541
Neu England, 453-460, 502-505
Neues Testament, 125
Newcastle, Herzogin von, 440, 463 Anm. 7, 471 Anm. 45, 477 Anm. 77, 479 Anm. 82
Newcastle, Graf von, 479 Anm. 79
Newcome, Henry, 463 Anm. 7, 466 Anm. 26, 482 Anm. 95
New England Primer, 457, 458
New Hampshire, 457
New Jersey, 514

Newton, Isaac, 465 Anm. 23
New York, 505
New York Mercury, 493
Niccolini, Paoli, 281
Nightingale, Florence, 596
Nikolaus, Hl., Fest des, 254 Anm. 208
Nikolaus von Bari, Hl., 222 Anm. 92
Nikolaus, Hl., 29
Noonan, John T., 223 Anm. 97
Norris, Isaac, 525 Anm. 27
Norris, John, 442
Norris, Mary, 495, 525 Anm. 26
North, Roger, 440, 441
Nowikow, Nikolai, 540, 547, 548, 550

Oates, Sally, 494
Oberschicht
  Frankreich, 566
  Vereinigte Staaten, 500, 507, 508
  siehe auch Adelsfamilien
Oblation, 186, 247 Anm. 181
Odo von Cluny, 243 Anm. 163, 247 Anm. 184
Odo von Tournai, Hl., 243 Anm. 163, 247 Anm. 184
Ödipus, 69
Ödipuskonflikt, 75, 258 Anm. 220
Ölver, der Wikinger, 139
Onkel, 243 Anm. 158, 245 Anm. 175, 257 Anm. 217
Opie, Iona, 336
Opie, Peter, 356
Opium, 61, 356
»Orale Befriedigung«, 32
Orderic Vitalis, 179, 186, 187, 243 Anm. 158, 161
Oribasius, 119, 211 Anm. 42
Origo, Iris, 309 Anm. 8
Orléans, Herzogin von, 372-373, 388
Ornano, 389
Osborn, 250 Anm. 190
Ospedale degli Innocenti (Florenz), 270, 313 Anm. 54

Ospizio degli Innocenti, 177
Otloth von Sankt Emmeran, 189, 249 Anm. 188, 189
Otto von Bamberg, 225 Anm. 99

Painter, Sydney, 56
Palastschule, 138
Palmieri, Matteo, 67, 267, 301
Panton, Jane Ellen, 570
Paré, Ambroise, 76, 339
Paris, 59, 399, 400, 401, 592
Parr, Catherine, 330, 336, 353
Parzival, 256 Anm. 213
Pascal, Jacqueline, 389-390, 406
Pasquier, Estienne, 393, 395
Pasquier, Nicolas, 395
Pastons, 326
Pastor de Togneri, R., 209 Anm. 35
Patmore, Coventry, 580
Paul, Vincent de, 367, 401
Paul, Zar von Rußland, 558
Paulus Aegineta (Paulos von Aegina), 75, 211 Anm. 42
Payne, George, 19
Pearce, R. H., 482 Anm. 98
Pechey, John, 61, 465 Anm. 20, 477 Anm. 72
Peckham, Reynold, 331
Paederastie, 71, 248 Anm. 186
  siehe auch Homosexualität
Peiper, Albrecht, 67
Peitschen, 67-69
  in Frankreich, 387-389 siehe auch Schlagen
Pelznickel, 29
Pemell, Robert, 53-54, 59-60, 436
Penis, 41
  küssen oder manipulieren an –, 37, 42, 368-369
Penn, John, 496
Pennsylvanien, 517
Pepys, Samuel, 462 Anm. 6
Perlow, 557
Perowskaja, Sofia, 560

Peruzzi (Familie der), 281
Perrye, John, 347
Pest, 280, 299-302
Pestalozzi, Johann Heinrich, 68
Peter der Große, Zar von Rußland (Peter I.), 549, 557, 558
Peter der Eremit, 520
Petit Traitise, 258 Anm. 224
Petrarca, 68, 306
Petronius, 73, 119
Petrus Venerabilis, 185, 248 Anm. 186
Petty, Sir William, 475 Anm. 67
Pflegeeltern, 57, 123, 245 Anm. 175
  siehe auch Eltern
Phallus, Amulette in Form von, 53
Phantasie, 391-393
Phayre, Thomas, 333-334, 429
Philip von Novarra, 199, 200
Phillips, Samuel, 516, 517, 518
Philon, 43, 49
Piaget, Jean, 327
Pilatus, 221 Anm. 84
Pinchbeck, Ivy, 357, 462 Anm. 2, 468 Anm. 68
Pinkerton, Robert, 542
Plantagenet, Elizabeth, 336, 337, 340
Platon, 12, 63, 74, 336
Plinius der Ältere, 38, 49, 334, 335
Plumb, J. H., 355
Plutarch, 48, 58, 62, 67, 72, 74
Poine, 26
Pokrowski, E. A., 537, 540, 541, 542-543, 544, 549
Polunin, Akim, 550
Polunin, Jascha, 556-557
Pontifex, Theodore, 592
Poor Relief Act (England 1598), 354
Port Royal, Schule und Kloster, 389-391, 400, 406-407
Porter, Endymion, 467 Anm. 29, 469 Anm. 38
Poseidippos, 47
Poulson's Town and Country Almanac, 510

Poyntz, Syndam, 482 Anm. 95
Preyer, W., 81
Priapus, 76
Priestley, Jonathan, 472 Anm. 53
Primadaye, Peter de la, 336
Privatheit, 459, 539
Projektive Reaktionen (Projektionen), 20-36, 62, 113, 441, 472 Anm. 54
Projektive Fürsorge, 32, 60
Prostitution, 50, 175
   von Knaben, 71, 75
Protestant Tutor for Children, The, 519
Prudentius, 134
Psalter, 116, 181, 193
Psychoanalyse, 14, 15
Psychogenetische Theorie der Geschichte, 14, 15, 86
Pueritia, 160
Purchard »der Ungeborene«, 166
Puritanische Moral (»Neue Moral«)
   in Frankreich, 390, 391, 400, 406-407
Puritaner
   in England, 89 Anm. 12, 440-441, 447, 448, 468 Anm. 30
   in den Vereinigten Staaten, 451, 452, 456, 457, 502-503, 506, 507, 516
Putti (amorini), 284, 293
Pynson, Richard, 327

Quäker, 448, 516
Quarles, Frances, 337, 472 Anm. 54
Quintilian, 72, 73, 119, 122

Rabanus Maurus, 236 Anm. 135
Racine, Jean, 332
Radischtschew, Alexander, 554, 555
Raffael, 270, 292
Raoul Ardent, 231 Anm. 115
Ratherius von Verona, Bischof, 226 Anm. 101, 255 Anm. 208

Ravaillac, 392
Raymond, Thomas, 470 Anm. 39
Reformbewegung, Katholische (religiöse Erhebung in Frankreich), 367, 389-390, 399, 400, 405-407, 409
Reformation, Englische, 349
Regression, 15, 21
Reik, Theodore, 21
Reinlichkeitserziehung, 13, 381, 444, 476 Anm. 69, 510-511, 551, 556, 583 siehe auch »Toiletten-Kind«
Religion
   Kinder als Vermittler göttlicher Wahrheit, 449-450, 507
Rémusat, Mme. de, 569
Renaissance, 23, 44, 53, 54, 70
   in Italien, 263-308
reversal reaction siehe Umkehr-Reaktion
Rhazes, 212 Anm. 42, 334
Rheingold, Joseph, 45, 49, 53
Richard von England (Mediziner), 214 Anm. 48
Richard II., König von England, 328
Richardson, John, 422
Richeut, 256 Anm. 213
Richter, Jean Paul, 30
Riehl, W. H., 593
Robbia, Andrea della, 313 Anm. 54, 316 Anm. 102, 320 Anm. 150
Robbia, Luca della, 292, 306, 316 Anm. 102
Robert le Diable, 217 Anm. 62
Robert von Arbrissel, 176, 241 Anm. 149, 243 Anm. 161
Robert von Noyon, 234 Anm. 125
Robinson, Rev. John, 482 Anm. 100, 485 Anm. 120
Roesslin, Eucharius, 60, 61, 334, 339, 342, 343
   The Byrth of Mankind, 334, 342, 346
Roger von Salerno, 215 Anm. 55

Róheim, Géza, 13
Roland von Parma, 215 Anm. 55
Rom (Römischer Staat, Römer), 44, 47-56, 63, 81, 113
 Kindesmord in –, 47-48
 sexueller Mißbrauch von Kindern in –, 71-75
 Quellenmaterial für Geschichte der Kindheit in –, 119-124
 Säugammen in –, 58
Rood Screen, 193
Roosevelt, Franklin D., 51, 81
Roper, William, 356
Rosselino, Antonio, 317 Anm. 102
Rossi, Graf Peelgrino, 596
Rousseau, Jean-Jacques, 17, 68, 407, 536, 565, 569, 571, 585, 587, 595
Royal College of Physicians, 334
Rubens, Peter Paul, 38
Rucellai, Giovanni, 267, 288, 295, 301
Rudolphi, Karoline, 586
Rückenbretter für Kinder, 64
Ruodlieb, 194, 255 Anm. 212
Rupert, 256 Anm. 212
Ruskin, John, 578, 579
Russell, Bertrand, 590
Russell, J. C. 216 Anm. 61
Rußland, 56, 535-561
Rustichi, Antonio di Bernardo, 269, 274, 277, 280, 300, 303, 323 Anm. 204
Rutland, Gräfin von, 467 Anm. 29
Ryerson, Alice, 60, 384, 466 Anm. 27

Sacy, Isaac-Louise Maistre de, 389-390
Sadoleto, 67
Säugamme, 58-60, 64, 167, 168
 in England, 345, 428-433, 569, 570
 in Frankreich, 370-377, 394, 398, 569, 581
 in Deutschland, 570
 in Italien, 267-285, 306, 307, 570
 in Rußland, 540, 546, 555
 in den Vereinigten Staaten, 453, 456, 493-496
Säuglingsflasche, 37
St. Paul's grammer school, 349
Sainte-Marthe, Scevole de, 361 Anm. 68, 374, 386
Salernitanische Fragen, 212 Anm. 42, 220 Anm. 83
Salerno, 212 Anm. 42
Sales, François de, 367, 409
Salimbene de Adam, 171
Salomon, 329
Samen, Kinder als, 507, 508
San Antonio von Florenz, 287, 322 Anm. 191
San Bernardino von Siena, 266, 268, 281, 286, 289, 295
Sankt Gallen, 166
Santa Maria, Findlingshospital, 177
Santo Spirito, Findlingshospital, 51, 177
Sassetti (Familie der), 279
Savage, Richard, 57
Savonarola, 286, 319 Anm. 145
Scham, 389-390, 444, 446, 476, Anm. 71, 516, 552, 578
Schizophrene Kinder, 21, 22
Schlafen, 293, 343, 389, 391, 429, 445
Schlafgewohnheiten, 170, 174, 175, 290, 295, 403, 447, 459
Schlafzimmer, 220 Anm. 81
Schlagen von Kindern (Mißbrauch; Grausamkeit; Brutalität), frühes Christentum, 35, 128, 134-135
 im Mittelalter, 67-72, 116, 189, 198-200
 in England, 350-353, 434, 444, 446, 448, 476 Anm. 76, 576, 577-9
 in Frankreich, 388-389, 582
 in Deutschland, 67, 68, 69, 70
 in Italien, 302-305
 in Rußland, 547-548, 552-553
 in den Vereinigten Staaten, 457, 514-515, 517-519

in früheren Arbeiten zur Geschichte der Kindheit, 16-19
projektive und Umkehr-Reaktionen und –, 20-26, 82
Psychogenetische Theorie der Geschichte und –, 14-26, 67-72, 79
Schottland, 63
Schreien von Kindern, 25-28, 430, 431, 446, 568, 577, 582
Schulen
    in England, 348, 349, 446-448, 577, 595-596
    in Italien, 293, 301-302, 307
    in Rußland, 558-559
    in den Vereinigten Staaten, 458, 460-461, 496, 515
Schulmeister, 515, 546, 550
Schuster von Carlisle, 449-450
Schreber, Dr. Daniel Gottlieb Moritz, 576-577, 584
Schuwalow, 536
Schwangerschaft, 164, 279, 334-335, 423, 443, 452
Schwarze Kinder in den Vereinigten Staaten, 511, 525 Anm. 32
Scipio, 119
Scot, Reginald, 344
Scott, Sir Walter, 53
Sedgwick, Theodore jr., 506, 515-516
Sedgwick, Pamela, 496-497, 506-507, 512, 513, 517
Ségur, Mme. de, 568
Selbstbeherrschung von Kindern (Selbst-Disziplin), 441, 443, 449, 456, 460, 461
Selbständigkeit, 486, Anm. 120, 551
    Kampf um –, in Rußland, 551-561
Selbstverleugnung, 392
Selbstzweifel, 441, 456, 551
Seneca, 48, 54
Sévigne, Marquise de, 40, 376, 397, 405
Sewall, Samuel, 451, 452, 453, 457, 491

Sexualität
    frühe Ehen und –, 182
    unerlaubte –, 175-176
    Sublimation von –, 439, 449, 459
Sexuelle Aktivität von Kindern, 42-43, 71-79, 189-190, 198, 293-294, 329, 448, 547, 585
Sexueller Mißbrauch von Kindern, 17, 71-80, 189, 486 Anm. 122
    siehe auch Penis, Inzest
Sexueller Umgang mit stillenden Müttern, 431, 453
Sexuelle Rivalität in der Familie, 448, 459
Seymour, Jane (Gemahlin Heinrichs VIII. von England), 336, 338, 340
Shakespeare, William, 328
Sharp, Mrs. Jane, 429, 431, 432, 436, 437
Sheffield, John (Herzog von Buckingham), 468 Anm. 33
Shephard, Rev. Thomas, 453, 454
Sherwood, Mrs. Mary, 31
Shippen, Edward jr., 520
Shoemaker, Edward, 520
Shoemaker, Rebecca, 505
Shoemaker, Samuel, 500-501
Sibbald, Susan, 28
Signorelli, Luca, 318 Anm. 122
Skandinavien, 49, 56
Skinner, B. F., 84
Sklaven
    Kinder als, 56-57, 233 Anm. 124, 282, 295, 296
    als Säugammen, 270
Skythen, 55
Slaven, 282; siehe auch Rußland
Sloane, William, 17, 474 Anm. 61, 478 Anm. 80
Smith, Josiah, 516, 517, 518, 519, 521
Smith, Richard, 495
Sodomie, 73, 80
    mit Tieren, 393
Solera, Laura, 596

Solon, 56
Soranos von Ephesos, 61, 63, 119, 163, 211 Anm. 42, 265, 266, 272
Southern, R. W., 192, 209 Anm. 34
Spanien, 209 Anm. 35, 333 Anm. 124
Spanische Westgoten, 226 Anm. 102
Spartaner, 55, 63, 69, 443
Spencer, Harriet, 31-32
Spielen, 327
   im Mittelalter, 198
   in England, 355-357, 445, 588
   in Italien, 291, 292
   in Rußland, 546
   in den Vereinigten Staaten, 460, 499, 500, 506
Spitz, René, 79
Sprenger, 25
Sprichwörter, 326
Stadtkinder, italienische, 14.-16. Jahrhundert, 263-308
Steele, Richard, 34
Stella, Jacques, 29
Stephan, 57
Stephan Obazine, Hl., 248 Anm. 185
Sterblichkeit, 163
   von Kindern, 565
      im Mittelalter, 160, 173, 202
      in England, 424, 430, 437
      in Frankreich, 373, 394, 397-403, 408-409
      in Italien, 299-301
      in den Vereinigten Staaten, 454, 461
   Mütter –, 160, 166, 202, 211 Anm. 42, 336, 394, 424-425
Stiefeltern, 448, 548
Stillen (Säugen)
   mit der Flasche, 510
   im Mittelalter, 138, 165-169, 179-180
   in England, 343, 429-431, 557-564
   in Frankreich, 567
   in Italien, 265-285
   in Rußland, 540-541
   Geschichte der Kindheit und –, 58-62, 65
   siehe auch Säugammen, Milch
Stockton, Rev. Owen, 472 Anm. 54
Stone, Lawrence, 478 Anm. 79
Stout, William, 469 Anm. 36
Strafen, siehe Schlagen
Striga, 26
Strozzi, Alessandra Macinghi, 288
Sueton, 49-50, 74, 138
Sydenham, Thomas, 437
Symon, 357

Tacitus, 115, 122
Tagebücher, 368, 376
Taine, Hippolyte Adolphe, 81, 593
Talbot, C. H., 211 Anm. 42
Tanzen, 81, 445
Tartaren, 282
Taufen
   frühes Christentum und –, 25, 55, 125, 130, 173
   in England, 331, 339-340, 345, 426
   in Frankreich, 396, 408-409
   in Italien, 271
   in Rußland, 537, 542-543
Taylor, Ann, 577, 578
Taylor, G. Rattray, 19, 467 Anm. 30
Taylors von Ongar, 588
Tazewell, Littleton Waller, 496-497
Tertullian, 125
Teufel, 174, 189, 364, 379, 391, 392, 435, 453
   siehe auch Exorzismus
Thackeray, William M., 592
Thatcher, Thomas, 483 Anm. 105
Theodor, Erzbischof von Canterbury, 56
Thedosianus Codex, 124
Theodulf von Orleans, 250 Anm. 191
Thomas Keith, 478 Anm. 79
Thomas von Cantimpré, 237 Anm. 137

Thornton, Mrs. Alice, 430, 438, 439, 442
Thrupp, John, 69
Tiberius, 74
Tickner, Caleb, 61
Tiere (Haustiere), 381, 384, 392
Tillotson, John (Erzbischof von Canterbury), 475 Anm. 68
Timarchos, 73
Tizian, 318 Anm. 140, 320 Anm. 150
Tod
   von Kindern, 35, 127
      Not in den Vereinigten Staaten, 499, 501, 502
      Literatur über –, England, 442-443
      religiöse Rationalisierung von –, England und Vereinigte Staaten, 438-441, 454-455
      durch Ersticken 40, 170, 172, 174, 230, 279, 346-47, 429
      als Drohung für Kinder, 516-517
   von Müttern, 160, 166, 202, 211 Anm. 42, 336, 394, 424-425
   Todeswünsche gegenüber Kindern, 46, 53-55
   »Tötende Ammen«, 52
Töchter (Mädchen)
   Erziehung von, 181, 198-200, 351, 407
   in England, 198-200, 424, 568, 578
   in Frankreich, 389, 390, 398-400, 407, 568, 586, 595
   in Italien, 294-295
   in Rußland, 560
   Kindesmord, 46-49, 51, 174
   »Toiletten-Kind«, 66
   siehe auch Reinlichkeitserziehung
Tolstoi, Graf Leo N., 548
Tom Sawyer (Mark Twain), 16
Topf, 476 Anm. 69
Tooke, William, 543
Toskaner, 264, 292, 294, 321 Anm. 169

Trainieren von Kindern, 196-198, 289
   siehe Erziehen
Trajan, 142 Anm. 26
Träume, 189, 393, 544
Tristan (Eilhart von Oberge), 195, 211 Anm. 84
Tristan (Gottfried von Straßburg), 195-197
Tristan, Flora, 589, 595-596
Trotula, 213 Anm. 43
Trotula, Pseudo-, 213 Anm. 43
Trunkenheit, 175, 570
Tschechow, Anton, 548
Tschernyschewski, Gavriil, 557, 559, 560
Tschernyschewski, Nikolai, 556, 557, 560
Tucker, Anne, 493, 499-500
Tucker, Frances Bland Randolph, 511, 512
Tucker, Fanny, 513
Tucker, Henry jr., 520
Tucker, Hl. George, 499, 511, 516
Tufton, Elizabeth, 424
Turgenjew, Iwan, 553
Tusser, Thomas, 69
Tytler, H. W., 61

Ucello, Paolo, 323 Anm. 192
Ukrainer, 537
Ulrich von Cluny, 190
Umkehr-Reaktion (reversal reaction), 20, 39, 40-41, 75, 82
Umbringen von Kindern, 46 siehe auch Kindermord
Unfälle von Kindern, 24
Ungehorsam von Kindern, 498
Unschuld von Kindern, Anschauung von, 76
   frühes Christentum, 129-130
   in England, 329, 330, 441-442, 586
   in Frankreich, 364-365
   in den Vereinigten Staaten, 455, 507, 508-509

Unschuldige, 177, 254 Anm. 208
Unterstützung (Beziehungsform Eltern-Kinder), 84
Urbain le courtois, 197
Urinieren, 437 siehe auch Bettnässen
Urraca, Königin von Spanien, 256 Anm. 213
Utrecht-Psalter, 116
Uvier, 373

Väter, 84, 185
  in England, 433, 439, 445, 448, 591-592
  in Frankreich, 395, 403, 593
  in Deutschland, 593
  in Italien, 283-286, 298-306
  in Rußland, 547-548, 550-561
  in den Vereinigten Staaten, 500, 514
Valentine, Alan, 17
Valerius Maximus, 38
Vallois, Henry, 48
Valori (Familie der), 48
Vandalen, 268
Vasari, Giorgio, 270, 325 Anm. 214
Vaughan, Henry, 474 Anm. 59
Vaux-le-Vicomte, Gräfin von, 374
Vegio, Lorenzo, 270
Vegio, Maffeo (Mafio), 31, 267-269, 270, 302, 303
Velluti, Donato, 282
Venus, 135
Vereinigte Staaten, 59, 64, 66, 70
  17. Jahrhundert, 449-460
  18. Jahrhundert, 490-523
Verhätscheln, 440
Verkauf von Kindern, 56, 72, 132, 178
Verlassene Kinder
  im Altertum, 56-57
  im Mittelalter, 50, 132, 172, 175, 176, 202
  in England, 57, 432, 491
  in Frankreich, 398-402
  in den Vereinigten Staaten, 491, 515
Vermeer, Jan, 38
Vernachlässigung, 173, 174, 202, 430, 433, 537
Verney, Ralph, 464 Anm. 19
Verney, Pegg., 479 Anm. 82
Verstümmelung von Kindern, 54, 56 siehe auch Kastration
Verzweiflung, 496-497
Vespasiano, 286, 295
Viktoria, 595
Villani, Filippo, 323 Anm. 197
Vincent de Paul, 367, 401, 402, 409
Vinzenz von Beauvais, 51, 198-199
Virginia, 496
Virgo lactans, 167
Vitalis von Savigny, 230 Anm. 113
Vives, 353
Vormundschaft, 403-404

Walahfrid Strabo, 236 Anm. 135, 252 Anm. 196
Wales, 246 Anm. 175
Walther von der Vogelweide, 199
Walther von Rheinau, 218 Anm. 68, 220 Anm. 82
Walton, Obadiah, 479 Anm. 86
Walzer, Michael, 481 Anm. 94
Warren, Eliza, 61
Warwick, Lady, 438-439, 480 Anm. 90
Wechselbalg, 25, 174, 225 Anm. 100
Wertt, Dr., 338
Werwolf, 27
Wesley, Susannah, 68
Wickeln (windeln), 55, 68, 81
  im Altertum, 62-65
  im Mittelalter, 138, 165
  in England, 342-343, 427, 443, 446
  in Frankreich, 377-381
  in Deutschland, 570-571
  in Italien, 277, 278, 289, 571
  in Rußland, 536, 539, 540, 546

in den Vereinigten Staaten, 454, 456, 461
nachdrücklich Fürsorge und –, 34
Gründe für –, 26
Wickelbänder, 64
Wickeltechniken, 277, 378, 384
Wiegen von Kindern, 55, 165, 170, 343, 380, 428, 466 Anm. 27
Wiege, 52-53, 165, 170, 342, 403, 546
Whitefield, George, 490, 514
Whiting, J. W. M., 78
Witwe, 155, 182, 286
Wiese, Ludwig A., 592
Wigglesworth, Michael, 455
Wilhelm, Herzog von der Normandie, 234 Anm. 126
Wilhelm von Auvergne, Bischof, 251 Anm. 19
Wilhelm von Couches, 208 Anm. 31, 212 Anm. 42, 220 Anm. 83
Williams, Abigail, 493
Willibald, Hl., 136-137
Windeln, 571 siehe wickeln
Winthrop, John, 482 Anm. 99
Withals, John, 361 Anm. 82
Witte, Graf, 547
Wochenbett, 335-336
Wochenbettdepression, 45, 151
Wolfdietrich, 221 Anm. 84

Woodforde, Mary, 479 Anm. 83
Woodward, Ezekias, 312
Würmer, 385
Wrangel, Baron, 548, 550, 553
Wrigley, E. A., 210 Anm. 37, 463 Anm. 10
Würtz, Felix, 65

Yeats, W. B., 57
Yonge, Charlotte, 579

Zärtlichkeit gegenüber Kindern, 35, 586
  im Mittelalter, 170-172, 183, 189-194, 203
  in England, 445, 447, 450
  in Frankreich, 404, 408, 409, 569
Zar, russischer, 553, 554
Zauber, 342-343
Zeno, Bischof von Verona, 125
Zilboorg, Gregory, 45
Zillis (Schweiz), 193
Zinzendorf, Graf, 519
Zisterzienser, 251 Anm. 194
Zuneigung zu Kindern, 404, 408, 409, 432-433, 447, 498
Züchtigungen, 22-24, 391, 457
  siehe auch Schlagen